제2판

플랫폼의 법과 정책

이성엽 · 이승민 · 박상철 · 조영기 · 황용석 · 강준모 · 김태오 · 계인국 · 김민기 · 선지원
최난설헌 · 정혜련 · 김종우 · 김현수 · 박유리 · 곽규태 · 정광재 · 최윤정 · 유병준 · 류민호

Platform Law & Policy

박영사

제2판 발간사 PREFACE

『플랫폼의 법과 정책』이 출간된 지 3년이 지났다. 여전히 미국의 구글·아마존·메타·애플, 중국의 바이두·알리바바·텐센트, 한국의 네이버·카카오 등 플랫폼 기업은 이 시대 최고의 이슈 메이커다. 가장 급성장하고 있는 산업으로 각국에서 시가총액 선두를 달리고 있다. 대학졸업생들이 가장 취업하고 싶은 일자리일뿐 아니라 모든 이용자들의 시간을 가장 오래 잡고 있는 미디어이기도 하다.

최근 미·중 간 AI 패권 전쟁이 격화되면서 AI 산업에서도 선두를 달리고 있는 플랫폼과 국가 간의 파트너십이 강화되고 있다. 이를 국가플랫폼 자본주의 현상이라고 하는데, 이는 자국의 플랫폼 주권을 수호하기 위해 법규제와 행정 집행을 강화하면서 플랫폼 기업을 중심으로 기업과 국가가 밀접하게 의존하는 현상이다. 플랫폼이 경제의 중심적인 역할을 수행하면서 국가가 이를 정책적으로 활용하여 경제적·지정학적 목표를 달성하려는 것이다.

비록 유럽이 DMA, DSA, AI act를 본격 시행하면서 플랫폼 규제를 계속 시도하고 있지만 유럽에서도 변화가 관찰되고 있다. 특히, AI 분야에서는 작년 10월 파리 AI 정상회에서 우르줄라 폰 데어 라이엔 EU 집행위원장은 약 300조 원 규모의 투자를 통해 AI 산업을 지원하겠다는 '인베스트 AI 이니셔티브'를 발표했고, AI 규제도 중복을 조정해 단순화하고 기업의 행정부담도 줄이기로 했다. 프랑스 마크롱 대통령은 기조연설에서 향후 167조 원의 투자를 통해 프랑스 AI 역량을 강화하겠다는 내용을 발표하면서, 기존 EU AI 규제는 미친 규제(crazy regulation)라고 혹평했다.

한편 미국 트럼프 행정부 2기의 출범에 따른 플랫폼 정책의 방향에 대해서는 전망이 엇갈린다. 표현의 자유 보호 차원에서 플랫폼에 대한 규제를 강화할 것이라는 전망이 있지만, AI 관련해서는 반독점법 집행을 완화할 것이라는 전망도 있다. 연방거래위원회(FTC) 위원장으로 지명된 앤드류 퍼거슨(Andrew Ferguson)도 빅테크가 경제적 권력을 표현의 자유 억압에 사용했다고 주장했다. 트럼프는 지난 12월 5일 게일 슬레이터(Gail Slater)를 법무부 반독점 차관으로 임명하면서 빅테크는 수년 동안 폭주하면서 가장 혁신적인 부문에서 경쟁을 억제했으며, 시장 지배력을 사용하여 중소기업과 미국인의 권리를 억눌러 왔다고 밝힌 바 있다. 결국 트럼프 정부의 플랫폼 정책은 기본적으로 바이든 정부의 반독점 규제 입장을 이어갈 것으로 예상되지만, AI 분야에서는 규제 완화 입장을 취할 것으로 보인다.

플랫폼 시대에는 공공과 민간의 경계가 모호해지면서, 플랫폼의 국가화 및 플랫폼과 국가와의 협력 등 현상이 나타나고 있다. 양자는 이제 공동의 가치 창출과 혁신을 위한 파트너로서, 정부는 규제자에서 촉진자로, 기업은 단순한 피규제자에서 공동의 정책 설계자 및 서비스 제공자로서 역할을 하고 있다. 정부와 플랫폼이 상호 의존적인 관계를 형성하며, 공동의 목표를 위해 협력하는 구조인 것이다. 이에 반해 아직 한국 정부는 여전히 플랫폼을 규제의 대상으로만 보는 경향이 농후하다.

다만 지난 3월 31일 발표된 미국 무역대표부(USTR)의 2025년 국별 무역장벽 보고서에서 미국이 한국의 비관세 장벽으로 지목한 것 중 하나가 온라인 플랫폼 규제이다. 한국으로서는 관세 협상을 위해 플랫폼 규제 완화를 지렛대로 사용할 수도 있다. 6월 새롭게 출범하는 정부는 국내외적인 경기 침체와 미국의 통상 압력에 대응하면서 플랫폼 정책을 재설계해야 하는 어려움을 맞고 있다.

본서는 이러한 배경하에 새로운 변화를 담아 기존의 내용을 대폭 현행화하였으며, 특히 플랫폼 자본주의 논의와 함께 플랫폼 가치 분석, 플랫폼 생태계 연구 등 양적 연구도 추가함으로써 명실상부 플랫폼에 대한 법정책 이론서 역할을 하도록 했다. 구체적으로 제1부에서 플랫폼 자본주의 등장에 따른 법정책적 대응, 자국 플랫폼의 가치평가: 플랫폼 규제 및 정책적 시사점, 제4부에서 이커머스 플랫폼: 혁신과 경쟁, 전자상거래 플랫폼 가치사슬 분석 및 생태계 활성화 저해요인 연구, 플랫폼의 혁신과 포용: 전통시장의 플랫폼 활용을 중심으로를 추가했다.

이처럼 본 개정판은 최근 플랫폼의 법과 정책 관련된 중요 이슈를 모두 다루고 있다는 점에서 의의가 크다고 할 수 있다. 한편 본서는 바쁘신 일정에도 불구하고 한국데이터법정책학회 회원이신 행정법, 경쟁법, 경제학, 경영학 전공 교수와 박사 등 총 21분이 참여해 주셨다. 또한 박영사 김한유 과장님은

제 2 판 발간사 PREFACE

처음부터 이 책이 출간될 수 있도록 지원해 주셨으며, 우석진 편집위원님은 이 책의 편집을 위해 아낌없는 노력을 기울여 주셨다.

이 모든 분들께 깊이 감사드리며, 본서가 플랫폼 경제를 선도하는 한국의 관련 학계, 법조계, 기업, 정부는 물론 국민에게 플랫폼의 법과 정책에 대한 나침반이 될 수 있기를 바란다.

2025. 6

편저자 이성엽 고려대 교수

차례 CONTENTS

PART 01
총 설

CONTENTS 차례

PART 02
플랫폼 규제에 대한 이론적 검토

차례 CONTENTS

PART 03
플랫폼 규제와 법정책 동향

CONTENTS 차례

차례 CONTENTS

PART 01

총 설

1. 플랫폼의 의의와 법정책적 접근 / 이성엽 · 이승민

2. 플랫폼의 국가기능 수탁 / 박상철

3. 플랫폼 자본주의 등장에 따른 법정책적 대응 / 조영기

4. 자국 플랫폼의 가치평가: 플랫폼 규제 및 정책적 시사점 / 황용석

01 플랫폼의 의의와 법정책적 접근

이성엽 / 고려대학교 기술경영전문대학원, 이승민 / 성균관대학교 법학전문대학원

I 총설

1. 플랫폼의 의의

(1) 플랫폼의 개념

1) 이론적 측면

플랫폼은 간단하게 정의하기 어렵고, 실제로 여러 학문 분야별로 다양하게 정의되고 있다. 우선, 사회학적 측면에서 살펴보면, 플랫폼의 인프라로서의 성격에 주목하여 "다수의 사람들 간 상호작용에서 교환의 규칙을 관리하고, 상호작용의 흔적을 데이터로 기록하며, 네트워킹의 효과를 극대화하는 디지털 인프라"로 정의하는 경우가 있고,[1] 사업모델 측면에서 "사람, 조직, 자원 간의 상호작용하는 생태 시스템을 통해 새로운 가치를 창출하고 교환할 수 있는 기술을 활용하는 새로운 사업모델"로 정의하는 경우도 있는데,[2] 후자의 경우에는 네트워크 효과가 플랫폼의 중요한 특징이 될 것이다.

이 외에도 플랫폼을 다양한 층위의 플랫폼이 서로 의존적이어서 사회·정

1 Martin Kenney/John Zysman, "The Rise of the Platform Economy", Issues in science and tech−nology, 32(3), 2016. 이재열, "플랫폼 사회, 코로나 19가 재촉한 변화와 대응", 『플랫폼 사회가 온다 − 디지털 플랫폼의 도전과 사회질서의 재편』, 한울아카데미, 2021, 16면에서 재인용.

2 Geoffrey G. Parker/Marshall W. Van Alstyne/Sangeet Paul Choudary, 『Platform Revolution: How Networked Markets Are Transforming the Economy and How to Make Them Work for You』, W. W. Norton & Company, 2016. 이재열, 위의 책, 17면에서 재인용.

치적 구조와 떼놓고 생각할 수 없는 생태시스템으로 이해하면서, 이러한 플랫폼의 3가지 주요 메커니즘을 데이터화(인간 행동의 거의 모든 측면이 데이터로 기록되고, 이를 분석하여 새로운 가치 창출), 상품화(인간 활동, 감정, 아이디어 등 모든 것이 교환 가능한 상품으로 가공), 선택 및 큐레이션(다양한 알고리듬을 통해 이용자의 선택을 돕거나 필터링)으로 설명하는 견해도 있다.[3]

다음으로, 경영학적 측면에서는 "공통된 목적을 위해, 또는 공통된 자원을 공유하기 위하여 개인과 조직을 연결하는 것"으로 정의되기도 하는데, 이는 다시 어떤 공통된 목표를 위해 사람들을 모아 내는 사상 또는 정책을 의미하는 이념적 플랫폼(ideological platform), 기차와 같이 사람들을 공통된 운송방식 등으로 연결시켜 주는 물리적 플랫폼(physical platform), 어떤 회사의 공급망 내에서 일정한 제품군을 보다 효율적으로 생산하기 위해 서로 다른 기술 집단이 사용할 수 있는 구성품 또는 하부체제(subsystem)를 의미하는 제품 플랫폼(product platform), 개인과 조직을 함께 모아, 그러한 집합이 없었다면 불가능했을 방법으로, 효용과 가치를 비선형적으로 증가시킬 수 있는 잠재력을 가지고, 혁신 또는 상호작용하도록 하는 것을 의미하는 산업 플랫폼(industry platform) 또는 산업 혁신 플랫폼(industry innovation platform) 등으로 세분될 수 있다.[4]

사업모델을 바탕으로 한 동태적인 측면에서 플랫폼을 거래 플랫폼(transaction platform)과 혁신 플랫폼(innovation platform), 그리고 이들을 결합한 융합 플랫폼(hybrid platform)으로 분류하기도 한다. 여기서 혁신 플랫폼은 혁신적인 기술을 토대로 네트워크 효과를 창출하는 플랫폼을 의미하는데, 이러한 혁신 플랫폼은 규모의 경제를 바탕으로 시장을 장악하며, 상대적으로 진입장벽이 높다는 특징을 지닌다.[5]

반면, 거래 플랫폼은 다층적인 시장참여자들의 거래를 매개(matching)하는 역할을 하는 플랫폼인데, 플랫폼 운영자가 네트워크 효과와 규모의 경제를 추

---

3 Jose Van Dijck/Thomas Poell/Martijnde Waal, 『The Platform Society: Pubilc Values in a Connected World』, Oxford University Press, 2018. 이재열, 위의 책, 18면에서 재인용.

4 Michael A. Cusumano/Annabelle Gawer/David. B. Yoffie, 『The Business of Platforms』, HarperCollins, 2019, pp. 12－13.

5 *Id.*, pp. 18－19.

구하는 측면에서는 혁신 플랫폼과 동일하지만, 멀티호밍이 많고 상대적으로 진입장벽이 낮다는 특징을 지닌다.[6] 융합 플랫폼은 혁신 플랫폼과 거래 플랫폼이 융합된 것으로서 혁신 플랫폼을 기반으로 거래 플랫폼이 결합되는 경우 시장지배력이 강화될 수 있다.[7]

법적 측면에서는 최근 들어 디지털 플랫폼 또는 온라인 플랫폼에 대한 정의가 논의되고 있는데, 디지털 플랫폼을 공간의 측면에 주목하여 "하나 또는 그 이상의 이용자 집단과 상업적으로 상호작용을 하는 웹사이트, 응용프로그램, 기타 디지털 공간"으로 정의하거나,[8] 온라인 플랫폼을 그 서비스 측면에 주목하여 "인터넷 서비스를 통해 상호작용하는 둘 또는 그 이상의 별도의 독립적인 이용자군(회사, 개인 불문) 사이의 상호작용을 촉진하는 디지털 서비스"로 정의하는 견해[9] 등이 있다.

2) 실정법적 측면

실정법에서는 디지털 플랫폼 또는 온라인 플랫폼에 대한 정의가 시도되고 있는데, 초기에는 중개거래에 초점을 맞춘 경우가 많았다. 예컨대, 제11장에서 살펴볼 프랑스의 「디지털 공화국을 위한 2016. 10. 7.자 제2016－1321호 법률(LOI n° 2016－1321 du 7 octobre 2016 pour une République numérique)」 제49조에 따라 개정된 「소비법전(Code de la consommation)」 L.111－7조 Ⅰ.은 "제3자가 온라인으로 제공하는 콘텐츠, 재화 또는 서비스를 정보처리 알고리듬을 통해 분류 또는 등록(référencement)[10]하는 것" 또는 "재화 판매, 서비스 제공, 콘텐츠·재화·서비스의 교환 또는 공유를 위하여 여러 당사자를 매개시키는 것"을 "공중에 직업적으로(à titre professionnel) 유상 또는 무상으로 제공하는 자연인 또는 법인"

6 *Id.*, p. 19.

7 *Id.*, pp. 19－20.

8 Herbert Hovenkamp, "Antitrust and Platform Monopoly", The Yale Law Journal, vol. 130, 2021. 6., p. 1957.

9 OECD, 『An Introduction to Online Platforms and Their Role in the Digital Transformation』, 2019, p. 21.

10 검색 엔진에서 검색될 수 있도록 인터넷 사이트로 등록하는 것(Action d'inscrire un site internet dans un moteur de recherche)을 의미한다. https://www.seo.fr/definition/comprendre-referencement.

을 온라인 플랫폼 운영자로 정의한 바 있다.[11]

일본의「특정 디지털 플랫폼의 투명성 및 공정성 향상에 관한 법률(特定デジタルプラットフォー ムの透明性及び公正性の向上に関 する法律)」(이하 '특정 디지털 플랫폼법') 제2조는 디지털 플랫폼을 "다수인의 이용을 예정하고 컴퓨터를 이용한 정보처리에 의해 구축된 공간으로서, 해당 공간에서 상품, 용역 또는 권리(이하 "상품등"이라 한다)를 제공하려는 자의 해당 상품등에 관한 정보의 표시를 통상으로 하는 것(다음 각 호의 어느 하나에 열거된 관계를 이용하는 것에 한한다)을 다수인에게 인터넷, 기타 고도화된 정보통신망(방송법 제2조 제1호에 규정된 방송에 사용되는 것을 제외한다)을 통해 제공하는 역무"로 정의하면서, 이를 구성하는 구체적인 관계로 "해당 역무를 이용하여 상품등을 제공하려는 자(이하 이 호 및 다음 호에서 "제공자"라 한다)의 증가에 따라 해당 상품등을 제공받으려는 자(이하 이 호에서 "피제공자"라 한다)의 편익이 크게 증진되고, 이에 따라 피제공자가 증가하고 그 증가에 따라 공급자의 편익이 크게 증진되며, 이로 인해 공급자가 더욱 증가하는 관계"(제1호), "해당 역무의 이용자(공급자를 제외한다. 이하 이 호에서 같다)의 증가에 따라 해당 역무를 이용하는 다른 사람의 편익이 크게 증진되고, 이를 통해 해당 역무를 이용하는 사람이 더 증가하고, 그 증가에 따라 공급자의 이익이 현저하게 개량되고 이로 인해 공급자도 증가하는 관계"(제2호)를 열거하고 있다.

우리나라의 경우, 공정거래위원회가 2023. 1. 12. 제정한「온라인 플랫폼 사업자의 시장지배적지위 남용행위에 대한 심사지침」에서는 "온라인 플랫폼"을 "서로 다른 집단의 이용자 간의 거래·정보교환 등 상호작용을 위하여 정보통신설비를 이용하여 설정된 전자적 시스템"으로 정의하면서(3. 가. (1).항), "온라인 플랫폼 서비스"를 "(가) 온라인 플랫폼 중개서비스(온라인 플랫폼을 통해 서

---

11 이후「디지털 서비스법(Digital Services Act)」(이하 'DSA'),「디지털 시장법(Digital Markets Act)」(이하 'DMA'),「데이터 거버넌스법(Data Governance Act)」이 제정되고, 이들 법률을 프랑스 국내법에 보충하여 반영하기 위한「디지털 공간의 안전 및 규제에 관한 2024. 5. 21.자 제 2024－449호 법률(LOI n° 2024－449 du 21 mai 2024 visant à sécuriser et à réguler l'espace numérique)」이 제정되었는데, 위 법률 제52조에 따라 소비법전 L.111－7조 I.의 정의 규정은 현재 폐지되었다.

로 다른 집단의 이용자들 간 거래 개시를 중개하는 서비스를 말한다)", "(나) 온라인 검색 엔진", "(다) 온라인 사회 관계망 서비스(SNS: Social Network Service)", "(라) 동영상 등 디지털 콘텐츠 서비스", "(마) 운영체제(OS: Operating System)", "(바) 온라인 광고 서비스", "(사) 그 밖에 서로 다른 집단의 이용자들 간 거래, 정보교환 등 상호작용을 촉진하는 (가)부터 (바)에 준하는 서비스"로 열거하고 있다. 다만, 위 심사지침이 모델로 삼은 DMA에서는 온라인 플랫폼에 대한 별도의 정의 규정을 두고 있지 않으며, 제2조 (2)에서 핵심 플랫폼 서비스를 열거하고 있을 뿐이다.

현재 국회에는 야당을 중심으로 온라인 플랫폼을 통한 중개거래와 온라인 플랫폼의 독점에 대한 규율 목적으로 공정거래위원회를 소관 부처로 하는 법안이 17건 발의되어 있는데,[12] 이들 법안에는 온라인 플랫폼에 대해 유사한 정의 규정이 포함되어 있다. 예컨대, 오기형 의원안 제2조 제1호는 온라인 플랫폼을 "재화 또는 용역(일정한 시설을 이용하거나 용역을 제공받을 수 있는 권리를 포함한다. 이하 같다)의 거래와 관련된 둘 이상 이용자 간의 상호작용을 위하여 정보통신설비를 이용하여 설정된 전자적 시스템으로서 대통령령으로 정하는 것"으로 정의하고 있는데, 가장 최근에 발의된 한창민 의원안에서도 이와 동일한

---

12 「온라인 플랫폼 중개거래의 독점규제 및 공정화에 관한 법률안」(오기형 의원 대표발의, 2024. 6. 12.), 「온라인 플랫폼 중개거래의 공정화에 관한 법률안」(민형배 의원 대표발의, 2024. 6. 25.), 「온라인 플랫폼 중개거래의 공정화에 관한 법률안」(김남근 의원 대표발의, 2024. 7. 5. 발의되었다가 2024. 11. 13. 철회되었으며, 2024. 10. 18. 내용을 보완한 동일 내용의 법률안이 재차 발의됨), 「온라인 플랫폼 독점규제에 관한 법률안」(김남근 의원 대표발의, 2024. 7. 5.), 「온라인 플랫폼 독점규제 및 거래공정화에 관한 법률안」(박주민 의원 대표발의, 2024. 7. 5.), 「온라인 플랫폼 중개거래의 공정화에 관한 법률안」(김현정 의원 대표발의, 2024. 8. 6.), 「온라인 플랫폼 공정화법안」(서영교 의원 대표발의, 2024. 8. 9.), 「온라인 플랫폼 중개거래의 공정화 및 독점규제에 관한 법률안」(오세희 의원 대표발의, 2024. 8. 20.), 「온라인 플랫폼 독점규제 및 공정거래에 관한 법률안」(이강일 의원 대표발의, 2024. 9. 9.), 「온라인 플랫폼 독점 규제에 관한 법률안」(신장식 의원 대표발의, 2024. 9. 24.), 「온라인 플랫폼 중개거래의 공정화에 관한 법률안」(권칠승 의원 대표발의, 2024. 9. 26.), 「온라인 플랫폼 독점규제에 관한 법률안」(천준호 의원 대표발의, 2024. 10. 2.), 「온라인 플랫폼 중개거래의 공정화에 관한 법률안」(천준호 의원 대표발의, 2024. 10. 2.), 「온라인 플랫폼 독점규제 및 거래공정화에 관한 법률안」(강준현 의원 대표발의, 2024. 10. 21.), 「온라인 플랫폼 중개거래의 공정화에 관한 법률안」(민병덕 의원 대표발의, 2024. 10. 21.), 「온라인 플랫폼 중개거래의 공정화에 관한 법률안」(한창민 의원 대표발의, 2024. 11. 1.), 「온라인 플랫폼 시장 독점규제에 관한 법률안」(한창민 의원 대표발의, 2024. 11. 1.) 등 참조.

정의를 채용하고 있다. 다만, 정부와 여당의 협의를 통해 2024년 11월에 강민국의원이 대표발의한 「독점규제 및 공정거래에 관한 법률 개정안」[13]에서는 DMA와 마찬가지로 온라인 플랫폼의 정의를 두지 않고 온라인 플랫폼 서비스의 유형[14]을 열거하고 있을 뿐이다.

한편, 내용규제를 목적으로 하는 DSA에서는 그러한 목적에 맞게 제2조(h)에서 온라인 플랫폼을 “서비스 이용자의 요청에 따라 공개된 정보를 저장 및 전파하는 호스팅 서비스를 제공하는 자. 단, 그러한 활동이 사소하거나 다른 서비스의 순수하게 부수적인 속성을 지닌 것으로서, 그 목적이나 기술적인 이유로 그와 같은 다른 서비스가 없으면 사용될 수 없고, 그러한 속성을 그와 같은 다른 서비스에 통합시킨 것이 이 규칙의 적용을 회피하기 위한 수단이 아닌 경우는 제외한다.”라고 정의하고 있다.

이처럼 온라인 플랫폼에 대한 실정법의 정의는 해당 법의 목적에 따라 다르게 정의되고 있으며, 경우에 따라서는 온라인 플랫폼 자체에 대해 정의하지 않고 온라인 플랫폼을 활용한 특정 서비스에 대해서만 적용하는 경우도 있다. 예를 들면, 흔히 ‘EU P2B 규칙’으로 불리는 「온라인 중개 서비스의 상업적 이용자를 위한 공정성 및 투명성 증진에 관한 규칙(REGULATION (EU) 2019/1150 of 20 June 2019 on promoting fairness and transparency for business users of online intermediation services)」의 경우, 해당 규칙의 규율대상인 온라인 중개 서비스(online intermediation services)와 온라인 검색엔진(online search engine)에 대해서만 정의하고 있다.

(2) 플랫폼의 특성

플랫폼에 대해서는 네트워크 효과와 양면시장으로서의 특성이 종래부터 주목받아 왔다. 최근에는 디지털 플랫폼 또는 온라인 플랫폼의 특성에 이목이

---

13 이하 ‘공정거래법’.

14 온라인 플랫폼 중개 서비스, 온라인 검색엔진 서비스, 온라인 사회관계망 서비스, 온라인 동영상 콘텐츠 서비스, 운영체제, 그리고 이상의 5가지 서비스를 제공하는 온라인 플랫폼 사업자가 제공하는 온라인 광고 서비스, 그 밖에 플랫폼 이용자 간 거래나 정보교환 등 상호작용을 촉진하는 서비스로서 대통령령으로 정하는 서비스가 여기에 해당한다.

집중되고 있는데, 이러한 디지털 플랫폼 또는 온라인 플랫폼의 특성은 디지털 경제, 그리고 디지털 시장의 특징과 밀접하게 연관되어 있다.

디지털 경제는 ① 소비자 가격 인하, ② 영업적 이용자(business user)의 사업 개시비용 축소 및 클라우드 컴퓨팅, 플랫폼에 대한 접근, 디지털 비교수단 등을 통한 성장 기회 확대, ③ 시장 진입장벽 완화 및 멀티호밍 촉진을 통한 시장경쟁 활성화 등 긍정적 측면이 있다.[15]

한편, 유럽연합의 발주에 따라 2019년에 발표된 '크레메르 보고서'(Crémer Report)에서는 디지털 경제의 3가지 주요 특징으로 ① 규모에 따른 극도의 수익(extreme returns to scale), ② 네트워크 외부효과(network externalities), 인공지능(AI)의 핵심 요소이자 수많은 온라인 서비스, 생산공장, 물류의 핵심 인풋으로서 ③ 데이터의 역할(the role of data)을 들고 있으며, 이를 통해 강력한 범위의 경제(economies of scope)가 형성된다는 점을 지적하고 있다.[16]

온라인 플랫폼은 바로 이러한 디지털 경제에서 핵심적인 역할을 하며, 이를 주된 기반으로 하여 디지털 시장이 형성된다. 이러한 디지털 시장은 소프트웨어를 기반으로 한 양면 또는 다면시장(two- or multi-sided market)의 특징을 지니는 경우가 많으며, 수익 달성 및 성장을 위한 임계규모(critical mass)가 요구되고, 소비자들의 멀티호밍 및 플랫폼 사이의 전환 가능성이 핵심이 된다.[17]

따라서, 운영체제(OS), 하드웨어 등을 바탕으로 한 기반 플랫폼(foundational platform)이 다른 플랫폼의 상위 플랫폼(Plaform of Platform)으로 자리잡는 경우에는 싱글호밍이 될 가능성이 높아지며, 임계규모가 확보되어 있고 멀티호밍이 가능한 경우에는 시장진입이 용이해진다.[18] 또한, 이용자의 남용·불법행위를 방지하기 위한 플랫폼 거버넌스 체계가 요구되며, 이용자의 검색·탐색에 대한 결과물을 알고리듬을 통해 제공하게 되는데, 이러한 측면에서 디지털 플랫폼은

15 Jason Furman/Diane Coyle/Amelia Fletcher/Derek McAuley/Philip Marsden, 『Unlocking digital competition: Report of the Digital Competition Expert Panel』, 2019. 3., pp. 3-4.

16 Jacques Crémer/Yves-Alexandre de Montjoye/Heike Schweitzer, 『Competition policy for the digital era』, Publications Office of the European Union, 2019, pp. 2-3.

17 David. S. Evans, "Vertical Restraints in a Digital World", Evolution of Antitrust in the Digital Era, vol. 1, Competition Policy International, 2020, pp. 44-49.

18 *Id.*, pp. 48-49.

디지털 기술이라는 측면에서 물리적 플랫폼과 가장 큰 차이를 보이게 된다.[19]

온라인 플랫폼을 중심으로 한 디지털 시장은 그 내용이 너무 다양하고, 또한 온라인 플랫폼은 많은 자본과 자원을 소요하지 않고 진입장벽이 낮아진다는 점에서 물리적 플랫폼에 비해 경쟁친화적인 측면이 있기 때문에 이에 대해 일반적이고 절대적인 규제를 적용하는 것은 곤란하다. 그러나 다면시장, 네트워크 효과, 규모의 경제 및 범위의 경제, 전환비용 및 고착효과(lock-in effect), 데이터화 및 알고리듬과 같은 특성이 산업과 시장(특히, 시장 경쟁)에 미치는 영향력에 대해서는 상당한 논란이 있다.

예컨대, 규모의 경제(economies of scale)와 범위의 경제의 결합에 따른 임계규모 달성, 네트워크 외부효과, 제품·서비스·하드웨어의 통합, 기본(default) 설정 및 노출(prominence) 순위 등을 통한 소비자들에 대한 행태적 제한, 자본 증가의 어려움, 브랜드의 중요성 등으로 인하여 디지털 시장이 승자 독식(winner-takes-most) 시장으로 기우는 경우가 많고, 이로 인해 소비자 가격 인상, 이용자의 선택권 제한, 품질 저하, 혁신 저해 등 부정적 측면이 나타날 수 있는바, 이러한 경우에는 시장 경쟁만으로는 해결이 어렵기 때문에 정부의 개입이 필요하다는 주장이 제기되고 있다.[20]

보다 구체적으로는 유럽연합 집행위원회(EC)의 '구글 검색'(Google Search) 사건[21]에서 분석된 것처럼 다면시장의 네트워크 외부효과가 시장지배력을 약화시키기만 하는 것이 아니라 진입장벽을 높이거나 시장지배력을 전이할 수 있고, 먼저 임계규모에 도달한 플랫폼이 기존 경쟁자 및 신규 진입자를 약화·배제하기 위한 다양한 전략을 구사할 수도 있다는 점도 지적된다.[22] 자연독점성의 측면에서는 일반검색(horizontal search) 플랫폼의 경우에는 자연독점성이 인정되지만, 전자상거래 플랫폼(e-Commerce platform)에서는 자연독점성이 약하

19 *Id.*, pp. 49-51.

20 J. Furman et al., *op. cit.*, pp. 4-5.

21 EC는 2017. 6. 27. 구글(Google)을 상대로 24.2억 유로의 과징금을 부과했으며, 이에 대해 구글이 EU 일반법원(General Court)에 제소하였으나 2021. 11. 10. 패소하였고(Case T-612/17 Google and Alphabet v. Commission), EU 사법법원(Court of Justice)에 대한 구글의 상고도 2024. 9. 10. 기각되었다(Case C-48/22 P).

22 이기종, 『플랫폼 경쟁법』, 삼영사, 2021, 146면.

고, 차량공유 플랫폼(ride-hailing platform)에서는 자연독점성이 상대적이라고 분석되기도 한다.[23]

또한, 온라인 플랫폼의 특징적 요소인 데이터의 경우에도 그것이 소비자 의견 및 소비자 구매 정보를 통한 제품·서비스 품질 향상에 기여하고, 수요 및 시장 트렌드 예측에 따른 생산성 향상에 도움이 되며, 새로운 비즈니스 기회를 창출하고,[24] 개인화된 판촉 등 타겟-지향적 사업모델 등을 가능케 한다는 장점이 있지만,[25] 데이터에 대한 접근 제한에 따른 진입장벽 형성, 네트워크 효과에 따른 경쟁사업자 경쟁력 감소와 같은 반경쟁적 특성도 지적된다.[26]

데이터 중 개인정보의 가치에 대한 논란도 있다. 우리의 경우, 헌법 제10조와 제17조 등을 근거로 개인정보자기결정권이 독자적인 기본권으로 인정되고 있고,[27] 「개인정보 보호법」을 필두로 다양한 법제도를 통해 개인정보를 강하게 보호하고 있지만, 미국에서는 개인정보의 시장가치가 높지 않고, 데이터는 전략적 가치를 지니는 자산의 하나일 뿐, 데이터의 보유만으로 시장력이 생기는 것은 아니며, 대부분의 데이터는 상대적으로 가치가 낮거나 어디에나 있는 것이므로 정부가 데이터 공유를 강제하는 것은 정당화되기 어렵다는 반론도 제기된다.[28]

---

23 Francesco Ducci, 『Natural Monopolies in Digital Platform Markets』, Cambridge University Press, 2020, pp. 47-125. 국내에서는 검색편향과 관련한 포괄적 사전규제는 그 근거가 부족하고 부작용이 우려된다거나(조성국/이호영, “인터넷 검색사업자의 경쟁법적 규제에 관한 연구 - 검색중립성 논의와 규제사례 및 그 시사점을 중심으로”, 경쟁법연구, 제31권(2015. 5.), 299-300면), 인터넷 검색 서비스는 공공재가 아니므로 그 수익에 기여하는 검색 서비스의 어떤 특징이 바로 위법·부당한 것은 아니고, 검색 알고리듬은 사업자의 핵심역량이자 경쟁력의 원천이므로 규제에 신중해야 한다는 견해(이희정, “인터넷상 부가서비스 규제에 대한 일고”, 경제규제와 법, 제8권 제1호, 2015. 5., 166면)도 제기된다.

24 이용자 데이터를 통한 혁신을 추구한 기업은 그렇지 않은 기업에 비해 5-10%의 생산성 향상을 가져왔다는 분석으로는 OECD Directorate for Financial and Enterprise Affairs Competition Committee, “Big Data: Bringing Competition Policy to the Digital Era”, Background note by the Secretariat, 2016. 11., p. 8 참조.

25 J. Furman et al., *op. cit.*, p. 23.

26 빅데이터의 친경쟁적 특성과 반경쟁적 특성에 관해서는 최난설헌, “디지털 경제에서의 데이터 집중과 경쟁정책”, 『데이터와 법』, (사)한국데이터법정책학회/박영사, 2021, 342-345면 참조.

27 헌법재판소 2005. 5. 26.자 99헌마513 결정.

28 Robert D. Atkinson/Joe Kennedy, “The Antitrust “Challenge” of Digital Platforms: How a Fixation on Size Threatens Productivity and Innovation”, 『Evolution of Antitrust in the Digital

그러나 개인정보의 가치가 낮다는 것이 플랫폼에 대한 데이터 접근 허용의무, 데이터 이동권 보장의무 등을 강제해서는 안 된다는 논거가 될 수도 있지만, 다른 측면에서는 개인정보의 가치가 낮다면 이것이 시장지배력을 강화하는 수단으로 이용되는 현상을 이해하기 어렵게 된다.

예컨대, 최근 구글과 애플(Apple)이 개인정보 보호를 명목으로 제3자 보유 쿠키의 삭제를 통해 데이터 기반 경쟁을 원천적으로 봉쇄하려 하는 것과 이에 따른 메타(Meta)와 사이의 갈등을 보면,[29] 최소한 경험적으로는 개인정보 및 데이터 보유와 시장 경쟁의 유의미한 상관관계를 부정하기는 어렵다. 따라서 현시점에서 진지하게 고민해야 할 부분은 개인정보 보호를 통한 소비자 통제권 확대와 경쟁법 집행 사이의 딜레마를 어떻게 해결할 것인지의 문제라고 생각된다.[30]

2. 플랫폼에 대한 법정책적 접근

(1) 플렛폼에 대한 세 가지 시각

플랫폼은 단연 이 시대 최고의 이슈 메이커이다. 가장 급성장하고 있는 산업으로 미국, 중국은 물론 한국에서 GAFA, BAT, 네이버, 카카오는 시가총액에서 선두를 달리고 있다. 대학생들이 가장 취업하고 싶은 일자리일 뿐 아니라 모든 이용자들의 시간을 가장 오래 잡고 있는 미디어이기도 하다. 이런 플랫폼

Era』, vol. 1, Competition Policy International, 2020, pp. 19–20. 이에 따르면, 나이, 성별, 지역과 같은 일반적인 정보은 1인당 0.0005달러, 자동차 쇼핑정보는 1인당 0.0021달러, 어떤 여성이 임신 중기라는 정보는 1인당 0.11달러 정도의 가치를 지니고, 대부분 사람들의 개인정보의 가치 총합은 1달러 미만이라고 한다.

29 애플의 앱–추적 투명성(App Tracking Transparency; ATT) 정책에 대해서는 프랑스 경쟁청이 올해 3월에 제재를 부과할 예정이고, 독일 경쟁당국에서도 현재 조사 중이다. Minted, 기사, “L'Autorité de la concurrence rendra son verdict en mars sur ATT d'Apple”, 2025. 2. 17. 참조.

30 독일의 페이스북(Facebook) 사건과 관련하여 「일반 데이터 보호 규칙(General Data Protection Regulation; GDPR)」과 경쟁법의 관계에 대한 분석으로는 이상윤, “디지털 플랫폼 사업자의 소비자 착취 행위에 대한 경쟁법의 적용 – 독일 페이스북 사건”, 선진상사법률연구, 제91호(2020. 7.) 참조. 미국의 링크드인(Linkedin)의 하이큐랩스(hiQ Labs)에 대한 데이터 스크래핑 금지와 관련하여 문제된 사건에 관해서는 Maureen K. Ohlhausen/Peter Huston, “hiQ v. Linkedin: A Clash Between Privacy and Competition”, 『Evolution of Antitrust in the Digital Era』, vol. 1, Competition Policy International, 2020, pp. 37–40 참조.

전성시대에 대해 서로 다른 다양한 시각이 존재한다.

첫째, 플랫폼의 폐해를 언급하면서 플랫폼에 대한 규제가 필요하다는 시각이다. 주요국가들은 규제 입법을 서두르고 있다. EU는 2019. 6. 20. EU P2B 규칙을 제정해 2020. 7. 21.부터 시행하고 있는데, 이에 따르면, 약관 내용 변경 시 최소 15일 전에 이용자에게 사전 통보할 의무, 상품의 노출 순위 결정 변수, 상품의 차별 취급 등에 대한 설명을 약관에 명시할 의무, 이용자가 무료로 이용할 수 있는 내부 분쟁 해결 시스템을 마련할 의무를 부과하고 있다. 뒤이어 일본도 올해 6월 EU P2B 규칙과 유사한 내용을 담은 특정 디지털 플랫폼법을 제정하였다.

한국의 경우, 온라인 플랫폼을 통한 중개거래를 규율하기 위해 여러 법안들이 발의된 상태인데, 이들 법안들은 입점 업체 간 거래 관계의 투명성과 공정성을 제고하여 플랫폼 생태계의 공정하고 지속가능한 발전이 가능하도록 제도적 기반을 마련한다는 취지로 플랫폼 사업자에게 계약서 서면 발급 의무, 표준계약서 권장, 계약 내용 변경 시 사전통지 의무 등을 부여하는 내용을 담고 있다, 또한, 기존의 공정거래법과 「대규모유통업에서의 거래 공정화에 관한 법률」의 불공정거래행위 및 각종 금지행위 규정을 플랫폼에도 확대 적용하기 위하여 플랫폼 이용 거절·제한, 구입 강제, 경제상 이익 제공 강요, 부당한 손해 전가, 경영 간섭 등 행위를 금지하고 있다.

미국은 아직 구체적인 입법은 없지만 온라인 플랫폼의 지배력이 소비자의 선택을 감소시키고 미국 경제의 혁신과 기업가 정신을 침해한다는 우려가 높아지고 있다. 또한 자유롭고 다양한 언론 환경을 훼손하고 사생활 침해도 야기하고 있다고 보고 있다. 2020. 10. 민주당이 주도한 미국 하원의 반독점보고서는 디지털 경제에서의 경쟁 회복을 위해 지배적 플랫폼의 구조적 분리 및 인접 사업 영역 진출 금지, 비차별 원칙 수립, 상호운용성 및 데이터 이동성 확보, 지배적 플랫폼 사업자가 실시하는 모든 인수 건들이 반경쟁적이라 추정함으로써 시장지배력 축소, 우월한 협상력 남용 금지를 제안하고 있다.

둘째, 플랫폼 규제는 혁신을 막고 장기적으로 데이터 경제 발전을 저해한다는 시각이다. 플랫폼 기업들이 미래 산업의 주역으로 장기적으로 높은 성장세를 보일 것이라는 전망이 다수인데, 이는 플랫폼의 기술 혁신 및 데이터 보유 등 경쟁 우위 요소의 보유 등으로 인한 미래 신 시장에서의 성장 가능성을 반영하는 것이다. 이들의 경쟁 우위는 치열한 경쟁과 기술 혁신을 통해 성취한 것이고 데이터의 집적도 사용자의 경험에 기초한 동의에 이루어진 것이라는 입장이다. 또한 4차 산업혁명 시대 플랫폼 기업은 플랫폼 간 경쟁으로 인해 계속 개방형 혁신을 통해 이용자와 개발자 네트워크를 확장해야 하므로 혁신을 계속할 수밖에 없고 지식과 아이디어는 장기적으로 공유되어 공공 이익 추구에 기여한다는 입장이다.

셋째, 한국에서 특유한 플랫폼 규제 반대 논의이다. 글로벌 플랫폼 기업의 공세에 대항하는 차원에서 국내 플랫폼 기업들에 대한 규제는 지양해야 한다는 입장이다. 국내 시장만을 바라보고 플랫폼 규제를 도입하다가는 역차별이 작용해 국내 토종 플랫폼만 규제를 받아 경쟁력이 쇠퇴하고 그 사이 글로벌 플랫폼들이 국내 시장을 차지할 우려가 있다는 것이다. 실제 최근 국내 플랫폼과 통신사는 구글의 앱 마켓 결제 수수료 정책에 대해서는 별도의 규제법안에 찬성 입장을 보이면서 차별적 규제를 지지하고 있다.

(2) 플랫폼에 대한 사회적 분위기 변화

최근 들어, 유럽연합, 미국, 우리나라 등 전 세계적으로 온라인 플랫폼에 대한 규제 강화 목소리가 높아지고 있다. 이는 미국의 빅테크 기업들을 중심으로 플랫폼 독점에 따른 폐해와 이에 대한 불만이 급증하고 있고, 그럼에도 불구하고 기술 진보에 따른 디지털 시장의 발전은 전통적인 경쟁법적 사후규제의 적용을 어렵게 하여[31] 규제와 법 집행이 실효적으로 이루어지지 못하고 있다는 강력한 비판적 여론에 따른 것이다.

이에 대한 대표적인 주장이 이미 잘 알려진 리나 칸(Lina M. Khan)의 아마존(Amazon)에 대한 비판이다. 리나 칸은 아마존이 ① 약탈적 가격을 통한 네트

---

31 예컨대 시장획정 방법, 다양한 시장지배력 전이·남용행위의 인정요건, 필수설비이론의 부활 가능성, 이른바 '선제적 인수합병'(killer acquisition) 등과 관련하여 많은 논란이 발생하고 있다.

워크 효과 및 규모의 경제 달성, ② 데이터 활용을 통한 소비자에 대한 고착효과 창출, ③ 상·하방시장의 수직적 결합, ④ 시장지배력 전이 및 수직적 제한(배타조건부 거래 및 MFN), ⑤ 잠재적 경쟁자에 대한 선제적 기업인수·합병 등 기존 미국 경쟁법을 우회하는 전략을 통해 시장지배력을 확보하였다고 주장하였고,[32] 이는 격렬한 찬반 논쟁을 불러일으켰다.

리나 칸의 주장에 대한 반론을 조금 소개해 보자면, 아마존의 퀴지(Quidsi)와 같은 잠재적 경쟁자 인수 전략은 실패하기도 하였고, 올버즈(Allbirds)와 같은 입점업체와 유사 제품을 판매하는 것이 소비자에게 나쁜 것만도 아니라는 반박을 예로 들 수 있다.[33] 이에 따르면, 아마존은 퀴지를 제거하기 위해 기저귀 가격을 30% 인하했고 궁극적으로는 퀴지(Quidsi)를 인수했지만, 이는 아마존의 오판이었다는 것이다.

당시, ① 월마트(Walmart)와 타겟(Target)도 손실을 감수하면서 젊은 엄마들과의 관계를 확보하는 이른바 'Loss Leader' 전략을 진행 중이었기 때문에 아마존은 출혈가격을 회수할 기회가 없었고, ② 아마존은 '팸퍼스', '하기스'와 같은 국민적 브랜드에 대한 협상력도 없었으며, ③ 아마존이 2016년에 기저귀 온라인 판매시장의 43%를 차지하기는 했지만, 기저귀는 전체 판매의 80%가 오프라인에서 발생하고 있었고, 이러한 결과로 결국 아마존은 2017. 4. 퀴지 및 그 인터넷 사이트(diapers.com)를 폐쇄할 수밖에 없었다는 점이 그 근거이다.[34]

반면, 퀴지 설립자는 이후 제트닷컴(Jet.com)을 새로 오픈하였고, 월마트는 이를 33억 달러에 인수하였다고 한다. 그리고 올버즈는 친환경 신발을 제조하여 아마존 사이트와 자체 사이트에서 동시에 판매하였는데, 아마존은 올버즈 제품에 대한 소비자들의 검색 데이터를 보고 이와 유사한 제품을 반값에 판매하였다. 그런데 ① 올버즈는 친환경 신발 제조에 필요한 유기농 원단도 100개 이상의 업체에 공급 중이었고, ② 아마존 외에 다른 유사한 대체재 판매자들도 존재하였으며, ③ 아마존은 올버즈의 엄격한 친환경 방식과 달리 천연 또는 재

32 Lina M. Khan, "Amazon's Antitrust Paradox", The Yale Law Journal, vol. 126, 2017. 1., pp. 746－783.

33 R. D. Atkinson/J. Kennedy, *op. cit.*, pp. 21－22.

34 *Id.*

생 원단을 사용하였기 때문에, 아마존이 유사품을 판매하면서 이를 올버즈 제품이라고 속이는 등의 위법행위를 하지 않고 소비자들이 자신이 구매하는 제품이 대체품에 불과하다는 점을 알고 있는 이상, 대체품의 존재는 소비자에게 혜택이 된다는 것이다.[35]

이후 미국에서는 다양한 플랫폼 규제 법안들, 즉 플랫폼의 하방시장 진출을 금지하는 내용의 「플랫폼 독점 종식법(Ending Platform Monopolies Act)」, 플랫폼의 잠재적 경쟁자에 대한 선제적 기업결합을 금지하는 내용의 「플랫폼 경쟁 및 기회법(Platform Competition and Opportunity Act)」, 플랫폼의 자사선호 행위를 금지하는 내용의 「온라인상에서 미국의 선택 및 혁신법(American Choice and Innovation Online Act)」, 데이터 이동성 및 상호운용성 보장을 목표로 하는 「서비스 전환 허용에 따른 호환성 및 경쟁 증진법(Augmenting Compatibility and Competition by Enabling Service Switching Act; ACCESS Act)」, 기업결합 수수료 인상을 내용으로 하는 「기업결합 수수료 현대화법(Merger Filing Fee Modernizing Act)」이 제안되었으나,[36] 입법에는 이르지 못하였다.

사실 판례법 국가인 미국에서 이처럼 많은 성문법을 제안하는 것은 이례적이며, 또한 세계 최고의 선진국에서 경쟁정책을 위해 산업정책까지 총동원하는 것도 보기 드문 일이다. 한편 행정명령과 반독점 패키지 법안은 미국 정부가 자국 기업인 빅테크에 대한 규제에 소극적이었던 태도에서 변화를 선언한 것이라는 점에서 의미가 있으며, 미국 빅테크를 규제하려는 EU의 인식이나 규제동향과 유사하다는 점도 흥미롭다. 또한 통상 IT 기업친화적인 민주당 정부가 이들에 대한 규제를 시도한다는 측면에서도 특이성이 있다고 할 것이다.

다만, 올해 2025년 1월 트럼프 2기 행정부 출범으로 인해 플랫폼 규제 정책의 상당한 변화가 예상되고 있다. 트럼프 2기 행정부는 1기와 같지만 더 강력한 내용을 담은 위대한 미국 재건(Make America Great Again)을 슬로건으로 내세웠다. 이에 따라 트럼프 2기 행정부에서는 미·중 간 글로벌 기술 패권 경쟁

---

35 *Id.*

36 이 법안의 상세내용은 이성엽, “미국의 플랫폼 반독점 패키지법−혁신과 전략을 위해 플랫폼 독점을 규제한다”, 월간 통상, 제113호(2021. 10.), 25−27면 참조.

속에서 경제 안보를 앞세운 '신보호주의' 정책과 미국 경제, 일자리 보호를 최우선으로 삼고 관세 인상 등 대외무역과 외국자본에 강력한 규제를 도입하려는 '자국 우선주의' 정책 기조가 한층 강화될 것으로 예상된다.

먼저 AI 정책에 대해서 보면, 기본적인 방향은 규제보다 산업 지원을 우선시하여 기존 규제를 폐지 내지 완화하고 중국 등 다른 나라와의 기술 격차를 벌리는 데 집중할 것으로 보인다.

트럼프는 이미 바이든이 작년 10월 발표한 AI 행정명령을 폐기하겠다고 밝힌 바 있다. 트럼프는 1기 재임 시인 2019년 2월 국가 번영 증진, 국가 및 경제 안보 강화, 자국민 삶의 질 향상에 중점을 둔 '미국 AI 리더십 유지 행정명령'(Maintaining American Leadership in Artificial Intelligence Executive Order 13859)을 발표한 바 있다. 당시 행정명령은 AI에 대한 과도한 규제를 제한하고 AI 기술 개발을 촉진하는 것이 초점이었다.

그런데 트럼프는 경선 과정에서 'AI 안전성 검토,' '딥페이크 콘텐츠 워터마크 표식 의무화' 등을 포함한 바이든 정부의 AI 행정명령을 불법 검열이라고 비판한 바 있으며, 7월 공화당 전국위원회에서는 바이든의 행정명령을 AI 혁신을 저해하고, 급진 좌파적 이념(Radical Leftwing ideas)을 AI 개발에 강요하는 위험한 것으로 보고 이를 철회할 것이라고 밝혔다.

이와 관련 트럼프와 신임 각료 지명자들은 표현의 자유 보호를 강화하려는 입장을 일관되게 밝히고 있는 점이 흥미롭다. 트럼프에 의해 연방통신위원장(FCC)으로 지명된 브렌건 카(Brenden Carr)는 통신품위법 제230조 상 인터넷 콘텐츠의 합법성 여부에 대한 플랫폼의 면책과 플랫폼의 콘텐츠 자율규제에 대해 수정이 필요하다는 주장을 해온 인물이다. 트럼프는 빅테크가 이 조항을 이용해 보수적인 의견을 불공정하게 검열하거나 억제한다고 보고 있다. 결국 트럼프의 표현의 자유 주장은 전통적인 공화당의 보수주의 수호를 위한 빅테크에 대한 압박에 불과하여 이를 과연 정부와 빅테크의 개입 제한을 내용으로 하는 일반적인 표현의 자유 확대로 볼 수 있을지는 의문이다.

트럼프 2기 행정부의 플랫폼 정책의 방향에 대해서는 전망이 엇갈린다. 표현의 자유 보호 차원에서 플랫폼에 대한 규제를 강화할 것이라는 전망이 있지만, AI 관련해서는 반독점법 집행을 완화할 것이라는 전망도 있다. 연방거래위원회(FTC) 위원장으로 지명된 앤드류 퍼거슨(Andrew Ferguson)도 빅테크가 경제적 권력을 표현의 자유 억압에 사용했다고 주장했다. 트럼프는 지난 12월 5일 게일 슬레이터(Gail Slater)를 법무부 반독점 차관으로 임명하면서 빅테크는 수년 동안 폭주하면서 가장 혁신적인 부문에서 경쟁을 억제했으며, 시장지배력을 사용하여 중소기업과 미국인의 권리를 억눌러왔다고 밝힌 바 있다. 결국 트럼프 정부의 플랫폼 정책은 기본적으로 바이든 정부의 반독점 규제 입장을 이어갈 것으로 예상되지만, AI 분야에서는 규제 완화 입장을 취할 것으로 보인다.

(3) 플랫폼에 대한 합리적인 법정책 설계 · 집행

그러나 이와 같은 일부 반론에도 불구하고, 전체적인 여론은 플랫폼 독점에 대한 강력한 규제가 필요하다는 방향으로 흐르고 있다. 그러므로 플랫폼에 대한 법정책적 접근도 결국은 플랫폼 독점 해소를 위한 효율적 방안이 무엇인가에 대한 논의로 귀결된다.

그런데 디지털 또는 온라인 플랫폼을 기반으로 혁신이 강조되는 디지털 경제에서 규제는 매우 어려운 일이다. 혁신은 본래 불확실성, 복잡성, 일시성 및 유연성이라는 속성을 지니기 때문에 법적 안정성과 일관성, 예측가능성이 요구되는 전통적인 규제와는 본질적으로 상충되는 면이 있기 때문이다.[37] 게다가, 디지털 경제에서의 급격한 기술 혁신은 불확실성을 특히 증대시키는데, 이처럼 정보가 불충분한 상황에서 너무 섣부른 규제는 시장구조와 경쟁을 왜곡시키고 혁신을 저해시킬 수 있고, 반대로 너무 늦은 규제는 규제의 실효성과 유연성에 지장을 초래할 수 있다.[38]

그러므로 디지털 시장에서 규제와 육성의 조화는 상당한 난제일 수밖에 없는데, 기본적으로 규제는 그 필요성 내지 정당화근거, 즉 사회질서에 대한 위험이나 폐해가 확인되거나 그러한 우려가 현저한 경우에 그러한 위험이나 폐

---

37 이성엽, "공유경제(Sharing economy)에 대한 정부규제의 필요성", 행정법연구, 제44호(2016. 2.), 27면.

38 이원우, "규제국가의 전개와 공법학의 과제", 경제규제와 법, 제14권 제2호(2021. 11.), 17면.

해의 정도에 따라 비례에 맞게 이루어져야 한다는 원칙이 지켜져야 할 것이다.[39]

또한, 혁신 기술이나 서비스가 성숙할 때까지는 비규제 영역으로 남겨 두거나, 우선허용을 원칙으로 하는 네거티브 규제를 고려하고,[40] 자율규제를 비롯하여 단계적·맞춤형·잠정적 규제 등 유연한 규제 방식을 활용할 필요가 있으며, 규제의 중복으로 인한 불편이 발생하지 않도록 해야 한다.[41]

이러한 관점에서 볼 때, 해외의 동향은 규제의 필요성 또는 정당화근거는 인정하는 전제하에 규제 방식에 대한 논의로 초점이 모아지고 있는 것으로 평가할 수 있다. 이는 EU P2B 규칙과 같이 중개거래의 투명성·공정성을 강화하는 방향과 빅테크 기업을 직접적인 규제대상으로 하는 방향으로 나누어졌고, 후자에 관해서는 사후규제 또는 사후적 행태규제와 같은 전통적인 경쟁법적 해결방식을 취할 것인지 아니면 (비대칭적) 사전규제를 도입할 것인지에 대한 논의가 진행되고 있다. 2019년에 도입된 EU P2B 규칙에 대해서는 국내에서도 다수의 문헌을 통해 그 내용, 의미, 효과 등이 자세히 분석되어 있으므로 여기에서는 플랫폼 독점에 관한 동향에 대해서만 간략히 살펴보고자 한다.

우선, 전통적으로 경쟁법을 통한 시장질서 확보가 강조되어 왔던 미국에서는 플랫폼 독점에 대해서도 경쟁법적 해결이 강조되고 있다. 예컨대, 개인정보 보호 같은 영역에서는 (사전)규제가 적합한 수단일 수 있지만 플랫폼 독점에 따른 위협을 제거하면서도 규제실패를 방지하기 위해서는 경쟁법의 사안별 접근방식을 취하면서 기존의 경쟁법 집행을 강화하는 것이 더 적합하다거나,[42] 알고리듬을 통한 담합, 지배적 플랫폼의 배제남용행위, 혁신 저해, 이용자(영업적 이용자, 소비자)에 대한 피해 야기 등의 문제는 연방대법원의 경쟁법 적용이 너무 느슨한 데서 비롯된 것이므로 시장력에 대한 이해 변화, 약탈적 가격책정에 대한 경쟁법 집행기준 완화, 양면시장에서의 수직적 제한행위의 정당화사유(예컨대, 양면시장에서 단일시장 기준을 채택함에 따라 소비자가격 인하를 영업적 이용자에 대한

39 이원우, 위의 글, 21면

40 이성엽, 앞의 글(공유경제), 27-28면.

41 이승민, "온라인 플랫폼에 대한 합리적 규제 방안", 행정법연구, 제64호(2021. 3.), 146-151면.

42 H. Hovenkamp, *op. cit.*, pp. 2049-2050.

수직적 제한의 정당화근거로 삼는 것) 제한 등 경쟁법의 변혁이 필요하다는 주장[43]이 제기되고 있다. 현재 미국에서 논의되고 있는 플랫폼 규제 법안들도 기본적으로 경쟁법을 기초로 그에 대한 변화를 추구하려는 노력으로 볼 수 있다.

유럽에서도 경쟁법은 플랫폼 독점 해소를 위한 중요한 수단으로 논의되고 있으며, 대표적으로 '크레메르 보고서'에서는 플랫폼 사업자의 시장력 측정방식 개선, 시장지배적 지위 남용행위 인정요건 완화, 기업결합심사 강화 등을 제안하고 있다.[44] 그러나 사후규제와 사전규제의 경계가 항상 분명한 것은 아니며, 사후규제가 그 내용이 구체화될수록 사전규제에 가까워진다는 점에서[45] 일반경쟁규제와 전문규제의 경계는 점점 희석되어가고 있다.

특히, 유럽연합의 DMA 발의 이후, 일반경쟁규제와 전문규제의 이분법이 아닌 양자의 상호보완이 강조되는 것은 주목할 만하다.[46] 예컨대, 독일은 2021. 1. 「경쟁제한방지법(Gesetzes gegen Wettbewerbsbeschränkungen)」이 개정되어 시장지배적 지위 남용행위에 대한 규율이 대폭 강화되었는데, 이에 따르면 데이터, 망 또는 기타 인프라에 대한 접근 거부가 기존의 시장지배적 지위 남용행위 유형에 추가되었고(제19조 제2항 제4호), 경쟁상 우월적이며 시장의 경계를 넘어서는 유의미한 사업자의 남용행위에 관한 조항(제19조a)이 신설되어 이러한 사업자의 공급·판매시장에서의 자사선호 및 차별취급 행위, 앱 선탑재나 끼워팔기, 경쟁상품 광고·제공 방해, 데이터를 통한 시장 진입장벽 형성·증대행위의 제한, 상호운용성 및 데이터 이동성의 제한행위 등이 남용행위로 열거되었다(같은 조 제2항).[47] 이와 같은 개정법의 내용은 DMA 제5조 및 제6조에 열거된 게이트

43 Jonathan B. Baker, 『The Antitrust Paradigm』, Harvard University Press, 2019, pp. 176－193.

44 이에 관한 자세한 내용은 박유리/최계영/이경선/오정숙/이은민/손가녕/김성환/이승민/최난설헌, 『온라인 플랫폼 생태계 발전을 위한 정책 방향 연구』, 정보통신정책연구원, 2021. 12., 162－166면 참조.

45 이희정, 앞의 글(부가서비스), 150－152면 참조.

46 J. Crémer et al., *op. cit.*, pp. 4－5; Ministère de l'économie, des finances et de la relance, Communiqué de presse, "Bruno Le Maire et Cédric O s'accordent avec leurs homologues néerlandais et allemand pour renforcer le Digital Markets Act", 2021. 5. 28. 이 보도자료의 자세한 내용은 프랑스의 플랫폼 규제 부분에서 후술한다.

47 유영국, "독일 경쟁제한방지법 제10차 개정(안)의 주요 내용과 독점규제법상 시사점", 경쟁법연구, 제42호(2020. 11.), 234－235면; 이지헌, "디지털 환경에 대응한 독일 경쟁제한방지법 개

키퍼에 대한 여러 사전규제[48]와 상당히 유사하다.

한편, 영국은 '퍼먼 보고서(Furman Report)'에서 ① 단일 디지털 시장의 창설과 같은 제도적 변화, ② 행동강령, 일정 유형의 데이터에 대한 의무적 접근 허용, 오픈 스탠다드와 같은 사전규제 도입, ③ 기업결합심사 강화, ④ 글로벌 리더십에 따른 협력이 주장된 바 있으며,[49] 이 보고서는 영국 재무장관(Chancellor of the Exchequer)에 제출되어 영국 경쟁시장청(Competition Markets Authority; CMA) 산하에 디지털시장유닛(Digital Markets Unit)이 설치되는 계기가 되었는데, 영국은 일반경쟁규제기관과 전문규제기관 사이에 공동관할권이라는 독특한 제도를 보유하고 있는 국가라는 점도 참고할 필요가 있다.[50]

우리나라의 경우, 앞서 살펴본 것처럼 온라인 플랫폼을 통한 중개거래의 투명성·공정성에 관한 규율과 온라인 플랫폼의 독점에 관한 규율을 위해 공정거래위원회를 소관부처로 하는 수많은 제정법안과 공정거래법 개정안이 발의되어 있다. 지난 국회에서도 온라인 플랫폼 중개거래에 대한 규율을 위해 공정거래위원회를 중심으로 많은 제정법안들이 발의되었고, 방송통신위원회를 소관부처로 하는 「온라인 플랫폼 이용자 보호에 관한 법률안」도 발의되었지만, 당시 공정거래위원회와 방송통신위원회의 관할권 경쟁과 중복규제 문제를 해소하지 못한 채 입법에 이르지 못하였다. 다만, 플랫폼 독점에 관한 규율로 공정거래위원회의 「온라인 플랫폼 사업자의 시장지배적 지위 남용행위에 대한 심사지침」이 제정되어 전통적인 경쟁법적 해결을 도모하려 하고 있다. 이 외에 앱 마켓사업자에 대한 앱 마켓과 인앱 결제를 둘러싼 남용행위를 제한하기 위하여 전기통신사업법이 개정되었는데, 이는 방송통신위원회의 사후규제 권한

정", KISDI 정책동향, 제2호(2021. 5.), 7−8면 각 참조.

48 제5조는 개인정보 무단 활용 금지, MFN 제한, 플랫폼 이용 강제 금지, 끼워팔기 및 멀티호밍 제한 금지 등을 명시하고 있고, 제6조는 영업적 이용자가 창출한 정보 무단 이용 금지, 앱 삭제·선택 허용, 앱 마켓 선택 및 상호운용 허용, 정렬순서(ranking)·색인(indexing)·수집(crawling)에 있어 공정하고 비차별적인 조건 적용, 하드웨어 및 서비스에 대한 상호운용성 확보, 데이터 이동성 확보, 영업 데이터 제공 등에 대해 규정하고 있다.

49 J. Furman et al., *op. cit.*, pp. 5−8.

50 공동관할권 제도에 관한 자세한 내용은 이희정, "통신시장에 대한 경쟁규제권한의 배분과 조화 − 영국 모델의 시사점", 토지공법연구, 제37집 제1호(2007. 8.) 참조.

을 강화하는 내용이어서 플랫폼 독점에 관한 규율 측면에서 경쟁당국(공정거래위원회)과 전문규제기관(방송통신위원회) 사이의 경쟁이 발생하고 있다.

그러나 이러한 입법적 논의는 해외의 사례에 대한 무분별한 추종이 되어서는 안 될 것이다. 즉, 어떤 경우든 법정책에 있어 중요한 것은 기본원칙을 준수하는 것이며, 규제의 경우에는 그것이 사실적 측면에서 정당한 근거를 가지고 있는지, 다시 말해 규제의 필요성과 정도가 실증적으로 확인이 되는지, 그러한 확인 과정에서 사회의 일부 구성원들만의 목소리가 과잉 대표된 것은 아닌지, 유럽과 우리나라의 시장 및 산업적 측면에서의 차이가 법정책적 목표와 수단에 적절히 반영되어 있는지 등부터 면밀하게 검토하여 규제와 육성의 균형이 무너지지 않도록 해야 하며, 수단과 방식을 선택함에 있어서도 그 비용과 편익을 신중하게 살펴야 한다. 지면 관계상 이 글에서 상세하게 논하기는 어렵지만, 플랫폼 규제에 관하여 국내에서 제안되고 있는 각종 입법에 대해서는 이러한 관점에서 비판적 검토가 필요할 것이다.

한편 이런 규제법 설계에서 고려해야 할 사항이 규제법은 국민의 영업의 자유와 재산권을 침해할 수 있기 때문에 일정한 법적 요건을 갖추어야 한다는 것이다. 법제처의 법령 입안·심사기준에 따르면 입법의 필요성, 입법내용의 정당성 및 법적합성, 조화성 등이 요구되고,[51] 헌법재판소에 따르면 비례의 원칙 또는 과잉금지의 원칙을 준수해야 한다.[52] 여기서 비례의 원칙 또는 과잉금지의 원칙이란 국민의 자유와 권리를 제한하는 입법을 할 때 그 제한이 기본권을 제한함으로써 달성하고자 하는 공익과 비례해야 한다는 것이다. 구체적으로는 목적이 정당해야 하고(목적의 정당성), 방법이 적절해야 하며(수단의 적절성), 기본권 제한이 필요 최소한도에 그쳐야 하며(침해의 최소성), 달성하려는 공익이 침해되는 사익보다 커야 한다(법익의 균형성)는 4단계 테스트이다.

구체적으로 보면 입법 목적의 정당성이란 국민의 기본권을 제한하는 입법의 목적은 헌법 및 법률의 체제상 그 정당성이 인정되어야 한다는 원칙으로서, 입법으로 규율하려는 사항이 헌법 제37조 제2항의 국가안전보장, 질서유지 또

51 법제처, 『법령 입안·심사 기준』, 2024, 8-9면.

52 헌법재판소 2002. 4. 25.자 2001헌마614 결정.

는 공공복리에 해당되는 사항이어야 한다는 것을 의미한다. 수단의 적절성이란 국민의 기본권을 제한하는 입법의 목적 달성을 위한 방법은 효과적이고 적절해야 한다는 것을 의미한다. 침해의 최소성이란 기본권 제한의 조치가 입법 목적 달성을 위해 적절한 것이라도 보다 완화된 다른 수단이나 방법(대안)은 없는지를 모색함으로써 그 제한이 필요 최소한의 것이 되도록 해야 한다는 것을 의미한다. 법익의 균형성이란 입법에 의하여 보호하려는 공익과 침해되는 사익(私益)을 비교형량할 때 보호되는 공익이 더 크거나 적어도 양자 간 균형이 유지되어야 한다는 것을 의미한다.[53]

이 기준에 맞추어 양 법을 심사해보면 그 결과는 어떨까. 먼저 플랫폼을 이용하는 입점업체와 소비자를 보호하겠다는 입법 목적은 정당하다고 할 수 있다. 다음은 수단의 적절성이다. 양법에서 수단으로 도입하고 있는 것은 사전규제로 계약서 작성, 교부, 계약 변경 통지, 검색노출기준 공개이고, 사후규제로 불공정행위 금지 등이다. 이중 사전규제의 도입은 각각 일반경쟁법과 ICT 분야 특별경쟁법의 사후규제기관인 공정거래위원회와 방송통신위원회의 본질적 업무영역에 속하는 것인지 의문이고, 사후규제는 기존의 공정거래법이나 전기통신사업법의 개정으로도 가능하다는 비판이 있다.

이는 결국 양 법이 정책적으로 필요한 것인지 나아가 규범화가 필요한 것인지에 대한 의문으로 연결된다. 2단계 테스트만으로도 당장 양 법의 정당성을 수긍하기 어렵다는 점에서 보다 긴 호흡으로 사실조사, 증거수집, 의견수렴을 진행할 필요가 있다. 국가기관 간의 불필요한 규제경쟁이 영역확보전으로 과열되면 결국 기업과 국민에게 그 피해가 돌아오게 된다는 점을 유의할 필요가 있다.

(4) 플랫폼 거버넌스

EU는 2020. 7.부터 EU P2B 규칙을 시행 중이며, 최근에는 DMA와 DSA를 제정했다. 전자는 핵심 플랫폼인 '게이트키퍼'의 독점남용행위를 금지하고 있고, 후자는 불법 콘텐츠 등 대한 플랫폼의 책임을 부과한다. 규제권한은 전문

53 법제처, 앞의 책, 31-33면.

규제당국인 EU 정보통신총국에 있으며, DMA의 경우에는 정보통신총국과 경쟁총국이 공동관할권을 행사한다. 일본은 특정 디지털 플랫폼법을 제정, 시행하고 있다. 주무 부처는 경제산업성이며, 하위법령 제정·변경 등의 경우 통신규제기관인 총무성과 협의하며, 독점금지법 위반 사안은 공정거래위원회(公正取引委員会)와도 협의한다. 중국의 경우 별도 입법은 없고 국무원 반독점위원회가 「플랫폼경제 분야에 관한 반독점지침」을 제정, 시행 중이다.

미국의 경우, 전술한 바와 같이 플랫폼에 대한 반독점 패키지 법안이 발의된 바 있는데, 규제권한은 경쟁당국인 FTC(연방거래위원회)에 있다. 한국은 경쟁당국인 공정거래위원회와 전문규제기관인 방송통신위원회가 각각 온라인 플랫폼 공정화법, 디지털 플랫폼 이용자보호법을 제안하고 있다.

해외 사례를 보면 EU와 일본은 통신규제당국, 미국과 중국은 경쟁당국이 플랫폼 규제를 관할하고 있다. 아직 플랫폼으로 인한 위험이 현실화되고 있지 않는 시점에서 규제 도입은 바람직하지 않지만, 향후 규제를 도입하는 경우에는 플랫폼이라는 ICT 기반의 융합서비스에 관한 기술적, 산업적 전문성을 가진 기관이 규제를 담당하는 것이 타당하다. 다만, 기업결합, 시장지배력 규제와 같이 경쟁당국의 고유권한까지 고려하면 단일법을 제정하되 양 부처가 공동으로 권한을 행사하는 것을 고려할 수 있다. 한편 플랫폼 진흥 정책은 기존 ICT 정책부서인 과학기술정보통신부가 맡아야 할 것이다. 또한 플랫폼을 비롯한 데이터, AI 등 디지털 대전환을 위한 범정부적인 컨트롤 타워의 신설도 검토할 필요가 있다.

참고문헌

[국내문헌]

박유리 · 최계영 · 이경선 · 오정숙 · 이은민 · 손가녕 · 김성환 · 이승민 · 최난설헌, 『온라인 플랫폼 생태계 발전을 위한 정책 방향 연구』, 정보통신정책연구원, 2021

법제처, 『법령 입안 · 심사 기준』, 2024

유영국, "독일 경쟁제한방지법 제10차 개정(안)의 주요 내용과 독점규제법상 시사점", 경쟁법연구, 제42호(2020. 11.)

이기종, 『플랫폼 경쟁법』, 삼영사, 2021

이상윤, "디지털 플랫폼 사업자의 소비자 착취 행위에 대한 경쟁법의 적용 – 독일 페이스북 사건", 선진상사법률연구, 제91호(2020. 7.)

이성엽, "공유경제(Sharing economy)에 대한 정부규제의 필요성", 행정법연구, 제44호(2016. 2.)

______, "미국의 플랫폼 반독점 패키지법 – 혁신과 성택을 위해 플랫폼 독점을 규제한다", 월간 통상, 제113호(2021. 10.)

이승민, "온라인 플랫폼에 대한 합리적 규제 방안", 행정법연구, 제64호(2021. 3.)

이원우, "규제국가의 전개와 공법학의 과제", 경제규제와 법, 제14권 제2호(2021. 11.)

이재열, "플랫폼 사회, 코로나 19가 재촉한 변화와 대응", 『플랫폼 사회가 온다 – 디지털 플랫폼의 도전과 사회질서의 재편』, 한울아카데미, 2021

이지헌, "디지털 환경에 대응한 독일 경쟁제한방지법 개정", KISDI 정책동향, 제2호(2021. 5.)

이희정, "통신시장에 대한 경쟁규제권한의 배분과 조화 – 영국 모델의 시사점", 토지공법연구, 제37집 제1호(2007. 8.)

______, "인터넷상 부가서비스 규제에 대한 일고", 경제규제와 법, 제8권 제1호(2015. 5.)

조성국 · 이호영, "인터넷 검색사업자의 경쟁법적 규제에 관한 연구 – 검색중립성 논의와 규제사례 및 그 시사점을 중심으로", 경쟁법연구, 제31권(2015. 5.)

최난설헌, "디지털 경제에서의 데이터 집중과 경쟁정책", 『데이터와 법』, (사)한국데이터법정책학회/박영사, 2021

[국외문헌]

David. S. Evans, "Vertical Restraints in a Digital World", Evolution of Antitrust in the Digital Era, vol. 1, Competition Policy International, 2020

Francesco Ducci, 『Natural Monopolies in Digital Platform Markets』, Cambridge University Press, 2020

Geoffrey G. Parker/Marshall W. Van Alstyne/Sangeet Paul Choudary, 『Platform Revolution: How Networked Markets Are Transforming the Economy and How to Make Them Work for You』, W. W. Norton & Company, 2016

Herbert Hovenkamp, "Antitrust and Platform Monopoly", The Yale Law Journal, vol. 130, 2021. 6.

Jacques Crémer/Yves-Alexandre de Montjoye/Heike Schweitzer, 『Competition policy for the digital era』, Publications Office of the European Union, 2019

Jason Furman/Diane Coyle/Amelia Fletcher/Derek McAuley/Philip Marsden, 『Unlocking digital competition: Report of the Digital Competition Expert Panel』, 2019. 3.

Jonathan B. Baker, 『The Antitrust Paradigm』, Harvard University Press, 2019

Jose Van Dijck/Thomas Poell/Martijnde Waal, 『The Platform Society: Pubilc Values in a Connected World』, Oxford University Press, 2018

Lina M. Khan, "Amazon's Antitrust Paradox", The Yale Law Journal, vol. 126, 2017. 1.

Martin Kenney/John Zysman, "The Rise of the Platform Economy", Issues in science and technology, 32(3), 2016

Maureen K. Ohlhausen/Peter Huston, "hiQ v. Linkedin: A Clash Between Privacy and Competition", 『Evolution of Antitrust in the Digital Era』, vol. 1, Competition Policy International, 2020

Michael A. Cusumano/Annabelle Gawer/David. B. Yoffie, 『The Business of Platforms』, HarperCollins, 2019

Ministère de l'économie, des finances et de la relance, Communiqué de presse, "Bruno Le Maire et Cédric O s'accordent avec leurs homologues néer-landais et allemand pour renforcer le Digital Markets Act", 2021. 5. 28.

OECD Directorate for Financial and Enterprise Affairs Competition Committee, "Big Data: Bringing Competition Policy to the Digital Era", Background note by the Secretariat, 2016. 11.

OECD, 『An Introduction to Online Platforms and Their Role in the Digital Transformation』, 2019

Robert D. Atkinson/Joe Kennedy, “The Antitrust “Challenge” of Digital Platforms: How a Fixation on Size Threatens Productivity and Innovation”, 『Evolution of Antitrust in the Digital Era』, vol. 1, Competition Policy International, 2020

02 플랫폼의 국가기능 수탁

박상철 / 서울대학교 법학전문대학원

I 들어가며

플랫폼에 대한 규제 일변도의 입법들이 추진되면서, 자국 플랫폼을 보유한 우리 현실에서 더 중요한 과제일 수 있는 플랫폼의 국가기능 수탁에 대한 규율의 합리화가 간과되었다. 특히 EU의 DSA 패키지(Digital Services Act package) 중 우리 현실에서 가장 긴요히 참조할 만한 것이 디지털서비스법(Digital Services Act; "DSA") 전반부의 핵심인 매개자책임 조항들인데, 이것만 쏙 뺀 채 우리 현실에 맞지 않는 나머지 조항들만 참고한 법안들만 준비되고 있다. 플랫폼이 자기 테두리 내에서 국가기능의 일부를 국가기관을 대신하여 수행하는 범위는 나날이 확대되고 있고, 우리 법은 그 속도를 따라가지 못하고 있다. 플랫폼의 이러한 "사적 규제자(private regulator)"[1]로서의 활동은 플랫폼 스스로가 다양성과 생산성을 증진[2]하고 보완재적 요소들의 시장을 효율적으로 조성[3]하기 위해 자발적으로 수행하기도 하고 국가가 법체계를 통해 위탁 또는 의무화하기도 한다. 이조차도 빅테크가 "게임설정자(gamemaker)"로서 경쟁의 프로세스 자체를

1 Kevin J. Boudreau and Andrei Hagiu, "Platform Rules: Multi－Sided Platforms as Regulators," in *Platforms, Markets and Innovation,* Annabelle Gawer Ed., Edward Elgar, 2009, p. 167－171.

2 Marco Iansiti and Roy Levien, *The Keystone Advantage: What the New Dynamics of Business Ecosystems Mean for Strategy, Innovation, and Sustainability,* Harvard Business Press, 2004, p. 68－72. Recited from *Id.*, p. 164－165.

3 Joseph Farrell and Michael L. Katz, "Innovation, Rent Extraction, and Integration in Systems Markets," *Journal of Industrial Economics,* Vol. 48 Issue 4 (2000), p. 431. Recited from Boudreau, supra note 2, p. 165.

설계한다는 우려가 제기되는 등[4] 경쟁법적 관점으로 치환되기도 하나, 이하에서는 플랫폼의 국가기능 수탁 기능 자체의 합리화, 체계화 방안을 검토한다. 플랫폼이 수탁받아 수행하는 국가기능 중 입법작용은 외국의 경우 플랫폼의 규칙설정자(rule－setter)로서의 역할에 대한 논의가 이루어져 왔으나 우리나라의 경우 특유의 약관법상 규제 문제로 환원되는 측면이 있어, 이하 행정·사법작용의 수탁에 초점을 맞추어 검토한다.

II 행정작용의 수탁

1. 이용자생성콘텐트에 대한 치안(policing UGCs): 매개자책임(intermediary liability)

국가가 이용자들이 플랫폼에 게시하는 위법·침해적인 이용자생성콘텐트(user－generated content; UGC) 또는 이용사업자들이 판매하는 위법·침해적인 상품을 일일이 감시·차단하는 것은 비효율적이므로 그 전부 또는 일부를 플랫폼에 위임한다. 예외적으로 미국이 표현의 자유의 극대화를 위해 통신품위법(Communications Decency Act of 1996) §230(47 U.S.C. §230)에 따라 플랫폼을 완전면책(CDA immunity)한 것을 제외하면, 다른 법역들은 대체로 플랫폼에 일정한 매개자책임을 지움으로써 그에 따른 조치의무를 지운다. 우리의 경우 관련 조항들이 여러 법령들에 산일(fragmented)되어 있는데, (1) 플랫폼에 일정한 매개자책임을 지워 감시의무의 범위와 수준을 정하거나 직접 기술적 조치[5]를 취하게 하고, (2) 권리주장자 또는 규제관청의 플랫폼에 대한 위법 UGC의 게시중단요

4 Maurice E. Stucke and Ariel Ezrachi, *Competition Overdose: How Free Market Mythology Transformed Us from Citizen Kings to Market Servants*, Harper Collins, 2020, p. 192－225.

5 대규모 소셜미디어/웹캐스팅/검색엔진, 웹하드/P2P 등의 불법촬영물등 사전조치의무(전기통신사업법 제22조의5), 웹하드/P2P 등의 저작권 침해 방지를 위한 기술적 조치의무(저작권법 제104조, 전기통신사업법 제22조 제2항 제1호, 제22조의3) 등.

청(notice and takedown) 절차를 마련하며,[6] (3) 판매자의 신원정보를 확인하도록 하면서[7] 권리주장자가 게시자에게 직접 법적 책임을 묻기 위해 신원정보 개시를 요청할 경우 절차를 정하고,[8] (4) 책임자를 지정하도록 한다.[9] 그런데 매개자 책임의 판단기준은 다음과 같이 갈려 있다.

〈표 2-1〉 현 법령(한-EU FTA 포함) 및 판례상 플랫폼의 매개자책임

	완전면책 (immunity)	통지기반책임 (notice-based liability)	실제인식기반책임 (actual knowledge-based liability)	추정적인식기반책임 (constructive knowledge-based liability)	엄격책임 (strict liability)
민사 책임	도관 관련 저작권[10] 또는 EU 서비스 제공자[11] 침해, 거래비관여형 플랫폼의 전상법상 책임[12]	(캐싱 저작권 침해[13]) 저장 저작권 침해 판례[14]	저장·검색 저작권 침해,[15] EU 서비스 제공자 호스팅·캐싱 침해[16]	불법행위: 명예훼손,[17] 상표권 침해,[18] 저작권 침해 판례 (2011년 법 개정 전)[19]	(거래 관여형 플랫폼의 전상법상 책임[20])
형사 책임	(해석상 도관의 경우 위와 같을 듯)	–	부작위 방조책임 일반	–	–

6 명예훼손 등 타인 권리 침해 정보 삭제·임시조치(정보통신망법 제44조의2)(대판 2012. 12. 4. 2010마817은 상표권 침해가 타인 권리 침해에 해당하지 않는다고 판시), 저작물 복제·전송 중단 요구(저작권법 제103조) 등.

7 전자상거래법은 호스팅서비스제공자(제9조 제2항), 전자게시판서비스제공자(제9조의2 제3항), 통신판매중개자(제20조 제2항)에게 신원확인 의무를 부과한다.

8 실무상 민사는 피고를 성별불상자로 기재한 소장과 플랫폼에 대한 사실조회신청서를 제출하여 인적사항을 전달받아 소장을 보정하여 민사소송을 하고, 형사는 수사기관이 통신자료 제공 절차로 인적사항을 입수하나, 각 법령에서 추가적인 절차를 규정한다: (1) 명예훼손 등은 방심위(명예훼손분쟁조정부)에 제공청구(정보통신망법 제44조의6), (2) 저작권 침해는 문화체육부(저작권보호심의위원회 심의)의 플랫폼에 대한 제출명령을 요청(저작권법 제103조의3), (3) 마켓플레이스는 입법예고된 전자상거래법 개정안상 분쟁 발생 시 사업자면(B2C) 소비자에 정보를 제공하고, 사업자가 아니면(C2C) 소비자에 정보를 제공하여 분쟁해결에 협조하도록 하였으나, 개인정보보호위원회("개보위")가 2021. 4. 28.자 의결로 개인정보 침해 우려를 지적하여, 성명을 제외한 "회원의 주소 수집 및 제공의무"는 개정안에서 삭제되었다. 한편, 대법원은 오픈마켓이 상표권 침해 의심 물품을 게시한 판매자의 신원·판매정보를 상표권자에게 제공할 의무는 없다고 판시하였다(대판 2012. 12. 4. 2010마817).

9 수령인(저작권법 제103조 제4항), 불법촬영물등유통방지책임자(정보통신망법 제44의9), 자료제공업무책임자(자살예방법 제19의4) 등.

10 저작권법 제102조 제1항 제1호(각 목 조건 충족 시 면책). 단, 도관은 플랫폼보다는 주로 ISP이다(단, 플랫폼의 이메일, 메시징, VoIP 등 통신 유사 기능들을 도관으로 볼 여지는 있다).

행정 제재	–	명예훼손 등 타인의 권리 침해[21]	불법촬영물등[22], 불법의약품[23], 생활화학제품등[24], 전기·생활용품[25]	–	도서 정가제 위반[26]

11 한–EU FTA 제10.63조.

12 현 전자상거래법상으로는 플랫폼이 (1) 자신이 통신판매 당사자가 아님(disclaimer)을 고지(제20조 제1항)하면 이용사업자의 고의·과실로 소비자에게 발생한 손해에 대한 연대책임을 면하고(제20조의2 제1항), (2) 이러한 고지와 더불어 이용사업자의 책임약정(indemnity)을 고지하면 정보제공·주문확인·공급·환불·통판신고 불이행에 대해 면책된다(제20조의2 제3항). 개정안에서는 위 (1)의 경우에도 플랫폼이 계약당사자의 외관이 있으면(플랫폼 명의 표시·광고, 공급, 계약서 교부 등) 연대책임을 지고, 위 (2)의 면책사유는 삭제되었다.

13 저작권법 제102조 제1항 제2호[중단요구를 받은 경우(A), 본래의 사이트에서 삭제·접근차단된 경우(B), 또는 유관기관이 이를 명한 사실(C)을 실제 알게 된 경우 즉시 삭제·접근차단하는 것(바목)이 면책요건 중 하나]. DMCA의 계수 과정에서 축조상 오류가 발생했다. 즉, [A and {(B or C)의 인식}]으로 규정했어야 하나, [A, B, or (C의 인식)]인양 잘못 축조되었는데, 일단 후자(잘못된 축조에 따른 문리해석)이 아닌 전자(합목적적 해석)를 기준으로 통지기반책임으로 분류한다.

14 대판 2019. 2. 28. 2016다271608(원고가 조치를 요구하는 요청서까지 보냈으나 URL이나 게시물 제목을 특정하지 않았으므로 피고 플랫폼은 구체적·개별적인 게시물의 삭제와 차단 요구를 받지 않은 것이고 따라서 차단 등 적절한 조치를 취할 의무가 없었다고 판시).

15 저작권법 제102조 제1항 제3호[침해를 실제 알게 되거나 중단요구 등을 통하여 침해가 명백하다는 사실·정황을 알게 된 때 복제·전송을 즉시 중단시키는 것(다목)이 면책요건 중 하나].

16 한–EU FTA 제10.64, 10.65조.

17 대판(전합) 2009. 4. 16. 2008다53812(게시물의 불법성이 명백하고, 구체적·개별적인 게시물의 삭제 및 차단 요구를 받았거나, 또는 게시물 게시 사정을 구체적으로 인식하고 있었거나 인식할 수 있었음이 외관상 명백히 드러나고 기술적·경제적으로 관리·통제 가능하면 차단의무).

18 대결 2012. 12. 4. 2010마817(위 대판 2008다53812와 같은 기준으로 판단).

19 대판 2010. 3. 11. 2009다4343, 80637, 2009다5643 (플랫폼들은 저작권 침해 게시물이 게시된 사정을 인식하였거나 인식할 수 있었으므로 차단의무).

20 현 전자상거래법상으로는 플랫폼이 통신판매의 중요일부업무(청약접수, 대금수령 등)를 수행할 경우 이용사업자의 불이행시 대신 이행해야 하고(제20조의3). 개정안에서는 해당 업무를 직접 수행하며 고의·과실로 소비자에게 발생한 손해에 대하여 연대책임을 진다. 단, 이 책임은 매개자책임보다는 이용자에 대해 이용사업자의 계약이행을 보증하는 성격이 강하다.

21 정보통신망법 제44조의2(요청에 따른 임시조치 등), 제64조 제4항.

22 전기통신사업법 제22조의5 제1항(불법촬영물등 유통 사정을 신고, 삭제요청 또는 기관·단체 요청 등을 통하여 인식한 경우 지체 없이 삭제·접속차단 등 유통방지에 필요한 조치 의무).

23 약사법 제61조의2 제3항(불법의약품 또는 통신판매 발견 시 즉시 식약처장에 통보).

24 화학제품안전법 제35조 제2항[안전확인대상생활화학제품·살생물(처리)제품은 발견 즉시 삭제하고 소비자가 확인할 수 있도록 기술적 조치 시 면책].

외국 법제들도 혼란상에 있기는 매한가지인데, 요약하면 다음과 같다.

〈표 2-2〉 외국 법령상 플랫폼의 매개자책임

	완전면책	통지기반책임	실제인식 · 인지기반책임[27]
미국	연방 지재권 외 기본 원칙(CDA immunity), 수동도관(passive conduit) 저작권 침해[28]	연방 상표권 침해[29], 캐싱(caching) 저작권 침해[30]	온라인저장(online storage) 및 검색(search) 저작권 침해[31], 아동성착취 · 약취(sex trafficking)[32]
EU	단순도관(mere conduit)[33]	–	캐싱[34], 호스팅(hosting)[35]
일본	–	–	매개자책임 일반[36]

25 전기생활용품안전법 제9조 제4항, 제10조 제2항, 제18조 제4항, 제19조 제2항, 제25조 제4항, 제26조 제2항(미인증 제품을 발견 즉시 삭제하고, 중개의뢰자가 상품등록 시 인증 정보를 입력하도록 하는 한편, 소비자가 확인할 수 있도록 기술적 조치 시 면책).

26 대결 2019. 9. 10. 2019마5464(출판법 제22조 제4, 5항에 따라 도서정가제 준수의무를 부담하는 간행물 판매자에는 전상법상 통신판매업자뿐 아니라 통신판매중개업자도 포함).

27 침해의 실제인식(actual knowledge)이 없어도 사실·상황의 인지(awareness)에 근거하여 책임이 인정되면 포함.

28 DMCA §512(a) (17 U.S.C. §512(a)) [일시적디지털네트워크통신(transitory digital network communications)은 각 목 요건 충족 시 면책].

29 래넘법(Lanham Act) §32(2)(B), (C) (15 U.S.C. §1114(2)(B), (C))의 규율을 받는데, 면책의 대상인 선의의 침해자(innocent infringer) 해당 요건에 대해 명확한 판례가 형성되어 있지 않았으나, 연방제2항소법원은 *Tiffany (NJ) Inc. v. eBay Inc.*, 600 F.3d 93 (2d Cir. 2010), *cert. denied,* 131 S. Ct. 647 (2010) 판결에서 통지기반책임에 입각한 판단을 내렸다.

30 DMCA §512(b) (17 U.S.C. §512(b)) [시스템캐싱(system caching)은 중단요구[단, 본래의 사이트에서 삭제·접근차단(법원의 삭제·접근차단명령 포함)되었고 그 사실이 중단요구에 기재되어 있어야 함]를 받고 신속하게 삭제·접근차단하는 것이 면책요건(para (2)(E)) 중 하나].

31 DMCA §512(c), (d) (17 U.S.C. §512(c), (d)) ("이용자의 지시에 따라 시스템 또는 네트워크에 저장 중인 정보(information residing on systems or networks at direction of users)"((c)(1)(A))와 "정보검색도구(information location tools)((d)(1))"는 침해의 실제인식 및 침해활동이 명백히 드러나는 사실·상황의 인지가 없거나, 인식·인지 후 신속히 삭제·접근차단하는 것이 면책요건 중 하나).

32 Allow States and Victims to Fight Online Sex Trafficking Act and Stop Enabling Sex Traffickers Act (FOSTA–SESTA), Pub. L. 115—164, 47 U.S.C. §230(e)(5) (일부 민형사 관련 CDA상 완전면책 배제).

33 DSA art 4, EU 전자상거래지침 art 12 (각 목 요건 충족 시 면책).

34 DSA art 5, EU 전자상거래지침 arts 13 (본래의 사이트에서 삭제·접근차단된 사실 또는 유관기관이 이를 명한 사실을 실제인식 시 신속히 삭제·접근차단하는 것이 면책요건 중 하나).

35 DSA art 6, EU 전자상거래지침 arts 14 (위법 활동·콘텐트에 대한 실제인식이 없고, 배상책임

참고로 미연방저작권법(DMCA) §512(17 U.S.C. §512; OCILLA)는 통신품위법상 완전면책의 중대한 예외를 이루는데, (1) 한미 FTA 발효를 앞둔 2011. 6. 30. 동 협정 제18.10조 제30항의 이행을 위해 우리 저작권법 제102조에 계수되었고, (2) EU의 기존 전자상거래지침(Directive on Electronic Commerce; Directive 2000/31/ EC) art 12－15와 DSA 제2장(art 4－10)에 들어와 저작권 침해뿐 아니라 모든 매개자책임에 확대 적용되었으며,[37] 전자가 한－EU FTA 제10.62~10.66조에 반영되었다.[38] 다만 EU도 대상 사업자, 안전지대의 조건, 게시단의무, 모니터링의 범위에 대해 회원국들마다 기준이 제각각이고[39] 유럽연합법원(CJEU)조차 충분한 지침을 제기하지 못하여[40] 혼란이 가중되고 있다. 근래에는 미국의 통신품위법상 완전면책도 빅테크의 횡포로 받아들이는 시각이 늘고 있다.[41]

과 관련해서는 위법 활동·콘텐트가 명백히 드러나는 사실·상황을 인지하지 못하거나, 인식·인지 시 신속히 삭제·접근차단하면 면책). 참고로 DSA안상 온라인 플랫폼(online platform)은 호스팅서비스제공자(provider of a hosting service)의 하위개념이다(art 2(h)).

36 프로바이더책임제한법(特定電気通信役務提供者の損害賠償責任の制限及び発信者情報の開示に関する法律) 제3조(침해를 알았거나, 정보유통을 알고 있던 경우로서 그에 의한 침해를 알 수 있었다고 인정하기에 충분한 이유가 있어야만 책임). 단, 지적재산고등재판소는 라쿠텐이 상표권 침해 통지 후 8일 내 조치를 취했음을 이유로 책임을 부인하여 통지기반책임에 유사하게 판시하였다(知財高判平成24年2月14日(平成22年(ネ)第10076号)).

37 DSA는 온라인플랫폼을 포함한 호스팅 제공자에 대해 게시중단요청 메커니즘(art 16), 삭제·접근차단 시 게시자에 대한 고지·안내(art 17), 범죄에 대한 조치(art 18)를 규정하고, 온라인플랫폼 제공자에 대해 신고담당자(trusted flagger) 지정(art 22), 불법콘텐트에 대한 조치(art 23), 전자상거래 등 원격계약 시 판매자 신원확인 의무(art 30)도 규정한다.

38 한－EU FTA의 매개자책임 조항들은 지재권 침해와 관련해서만 적용되는지, 아니면 매개자책임 전반에 적용되는지가 조문상 명확하지 않아 분쟁의 소지가 있다.

39 예컨대 파리지방법원(Tribunal de grande instance de Paris)은 2000년 LICRA c. Yahoo! 판결에서 Yahoo!가 나치상징물의 온라인 경매에 대한 프랑스 거주자의 접속을 차단할 작위의무를 불이행한 것에 따른 형사책임을 인정했고(T.G.I. Paris, le 22 mai 2000 et le 22 novembre 2000, n ° RG: 00/0538), 2017년 발효된 독일의 소셜네트워크 법집행 개선법(NetzDG)은 소셜미디어들이 나치상징물, 테러, 홀로코스트의 부인, 아동성착취물, 프라이버시 침해, 모욕·명예훼손 등 불법콘텐트에 대해 불법이 명백하면 24시간 내에, 기타 7일 내에 차단하도록 요구한다.

40 European Parliamentary Research Service, "Reform of the EU Liability Regime for Online Intermediaries" (May 2020), p. 4－7.

41 바이든 행정부는 플랫폼의 매개자책임을 강화하는 쪽으로 통신품위법 §230를 개정하는 방안을 추진 중이고 일단 2021. 5. 14. 트럼프 행정부의 온라인검열 금지를 위한 2020년 행정명령(Executive Order 13295)을 취소시켰다. 그 밖에 통신품위법 §230의 범위를 좁히는 다수의 개정 법률안들이 의회에 제출되어 있다.

DSA도 평균적인 소비자가 플랫폼(플랫폼이 통제하는 서비스 이용자 포함)이 정보·재화·용역을 제공한 것으로 오인될 만한 방식으로 정보를 제공하거나 거래를 도우면 소비자보호법령상 면책을 배제하는데(art 6(3)), 이는 책임을 전자상거래 지침보다 강화한 것이다.

이 상황에서 우리의 파편화된 법체계를 합리화하는 실마리는 적발 → 판단 → 차단의 역할별로 최소비용회피자(least cost avoider)를 식별하여 할당하는 것이다.

〈표 2-3〉 이용자생성콘텐트(UGC) 치안을 위한 역할의 할당

	최소비용 회피자	완전면책	통지/실제인식 기반책임	추정적인식 기반책임	엄격책임
적발	권리주장자	권리주장자	권리주장자	(모순)	플랫폼
판단	제3자	제3자(법원)	플랫폼	플랫폼	플랫폼
차단	플랫폼	게시자	플랫폼	플랫폼	플랫폼

이 경우 각 단계별 최소비용회피자는 권리주장자(right asserter), 제3자, 플랫폼인데, 그 근거는 이하와 같다.

① 적발(detection): 플랫폼보다 권리주장자가 쉽게 할 수 있고 유인도 크다. 플랫폼이 책임회피를 위해 공세적 모니터링을 할 때 초래될 표현의 자유 위축(chilling effect), 프라이버시 침해 등 사회적 비용도 고려해야 한다. 매개자책임에 관한 선도 판례인 대판(전합) 2009. 4. 16. 2008다53812[42]의 다수의견이 적용한 추정적인식기반책임의 가장 큰 문제는 언뜻 플랫폼에 적발 책임을 지우는 것처럼 보이나 실은 플랫폼이 열심히 모니터링할수록 추정적 인식(책임의 근거)이 강화되는 모순이 발생한다는 점이다. 위 사건에서 별개의견(박시환, 김지형, 전수안 대법관)은 통지기반책임을 원칙으로 하는 기준을 제시하면서, 그 근거 중 하나로 상

42 필자가 위 사건의 상고인 대리인들 중 하나였음을 밝힌다. 당시 통지기반책임 적용을 주장했으나 주로 별개의견에 반영되었다.

기 모순에 따른 "법익의 불균형"을 들었다.[43] 통신품위법 제정 시 연방의회의 핵심 논거 중 하나도 뉴욕주 대법원이 1995년 Stratton Oakmont 판결[44]에서 매개자책임을 지운 것으로 인해 역설적으로 플랫폼의 자율적 UGC 관리가 위축될 것이라는 점이었다.[45] 주요 법역 중 우리 대법원 판례와 중국 전자상무법(电子商务法) 제45조를 제외하면 추정적인식기반책임에 입각한 경우를 찾기 힘든 것이 우연이 아니다. 국내외 법령들 중 플랫폼의 일반적 감시의무를 부정하거나,[46] 법 준수를 위해 자발적인 조사나 감지·식별·제거·접근 거부 등을 했다는 이유만으로 책임면제의 자격이 없는 것으로 해석되지 않음을 명확히 하는 경우[47]가 있는데, 법 정비 과정에서 이를 일반원칙으로 명시해야 한다.

② 판단(judgment): 통상 플랫폼이 담당하나 플랫폼 입장에선 차단에 따른 게시자의 예상 손해보다 방치에 따른 권리주장자의 예상 손해가 크기 때문에 권리주장자의 차단요구를 맹종하게 되고,[48] 표현의 자유 위축 등 사회적 비용이 커진다. 그 비용을 줄이려면 자율기구 등 제3의 기관이 판단하게 하고 플랫폼이 그 판단에 따를 시 면책해야 한다.

③ 차단(takedown): 서버관리자인 플랫폼이 직접 하는 것이 비용이 가장 낮다.[49]

---

43 "피해자의 삭제요구가 있기도 전에 인터넷 종합 정보제공 사업자가 스스로 알게 된 경우에도 삭제의무가 생긴다고 한다면, 인터넷상의 게시물에 대하여 아예 아무런 관리·감시도 하지 않아 명예훼손 게시물의 존재를 전혀 모르고 있는 사업자는 아무런 책임을 지지 않게 되는 반면에 오히려 자진하여 비용과 노력을 들여 관리·감시를 함으로써 그러한 게시물을 알게 된 사업자의 경우에는 법적 책임을 부담하게 될 위험성이 높아지는 '법익의 불균형'이 초래될 가능성이 있어 불합리하다."

44 *Stratton Oakmont, Inc. v. Prodigy Services Co.,* No. 31063/94 (N.Y. Sup. Ct. May 24, 1995).

45 Congressional Record, Vol. 141, Part 16 (1995), p. 22045 (Aug 4, 1995) (statement of Rep. Chris Cox).

46 저작권법 제102조 제3항, 17 U.S.C. §512(m)(1), 한-EU FTA 제10.66조, EU 전자상거래지침 art 15(1), DSA art 7.

47 DSA art 6.

48 언론보도를 그대로 인용한 게시물 외에는 게시중단 요청이 오면 대부분 임시조치를 하는 것이 일반적인 실무이다.

49 미국식 완전면책의 가장 큰 문제는 권리주장자가 익명피고 소송을 통해 소환장(subpoena)을 받아 게시자를 찾아낸 후 승소판결을 받아 게시자가 직접 내리도록 해야 한다는 점이다.

이를 종합하면 통지기반책임(권리주장자가 없는 경우까지 포괄하려면 실제인식기반책임)이 최소비용회피자에 역할을 배분하여 효율적일 것이고, 이들의 경우에도 판단은 플랫폼 스스로가 아닌 사업자단체나 자율기구 등 제3의 기관에 맡김으로써 더 효율화할 수 있다. 위 대법원 판례 다수의견을 수정하는 입법을 추진하고, 그 과정에서 파편화된 기준들을 통합하고 합리화해야 한다. 이러한 법제 정비 과정에서 추가로 고려할 점은 다음과 같다. 첫째, 이른바 가짜뉴스(fake news; disinformation) 규제를 명분으로 뉴스플랫폼의 매개자책임을 강화하려는 것은, 표현의 자유가 民主政(democracy)이 단순한 다수지배가 아닌 그 진정한 의미를 지닐 수 있게 해주는 보루 중 하나라는 점에 비추어 볼 때, 위헌성이 강하다.[50] 둘째, 매개자책임의 비례성을 회복해야 한다. 특히 2020년의 "n번방 방지법"(전기통신사업법 제22조의5 등)에 따라 불법촬영물 등의 적발·판단·차단을 위한 기술적·관리적 조치의무[51]가 발동되면서 이에 준하는 실시간 필터링 의무의 비용과 편익에 대한 분석이 필요해졌다. 셋째, 매개자책임 법리를 대규모 언어모델에 어떻게 적용할지의 문제가 제기되고 있다.

2. 데이터에 대한 치안(policing data): 개인정보 보호와 보안

플랫폼은 다량의 개인정보를 보관(custody)하나 개인정보의 오남용·유출로 인한 피해는 대부분 각각의 정보주체에게 전가(pass on)되고 플랫폼 스스로가 내재화(internalize)하지 않으며, 특히 거대 플랫폼의 정보 유출 시 유출된 정보를 활용한 다른 웹사이트 등에서의 2차 보안침해가 유발될 수 있는데, 이로 인한 사회적 비용도 내부화되지 않기에, 결국 플랫폼은 정보보호 및 보안에 사회적 최적수준보다 과소투자(underinvest)하는 결과가 초래된다.[52] 따라서 플랫폼이 직

---

50 언론중재법상 "언론등"에 해당하는 뉴스플랫폼(인터넷뉴스서비스)이 허위·조작보도를 매개할 경우 손해액의 최대 5배까지 배상(quintuple damages)시킬 수 있도록 하는 언론중재법 개정안이 발의된 바도 있는데, 이는 자기검열을 조장할 뿐 아니라 뉴스플랫폼의 신문기사 내용 감독에 대한 의무와 명분을 강화시킬 수 있다.

51 불법촬영물등 발견자의 신고·삭제요청 기능, 검색어 필터링, 방심위가 제공하는 불법촬영물등 특징정보(DNA) DB와 비교하여 식별 결과가 일치하면 게재를 제한하는 조치, 이용자에 대한 경고 고지를 포함한다(전기통신사업법 시행령 제30조의6 제2항).

면하는 사적 비용(private cost)과 사회적 비용(social cost)을 일치시키기 위해 정보 유출이나 오남용에 대해 손해배상책임을 지우거나 보안투자를 하도록 규제한다. 우리나라의 경우 플랫폼들은 개인정보 유출 방지를 위해 "개인정보의 기술적, 관리적 보호조치 기준"(개인정보위원회 고시 제2020-5호)에서 규정하는 보안조치를 준수하면서 보안침해 사고 시 손해배상책임을 질 수 있으며,[53] 일정 규모 이상[54]이면 정보보호관리체계(ISMS) 인증을 받아야 한다(정보통신망법 제47조). 정보보호·보안과 경쟁법 간의 상호작용은 점점 복잡한 양상을 띠고 있는데 유형화하면 다음과 같다.

① 최종이용자 정보의 오용(misuse)을 착취남용으로 제재: 독일 연방최고법원(BGH)은 2020. 6. 23. 구 Facebook이 이용자 동의 없이 Instagram, Whatsapp, Masquerade, Oculus 등 계열서비스로의 통합로그인 기능(Facebook Login)을 활용하여 이용자의 Facebook 내외의 데이터를 결합한 것을 시지남용(§19(1) GWB)으로 제재한 연방카르텔청(BKartA)의 처분에 대한 뒤셀도르프고등법원(OLG Düsseldorf)의 집행정지결정을 파기하였고,[55] 유럽사법법원(CJEU)은 2023. 7. 4. 회원국들의 경쟁당국이 시지남용이 있을 시 일반정보보호법(GDPR) 위반을 조사·제재할 수 있다고

52 Sangchul Park, "Why Information Security Law Has Been Ineffective in Addressing Security Vulnerabilities: Evidence from California Data Breach Notifications and Relevant Court and Government Records," *International Review of Law and Economics,* Vol. 58 (2019), p. 132-134.

53 법원은 보안침해 사건에서 플랫폼의 책임 인정에 적극적이진 않았으나(2008년 옥션 웹셸 업로드 공격 관련 대판 2015. 2. 12. 2013다43994는 고시상 기술적·관리적 보호조치를 다했으면 법률상·계약상 의무 위반을 인정하기 어렵다는 이유로, 2011년 네이트/싸이월드 APT 공격 관련 대판 2018. 1. 25. 2015다24904는 보호조치 미이행과 해킹사고 간 상당인과관계가 인정되지 않는다는 이유로 책임을 부인), 2016년 인터파크 APT 공격 관련 서울중앙지판 2020. 11. 9. 2016가합563586에서는 구 정보통신망법은 현 개인정보법과 달리 법정손해배상책임 발생 요건으로 인과관계를 요하지 않는다는 이유로 인과관계 여부와 무관하게 책임을 인정하였고 항소심에서 2021.11. 9.자로 1인당 위자료 10만 원씩 배상하는 조정이 성립되었다.

54 매출액 100억 원 또는 일평균 이용자수 100만 명 이상(정보통신망법 제47조 제2항 제3호, 동 시행령 제49조 제2항 제2, 3호).

55 BGH, 23.06.2020 – KVR 69/19. 사안의 상세는 최난설헌, "디지털 시장에서의 독과점 규제 적용 가능성에 대한 검토: 독일의 Facebook 사례를 중심으로", 법학논총 제42권 제2호(2018. 6). 402-413면 참조.

판단하여,[56] 각각 BKartA의 손을 들어주었다. EU의 디지털시장법(Digital Markets Act; "DMA")은 위 사건의 경험을 반영하여 (GDPR에 기한 동의가 없는 한) 핵심플랫폼서비스(core platform services; CPS)로부터 얻은 개인정보와 다른 서비스 또는 제3자 서비스로부터 얻은 개인정보의 결합 및 결합을 위한 다른 서비스로의 회원가입 요구를 금지한다(art 5(2)(c), (d)). 그러나 우리 현실에서 이런 규제를 하는 것은 중복규제로서 자제해야 한다.

② 이용사업자 활동 정보의 이용사업자와의 경쟁을 위한 활용을 전이남용으로 제재: DMA가 이러한 규정을 두고 있는바(art 6(2)), 이러한 행위는 이해상충과 정보비대칭에 의한 시장실패를 유발할 수 있으므로 적극 시정할 필요가 있다.

③ 법령상 요구사항을 뛰어넘는 최종이용자의 정보의 보호를 이용사업자에 대한 배제남용으로 제재: 프라이버시 보호 강화를 위해 Apple이 2020. 6.경 앱들이 최종이용자의 사전동의(opt-in) 없이 광고 ID(IDFA)에 접근하여 앱 바깥의 데이터를 트래킹하지 못하게 하겠다는 방침("AppTrackingTransparency framework")을 발표하면서[57] 2021. 4. 26. iOS 14.5 업데이트부터 이를 적용하고,[58] Google이 2021. 3. 3. Chrome 브라우저에서 2023년 말까지 제3자 쿠키(third-party cookies) 및 기타 개인 트래킹 기술의 지원을 중단하겠다는 방침("Privacy Sandbox initiative")을 발표하자,[59] 최종이용자 정보를 예전처럼 수집하지 못하게 된 맞춤형 광고 플랫폼, 앱개발자 등이 반발하여 논란이 있었다.[60] 단, 우리의

---

56 Meta Platfortms Inc. v Bundeskartellamt (C-252/21), EU:C:2023:537 (4 July 2023).

57 Apple Developer, "App Tracking Transparency", https://developer.apple.com/documentation/apptrackingtransparency.

58 Google도 앱의 광고 ID 접근을 통한 트래킹에 대한 이용자의 사후철회(opt-out) 허용 기능을 2021년 말 Android 12 업데이트부터 적용하기 시작했다.

59 The Chromium Projects, "The Privacy Sandbox," https://www.chromium.org/home/chromium-privacy/privacy-sandbox. 상세는 이진규·이재림, "Google의 FLoC 적용과 프라이버시 고려사항", DAIG 제2호(2021. 9), 174-191면 참조.

60 상세는 류시원, "기업의 프라이버시 증진 활동의 경쟁법적 쟁점: 탐색적 고찰", 고려법학 제101호(2021. 6), 127-140면 참조.

경우 2017. 3. 23.부터 시행된 정보통신망법 제22조의2에 따라 모바일 앱 개발자가 이용자가 이용과정에서 생성한 정보에 접근하기 위해 사전에 동의를 얻도록 규제하고 있기 때문에, 특히 모바일 환경에서의 사전동의 요건은 외국과 달리 법령상 요구사항을 뛰어넘는 보호라 하긴 어려운 측면이 있다.

④ 경쟁 활성화를 위한 구제나 규제가 개인정보 보호·보안과 충돌: 상호운용성, 풀링, 탈중개화 등의 많은 조치들이 개인정보를 포함하는 데이터의 이전을 수반할 수 있고, (정보주체의 의사에 기한 데이터 이동성 등을 제외하면) 개인정보법령상 동의원칙과 충돌하고 정보보안을 위협할 수 있다. DMA는 준수를 위해 GDPR 등에 따른 개인정보 수집·처리 동의가 필요할 경우 플랫폼이 이용사업자로 하여금 직접 동의를 얻도록 해주거나 익명화 등 절차를 밟도록 하고 있고, 이용사업자의 동의취득을 자신의 동의취득보다 번거롭게 하는 것을 금한다(art 13(5)). 데이터 남용에 대한 구제조치나 상호운용성 등 조치는 개인식별성의 제거를 전제로 시행해야 할 것이다.

3. 기타 행정작용

플랫폼의 본인확인[61], 재난대응[62], 주조자(mint) 역할[63], 징세협조[64], 공용제

61 플랫폼들은 전자서명법에 기해 전자서명인증사업자로 인정된 데 이어(전자서명법 제7~16조), 향후 정보통신망법에 따라 이동통신 3사에 이어 본인확인기관으로 지정(정보통신망법 제23조의2~4)되면 주민센터에 유사한 본인확인업무를 수행하게 된다.

62 팬데믹에 대처하기 위해 2020. 6. 10. 전자출입명부(KI－Pass)가 시행되었는데(감염병예방법 제49조 제1항 제2의2), 이동통신 3사와 함께 네이버, 카카오가 QR발급회사로서 방역행정을 지원하고 있다.

63 전자화폐, 선불·직불전자지급수단, 마일리지, 가상화폐 발행 등에서 주조적 특성이 나타나고, 규제가 없으면 국가가 독점하던 주조차익(seigniorage)을 취하기도 하며, 통화정책을 약화시키기도 한다. 주조의 민간이양은 하이에크가 1976년 저작에서 예언한 바이기도 하다 (Friedrich A. Hayek, *The Denationalization of Money: The Argument Refined,* 3rd Ed., Institute of Economic Affairs, 1990).

64 향후 이용사업자 또는 개인판매자에 대한 과세 확보를 위해 원천징수, 정보보고 절차 등이 검토될 수 있다. 신용카드사의 가맹점 부가세 원천징수가 먼저 검토 중인데 2019. 1. 1.부터

한[65] 등 역할도 쟁점이 될 수 있다.

III 사법작용의 수탁

1. 형사사법협조(law enforcement)

플랫폼은 (예외적으로 통신적 성격이 있는 이메일, 모바일 인스턴트 메시징(MIM) 등을 중심으로) 이용자의 인적 사항은 전기통신사업법상 통신자료제공(제83조 제3항)[66]으로, 실시간 송수신 신호는 통신비밀보호법상 통신제한조치(제6, 7, 8조)[67]로, 송수신이 완료되어 서버에 저장 중인 것은 형사소송법상 압수(제107조)로, 송수신 내역은 통신비밀보호법상 통신사실확인자료(제2조 제11호)로 법원·수사기관에 제공하여 사법절차에 협조하고, 협조를 위해 통신사실확인자료를 일정 기간 보관한다(제15조의2).

특히 미국계 빅테크의 협조 확보가 관건인데, [전기통신프라이버시법(Electronic Communications Privacy Act of 1986; ECPA)[68]의 보호를 받지 않는 인적 사항 외에) 통신 내용을 확보하려면 국제사법공조(MLAT)에 의해야 하나 절차가 번거롭고 시간이 걸리므로 사이버범죄협약(Convention on Cybercrime) 가입이나 ECPA 제2장

우선 유흥·단란주점업에 적용되었다[조세특례제한법 제106조의10, 시행령 제106조의14, "부가가치세 대리납부를 운영하는 신용카드업자의 지정 등에 관한 고시"(국세청 고시 제2021-60호)].

65 망중립성(전기통신사업법 제3조 제1항 참조)이 플랫폼에 전송망에 대한 사실상의 공용제한권을 부여한다는 시각이 있을 수 있다.

66 단, 통신자료제공이 이용자의 개인정보 자기결정권이나 익명표현의 자유 등을 위법하게 침해한 것이라 판시한 서울고판 2012. 10. 18. 2011나19012 이후 주요 플랫폼들은 법원 영장 없는 통신자료제공을 거부하고 있다. 이후 대판 2016. 3. 10. 2012다105482가 위 판결을 파기환송하였으나 플랫폼들의 실무는 과거로 되돌아가지 않았다.

67 통신제한조치의 경우 체신관서나 "통신기관등"에 집행을 위탁하거나 집행에 관한 협조를 요청할 수 있는데(통신비밀보호법 제9조), 이에 근거하여 플랫폼이 일정 기간의 실시간 통신내용을 모아 사법기관에 제공하는 이른바 "셀프감청"을 할 수 있는지에 대한 논란이 촉발되었다(대판 2016. 10. 13. 2016도8137 참조).

68 18 U.S.C. §2510 *et seq.*

(Stored Communications Act)[69]의 개정법인 클라우드법(CLOUD Act)[70]에 따른 행정협정(executive agreement) 체결을 추진해야 한다.

2. 민사분쟁해결(dispute resolution) 등

플랫폼 내 최종이용자와 이용사업자 간 배송·환불 등 분쟁에 대해서는 플랫폼이 법원과 유사한 준사법기능을 수행하며 분쟁을 빠르고 값싸게 해결하고 있다. 다수 법령들이 플랫폼 내 민원처리·분쟁해결 절차를 규정하는데,[71] 일원화·체계화가 필요하다.

Ⅳ 소결

플랫폼은 국가작용을 폭넓게 위탁받아 수행하고 있다. 그 합리화는 중요한 입법과제이나, 규제 일변도의 법안들에 가려져 간과되었다. 산일된 관련 규정·법리들을 현 정보통신망법에 모아 체계화하여 디지털서비스법으로 개편할 필요가 있다.

---

69 18 U.S.C. §§2701－2712.

70 Clarifying Lawful Overseas Use of Data Act, Pub.L. 115—141. 연방대법원의 *United States v. Microsoft Corp.*, 584 U.S. __, 138 S.Ct. 1186 (2018) 판결로 아일랜드 내 서버 저장 데이터에 대한 영장의 효력이 부인된 것에 대한 대응입법이다.

71 전자상거래법(제20조 제3항), 소비자기본법(제53조), 전기통신사업법(제32조), 플랫폼이용자법안(제7, 19조) 등[참고로 외국의 경우 P2B법(art 11), DSA(art 17), 특정플랫폼법(제7, 8조) 등].

참고문헌

[국내문헌]

류시원, "기업의 프라이버시 증진 활동의 경쟁법적 쟁점: 탐색적 고찰", 고려법학 제101호(2021. 6).

이진규 · 이재림, "Google의 FLoC 적용과 프라이버시 고려사항", DAIG 제2호 (2021. 9).

최난설헌, "디지털 시장에서의 독과점 규제 적용 가능성에 대한 검토: 독일의 Facebook 사례를 중심으로", 법학논총 제42권 제2호(2018. 6).

[국외문헌]

European Parliamentary Research Service, "Reform of the EU Liability Regime for Online Intermediaries"(May 2020).

Friedrich A. Hayek, The Denationalization of Money: The Argument Refined, 3rd Ed., Institute of Economic Affairs, 1990.

Joseph Farrell and Michael L. Katz, "Innovation, Rent Extraction, and Integration in Systems Markets," Journal of Industrial Economics, Vol. 48 Issue 4 (2000).

Kevin J. Boudreau and Andrei Hagiu, "Platform Rules: Multi−Sided Platforms as Regulators," in Platforms, Markets and Innovation, Annabelle Gawer Ed., Edward Elgar, 2009.

Marco Iansiti and Roy Levien, The Keystone Advantage: What the New Dynamics of Business Ecosystems Mean for Strategy, Innovation, and Sustainability, Harvard Business Press, 2004.

Maurice E. Stucke and Ariel Ezrachi, Competition Overdose: How Free Market Mythology Transformed Us from Citizen Kings to Market Servants, Harper Collins, 2020.

Sangchul Park, "Why Information Security Law Has Been Ineffective in Addressing Security Vulnerabilities: Evidence from California Data Breach Notifications and Relevant Court and Government Records," International Review of Law and Economics, Vol. 58(2019).

03 플랫폼 자본주의 등장에 따른 법정책적 대응

조영기 / 한국인터넷기업협회

I 서론: 국가 플랫폼 자본주의의 부상

21세기 디지털 혁명은 자본주의 체제의 본질적 변환을 촉발하며, 국가 플랫폼 자본주의(State Platform Capitalism, SPC)라는 새로운 패러다임을 탄생시켰다.

지난 10여 년 사이 국가의 경제적 역할은 시장을 규제하고 국가 챔피언을 지원하는 것에서부터 생산자로서 시장에 직접 참여하는 것까지 다양한 방식으로 확장되어 왔다. 국가 경제 발전을 꾀하는 데 있어 국제 금융위기 및 코로나 19로 인해 국가가 부실 기업을 구조하고 수요를 발생시키며, 통화 확장 정책을 시행한 것이 그 예이다.

국가 자본주의는 보다 집약적인 형태의 국가 경제 활동을 강요하는 혁신 기술의 부상뿐만 아니라 이러한 기술-국가 관계가 변모하는 비즈니스 조직 형태에 영향을 받는다. 새로운 비즈니스 형태로 나타난 플랫폼은 디지털 인프라와 물리적 인프라를 결합하여 상업적, 사회적 정보 교류를 중개하고 촉진하는 조직으로서, 국가의 감독을 받기 쉽고 지정학적 행위자가 되는 독특한 상호 작용을 이끄는 능력을 지니고 있다. 미국, 중국 등 주요 국가들은 경제적 목적 외에 지정학적 목적을 위해서 플랫폼을 도구화하려는 움직임을 보이고 있다. 이와 같이 지정학적 경쟁의 맥락에서 국가와 플랫폼 사이의 융합이 증가하는 것을 국가 플랫폼 자본주의라 부른다.

플랫폼의 경제적 중요성과 인프라 특성으로 인해 '플랫폼 생태계는 단순

상업적 메커니즘이나 국가가 통제하는 실체가 아니기에, 국가와 기업이 해당 인프라를 통제하기 위해 서로 의존하고 상호작용하는 글로벌 지정학적 경쟁의 일부로 기능하고 있다'(van Dijck and Lin, 2022).

국가 플랫폼 자본주의는 미중 경쟁에서 디지털 패권을 둘러싼 새로운 지정학적 구도를 형성하고 있으며, 이는 경제, 기술, 데이터 통제와 같은 다양한 측면에서 양국 간 경쟁을 심화시킨다. 미국과 중국 이외에도 플랫폼 기업을 가지고 있는 국가에서는 자국 플랫폼 기업에 대한 통제권을 활용하고 구조적으로 국가 이익과 상호의존성을 강화하기 위해 다양한 전략을 추구해왔다. 플랫폼 기업들 역시 해외에서의 지원과 국내에서의 데이터 접근을 기대하며 국가와의 상호의존성을 어느 정도 인정하고자 하는 모습이 점차 폭넓게 나타나고 있다.

2025년 1월 미국 트럼프 대통령 취임식에 각료들보다 앞자리에 미국 빅테크 기업들의 대표가 초청받아 앉아있는 모습에서, 그리고 2월 시진핑 국가주석이 개최한 중국 민영기업 심포지엄에 기존 중국 빅테크 대표들에 더해 중국 AI 딥시크 창업자가 참석한 사실은 이와 같은 주장을 뒷받침하고 있다.

미국과 중국은 디지털 플랫폼을 통해 경제적 가치를 얻는 동시에, 디지털 인프라와 시장에 대한 통제력, 다시 말해 디지털 패권을 확보하려는 경쟁을 벌이고 있다. 이를 통해 각국은 자국의 탈영토적 영향력 확대를 꾀하는 것이다. 미국은 구글, 애플, 아마존 등 글로벌 빅테크의 해외 진출을 지원하며, 미국이 주도하는 디지털 무역 규칙을 만들고 동맹국들에게 참여를 독려하고 있다. 중국은 알리바바, 텐센트와 같은 전자상거래 기반 빅테크를 국가 전략의 일환으로 활용하며 글로벌 시장에서 영향력을 확대해가고 있다.

더 나아가 양국은 플랫폼 기업을 도구 삼아 자국의 지정학적 목표를 달성하기 위해 데이터 유통, 디지털 통화 발행, 소셜 미디어 규제 등 비군사적 영역에서 다양한 시도를 하고 있다. 중국은 자국에서 구글 등 미국 플랫폼 기업의 활동을 제한하고 알리바바, 테무, 쉬인 등 자국 기업의 성장과 해외 진출을 지원하며, 미국은 틱톡 등 중국 플랫폼 기업에 대한 제재를 강화하고 있다.

이와 같은 움직임을 살펴보면 각국의 주요 인프라와 물류 네트워크를 각자의 영향권으로 포섭하여 통합하려는 전략을 추구하고 있음을 알 수 있다. 중국은 '차이나 커머스'라 불리는 전자상거래 플랫폼의 글로벌 확장을 통해 동남아시아 등을 기반으로 초국적 경제통합을 주도하며 미국이 구축한 기존 질서에 도전하고 있다.

미국은 중국 기업의 약진이 가시화되자 해외 기업을 겨냥한 입법을 통해 패권을 수호하려는 움직임을 보였으며, 중국은 토종기업 성장에 대한 집중적 지원, 대만은 경쟁촉진을 위한 규제 최소화, EU는 해외 빅테크 견제를 위한 규제 프레임워크 구축, 일본은 자율규제와 공동규제를 결합한 유연한 규제 방식을 통해 자국 산업 보호에 주력하는 등 각국이 자국 플랫폼 보호와 성장을 도모하여 글로벌 시장에서의 경쟁력 확보에 주력하고 있다(정주연, 2025).

미국, 중국 등 글로벌 AI 강국이 자국 플랫폼 기업을 통해 방대한 데이터와 클라우드 인프라를 확보하고 이를 토대로 기술 주도권을 장악하고 있는 상황이다. 중국의 경우, 최근에 발표된 딥시크 이외에도 알리바바, 텐센트 등 자국 플랫폼 기업이 AI 경쟁력 확보에 핵심적 역할을 하고 있다(Caixin Global, 2025.1.6.).

플랫폼 경제가 단순한 기업 활동을 넘어 국가 간 경쟁의 중심축임을 상기하면, 최근 향후 디지털 경제 주권을 넘어 글로벌 패권의 핵심이 될 것이라는 예상 하에 이뤄지는 AI 기술 경쟁이 이러한 추세를 가속화하고 있다.

최근 미국의 고율 관세 정책으로 자유무역 질서가 흔들리는 상황에서 미국과 중국의 국가 플랫폼 자본주의 경쟁은 데이터 통제, 디지털 인프라 장악, 초국경 경제통합 등이 주요 전장이 되면서 글로벌 경제와 지정학에 중대한 영향을 미치고 있다. 이제 플랫폼으로 대표되는 디지털 경제는 전통적인 국경을 넘어 새로운 형태의 경제 통합을 촉진하고 글로벌 경제 질서의 재편으로 이어질 것으로 전망된다.

II 국가 플랫폼 자본주의의 개념과 특징

국가 플랫폼 자본주의(State Platform Capitalism)는 국가가 디지털 플랫폼을 통해 경제적, 사회적 영향을 미치며 자국의 이익을 극대화하기 위해 정책적으로 개입하는 현상을 말한다. 디지털 기술의 발전과 경제적 글로벌화가 맞물리면서, 우리나라를 비롯한 여러 국가들은 이에 대응하기 위한 전략을 모색하고 있다.

20세기 포드주의 생산체제는 국가 간 수직적 분업을 전제로 하였다. 선진국은 기술 집약적 제조업을, 개발도상국은 원자재 공급 및 조립 노동력을 담당하는 중심－주변 구조가 형성되었다. 이 과정에서 다국적 기업의 해외직접투자(FDI)가 주요 동력으로 작용하였으나, 국가 간 경계는 상대적으로 명확히 유지되었다. 이 시기 국가와 시장 사이의 관계는 사적 기업의 자율성과 경쟁을 전제로 한 '외부적 규제' 모델에 가까웠다.

21세기에 들어서며 등장한 '신국가 자본주의'의 지정학적 경제는 자치성을 창출하는 것이 아니라, 연결 인프라 및 물류 네트워크를 통해 각각의 영향권에 영토를 통합하려는 지정학적－경제적 경쟁으로 특징지울 수 있다(Schindler et al., 2021).

국가 플랫폼 자본주의는 디지털 영토 확장을 위해 하이퍼스케일 데이터센터·해저 광케이블망·위성 인터넷 인프라를 전략적 자산으로 삼고, 국경을 초월한 경제통합에 대한 통제를 강화하려는 경쟁 양상을 나타낸다.

국가가 플랫폼 인프라의 주도적 구축자이자 전략적 투자자로 부상하는 양상을 보인다. 중국의 경우, 알리바바·텐센트 등 민간 플랫폼 기업이 국가의 디지털 일대일로 전략과 연계되어 동남아시아 데이터 인프라를 선점하는 과정에서 국가－기업 복합체가 형성되었다. 중국의 '디지털 실크로드' 구상은 아프리카·동남아 국가들의 전자정부 시스템을 알리바바의 클라우드에 종속시켰다.

미국은 AWS(아마존 웹 서비스)를 통해 글로벌 클라우드 시장을 장악하면서 사이버 주권을 확장하는 동시에, '합법적인 해외 데이터 활용의 명확화를 위한 법률(Clarifying Lawful Overseas Use of Data Act, 이하 CLOUD Act)'을 제정하여, 미국 사법당국은 구글, 페이스북 등 자국 정보기술(IT) 기업의 해외 서버에 저장된 통신 내용, 트래픽 데이터, 가입자 정보 등의 데이터를 열람할 수 있는 역외 데이터 접근에 대한 사법적 접근권을 강화하였다. 미국 CLOUD Act의 주요 내용은 세 가지로서 ① 전자통신서비스제공자의 국내외 전자정보의 관리, 공개 등의 의무에 따른 역외적용의 명확한 근거 신설 ② 일정한 경우 서비스 제공자의 영장 각하 신청 ③ 외국 정부와의 행정협정 체결을 통해 일정 요건이 충족되면 미국과 외국 정부 사이에 체결된 행정협정은 상호 정보 공유를 허용하고, 이에 따라 미국과 다른 외국 국가들이 해외에 저장된 데이터에 접근하는 것을 허용하게 된다는 것이다. 아마존의 AWS와 마이크로소프트의 Azure가 제공하는 클라우드 서비스 약관에는 미국 정부의 데이터 접근 권한이 암묵적으로 포함되어 있다. 이는 전통적 자본주의에서 볼 수 없었던 '디지털 영토화(digital territorialization)' 전략의 전형을 보여준다.

국가 플랫폼 자본주의는 디지털 플랫폼의 부상과 국가의 역할이 결합된 경제 체제로, 몇 가지 주요 특징을 가지고 있는데 다음과 같이 정리할 수 있다.

먼저 플랫폼의 네트워크 효과를 활용한 경제적 가치 창출과 플랫폼 기업의 규제 사이에서 국가 경쟁력 강화에 대한 고려가 이루어진다. 플랫폼 기업은 국경을 초월하여 이용자들과 접점을 가진다는 점에서 초국적으로 활동하지만, 자국의 국가기관 및 제도에 의존하게 되며, 국가는 지정학적 목적을 위해 플랫폼 기업에 영향을 미치려 한다.

두 번째, 최근 AI 산업의 치열한 경쟁에서 볼 수 있듯이, 데이터 주권 확보가 국가 경쟁력에 결정적인 영향을 미친다는 점이다. 데이터 국지화 및 개인정보 보호의 중요성을 고려하면서 국가 디지털 자산과 인프라를 관리하고 보호하는 디지털 주권의 중요성은 점차 커지고 있다.

세 번째, AI, 클라우드, 빅데이터 등 플랫폼 기술 경쟁이 국가 경쟁력을 좌우하는 핵심 요소라는 점에서 이러한 기술에 대한 정부 투자가 전략적 우위를 제공할 수도 있다. 중국 등의 예에서와 같이 국가 플랫폼 자본주의는 디지털 시대의 새로운 경쟁 방식을 형성하고 있다.

네 번째, 글로벌 플랫폼 경쟁 상황 속에서 5G와 같은 통신망 데이터 센터 등 디지털 인프라 구축이 플랫폼 경쟁력과 국가 경쟁력 강화에 중요한 역할을 하고 있다. 직접적 혹은 간접적으로 국가 플랫폼 이니셔티브를 지원하기 위해 정부는 강력한 디지털 인프라 구축을 통해 지원하기도 한다.

마지막으로 글로벌 디지털 경제 시대에 국가 플랫폼이 경제적, 정치적 영향력의 도구가 될 수 있다는 점이다. 플랫폼 비즈니스가 강대국 패권 경쟁의 대상이 되면서, 디지털 인프라와 시장을 장악하기 위한 국가 간 경쟁이 심화되고 있으며, 자국 플랫폼을 가지고 있는 국가와 그렇지 않은 국가의 대응은 큰 차이를 보인다.

이러한 특징과 그에 따른 영향들로 인해 디지털 경제는 단순한 시장 논리를 넘어 국가의 전략적 이해관계가 복잡하게 얽힌 새로운 경제 패러다임으로 진화하고 있다.

– 주요국의 플랫폼 자본주의 전략 비교

플랫폼은 디지털 인프라를 기반으로 생성된 디지털 생태계 속에서 이용자를 통합하여, 플랫폼의 범용성, 중요성 그리고 규모를 통해 글로벌 시장과 나아가 글로벌 정치경제의 핵심으로 자리매김하게 되었다. 세계 주요 경제권이라 할 수 있는 미국, 중국, EU의 차별화된 플랫폼 전략을 살펴봄으로써 우리나라 플랫폼 전략에 대한 구상, 그리고 구상을 실현하기 위한 법정책을 마련하는 데 기여할 수 있을 것이다.

미국은 플랫폼에 대해서 민관 파트너십을 통합한 확장전략을 펼친다고 정리할 수 있다. 미국은 상대적으로 느슨한 규제와 인센티브 중심의 국가－플랫폼 간 협력을 주요 민간 벤처 및 금융 자본과 결합하는 한편, 해외에서는 글로벌 시장에서 자국 플랫폼 기업을 지원하기 위해 점점 더 강력한 정치적 개입을 활용하고 있다. 미 의회는 2023년 자국 빅테크 보호를 위해 플랫폼 '반독점 패키지 법안'이 폐기된 이후 추가 법안 발의가 이뤄지지 않았고, 2025년 취임한 트럼프 대통령은 AI 규제 전면 백지화 및 바이든 전 대통령의 빅테크 규제 정책을 비판하면서 미국 기업에 대한 EU의 규제에 강력 대응하겠다는 뜻을 나타냈다. 이에 대한 일환으로 EU와 중국 등의 미국 기업 규제 강화에 대응하여 통상 압박과 보복 관세 등 강경 조치를 예고하였다. 트럼프 행정부는 자동차, 반도체, 철강 등 자국 제조업 육성을 위해 수입품에 관세를 부과하고 외국 기업에 미국 투자를 압박하는 등 보호무역주의를 강화하고 있지만 미국이 강점을 가진 플랫폼, AI와 관련해서는 상대국에 비관세 장벽을 허물고 자유무역을 보장하라고 요구하는 상황이다.

트럼프 대통령의 대중국 정책의 핵심 요소 중 하나는 중국 기술 기업의 해외 시장 점유율을 제한하는 것으로서 미국의 디지털 패권을 유지하기 위한 보다 공격적인 형태로 바뀌고 있다.

2025년 초에는 향후 플랫폼의 핵심이 되리라 예상되는 생성형 AI 기술의 패권을 확보하기 위해, OpenAI를 중심으로 오라클, 소프트뱅크, 마이크로소프트, 엔비디아 등 글로벌 기업들이 협력하여 총 5,000억 달러 규모의 AI 인프라 계획인 '스타게이트' 프로젝트를 발표하였다. 스타게이트 프로젝트는 AI 인프라 구축, 기술 발전 가속화, 경제성장 촉진, 글로벌 기술 패권 확보를 위해 만들어진 것이다. 슈퍼컴퓨터와 데이터센터 등 AI 인프라를 확충하고, AI 기술의 발전을 통한 다양한 산업 분야 혁신을 이룩함으로써 미국에 약 10만 개의 새로운 일자리를 창출하는 동시에 미국의 AI 경쟁력 강화를 꾀하는 것이다. 스타게이트 프로젝트는 단순한 기술 개발을 넘어 국가의 경제와 안보를 강화하는 전략적 계획으로, 미국의 국가 플랫폼 자본주의의 전형적인 모습을 보여주고 있다.

이밖에도 미국은 비영리 공공-민간 벤처 캐피털 기구인 America's Frontier Fund를 통해서도 미국의 혁신과 제조업 역량 강화를 위해 중요한 첨단 기술 분야에 집중 투자하고 있다. AFF는 신흥 기술 분야, 특히 AI, 양자 컴퓨팅, 반도체, 생명공학, 그리고 에너지와 같은 첨단 기술 분야에서의 자금을 제공하고 전략적 투자를 유치하여 연구 및 개발을 지원하는 역할을 수행한다. 이 기구는 미국의 산업 리더, 학계, 정부기관이 민관 협력 모델을 구축하여, 이를 통해 첨단 기술 분야에의 투자 확대 및 혁신적 스타트업 등에 자금을 제공하는 방식으로 운영되고 있다.

중국은 플랫폼 기업에 대한 자국 내 적절한 통제를 유지하고, 국가가 지원하는 투자, 개발 금융 등을 기반으로 하는 중국 플랫폼 기업을 통한 상업 주도형 해외 진출 형태가 복합되어 있다. 아울러 기본적으로 해외 빅테크 기업에 대한 규제 강화와 자국 기업 지원이라는 투 트랙 전략을 취하고 있는 것이 특징이다.

중국의 해외 플랫폼 확장은 국가 지원과 민간 주도의 투자를 효과적으로 통합하고 있다(Oh and No, 2020). 이러한 중국 민관의 공생 관계는 지금까지 중국의 해외 디지털 활동이 가장 성공적으로 이루어진 동남아시아, 아프리카, 라틴 아메리카의 개발도상국 및 중진국에서 두드러지게 나타나고 있다. 중국 기업이 진출한 국가에서 디지털 인프라를 구축하고, 중국의 자금 조달을 통해 중국 기업의 하드웨어와 소프트웨어가 공급되고, 중국 플랫폼의 영향력을 확대하는 형태로 이뤄져 있다. 이 과정 속에서 중국 플랫폼들은 중국 정부의 통제를 배제하지 않은 미묘한 관계 속에서 동남아시아를 넘어 세계로 뻗어나가는 국가 플랫폼 자본주의의 모습을 보이고 있다. 중국 정부의 광범위한 계약을 통해 플랫폼 기업에 지원되는 연구개발 및 혁신 보조금은 드러나진 않지만 실질적으로 플랫폼을 중국 내 국가 구조 속에 통합시키는 기능을 수행한다.

중국은 미국과의 기술 패권 경쟁이 심화되는 상황에서 자국 디지털 산업의 경쟁력 강화를 위해 정부 차원의 전방위 지원 확대와 해외 기업에 대한 견제 강화를 동시에 진행한다. 2025년 트럼프 행정부의 재집권 이후 발생한 미국의 대중국 추가 관세 부과에 대응하여, 중국은 구글, 엔비디아, 인텔 등 미국의 주요 빅테크 기업들을 대상으로 반독점 조사를 실시하는 방식으로 대응하는 행보를 보이고 있다. 시진핑 중국 국가주석은 과거 '국진민퇴'(國進民退·국유기업은 앞으로 나아가고 민영기업이 뒤로 물러난다) 기조에서 벗어나 AI, 전기자동차, 반도체 등 첨단기술 분야에서 세계를 선도하는 중국 민영 기업가들을 긴급 소집하여 간담회를 진행했다. 이와 같은 모습은 중국이 기존의 강력한 플랫폼 규제에서 벗어나 민영 기업에 대한 통제를 완화하고 지원하는 방향으로 정책 기조를 전환하고 있음을 보여주는 중요한 단초로 해석된다.

2024년 중국 양회에서 국가적 AI 종합 지원책인 'AI+ 행동'을 발표했다.

중국의 AI+ 행동은 인공지능 기술을 다양한 산업 분야에 통합하고 적용하려는 중국 정부의 전략적 계획이다. AI 기술을 실제 경제와 깊이 있게 통합하고, AI 기술의 연구 및 응용을 심화하는 것을 목표로 로봇공학, 교육, 의료, 과학 연구, 공간 컴퓨팅, 디지털 마케팅, 당 선전, 전력망, 감시, 검열 등 경제와 다양한 산업 분야에 적용하여 AI를 산업 업그레이드와 경제 변혁의 주요 동력으로 활용하고자 하는 것이다. 중국도 미국과 마찬가지로 미래 플랫폼의 핵심인 AI 산업에 대한 국가 계획과 지원을 통해 자국 기업의 경쟁력 강화를 꾀하는 가운데, 2035년까지 디지털 강국 도약을 위한 중장기 발전 방향을 제시하고, 디지털 인프라 강화와 반도체 등 핵심 기술의 자급자족 달성을 통해 디지털 경제의 지속가능한 발전 기반을 마련하고자 하고 있다(오종혁, 2023).

EU는 경쟁력 있는 자국 플랫폼이 없는 상황에서 글로벌 빅테크를 견제하고 자국 플랫폼을 육성하기 위한 목적으로 DMA와 DSA를 제정하며 해외 플랫폼들을 규제하는 수단으로 활용하며 자국 플랫폼의 경쟁력 확보를 꾀하였다. 그러나 EU 집행위원회의 의뢰로 작성되어 2024년 9월 발표된 'EU 경쟁력의 미래 보고서'에 따르면, 과도한 규제로 EU의 성장이 멈췄다는 비판이 제기되었다. 보고서는 크게 EU의 현재 경쟁력과 생산성 상태 분석, 성장에 대한 도전과제 논의, 변화하는 세계에서 생산성 향상과 지속 가능한 성장을 위한 EU 경쟁력 강화의 필요성 강조 파트로 구성되었다. 구체적 내용은 다음과 같다. EU와 미국 간 생산성 격차의 주요 원인은 '디지털 기술'이나, 현재 EU는 약 100개의 많은 기술 관련 (규제)법률과 270개 이상의 규제기관을 갖고 있고 대부분 사전규제 방식이다. 이는 높은 규제준수 비용을 발생시켜 AI 개발 등에 미국·중국에 비해 불리한 입장에 처하게 하고, 해외 대기업과 달리 규제준수 비용을 부담하기 어려운 신생기업을 EU에서 내몰고 있다고 진단했다. 또한 첨단기술 도입은 기업의 규모가 클수록 증가함에도 불구하고, 기업이 특정 규모에 도달하면 적용되는 규제준수 비용 등으로 인해 EU는 미국보다 중소기업은 적고 소기업만 많은 상황이라는 분석이 이뤄졌다. 이와 같은 문제로 인해 몇 가지 핵심 권고사항을 제시하였다. 미국과 중국 대비 EU의 혁신 격차를 줄이는 데 집중, 특히 첨단기술 분야에서의 경쟁력 강화를 주문하였고, 글로벌 공급망 변화에 대응하여 새로운 공급망 안정성 강화, 모든 부문에 적용될 새로운 경쟁 정책 접근 방식 제안, 그리고 스타트업 및 스케일업 지원, 자금 조달 등의 장벽 해소가 그것이다.

EU는 지난 10년간의 규제 중심 접근법이 효과적이지 않아 디지털 혁신에서 미국, 중국 등에 뒤쳐졌다는 자체 진단 하에, 디지털 인프라 및 플랫폼, AI 분야에서 디지털 주권과 자립을 확보하기 위해 "EuroStack" 정책을 추진하겠다고 발표하였다. 이 프로젝트는, 첫째, 유럽 자체의 포괄적인 디지털 인프라를 개발하고, 둘째, 연결성, 클라우드 컴퓨팅, AI, 디지털 플랫폼 등 다양한 기술 분야를 망라하며, 셋째, 유럽의 기업가 정신과 경쟁력 유지, 넷째, 변화하는 세계에서 유럽의 자율성과 주권 보호를 목표로 하고 있다. 2035년까지 약 3,000억 유로 투자를 통해 5G 확장, AI/양자/클라우드 기술 투자, 공유 데이터 인프라 구축을 구현하려는 전략이다. 자국 플랫폼이 없어 규제를 통해 해외 플랫폼의 자국 내 진출을 억제하려는 전략의 실패를 자인하고, 디지털 주권과 자립을 위해 국가 차원의 투자와 기술 기업 육성 전략으로의 선회는 미국과 중국에 이어 EU 역시 국가 플랫폼 자본주의의 형태로 변모한다는 점을 보여주는 사실이다.

앞에서 살펴본 바와 같이, 중국과 미국은 이미 자국 플랫폼의 성공을 보장하기 위해 광범위하고 다양한 국제적 관여를 하고 있으며, 플랫폼은 국가 플랫폼의 행동과 일치하도록 다양한 방식으로 장려되기도 혹은 규율되기도 한다. 국가 플랫폼 자본주의라는 개념은 소위 빅테크라 불리는 초거대 플랫폼과 지정학적 강대국 간의 점점 더 깊어지는 구조적 상호의존성으로 풀이될 수 있다. 플랫폼의 해외 활동에 대한 지원, 디지털 통화 및 결제 시스템을 둘러싼 경쟁, 사이버 보안, 공식 및 비공식 산업 표준을 둘러싼 경쟁 등 전통적인 경제 및 군사 부분을 넘어 현대 글로벌 정치 경제에서 플랫폼으로 대리되는 비(非)군사적 경쟁과 갈등 영역의 중요성이 무엇보다 높아진다는 사실을 직시할 필요가 있다. 미국이 자율성을 기반으로 한 경제 모델을 강조하는 반면, 중국은 강력한 정부 주도의 경제 패러다임을 통해 전 세계 디지털 시장에서의 영향력을 키워 나가고 있다. 이러한 경쟁은 다른 국가들에게도 영향을 미치며, 각국은 자신들의 상황에 부합하는 해법을 모색하는 데 열을 올리고 있다.

III 국가 플랫폼 자본주의 시대의 핵심 과제

국가 플랫폼 자본주의 시대는 디지털 기술의 발전과 데이터의 중요성이 날로 증가하는 가운데, 전통적인 경제 구조는 물론 국가 간의 무역 및 협력 방식에 근본적인 변화를 요구하고 있다. 이러한 변화 속에서 글로벌 기술 패권 경쟁의 현실을 직시하고 국가 역할의 재정립을 고려해야 한다. 각 과제는 상호 밀접하게 연관되어 있으며, 국가가 효과적으로 대응하는 것이 지속 가능한 발전과 경제 성장을 위한 기초가 된다.

– 글로벌 기술 패권 경쟁의 현실

국제 사회에서 기술적 우위를 점하기 위한 경쟁은 필연적으로 국가 간의 갈등으로 이어지고 있다. 미국과 중국 간의 기술 패권 경쟁은 그 대표적인 사례이다. 이 두 강국은 반도체, AI, 생명과학 등 첨단기술 분야에서 서로의 우위를 점하기 위해 치열한 경쟁을 벌이고 있다. 이 과정에서 각국은 자국의 기술 보호 및 육성을 위한 정책을 강화하고 있으며, 브렉시트와 같은 정치적 변화 또한 이러한 경쟁에 영향을 미친다("기술 패권 경쟁, 총칼없는 전쟁"…韓, 경제안보 고도화 전략은?, 2023).

미중 플랫폼 경쟁은 점차 가속화되고 있는데 소셜 미디어 분야에서는 미국의 유튜브, 페이스북과 중국의 틱톡, 위챗이 경쟁 상황이며, 콘텐츠를 유통하는 OTT 분야에서는 미국의 넷플릭스, 디즈니플러스와 중국의 아이치이, 유쿠, 텐센트비디오 등을 꼽을 수 있다. 전자상거래 분야에서는 미국의 아마존과 중국의 알리, 테무, 쉬인이 치열하게 경쟁 중이며, 디지털 금융 분야에서는 디지털 화폐는 미국이, 핀테크 분야에서는 중국의 간편결제가 우위를 점하고 있다.

이러한 글로벌 경쟁 속에서 우리나라는 기업들이 자유롭고 공정하게 경쟁할 수 있는 생태계를 조성해야 하며, 이를 위해 정부는 기술 주권을 확보하고 적절한 규제 정책을 마련해야 한다.

각국은 자국의 데이터와 기술을 보호하고 통제하기 위해 디지털 주권 확보에 힘쓰고 있다. 데이터 현지화 정책을 통해 자국민의 데이터를 자국 내에 저장하고 관리하며, 이는 개인정보 보호와 국가안보 강화에 기여한다. 또한, 핵심 기술 분야에서 자립을 추구하고, 외국 플랫폼에 대한 의존도를 줄이기 위해 노력하는 것은 국가의 경제적 자율성을 높이고, 글로벌 플랫폼 기업의 영향력으로부터 보호하기 위함이다.

누가 플랫폼으로부터 경제적 이익을 얻을 수 있는지, 누가 디지털 인프라와 시장 통제를 통한 영향력을 발휘할 것인지 치열하게 경쟁하는 현실 속에서 자국의 현실을 돌아보고 국가 플랫폼 자본주의 경쟁의 중견국으로서 생존을 위한 전략 마련이 필요하다.

– 플랫폼 경제의 확산과 국가 역할의 변화

플랫폼 산업은 전 세계적으로 디지털 경제의 핵심 요소로서 특히 AI, 빅데이터, 클라우드 등과 같은 디지털 혁신 기술과 융합되면서 그 가치와 영향력을 확대해 나가면서 국가 경쟁력의 핵심 동력원으로 작용하고 있다.

일반적으로 플랫폼 경제에서 국가의 역할은 규제자로서, 즉 플랫폼의 활동을 제한하고 한계를 설정하는 규칙 설정자로 정의할 수 있다. 예를 들어, 여기에는 '경쟁 및 시장 규제, 저작권 및 개인정보 보호 규제, 혐오 발언 및 잘못된 정보 지침'에 대한 조사가 포함된다(van Dijck, 2021: 13).

플랫폼 경제는 데이터와 디지털 기술을 활용하여 소비자와 기업 간의 거래를 중개하고, 새로운 경제적 가치를 창출하는 형태의 경제 시스템이다. 이러한 환경 속에서 국가의 역할은 단순한 규제 기관에서 벗어나 적극적인 플랫폼 촉진자로 변화하고 있다. 예를 들어, 정부는 디지털 인프라 구축을 지원하고, 데이터 보호 및 사이버 보안에 대한 법적 체계를 마련함으로써 디지털 플랫폼 기업의 성장을 도모하고 있다(김상배, 2024). 플랫폼 촉진자로서 국가의 역할은 세 가지로 세분화시킬 수 있다. 먼저 디지털 주권 수호자의 역할을 담당하기도 하는데, 중국은 2017년 사이버보안법을 통해 외국기업의 국내 데이터 반출을 금지하며, 알리 클라우드에 국가 감독 시스템을 구축했다. 이는 하이브리드 모델로 민간 플랫폼의 기술 역량과 국가의 통제 메커니즘을 결합한 전형적 국가 플랫폼 자본주의의 모습을 보여주는 것이다. 다음으로 디지털 생태계의 조정자로서의 역할이다. 예를 들면, 미국 국방부의 JEDI(Joint Enterprise Defense Infrastructure) 클라우드 사업은 AWS·마이크로소프트와의 협력을 통해 군사 인프라의 디지털 전환을 주도했다. 이 과정에서 국가는 민간 기술의 전략적 흡수와 표준 설정자 역할을 동시에 수행했다. 마지막으로 글로벌 시장에서 플랫폼 비즈니스가 전개되는 상황에서 국가는 글로벌 규범 제정자로서의 역할을 수행하기도 하는데, EU의 일반개인정보보호법(GDPR)은 데이터 국경 통제 메커니즘을 통해 '디지털 역외적용' 원칙을 확립했다. 2023년 데이터법(Data Act)은 IoT 기기 생성 데이터의 공정한 접근 권한을 보장하며, 플랫폼 간 상호운용성 강제를 통해 시장 재편을 유도하는 예에서 규범 제정자의 모습을 볼 수 있다.

국가는 또한 플랫폼 기업과의 협력 관계를 통해 기술 혁신 및 산업 발전을 도모하고, 이를 통해 경제 성장을 유도한다. 이렇게 함으로써, 플랫폼 경제에서는 강력한 국가의 지원이 혁신적 기업 성과에 긍정적인 영향을 미친다는 연구 결과도 다수 존재한다([국제 사회 톺아보기] 국가 플랫폼 자본주의 시대의 도래, 2024). 그러나 이러한 여건 속에서도 국가의 직접적인 개입이 플랫폼 통제 문제가 발생할 수 있는 만큼, 공정 경쟁 환경을 유지하는 한편, 다양한 이해관계자와 협력하여 균형 있는 정책을 추진해야 한다.

Ⅳ 국가 경쟁력 강화를 위한 법정책 방향

국가의 경쟁력 강화를 위한 법정책 방향은 현대 사회의 복잡한 환경 속에서 경제와 기술 발전을 동시에 추구하는 데 필수적이다. 국경을 넘는 민간 자본과 국가권력 간의 새로운 관계 설정이 이뤄지는 글로벌 시장의 변화 속에서 자국 플랫폼이 존재하며 기능하고 있는 우리나라가 앞으로 생존하고 성장하기 위해서는 효과적인 법정책이 뒷받침되어야 한다. 그러기 위해서는 디지털 인프라와 디지털 거버넌스, 산업 혁신 생태계 조성, 그리고 산업 정책과 규제 정책의 조화를 중점적으로 고려해야 한다.

– 디지털 인프라와 데이터 거버넌스

디지털 인프라는 현대 경제의 기반으로, 효율적이고 안전한 데이터 전송과 통신을 가능하게 한다. 다양한 기술 기반의 데이터 인프라 구축은 국가 경쟁력을 높이는 데 중요한 역할을 한다. 예를 들어, 스마트 시티 및 IoT(Internet of Things) 기술의 발전은 도시의 관리와 운영 효율성을 증대시키는 데 기여하고 있다(디지털 자산 인프라 및 규율체계 구축, 금융위원회, 2024). 국가 플랫폼 이니셔티브를 지원하는 핵심 기반인 5G, 데이터센터, AI 인프라 등 디지털 인프라에 대한 투자 확대 및 거술 경쟁력 강화가 필수적이다.

이에 따라 디지털 거버넌스의 필요성도 강조된다. 디지털 거버넌스는 정부가 디지털 기술을 효과적으로 관리하고 규제하기 위해 필수적인 체계이다. 이는 데이터의 활용을 극대화하고 보안과 프라이버시 문제를 해결하는 데 기여할 수 있다. 데이터 활용 극대화를 위해 관련 규제를 완화하고 안전한 데이터 활용 환경을 구축해야 한다. 정부는 디지털 전환을 지원하기 위해 명확한 정책을 수립하고, 민간 부문과의 협력을 강화하여 디지털 거버넌스 환경을 정립해야 한다(디지털 대전환 시대의 정책 및 제도 개선 이슈와 방안, n.d.). 또한 데이터 혁신과 개인정보 보호 사이의 균형 방안 모색 차원을 넘어 사이버 위협으로부터 국가 플랫폼을 보호하고 데이터 및 인프라 보안을 보장하기 위해 강력한 사이버 보안 프로토콜 및 사고 대응 계획을 개발하는 등의 사이버 보안 조치를 강화할 필요가 있다.

– 산업 혁신 생태계 조성

산업 혁신 생태계는 지속 가능한 경제 발전을 위한 필수 요소로, 정부는 이를 위해 다각적인 접근을 통해 기업의 혁신 역량을 극대화해야 한다. 스타트업과 중소기업들이 혁신 기술을 선보이고 성장할 수 있는 생태계를 조성하는 것이 핵심 과제가 될 것이다.

이를 위해 정부는 기술 혁신을 위한 R&D 지원 및 세금 인센티브 등 다양한 지원 정책을 마련해야 하며, 동시에 규모의 경제를 구축하고 경쟁력을 강화하기 위해 국내 플랫폼 회사 간의 협력을 장려한다. 혁신을 추진하기 위해 산업, 학계 및 정부 간의 파트너십을 촉진, 혁신적인 아이디어가 실제 사업으로 변환될 수 있도록 유도해야 하고, 이는 궁극적으로 경제의 다양한 세분화된 영역에서 혁신을 촉진하고, 국가의 경쟁력을 높이는 데 기여할 것이다.

인공지능(AI), 빅데이터, 클라우드 컴퓨팅 등 핵심 기술 분야에 대한 투자와 연구 개발 지원을 강화하는 방안을 모색할 필요가 있다. 기술 분야 연구 개발은 모두 핵심 인력을 통해서 이뤄지는 것이니만큼, 플랫폼 경제에서 성공하는 데 필요한 기술을 갖춘 숙련된 인력 양성, 특히 최근 각광받는 플랫폼 및 AI 분야의 전문 인력 양성을 위한 다양한 정책적 지원이 필요하다.

– 산업 정책과 규제 정책의 조화

산업 정책과 규제 정책은 국가 경쟁력 강화를 위한 중요한 두 축이다. 효과적인 규제 정책은 기업의 혁신과 경쟁을 저해하지 않으면서도 공정한 시장 환경을 조성하는 데 기여해야 한다. 글로벌 플랫폼 경제에서 기술 혁신 및 산업 발전의 중요성을 상기하며 플랫폼 산업을 국가 첨단 전략 산업으로 지정하고, 국가 차원의 적극적인 지원 정책 수립 필요성이 높아지는 상황을 직시해야 한다. 국가 경쟁력 강화라는 측면에서 AI와 연계된 플랫폼 산업을 우선시하고 목표를 지원하는 정부 정책을 고민할 시점이다. 이를 위해 플랫폼 규제를 재검토하고, 유연한 규제 환경을 조성하여 플랫폼 혁신을 촉진하는 방안 마련할 때, 진입 장벽을 제거하고 실험을 장려하는 데 중점을 두는 것을 고려할 수 있다.

최근 경쟁 정책 관련 변화가 필요하다는 논의가 활발히 진행되고 있으며, 기술 혁신을 촉진하고 소비자 보호를 동시에 고려해야 한다는 합의가 이루어지고 있다.

예를 들어, 공정 경쟁을 위한 법령의 개정 및 세부 항목의 명확한 규정을 통해, 신기술에 대한 적절한 규제를 마련하면서도 기업의 자유로운 경쟁을 보장해야 한다. 이는 기업들이 안정적으로 혁신에 투자할 수 있는 환경을 조성한다. 국가가 효과적으로 공정 경쟁과 혁신을 촉진할 수 있는 구조를 마련하는 것이 필수적이다.

합리적 경쟁규제와 산업 진흥은 종종 대립적인 관계로 인식되지만, 실상은 상호보완적이며 조화를 이룰 수 있다. 공정 경쟁 환경 마련과 시장 참여자들로 하여금 경쟁을 촉진할 수 있는 환경을 조성할 수 있을 것이다. 이는 산업 전반의 혁신을 기대할 수 있고, 이용자의 선택기회를 확대시켜 소비자 주권의 회복과 소비자 보호까지 실현할 수 있을 것으로 보인다.

V 결론 및 정책 제언

최근 미국과 중국 그리고 EU의 프랑스와 독일 등에서 나타나는 국가 AI 기술 주도권 확보를 위한 움직임은 몇몇 측면에서 중요한 의미를 갖는다. 먼저 디지털 기술의 혁신 경쟁을 넘어 기술 표준, AI 산업과 연계된 플랫폼 생태계를 주도할 수 있으며, 다음으로 정책 및 정치 외교 차원의 규제 내지 제재와 그에 따른 규범 형성도 주도할 수 있다는 의미이다.

다른 국가들이 자국 플랫폼 보호와 육성을 병행하면서 경쟁력을 확보해 나가는 상황에서, 한국은 AI 경쟁력을 강조하면서도 정작 그 기반이 되는 플랫폼 산업에 대한 일관성 있는 전략을 수립하지 못하고 있다.

글로벌 AI 강국 모두 강력한 자국 플랫폼 기업을 통해 방대한 데이터와 클라우드 인프라를 확보하고 이를 토대로 AI 기술 주도권을 장악하고 있는 상황에서, 한국은 플랫폼과 AI의 공생관계를 간과한 채 분절된 정책을 추진하고 있다. 전문가들은 AI를 활용한 플랫폼 서비스 이용 과정에서 막대한 데이터가 발생하고 이는 이용자에게 적합한 추천 서비스로 이어진다는 점에서 향후 추천 AI 알고리즘이 디지털 플랫폼 경쟁의 핵심이 될 것이라 전망하고 있다. 그러나 우리나라의 현실은 데이터 투명성, 공정성을 위해 알고리즘 공개 법제화 움직임이 있다. AI 생태계와 플랫폼의 관계에 대한 충분한 이해 속에 디지털 플랫폼의 법정책 설계에 대한 고려가 아쉬운 상황이다. 예를 들어 검색 및 지도 서비스를 제공하는 플랫폼 사업자는 AI 서비스를 통한 정보 제공 시 자사 검색 및 지도 서비스 출처의 정보를 제공하지 못하게 되면서, 국내에서도 외면당하는 AI 모델로 전락할 가능성이 없지 않다.

모바일 생태계가 형성되는 과정에 참여하지 못한 채 기술과 플랫폼에 종속되었던 과거 경험을 떠올려보더라도 한국은 AI 산업 육성의 핵심 동력이 될 플랫폼 기업에 대한 전략은 찾아보기 어렵다. 더 늦기 전에 AI 산업과 디지털 플랫폼을 국가 경쟁력의 핵심 축으로 삼고, 글로벌 시장에서 주도적 위치를 확보하기 위한 국가 차원의 전략 수립이 시급하게 요구된다.

국가 플랫폼 자본주의 시대에 대응하기 위해서는 적절한 디지털 국가책략의 수립과 실행이 필수적이다. 최근 국제 정세가 보호주의 경향을 띠면서 글로벌 디지털 경제 블록화가 가속되는 시점에 한국에게도 단순한 공정성 프레임을 넘어 국가 경제 주권 차원의 새로운 접근이 필요하다. 강한 규제는 규제 준수를 위한 추가 인력 채용, 교육, 장비 및 시설 투자 등의 비용만 발생시키고 정작 사업의 본질적 매출 증가 효과는 없는 것으로 확인되었다(Tania Babina, 2023)는 점에서 단순한 규제를 넘어 AI와 플랫폼을 통한 국가 경쟁력 강화와 디지털 주권 확보를 위한 법정책의 종합적인 접근이 이뤄질 필요가 있다.

우리나라는 네이버·카카오 등 강력한 플랫폼을 보유하고 있으며, 디지털 금융 서비스와 결합하여 상당한 규모의 이용자와 데이터를 보유하고 있다는 점에서 플랫폼·생태계 조성과 산업연관효과 극대화를 위한 선택과 집중이 요구된다. 이와 같은 장점을 살려 AI 생태계로의 전환을 꾀하고, 이를 뒷받침할 세밀한 법정책 마련이 필요하다.

그런 의미에서 현행 플랫폼 규제에 대한 전면 재검토가 필요하며, 해외 기업과 국내 기업 간 규제 형평성 확보와 국내 플랫폼의 글로벌 경쟁력을 저해하지 않는 수준으로 규제를 재설계할 필요가 있다. 나아가 AI와 플랫폼을 분절된 산업으로 접근하는 현재의 정책 기조를 탈피하여 규제 중심에서 진흥 중심의 새로운 정책 패러다임으로 전환하여 플랫폼 산업 진흥법 제정을 통한 제도적 기반을 마련하고, 국가 플랫폼 자본주의 경쟁 상황에서 AI로 대표되는 핵심 디지털 인프라의 자주성 강화 등 장기적 국가 산업 경쟁력 확보를 위한 종합 지원 체계를 구축할 필요가 있다.

참고문헌

[국내문헌]

이선재 · 정선화 · 조병선(2023), 미중 기술패권 경쟁과 양자컴퓨팅 정책 동향, 전자통신동향분석 제38권 제4호.

권헌영(2022), 디지털 대전환 시대의 정책 및 제도 개선 이슈와 방안, 2022 디지털정책포럼 발표자료, 한국정보산업연합회.

KCA(2022), 새롭게 달라진 ICT정책과 해외 디지털 인프라 정책동향 - ICT산업 Hot Clips Vol. 77.

금융위원회(2024), 디지털 자산 인프라 및 규율체계 구축.

이성엽(2024), [국제 사회 톺아보기] 국가 플랫폼 자본주의 시대의 도래, CHIEF EXECUTIVE Vol. 265.

김상배(2024), 플랫폼 국가의 부상: 지정학 시대 중견국 전략의 모색을 위한 개념적 기초, SW중심사회 12월호, 소프트웨어정책연구소.

오종혁(2023), '디지털 중국' 추진전략의 주요 내용과 평가, KIEP 세계경제 포커스, Vol. 6(8).

오태현(2025), 폰 데어 라이엔 2기 EU 집행위원회의 5개년 경쟁력 강화 계획: 주요 내용 및 평가, KIEP 세계경제 포커스 Vol. 8(10).

정주연(2025), 규제에 갇힌 한국 플랫폼 산업 이제는 진흥 전략이 필요하다, 이슈페이퍼 2025-01호, 스타트업얼라이언스.

한승혜 · 권재한(2025), 디지털 시장에 번진 경제적 민족주의, 이슈페이퍼 25-2호, 디지털경제연구원.

[국외문헌]

Alami I, A.D. Dixon, and R. Gonzalez-Vicente, et al. 2022. "Geopolitics and the 'New' State Capitalism. Geopolitics. Vol 27(3), pp. 995-1023.

Rolf, Steve and Seth Schindler(2023), "The US-China Rivalry and the Emergence of State Platform Capitalism." Vol 55(5), pp. 1255-1280.

mtapscott(2022), Strategic Capitalism: The New Economic Strategy for Winning the Capitalist Cold War.

Nick Srnicek(2023), Platform Capitalism-International Strategy Center.

Caixin Global(2025.1.6.), Cover Story: Chinese AI Startups Make Gains in Challenge to U.S.-based OpenAI.

van Dijck and Lin(2022), Deplatformization, platform governance and global geopolitics: Interview with José van Dijck Vol 7(2) pp. 59-66.

Euro-Stack.

https://euro-stack.eu

EuroStack-A European Alternative for Digital Sovereignty

https://www.bertelsmann-stiftung.de/en/our-projects/reframetech-algorithmen-fuers-gemeinwohl/project-news/eurostack-a-european-alternative-for-digital-sovereignty

The Quest for European Technological Sovereignty: Building the EuroStack.

https://techpolicy.press/the-quest-for-european-technological-sovereignty-building-the-eurostack

China pushes 'AI Plus' initiative to integrate technology and industry

https://www.theregister.com/2024/03/06/china_peoples_congress_tech_plans/

04 자국 플랫폼의 가치평가: 플랫폼 규제 및 정책적 시사점

황용석 / 건국대학교 미디어커뮤니케이션학과

I 자국 플랫폼의 개념과 기능

1. 글로벌 독점화와 자국 플랫폼

디지털 경제의 급속한 발전과 함께 글로벌 플랫폼 기업들이 시장을 지배하는 현상이 가속화되고 있다. 특히 구글, 아마존, 메타(구 페이스북), 애플과 같은 빅테크 기업들은 방대한 네트워크 효과와 데이터 기반의 경쟁력을 바탕으로 글로벌 시장을 장악하고 있으며, 다수의 국가들이 이들 플랫폼에 의존하는 구조를 형성하고 있다. 이러한 현상은 단순한 산업적 문제를 넘어, 국가의 경제적 자립성과 사회적 주권, 그리고 문화적 정체성까지 영향을 미치는 중요한 이슈로 부각되고 있다.[1]

그러나 여전히 상당수의 국가들은 독자적인 자국 플랫폼을 보유하지 못하고 있으며, 이로 인해 디지털 경제에서의 종속성이 심화되고 있다. 앞으로도 소수의 플랫폼 기업들이 시장을 지배하게 되는 독과점 현상이 심해질 것으로 예측된다.[2] 플랫폼의 종속화는 국가 차원에서는 경제성장의 자율성을 약화시키고, 정책적 결정권을 글로벌 기업에 의존하게 만들며, 사회 차원에서는 공공서비스 및 데이터 관리의 효율성을 저하시킬 수 있다. 시민 차원에서도 플랫폼

---

1 김준연 · 박강민 · 신원규, 『국제통상환경의 변화와 디지털기술 패권 경쟁(연구보고서 2019-001)』, 소프트웨어정책연구소, 2021

2 *Id.*

경제에 대한 접근성이 제한될 경우 디지털 격차가 심화되고, 특정 플랫폼의 알고리즘에 의해 정보 유통이 왜곡될 가능성이 존재한다.

특히, 플랫폼이 단순한 기술적 도구가 아니라 경제, 정치, 사회, 문화 전반에 걸쳐 영향을 미치는 기반 기술이라는 점에서, 자국 플랫폼의 부재는 장기적으로 국가의 디지털 주권을 위협할 수 있다.[3] 자국 플랫폼이 없는 경우, 국가 데이터가 글로벌 기업에 의해 집중적으로 수집되고 활용됨으로써 데이터 주권이 약화되며, 이는 국가 안보와 경제적 독립성에도 부정적인 영향을 미칠 수 있다.[4] 글로벌 플랫폼이 특정 국가의 법적 규제를 우회하면서 시장을 독점하는 경우, 국내기업들은 공정한 경쟁 환경을 확보하지 못하고, 경제적 기회가 글로벌 플랫폼 기업에 의해 흡수되는 문제가 발생할 수 있다. 또한 문화적 차원에서도 글로벌 플랫폼이 특정 국가나 지역의 문화를 주도적으로 반영하면서 자국의 문화 콘텐츠가 소외되거나 글로벌 시장에서 충분한 기회를 얻지 못하는 현상이 발생할 수 있다. 따라서 각국은 자국 플랫폼의 필요성을 인식하고 이를 적극적으로 육성하려는 노력을 기울이고 있다.[5]

이 글에서는 자국 플랫폼의 중요성을 생태적 관점과 디지털 주권 관점에서 분석하고 이를 바탕으로 자국 플랫폼의 정책적 방향성을 모색하고자 한다. 먼저 플랫폼이 단순한 기업이 아니라 국가 경제와 사회 전반에 걸쳐 영향을 미치는 생태계로 작용한다는 점을 논의하고(Jacobides etal., 2018; Gawer & Cusumano, 2014), 글로벌 플랫폼과 자국 플랫폼의 차이를 살펴본다. 이후 자국 플랫폼이 가지는 기능과 가치를 경제·정치·사회·문화적 측면에서 조명함으로써 국가 주도의 플랫폼전략이 갖는 의미와 실천 방안을 모색할 것이다.

---

3 Heidebrecht, S. "From market liberalism to public intervention: Digital sovereignty and changing European Union digital single market governance", Journal of Common Market Studies, 62.1 (2024): 205–223.

4 김상배, "플랫폼 지정학 시대의 중견국 전략: 한국의 디지털 플랫폼 전략이 주는 함의", 국가전략, 29.4 (2023), 33–64.

5 김기영·임건신, "한국 디지털 플랫폼 비즈니스의 특성과 전략", 대한민국학술원 논문집, 62.2 (2023), 465–498.

2. 자국 플랫폼의 개념 정의

(1) 자국 플랫폼의 개념과 의의

자국 플랫폼(National Platform)은 특정 국가의 법적, 경제적, 사회적 환경에서 설립되고 운영되는 디지털 플랫폼을 의미한다. 이는 단순히 지리적 위치나 법적 등록 여부를 넘어서는 복합적 개념으로, 국가 주권, 경제적 자립성, 사회문화적 정체성이 디지털 영역에서 구현되는 형태라 할 수 있다. 자국 플랫폼은 글로벌 플랫폼과 차별화되는 개념으로, 자국 내 경제 주체(정부, 기업, 사용자)의 이해관계를 반영하며, 국가적 차원의 정책 및 규제에 직접적인 영향을 받는다.

Floridi(2020)는 디지털 주권의 관점에서 자국 플랫폼의 중요성을 강조하며, 이를 "데이터, 소프트웨어, 표준과 프로토콜, 프로세스, 하드웨어, 서비스, 인프라에 대한 통제권"의 핵심 요소로 정의한다.[6] 자국 플랫폼은 단순한 기업의 법적 지위가 아니라, 국가의 주권과 자립성을 보호하는 핵심 인프라로서의 역할을 수행한다는 것이다. 이러한 관점은 디지털 경제에서 플랫폼이 단순한 온라인 서비스 제공자를 넘어 국가 경제와 사회 전반에 영향을 미치는 구조적 요소로 변모했음을 시사한다.

자국 플랫폼을 국가의 디지털 주권과 경제 자립을 보장하는 핵심적인 존재로, 국가와 국민의 독립성과 안정성을 유지하는 데 필수적인 요소로 인식할 수 있으며, 이는 자국 플랫폼이 단순한 경제적 가치를 넘어 국가적 차원의 전략적 자산으로 간주될 수 있음을 의미한다[7](황용석, 2024). 최근 연구에서 Dunayev와 Orlov(2023)는 우크라이나 플랫폼 정책을 다루면서 자국 플랫폼의 법적 규제가 국가 디지털 경제 발전과 직접적으로 연계되어 있으며, 정부가 디지털 경제를 효과적으로 통제하고 육성하기 위해 필요한 법적 프레임워크를 구축해야 한다고 주장한다.[8]

---

6 Floridi, L., "The Fight For Digital Sovereignty: What It Is, And Why It Matters, Especially For The EU", Philosophy & Technology, 33.3 (2020), 369–378.

7 황용석, "자국 플랫폼 개념 정의와 가치측정에 대한 연구", 정보통신정책연구원 과제자문 24–플랫폼–01., 2024)

8 Dunayev, I., and O. Orlov. "National Legal Regulation Of The Digital Economy And

또한 자국 플랫폼은 데이터 수집, 처리, 유통을 통해 경제적 가치를 창출하며, 국가 내 경제 구조와 디지털 주권에 지대한 영향을 미친다. 유승현(2022)은 자국 플랫폼이 "디지털 경제 시대의 국가 인프라로서, 데이터의 수집과 처리, 활용을 통해 디지털 가치 사슬의 핵심적인 위치를 차지하게 되었다"고 분석하며, 이것이 단순한 민간 기업의 운영을 넘어서 국가 경제와 사회 전반의 지속 가능성을 위한 중요한 정책적 요소로 간주되어야 한다고 주장한다.[9]

(2) 자국 기업과 자국 플랫폼의 관계

자국 플랫폼의 개념을 보다 명확하게 이해하기 위해서는 자국 기업(domestic company)의 정의를 살펴볼 필요가 있다. 자국 기업이란 한 국가의 법적 관할권 내에서 설립되고 운영되는 기업을 의미하며, 일반적으로 국가별 법률에 따라 등록 및 규제를 받는다. 자국 플랫폼은 이러한 자국 기업의 개념을 확장한 형태로, 디지털 환경에서 운영되는 기업을 포함하며, 다양한 법적 요건을 충족해야 한다.

〈표 4-1〉 자국 기업 관련 법령

법령명	관련 조항	자국 기업 정의
상법	제172조	회사는 본점의 소재지에서 설립등기를 함으로써 성립하며, 이는 대한민국 내에서 설립된 회사를 의미
외국인투자촉진법	제2조 제1호, 제2호, 제3호	대한민국의 법률에 따라 설립된 법인 또는 사업자로 등록된 국내기업
해외진출기업의 국내복귀 지원에 관한 법률	제2조 제1호	대한민국 국민 또는 대한민국 법률에 따라 설립된 법인이 실질적으로 지배하는 기업을 자국 기업으로 정의

자국 플랫폼은 특정 국가의 법률에 따라 설립되며, 해당 국가의 사업자 등록 및 세금 규정을 준수해야 한다. 대한민국의 경우 「상법」 제172조[10]에 따라

Information Platforms", Pressing Problems Of Public Administration, 1.62 (2023), 6－21.

9 유승현, "디지털 전환 시대의 데이터 정책과 이용자 권리 보호: 데이터 독점과 데이터 주권을 중심으로", 방송통신연구, (2022), 38－73.

본점이 국내에 위치한 기업이 자국 기업으로 간주되며, 이는 플랫폼에도 적용될 수 있다. 그러나 법적 정의에 기반한 자국 기업의 개념이 디지털 플랫폼에 그대로 적용되기 어려운 측면이 있다. 디지털 환경에서는 기업의 물리적 위치보다 데이터 처리 위치, 의사결정 구조, 실질적 통제권 등이 더 중요한 요소로 작용할 수 있다.

또한 「외국인투자촉진법」에 따르면, 대한민국 법인 및 기업은 대한민국 법률에 따라 설립된 법인 또는 국내에서 사업자등록을 한 기업을 의미하며, 외국인이 의결권 있는 주식 또는 지분을 일정 비율 이상 소유할 경우 외국인투자기업으로 분류되나 여전히 대한민국 법인으로 인정된다.[11]

해외진출기업의 국내복귀 지원에 관한 법률에 따르면, 대한민국 법인 또는 기업은 대한민국 국민(재외동포 포함) 또는 대한민국 법률에 따라 설립된 법인이 실질적으로 지배하는 기업으로 정의되며, 해당 기업은 대통령령으로 정하는 요건을 충족해야 한다.[12]

---

10 상법 "제172조(회사의 성립) 회사는 본점소재지에서 설립등기를 함으로써 성립한다."

11 외국인투자촉진법 제2조 제1항 제3호.

제2조(정의) ① 이 법에서 사용하는 용어의 뜻은 다음과 같다.<개정 2016. 1. 27., 2020. 2. 4., 2020. 12. 22.>

1. "외국인"이란 외국의 국적을 가지고 있는 개인, 외국의 법률에 따라 설립된 법인(이하 "외국법인"이라 한다) 및 대통령령으로 정하는 국제경제협력기구를 말한다.
2. "대한민국국민"이란 대한민국의 국적을 가지고 있는 개인을 말한다.
3. "대한민국 법인 또는 기업"이란 대한민국의 법률에 따라 설립된 법인 또는 사업자로 등록된 국내기업을 말한다.

외국인투자촉진법 시행령 제2조(외국인투자 등의 정의)

② 법 제2조 제1항 제4호 가목에 따른 외국인투자는 투자금액이 1억 원 이상으로서 다음 각 호의 어느 하나에 해당하는 것을 말한다. 다만,법 제21조 제1항 및 제2항에 따라 외국인투자기업으로 등록한 후 주식이나 지분(이하 "주식등"이라 한다)의 일부 양도나 감자(減資) 등으로 본문의 요건을 충족하지 않게 되는 경우에도 이를 외국인투자로 본다.<개정 2010. 10. 5., 2016. 7. 28., 2020. 8. 5.>

1. 외국인이 대한민국 법인 또는 기업(법인의 경우에는 설립 중인 법인을 포함한다. 이하 같다)이 발행한 의결권 있는 주식총수나 출자총액의 100분의 10 이상을 소유하는 것
2. 외국인이 대한민국 법인 또는 기업의 주식등을 소유하면서 그 법인이나 기업에 임원(이사, 대표이사, 업무집행을 하는 무한책임사원, 감사나 이에 준하는 자로서 경영상 중요의사결정에 참여할 수 있는 권한을 가진 자를 말한다. 이하 같다)을 파견하거나 선임하는 것

12 해외진출기업의 국내복귀 지원에 관한 법률

"2조(정의)이 법에서 사용하는 용어의 뜻은 다음과 같다.<개정 2019. 12. 10., 2020. 12. 22.>

1. "해외진출기업"이란 다음 각 목의 요건을 모두 갖춘 기업을 말한다.

이 같은 법령 정의는 자국 플랫폼이 해당 국가 내에 본사를 두거나 주요 사업장을 운영해야 하며, 이는 법적 관할권과 관련된 조세 납부, 규제 준수 등의 문제를 명확히 하기 위함으로 보인다. 글로벌 플랫폼이 전 세계에서 운영되는 상황에서 자국 플랫폼을 분류하는 것은 다양한 법적 과제를 던지는 것으로 보인다. Tereschenko, Starodubova와 Nazarov(2024)는 디지털 플랫폼의 국가법 규제와 관련하여 다음과 같은 문제를 다룬다. 이들은 디지털 플랫폼의 법적 성격을 분석해 플랫폼이 경제, 공공 행정, 인권에 미치는 변화와 그로 인한 법적 과제를 논의하면서, 디지털 플랫폼의 국내법적 지위에 관한 연구에서 "플랫폼의 물리적 위치와 법적 등록 위치가 실질적인 운영 및 서비스 제공 지역과 일치하지 않는 경우가 많다"고 지적했다. 이로 인해 자국 플랫폼의 법적 정의가 더욱 복잡해지고 있다고 설명한다.[13]

(2) 법적 지위에 따른 자국 플랫폼의 분류 유형

자국 플랫폼의 개념은 그 정의와 범위에 따라 다양하게 해석될 수 있으며, 이를 법적으로 분류하는 방식도 다양하다. 본 연구에서는 자국 플랫폼을 협의적 정의, 중위적 정의, 광의적 정의로 구분하여 분석하고자 한다.

가. 대한민국 국민(「재외동포의 출입국과 법적 지위에 관한 법률」 제5조에 따른 재외동포체류자격을 부여받은 재외동포를 포함한다) 또는 대한민국 법률에 따라 설립된 법인(「외국인투자촉진법」 제2조 제6호에 따른 외국인투자기업을 포함한다)이 대통령령으로 정하는 바에 따라 실질적으로 지배하는 기업일 것

나. 기업 자신 또는 자신이 실질적으로 지배하는 다른 기업이 소유한 해외사업장을 통하여 2년 이상 계속하여 「통계법」 제22조에 따라 통계청장이 고시하는 한국표준산업분류상의 제조업·정보통신업, 「산업발전법」 제8조 제2항에 따른 지식서비스산업 및 방역·면역 관련 산업 등 대통령령으로 정하는 산업을 하고 있을 것"

13 Tereschenko, Ludmila Konstantinovna, Olesya Evgenievna Starodubova, and Nikita Alekseevich Nazarov, "Digital Platforms in the Focus of National Law", Legal Issues Digit. Age, 5, (2024), 148.

〈표 4-2〉 자국 플랫폼에 대한 협의, 중위, 광의적 분류

기준	협의	중위	광의
설립과 소유권	자국에서 창업 및 성장	자국에서 법적 지위를 가짐	외국 소유지만 자국 경제에 기여
주요 활동 지역	자국 내 주요 활동	자국 내 주요 사업장	자국에서 서비스 및 운영
경제적 기여	자국 경제에 기여	자국 경제에 기여	자국 경제에 기여
사례	네이버, 카카오 등	쿠팡, 우아한형제들 등	우버코리아, 아마존코리아
관련 법령	「상법」, 「외국인투자 촉진법」	「정보통신망법」, 「전기통신사업법」	없음
장점	국적 명확, 법적 근거에 충실	법적·경제적 현실성 반영	경제적 기여 포함으로 포괄적 정의 가능
단점	글로벌 플랫폼 포함 불가	소유권과 통제권 외부 존재 시 모호함	법적 기준 부재로 경계 모호

(4) 법적 기준에 따른 자국 플랫폼의 범위 분류

자국 플랫폼의 개념은 그 정의와 범위에 따라 다양하게 해석될 수 있으며, 이를 법적으로 분류하는 방식도 다양하다. 본 연구에서는 자국 플랫폼을 협의적 정의, 중위적 정의, 광의적 정의로 구분하여 분석하고자 한다. 이러한 구분은 이론적 틀에 기반한 것은 아니면, 후속 연구를 고려한 제언적 분류이다.

〈표 4-3〉 법적 기준에 따른 자국 플랫폼의 범위

기준	협의	중위	광의
설립과 소유권	자국에서 창업 및 성장	자국에서 법적 지위를 가짐	외국 소유지만 자국 경제에 기여
주요 활동 지역	자국 내 주요 활동	자국 내 주요 사업장	자국에서 서비스 및 운영
경제적 기여	자국 경제에 기여	자국 경제에 기여	자국 경제에 기여
사례	네이버, 카카오 등	쿠팡, 우아한형제들 등	기여 기준에 따라 다를 수 있음
관련 법령	「상법」, 「외국인투자 촉진법」	「정보통신망법」, 「전기통신사업법」	없음
장점	국적 명확, 법적 근거에 충실	법적·경제적 현실성 반영	경제적 기여 포함으로 포괄적 정의 가능

단점	글로벌 플랫폼 포함 불가	소유권과 통제권 외부 존재 시 모호함	법적 기준 부재로 경계 모호

1) 협의적 수준

협의적 정의에 따른 자국 플랫폼은 가장 엄격한 기준을 적용한 개념으로, 자국 내에서 창업하고 성장한 기업이 운영하는 플랫폼을 의미한다. 이러한 플랫폼은 설립 단계부터 자국 법률에 따라 설립되었으며, 소유권 구조도 주로 자국민이나 자국 법인에 의해 구성된다. 대표적인 사례로는 네이버, 카카오 등이 있으며, 이들은 한국에서 창업되어 성장한 자국 플랫폼으로 인식된다.

대한민국「상법」제172조와「외국인투자촉진법」제2조 제1항은 이러한 협의적 정의의 자국 플랫폼을 법적으로 정의하는 데 중요한 근거가 된다. 특히 외국인 투자 비율과 의결권 제한 등을 통해 자국 기업의 정체성을 법적 요건으로 명확히 하는 분류이다. 네이버와 카카오는 이 분류에 해당하는 대표적인 한국 플랫폼이다.

2) 중위적 수준

중위적 정의의 자국 플랫폼은 보다 유연한 기준을 적용하며, 자국에서 법적 지위를 보유하고 주요 사업장을 운영하는 플랫폼을 포함한다. 이 경우 설립 주체나 소유권 구조가 반드시 자국민 중심이 아니더라도, 자국 내 법적 실체를 갖추고 실질적인 사업 활동을 수행하는 플랫폼을 자국 플랫폼으로 간주한다.

이러한 정의에 따르면 쿠팡, 우아한형제들(배달의민족) 등이 자국 플랫폼으로 분류될 수 있다. 이들은 외국계 자본의 비중이 크지만, 국내에 법인을 설립하고 주요 사업 활동을 국내에서 수행하고 있다.

중위적 분류는 글로벌화된 디지털 경제 환경에서 보다 현실적인 적용이 가능하다는 점에서 강점이 있지만, 자국 플랫폼의 범위를 지나치게 확대하여 법적 구분이 모호해질 수 있다는 한계를 가진다.

3) 광의적 수준

광의적 정의의 자국 플랫폼은 가장 포괄적인 개념으로, 외국 기업이 소유하더라도 자국 내에서 서비스를 제공하고 경제 활동을 수행하는 플랫폼을 포함한다. 이러한 정의는 글로벌 경제 환경에서 국가 간 자본과 서비스의 이동이 활발해진 현실을 반영한다.

이 경우 상당수 외국계 플랫폼도 경제적 기여 수준에 따라 자국 플랫폼으로 포섭될 수 있다. 그러나 경제적 기여 수준을 어떻게 정의내릴지에 대해서 합의된 개념이 존재하지 않고 플랫폼 규제의 목적에 따라서도 다른 정의가 가능하기 때문에 사실상 광의적 수준을 현실 정책에 반영하는 것은 어려울 것으로 보인다.

물론, 광의적 정의는 디지털 플랫폼의 글로벌 확산과 국가 간 경제 협력의 증가 속에서, 플랫폼의 경제적 기여도를 중심으로 판단할 수 있는 장점이 있다. 그러나 법적 보호와 규제 대상의 모호성으로 인해 정책적 적용이 어려울 수 있다.

자국 플랫폼의 개념을 법적 설립과 운영, 소유권과 통제권, 데이터 주권 준수, 조세 및 경제 기여, 법적 책임과 규제 준수 등의 측면에서 분석하고, 협의적, 중위적, 광의적 정의로 분류하여 살펴보았다. 그러나 자국 플랫폼의 개념과 정의는 명확하지 않고 다양한 해석이 가능하며, 정책적 필요에 따라 변할 수 있는 개념이다.

3. 자국 플랫폼 정의와 관련된 확장된 요건들

자국 플랫폼의 정의는 정책적 필요성에 따라 형성될 수 있고 국가의 제도 및 정책 맥락에 따라 다르게 정의될 수 있다. 이 글에서는 자국 플랫폼 정의나 분류에 필요한 중요 요건들을 병렬적으로 제시하고자 한다. 이러한 요건들은 향후 플랫폼 정책 논의의 다양한 해석 관점을 제공함에 목적이 있다.

자국 플랫폼을 객관적으로 정의하기 위해서는 다양한 요건들이 조작적으로 정의될 수 있겠지만, 이 글에서는 자국 플랫폼이 충족해야 하는 주요 요건으로 법제도 요건, 소유권 및 통제 요건, 운영 범위 요건, 경제적 기여 요건, 문화·사회적 요건, 국가 정책 연계성 요건으로 분류하였다.

〈표 4-4〉 자국 플랫폼 정의와 관련된 확장된 요건들

접근 방법	주요 특성	설명
법제도 관점	• 법적 준거성: 플랫폼이 자국 법률을 준수하며 설립되고 운영됨을 보장 • 투명성: 법적 책임 소재와 운영 구조를 명확히 하여 신뢰를 강화 • 공공의 보호: 법적 요건을 통해 사용자와 국가 이익 보호	플랫폼이 해당 국가의 법률 체계 내에서 설립되고 운영되는 것을 의미하며, 이는 플랫폼의 법적 책임과 의무를 명확히 하여 투명성과 신뢰성을 강화하는 역할을 수행함
소유권 기반 관점	• 자국 소유권: 플랫폼의 주요 지분이 자국민 또는 자국 법인에 귀속 • 경영 통제권: 의사 결정과 전략 수립이 자국 내에서 이루어짐 • 안정적 통제: 외부 자본 간섭을 줄이고 자국 경제 보호	플랫폼의 지분 구조와 경영 통제를 중심으로 자국 플랫폼 여부를 판단하며, 주된 소유권과 경영 통제권이 자국 내에서 행사되는 경우 자국 플랫폼으로 간주함
운영 범위 관점	• 주요 사업장: 플랫폼이 자국 내 물리적 기반과 운영 중심을 두고 있음 • 주요 사용자: 서비스의 주요 고객층이 자국민으로 구성 • 현지화 서비스: 자국 시장 요구에 맞춘 서비스 제공	플랫폼이 자국 내에서 주요 서비스를 제공하고, 주된 사용자 기반이 자국민인 경우 자국 플랫폼으로 정의되며, 글로벌 플랫폼이라도 자국 내 활동이 활발한 경우 포함될 수 있음
경제적 기여 관점	• 고용 창출: 플랫폼이 자국 내에서 고용 기회 제공 • 세수 기여: 자국 내에서 납세 의무를 준수 • 산업 발전 기여: 관련 산업과의 협력으로 경제 활성화 및 새로운 비즈니스 창출	플랫폼이 국가 경제에 얼마나 기여하는지를 통해 자국성을 평가하며, 고용 창출, 세수 증대, 기술 개발 등을 통해 경제적 가치를 창출하는 경우 자국 플랫폼으로 간주함
문화·사회적 관점	• 문화적 정체성: 자국의 언어와 문화적 특성을 디지털 서비스에 반영 • 사회적 규범 준수: 자국 사회의 규범과 가치에 부합하는 콘텐츠 제공 • 글로벌 문화 확산: 자국 문화를 국제적으로 알림	플랫폼이 자국의 문화적 요소와 사회적 규범을 디지털 환경에 반영하여 자국 문화와 정체성을 보호하고 확산하는 역할을 수행하며, 사용자 경험을 자국의 사회적 맥락에 맞게 설계함
국가 정책 관점	• 정책 연계성: 플랫폼이 국가의 디지털 전략과 산업 정책에 부합 • 산업 고도화: 기술 혁신과 산업 경쟁력 강화에 기여 • 공공 부문 협력: 정부와의 협력으로 공공 서비스 디지털화	플랫폼이 정부의 디지털 전략과 산업 정책의 목표에 부합하여 운영되며, 데이터 주권 강화, 디지털 전환 촉진 등 정책적 목표를 실현하는 데 기여하고, 국가 디지털 생태계의 안정성과 지속 가능성을 지원함

(1) 법제도 요건

앞에서도 정리한 바와 같이 자국 플랫폼이 되기 위해서는 해당 국가의 법적 체계 내에서 설립되고 운영되어야 한다. 법적 준거성(legal legitimacy) 관점에서 설명할 수 있는데, 이 개념은 플랫폼이 자국 법률을 준수하며 설립 및 운영되는지를 의미한다(OECD, 2020). 법제도 요건은 플랫폼이 국가의 규제 틀 안에서 운영됨을 보장하며, 법적 책임을 명확히 하여 투명성을 유지하는 역할을 한다. 또한, 소비자 보호와 개인정보 보호 등 주요 법률을 준수하는 것이 필수적이며, 규제 당국의 감독을 받는지를 판단하는 기준이 된다.

- 법인 설립 여부: 자국 내에서 법적으로 등록된 기업인지 여부(「상법」, 「전자상거래법」 준수)
- 법적 책임 준수 여부: 개인정보보호법, 소비자보호법 등 관련 법령을 준수하고, 자국 내 규제 당국의 감독을 받는지 여부
- 법적 투명성 여부: 플랫폼의 운영 구조와 법적 책임 소재가 명확히 규정되어 있는지 여부

(2) 기업의 소유권 및 통제 요건

자국 플랫폼은 자국 내 이해관계자가 소유하고 실질적인 경영 통제권을 갖느냐가 중요한 판단기준이 될 수 있다. 이는 국가의 경제 주권을 보호하고, 플랫폼이 외국의 직접적인 영향을 받지 않도록 하기 위한 핵심적인 요건이다. 소유권과 경영 통제권은 플랫폼의 주요 의사결정이 자국 내에서 이루어지는지를 판단하는 핵심 요소이다.

- 소유권 기준 여부: 플랫폼의 주요 지분이 자국민 또는 자국 법인에 의해 소유되고 있는지 여부
- 경영 통제권 여부: 의사 결정과 전략적 운영이 자국 내에서 이루어지는지 여부
- 국가 안보 요소 고려 여부: 국가 안보와 전략 산업과 관련된 경우 외국인 소

유권 제한이 필요할지 여부

(3) 서비스 등의 운영 범위 요건

플랫폼이 자국 내에서 실질적인 운영을 수행해야 하며, 물리적 및 디지털 인프라를 자국에 기반해야 한다. 운영 범위 요건은 플랫폼이 자국의 경제와 사회에 직접적인 영향을 미치는지 여부를 판단하는 중요한 기준이 될 수 있다.

- 주요 사업장 위치 여부: 자국 내 본사 및 주요 사업장이 존재하는지 여부
- 서비스 대상 여부: 플랫폼의 주요 고객층이 자국민으로 구성되어 있는지 여부
- 현지화 서비스 제공 여부: 플랫폼이 자국 문화와 언어에 적합한 서비스 및 콘텐츠를 제공하는지 여부

(4) 경제적 기여 요건

자국 플랫폼은 자국 경제에 실질적으로 얼마나 기여하는가에 따라 판단될 수 있다. 경제적 기여 요건은 플랫폼이 자국 내에서 창출하는 경제적 가치를 평가하며, 조세 기여, 고용 창출, 산업 발전과의 연계성을 중심으로 판단된다.

- 고용 창출 여부: 자국 내 인력을 고용하여 경제 활동을 촉진하는지 여부
- 세수 기여 여부: 플랫폼이 자국 내 조세 체계에 따라 세금을 납부하는지 여부
- 산업 연계성 여부: 자국 내 다른 산업과 협력하여 경제 활성화에 기여하는지 여부

(5) 문화 · 사회적 요건

자국 플랫폼은 자국의 문화적 정체성을 유지하고 보호해야 한다. 이는 디지털 공간에서 자국의 문화와 사회적 가치를 반영하고 확산하는 중요한 역할을 한다. 플랫폼이 자국민의 문화적 정체성과 사회적 가치 체계를 유지하는지 여부를 중심으로 평가된다.

- 문화적 정체성 반영 여부: 자국 언어와 문화적 요소를 기반으로 한 서비스를 제공하는지 여부
- 사회적 가치 준수 여부: 자국 사회의 규범과 가치 체계를 반영한 서비스를 제공하는지 여부
- 콘텐츠의 규제 준수 여부: 국가의 콘텐츠 규제를 준수하고, 불법 콘텐츠를 차단할 수 있는 체계를 갖추었는지 여부

(6) 국가 정책 연계성 요건

자국 플랫폼은 국가의 디지털 전략 및 산업 정책과 부합해야 한다. 국가 정책 연계성 요건은 플랫폼이 자국의 정책적 목표를 달성하는 데 기여할 수 있는지를 평가하는 중요한 요소이다.

- 정부 정책과의 일관성 여부: 자국 정부의 디지털 정책 및 데이터 주권 전략과 연계되는지 여부
- 기술 혁신 기여 여부: 국가 산업 경쟁력 강화 및 디지털 혁신을 지원하는지 여부
- 공공 서비스 협력 여부: 자국 플랫폼이 공공 서비스 디지털화에 기여할 수 있는지 여부

II 자국 플랫폼의 기능과 가치

자국 플랫폼은 단순한 기업의 법적 지위를 넘어, 국가의 디지털 주권과 경제적 자립성을 보장하는 중요한 요소라는 점에서, 학술적 개념뿐만 아니라 정책적 논의에서도 중요한 의미를 가진다. 디지털 경제의 글로벌화가 심화되는 상황에서, 자국 플랫폼은 국가의 디지털 정체성과 주권을 보호하는 핵심 인프라로서의 역할을 수행 한다. 그런 점에서 생태주의적 관점과 디지털 주권적 관

점은 유의미한 설명체계를 제공한다.

1. 생태주의적 관점에서 자국 플랫폼

(1) 생태계로서 플랫폼

플랫폼 정책은 단순한 기업 정책이나 산업 정책과 다르게 접근해야 한다. 일반적인 산업 정책은 특정 산업군의 경쟁력을 높이고 기술 발전을 촉진하는 것을 목표로 하지만, 플랫폼은 국가 경제와 사회 전반에 걸쳐 영향을 미치는 복합적인 생태계이므로 보다 거시적이고 장기적인 시각에서 관리되어야 한다. 플랫폼은 단순히 제품과 서비스를 유통하는 공간이 아니라, 데이터를 축적하고 활용하며, 소비자와 생산자 간의 관계를 조정하는 역할을 수행한다.[14] 따라서 플랫폼 정책은 산업 발전을 넘어서 국가의 디지털 주권과 지속 가능한 경제 생태계 구축을 목표로 해야 한다.

또한, 플랫폼은 경제적 측면뿐만 아니라 정치적, 사회적, 문화적 요소까지 포괄하는 특성을 가지고 있다. 글로벌 플랫폼이 국가 경제를 장악할 경우, 해당 국가의 정보 흐름과 데이터 주권이 외국 기업의 영향 아래 놓이게 된다.[15] 이는 단순한 산업 정책 차원의 문제가 아니라, 국가의 정책적 자율성과 주권을 유지하는 차원에서 다뤄야 하는 핵심적인 이슈다. 따라서 각국은 단순히 특정 산업을 지원하는 방식이 아니라, 플랫폼 생태계를 보호하고 지속 가능한 방식으로 발전시키는 정책을 마련해야 한다.

디지털 플랫폼이 경제적 자원뿐만 아니라 사회적 기반시설 역할을 한다는 점도 중요한 차별점이다. 예를 들어, 교통, 금융, 의료, 교육과 같은 분야에서 플랫폼은 공공 서비스의 제공과 밀접한 관련이 있으며, 따라서 공정성과 접근성을 보장하는 정책이 필수적이다. 단순히 특정 기업의 경쟁력을 강화하는 산

14 Gawer, A., "Digital platforms' boundaries: The interplay of firm scope, platform sides, and digital interfaces", Long Range Planning, 54(5) (2021), 102045.

15 Kenney, M., & Zysman, J., "The rise of the platform economy", Issues in Science and Technology, 32(3), (2016), 61.

업 정책과 달리, 플랫폼 정책은 공공성을 고려한 거버넌스 모델을 적용해야 하며, 이를 통해 국가 경제뿐만 아니라 사회적 형평성과 지속 가능성까지 고려해야 한다.[16]

결론적으로, 플랫폼은 단순한 기업 운영 모델이 아니라 국가 경제와 사회 전반을 아우르는 핵심 인프라이며, 이에 따라 정책적 개입이 불가피하다. 기존 산업 정책과의 차이를 인식하고, 국가 단위의 전략적인 정책 수립이 필요하며, 이를 통해 디지털 주권을 강화하고 지속 가능한 플랫폼 생태계를 조성하는 것이 필수적이다.

(2) 글로벌 플랫폼 생태계와 자국 플랫폼 생태계의 차이

플랫폼은 국가 경제와 사회 전반에 중요한 영향을 미치는 핵심 인프라로 작용하지만, 글로벌 플랫폼과 자국 플랫폼 간에는 근본적인 차이가 존재한다. 글로벌 플랫폼은 다국적 기업이 운영하며, 전 세계의 사용자 및 데이터를 연결하는 역할을 한다. 이들은 방대한 사용자 기반과 네트워크 효과를 통해 시장 지배력을 확대하며, 자국 경제와 사회에 영향을 미치는 강력한 존재로 자리 잡고 있다. 대표적인 글로벌 플랫폼으로는 구글, 아마존, 메타(구 페이스북), 애플, 마이크로소프트 등이 있으며, 이들은 각국의 데이터와 경제적 가치를 흡수하면서도 해당 국가의 정책적 통제에서는 벗어나 있는 경우가 많다.

반면, 자국 플랫폼 생태계는 국가 경제 및 문화적 정체성을 보호하고 자국 내 기업과 창작자들에게 보다 공정한 기회를 제공하는 역할을 한다. 국내에서 성장한 플랫폼은 해당 국가의 법과 규제를 준수하며, 지역 사용자들의 요구에 맞춘 서비스를 제공할 수 있다. 예를 들어, 한국의 네이버와 카카오는 자국 시장에서 글로벌 플랫폼과 경쟁하면서도 한국어 기반의 서비스와 현지화된 콘텐츠를 제공하며 국내 기업 및 창작자들과 협력하는 구조를 형성하고 있다.[17] 이

---

16 Ragnedda, M., “New Digital Inequalities: The Algorithmic Divide”, 『Enhancing digital equity』, Palgrave Macmillan, 2020

17 Shim, D., & Shin, D., “National sovereignty in the platform economy: A comparative analysis of South Korea and China”, Telecommunications Policy, 46(3), 2022

러한 차이는 플랫폼이 단순한 기술적 요소를 넘어 국가의 경제적 지속 가능성과 사회적 안정성에 미치는 영향을 고려해야 함을 시사한다.

(2) 생태계 차원별 자국 플랫폼의 기능과 가치

자국 플랫폼은 생태계의 차원별로 다양한 기능과 가치를 구현할 수 있다. 첫째, 경제적 차원에서 플랫폼은 단순한 기업의 비즈니스 모델을 넘어 하나의 거대한 생태계로 작동하며, 국가 산업 구조와 가치 창출의 핵심 요소가 된다. 플랫폼이 단순한 시장 중개자가 아니라 다수의 이해관계자가 상호작용하는 생태계로 기능하기 때문에, 글로벌 플랫폼이 시장을 독점할 경우 데이터와 수익이 해외로 유출되고 국내 기업이 지속 가능한 경쟁력을 확보하기 어려워진다. 이러한 현상은 국가 차원의 산업 기반을 약화시키고 장기적으로 경제적 종속을 초래할 위험이 있다. 반면, 자국 플랫폼이 강력한 생태계를 형성하면, 국내 기업들은 안정적인 디지털 환경에서 성장할 수 있으며, 이는 고용 창출과 국가적 부가가치 상승으로 이어질 수 있다. 또한, 플랫폼 생태계는 단순히 대기업 중심이 아닌 중소기업과 소상공인의 경제적 기회를 확대하는 기반이 된다. 예를 들어, 국내 전자상거래 플랫폼은 중소 판매자들에게 글로벌 플랫폼의 통제에서 벗어나 독립적인 경제 활동을 지속할 수 있는 기회를 제공한다.[18] 이러한 생태계의 성장을 위해서는 정부의 적극적인 정책적 지원과 규제 정비가 필수적이다.

둘째, 정치적 차원에서 플랫폼 생태계는 디지털 주권을 유지하고 국가의 정책적 자율성을 보호하는 중요한 역할을 한다. 플랫폼이 단순한 기술적 인프라가 아니라 데이터 흐름과 정보 통제의 핵심 매개체가 되면서, 글로벌 플랫폼 기업이 국가 간 데이터 흐름을 지배할 경우 정보 주권이 약화될 수 있다. 이는 국가의 안보 및 정책 결정 과정에서 외부의 영향력이 강화되는 결과를 초래하며, 특정 국가의 플랫폼 의존도가 높아질수록 디지털 경제의 종속성이 심화될 가능성이 크다.[19] 이러한 문제를 방지하기 위해 여러 국가들은 데이터 보호법

18 Kenney, M., & Zysman, J. (2016). et al., *op. cit.*, 61–69.

과 디지털 주권 강화 정책을 추진하고 있으며, 특히 유럽연합(EU)은 디지털 시장법(Digital Markets Act, DMA)을 통해 글로벌 플랫폼의 독점적 행태를 규제하고 있다.[20] 이는 단순한 산업 보호를 넘어 국가의 전략적 선택권을 유지하고 플랫폼 생태계의 균형을 맞추기 위한 필수적인 조치로 볼 수 있다.[21]

셋째, 사회적 차원에서 플랫폼 생태계는 사용자 간의 관계망을 형성하며, 디지털 포용성과 사회적 연결성을 강화하는 역할을 한다. 국내 플랫폼이 존재함으로써 지역 사회의 특성을 반영한 맞춤형 서비스가 가능해지고, 다양한 사용자들이 보다 효과적으로 디지털 경제에 참여할 수 있다. 글로벌 플랫폼이 주도하는 환경에서는 특정 계층이 디지털 경제에서 배제될 가능성이 크지만, 자국 플랫폼이 활성화되면 보다 포괄적인 서비스 제공이 가능해진다.[22] 특히, 플랫폼이 공공 서비스와 결합할 경우 의료, 교육, 금융 등 다양한 사회적 영역에서 정보 격차를 해소하고, 디지털 소외 계층을 포용할 수 있는 가능성이 커진다. 이에 따라 정부와 민간이 협력하여 플랫폼 기반의 사회적 서비스 모델을 구축하고, 디지털 인프라를 강화하는 것이 필요하다.

넷째, 문화적 차원에서 플랫폼 생태계는 국가의 문화 정체성을 보호하고, 문화 콘텐츠의 생산과 확산을 촉진하는 역할을 수행한다. 글로벌 플랫폼이 지배적인 환경에서는 특정 국가의 문화 콘텐츠가 더욱 우세한 위치를 차지하며, 이에 따라 자국의 문화적 다양성이 약화될 위험이 있다. 특히, 소규모 언어권 국가에서는 문화 콘텐츠의 글로벌 경쟁력이 제한될 수 있으며, 이는 자국 문화의 지속 가능성에 부정적인 영향을 미칠 수 있다. 반면, 자국 플랫폼이 활성화되면 지역 기반의 콘텐츠가 보호되고 발전할 기회가 증가한다. 예를 들어, 자국 플랫폼을 활용한 문화 콘텐츠 제작 및 배급이 활성화되면, 지역 사회의 고유한 정체성을 유지하면서도 글로벌 시장에서 경쟁력을 갖출 수 있다. 이를 위

19 Gawer, A., & Cusumano, M. A., et al., *op. cit.*, p. 102045

20 Teece, D. J., "Business models and dynamic capabilities", Long Range Planning, 51(1), (2018)

21 김은경 · 문미성 · 최윤정 · 김지혜, "공정한 플랫폼 경제생태계를 위한 규제 방안 연구", 정책연구, 경기연구원, 2022

22 Parker, G. G., Van Alstyne, M. W., & Choudary, S. P., 『Platform Revolution: How Networked Markets Are Transforming the Economy』, W. W. Norton & Company, 2016.

해 정부의 정책적 지원과 플랫폼 운영자의 적극적인 협력이 요구되며, 국내 플랫폼 생태계가 창작자와 소비자 간의 균형을 유지할 수 있도록 지속적인 거버넌스 개선이 필요하다. 뿐만 아니라 다양한 정치참여의 공간과 여론화의 형성할 수 있다.[23]

결론적으로, 플랫폼 생태계는 단순한 기술적 도구가 아니라 국가의 경제적, 정치적, 사회적, 문화적 구조를 형성하는 핵심 요소이다. 플랫폼이 단순히 기업의 이윤 창출을 위한 수단이 아니라, 국가의 경쟁력과 자주성을 좌우하는 중요한 전략적 자산임을 인식해야 한다. 따라서 정부와 산업계는 협력하여 균형 잡힌 플랫폼 생태계를 조성하고, 이를 통해 국가 경제의 지속 가능성을 확보해야 한다. 디지털 주권 강화, 사회적 포용성 확대, 문화 정체성 보호 등의 다각적인 접근을 통해 플랫폼이 사회적 가치를 극대화할 수 있도록 정책적 노력이 필요하다.

2. 디지털 주권 관점에서 자국 플랫폼

(1) 자국 플랫폼의 개념과 디지털 주권과의 관계

자국 플랫폼은 단순히 국적 기반의 플랫폼을 지칭하는 것이 아니라, 국가의 경제적 자율성, 데이터 주권, 기술 경쟁력을 포함하는 복합적 개념이다. 디지털 경제의 급속한 발전과 함께 '디지털 주권'이라는 개념이 국제 관계와 기술 정책 담론에서 중요한 위치를 차지하게 되었다. 디지털 주권은 국가가 자국의 디지털 자원과 인프라를 통제하고 보호할 수 있는 권한을 의미하며, 이는 데이터, 소프트웨어, 표준과 프로토콜, 프로세스, 하드웨어, 서비스, 그리고 인프라를 포함하는 광범위한 개념이다.

Floridi(2020)는 디지털 주권을 "데이터, 소프트웨어, 표준과 프로토콜, 프로세스, 하드웨어, 서비스, 인프라에 대한 통제권"으로 정의하며, 이러한 통제력

---

23 김수철 · 이현지, "문화산업에서의 플랫폼화: 웹툰산업을 중심으로", 문화와 사회, 27(3), (2019), 95－142.

이 국가의 핵심 자산이 되고 있음을 강조한다. 자국 플랫폼은 이러한 디지털 주권을 확보하고 유지하는 데 있어 중요한 수단으로 인식되고 있다.[24]

디지털 주권의 개념은 미·중 패권 경쟁과 함께 점점 더 국가 중심적으로 해석되는 경향을 보인다. 특히 중국은 자국 내 디지털 플랫폼을 적극 육성하는 동시에 외국 플랫폼에 대한 강력한 통제를 시행하며, 이를 통해 국가 플랫폼 자본주의(State Platform Capitalism)의 형태를 구축하고 있다. 중국의 텐센트(Tencent), 알리바바(Alibaba), 바이두(Baidu)와 같은 플랫폼 기업들은 국가적 차원의 지원을 받으며 성장했으며, 동시에 해외 IT 기업들은 중국 시장에서 철저한 감시와 제한을 받고 있다. 이는 디지털 주권이 자국 플랫폼 정책과 밀접하게 연결되어 있음을 보여주는 사례이다.

Mueller와 Farhat(2022)은 중국의 플랫폼 정책이 디지털 주권을 경제적 이익과 국가 권력 강화를 위해 이용하는 '디지털 중상주의'의 한 형태라고 주장한다. 중국은 자국민의 정보 접근을 통제하고, 자국 플랫폼을 보호하며, 해외 기업의 시장 진출을 제한하는 정책을 통해 디지털 주권을 행사해 왔다. 이는 검열과 보호주의를 통해 자국 플랫폼을 육성하고 디지털 경제에서 국가 통제력을 강화하려는 의도로 해석될 수 있다. 하지만 이러한 정책은 디지털 시장의 개방성과 경쟁을 저해하고, 혁신을 억제하며, 글로벌 디지털 경제의 분열을 심화시킬 수 있다는 비판을 받고 있다. 즉, 중국의 플랫폼 정책은 디지털 주권을 국내 정치 목적과 경제적 이익을 위해 활용하는 전략으로, 디지털 권위주의와 디지털 중상주의의 결합으로 이어질 수 있다는 우려를 낳고 있다.[25]

반면, 유럽연합(EU)은 자국 플랫폼이 부재한 상황에서 글로벌 플랫폼의 독점적 지위가 강화되자, 디지털시장법(Digital Markets Act, DMA)과 디지털서비스법(Digital Services Act, DSA)을 도입하며 규제를 통한 디지털 주권 확보에 나서고 있다. 이는 자국 플랫폼 육성보다는 기존 글로벌 플랫폼에 대한 규제 강화를 통해 공정한 경쟁 환경을 조성하는 데 초점을 맞추는 접근법이다. 이러한 규제

24 Floridi, L., et al., *op. cit.*

25 Mueller, M. L., & Farhat, K., "Regulation of platform market access by the United States and China: Neo-mercantilism in digital services", Policy & Internet, 14, (2022), 348-367.

는 EU의 디지털 주권 회복을 위한 노력의 일환으로 볼 수 있다.[26]

(2) 디지털 주권의 다양한 차원: 국가 주권과 기업 주권

디지털 주권은 단일한 개념이 아니라 다양한 차원과 층위에서 작동한다. Floridi(2020)는 디지털 주권이 개인, 기업, 국가, 초국가적 수준에서 작동할 수 있음을 지적하며, 특히 '기업 디지털 주권(Corporate Digital Sovereignty)'과 '국가 디지털 주권(State Digital Sovereignty)' 간의 긴장 관계에 주목한다.[27]

기업 디지털 주권의 개념이 부상하면서, 구글, 아마존, 페이스북, 애플(GAFA)과 같은 글로벌 플랫폼 기업들은 국가적 규제를 우회하고 독자적인 거버넌스를 구축하는 사례가 증가하고 있다. 이들은 데이터를 독점하고 알고리즘을 조작함으로써 정보 흐름을 통제할 뿐만 아니라, 자체적인 정책을 수립하여 국가 법률을 뛰어넘는 형태로 운영되기도 한다. 예를 들어, 페이스북과 트위터는 자체적인 콘텐츠 관리 정책을 통해 표현의 자유를 조정하며, 애플과 구글은 앱스토어 정책을 통해 시장 접근성을 결정하는 등 공공적 역할을 수행하고 있다. 이러한 현상은 '사기업 정부(private government)'의 출현으로 해석될 수 있으며, 이는 민주적 정당성과 책임성의 문제를 초래한다. 이에 따라 국가들은 기업 디지털 주권과 국가 디지털 주권 간의 균형을 찾기 위해 규제 강화를 고려하고 있다.

반면, 국가 디지털 주권은 정부가 자국 내 디지털 자원을 통제하고 보호하는 개념으로, 데이터 현지화(data localization) 정책, 디지털 인프라 국유화, 자국 플랫폼 육성 등의 형태로 나타난다.[28] 중국의 '사이버 주권(cyber sovereignty)' 개념은 국가 디지털 주권의 대표적 사례로, 국가가 인터넷과 디지털 공간을 완전한 주권의 연장선으로 간주하고 강력한 규제를 시행하는 방식이다.[29] 이에 반

---

26 Celeste, Edoardo. "Digital sovereignty in the EU: challenges and future perspectives."Data protection beyond borders: Transatlantic perspectives on extraterritoriality and sovereignty(2021), 211－228.

27 Floridi, L., et al., *op. cit.*

28 윤정현·홍건식, "디지털 전환기의 국가전략기술과 기술주권 강화방안: D.N.A를 중심으로", 국가안보전략연구원 연구보고서, 2022－16, 2022

해, 미국과 유럽연합(EU)은 자유시장 경제의 원칙을 유지하면서도 글로벌 기술기업에 대한 규제를 점진적으로 강화하는 접근법을 채택하고 있다.

Ⅲ 자국 플랫폼 정책의 방향

1. 가치 균형과 증거기반적 접근

자국 플랫폼에 정책은 다음과 같은 몇 가지 요소를 고려하는 것이 필요하다.

첫째는 플랫폼 사회의 균형 모델과 공공 가치를 추구하는 접근법이다. 이 접근법은 Van Dijck, Poell, 및 De Waal(2018)가 자신들의 저서 'The Platform Society'에서 플랫폼 사회의 균형 모델을 제시한 바 있다. 그들은 여기서 플랫폼 규제가 공공 가치, 시장 가치, 개인 가치 사이의 균형을 추구해야 한다고 주장했다.[30] 이 접근법은 글로벌 디지털 시장의 변화 속에서 지속적으로 진화하는 플랫폼 환경에 대응하는 핵심 원칙으로 자리 잡고 있다. 특히, 공공 가치는 사회적 복지와 민주주의의 원칙을 반영하며, 시장 가치는 경제적 효율성과 경쟁을, 개인 가치는 프라이버시와 자율성을 강조한다. 이러한 가치들의 균형은 플랫폼 규제의 방향성을 설정하는 데 있어 필수적이다.

따라서 자국 플랫폼이 어떤 차원에서 어떤 내용의 가치를 지향해야 하며, 내재화하고 있는지를 파악하는 노력이 우선적으로 필요하다.

둘째는 데이터 기반 접근을 통해 선제적으로 규제효과를 평가하고 그를 통해 규제의 부작용 최소화하는 노력이다. 플랫폼 생태계의 경쟁과 가치를 이해하고 효과적으로 관리하기 위해서는 데이터 기반 접근이 필수적이라는 주장이 제기되었다. Reuver, Sørensen, 및 Basole(2018)은 디지털 플랫폼 연구에서

29 박우, "중국의 플랫폼 기업과 국가의 관리에 관한 탐색적 연구", 아시아리뷰, 11(3), (2021), 167 – 198.

30 Van Dijck, J., Poell, T., & De Waal, M., 『The Platform Society: Public Values in a Connective World』, Oxford University Press, 2018

데이터 분석의 중요성을 강조하며, 데이터 기반 분석을 통해 규제의 잠재적 부작용을 식별하고 이를 최소화하는 방안을 마련할 수 있다고 보았다. 이는 규제의 효과성을 높이고, 예기치 않은 부작용을 방지하기 위한 필수적인 과정이다.

셋째는 규제 도입 시 규제 준수 비용과 중소기업의 경쟁력 검증하는 노력이 필요하다. 규제 준수 비용의 증가는 중소기업의 경쟁력을 약화시킬 수 있다. Martínez－Pacheco, Renda, 및 Ballon(2023)은 과도한 규제가 혁신 역량을 제약하고 새로운 비즈니스 모델 개발을 저해할 수 있다고 분석하였다.[31]

2. 디지털 주권과 자국 플랫폼 정책의 균형적 접근 필요성

디지털 주권을 지나치게 강조할 때 생기는 부작용을 고려해야 한다. 자국 플랫폼 정책은 국가의 경제적 이익과 안보를 보호하는 중요한 역할을 하지만, 과도한 보호주의(digital protectionism)나 디지털 국가주의(digital statism)로 흐를 경우 기술 발전이 저해되고 글로벌 시장과의 단절이 초래될 수 있다.[32] 예를 들어, 인도는 중국 플랫폼을 대거 차단하고 자국 플랫폼 개발을 장려하는 정책을 시행했지만, 글로벌 플랫폼과의 협력이 부족하여 기술 경쟁력이 약화되는 문제에 직면하고 있다.[33]

따라서 자국 플랫폼에 대한 논의는 국가 주권과 기업 주권 중 하나를 우선적으로 고려하는 일방향적 접근이 아니라, 보다 균형적인 접근이 필요하다. 균형적 접근이란 국가가 자국 플랫폼을 보호하고 육성하는 동시에, 기업의 글로벌 경쟁력을 고려하고 국제적 협력과 기술적 개방성을 유지하는 전략을 의미한다. 유럽연합(EU)은 디지털 주권 확보 전략으로 국가 차원의 보호주의가 아닌 '초국가적 디지털 주권(supranational digital sovereignty)' 개념을 제안하고 있

---

31 Mandorff, Martin, and Sten Nyberg. "Innovation and competition on digital platforms", 『Handbook of Innovation and Regulation』, Edward Elgar Publishing』 2023, 119－140.
이 논문은 디지털 플랫폼 시장에서 규제가 혁신에 미치는 영향을 다루며, 특정 규제가 기업의 창의성과 새로운 비즈니스 모델 개발을 방해할 수 있다는 점을 강조한다.

32 Floridi, L., *op. cit*

33 윤정현·홍건식, "디지털 전환기의 국가전략기술과 기술주권 강화방안: D.N.A를 중심으로", 국가안보전략연구원 연구보고서, 2022－18, 2022.

으며, 이는 개별 국가의 디지털 주권을 초월하는 공동의 규제 체계를 구축하여 글로벌 플랫폼에 대한 효과적인 통제를 가능하게 하는 방식이다. EU의 일반 데이터 보호 규정(GDPR)이 대표적인 사례로, 이는 글로벌 기업들의 데이터 처리 방식에 영향을 미치며 국제적 규범으로 자리 잡고 있다.

한국의 경우, 네이버와 카카오 등 일부 자국 플랫폼이 국내 시장에서 경쟁력을 유지하고 있으나, 글로벌 시장에서의 입지는 여전히 제한적이다. 김상배(2023)는 한국이 디지털 주권과 자국 플랫폼 정책에 있어 '중견국 전략'을 발전시켜야 한다고 주장한다.[34] 이는 미·중 디지털 패권 경쟁 속에서 독자적인 경쟁력을 갖추되, 국제 협력과 상호운용성을 중시하는 전략이다. 특히 한국은 자국 플랫폼을 보유한 몇 안 되는 국가로서, 이러한 균형적 전략을 통해 글로벌 디지털 경제에서 중견국으로서의 입지를 강화할 필요가 있다.

이처럼, 자국 플랫폼에 대한 정책적 접근은 다양한 변수를 고려하면서 논의되어야 한다. 자국 플랫폼이라는 용어는 안정적 개념체계를 갖추고 있지 못하며, 보다 정교화된 논의를 필요로 한다. 플랫폼 규제의 목적과 수단이 무엇인가에 따라 다르게 해당되는 플랫폼의 범위가 다양하게 정의될 수 있기에, 자국 플랫폼에 대한 개념 획정을 우선적으로 할 필요성은 낮다. 다만, 글로벌 플랫폼의 집중력이 커지는 상황에서 자국 플랫폼에 대한 인식과 가치평가는 플랫폼 규제효과를 선제적으로 가늠하는 데 매우 중요하다. 따라서 자국 플랫폼 개념화에 대한 개방적이고 확장적인 시각이 필요하다.

---

34 김상배, "플랫폼 지정학 시대의 중견국 전략: 한국의 디지털 플랫폼 전략이 주는 함의", 국가전략, 29(4), (2023), 33-64.

참고문헌

[국내문헌]

김기영 · 임건신, “한국 디지털 플랫폼 비즈니스의 특성과 전략”, 대한민국학술원 논문집, 62.2 (2023), 465−498.

김상배, “플랫폼 지정학 시대의 중견국 전략: 한국의 디지털 플랫폼 전략이 주는 함의”, 국가전략, 29.4 (2023), 33−64.

김수철 · 이현지, “문화산업에서의 플랫폼화: 웹툰산업을 중심으로”, 문화와 사회, 27(3), (2019), 95−142.

김은경 · 문미성 · 최윤정 · 김지혜, “공정한 플랫폼 경제생태계를 위한 규제 방안 연구”, 정책연구, 경기연구원, 2022.

김주훈, “디지털 플랫폼 경제의 시대, 혁신과 공정성의 균형”, 한국경제연구원 보고서, 제29호, 2023.

김준연 · 박강민 · 신원규, 『국제통상환경의 변화와 디지털기술 패권 경쟁(연구보고서 2019−001)』, 소프트웨어정책연구소, 2021.

박우, “중국의 플랫폼 기업과 국가의 관리에 관한 탐색적 연구”, 아시아리뷰, 11(3), (2021), 167−198.

유승현, “디지털 전환 시대의 데이터 정책과 이용자 권리 보호: 데이터 독점과 데이터 주권을 중심으로”, 방송통신연구, (2022), 38−73.

윤정현 · 홍건식, “디지털 전환기의 국가전략기술과 기술주권 강화방안: D.N.A를 중심으로”, 국가안보전략연구원 연구보고서, 2022−16, 2022.

____________, “디지털 전환기의 국가전략기술과 기술주권 강화방안: D.N.A를 중심으로”, 국가안보전략연구원 연구보고서, 2022−18, 2022.

황용석, “자국 플랫폼 개념 정의와 가치측정에 대한 연구”, 정보통신정책연구원 과제자문 24−플랫폼−01. (2024).

[국외문헌]

Celeste, Edoardo, “Digital sovereignty in the EU: challenges and future perspectives.” Data protection beyond borders: Transatlantic perspectives on extra−territoriality and sovereignty(2021), 211−228.

Dunayev, I., and O. Orlov. “National Legal Regulation Of The Digital Economy

And Information Platforms", Pressing Problems Of Public Administration, 1.62 (2023), 6-21.

Floridi, L., "The Fight For Digital Sovereignty: What It Is, And Why It Matters, Especially For The EU", Philosophy & Technology, 33.3 (2020), 369-378.

Gawer, A., "Digital platforms' boundaries: The interplay of firm scope, platform sides, and digital interfaces", Long Range Planning, 54(5) (2021), 102045.

Heidebrecht, S. "From market liberalism to public intervention: Digital sovereignty and changing European Union digital single market governance", Journal of Common Market Studies, 62.1 (2024): 205-223.

Kenney, M., & Zysman, J., "The rise of the platform economy", Issues in Science and Technology, 32(3), (2016), 61.

Mandorff, Martin, and Sten Nyberg. "Innovation and competition on digital platforms", 『Handbook of Innovation and Regulation』, Edward Elgar Publishing』 2023, 119-140.

Mueller, M. L., & Farhat, K., "Regulation of platform market access by the United States and China: Neo-mercantilism in digital services", Policy & Internet, 14, (2022), 348-367.

Parker, G. G., Van Alstyne, M. W., & Choudary, S. P., 『Platform Revolution: How Networked Markets Are Transforming the Economy』, W. W. Norton & Company, 2016.

Ragnedda, M., "New Digital Inequalities: The Algorithmic Divide", 『Enhancing digital equity』, Palgrave Macmillan, 2020.

Shim, D., & Shin, D., "National sovereignty in the platform economy: A comparative analysis of South Korea and China", Telecommunications Policy, 46(3), 2022.

Teece, D. J., "Business models and dynamic capabilities", Long Range Planning, 51(1), (2018).

Tereschenko, Ludmila Konstantinovna, Olesya Evgenievna Starodubova, and Nikita Alekseevich Nazarov, "Digital Platforms in the Focus of National Law", Legal Issues Digit. Age, 5, (2024), 148.

Van Dijck, J., Poell, T., & De Waal, M., 『The Platform Society: Public Values in a Connective World』, Oxford University Press, 2018.

PART

02

플랫폼 규제에 대한 이론적 검토

05 플랫폼 규제와 소비자 후생: 경쟁법의 판단기준은 달라져야 하는가

강준모 / 법무법인 광장

I 서론

디지털 경제의 확산과 더불어 산업에서 가장 주목받는 비즈니스 형태는 플랫폼일 것이다. 소비자가 일상 생활에서 접하는 시장의 운영 방식이 온라인 플랫폼에 기반한 중개로 빠르게 재편되고 있다. 사람들은 더 이상 내가 원하는 물건을 찾기 위해서, 그리고 서비스의 품질을 비교하기 위해 발품을 팔지 않고, 전자상거래 플랫폼에서 클릭 몇 번으로 상품에 대한 원하는 정보를 모은다. 추운 겨울에 택시를 잡기 위해서 길거리에서 손을 흔들기보다 따뜻한 실내에서 모빌리티 앱으로 차량을 호출하고 도착 알림이 오는 것을 기다린다. 음식을 배달시키기 위해서 전단지를 뒤적이기보다 배달 앱을 켜서 메뉴와 다른 고객들의 평가를 살펴보고 음식을 주문한다. 서비스를 제공받는 과정에서 불필요한 접촉이나 분쟁이 발생하지도 않는다.

온라인 플랫폼이 가져온 혜택에도 불구하고, 소수의 플랫폼이 지배하는 산업 구조가 시장의 경쟁을 침식하고, 소비자 후생과 혁신을 저해한다는 주장이 제기되었다. GAFA로 대변되는 미국의 빅테크 플랫폼이나 네이버·카카오와 같은 국내의 대형 플랫폼부터 배달의 민족과 같이 특정 분야에서 1위를 달리는 플랫폼에 이르기까지, 이들은 초기에 이용자 집단을 확보하고 경쟁자를 제거하기 위하여 무상으로 서비스를 제공하지만, 시장 구조가 고착화되고 나면 높은 수수료를 책정하거나 플랫폼을 이용하는 사업자들의 데이터를 무단으로 사용하는 등의 방식으로 높은 이윤을 향유한다는 것이다.

이러한 지적에 대응하여 국내외 규제 당국에서는 경쟁적으로 플랫폼에 대한 규제 수준을 강화하고 있다. 유럽연합에서는 「디지털 시장법(Digital Markets Act)」과 「디지털 서비스법(Digital Services Act)」을 제정하여 시행하고 있으며, 비록 별도의 법안으로 도입되지는 못하였으나 미국에서도 다양한 플랫폼 규제 법안이 논의되었다. 우리나라에서도 공정거래위원회가 2023년 1월 「온라인 플랫폼 사업자의 시장지배적 지위 남용행위에 대한 심사지침」을 마련, 시행하였으며, 이외에도 온라인 플랫폼을 통한 중개거래와 플랫폼 독점에 대한 규율을 위한 별도의 법안이 발의되어 계류 중이다. 이들 법안은 규제 수준의 차이는 있으나, 플랫폼이 기존과 다른 형태의 사업 모델로 눈 앞에 보이는 일시적인 가격 인하 혜택 등은 결국 시장점유율을 확보하기 위한 출혈 경쟁의 일부이며, 특히 게이트키퍼(gatekeeper) 역할을 할 수 있는 일부 핵심 플랫폼들이 플랫폼을 이용하는 집단, 특히 공급자 집단에게 시장지배력을 남용하고 있다는 문제의식을 공유한다. 또한 지금까지 전통 산업을 규제하기 위하여 적용되어 온 경쟁법의 소비자 후생 기준(consumer welfare standard)에 문제가 있음을 지적한다.

플랫폼에 대한 구체적인 규제 논의에 앞서 플랫폼이 가져오는 혜택과 문제점, 그리고 이러한 문제들이 적절히 규제되지 못하는 이유에 대한 이해가 선행되어야 할 것이다. 이에 본 장에서는 플랫폼이 가져오는 경제적·사회적 편익과 플랫폼의 독점화에 따른 문제점을 개관하고, 플랫폼의 경제력 집중을 막기 위해 경쟁법 체계의 개편이 필요하다고 주장하는 미국의 뉴 브랜다이스(New Brandeis) 운동의 내용과 이에 대한 비판을 정리한다. 비록 본 장의 내용이 미국 내의 논의를 정리하는 데에 집중하고 있으나, 여기에서 검토하는 이론적인 내용은 우리나라를 비롯한 세계 각국의 플랫폼 규제에 영향을 미친다는 점에서 정책적인 시사점을 찾을 수 있을 것이다.

II 플랫폼이 가져오는 경제적 편익

플랫폼에 대한 경제학 연구의 효시로 여겨지는 Rochet and Tirole(2003)[1] 이후 플랫폼에 대한 다양한 연구가 이루어졌음에도 불구하고, 아직까지 플랫폼에 대한 명확한 정의는 확립되어 있지 않다. Wright(2004)[2]와 Armstrong(2006)[3] 등에서는 플랫폼이라는 표현 대신 양면(two-sided) 또는 다면(multi-sided) 시장이라는 용어를 사용하는데, 이는 플랫폼이 이질적인 두 개 이상의 이용자 집단을 연결하면서, 이용자 집단 사이에서 발생하는 네트워크 효과(network effect)에 초점을 둔 것이다. 반면 Evans와 Schmalesee(2007)[4]는 온라인 시장에서 플랫폼의 역할을 '촉매(catalyst)'라는 표현을 사용하여 정의하는데, 이는 화학 반응에 있어서 촉매가 반응에 필요한 활성화 에너지 수준을 낮추어 반응 속도를 빠르게 하는 것처럼, 플랫폼이 경제적 가치의 교환이 어렵거나 거래를 위한 환경 조성, 거래에 수반되는 탐색, 협상, 운송, 청산에 이르는 제반 절차에 많은 비용이 소요되는 시장 구조에서 거래 비용을 낮추어 새로운 부가가치를 창출할 수 있게 해주는 데에 의의를 둔다.

온라인 플랫폼은 전통적인 거래 시스템이 갖는 한계를 극복하여 거래비용을 줄이고 더 많은 거래가 효율적으로 이루어지도록 만든다. 플랫폼을 이용하는 주체는 전통적인 의미의 소비자에 그치지 않는데, 이는 앞서 살펴보았듯 플랫폼이 이질적인 여러 이용자 집단을 연결하고 중개하는 역할을 하기 때문이다. 플랫폼을 통해서 재화와 서비스를 거래하는 생산자, 소비자, 광고주, 앱 개발자 외에도, 소셜미디어 플랫폼을 통해서 연결되는 이용자와 같이 경제적인

1 Rochet, J. C. and J. Tirole(2003), "Platform Competition in Two-Sided Markets", *Journal of the European Economic Association*, Vol. 1(4), pp. 990-1029.

2 Wright, J.(2004), "One-Sided Logic in Two-Sided Markets", *Review of Network Economics*, Vol. 3(1), pp. 44-64.

3 Armstrong, M.(2006), "Competition in Two-Sided Markets", *RAND Journal of Economics*, Vol. 37(3), pp. 668-691.

4 Evans, D. and R. Schmalensee(2007), "The Industrial Organization of Markets with Two-Sided Platforms", *Competition Policy International*, Vol. 3(1), pp. 151-179.

거래가 일어나지 않는 관계라 하더라도 플랫폼을 이용하여 연결되는 사람들 모두가 혜택을 받는다. 온라인 플랫폼의 파급이 가져오는 경제적 편익은 크게 거래 과정에서 발생하는 비용 감소와 경제적 이익의 증대, 기술 발달에 따른 편리성과 새로운 가치의 창출로 나누어 살펴볼 수 있다.

1. 거래비용의 절감

온라인 플랫폼은 거래의 중개자(intermediaries)로서 거래에 수반되는 다양한 비용을 절감하는 데에 도움을 준다. 거래비용은 크게 검색 및 정보 비용(search and information cost), 협상 및 의사결정 비용(bargaining and decision cost), 정책 및 이행 비용(policing and enforcement costs)으로 나누어볼 수 있는데,[5] 온라인 플랫폼은 이들 세 가지 비용 모두에 대한 절감 효과를 가져온다.

첫째, 온라인 플랫폼은 소비자가 원하는 상품이나 정보를 검색하는 데에 드는 검색 및 정보 비용을 획기적으로 하락시킨다. 이는 소비자가 능동적으로 인터넷에 접속하여 제품의 가격이나 특성을 확인하는 과정과 다양한 원천에서 소비자 개개인에 대한 데이터를 축적하고 분석하여 맞춤형 제품이나 서비스를 제안하는 수동적인 과정 모두를 통해서 이루어진다. 검색 비용의 하락은 다양한 가격을 형성시켜 저렴한 가격으로 상품과 서비스의 구매가 가능해지도록 하는 동시에, 가격과 상관없이 품질이 좋은 상품을 찾거나, 개인의 취향에 맞는 상품을 맞춤형으로 구매할 수 있도록 하는 등 다양한 편익을 가져온다. 또한 검색비용의 감소는 구직자와 고용을 원하는 기업, 기부자와 자산단체 등의 매칭(matching)을 촉진하는 등, 상품이나 서비스 거래시장 이외의 영역에서도 효율적인 자원 배분을 가능하도록 만든다.

또한 정보의 비대칭(information asymmetry)으로 인한 비용의 관점에서도 온라인 플랫폼은 기술을 이용한 사전 필터링과 이용자들의 후기를 통한 사후 필터링을 통하여 정보 비용 감소에 도움을 준다. 디지털 경제하에서는 거래 당사

---

5 Dahlman, C. J.(1979), "The Problem of Externality," *Journal of Law and Economics*, 22(1), pp. 141–162.

자 사이에 존재하는 정보의 비대칭성 문제를 사용자의 참여를 통하여 극복할 수 있다. 가장 대표적인 예가 평점 및 후기 시스템으로, 예전에는 구전(word-of-mouth)을 통하여 알음알음 이루어지던 제품이나 서비스에 대한 평가가 공식화되어 기록되고 모든 이용자들에게 개방됨으로써, 거래 주체에 대한 신뢰성과 제품에 대한 신뢰할만한 정보를 손쉽게 얻을 수 있게 된다. 이는 특히 경험해보기 전에는 효용을 알기 어렵고, 시험적인 소비 후에는 거래를 되돌리기 어려운, 이른바 경험재(experience good)에 대한 이용자 평가에서 두드러진다. 또한 다양한 데이터를 분석하여 취향이 비슷한 소비자 집단에 대한 제품을 추천함으로 해서 상품의 질에 따른 효용의 차이(vertically differentiated goods) 외에도 취향에 따른 효용의 차이(horizontally differentiated goods)를 만족시키기 위한 정보비용의 감소를 가져오기도 한다

둘째, 온라인 플랫폼은 협상 및 의사결정 비용의 절감에 기여한다. 이는 게시판이나 SNS 등을 통하여 소비자 간 직접 거래(C2C)가 일어나는 상황과도 연관이 있다. 물품이나 서비스의 거래는 여전히 판매자(공급자)와 소비자 간에 일어난다고 하더라도, 판매자는 플랫폼에 입점하면서 플랫폼에서 미리 정해놓은 표준화된 거래 기준에 맞추어 소비자에게 제품을 판매하게 된다. 따라서 소비자는 개별 판매자의 거래조건을 세세하게 신경쓰지 않더라도, 플랫폼에 의해서 제시되는 조건만 확인하고 의사결정을 할 수 있다. 이는 특히 전통적인 시장에서 거래가 이루어지지 않던 재화의 거래에 유용하다. 가령 에어비앤비와 같은 숙박공유 서비스를 생각해보면, 제공자인 집주인의 입장은 기존에 숙박업을 영위하지 않았기 때문에 숙박공유에 대한 기본적인 규칙이나 가격 설정, 결제 방식 등에 대해 알지 못하고, 구매자인 투숙객의 입장에서도 해당 숙소의 가격이 적절한지, 취소 조건 등은 어떻게 되는지 알기 어렵다. 그런데 숙박공유 플랫폼에서 이러한 거래조건을 표준화하여 제공함으로써 플랫폼 이용자들은 세부적인 거래조건에 신경쓰지 않고서 숙소의 내용과 가격만 비교하여 선택하면 된다. 이는 온라인 플랫폼이 협상과 의사결정 비용을 절약하는 한 가지 예이다.

셋째, 온라인 플랫폼은 판매자와 구매자 사이에 발생할 수 있는 거래의 이

행과 청산 절차를 대행하고, 발생할 수 있는 분쟁을 조정함으로써 정책 및 이행 비용을 절약하는 데에 기여한다. 플랫폼이 존재하지 않는 개별 계약에서 소비자는 계약 불이행의 문제가 발생했을 때 개별 사업자를 접촉하여 문제를 해결해야 하며, 원만하게 해결되지 않을 경우 민사적인 분쟁해결 절차 등을 거쳐야 한다. 특히 온라인 거래에 있어서는 물리적인 거리에 의한 제약 등의 이유로 문제 해결이 제한될 가능성이 높다. 그러나 온라인 플랫폼은, 설사 법적으로는 계약 불이행이나 거래되는 상품에 대한 책임이 제한된다고 하더라도, 자신이 제공하는 '중개 서비스'가 원활하게 이루어지도록 시스템을 구축할 유인을 가지고 있다. 예를 들어 아마존의 경우 제3자 판매인에게 창고와 택배 등 물류 관련 서비스를 수직결합하여 제공하고, 배달 사고가 일어나거나 변심에 의한 반품 등이 일어나는 경우에 판매자의 의사와 관계없이 먼저 환불을 해주는 등의 서비스를 제공한다. 따라서 플랫폼을 이용하여 거래가 이루어지는 경우 플랫폼의 일정한 역할을 통하여 계약 불이행 등이 발생하는 위험과, 발생 시에 이를 해결하는 데 소요되는 비용을 줄일 수 있으며, 이러한 플랫폼의 존재는 거래 당사자뿐만 아니라 사회적으로도 거래비용을 절감하는 데에 기여할 수 있다.

2. 경제적 이익

온라인 플랫폼은 거래비용의 감소 외에도 다양한 경로를 통하여 소비자의 후생을 증대시키는 데에 기여한다. Lobel(2016)[6]은 온라인 플랫폼의 등장이 경제 활동에 미치는 영향에 대하여 다음과 같은 측면에서 설명한다.

① 거래가능성의 증가: 모바일 기술의 파급으로 연결성이 확장되면서 플랫폼은 낯선 사람들을 전 지구적 범위에서 연결시켜, 기존에는 거래가 일어나지 않던 개인 간의 자산도 거래할 수 있도록 만든다.

② 유휴자원의 감소: 플랫폼은 물리적 자산뿐만 아니라 인간의 노동, 기

6 Lobel, O.(2016), "The Law of the Platform", *Minnesota Law Review*, 137, pp. 87–166.

술, 지식 등의 유휴 자원을 시장에 편입시켜 소득을 창출하는데, 유휴 자원의 공급이 늘어나면서 비용이 감소하고 사회 전체의 효율성이 증가한다.

③ 거래단위의 다양화: 플랫폼은 제품이나 서비스의 대여·공급 단위를 다양하게 만든다. 예를 들어, 시간 단위 차량 대여나 분 단위의 심부름 서비스와 같이 짧은 시간의 거래가 가능해지고, 반대로 여러 가족이 모여 여행을 갈 때 여러 개의 호텔방을 빌리는 대신 큰 집 하나를 며칠간 빌리는 것이 가능해진다. 이는 수많은 개인이 즉각적으로 소통하여 자신에게 맞는 거래 대상을 찾을 수 있기 때문이다.

④ 비공식적인 서비스의 시장화: 이전에는 가족이나 친구, 지인에 의해 무료로 제공·교환되던 서비스가 금전적인 관계로 대체된다. 플랫폼에서 이루어지는 이러한 비공식적인 교환행위의 시장화는 대여나 거래 행위의 가치를 금전적으로 산출할 수 있게 되면서 가능해진다.

⑤ 맞춤형 제품의 유통: 경기침체나 1인 가구의 증가로 소비자들은 낮은 가격에 작은 단위로 포장된 상품을 원한다. 반대로 소비자들은 자신의 취향에 맞는 상품을 구매하기 위하여 검색에 자원을 소모한다. 플랫폼 상에 등록되는 상품의 종류가 다양해질수록, 개인의 요구를 정확히 맞추는 소비가 가능해진다.

⑥ 소비 패러다임의 전환: 유휴자원의 감소는 소비 패러다임이 재화를 소유하는 것에서 사용하는 것으로 이동하면서 발생한다. 차를 소유하는 것보다는 내가 필요할 때 차를 사용할 수 있다는 점이 더 중요해진다. 특히 도시화의 진행에 따른 집적의 불이익은 이러한 소비 패러다임의 전환을 심화시킨다.

⑦ 간접비의 감소: 플랫폼은 물리적인 중개인의 필요성을 감소시켜 분권화된 거래가 가능하게 하며, 온라인 플랫폼은 오프라인 중개인에 비하여 적은 비용이 필요하도록 만든다.

⑧ 낮아지는 진입장벽: 낮은 간접비는 온라인에서 경쟁하기 위한 초기비용을 줄여, 기존 사업자에 의하여 견고하게 유지되던 산업에 신규 사

업자가 들어가기 쉽도록 만든다.

⑨ 정교해지는 가격 설정: 에어비앤비가 처음 서비스를 시작했을 때, 리스트에 등록되는 숙소에 대하여 가격 책정이 어렵다는 것을 발견했다. 그러나 사업이 진행되고 데이터가 축적되면서, 숙소의 위치, 다른 숙소와의 유사성, 대여 일시 등을 고려한 맞춤형 가격 제안 알고리즘을 발견하였다. 우버 또한 수요에 따라 가격을 조정하여 운행하는 차량의 수를 효율적으로 조정한다. 데이터 축적에 따라서 진화하는 이러한 가격 책정 알고리즘은 상품의 가치평가를 정교하게 만들고, 협상과 불확실성에 의한 비용을 줄여준다.

⑩ 정보: 정보 비대칭성은 거래비용을 증가시키는데, 소비자들은 구매 시점에서 제품·서비스의 질을 알기 어렵다. 플랫폼은 이러한 정보의 부재를 평점이나 리뷰, 정보 제공을 통하여 불확실성을 줄이고 소비자의 신뢰를 강화한다.

플랫폼의 등장에 따라 거래가 가능한 재화와 서비스의 범위가 늘어나고, 기존에 거래되지 않았던 자산도 대여나 공유의 방식으로 거래 대상에 편입되면서 사회 전체의 효율성이 증대된다. 또한 앞서 살펴본 거래비용의 감소, 전통적인 산업 외에 온라인 플랫폼 기반의 사업자들이 유사한 서비스를 새로운 방식으로 제공하면서 심화되는 경쟁은 재화나 서비스의 가격을 인하하여 소비자 후생을 증대시킨다. 또한 품질의 측면에서도 긍정적인 영향을 주는데, 맞춤형 제품의 유통에 따라 개인의 취향에 더 맞는 합리적인 소비를 할 수 있을 뿐만 아니라, 이용자의 평가 시스템 활성화에 따라 품질이 낮은 제품이 시장에서 사라지고, 소비자의 직접적인 요구가 반영된 새로운 상품이 시장에 출시될 수 있도록 한다.

3. 기술 발달에 따른 편리성과 새로운 가치의 창출

온라인 플랫폼의 확산은 소비자의 삶을 편리하게 한다. 기존에는 많은 시간과 비용을 들여서 탐색해야 하는 정보를 소비자들은 간단한 조작을 통하여 검색 포털이나 앱을 통하여 손쉽게 얻을 수 있다. 또한 과거의 구매이력과 검색이력과 같은 개별 소비자의 특성이 연동되어 개인에게 최적화된 재화나 서비스를 실시간으로 추천해주기도 한다.

또한 디지털 플랫폼 회사들은 지속적으로 기술 개발에 투자하고 이를 자신의 서비스에 적용하여 새로운 가치를 창출하고 혁신에 기여한다. 미국 주요 플랫폼 기업의 2020년도 사업보고서에 나타난 R&D 비용을 살펴보면, 아마존은 427.4억 달러, 알파벳(구글)은 275.7억 달러, 애플 187.5억 달러, 페이스북 184.5억 달러를 투자한 것으로 나타난다.[7] 2021년의 우리나라 정부 연구개발 총 예산이 27.4조 원임을 감안하면, 각 기업들이 우리나라 전체 R&D 예산에 달하는 투자를 한 것이다. 특히 이들 기업이 인공지능, 자율주행차, 블록체인, 양자컴퓨팅, 로보틱스 등 디지털 전환에 필요한 분야에서 기술 개발에 활발하게 참여하고 있고, 이들 기술이 실제로 플랫폼에 적용되는 것을 고려하면, 장기적으로도 경제적·사회적 후생의 증진에 기여하고 있는 것이다.

III 온라인 플랫폼의 경쟁제한 우려

미국의 GAFA로 대표되는 빅테크 기업이 등장하면서, 온라인 플랫폼이 가져오는 소비자 후생 증가와 효율성 증진에도 불구하고 기술에 기반한 시장지배력을 바탕으로 오히려 혁신을 저해하고 소비자의 후생을 침해한다는 주장이 제기되었다. 경제 내에서 게이트키퍼의 역할을 하는 플랫폼을 보유한 빅테크 기업들은 진입장벽을 설정하고 소비자의 전환비용을 높여 다른 기업들이 플랫폼 산업에 진출하는 것을 어렵게 만들고(배제남용), 데이터를 바탕으로 소비자마다 다른 가격을 책정하여 더 많은 이윤을 가져가기(착취남용) 유리하다는 것이다.

---

7 https://www.nasdaq.com/articles/which-companies-spend-the-most-in-research-and-development-rd-2021-06-21 (최종접속일: 2022.1.25.)

플랫폼의 시장지배력 남용을 일으키는 진입장벽과 전환비용, 초과이윤 창출에 대하여 구체적으로 살펴보자. 빅테크 기업이 구축하는 진입장벽은 일부 의도적인 부분도 있지만, 그 자체는 플랫폼 내지는 디지털 경제에 내재하는 속성에 따라서 발생하기도 한다. 앞서 살펴보았던 것처럼, 플랫폼은 이질적인 이용자 집단 사이의 네트워크 효과에 의하여 자연스럽게 이용자 집단이 늘어날 수밖에 없다. 따라서 온라인 기반의 산업이 흔하게 보이는, 승자 독식(winner-take-all) 구조에 따라서 1위 기업이 시장 전체를 지배하게 마련이다.

디지털화에 따른 규모와 범위의 경제도 진입장벽을 높이는 디지털 산업의 고유한 특징이다. 디지털 기반의 서비스는 시스템을 구축하고 서비스를 개발하는 데에 드는 고정비용이 매우 크지만, 일단 서비스가 시작되고 나면 이용자의 수가 늘어나더라도 추가적인 비용(한계생산비용)이 거의 발생하지 않는다. 따라서 이용자의 수가 늘어날수록 평균 생산비용이 줄어드는 규모의 경제가 발생한다. 또한 플랫폼의 성공에 있어서 중요한 요소는 이용자 집단의 크기를 확보하는 것이기 때문에, 일단 한 분야에서 성공적으로 안착한 플랫폼은 확보한 이용자에게 새로운 분야의 서비스를 제공하기 유리하여 범위의 경제가 성립한다.

데이터의 활용에 따른 비교 우위도 플랫폼의 진입장벽을 높이는 한 요인이다. 데이터는 플랫폼 기업이 맞춤형 서비스를 제공하거나 기존의 서비스를 개선하고 새로운 서비스를 개발하는 원천이 된다. 데이터에 우월한 접근권을 가진 기업은 이를 통하여 지속적으로 품질을 개선하면서 더 많은 이용자를 유인하고, 이를 통해서 더 많은 데이터를 모으는 긍정적인 피드백 루프(positive feedback loop)를 구성한다.

또한 대형 플랫폼 기업은 서비스를 통하여 획득한 자금력을 바탕으로 경쟁 상대가 될 수 있는 신규 기업을 인수하는 방식을 통하여 시장지배력을 강화하고 혁신 시장에 부정적인 영향을 끼친다. 스타트업 인수의 영향은 두 가지로 나타나는데, 하나는 잠재적인 경쟁자가 될 수 있는 스타트업을 인수한 후 개발 중인 프로젝트를 중단하는 킬러 인수합병(killer acquisition)으로, 이는 시장의 다양성과 품질 경쟁을 저해한다. 또 다른 유형은 대형 플랫폼 기업이 특정 분야의 스타트업을 인수하면 해당 스타트업이 활동하던 관련 시장에 있는 다른 스타트업에 대한 투자가 위축되어 진입이 줄어들고 혁신 경쟁이 사라지는, 소위 킬 존(kill zone)을 형성하는 것이다. Kamepalli et al.(2020)[8]은 페이스북과 구글이 기업을 인수한 분야에서는 스타트업에 대한 투자와 새로운 스타트업의 진입이 전반적으로 줄어드는 것을 실증적으로 보이고, 이러한 행위는 약탈적 가격책정과 같은 전통적인 의미의 반경쟁적 행위가 없더라도 발생한다는 점을 지적하고 있다.

다음으로, 높은 전환비용(switching cost) 역시 이용자들이 경쟁 플랫폼으로 이동하는 것을 가로막아 시장지배력을 공고하게 만든다. 전환비용을 높이기 위한 방식에는 여러 가지가 있는데, 대표적으로 보완적인 서비스를 묶어서 판매하여 플랫폼 이용자들이 자사의 서비스 생태계 안에서 모든 것을 해결하게 만드는 것이다. 애플이 독점화된 디바이스와 운영체제를 기반으로 PC와 모바일을 포함한 생태계 내의 모든 작업에 대해서 자사의 플랫폼 안에서 해결하도록 하는 것이나, 아마존 프라임 등과 같이 묶음 판매(bundling)을 제공하는 방식이 이에 해당한다.

전환비용을 높이는 또다른 방식은 이용자 전유 콘텐츠를 생성하는 것이다. 페이스북이나 인스타그램, 틱톡과 같이 이용자들이 직접 제작하는 콘텐츠를 기반으로 작동하는 플랫폼에서 이용자들은 이미 등록되어 있는 수많은 콘텐츠를 다른 플랫폼으로 이전하기 어렵기 때문에 잠금 효과(lock-in effect)가 발생하게 된다.

마지막으로 소비자로부터 더 많은 이윤을 가져가는 초과이윤 창출에 대하여 살펴보자. 초과이윤은 주로 플랫폼의 이용자에게서 수집하는 다양한 데이터를 분석하여 맞춤형으로 서비스를 제공하는 과정에서 발생한다. 데이터가 초과이윤 창출에 기여하는 첫 번째 방식은 타겟 마케팅이다. 플랫폼 기업은 전자상거래 사이트에서 직접적으로 발생한 구매 관련 데이터 외에도 이메일, SNS, 검색 히스토리 등의 정보를 분석하여 소비자들의 취향이나 필요를 파악하고 관심 있어 할 만한 상품을 타겟 광고로 제시한다. 이는 단순히 광고에 노출되는

---

8 Kamepalli, S.K., R.G. Rajan and L. Zingales(2020), "Kill Zone", *NBER Working Paper No. w27146*.

것에만 그치는 것이 아니라, 할인 쿠폰 등을 발행하여 자신의 플랫폼에서 거래가 이루어지도록 유도한다.

특정 소비자에게만 타겟으로 발행하는 할인 쿠폰 등은 가격차별과 연결된다. 이는 플랫폼을 운영하는 기업이 데이터를 활용하여 개별 소비자의 특성을 파악하고 분류할 수 있기 때문이다. 또한 동일한 상품에 대해서도 이용자마다 다른 가격을 제시하는 것이 가능하고, 가격 또한 실시간으로 변화시킬 수 있기 때문에 모든 소비자에 대하여 최대 지불용의만큼의 가격을 책정하는 완전 가격차별을 실시할 수 있고, 거래 과정에서 발생하는 소비자 잉여는 판매자에게 귀속된다.

이용자의 성향을 파악하여 비합리적인 선택을 유도하도록 디자인을 변경하는 다크 패턴(dark pattern) 또한 플랫폼이 소비자 후생을 플랫폼 기업이 흡수하기 위한 수단 중 하나이다. 다크패턴은 대부분 프레이밍, 앵커링, 현상유지 편향, 소유효과 등 소비자의 행동 편향을 이용하여 의사결정에 영향을 미친다.

- 몰래 장바구니 추가: 소비자의 동의 없이 결제 이전 페이지에서 상품을 장바구니에 몰래 추가
- 숨은 비용: 추가 비용을 소비자가 구매완료하기 바로 직전 단계에서 부과
- 숨은 구독: 1회 결제 또는 무료체험인 척하면서 소비자에게 반복적인 수수료 청구
- 희소성과 긴급알림: 제품과 서비스가 판매 마감된다고 표시(거래 마감 타이머, 낮은 재고 등의 문구 사용)
- 현혹: 시각적, 언어적, 감정적 요소를 활용하여 소비자의 선택을 유도
- 속임수 질문: 소비자가 의도하지 않은 답을 하도록 유도하는 질문
- 압박판매: 소비자가 더 비싼 가격의 상품을 구매(upselling)하거나, 관련 제품을 동시에 구매(cross-selling)하도록 압박하며 유도
- 다른 이용자의 활동 알림: 다른 사용자의 활동에 대한 반복적 주의 환기
- 바퀴벌레 모텔: 소비자가 계약·구매하기에는 매우 쉽지만, 반품이나 철회

가 어렵도록 디자인
- 가격비교 방해: 소비자가 다른 상품과 가격을 비교하기 어렵게 만들어 정보에 기반한 선택을 하지 못하도록 방해
- 위장 광고: 광고를 다른 종류의 콘텐츠로 위장하여 소비자의 클릭 유도
- 친구 스팸: 한 소비자에게 이메일과 SNS 계정을 받아서 연결된 다른 사용자에게 마치 소비자가 보낸 것처럼 스팸 발송

출처: Brignull(2019)[9]; Mathur et al.(2019); OECD(2021).

Ⅳ 소비자 후생 기준에 대한 비판과 뉴 브랜다이스 운동의 대두

1970년대 후반 이후 각국의 경쟁법 집행에 있어 판단 기준은 시카고 학파(Chicago School)의 원리가 차지하였다. Richard Posner와 Robert Bork에 의하여 주도된 시카고 학파의 원리는 경제적 효율성이 반독점에 대한 유일한 판단 기준이 되어야 함을 역설한다. Bork(1978)[10]는 반독점 규제의 목표는 경제의 효율성 촉진을 통한 소비자 후생 극대화에 있다고 주장하였으며, 이는 어떤 사업자의 경쟁제한적 행위가 규제의 대상이 되는지 판단하기 위해서 해당 행위의 경쟁 촉진적인 측면과 경쟁제한적인 측면의 비교형량이 필요하다는 합리성의 원칙(rule of reason)으로 연결된다. Bork의 주장은 미국의 법학계는 물론 연방 대법원의 주류 견해로 자리잡게 되었는데, 1977년 Continental T.V. Inc. v. GTE Sylvania Inc., 433 U.S. 36 판결에서 미국 연방대법관 루이 파월(Louis Powell)은 비가격 수직 제약(vertical restraints)의 경우에 대하여 합리성의 원칙을 적용하는

9 Brignull, H.(2019), *Types of Dark Pattern (URL: https://www.darkpatterns.org/types-of-dark-pattern)* Marthur, A. et al.(2019), "Dark Patterns at Scale: Findings from a Crawl of 11K Shopping Websites," *Proceedings of the ACM on Human-Computer Interaction, Vol. 3, No. 81*. OECD(2021), *Roundtable on Dark Commercial Patterns Online: Summary of discussion* (URL: , https://one.oecd.org/document/DSTI/CP/CPS(2020)23/FINAL/en/pdf)

10 Bork, R. H.(1978), *The Antitrust Paradox: A Policy at War with Itself*, Basic Books: NY.

것이 타당하다고 결론을 내렸으며, 1979년 Reiter v. Sonotone Corp., 442 U.S. 330, 343 판결에서는 의회가 셔먼법(Sherman Act)을 '소비자 후생 처방(consumer welfare prescription)'으로 도입한 것이라고 판시하였다. 또한 이러한 견해는 우리나라에서도 2007년 대법원의 포스코 사건에 대한 판결 이후 경쟁제한성을 판단하는 기준으로 자리잡았다. 대법원은 해당 사건에서 "시장지배적 사업자가 개별 거래의 상대방인 특정 사업자에 대한 부당한 의도나 목적을 가지고 거래거절을 한 모든 경우 또는 그 거래거절로 인하여 특정 사업자가 사업활동에 곤란을 겪게 되었다거나 곤란을 겪게 될 우려가 발생하였다는 것과 같이 특정 사업자가 불이익을 입게 되었다는 사정만으로는 그 부당성을 인정하기에 부족하고, 그 중에서도 특히 시장에서의 독점을 유지·강화할 의도나 목적, 즉 시장에서의 자유로운 경쟁을 제한함으로써 인위적으로 시장질서에 영향을 가하려는 의도나 목적을 갖고, 객관적으로도 그러한 경쟁제한의 효과가 생길 만한 우려가 있는 행위로 평가될 수 있는 행위로서의 성질을 갖는 거래거절행위를 하였을 때에 그 부당성이 인정될 수 있다 할 것"이고, 공정거래위원회는 "그 거래거절이 상품의 가격 상승, 산출량 감소, 혁신 저해, 유력한 경쟁사업자의 수익 감소, 다양성 감소 등과 같은 경쟁제한의 효과가 생길만한 우려가 있는 행위"임을 입증하여야 한다고 판시하였다. 그리고 이러한 대법원의 판시는 거래거절 외의 다른 행위 유형들을 포함하는 모든 시장지배적 지위 남용행위 관련 사건에서 유지되고 있다

그런데 온라인 플랫폼에서 발생하는, 소비자의 후생을 침해하고 시장의 경쟁질서를 저해하는 다양한 행위에도 불구하고, 기존의 경쟁법에서 채택하고 있는 '소비자 후생 기준'으로는 플랫폼의 경쟁제한적 행위에 대한 충분한 규율이 어렵다는 주장이 제기되었다. 플랫폼에 대한 소비자 후생 기준의 적용을 어렵게 하는 근본적인 요인은 시장획정이나 점유율의 판단에 사용되는 가격 효과를 추정하는 것이 어렵기 때문이다. 플랫폼 기업은 서비스에 대한 가격을 책정하는 데에 있어, 각 면의 시장에 대한 가격탄력성 외에도 플랫폼의 각 면들 사이에서 발생하는 상호작용을 고려한다. 이는 시장획정을 위하여 경쟁 당국에서 채택하고 있는 가상적 독점자 테스트(hypothetical monopolist test)를 수행하는

데에도 여러 면의 가격 변화를 동시에 고려해야할 필요가 있음을 의미한다. 시장획정을 위하여 일반적으로 사용되는 임계매출손실분석(critical loss analysis)의 경우, 플랫폼 시장에서는 너무 좁거나 넓은 시장획정을 초래하는 것으로 지적되고 있다.[11] 또한 SSNIP test를 적용하는 데에 있어서도 각 면에 대해서 가격변동을 어떻게 반영해야 하는지에 대한 명확한 기준이 존재하지 않는다. Rochet and Tirole(2003)의 결과에서 보는 것과 같이 양면시장에서는 각 면에 부과하는 수수료의 구성에 따라서 플랫폼이 향유하는 이윤에 영향을 받기 때문에, 시장획정에 있어서 고려하는 가격 변동을 어느 면에 적용하는지에 따라서 시장획정의 결과가 달라지게 된다. 또한 플랫폼은 세부적인 사업모델이나 성장 단계에 따라서 과금방식이 달라지는데, 가령 유사한 사업모델을 가진 두 개의 사업자가 하나는 구독기반의 과금방식을 채택하고, 다른 하나는 광고 기반의 수익모델을 가지고 있어 이용자에게 수수료를 과금하지 않는 경우에 적용할 수 있는 정량적인 시장획정 방식이 확립되어 있지 않다.

많은 플랫폼들이 무료로 서비스를 제공하거나, 심지어는 이용자 집단의 규모를 확보하거나 데이터를 수집하기 위하여 음의 가격을 책정하는 것도 소비자 후생 분석을 어렵게 한다. 이는 가격이 항상 양의 값을 갖는다는 가정 하에 분석을 진행하는 경제학의 기본 원칙과 대립하여, 수요함수나 간접수요함수의 추정과 이를 통한 소비자 후생 분석을 어렵게 만든다. 이러한 가격 책정이 약탈적 가격책정(predatory pricing)에 해당하는지에 대해서도 논란의 여지가 있다. 또한 플랫폼이 소비자에게 서비스를 무료로 제공하면서 서비스 제공에 대한 매출이 잡히지 않기 때문에, 시장지배력의 일차적인 지표로 사용되는 시장점유율(market share) 기준을 사용하기 어렵다. 가입자 수나 활성 이용자 수, 페이지뷰, 중개·검색량 등의 지배력 측정을 위한 대안적인 지표들이 고려되고 있으나, 전통 산업에 대해서 매출액 기준의 시장 점유율을 적용하는 것과 다르게 개별 사안에 따라서 다른 기준이 적용되므로 일관성의 문제가 발생하게 된다.

소비자 후생 기준에 대한 이러한 비판의 중심에는 바이든 정부에서 경쟁

---

11 Evans and Noel(2008), "The Analysis of Mergers that Involve Multisided Platform Businesses," *Journal of Competition Law and Economics*, 4(3).

당국의 수장을 맡았던 리나 칸(Lina Khan)과 팀 우(Tim Wu) 등의 법학자가 있다.[12] 이들은 20세기 초반 미국의 대법관을 역임하면서 대기업에 대한 강력한 규제가 필요함을 역설한 루이스 브랜다이스(Louis Brandeis)의 사상이 대안이 될 수 있음을 역설하는데, 이를 "뉴 브랜다이스 운동(the New Brandeis Movement)"이라고 지칭한다.[13] 뉴 브랜다이스 운동의 주창자들은 정태적인 분석에 기반한 소비자 후생이나 사회 후생 기준의 심사 및 판결로는 플랫폼의 혁신 저해행위와 같은 동태적인 위험을 간과하고 있으며, 특히 가격 담합 위주의 규제는 잠재적 경쟁자 등장을 사전에 차단하거나 이로 인한 기술 혁신의 지체, 품질과 같은 비가격 요소에 대한 경쟁 저해 등의 동태적인 위험을 놓칠 수 있다고 주장한다.[14] 경쟁제한효과 등에 대한 여부를 확인하는 동안 플랫폼 기업의 규모가 임계치에 도달하면 네트워크 효과에 의하여 진입장벽이 높아지고, 시장 자체에 의한 사후적인 경쟁의 회복이 어려워진다는 것이다.

또한 뉴 브랜다이스 운동의 주창자들은 불법성 판단기준으로 소비자 후생만을 배타적으로 채택하는 것은 반독점법의 당초 입법 의도와 배치된다고 주장한다. 이들은 미국 반독점법의 주요 입법의도가 과도한 경제적 집중의 예방이며, 여기에는 개방성 유지, 독점사업자로부터 생산자와 소비자를 보호하는 등 시장과 정부 간의 힘의 균형을 유지하기 위한 정치적인 목적이 포함된다고 설명한다.[15] 또한 소비자 후생 기준은 불확정성의 문제를 갖는데, 이를 계산하기 위한 경제학의 방법론이 복잡하기 때문에 소수의 경제학자와 법률가만이 후생 변화에 대한 판단을 내릴 수 있어, 독점규제 시스템이 전문가 집단에 의해 통제되고 규제 시스템이 포획되는 결과를 가져온다.[16]

---

12 바이든 정부에서는 빅테크 기업들의 독과점화를 비판하고 기업분할의 필요성을 주장한 팀 우(Tim Wu) 교수가 백악관 국가경제위원회 소속 기술·경쟁정책 특별보좌관으로, '아마존의 반독점 역설(Amazon's Antitrust Paradox)' 논문을 통해 경쟁법 집행의 패러다임 전환을 주장해온 리나 칸(Lina Khan)이 연방거래위원회(FTC) 위원장으로 활동하였다.

13 Khan, L.M. (2018), "The New Brandeis Movement: America's Antimonopoly Debate," *Journal of European Competition Law & Practice*, 9(3).

14 Wu, T(2018), The Curse of Bigness: Antitrust in the New Gilded Age, Columbia Global Reports.

15 Khan, L.M. (2017), "Amazon's antitrust paradox", *Yale Law Journal*, 126, pp. 710－805.

16 Steinbaum, M. and M. E. Stucke(2020), "The Effective Competition Standard: A New Standard

뉴 브랜다이스 운동에서는 소비자 후생 기준에 대한 대안으로 경제 구조주의(economic structuralism)에 기반한 경쟁 보호 원리(protection of competition)를 제안한다.[17] 경제 구조주의에서는 소수의 큰 회사들이 모여있는 집중된 시장구조 자체가 반경쟁적인 행동을 촉진시키는데, 독점적이거나 소수에 의해 지배되는 시장 구조는 우세한 기업들이 가격 조정, 시장 분할, 암묵적인 협조 행위를 더 쉽고 교묘하게 만들며, 지배력을 갖는 회사들이 새로운 회사의 진입을 막고, 소비자·공급자·노동자에 대한 높은 협상력을 바탕으로 수익을 유지하면서 가격은 올리고 품질을 떨어뜨릴 수 있게 한다.[18] 따라서 반독점법의 목적이 경쟁의 보호라면, 경쟁의 결과로 나타나는 소비자 후생의 변화가 아니라 기업의 행위가 경쟁 과정의 일부인지 또는 경쟁을 저해하는 행위인지 판단하는 것이 독점규제의 초점이 되어야 한다는 것이다.

경쟁보호기준에 의한 위법성 판단은 소비자 후생이라는 개념에 의존하기보다 사회 및 정치적 가치와 같은 비경제적 요인까지 고려한다. 예를 들어 Wu(2018)는 경쟁보호기준하의 불법성 판단 요건을 다음과 같이 제시하고 있다.

① 문제를 제기하는 주체가 지배사업자인가, 신규진입자인가? 신규진입자가 경쟁력이 있다고 간주할 수 있는 상품을 생산하거나 가격경쟁을 벌이고 있는가? 또는 지배사업자가 지배력에 도전을 받고 있는가?
② 위법 행위의 주체가 신규진입자인가 장기 독점사업자인가? 혹은 시장점유율이 떨어지고 있는 지배적 사업자인가? 반독점 행위를 했다고 여겨지는 기업이 경쟁과정에 영향을 줄만한 지배력을 갖고 있는가?
③ 반경쟁적이라고 고려되는 행위가 상품의 질과 가격에 대한 경쟁인가? 또는 경쟁기업에 대한 방해, 배제행위, 끼워팔기, 약탈행위, 표준절차의 조작 등의 행위인가? (해당 행위가 정상적인 경쟁 과정의 일부라고 볼 수 있는지에

---

for Antitrust," *University of Chicago Law Review*, Vol. 87

17 Khan(2018); Wu(2018); Wu, T.(2020), The Curse of Bigness: How Corporate Giants Came to Rule the World, Atlantic Books.

18 Khan(2017)

대하여 이 부분에서 고려 가능)
④ 반경쟁 효과나 배제, 경쟁자의 비용 올리기 같이 경쟁과정을 압박하거나 저해했다는 증거가 있는가? (이 단계에서 소비자 후생을 고려할 수 있으나, 궁극적으로는 경쟁저해효과가 제일 중요한 판단기준으로 작용)
⑤ 위반 행위나 기업결합이 중요한 비경제학적 가치, 특히 정치적 가치와 관련이 있는가? 국가권력의 영향을 이용하여 정치적인 방법으로 경쟁 압력으로부터 보호된 과점이나 독점이 유지될 여지가 있는가?

출처: Wu(2018).

이러한 경쟁 보호 기준은 시장지배적 사업자의 남용에 대한 판단 기준을 효과 중심(effect-based) 방식에서 유형적 접근(form-based) 방식으로 회귀시키는 것이다. Wu(2018)는 축구경기를 관람하러 온 관객의 후생은 측정하기 어렵지만, 심판에게 축구팀의 경기가 규칙에 맞게 운영하도록 요구하는 것은 현실적이고 가능성이 있다는 표현으로 소비자 후생 기준과 경쟁 보호 기준의 차이를 설명한다. 경쟁 보호 기준은 경쟁(competition) 자체를 보호하거나 경쟁적인 과정을 효율적으로 만드는 경쟁자를 보호하는 것이 아니라 시장에 존재하는 '경쟁기업(competitor)'을 보호하는 것으로, 경쟁법이 추구하는 기본 원리에 위배된다는 비판이 있으나, 뉴 브랜다이스 학파에서는 경쟁 보호를 금기시하면 반독점 규제가 과소 행사되어 오히려 반독점법이 무력화될 수 있으며, 경쟁 보호 기준을 적용하여 경쟁 과정을 보호하면 비효율적인 기업은 도태될 것이라는 논리를 제기한다.[19]

뉴 브랜다이스 학파의 관점은 2023년 개정된 기업결합 가이드라인(2023 Merger Guidelines)에 상당 부분 반영되었다. 개정 가이드라인에서는 1984년의 기업결합 가이드라인부터 2010년의 수평기업결합 가이드라인, 2020년의 수직기업결합 가이드라인까지 이어진 경제학적 근거에 입각한 방법론 제시의 추세

19 Wu, T.(2019), "The American Express opinion, the rule of reason, and tech platforms," *Journal of Antitrust Enforcement*, 7(1).

에서 벗어나, 법률적인 고려와 시장점유율에 기초한 경쟁제한성의 구조적 추정 등이 강조되고 있다. 가령 2010년의 수평기업결합 가이드라인에서는 경쟁당국이 관련 시장을 획정하기 위해서 가상적 독점사업자 검정법(Hypothetical Monopolist Test; HMT)를 사용한다고 기술하고 있으나, 개정 가이드라인에서는 관련시장을 획정하기 위한 방법으로 다음의 네 가지 예시를 제시하고 있다.

A. 결합 당사 기업 간 상당한 경쟁에 대한 직접적 증거
B. 시장력 행사에 대한 직접적 증거
C. 관찰된 시장의 특성("practical indicia")
D. 가상적 독점사업자 검정법(HMT)

수평기업결합에서의 경쟁제한성에 대한 구조적 추정에 있어서도, 경쟁제한성이 추정되는 시장집중도(HHI) 및 시장집중도 증분의 기준을 낮추고, 시장점유율 기준을 추가하였으며, 경쟁제한성 우려 영역 및 안전지대(safe harbor)에 대한 내용을 삭제하였다. 이러한 일련의 변화는 가이드라인이 경제적 분석이나 정량적 분석에 대한 경쟁당국의 의존을 완화시키려는 시도로 해석된다. 실제로 개정 가이드라인은 많은 부분에서 가이드라인 상의 논리가 적용되는 이유나 방식, 경쟁제한성을 판단하는 기준의 근거를 경제학 이론이 아닌 판례 및 입법 취지에서 찾고 있는데, Salinger(2024), Hovenkamp(2024)[20] 등에서는 개정 가이드라인이 실증적 문제를 법적 이슈로 다루면서, 가이드라인이 경쟁의 혜택을 보호하기보다 경쟁자를 보호하려 하고, 이는 경쟁법 사건에서 다른 국가의 경쟁정책과 충돌할 우려가 있다고 지적하고 있다.

20 Salinger, M. A.(2024), "The 2023 Merger Guidelines and The ROle of Economics," Review of Industrial Organization, 65.
Hovenkamp, H.(2024), "The 2023 Merger Guidelines: Law, Fact, and Method," Review of Industrial Organization, 65.

V 뉴 브랜다이스 운동에 대한 비판

플랫폼 독점 논의의 심화로 뉴 브랜다이스 운동의 주장이 급격한 관심을 받으며 정치적으로도 큰 영향을 미치고 있지만, 소비자 후생 기준을 옹호하는 기존 연구자들의 비판 역시 거세다. 뉴 브랜다이스 운동에서 추구하는 철학은 독점규제에 대하여 정치적으로 진보적인 입장을 취하고 있으나, 실무적으로 집행할 수 있는 구체적인 대안 제시가 부재하다는 것이 비판의 핵심이다. Melamed and Petit(2019)[21]은 뉴 브랜다이스 학파의 주장이 소비자 효용기준에 대한 오해에서 출발한다고 해석한다. 법원과 규제당국의 목적은 소비자 효용의 극대화가 아니라 반독점법을 집행하기 위한 하나의 가이드에 불과하다는 것이다. 사법적으로 논의의 대상이 되었던 Ohio v. American Express 판결에서 팀 우(Tim Wu)가 제기한 문제 역시 소비자 후생 원리를 잘못 적용한 것이지, 원리 자체의 결함에 의해서 문제가 발생한 것이 아니라는 것이다. 또한 소비자 후생 원리의 적용이 반독점 문제를 좁은 시야에서 바라보게 한다거나, 경제학의 영향력이 지나치게 확대되었다는 지적에 대해서도, 이들은 경제학이 규제 판단의 기준을 제공하는 수단일 뿐이고, 소비자 후생 원리를 적용하더라도 최종적인 판단은 다르게 나타나는 것이 가능하다고 주장한다. 가령 동일한 사안에 대해서도 미국과 EU의 결론이 다른 경우가 발생하는데, 이는 소비자 후생 원리의 문제가 아니라 사실관계 판단의 차이에서 발생한다는 것이다.

Hovenkamp(2019)[22]는 뉴 브랜다이스 계열의 규제철학이 여러 가지 논리적인 허점을 가지고 있으며, 실제 규제집행이 불가능한 이론적이고 추상적인 논의만을 진행하고 있다고 비판한다. 이들은 효율성이나 가격, 공정성, 정치적 자유 등 반독점법의 집행에서 추구할 수 있는 다양한 가치 사이에서 공정성과 소규모 사업자의 보호라는 가치에만 치중하고 있으며, 양립하기 어려운 가치들

---

21 Melamed, A. D., and N. Petit(2019), "The misguided assault on the consumer welfare standard in the age of platform markets", *Review of Industrial Organization*, 54(4), pp. 741－774.

22 Hovenkamp, H.(2019), "Is Antitrust's Consumer Welfare Principle Imperiled?", *Journal of Corporate Law*, 45.

사이에 규제 시스템이 균형을 맞추는 방식에 대한 대안을 제시하지 못하고 있다. Dorsey et al.(2018)[23] 역시 뉴 브랜다이스 방식의 규제는 규제차익을 제공하여 지대추구의 유인을 야기하고 규제의 불확실성을 초래할 것이라고 경고한다.

소비자 후생 기준 자체가 잘못된 것이 아니며 충분한 규제를 제공하고 있지 않을 뿐이라는 관점에서 생각해보면, 뉴 브랜다이스 계열에 의하여 논의되고 있는 조치들은 오히려 소비자 후생에 부정적인 영향을 미칠 수 있다. 디지털 플랫폼의 가장 큰 이점은 전통 경제에서 동시에 달성할 수 없는 목표로 생각되었던 가격, 품질, 맞춤화의 세 요소를 낮은 비용에 동시에 추구할 수 있다는 점이다. 이는 플랫폼이 가진 네트워크 효과와 범위의 경제에 기인하는 것인데, 강제분할에 의한 구조적인 개선은 오히려 소비자 후생의 감소를 가져올 수 있다. 가령 국민의 대부분이 사용하는 메신저 서비스와, 이를 절반씩 나누어 가입한 메신저 서비스가 가져오는 효용의 차이나, 페이스북－왓츠앱－인스타그램의 통합으로 인하여 발생하는 추가적인 편익이 있음에도, 단순하게 규모나 집중도로 판단하는 강제분할은 이러한 편익을 간과하는 것이다. 또한 플랫폼에 대한 강제분할이나 타 영역에 대한 사업 확장을 제한한다면 이 역시 소비자 후생에 부정적으로 작용할 수 있다. Evans(2020)[24]에서 지적하고 있는 바와 같이, 플랫폼 산업에서는 네트워크 효과를 극대화할 수 있는 임계다중(critical mass)의 확보가 중요하다. 플랫폼의 대형화가 어려운 상황에서 기업들은 사업 확장의 속도가 줄어듦은 물론 이용자 확보를 위한 추가적인 비용을 지출해야 하며, 이는 플랫폼이 가져오는 전반적인 소비자 후생 증진에 부정적으로 작용할 수밖에 없다.

플랫폼 업체가 자사 상품을 생산하거나 판매하면서 플랫폼을 이용하는 제3자 기업과 부당한 경쟁관계를 형성하는 문제 역시 온라인 플랫폼에만 특화된 현상은 아니다. 미국의 월마트나 코스트코, 한국의 편의점 및 각종 유통 업체

---

23 Drosey, E., J. Rybnicek, and J.D. Wright(2018), “Hipster Antitrust Meets Public Choice Economics: The Consumer Welfare Standard, Rule of Law, and Rent－Seeking”, *Competition Policy International Antitrust Chronicle*.

24 Evans, D. (2020), “Vertical Restraints in a Digital World”, *Evolution of Antitrust in the Digital Era*, Vol.1., Competition Policy International.

에서 예전부터 자사상표(private brand) 제품을 기획하여 판매하고 있으며, 이들을 위한 매대를 따로 마련하거나 경쟁상품 바로 옆에 진열하여 소비자의 주의를 끌 수 있도록 한다. 그러나 이러한 제품은 소비자의 선택권을 넓히고 가격경쟁을 일으켜 소비자 후생에 긍정적인 영향을 주는 것으로 이해된다. 이는 오프라인 유통 업체에 비해서 온라인 플랫폼 업체가 추가적으로 소비자 후생에 부정적인 영향을 미친다는 근거가 없는 한, 중소 사업자의 생존을 보장하기 위하여 경쟁법을 통하여 규제할 필요성은 적음을 의미한다.

또한 한계비용 이하의 가격 설정이나 끼워팔기, 높은 마진 설정, 독점 계약 등은 일반적으로 경쟁을 저해하는 것으로 여겨지지만, 플랫폼 사업에서는 오히려 전통산업에서의 이러한 경쟁저해행위가 오히려 소비자 후생을 증가시킬 수 있다. 가령 묶어팔기나 끼워팔기의 경우 비용절감 효과와 함께, 보완재끼리 묶어서 판매하거나 가격차별을 통해서 소비자 후생의 증가가 가능하다. 물론 Nalebuff(2004)[25]나 Choi and Stefanadis(2001)[26]에서 지적하는 것과 같은 타 시장으로의 지배력 전이나 신규사업자 배제, 전환비용 증가 등의 문제를 가지고 있으나, 이는 사안별로 비교형량이 필요한 부분이지, 당연위법(per se illegal)의 성격으로 규제되어야 하는 성격의 행위는 아니다.

또한 반독점 정책이 경쟁 주창 외의 다른 정책목표를 달성하기 위한 수단을 제공할 필요는 없으며, 특히 노동이나 불평등과 같은 정치적인 이슈에 대해서는 경쟁정책 외에도 다른 정책수단을 이용할 수 있다는 주장도 제기된다. Shapiro(2018)[27]는 구글이 과거의 독점 대기업과 다르다면, 그 문제를 경제적인 문제로 보아야 하는지에 대해 의문을 제기하며, 비경제적인 요인들을 경쟁법 집행에 고려하기 시작하면 예측 가능한 반독점 정책 운용이 불가능하며, 기업이 경제 외적인 문제를 일으킬 때에는 경제 외적인 접근을 통해 해결하는 것이

25 Nalebuff, B.(2004), "Bundling as an Entry Barrier", *Quarterly Journal of Economics, 119(1)*, pp. 159−187.

26 Choi, J.P. and C. Stefanadis(2001), "Tying, investment, and the dynamic leverage theory", *RAND Journal of Economics*, 32(1), pp. 52−71.

27 Shapiro, C.(2018), "Antitrust in a Time of Populism", *International Journal of Industrial Organization*, 61, pp. 714−748.

타당하다고 주장한다. 또한 실증 분석에 있어서도, 시장 집중도를 중심으로 경쟁 구조를 파악하는 경우 경제학의 예측과는 반대되는 결론에 도달할 수 있다. 예를 들어 경쟁자 간 대체성이 높은 경우 이윤의 크기가 감소하면서도 집중도가 증가하는 현상이 나타날 수 있는데, 이를 집중도에 따라서만 규제하는 경우 오히려 경쟁에 부정적인 영향을 미칠 수 있다.[28] Hovenkamp(2019) 또한 반독점제도로 불평등을 해소하려는 시도에 대하여 부정적인 평가를 보이는데, 특히 대기업뿐만 아니라 소규모 사업자들의 담합체도 정치적인 영향력을 행사하며, 뉴 브랜다이스 학파의 연구자들이 정치적 힘과 기업 규모를 동일시하고 있다고 비판한다. Coniglio(2017)[29]는 미국 헌법에 보장된 민주적 자유에 경제적인 요소가 없음을 지적하며, 뉴 브랜다이스 계열 연구자들이 자유에 대한 침해를 노사 간 임금협상이나 상업계약 협상의 맥락에서 이해하고 있다고 비판한다.

VI 결어: 어떻게 해야 할 것인가

뉴 브랜다이스 운동의 주장이 가지고 있는 수많은 약점에도 불구하고, 이들이 지적하는 현행 반독점 관련 법제의 문제점이 사라지는 것은 아니다. 현실적으로 플랫폼 산업에 대해서는 소수의 빅테크 플랫폼에 경제력과 데이터가 집중되면서 경쟁을 저해하고 불평등을 확산시키고 있음을 영국의 Furman 보고서나 미국의 Stigler 보고서, 미국 하원의 반독점소위원회 보고서 등에서 다양한 학술적 논의와 실제 기업에 대한 조사를 바탕으로 지적하고 있으며, 이를 규제하기 위한 움직임도 다양하게 제시되고 있다.

소비자 후생 논의의 핵심을 차지하는 경제학계에서도 플랫폼 경제, 더 나아가서 디지털 경제에 대한 기존의 반독점 법제가 적절한 것인지에 대해서 주

---

28 Syverson, C.(2019), "Macroeconomics and Market Power: Context, Implication, and Open Questions", *Journal of Economic Perspectives*, 33(3).

29 Coniglio, J.(2017), "Rejecting the ordoliberal standard of consumer choice and making con-sumer welfare the hallmark of an antitrust atlanticism", *CPI Antitrust Chronicle*.

목받기 시작하였다. Shapiro(2018)는 반독점법이 플랫폼 경제에서 일어날 수 있는 불평등이나 고용 감소와 같은 문제들을 다루는 데에 적절한 접근방법이 될 수 없음을 인정하고 있으나, 독점 기업이 향유하는 높은 이윤이 기존 기업의 지대(incumbency rent)에 해당할 수 있음을 인정하며, 경쟁법의 집행 강화와 함께 독점화가 이루어진 산업과 기업에 대한 추가적인 규제의 강화가 필요함을 역설한다. Katz(2019)[30] 또한 경쟁에 대한 위해가 소비자 후생에 대한 위해와 같지 않으며, 유럽연합이 인텔의 리베이트 프로그램에 대해서 취한 조치도 이를 반영했음을 지적한다. 또한 그는 경쟁법 집행에서 실제로 소비자 잉여를 직접 산출하는 일은 별로 없고, 생산이나 거래량을 통해서 간접적으로 추정되는 경우가 대부분이라는 점을 지적하고 있다.

그렇다면 경쟁법의 집행에서 소비자 후생 기준을 포기해야 할 것인가. Shapiro(2018)나 Melamed and Petit(2019)와 지적하는 바와 같이 반독점 규제의 목적이 시장의 경쟁을 유지하거나 회복하는 데에 있으며, 대기업으로의 경제력 집중이 초래하는 정치적인 권력이나 불평등, 노동 문제 등의 해결이 목적이 아니라는 것을 받아들인다면, 설사 소비자 후생 기준을 포기하더라도 반독점 규제의 개선이 이루어질 것이라고 보기는 어려울 것이다. 이는 경제력 집중으로 문제가 되는 불평등, 노동, 소비자 문제의 해결을 위해서는 경쟁당국에 의한 규제 외에도, 금융당국(지배구조), 방송통신위원회(이용자보호), 고용노동부(플랫폼 노동) 등 여러 정부주체의 협업이 필요함을 시사한다.

소비자 후생 기준을 유지하면서 반독점 사건을 입증하는 데에 있어 경쟁당국의 부담이 지나치게 발생한다면, 미국이나 EU의 플랫폼 기업결합 관련 규제에서 추진하는 것과 같이 이용자 후생 증대나 효율성 증진 효과에 대한 입증책임을 일부 전환하는 방법을 고려할 수 있을 것이다.[31] 또한 플랫폼 기업의 경쟁제한성이나 시장 구조를 분석하는 데에 있어, 플랫폼의 집중화 경향이나 산업 전반에 미치는 파급효과를 고려한다면, 산업조직론에 기반한 미시적인 접근

30 Katz, M.(2019), "Platform economics and antitrust enforcement: A little knowledge is a dangerous thing", *Journal of Economics & Management Strategy*, 28(1), pp. 138−152.

31 Katz(2019), 조성익(2021) 등

외에도 산업 전체의 마크업이나 생산성 등의 거시경제적인 지표를 활용한 보완이 이루어질 수 있다.[32] 또한 플랫폼 기업의 일부 행위에 대해서는 합리의 원칙을 벗어나 당연 위법의 형태로 회귀하는 것을 고려해볼 수 있다. 그러나 이러한 규제 방식의 전환도 국내 시장에 대한 면밀한 조사와 분석을 통하여 시장의 특성과 예상되는 피해의 특성 등을 면밀하게 검토하고 사전 규제의 범위와 폭에 대한 조율이 필요할 것이다.

---

32 Syverson(2019); De Loecker, J., J. Eeckhout, and G. Unger(2020), “The rise of market power and the macroeconomic implications”, Quarterly Journal of Economics, 135(2), pp. 561–644.

참고문헌

Armstrong, M.(2006), "Competition in Two-Sided Markets", RAND Journal of Economics, Vol. 37(3), pp. 668-691.

Bork, R. H.(1978), The Antitrust Paradox: A Policy at War with Itself, Basic Books: NY.

Brignull, H.(2019), "Types of Dark Pattern" (URL: https://www.darkpatterns.org/types-of-dark-pattern).

Choi, J.P. and C. Stefanadis(2001), "Tying, investment, and the dynamic leverage theory", RAND Journal of Economics, 32(1), pp. 52-71.

Dahlman, C. J.(1979), "The Problem of Externality," Journal of Law and Economics, 22(1), pp. 141-162.

De Loecker, J., J. Eeckhout, and G. Unger(2020), "The rise of market power and the macroeconomic implications", Quarterly Journal of Economics, 135(2), pp. 561-644.

Drosey, E., J. Rybnicek, and J.D. Wright(2018), "Hipster Antitrust Meets Public Choice Economics: The Consumer Welfare Standard, Rule of Law, and Rent-Seeking", Competition Policy International Antitrust Chronicle.

Evans, D. (2020), "Vertical Restraints in a Digital World", Evolution of Antitrust in the Digital Era, Vol.1., Competition Policy International.

Evans, D. and M.D. Noel(2008), "The Analysis of Mergers that Involve Multisided Platform Businesses," Journal of Competition Law and Economics, 4(3).

Evans, D. and R. Schmalensee(2007), "The Industrial Organization of Markets with Two-Sided Platforms", Competition Policy International, Vol. 3(1), pp. 151-179.

Hovenkamp, H.(2019), "Is Antitrust's Consumer Welfare Principle Imperiled?", Journal of Corporate Law, 45.

Hovenkamp, H.(2024), "The 2023 Merger Guidelines: Law, Fact, and Method," Review of Industrial Organization, 65, pp. 39-77.

Kamepalli, S.K., R.G. Rajan and L. Zingales(2020), "Kill Zone", NBER Working

Paper No. w27146.

Katz, M.(2019), "Platform economics and antitrust enforcement: A little knowl-edge is a dangerous thing", Journal of Economics & Management Strategy, 28(1), pp. 138-152.

Khan, L.M.(2017), "Amazon's antitrust paradox", Yale Law Journal, 126, pp. 710-805.

Khan, L.M.(2018), "The New Brandeis Movement: America's Antimonopoly Debate," Journal of European Competition Law & Practice, 9(3).

Lobel, O.(2016), "The Law of the Platform", Minnesota Law Review, 137, pp. 87-166.

Marthur, A. et al.(2019), "Dark Patterns at Scale: Findings from a Crawl of 11K Shopping Websites," Proceedings of the ACM on Human-Computer Interaction, Vol. 3, No. 81.

Melamed, A. D., and N. Petit(2019), "The misguided assault on the consumer welfare standard in the age of platform markets", Review of Industrial Organization, 54(4), pp. 741-774.

Nalebuff, B.(2004), "Bundling as an Entry Barrier", Quarterly Journal of Economics, 119(1), pp. 159-187.

Nasdaq(2021.6.21.), "Which Companies Spend the Most in Research and Development (R&D)?" (URL: https://www.nasdaq.com/articles/which-companies-spend-the-most-in-research-and-development-rd-2021-06-21, 최종접속일: 2022.1.25.).

OECD(2021), "Roundtable on Dark Commercial Patterns Online: Summary of discussion" (URL: https://one.oecd.org/document/DSTI/CP/CPS(2020)23/FINAL/en/pdf).

Rochet, J. C. and J. Tirole(2003), "Platform Competition in Two-Sided Markets", Journal of the European Economic Association, Vol. 1(4), pp. 990-1029.

Salinger, M. A.(2024), "The 2023 Merger Guidelines and The Role of Economics," Review of Industrial Organization, 65, pp. 243-253.

Shapiro, C.(2018), "Antitrust in a Time of Populism", International Journal of Industrial Organization, 61, pp. 714-748.

Steinbaum, M. and M. E. Stucke(2020), "The Effective Competition Standard: A

New Standard for Antitrust," University of Chicago Law Review, Vol. 87.

Syverson, C.(2019), "Macroeconomics and Market Power: Context, Implication, and Open Questions", Journal of Economic Perspectives, 33(3).

Wright, J.(2004), "One-Sided Logic in Two-Sided Markets", Review of Network Economics, Vol. 3(1), pp. 44-64.

Wu, T.(2018), The Curse of Bigness: Antitrust in the New Gilded Age, Columbia Global Reports.

______.(2019), "The American Express opinion, the rule of reason, and tech platforms," Journal of Antitrust Enforcement, 7(1).

______.(2020), The Curse of Bigness: How Corporate Giants Came to Rule the World, Atlantic Books.

06 온라인 플랫폼에 대한 경쟁규제와 전문규제[1]

김태오 / 창원대학교 법학과

I 들어가며

온라인 플랫폼 서비스는 우리 생활 속 깊숙이 자리매김하고 있다. 이제 우리는 언제든 인터넷이 연결되어 있는 곳이면 어디서나 일상을 이어갈 수 있다. 일정관리(캘린더앱), 뉴스 검색(포털, 유튜브), 지인 소식의 확인(페이스북, 인스타그램), 대중교통 이용(카카오T), 업무수행이나 의사소통(카카오톡), 전자상거래(네이버, 쿠팡), 음식주문(배달의 민족), 금융·결제(각종 핀테크서비스) 등은 모두 온라인 플랫폼에서 이루어진다. 코로나를 경험하며, 백신예약, QR 체크, 방역패스 등의 건강보건 서비스도 온라인 플랫폼들이 제공하고 있다. 학문분야도 예외가 아니다. 논문을 작성하기 위한 방대한 자료의 검색은 학술 DB(Data Base) 플랫폼이 제공하고 있다. 구글 검색을 통해 해외에 나가지 않더라도 쉽게 해외의 학술연구동향에 편리하게 접근할 수 있다.

생각해보면 이러한 서비스와 기능들은 대부분 오프라인에서 구현되었던 것들이다. 이러한 주요한 서비스와 기능들이 온라인으로 플랫폼화되면서, 획기적으로 이용자의 시간과 비용을 절약해주고 편리함을 높여주었다. 물론, 온라인 플랫폼 서비스의 이용은 여전히 선택사항이다. 그러나 온라인 플랫폼으로 중요한 서비스와 기능들이 집중될수록, 온라인 플랫폼에 대한 의존도는 점점

1 이 글은 김태오, "온라인 플랫폼에 대한 경쟁규제와 전문규제", 『법학연구』 제25권 제1호, 인하대학교 법학연구소, 2022. 3, 1-42면에 투고된 논문임을 밝힌다.

심화될 것으로 예상된다.

앞서 열거한 서비스와 기능들은 외견상 다양한 온라인 플랫폼 사업자에 의해 제공되고 있는 것처럼 보인다. 그러나 대부분의 서비스들을 하나의 사업자나 그 계열 사업자가 제공할 수 있고, 실제 그러한 현상이 목격되고도 있다. 특정 서비스 영역에서 온라인 플랫폼이 갖는 시장지배력이 문제될 수 있는 것이다. 뿐만 아니라, 이러한 시장지배력은 다른 시장으로 쉽게 전이될 수 있는 상황이다. 이로써 경쟁사업자를 배제하거나 이용자를 착취하는 남용의 우려가 늘어나고 있다. 온라인 플랫폼의 문제는 이러한 지배력 남용에 그치지 않는다. 온라인 플랫폼에서 제공되는 우리 일상에 필수적인 서비스로부터 소외되어 발생하는 문제는 더 심각할 수 있다. 오늘날 온라인 플랫폼은 디지털 사회에서 기본적 수요의 충족과 사회적 참여의 전제가 되고 있기 때문이다. 필수적인 서비스에 접근할 수 없다면, 정상적인 사회경제적 생활이 어려워질 수 있다.

온라인 플랫폼의 중요성과 영향력이 확대되고, 이로 인한 여러 문제가 발생하면서, 이에 대응하기 위한 합리적인 규제체계의 논의도 한창이다. 대체로 경쟁규제와 전문규제의 관점에서 논의가 진행되고 있다. 규제는 규제대상의 올바른 이해로부터 시작되어야 한다. 특히 '비교'는 대상의 본질에 접근하는 유용한 방법론이다. 이 글에서는 정보를 매개하고 연결하는 온라인 플랫폼의 기능에 착안하여 통신산업과의 비교를 통해 온라인 플랫폼의 특성을 파악해 보고자 한다(Ⅱ). 이러한 온라인 플랫폼의 특성을 전제로 온라인 플랫폼에 대한 규제논의가 시작된 배경을 설명하고, 경쟁규제와 전문규제 체계를 통한 대응 현황 및 논의를 소개할 것이다(Ⅲ). 끝으로 본 논문은 온라인 플랫폼에 대한 합리적인 규제체계의 방향성을 모색해 보고자 한다(Ⅳ).

II 온라인 플랫폼과 통신산업

1. 참조영역으로서 통신산업

온라인 플랫폼의 이해를 돕기 위해 참조영역인 통신산업의 특성을 미리 살펴보고자 한다. 통신법(특히, 전기통신사업법)의 규제체계가 독점규제 및 공정거래에 관한 법률(이하 '공정거래법')과 비교하여 갖는 특성은 통신산업의 고유한 속성 때문이다.

첫째, 전기통신은 사회경제발전을 위해 중요한 사회간접시설(소위 '인프라')로서, 통신산업은 국가기간산업의 하나이다. 둘째, 전기통신을 통한 의사소통은 인격발현 또는 인간의 존엄성 유지를 위한 가장 기본적인 요소일 뿐만 아니라, 개인의 사회적 활동을 위한 필수불가결한 토대로서, 헌법상 '생존배려'의무의 내용을 이룬다. 셋째, 전기통신은 최첨단의 과학기술이 응용되는 분야이며, 기술의 진보도 가장 빨리 진행되는 영역에 속한다. 따라서 고도의 전문적·기술적 지식이 요구된다. 넷째, 전기통신사업은 대표적인 망산업에 해당한다. 유효경쟁이 형성되기 전까지는 일반경쟁규제와는 달리 적극적 경쟁형성정책이 수행되어야 한다. 다섯째, 전기통신사업은 기술발전에 대한 파급효과가 크고 경제성장의 원동력으로서 국가경제발전에 중요한 의미를 지니고 있다. 따라서 통신 사업에 대한 규제에는 산업·정책적 요소가 고려되어야 한다.[2]

이하에서는, 이러한 점을 전제로 각 통신산업의 특성을 온라인 플랫폼에 적용해 봄으로써 온라인 플랫폼의 속성을 파악하고자 한다.

---

2 이원우, 『경제규제법론』, 홍문사, 2010, 813면 이하; 이원우/김태오, 제4편 경제행정법, 김철용(편), 『특별행정법』, 박영사, 2022, 276면.

2. 온라인 플랫폼과 통신산업의 특성

(1) 인프라로서 온라인 플랫폼

인프라는 국민에게 필수적인 상품과 서비스(예. 물, 에너지, 모빌리티, 통신, 교육, 보건 및 사회서비스, 금융서비스 등)를 제공하는 물적 설비이다. 누구나 이러한 인프라에 접근할 수 있어야 하며, 그 설치와 운영은 일반적으로 공공부문이 책임진다.[3] 그런데 이러한 인프라의 개념은 특정 상품이나 서비스에 대한 기본수요와 이러한 수요를 충족시킬 수 있는 기술적 가능성이 변화함에 따라 가변적일 수 있다. 그렇다면 인프라는 반드시 물적 설비일 필요는 없다.[4] 우리의 정보통신기반시설법에 해당하는 EU의 사이버보안지침[5] 별표 3에는 최소한의 보안수준과 보안사고 발생 시 신고의무를 부담하는 주요 '인프라'의 범주에 검색엔진, 오픈마켓, 클라우드 서비스를 명시하고 있다.[6] 또한, 오늘날 전통적인 인프라인 통신서비스의 제공 주체는 공공부문이 아니다. 민영화를 통해 민간이 이를 제공하고 있다. 대신 국가는 이러한 서비스의 원활한 제공을 위해 적극적으로 개입하고 감독한다.

온라인 플랫폼은 기본적으로 세 가지 차원의 인프라로서 기능한다.

첫째, 온라인 플랫폼은 정보유통의 인프라이다. 오늘날 인터넷으로 다양한 정보습득의 기회는 확대되었다. 이제 이러한 인터넷에 대한 접근기회와 가능성은 정보를 기본적으로 제공(Grundvorsorgung) 받기 위한 필수적 요소가 되었다. 특히 온라인에 흩어져 있는 대규모의 지식을 발견하고 발굴하기 위해 정보매개자(Informationintermediäre)에 의존할 수밖에 없는 환경이다. 이러한 핵심적인 기능을 검색엔진 플랫폼(예. Google, Bing, 네이버 등)이 수행한다. 복잡한 검색 알

3 Oliver Dörr, *Die Anforderungen an ein zukunftsfähiges Infrastrukturrecht*, VVDStRL Bd. 73 (2014), S. 330.

4 Oliver Dörr, a.a.O., S. 330; S. 335.

5 Directive (EU) 2016/1148 of the European Parliament and of the Council of 6 July 2016 concerning measures for a high common level of security of network and information systems across the Union.

6 Christoph Busch, *Regulierung digitaler Plattformen als Infrastrukturren der Daseinsvorsorge*, WISO-Diskurs 04/2021, S. 15.

고리즘을 활용하여 국경을 넘는 인터넷상의 다양한 정보를 찾을 수 있고, 다른 온라인 서비스제공자의 정보에 접근할 수 있게 한다. 이러한 검색엔진 플랫폼의 기능은 더 나아가 현대 민주주의 사회에서의 여론형성과 정치적 의사결정에 있어 필수불가결하게 되었다. 그런데 일부 검색엔진 플랫폼의 시장점유율은 검색엔진 시장에서 상당히 큰 비중을 차지하고 있다. 독일에서 구글 검색엔진의 점유율은 90%에 육박한다고 알려져 있다. 우리나라는 네이버가 58.1%, 구글은 36%, 다음은 3.4%의 시장점유율을 나타내고 있다.[7] 일부 검색엔진은 이와 같은 높은 시장집중도로 현저한 인프라 지배력(infrastrukurelle Macht)을 행사할 수 있게 되고, 인터넷에서의 게이트키퍼(문지기, gatekeeper)로 기능하게 된다. EU 집행위원회의 분석에 따르면, 검색결과가 첫 번째 페이지에 노출될 경우 구글 이용자가 클릭하는 모든 클릭수의 95%가 집중되었다고 한다. 첫 번째 페이지의 제일 상단에 노출된 검색결과의 클릭률은 35%에 이르는 반면, 두 번째 페이지의 제일 상단에 노출된 검색결과의 클릭률은 1%밖에 안 된다.[8] 어떠한 정보가 첫 번째 페이지의 검색결과에 노출되지 않으면, 사실상 존재하지 않는 정보라고 해도 과언이 아니라고 할 수 있는 상황이다. 이러한 검색결과는 검색엔진의 알고리즘에 의해 선택되고 분류되기 때문에, 이용자가 검색어를 입력하는 행위를 제외하면 대부분이 검색엔진 플랫폼의 영향력 하에 놓이게 된다. 달리 말하면, 지식·정보에 대한 접근을 검색엔진 플랫폼이 통제하고 있는 상황이다. 검색엔진 플랫폼이 제공하는 서비스의 이와 같은 기능, 영향력, 필수불가결성 등을 고려하면, 검색엔진 플랫폼에 대하여 일정한 공익의무를 부과해야 한다는 주장도 어느 정도 설득력이 있다.[9]

둘째, 온라인 플랫폼은 커뮤니케이션 인프라이다. 페이스북, 인스타그램 등 사회관계망서비스(이하 'SNS')는 오늘날 핵심적인 커뮤니케이션 및 정보인프라이다. 독일의 경우, 평균적으로 하루에 79분을 정보를 교환하거나, 뉴스, 이

7 매일경제(2021. 12. 7.자.), 구글 vs 네이버… 빅테크 '검색전쟁' 재점화 국내시장 1위에 '사용자 친화 검색'으로 도전장.

8 European Commission, 2017. 6. 27., Case 39740, para. 454 et seqq – Google Shopping(Christoph Busch, a.a.O., S. 8 재인용).

9 Christoph Busch, a.a.O., S. 8f.

미지 및 동영상을 소비하는 데 SNS를 사용하였다고 한다.[10] 우리의 경우, 1인 평균 월 이용시간은 유튜브가 1,627분으로 가장 많으며, 트위터(606분), 인스타그램(534분), 틱톡(445분), 페이스북(431분) 등의 순으로 나타났다.[11] 그런데 SNS는 디지털 공론장의 관리자(curator)로서 특정 주제를 의제에 올리거나 어떠한 이슈의 특정 부분을 전면에 부각하고 이에 대한 특정한 해석의 틀을 강제함으로써(이른바 프레이밍) 여론에 상당한 영향을 미친다. 또한, 사회적인 상호작용이 점차 가상의 공간으로 확장되면서 사회적 활동 공간을 구성함에 있어 SNS가 중요한 기능을 수행하므로, 결국 SNS는 인간관계와 사회참여를 위한 필수적인 인프라로 인식될 수 있다. 독일 연방대법원은 페이스북 사건에서, 페이스북은 상당수의 이용자에게 현저한 정도로 사회생활의 참여를 결정하는 커뮤니케이션 플랫폼으로서 정치, 사회, 문화 및 경제 문제의 공론에 본질적으로 중요한 의미를 갖는다고 판단한 바 있다.[12] 미국 연방대법원도 SNS를 '현대적 공론장'(modern public square)이라고 여겼다.[13] 플랫폼 이용 조건을 결정함으로써 기본권에 영향을 미치는 커뮤니케이션 플랫폼의 책임이 중요함을 알 수 있다.[14]

셋째, 온라인 플랫폼은 거래인프라이다. 온라인 거래영역에서 오픈마켓과 앱마켓은 핵심적인 시장인프라로 발전하였다. 아마존과 같은 오픈마켓 플랫폼은 무수한 상품의 검색엔진으로 기능할 뿐만 아니라, 매칭 알고리즘을 활용하여 수요·공급의 상호작용을 통제할 수 있다. 아마존은 고객의 주문처리 서비스 제공자로서 소매 물류 부문에서 핵심적인 인프라의 지위를 차지하고 있다. 거래비용을 현저히 줄일 수 있고, 수요와 공급을 조율할 수 있는 장점도 있지만, 알고리즘을 통해 시장활동을 제어하는 계획경제적 요소를 보여주는 측면도 있다. 특히 온라인 거래의 모든 시장참여 규칙을 정하는 입법자(privater Gesetzgeber)로서 막강한 권한을 행사한다. 이러한 계획경제적 요소는 앱마켓 시장에서 극

10 Statista, *Tägliche Verweildauer auf Social Networks weltweit nach Ländern 2019*, 2020(Christoph Busch, a.a.O., S. 9 재인용).

11 DMC리포트, 2021 소셜 미디어시장 및 현황 분석 보고서, 2021. 6.

12 BGH, Beschluss vom 23.6.2020, KVR 26/19, Rn. 124(Christoph Busch, a.a.O., S. 9 재인용).

13 Packingham v. North Carolina, 582 U.S. 98, 107 (2017).

14 Christoph Busch, a.a.O., S. 9.

명하게 드러난다. 앱생태계와 거래의 핵심인 앱마켓 인프라를 구글이나 애플이 완벽히 통제하고 있다. 애플의 운영체계인 iOS가 설치된 단말에서는 자사 앱마켓(앱스토어) 이외의 다른 앱마켓을 허용하지 않는다. 애플의 앱스토어를 우회하여 앱을 다운로드 하는 사이드로딩(sideloading)은 법적·기술적으로 금지하고 있다. 앱마켓에 접근하고자 하는 앱개발자의 접근을 통제하고, 인앱결제에 대해 30%에 달하는 수수료를 부과한다. 온라인을 통한 상품과 서비스 거래를 통제하는 온라인 플랫폼에 대해 상품 및 서비스 거래의 물류 인프라로서의 책임에 대해 충분히 고려해 볼 수 있는 상황이다.[15]

(2) 생존배려 서비스로서 온라인 플랫폼

온라인 플랫폼은 디지털 사회의 기간 인프라(Basisinfrastruktur)로서 여러 생존배려 영역에서도 중요한 역할을 담당하고 있다. 인프라와 생존배려는 밀접한 연관성을 갖는다. 생존배려는 공적 임무이자 이를 이행하기 위한 활동인 반면, 인프라는 공적 임무를 이행하기 위한 대상이자 본질적인 수단이다.[16]

생존배려(Daseinsvorsorge)는 현대적 일상에서 필수적인 상품과 서비스를 국민에게 공급할 국가의 기본적인 임무이고, 국가는 이에 대한 보장책임을 진다.[17] 특히 독일 연방헌법재판소는 국가의 생존배려임무의 범위와 정도는 인간으로서의 존엄을 지킬 수 있는 정도로 생존에 필수적인 서비스인지 여부가 그 기준이 된다고 밝힌 바 있다.[18]

국가의 생존배려임무는 통신규제에서 보편적 서비스로 구현된다. 이에 따르면, 통신사업자로 하여금 모든 이용자에게 언제 어디서나 적절한 요금으로 통신서비스를 고르게 제공할 수 있도록 국가가 보장해야 한다.[19] 여기에는 통신서비스를 제공받고자 하는 자와의 계약강제의무 부과[20]와 보편적 서비스 제

15 Christoph Busch, a.a.O., S. 10.

16 Oliver Dörr, a.a.O., S. 335.

17 Oliver Dörr, a.a.O., S. 334; 보장책임에 대해서는 Christoph Busch, a.a.O., S. 12; 박재윤, "보장국가론의 비판적 수용과 규제법의 문제", 『행정법연구』 제41호, 2015, 191면 이하.

18 BVerfGE 66, 248, 258(Oliver Dörr, a.a.O., S. 334 재인용).

19 이원우, 앞의 책, 848면 이하. 전기통신사업법 제2조 제10호.

공사업자 지정, 보편적 서비스의 내용과 기준의 결정, 비용보전 방안 규율 등[21]이 있다.

특히 독일 통신법(Telekommunikationsgesetz, 이하 'TKG') 제78조 제1항은 보편적 서비스를 '서비스 제공이 모든 이용자에게 기본적으로 공급되어야 하는 필수적인 것'으로 규정하고 있는데, 이러한 불확정 법개념을 통한 규율방식을 고려하면 생존배려의 개념은 고정적이지 않고 사회·기술발전에 따라 개방적이고 유동적임을 알 수 있다.[22]

생존배려의 개념이 개방적이고 유동적인 상황에서, 이미 디지털 생존배려(digitale Daseinsvorsorge)에 대한 국가의 보장책임도 논의의 대상이 되었다. 지금까지는 행정서비스의 디지털화, 물리적 디지털 인프라인 광대역 네트워크 구축, 인터넷과 관련한 열거되지 않은 헌법상 기본권(Recht auf Internet)[23]에 대한 논의가 주를 이루었다. 그러나 모빌리티, 교육, 보건의료 영역 등 전통적인 생존배려 서비스가 디지털로 전환되어 온라인 플랫폼의 형식으로 제공되는 경우도 디지털 생존배려의 논의 주제로 확장될 수 있다. 이제 온라인 플랫폼은 많은 영역에 침투하여 전통적인 생존배려 서비스에 대한 접근을 중개하는 인프라의 기능을 수행하고 있다(생존배려 서비스의 플랫폼화). 민간에 의한 자율적인 현상이지만, 생존배려 서비스에 대한 공적 주체의 보장책임으로부터 자유로울 수는 없다. 플랫폼에서 제공되는 생존배려 서비스로부터 소외되지 않도록, 언제 어디서나 적절한 조건으로 서비스를 이용할 수 있도록 할 국가의 역할과 책임이 여전히 잔존하는 것이다.[24]

대표적인 생존배려 서비스 영역인 교통 분야에는 이미 다양한 온라인 플랫폼 사업자들이 등장하여 활동하고 있다. 전통적인 교통수단의 약점을 보완하

20 전기통신사업법 제3조 제1항은 "전기통신사업자는 정당한 사유 없이 전기통신역무의 제공을 거부하여서는 아니 된다."고 규정하고 있다.

21 전기통신사업법 제4조.

22 Oliver Dörr, a.a.O., S. 334f; Christoph Busch, a.a.O., S. 12.

23 예컨대, 인터넷과 관련하여 통신망에 대한 접근권, 방송·영화·출판이나 학문·예술과 상관이 없는 내용(Inhalt)에 대한 기본권 등이 헌법에 열거되어 있지 않다는 것이다. Kai von Lewinski, *Recht auf Internet*, Rechtswissenschaft 2011, S. 70ff(특히 S. 90ff.)

24 Christoph Busch, a.a.O., S. 12.

고, 대중교통이 닿지 않는 곳에서도 교통서비스를 이용할 수 있는 기회를 제공해 주었다. 그러나 기존 사업자들의 기반을 빠르게 무너뜨려 지배력을 확장하고 있으며, 중장기적으로는 모빌리티 플랫폼의 서비스 제공 범위도 수익성이 있는 지역에 집중되어 교통취약지 주민들의 불편은 사라지지 않을 것이다. 서비스 요금정책 역시 플랫폼 사업자에게 전적으로 맡길 수는 없는 중요성을 갖는다. 따라서 생존배려 서비스에 대한 국가나 지방자치단체의 규제 및 조정자로서의 기능은 당연히 요청된다.[25]

(3) 첨단기술의 시현장으로서 온라인 플랫폼

디지털 대전환 시대의 핵심적인 자원은 데이터이다. 온라인 플랫폼의 수요·공급 매칭과 조율은 많은 데이터가 유통될수록 더 정교해진다. 온라인 플랫폼의 네트워크 효과로 이용자수가 증가하면 데이터 생성과 수집의 규모도 늘어난다. 데이터는 경제적 결정에 중요한 요소인 개인의 선호 및 수요, 상품, 사태의 경과를 디지털 형식으로 정량적으로 설명해낸다. 세상의 모든 일과 사람의 행동을 정량적으로 보여줌으로써 결정과정을 합리화할 수 있고, 이로써 거래비용은 현저히 줄어든다. 여러 경로와 채널로 수집한 다양한 데이터를 빅데이터 분석을 통해 상황이나 맥락을 합리적으로 추론해 낼 수 있어, 더 풍부한 정보를 얻을 수 있게 된다. 데이터 활용은 온라인 플랫폼의 경쟁력을 좌우하는 핵심적인 지표이다. 여기에 알고리즘과 인공지능 기술이 추가되어 스스로 학습하고, 새로운 문제, 그 해법과 기능들을 발전시켜 나갈 수 있다. 알고리즘과 이에 기반한 인공지능 기술의 강점은 결정의 속도, 정확성, 자동화이다. 이로써 온라인 플랫폼 이용자의 수요를 정교히 만족시킬 수 있는 서비스를 제공할 수 있다. 이처럼, 온라인 플랫폼에서는 데이터, 알고리즘, 인공지능 기술 등 첨단기술의 시현이 이루어지는 공간으로 볼 수 있다.[26]

---

25 Christoph Busch, a.a.O., S. 13.

26 Rupprecht Podszun, *Empfiehlt sich eine stärkere Regulierung von Online-Plattformen und anderen Digitalunternehmen?* Hauptgutachten für die Wirtschaftsrechtliche Abteilung des 73. Deutschen Juristentags 2020/2022, München, 2020, S. 14ff.

(4) 네트워크로서 온라인 플랫폼

온라인 플랫폼은 네트워크이다. 서로 다른 그룹을 연결하고 그들의 수요와 공급 간 상호작용을 알고리즘과 데이터를 활용하여 조정한다. 온라인 플랫폼 서비스의 이용자[27]수 증가로 플랫폼의 가치가 상승하고 이용자가 효용을 얻으면 네트워크 효과가 존재한다.[28] 온라인 플랫폼을 중심으로 연결된 동일 그룹 간에는 직접적 네트워크 효과를 발생시키며,[29] 서로 다른 그룹들은 간접적 네트워크 효과를 발생시킨다.[30] 결국 온라인 플랫폼의 가치는 해당 플랫폼의 이용자수에 좌우된다. 이용자가 어느 네트워크에 가입되거나 소속되어 있는지와 무관하게 이용자를 더 많이 연결하고 상호접속할 수 있게 한다면 이익을 극대화할 수 있다. 실제로 인터넷은 단일 네트워크가 아닌 서로 다른 무수한 네트워크에 상호접속과 상호운용이 가능하도록 '규약'(프로토콜, protocol)을 두고 있다.[31] 이는 수요자 측면에서 규모의 경제(economy of scale)의 중요성을 강화하는 요인이다.

온라인 플랫폼 역시도 사업 초반에는 알고리즘과 인공지능 기술의 개발에 필요하고 이용자수를 늘리는 데 소요되는 비용(이러한 비용을 통틀어 고정비용으로 볼 수 있다.)이 높은 편이다. 그러나 플랫폼이 안정적인 기반을 잡은 이후에는 추가적인 이용자에 소요되는 한계비용이 매우 낮아지거나 거의 제로 수준에 가까워진다. 이러한 특성은 통신산업의 자연독점 상황과 마찬가지로 공급 측면

---

27 여기서의 이용자는 상품과 서비스를 제공하는 영리적 목적의 이용자(공급 측면)와 이러한 상품과 서비스를 구매하여 소비하는 이용자(수요 측면) 모두를 포괄한다.

28 Rupprecht Podszun, a.a.O., S. 11; Lina M. Khan, *Amazon's Antitrust Paradox*, 126 Yale L. J. 710, 785 (2017).

29 직접적 네트워크 효과는 통신망에서와 같이 한 그룹의 사용자가 서비스로부터 얻는 편익이 서비스를 사용하는 동일 그룹 내의 사용자의 규모에 따라서 달라지는 것을 의미한다. 즉, 특정 통신사의 가입자가 많을수록 해당 통신사에 가입한 가입자 간에는 편익이 더 늘어나므로(과거에는 동일한 통신사 가입자 간의 통화나 문자서비스만이 무료였음을 상기해보자) 직접적 네트워크 효과가 크다. 이에 대해서는 김희수 외, 『통신사업의 합리적 비대칭 규제방안 연구』, 연구보고 01-52, 정보통신정책연구원, 2001, 97면. 페이스북이나 인스타 그램의 가입자가 늘어나면 통신의 경우와 마찬가지로 가입자 간의 효용이 늘어난다.

30 승차공유서비스의 예를 들면, 운전자는 서비스 이용자의 수가 많을수록 이롭고, 서비스 이용자도 운전자수가 많을수록 승차공유서비스의 효용이 높아진다.

31 Steve Unger, *Regulation of online platforms – What can we learn from 150 years of telcoms regulation?*, Bennett Institute for Public Policy, 2019, pp. 7-8.

에서 규모의 경제를 창출해 낸다.[32]

이용자수가 많아져서 온라인 플랫폼에서의 활동이 증가하면, 자연스럽게 이에 비례하여 많은 데이터가 생산된다. 여기에 온라인 플랫폼은 알고리즘 및 인공지능 기술 등을 활용하여 온라인 플랫폼의 만족감을 더 높일 수 있는 맞춤형 전략으로 자신의 서비스를 최적화한다. 이렇게 되면 이용자가 더 쏠릴 수 있게 된다.[33] 이러한 대규모 데이터와 최적화 기술은 온라인 플랫폼이 다른 서비스를 추가적으로 확장 제공할 수 있는 범위의 경제(economy of scope)를 발생시킬 수 있다.[34]

온라인 플랫폼의 성패는 이용자가 다른 경쟁플랫폼을 동시에 이용할 수 있는지 여부[이하 '멀티호밍'(multi-homing)] 및 다른 경쟁플랫폼으로의 전환비용 규모에 달려 있다. 따라서 온라인 플랫폼은 이용자의 멀티호밍을 어렵게 하거나 전환비용을 가능한 높게 유지하려고 한다. 이용자의 입장에서도 멀티호밍의 필요성이 없거나 전환비용이 부담될 경우 또는 계약상 멀티호밍이나 전환이 어려운 조건이라면, 가능한 하나의 온라인 플랫폼에 머무르고자 한다(lock-in). 이렇게 되면, 신규사업자의 진입이 제한되고 하나의 사업자로 시장이 집중될 우려가 생긴다.[35]

이러한 상황에서 온라인 플랫폼은 공격적인 가격전략을 펼칠 수 있다. 단기적인 이익을 희생하더라도 경쟁사업자들을 퇴출시킴으로써 취할 수 있는 이득의 규모가 크기 때문이다. 투자자들도 당장의 수익성과를 거두지 않더라도 이러한 전략을 지지하고 묵인한다.[36] 극한으로 밀어붙일 수 있기 때문에, 오히려 지역적 범위의 제한이 있는 전통적인 망산업에 비해 시장의 집중도가 더 심화될 수 있다.[37]

---

32 Francesco Ducci, *Gatekeeper and Platform Regulation: Is the EU Moving in the Right Direction?*, 2021, p. 8.

33 Schweitzer/Haucap/Kerber/Welker, *Modernisierung der Missbrauchsaufsicht für marktmächtige Unternehmen*, 2018, p. 12.

34 Steve Unger, supra., p. 7.

35 Rupprecht Podszun, a.a.O., S. 12.

36 Lina M. Khan, supra., p. 786.

37 Juan José Montero/Matthias Finger, Digital Platforms as the New Network Industries, 21 Network Industries Quarterly 3, 5 (2019).

온라인 플랫폼의 이와 같은 특성은 시장집중도를 증가시킨다. 이러한 상황을 '승자독식'(winner-takes-it-all)으로 표현하기도 한다.[38] 일부 온라인 플랫폼의 시장집중도와 시장에서의 지위를 고려하면, 경쟁규제 수단으로 회복하기 어려운 상황으로 보이기도 한다.[39] 따라서 통신규제와 마찬가지로 적극적인 유효경쟁 형성을 위한 규제수단을 활용해야 할 필요가 있다.

(5) 경제성장의 원동력으로서 온라인 플랫폼

2020년 기준 미국의 시가총액 상위 5개 기업[Google, Amazon, Facebook(현재 Meta), Apple, Microsoft, 이하 'GAFAM']은 모두 온라인 플랫폼 기업이 차지하고 있다.[40] GAFAM의 2018년 회계연도 기업실적보고서에 따르면, 이들이 신고한 연 매출은 총 8,020억 달러로, 전 세계 GDP 19위인 사우디아라비아(6,840억 달러)나 20위인 스위스(6,790억 달러)보다 약 1.18배 더 큰 규모로 알려져 있다.[41] 2021년 12월 기준 우리나라 온라인 플랫폼 사업자인 네이버(4위)와 카카오(5위)의 시가총액도 전통적인 제조업 산업인 현대자동차(8위)를 앞질렀다.[42] 전통적인 통신사업자의 시가총액은 10위 안에 포함되지 않을 만큼, 온라인 플랫폼 사업자가 시장에서 차지하는 위상은 상당히 높아졌다.

이제 온라인 플랫폼은 한 국가를 넘어 전 세계적인 경제적 규모와 영향력을 행사하고 있다. 이미 통신산업이 전체 경제에서 차지하는 비중이나 수익을 뛰어 넘고 있다. 온라인 플랫폼 기업의 성장이 경제성장의 원동력이 될 수 있음은 자명하다.

---

38 Schweitzer/Haucap/Kerber/Welker, a.a.O., p. 12.

39 Ⅲ. 3.에서 다룰 독일과 EU의 경쟁규제 변형적 대응도 온라인 플랫폼의 지배적 지위는 회복이 어렵고, 시장은 사실상 경합적일 수 없다는 전제에 따른 것이다.

40 박유리, 『온라인 플랫폼의 부상과 정책적 시사점』, KISDI Premium Report 21-04, 2021.

41 경실련, 디지털 모래시계, 2020. 3. 17., http://ccej.or.kr/59582(최종검색일: 2022. 2. 12.).

42 디지털데일리(2021. 12. 20.자.), 달라진 플랫폼 위상…네이버-카카오, 시총 5위권 안착.

3. 평가 및 논의의 초점

온라인 플랫폼을 통신산업과 유사하다고 생각하고 성급히 시장실패로 단정 지어 통신규제의 수단을 차용해야 한다는 결론은 단순하다는 비판이 있다. 온라인 플랫폼과 전통적인 통신시장 간 결정적인 차이는 멀티호밍이다. 특별한 사정(영업 목적)이 없는 한 통신시장에서 통신서비스의 이용자가 여러 통신사업자의 통신서비스를 동시에 이용할 가능성이 거의 존재하지 않는다. 여러 온라인 플랫폼 서비스를 비용 없이 자유롭게 이용할 수 있는 상황[43]과 달리, 여러 통신서비스를 이용하려면 추가비용을 부담해야 하기 때문이다. 이러한 이유로 통신규제에서 상호접속 및 상호호환성 규제는 이용자의 멀티호밍이 비로소 가능하도록 하는 중요한 기능을 수행하는 것이다. 또한, 통신시장에서의 쏠림과 고착비용은 통신시장의 구조적 요인에 기인하지만, 온라인 플랫폼의 쏠림은 전환비용을 인위적으로 높이거나 멀티호밍을 저지했기 때문이다. 온라인 플랫폼 시장의 다양한 선택지와 취향고려는 경쟁을 지속할 수 있게 하는 원동력이다.[44]

물리적 통신망은 정부의 인허가가 필요하며, 많은 자본비용과 투자비가 소요될 뿐 아니라, 높은 공익성 요구의 대상이 된다. 이에 반해, 온라인 플랫폼은 진입장벽이 낮고 – 설령 진입장벽이 있더라도 창의적인 아이디어와 기술력으로[45] 극복할 수 있으며 – 산업 내 경쟁도 활발하기 때문에 통신산업에 비해 공익성 요구를 하기 쉽지 않다는 비판도 있다.[46] 통신산업은 민영화된 산업이어서 초기의 경쟁이 쉽지 않은 시장상황이기 때문에, 경쟁을 적극적으로 형성하고 헌법상 기본권 및 생존배려의 보호대상인 통신서비스의 제공에 문제가 없도록 정부의 적극적인 개입이 요구되었다.[47] 그러나 온라인 플랫폼은 통신산업의 시장구조와 결과적으로 외견상 동일에 보이지만, 국가독점사업에서 민영

---

43 전자상거래 플랫폼인 G마켓, 11번가, 쿠팡 등을 이용자는 언제든 부담 없이 자유롭게 사용할 수 있다.

44 Schweitzer/Haucap/Kerber/Welker, a.a.O., p. 13.

45 이희정, “인터넷상 부가서비스 규제에 대한 일고”, 『경제규제와 법』 제8권 제1호, 2015, 164면.

46 이상윤·이황, “검색 중립성과 경쟁법 집행원리”, 『경쟁법연구』 제40권, 2019, 264면 이하.

47 이원우, 앞의 책, 816면 이하; 이희정, 앞의 글, 156면.

화를 통해 민간사업자에 의하여 운영되는 것이 아니라 순전히 민간의 창의와 혁신의 성과이다. 따라서 이를 통신산업과 동일하게 간주하여 통신산업 유사의 규제수단을 활용하는 논거로 삼기에는 논리가 탄탄하지 않다.

이상의 비판으로, 그간 통신산업의 유사성에 착안한 온라인 플랫폼에 대한 규제 논의는 더 이상 진전될 수 없었다. 그러나 앞서 살펴본 것처럼, 통신시장의 특성과 온라인 플랫폼의 특성은 상당히 유사하다. 진입장벽이 낮고 경쟁이 활발한 것처럼 보이지만, 데이터와 자본력을 갖는 소수의 기업만 살아남는 구조이다.[48] 모든 점에서 일치하지는 않지만, 온라인 플랫폼은 통신산업의 특성을 대부분 보유하고 있다. 오늘날 미국에서도 SNS를 규제하기 위한 법리로 통신산업 규제이론인 '커먼캐리어'(common carrier) 법리와 공익산업규제(public utility regulation) 법리를 차용하려는 시도가 있었다.[49] 이들 법리들은 사적 권력을 규제하기 위해 발전을 거듭해왔다.[50] 특히 생존에 필수적인 서비스와 재화에 대한 사적 권력의 통제로 인해 발생하는 문제 대응이 핵심적인 규제의 요체이다.[51] 이러한 문제에 대해 동급접근규제, 비차별적 요금규제, 서비스 제공 중지 금지 규제 등이 요구된 것이다.

온라인 플랫폼의 경쟁질서에 대한 위협에 대해 기존의 법질서로는 효과적으로 대응할 수 없다는 인식이 확산되고 있다. 기존의 법질서로는 효과적인 대응이 어렵다는 판단을 근거로, 경쟁규제를 변형한 다양한 입법시도가 쏟아지고 있다. 다만, 논의의 초점이 온라인 플랫폼의 시장지배력을 완화하는 데 모아져 있다.

---

48 서정, "플랫폼의 시장획정과 시장지배력에 관한 쟁점", 『경쟁법연구』 제42호, 2020, 7면.

49 미국의 플랫폼 규제 논쟁은 트럼프의 대선 패배에 불복하여 지지자들이 난입한 2021. 1. 6. 의회 폭동 사태가 계기였다. 그 이후 트럼프와 그 지지자들의 페이스북, 트위터(현재 'X') 등 대형 SNS 계정은 삭제되었다(이른바 'deplatforming'). 플로리다 주는 이러한 조치가 실리콘밸리의 빅테크 과점주의자들이 보수적 발언을 침묵시키고 급진적 좌파 의제를 선호하려는 시도로 판단하고 이에 대항하기 위해 최초로 SNS의 콘텐츠 '관리'(moderation)를 금지하는 규제법을 제정하였다[S.B. 7072 (Fla. 2021)]. 텍사스 주도 여기에 합류하였다[H.B. 20 (Tex. 2021)]. 이를 지탱하는 규범적 근간은 바로 공익산업규제 또는 커먼캐리어규제법리이다.

50 Kevin Werbach, Is Uber a Common Carrier?, at 141－142.

51 K. Sabeel Rahman, *THE NEW UTILITIES: PRIVATE POWER, SOCIAL INFRASTRUCTURE, AND THE REVIVAL OF THE PUBLIC UTILITY CONCEPT*, *supra.*, at 1635.

오늘날 온라인 플랫폼은 일상의 중요한 인프라로서 기능하고 있다. 정보유통, 커뮤니케이션, 거래의 상당 부분이 온라인 플랫폼에서 이루어지고 있으며, 전통적인 생존배려 서비스들이 플랫폼화되고 있다. 온라인 플랫폼에 대규모의 데이터가 집적되고 이를 처리하는 알고리즘 및 인공지능 기술이 투입될 뿐만 아니라, 네트워크 효과로 인해 일부 온라인 플랫폼의 지위가 강고해져 가고 있는 상황이다. 온라인 플랫폼의 시장지배력 문제뿐만 아니라, 온라인 플랫폼이 오늘날 우리에게 어떠한 의미와 기능을 하는지에 초점을 두고, 이러한 본질적인 문제를 규제로써 어떻게 다루어야 할 것인지를 함께 고민해야 하는 것이다.

Ⅲ 온라인 플랫폼과 규제체계의 전환

1. 논의의 기초: 경쟁규제와 전문규제[52]

온라인 플랫폼의 영향에 대한 규제대응의 체계는 크게 경쟁규제와 전문규제로 나누어 볼 수 있다. 바람직한 규제체계를 논의하기에 앞서 경쟁규제와 전문규제 체계에 대한 기본적인 이해가 선행되어야 한다.

(1) 기본개념

1) 경쟁규제

일반경쟁규제란, 경쟁 자체를 보호하기 위해 모든 경제영역에 동일하게 적용되는 규제를 수단으로 국가가 시장에 개입하는 것을 말한다. 경쟁은 이미 주어진 상황이며 질서이다. 국가는 새로운 경쟁질서를 '적극적'으로 창출하거나 '형성'하기 위해 개입하지 않는다. 기본적으로 자유시장(free market)을 존중하는

52 이하의 내용은 김태오, "규제행정법적 관점에서 본 유료방송 인수합병의 쟁점 – 최근 종합유선방송사업자 인수합병 사례를 중심으로 –", 『법과 기업연구』 제10권 제1호, 2020, 101면 이하를 재구성하였다.

입장이다.[53] 현존의 경쟁질서가 훼손되는 것을 방지하거나 이를 예방하기 위해 '소극적'으로 개입하는 것이다.[54] 이는 전형적인 경찰행정의 모습이다.[55] 마치 거래가 이루어지는 고속도로를 단속하는 경찰관의 임무가 국가에게 주어진 역할인 것이다. 국가의 개입은 자유로운 거래의 흐름에 대한 장애를 제거하는 것이다.[56] 현존의 경쟁질서 '훼손'이라는 '위험'이 발생할 우려가 있거나 발생하였을 때에 비로소 국가의 개입이 정당화된다. 국가는 시장의 경쟁을 저해하는 위험이나 장해에 대응하기 위해서만 개입한다. 일반경쟁규제를 경제경찰법이라고 부르기는 이유도 여기에 있다.

2) 전문규제

독점, 공공재, 외부효과, 정보의 비대칭성 등으로 경쟁이 발생하지 않는 시장실패 영역에서는 이러한 실패를 교정하기 위한 규제가 필요하다. 시장메커니즘의 질서가 맞지 않는 영역에서도 규제가 요구된다. 헌법상 인격발현의 자유나, 정치적 공동체의 의사결정(여론형성)에 대한 참여권을 보장하는 영역이 대표적이다. 언론의 기능을 수행하는 미디어는 시장메커니즘에서는 필요한 만큼 공급되지 않는 메리트재(meritorische Güter)이기도 하다. 이와 같은 미디어의 기능을 담보하고, 미디어 재화와 시장의 특수성을 고려하여 국가의 적극적인 시장조정적(marktsteuernd) 개입이 필요하다.[57] 이러한 영역의 특수성을 고려한 맞춤형 규제를 '전문규제'라고 한다.

특히 통신, 에너지, 철도 등 망산업과 같이 국가가 국가독점기업을 통해 서비스를 제공하다가 이러한 독점기업을 민영화할 경우에도 전문규제 관점에 입각한 국가의 개입이 요구된다. 민영화 초기에는 국가독점의 상태가 일정 정도 지속되기 때문이다. 또한, 서비스의 기능, 임무, 품질 등의 관점에서 국가의

53 Rachel E. Barkow/Peter W. Huber, *A Tale of Two Agencies: A Comparative Analysis of FCC and DOJ Review of Telecomminications Mergers*, 2000 U. CHI. LEGAL F. 29, 30 (2000).

54 홍대식, "방송시장에서의 금지행위 규제의 문제점과 개선방안", 『경제규제와 법』 제1권 제1호, 2008, 77면.

55 이원우, "경제규제와 공익", 108면.

56 Rachel E. Barkow/Peter W. Huber, *supra.*, p. 36. "… a patrolman policing the highways of commerce."

57 Boris P. Paal, *Medienvielfalt und Wettbewerbsrecht*, Tübingen, 2010, S. 123; S. 137.

규제, 특히 보장책임(Gewährleistungsverantwortung)[58]의 관점에 따른 규제가 필요하다.[59] 이러한 국가독점이 사적 시장으로 전이되어 잠정적으로 사적독점이 발생하게 되고, 이 시장에서 국가독점의 잔영이 해소되어 경쟁이 생길 때까지는 국가의 적극적인 역할이 요구된다. 국가가 제공하던 서비스는 공익적 성격이 강하여, 민영화 이후에도 저렴한 가격으로 지속적으로 제공되어야 할 필요성도 있다.[60]

(2) 규제체계

1) 경쟁규제

경쟁규제의 목적은 경쟁제한성의 방지에 있다. 자유로운 경쟁질서가 이미 존재하고 있음을 전제로, 이러한 경쟁질서가 특정한 행위로 제한될 수 있다면 이를 규제하는 것이다.

경쟁규제는 특정 분야에 국한되지 않으므로, 규제의 대상이 되는 특정 상품이나 행위를 사전에 확정해두지 않는다. 개별구체적인 사안을 그 대상으로 하는 사후규제(ex post) – 사전규제인 기업결합 규제는 예외 – 가 기본이다. 즉, 시장획정과 시장분석의 결과 특정한 행위가 경쟁제한성이 있다면 비로소 사후적으로 규제가 이루어진다. 전문규제와는 달리, 정형적인 법요건이 사전에 제시되지 않아 확정적인 의무가 발생하지 않으므로, 사업자가 사전에 특정한 방식으로 행위를 할 의무가 존재하지 않는다.[61] 사후적으로 경쟁규제를 위한 분석 및 형량 등의 숙고 과정[62]이 별도로 요구된다.[63] 따라서 전문규제와 비교

58 보장책임 및 보장국가에 대한 상세는 박재윤, 앞의 글, 191면 이하.

59 Jürgen Kühling, *Sektorspezifische Regulierung in den Netzwirtschaften*, München, 2004, S. 40; S. 117.

60 이상의 내용은 이원우, "경제규제와 공익", 『서울대학교 법학』 제47권 제3호, 2006, 108면 이하; Jürgen Kühling, a.a.O., S. 21ff; 김태오 · 이소정, 『방송통신 분야에서의 규제재량권 확보와 규제불확실성 해소방안』, 정보통신정책연구원, 2014, 50면 이하.

61 홍대식, "온라인 플랫폼과 공정경제 정책 – 거래공정화 규제의 쟁점 –", 『법학연구』 제31권 제1호, 연세대학교 법학연구원, 2021, 326면.

62 공정거래법 제5조에 따른 규제를 위해서는 시장지배적 지위가 있는지를 시장획정과 시장분석을 토대로 시장지배적 지위가 있는지를 판단해야 한다. 그 다음 법 제5조 제1항에 열거된 남용행위에 해당하는지를 살펴봐야 하는데, 각 행위유형별 법요건에는 '부당하게'라는 불확

하여 법집행에 소요되는 절차와 시간이 상대적으로 길다.

대신, 경쟁규제는 경쟁저해성이 있는 개별사례를 드러내고 이를 교정하기 위한 선도적 기준을 발전시키는 것에는 탁월하다.[64] 그러나 개별사안에 그치기 때문에, 포괄적인 문제해결을 위해서는 입법적 조치가 필요하다.

이러한 경쟁규제의 3대 축은 부당공동행위 금지, 기업결합, 시장지배적 지위 남용 규제이다.[65] 부당공동행위 금지와 시장지배적 지위 남용규제가 제대로 작동한다면 기업결합 규제와 같은 사전규제는 불필요하다.

2) 전문규제

전문규제의 규제목적은 해당 규제산업(분야)별로 다르다. 일반적으로 해당 규제산업별로 산업정책적 목적이 곧 규제목적이 된다. 여기에는 해당 규제산업의 경쟁을 형성하고 확보하는 것도 포함된다. 경쟁 외에 정보보안이나 개인정보 보호도 전문규제의 목적이 된다. 나아가 공익, 공공성, 형평, 다양성, 생존배려 등 사회적 가치와 관련된 경우도 많다.

이러한 전문규제는 사전규제(ex ante)를 기본으로 한다. 일반적으로 시장구조가 왜곡되면 사후에 교정되기 어렵기 때문에 사전개입이 정당화될 수 있다. 즉, 전문규제는 경쟁의 기능이 더 이상 작동되지 않을 때, 특정 사업자의 지배위험을 약화시키기 위한 규제이다.[66] 전문규제는 규제대상이 되는 개념에 대한 논의가 중요하다.[67] 특정 사업자, 상품, 또는 행위방식이 사전에 확정된 규제대상의 개념에 포섭되는지, 따라서 이것에 규제가 적용되는지가 논의의 출발점이 된다. 규제대상과 그 내용이 사전적·일반적으로 확정되어 있기 때문에, 어떠한 행위가 그 확정된 법요건에 해당하기만 하면, 규제여부와 규제내용에 대한 별도의 분석절차 없이 당연히 위법한 것으로 간주된다.[68] 경쟁규제와 비교하였을

정개념이 사용되어 있으므로, 그 부당성 여부를 판단하는 과정에서 형량(balancing) 등 일정한 숙고절차가 필요하다.

63 이희정, 앞의 글, 35면.

64 Rupprecht Podszun, a.a.O., S. 47.

65 Justus Haucap, Plattformökonomie: neue Wettbewerbsregeln – Renaissance der Missbrauch-saufsicht, Wirtschaftsdienst 2020, S. 24.

66 Rupprecht Podszun, a.a.O., S. 47.

67 Justus Haucap, a.a.O., S. 24.

때, 법집행에 소요되는 절차와 시간이 상대적으로 짧다.

특히 전문규제는 규제되어야 할 분야별(sektorspezifisch) 사업자의 특정한 행위를[69] 사전에 설정하고,[70] 구체적인 경쟁의 기준을 확정하거나(예. 상품이나 서비스의 요금설정[71]) 최소한 사업자 행위를 제한하려 한다.[72] 대표적인 전문규제 분야인 통신의 경우, 네트워크 병목(bottleneck)이 근본적인 문제이므로, 이를 해소하기 위하여 특정 네트워크 사업자에게 접속규제와 이에 대한 요금규제(접속료규제)를 기본으로 극단적으로는 통신서비스 제공조직의 분리규제를 그 규제수단으로 사용한다.[73]

2. 논의의 배경: 온라인 플랫폼에 대한 경쟁규제의 한계

시장지배력을 보유하는 온라인 플랫폼의 남용행위나 불공정행위에 대해 경쟁규제로 대응하려는 시도가 있다. 그러나 경쟁규제는 일정한 한계가 있다.

경쟁규제는 시장획정부터 시작된다. 전통적인 시장획정 방법론이 단면시장을 전제로 설계되어 있어 온라인 플랫폼에는 적합하지 않다. 온라인 플랫폼 시장은 양면시장적 특성을 가지기 때문에, 서로 다른 그룹의 단면시장을 각각 획정해야 하는지, 아니면 양면시장을 하나의 시장으로 획정해야 하는지에 대한 논란이 있다.[74] 한편, 시장획정을 위해서는 일정한 거래분야를 확정지어야 한

68 이희정, "방송통신위원회의 재정제도에 관한 연구 – 그 법적 성격과 기능을 중심으로 –", 『행정법연구』 제24호, 2009, 35면.

69 경우에 따라 사업자가 이러한 행위를 하려면 사전에 미리 허가를 받도록 요구할 수도 있다.

70 전기통신사업법 제39조 제3항은 기간통신사업자에 대하여 다른 전기통신사업자로부터 상호접속의 요청을 받으면 협정을 체결하여 상호접속을 허용해야 한다는 확정적인 의무를 규정하고 있다. 이러한 논리는 통신설비 등에 대해서도 동일하다(법 제35조 제2항).

71 전기통신사업법 제39조 제2항은 상호접속에 대한 대가(요금)의 조건, 산정 기준 등을 과학기술정보통신부 장관이 고시하도록 하고 있고, 법 제40조 제1항은 고시에서 정해진 기준에 따르도록 규정하고 있다. 이러한 논리 역시 통신설비 등에 있어서도 마찬가지이다(법 제35조 제3항).

72 Justus Haucap, a,a,O., S. 24.

73 Astrid Krisch/Leonhard Plank, *Internet–Plattformen als Infrastrukturen des Digitalen Zeitalters*, Dezember 2018. S. 53.

74 서정, 앞의 글, 10면 이하; 홍대식, "플랫폼 경제에 대한 경쟁법의 적용 – 온라인 플랫폼을 중심으로 –", 『법경제학연구』 제13권 제1호, 2016, 93면 이하.

다. 일정한 거래분야는 경쟁관계에 있거나 경쟁관계가 성립될 수 있는 거래분야를 말하며 거래대상 등에 따라 구분된다. 거래대상 시장의 획정은 "거래되는 특정 상품의 가격이나 용역의 대가(이하 '가격')가 상당기간 어느 정도 의미 있는 수준으로 인상(인하)될 경우 동 상품이나 용역의 대표적 구매자(판매자)가 이에 대응하여 구매(판매)를 전환할 수 있는 상품이나 용역의 집합"을 일정한 거래분야로 묶는다. 이를 SSNIP(small but significant nontransitory increase in price) 테스트라고 한다. 그러나 온라인 플랫폼 시장의 가격인상 또는 인하는 제대로 측정될 수 없다. 온라인 플랫폼 서비스가 무료로 제공되는 경우가 많기 때문이다.[75] 나아가 양면시장에서 상품 또는 서비스에 대한 가격을 정확이 추론하기 쉽지 않다. 서로 다른 그룹이 동일한 상품 또는 서비스에 대해 부여하는 가치가 다르기 때문이다. 서로 다른 그룹의 가격 차이를 조정할 방법론도 마땅하지 않다. 시장획정 방법론이 전통적인 상품이나 서비스를 대상으로 설계되어, 온라인 플랫폼에는 잘 맞지 않는 측면이 있다.[76]

시장획정 이후에는 시장분석이 이루어져야 한다. 이때 시장지배력이 있는지를 판단한다. 시장지배력 여부를 판단하는 유력한 요소는 진입장벽의 존재이다. 통신산업처럼 온라인 플랫폼 관련시장에는 법적·제도적인 인허가 등의 진입장벽은 없다. 그러나 네트워크 효과로 인한 고착효과(lock-in), 쏠림, 데이터 규모 등 사실상의 다양한 진입장벽이 존재한다. 이러한 사정으로, 진입장벽의 존재여부에 대한 실무의 판단이 엇갈리는 경우가 있었다.[77]

일반적으로 온라인 플랫폼의 문제는 그 해당 시장에서의 지배력과 게이트키핑으로 인한 부작용에 국한되지 않는다. 온라인 플랫폼의 지배력을 다른 시장에 전이하여 그 지배력을 확산하는 것이 더 큰 문제이다. 그러나 일반경쟁규제의 법리에 따를 때, 시장지배력 전이 효과를 입증하고 인정하여 개입하기란 쉽지 않다.[78]

75 서정, 앞의 글, 18면 이하.

76 이에 대해서는 Jacques Crémer/Yves-Alexandre de Montjoye/Heike Schweitzer, Competition Policy for the Digital Era, 2019, pp. 42-43; pp. 45-46.

77 서정, 앞의 글, 23-26면.

78 송태원, 『인터넷 플랫폼 시장에서의 공정경쟁 확보에 관한 법적 연구』, 고려대학교 법학박사

3. 온라인 플랫폼에 대한 경쟁규제의 변형

온라인 플랫폼에 대한 경쟁규제의 이러한 한계에도 불구하고, 독일과 유럽의 첫 대응은 여전히 경쟁규제를 변형한 방식이었다. 통신시장은 결국 경쟁시장으로 변화할 것이라는 전제 하에 통신분야 규제체계의 최종 방향을 규제완화와 경쟁규제로 설정했던 진로(進路)로부터 역진하기는 어려웠을 것으로 추정된다. 정보화서비스나 부가서비스를 통신규제에서 배제해왔기 때문에, 온라인 플랫폼의 규제를 통신법으로 수용하기는 모순적이었던 것이다. 대신에 전통적인 일반경쟁규제의 체계와는 달리 통신규제의 규제방식을 상당히 차용한 것이 특징이다.

(1) 독일의 대응

독일은 2021년 1월부터 시행된 일반경쟁법(Gesetzes gegen Wettbewerbsbes-chränkungen, 이하 'GWB') 제10차 개정을 통해 온라인 플랫폼의 집중과 남용에 대응한 대표적인 국가이다. 경쟁법적 수단을 집중과 남용에 대응하기 위한 유효한 수단으로 본 것이다. GWB는 온라인 플랫폼에 대한 사전규제 수단을 일반경쟁법으로 도입하여, 경쟁법상의 수단을 보완한 것이 특징이다.[79]

독일은 이미 제9차 GWB 개정부터 온라인 플랫폼을 경쟁규제의 틀에 포함시키기 시작하였다. 전통적인 시장획정 방법론상 난점인 SNS나 검색엔진 등 '무료' 온라인 플랫폼에 대해서도 시장획정이 가능하다는 점을 분명히 하였고(GWB 제18조 제2항a), 경쟁과 관련한 데이터에 대한 접근도 다면시장에서 시장지배력을 측정하기 위한 판단기준으로 GWB에 포함시켰다(GWB 제18조 제3항a 제4호). 또한, 온라인 플랫폼의 중개력(Intermediationsmacht)을 고려하여 온라인 플랫폼의 시장지배력을 판단하도록 함으로써, 온라인 플랫폼의 중개 및 통제 기능을 잘 포착할 수 있게 하였다. 나아가 그간 좁게 해석되었던 필수설비이론

학위논문, 2018, 151면.

79 Christoph Busch, a.a.O., S. 16.

의 적용 범위를 넓게 파악할 수 있도록 물리적 설비 외에 '데이터' 등 비물리적인 서비스에 대한 접근 거부도 시장지배적 지위 남용행위로 볼 수 있도록 명문화 하여, 인프라로서 온라인 플랫폼의 기능이 고려될 수 있게 되었다(GWB 제19조 제2항 제4호). GWB 제20조는 시장지배적 지위에 이르지 않는 시장력의 남용에 대해서도 규제할 수 있도록 하여, 온라인 플랫폼 시장의 쏠림(tipping)과 더 이상 지속가능하지 않은 시장구조에 대해 조기대응이 가능하도록 하였다(GWB 제20조 제3항a).[80]

제10차 개정으로 새롭게 도입된 GWB 제19조a는 온라인 플랫폼이 다른 시장으로 사업활동 영역을 쉽게 확장할 수 있고, 이러한 확장을 통해 대규모 플랫폼 생태계 구축이 가능한 특성을 고려하여, 이를 효과적으로 규제할 수 있는 수단을 경쟁당국인 연방카르텔청(Bundeskartellamt)에 부여하였다. 이를 '교차시장적 접근법'(marktübergreifende Betrachtung)이라고 하는데, 이를 통해 기존 경쟁규제의 법리로 규제하기 어려웠던 수직적 또는 혼합적 남용에 대해 효과적으로 대응할 수 있게 되었다. 이에 따르면, 우선 연방카르텔청은 시장지배적 지위를 대체하는 '교차시장에서 경쟁에 상당한 중요성을 갖는 사업자'(Unternehmen mit überragender marktübergreifender Bedeutung für den Wettbewerb)를 확정해야 하는데, 이를 확정함에 있어 어떠한 시장에서의 지배적 지위를 반드시 요구하는 것이 아니라, 수직적 결합, 재정력, 경쟁 관련 데이터의 접근 등 다양한 징표들을 고려할 수 있다. 연방카르텔청은 특정 사업자를 교차시장에서 경쟁에 대한 상당한 중요성을 갖는 사업자로 지정한 다음, 자사 우대, 상품 및 서비스의 상호 호환성 제한, 데이터 이동성 제한 또는 거부, 온라인 플랫폼이 수집한 데이터의 활용을 통한 경쟁사업자 제한 등의 행위를 금지할 수 있다.[81]

---

80 Christoph Busch, a.a.O., S. 16f.

81 Christoph Busch, a.a.O., S. 17. 그 밖의 GWB 제10차 개정에 대한 상세한 내용은 유영국, "독일 경쟁제한방지법 제10차 개정(안)의 주요 내용과 독점규제법상 시사점", 「경쟁법연구」, 제42호, 2020, 216면 이하.

(2) EU의 대응

1) P2B 규칙

2020년부터 시행된 P2B 규칙(Platform-to-Business-Verordnung)[82]은 온라인 플랫폼 규제의 시작을 알리는 것이다. 동 규칙은 온라인 플랫폼이 자신의 플랫폼을 이용하여 상품 또는 서비스를 제공하는 이용사업자에 대해 준수해야 할 다양한 의무를 규정하고 있다. P2B 규칙의 적용 대상이 되는 온라인 플랫폼은 전자상거래 플랫폼뿐 아니라, 앱스토어, 서비스 플랫폼(예. 호텔예약 등), 검색엔진 등으로 포괄적이며, 시장지배적 지위를 갖는지 여부는 P2B 규칙을 적용함에 있어 중요한 고려요소가 아니다.

동 규칙은 전문규제의 체계와 유사하게 온라인 플랫폼과 이용사업자 간의 불공정한 거래관행들을 확정하여 열거하는 입법방식을 채택하고 있다. 주요 규제로는, 사전고지 없는 이용사업자 계정 차단 또는 이용약관 변경의 금지 등 특정 불공정행위의 금지, 순위나 특정 사업관행(데이터 수집 및 활용, 자사 상품의 우대 등)에 대한 투명성 조치의무, 효과적인 분쟁해결 조치의무(불만처리절차, 분쟁조정절차 등) 등이다.[83]

2) DMA

2020년 12월에 EU 집행위원회가 제안한 DMA(Digital Market Act)[84]는 디지털 게이트키퍼(digitale Gatekeeper)에 대한 사전규제로 EU의 경쟁규제를 보완하는 방안이다. DMA[85]는 2022년 11월 1일에 발효되었고 2023년 5월부터 시행되

82 Regulation (EU) 2019/1150 of the European Parliament and of the Council of 20 June 2019 on promoting fairness and transparency for business users of online intermediation services. 그 밖의 P2B 규칙에 대한 상세는 강지원, “EU의 온라인 플랫폼 시장 불공정거래행위 규율 강화: 「온라인 플랫폼 시장의 공정성 및 투명성 강화를 위한 2019년 EU 이사회 규칙」을 중심으로, 『외국입법동향과 분석』 제22호, 국회입법조사처, 2020.

83 이상의 내용은 Christoph Busch, a.a.O., S. 18.

84 COM (2020) 842, Proposal for a REGULATION OF THE EUROPEAN PARLIAMENT AND OF THE COUNCIL on contestable and fair markets in the digital sector. DMA는 이후 규제가 강화되는 방향으로 일부 수정이 이루어졌다. 이에 대한 상세는 김현수·강인규, 『유럽연합 디지털시장법 합의안의 주요 내용 및 시사점』, KISDI Perspectives, 2022. 4. 27. 참고.

85 Regulation (EU) 2022/1925.

고 있다. DMA의 규제는 게이트키퍼로 지정된 온라인 플랫폼에 대해 일련의 사전규제를 부과하는 체계로 구성되어 있다.[86]

DMA의 규제대상은 검색엔진, 중개서비스, SNS, 동영상공유서비스, 운영체제, 클라우드서비스 등 게이트키퍼로 기능하는 핵심 플랫폼 서비스들이다. 게이트키퍼의 기능을 갖는 핵심 플랫폼 서비스는 i) EU 역내 시장에서 상당한 영향력을 갖고,[87] ii) 나아가 강한 중개자로서의 지위를 보유하며,[88] iii) 온라인 플랫폼으로서의 강한 지위가 일정 기간 동안 지속되는[89] 플랫폼이다. 이러한 게이트키퍼의 요건이 갖추어지면, EU 집행위원회에 신고해야 하고, EU 집행위원회는 심사절차를 거쳐 '게이트키퍼'로 지정하게 된다.[90]

이러한 절차를 거쳐 특정 온라인 플랫폼이 게이트키퍼로 지정되면, DMA 제5조와 제6조가 확정적으로 열거하고 있는 사전규제를 받게 된다. 대표적으로, 명시적인 동의가 없는 한 한 사업자 계열의 서로 다른 플랫폼 서비스(예. 페이스북, 인스타그램, 왓츠앱 등) 이용자의 데이터 결합금지(DMA 제5조 제2항 제a호), 상호호환성 보장(DMA 제6조 제7항), 이용자 데이터의 이동권 보장(DMA 제6조 제9항), 게이트키퍼 플랫폼에서 자신의 활동으로 생성된 이용사업자의 데이터에 대한 접근권 보장(DMA 제6조 제10항), 자사 우대의 금지(DMA 제6조 제5항) 등의 규제가 열거되어 있다. 이러한 규제체계는 P2B 규칙의 투명성 의무를 넘는 직접적이고 강한 규제로 볼 수 있다.[91]

3) DSA

EU 집행위원회는 DMA와 같은 날짜에 DSA(Digital Services Act)[92]를 제안하

86 Christoph Busch, a.a.O., S. 18.

87 EU 역내 시장에서 최소 3개 이상 회원국에서 활동하면서, 최근 3개 사업연도 동안의 연간 매출액이 75억 유로 이상 또는 직전 사업연도를 기준 시가총액이 평균 750억 유로 이상인 경우.

88 월간 활성 이용자 수가 4천 5백만 명 이상 그리고 직전 사업연도 기준으로 연간 활성 이용사업자 수가 10,000개사 이상인 경우.

89 위 두 번째 요건이 최근 3개 사업연도 동안 계속하여 충족되는 경우.

90 Christoph Busch, a.a.O., S. 18.

91 Christoph Busch, a.a.O., S. 19; 그 밖의 DMA에 대한 상세는 김현수·강인규, 『유럽연합 디지털시장법안(Digital Markets Act) 주요 내용 및 시사점』, 현안연구 20-02, 정보통신정책연구원, 2020 참고.

92 COM (2020) 825, Proposal for a REGULATION OF THE EUROPEAN PARLIAMENT AND OF

였다. DSA[93]는 2022년 11월 16일에 발효되었고 2024년 2월부터 시행되고 있다. DSA는 EU 전자상거래 지침[94]을 계승하면서도, 온라인 플랫폼으로 초래된 환경을 고려한 새로운 규정들도 추가하고 있다.

온라인 플랫폼은 종래 EU 전자상거래 지침과 마찬가지로, 위법한 콘텐츠를 실제로 인식할 수 없었거나 이를 인식하여 지체 없이 삭제하는 한, 원칙적으로 위법한 콘텐츠에 대한 책임을 지지 않는다. 그 연장선상에서 온라인 플랫폼은 일반적인 감시의무를 부담하지도 않았다. 그러나 DSA는 이러한 원칙을 일련의 주의의무(Sorgfaltspflicht)로 보완하고 있다. 온라인 플랫폼 사업자는 이용자의 위법한 콘텐츠에 대한 신고를 통해 사업자가 이를 삭제할 수 있도록 이용자가 쉽게 접근할 수 있고 이용자 친화적인 통지 및 조치(Notice and Action) 체계를 갖추어야 한다(DSA 제16조). 모든 온라인 플랫폼은 이용자의 콘텐츠를 삭제하거나 계정을 차단하는 결정에 대한 이유를 제시할 의무를 부담한다(DSA 제17조). 플랫폼의 이러한 결정에 대해 이용자가 이의를 제기할 수 있는 내부 불만처리시스템이 갖추어져야 하고(DSA 제20조), 공정한 분쟁해결을 위해 외부의 대체적 분쟁해결수단을 마련해야 한다(DSA 제21조). 온라인 플랫폼은 이용자가 불법상품을 쉽게 추적하고 인식할 수 있도록 상품 및 서비스를 제공하는 입점업체의 신원을 검증할 의무가 있다(DSA 제32조).[95]

월간 활성 이용자 수가 4천 5백만 명 이상이면서 동시에 EU 회원국 인구의 10%에 도달하는 대규모 온라인 플랫폼은 구조적 리스크(systemisches Risiko)에 대응하기 위한 추가적인 의무를 부담한다. 이러한 리스크에는 표현의 자유를 제한하거나 차별위험과 같은 이용자의 기본권을 침해하는 경우가 포함된다. 이러한 리스크에 대응하기 위하여 EU 집행위원회는 규제된 자율규제(regulierte Selbstregulierung) 모델을 제안하고 있다. 이에 따르면, 대규모 온라인 플랫폼은

THE COUNCIL on a Single Market For Digital Services (Digital Services Act) and amending Directive 2000/31/EC.

93 Regulation (EU) 2022/2065.

94 Directive 2000/31/EC of the European Parliament and of the Council of 8 June 2000 on certain legal aspects of information society services, in particular electronic commerce, in the Internal Market.

95 Christoph Busch, a.a.O., S. 19.

매년 자체평가를 통해(DSA 제34조) 이러한 리스크를 완화하기 위하여 콘텐츠 필터링 규칙(Moderationsregeln)이나 추천 알고리즘을 수정하는 등의 조치를 취해야 한다(DSA 제35조). 이러한 조치의 유효성은 독립적인 감사절차를 통해 심사되어야 하고(DSA 제37조), 추천 알고리즘 및 온라인 광고의 투명성 규정을 통해 보완될 수 있다(DSA 제39조 및 제40조).[96]

4. 온라인 플랫폼에 대한 전문규제 논의

(1) 전문규제의 정당성

앞서 살펴본 바와 같이, 온라인 플랫폼은 인프라라는 점, 생존배려 서비스에 해당한다는 점, 네트워크 산업의 특성이 있으므로 경쟁형성을 위해 적극적인 규제가 필요하다는 점 등을 고려하면, 통신산업의 특성과 상당히 유사하다.

특히 독일 TKG 제10조 제2항은 사전규제를 정당화하는 특정 통신시장 상황의 요건을 제시하고 있다. '해당 시장으로의 진입이 제한적이고 장기간 유효경쟁이 없었으며, 일반경쟁규제로는 이를 교정하기에 불충분한 시장'에 해당하면, TKG의 사전규제를 통한 개입 요건이 충족된다. 일부 온라인 플랫폼 시장도 이러한 시장 상황에 충분히 해당될 수 있다.[97] 앞서 언급한 바대로, 독일은 2007년부터 구글 검색엔진이 90% 이상의 시장점유율을 지속해오고 있으며, 우리도 네이버(58.1%)와 구글(36%)의 시장점유율이 95%에 육박한다. 개별사안별로 검색엔진 플랫폼의 남용행위를 경쟁규제로 제어할 수 있겠지만, 구조적으로 신규 검색엔진 사업자가 시장에 진입하여 이들 사업자와 활발히 경쟁하기는 쉽지 않다.[98]

---

96 Christoph Busch, a.a.O., S. 19; 그 밖의 DSA에 대한 상세는 이병준, "유럽연합 디지털 서비스법을 통한 플랫폼 규제 – 디지털 서비스법 초안의 주요내용과 입법방향을 중심으로 –", 『소비자법연구』 제7권 제2호, 2021, 181면 이하 참고.

97 Christoph Busch, a.a.O., S. 21.

98 물론 이러한 시장점유율이 검색엔진 플랫폼에 대한 규제의 필요성을 인정하기 위한 전제이기는 하지만, 구체적인 규제체계는 사후규제 또는 자율규제가 더 바람직하다는 견해도 있다. 이승민, "온라인 플랫폼에 대한 합리적 규제 방안", 『행정법연구』 제64호, 2021, 145면.

나아가 사회·경제의 플랫폼화는 경쟁문제로만 파악될 수는 없다. 경쟁제한성의 관점에 규제의 초점이 머무를 수 없는 영역이다. 아마존, 구글, 페이스북 등 온라인 플랫폼은 사회적 참여, 민주주의, 생존배려 서비스와 같은 일상의 본질적이고 깊숙한 곳까지 영향을 미치고 있다. 따라서 전문규제로서 인프라로 기능하는 생존배려 서비스로서 온라인 플랫폼을 규율하기 위한 플랫폼인프라법(Plattforminfrastrukturrecht)이 필요하다는 견해가 주장되고 있다.[99]

온라인 플랫폼이 모든 일상, 거래 및 커뮤니케이션 환경의 기반이 된다면, 모든 사람이 비차별적으로 정해진 조건하에 접근할 수 있도록 보장되어야 하며, 자유로운 시장이 기능할 수 있는 틀을 형성하는 것은 국가의 임무가 된다(국가의 인프라책임 또는 국가의 보장책임).[100] 따라서 온라인 플랫폼은 국가의 생존배려임무를 위한 새로운 활동영역이다. 예컨대, 통신산업에 대한 규제체계를 유추하여, 다른 경쟁사업자에게 온라인 플랫폼을 사용할 수 있도록 할 수 있다. 더 좋은 조건으로 서비스를 제공할 수 있지만 구글의 지배력 때문에 알려지지 않은 경쟁사업자의 검색엔진으로 바로 연결되도록 구글 검색엔진에 의무를 부과할 수 있다. 또한, 망중립성 규제의 체계를 차용한 검색중립성 규제를 통해 구글의 자사상품이 다른 상품과 동일한 조건에서 경쟁할 수 있도록 규제할 수도 있다.[101]

(2) 전문규제의 수단과 방법

기간 인프라로서 생존배려의 기능을 갖는 온라인 플랫폼을 전문규제의 체계로 대응해야 한다면, 그에 합당한 규제수단과 방법은 무엇인가?

1) 보편적 서비스 규제

온라인 플랫폼이 생존배려 서비스라면, 통신처럼 보편적 서비스의 대상이 되어야 하고, 누구에게 플랫폼 서비스를 제공할 것인지[102], 어떠한 조건으로 서

99 Christoph Busch, a.a.O., S. 21.

100 Christoph Busch, a.a.O., S. 21.

101 Astrid Krisch/Leonhard Plank, a.a.O., S. 63.

102 달리 말하면, 접근(Zugang, access)의 허용으로 표현할 수 있다.

비스를 제공할 것인지를 사업자의 자유에 맡겨서는 안 될 것이다. 예컨대, 구글맵(우리의 경우 네이버지도나 카카오맵)이 인프라로서의 임무를 담당하고 여기에 대중교통서비스 기능이 통합되거나 코로나 위험지역이 표기될 경우에는, 구글맵 등의 서비스 제공 지역이 수익성만을 고려하여 선택적이거나 대도시 위주로만 제공되거나 장애인 또는 고령층이 배제되어서는 안 되고 전국적인 서비스 제공이 보장되어야 한다. 독일 여객자동차운수사업법(PBefG) 제63조c는 공유차량서비스의 장애인 접근권(Barrierefreiheit)을 보장하는 규정을 신설하였다. 이를 플랫폼의 보편적 서비스 맥락으로 이해할 수 있다. 특히 온라인 플랫폼의 보편적 서비스 규제에 대한 새로운 도전은 특정 서비스를 개인화한 맞춤형 방식으로 제공하는 경우이다. 건강앱 플랫폼 서비스를 광고주가 관심 있어 하는 건강 데이터 프로필을 갖고 있는 이용자에게만 제공할 수 있는 것이다. 이러한 문제를 해결하기 위해 생존배려 인프라로 기능하는 온라인 플랫폼에 대해서는 합리적이고 비차별적이며 투명한 조건으로 서비스를 제공할 의무를 고려해 볼 수 있다.

2) 접속규제: 멀티호밍 규제

접속규제는 통신규제의 핵심수단이다. 네트워크 효과를 높이려면, 가입자수가 많아야 한다. 상호접속으로 서로 다른 지역 커버리지를 갖는 통신사업자들 간에 각 가입자들의 통신이 가능하게 되면, 서로의 가입자수가 늘어나는 효과가 발생한다. 그러나 언제나 상호접속과 이를 위한 협정체결이 유리한 것만은 아니다. 이미 많은 가입자수를 확보한 사업자는 다른 사업자와의 상호접속 유인이 크지 않다. 다른 사업자는 잠재적인 경쟁자이므로, 현재 시장에서 자신의 지위를 지키기 위해 상호접속을 거부하려 할 것이다. 결국 통신의 상호접속 규제는 가입자수의 증대를 통해 네트워크 효과를 극대화함으로써 이용자 후생을 증진시키면서, 사업자 간 경쟁을 촉진하기 위한 수단이기도 하다.

이러한 논리로 유사한 네트워크 효과를 갖는 온라인 플랫폼에 대해 접속규제를 고려해 볼 수 있을 것이다. 통신 가입자는 자신이 속한 통신사업자의 전용 물리 네트워크에만 맞물려 있으므로, 통신사업자 간 물리적 네트워크의 상호접속은 가입자수를 늘리는 유일한 방법이었다. 이에 반해, 인터넷에 기반하는 온라인 플랫폼은 이미 물리 네트워크가 서로 다름을 전제하고 있기 때문에, 상호접속이 이용자수를 늘리는 유일한 해법이 아니다. 통신의 상호접속 규제의 취지와 기능은 온라인 플랫폼의 멀티호밍 규제로 구현될 수 있다. 따라서 온라인 플랫폼 규제의 우선순위는 멀티호밍의 잠재력을 극대화하는 방안이다.

카카오톡과 같은 메신저 서비스는 가입자수의 네트워크 효과를 극명히 보여준다. 주지하다시피, 오늘날 카카오톡과 같은 인스턴트 메신저 서비스로 이용자가 급격히 쏠린 상황이다. 그러나 여전히 통신사가 제공하는 메시지 서비스로도 카카오톡에 가입하지 않은 지인에게 메시지를 보낼 수 있다. 카카오톡과 통신사업자의 메시지 서비스는 상호호환(상호접속)이 되지 않는다. 스마트폰 OS가 이용자로 하여금 카카오톡과 통신사의 메시지 서비스를 멀티호밍할 수 있게만 해주면, 상호접속 규제의 취지와 기능과 같이 가입자수가 늘어가고 각기 다른 온라인 플랫폼 사업자가 이용자에게 접근할 수 있는 기회가 제공된다.

온라인 플랫폼 사업자는 자신의 플랫폼을 통해 제공되는 경쟁서비스의 성능을 저하시켜서는 안 된다. 카카오톡과 통신사 메시지 서비스가 병존할 수 있도록 주소록에 접근할 수 있는 기능을 경쟁사업자에게도 동등하게 제공해야 한다. 궁극적으로 멀티호밍은 진입장벽을 줄여주면서, 온라인 플랫폼의 차별적 서비스와 소비자의 선택지를 넓혀 줄 수 있다.[103]

3) 요금규제

통신규제에서 요금규제는 두 가지 차원으로 이루어진다. 망접속(상호접속) 또는 통신설비 사용에 대한 대가로서 도매대가(Vorleistungsentgelt)와 통신서비스를 이용하는 이용자에 대한 요금인 소매대가(Endkundenentgelt)에 대한 규제이다.

온라인 플랫폼도 통신시장과 같이 양면시장이므로, 서로 다른 두 그룹이 존재한다. 온라인 플랫폼은 서로 다른 두 그룹 모두에게 요금을 부과할 수 있다. 예컨대, 배달앱의 경우, 요식업자들은 배달앱에 등록을 하거나 광고를 할 때 등록료·광고료를 지불할 수도 있고, 음식 주문금액의 일정 비율을 수수료(2.5~12.5%, 또는 주문건당 정액 1,000원 등)를 배달앱 플랫폼에 납부한다.[104] 이것은

103 이상의 내용은 Steve Unger, supra., pp. 7. et seqq.

일종의 도매대가에 해당할 수 있다. 소비자는 배달앱을 통해 주문을 하면 주문 금액 이외에 배달비[105]를 납부한다. 이것은 일종의 소매대가이다.

먼저, 온라인 플랫폼의 도매대가에 대해 살펴보자. 요식업자들은 배달 플랫폼에게 도매대가인 광고료나 수수료를 지불한다. 그런데 이러한 도매대가가 상승하게 되면, 입점업체는 배달앱 플랫폼을 통한 주문거래에 부담을 느낄 수밖에 없다. 그러나 이러한 도매대가의 상승이나 구조의 개편이 반드시 입점업체에게 불리한 결과를 초래한다고 보기에는 도매대가의 산정구조가 상당히 복잡하고 일률적으로 판단하기 어려운 점이 있다.[106] 따라서 온라인 플랫폼의 도매대가에 대한 규제는 맥락과 상황에 따라 달리 판단되어야 한다.

온라인 플랫폼은 이용자에게 무료로 제공되는 경우가 많으므로, 소매요금에 대한 규제는 쉽지 않다. 그러나 무료인 대신에 이용자의 데이터가 제공되거나 광고를 시청해야 하는 조건이 있다. 대가의 내용이 금전에서 데이터로 바뀐 것이므로, 요금규제의 논의가 불가능한 것은 아니다. 특히 데이터가 온라인 플랫폼 서비스 제공에 대한 대가라면, 이에 대한 소매요금규제는 전문규제인 개인정보 보호규제가 담당하는 것으로 볼 수 있다. 따라서 이러한 방식의 비즈니스 모델로 서비스를 제공하는 온라인 플랫폼은 개인정보 보호의 관점에서 특별한 책임을 부담한다. 다만, 생존배려 인프라로서의 기능을 갖는 온라인 플랫폼이 데이터 제공의 경우에만 서비스를 제공하거나, 구글이나 페이스북 계정을 갖는 이용자에게만 서비스를 제공할 경우, 보편적 서비스 책임의 관점에서 문제될 수 있다.

만일 금전적인 대가를 받는다면, 수요와 공급의 상황에 따라 변화하는 변동요금(dynamic-pricing)의 상한을 제한하거나, 가격을 개별화할 경우 공익적 관

104 배달앱 생태계의 수익구조에 대한 상세는 이공, 『온디맨드 플랫폼 시장에서의 입점업체 매출분포 변화에 관한 연구: 배달앱 시장을 중심으로』, 정책연구시리즈 2021-03, 한국개발연구원, 2021, 30면 이하 참고.

105 배달비가 모두 배달 플랫폼의 수익이 되는 것은 아니다. 단순히 주문을 중개하는 주문중개모델의 경우에는 배달 플랫폼이 배달서비스를 제공하지 않고 배달은 외부 배달업체가 담당하는 경우가 있다. 반면, 배달도 배달 플랫폼이 담당하는 자체배달모델은 배달비가 배달 플랫폼의 수익이 된다. 이에 대한 상세는 이공, 앞의 보고서, 31면.

106 이승민, 앞의 글, 143면; 이공, 앞의 보고서, 39면 이하.

점에서의 일부 제한을 고려해 볼 수 있을 것이다

4) 기본권 구속성

온라인 플랫폼의 영향이 커지고 우리 일상에 깊숙이 침투하면서, 온라인 플랫폼의 기본권 보호책임도 이에 비례하여 높아질 수 있다. 온라인 플랫폼의 내용삭제나 계정차단을 통한 서비스 이용 제한은 그 이용자의 기본권을 침해할 소지가 크다. 특히 생존배려 인프라로서 기능하는 온라인 플랫폼에 대해서는 국가에 준하는 기본권 구속을 고려할 수 있다.[107]

독일 연방헌법재판소는 국가의 임무 영역에 속했던 생존배려 서비스를 사기업이 제공하고 있다면, 당해 사기업은 국가에 준하는 기본권 구속의무가 존재한다고 판시한 바 있다.[108] 사기업의 기본권 구속 '정도'에 대해서도 상황의 불가피성, 대립 당사자 간의 불균형성, 해당 서비스의 사회적 중요성, 또는 일방 당사자의 사회적 힘 등을 종합적으로 고려할 수 있다고 하였다.[109] 이러한 논리를 사기업인 온라인 플랫폼 사업자에 대해서도 적용할 수 있을 것이다. 페이스북 사건에서 독일 연방대법원은 페이스북의 이용약관의 한계는 개인정보 자기결정권이 침해되지 않는 범위 내라고 분명히 한 바 있다.[110] 생존배려 인프라인 온라인 플랫폼의 이용자에 대한 차별금지 규제는 헌법상 평등의 원칙에 대한 구속을 의미한다.[111] 앞서 설명한 보편적 서비스 규제도 평등의 원칙으로 설명이 가능하다.

일반적으로 실체적인 기본권의 준수는 절차적 기본권을 통해 보장된다. 온라인 플랫폼은 입법자(Regelsetzer)로서 온라인 플랫폼의 이용질서를 만들 뿐만 아니라, 특정 상품이나 서비스를 목록에서 삭제하거나 계정을 정지하여 발

---

107 Christoph Busch, a.a.O., S. 23.

108 BVerfGE 128, 226, Rn. 59(Christoph Busch, a.a.O., S. 23 재인용).

109 BVerfGE 148, 267, Rn. 33(Christoph Busch, a.a.O., S. 23f 재인용).

110 BGH, Beschluss vom 23.6.2020, KVR 26/19, Rn. 124(Christoph Busch, a.a.O., S. 24 재인용).

111 리나 칸(Lina Kahn)도 수직적으로 통합된 아마존으로 하여금 경쟁사업자이자 아마존 플랫폼 이용자인 입점업체나 소비자에 대해 차별을 금지하는 전문규제(공익산업규제)는 현실성이 있다고 설명하고 있다. Lina M. Khan, supra, pp. 798−799. 이용자보호를 위한 통신규제인 이용자 차별금지와 평등원칙의 관계에 대해서는 이원우, "통신법상 개별약정의 허용성과 그 한계", 『행정법연구』 제16호, 2006, 3면 이하.

생하는 분쟁을 해결하는 민간 사법부(privates Gericht)로서의 역할도 담당한다. 이러한 절차를 주도하는 온라인 플랫폼은 공정하고 적법하게 분쟁을 해결해야 할 의무가 있고, 이러한 의무는 DSA 제20조 이하에서도 명문화되어 있다.[112]

5) 알고리즘의 투명성 규제

온라인 플랫폼의 선택 및 분류 기능은 알고리즘 시스템에 의해 이루어지고 있다. 검색의 결과, 포털의 뉴스 기사배열, 오픈마켓의 맞춤형 추천서비스의 핵심은 알고리즘에 있다. 이러한 알고리즘의 기능과 그 영향력으로 알고리즘에 대한 투명성 요구는 확대되고 있다.

알고리즘의 투명성 규제는 EU의 P2B 규칙으로 이미 도입되어 시행되고 있다.[113] 독일의 방송법에 해당하는 미디어협약(Medienstaatsvertrag)에서도 알고리즘의 투명성을 요구하고 있다(미디어협약 제93조).[114]

이러한 알고리즘의 투명성 규제는 가장 느슨한 형태의 온라인 플랫폼에 대한 사전 전문규제의 방식이다. 지금까지의 입법이 일부 온라인 플랫폼으로 제한되어 있고, 내용이 중첩되는 경향이 있는데, 향후 생존배려 인프라로서의 기능을 수행하는 온라인 플랫폼으로 확대될 필요가 있을 것이고, 내용도 중첩적이고 모순되지 않도록 조정되어야 할 것이다.

---

112 Christoph Busch, a.a.O., S. 24.

113 Regulation (EU) 2019/1150 of the European Parliament and of the Council of 20 June 2019 on promoting fairness and transparency for business users of online intermediation services. 동 규칙 제5조는 온라인 플랫폼 사업자는 자사 웹사이트 화면에 배열되는 업체·상품 등의 우선순위를 결정짓는 주요 변수(main parameters) 및 고려되는 각 변수 간의 상대적 중요도를 약관에 명시해야 하는 등의 알고리즘 투명성 규제를 본격적으로 도입하고 있다.

114 "온라인미디어플랫폼 제공자는 미디어 다양성을 보장하기 위하여 콘텐츠 접근 및 콘텐츠의 '소재'(Verbleib)에 대한 결정 기준, 콘텐츠를 모으고 선택하고 노출시키는 것에 관한 핵심적인 기준 및 – 여기에 투입된 알고리즘의 기능방식을 포함한 – 각 기준들의 배분 비중에 대한 정보를 쉽게 인식할 수 있고, 직접 접근이 가능하며, 계속 이용 가능하도록 유지하여야 한다." 독일 미디어협약에 대한 개략적인 내용은 김태오, "독일의 미디어협약 제정안상 주요 내용 – 구 방송협약을 대체·보완하는 새로운 규제를 중심으로 –", 『외국법제동향』 제14호, 한국법제연구원, 2020, 75면 이하.

Ⅳ 결론을 대신하여: 경쟁규제와 전문규제의 조화방향

1. 우리나라의 논의 상황

우리나라도 경쟁규제의 변형으로 볼 수 있는 다양한 입법이 입안되었다. 공정거래위원회 소관의 온라인 플랫폼 중개거래의 공정화에 관한 법률안(정부안)이 대표적이다. 한편, 전문규제기관인 방송통신위원회가 소관하는 온라인 플랫폼 이용자 보호에 관한 법률안(전혜숙 의원안)도 발의된 바 있다. 그 이후 플랫폼 규제의 정책방향은 자율규제로 급선회하기도 하였다. 그럼에도 정부와 국회는 여전히 플랫폼을 규제하기 위한 다양한 법안을 쏟아내고 있다.[115] 그러나 법안의 내용을 잘 살펴보면, 소관부처만 다를 뿐 본질적으로 경쟁규제의 성격을 지닌 것으로 평가된다.[116] 경쟁규제의 방법론을 변형하고 경쟁규제 당국의 규제수단을 확충한 것(경쟁규제의 개혁)이지 그 본질이 전문규제라고 볼 수 없다는 평가이다. 공정거래위원회는 온라인 플랫폼 사업자의 시장지배적 지위 남용행위에 대한 심사지침을 제정하여[117] 기존의 경쟁규제 수단으로 온라인 플랫폼에 대응하려는 노력을 병행하고 있다.

2. 경쟁규제적 접근법의 평가

플랫폼의 힘을 시장에서의 힘(소위 시장력, 'Marktmacht')과 동일한 지위로 보고 경제규제만으로도 플랫폼의 힘을 교정할 수 있다는 전제로 지금까지 경쟁규제의 틀이나 경쟁규제의 변형 시도가 이루어져 왔다.[118] 물론, 전문규제를 위해서는 시장획정 및 분석과정과 무관하게 온라인 플랫폼에 대한 사전적·확정

115 최근의 입법동향에 대해서는 윤주호, "온라인 플랫폼 규제 입법 동향", 『경제규제와 법』 제17권 제2호 2024, 159면 이하.

116 이승민, 앞의 글, 137면.

117 공정거래위원회 보도자료(2023. 1. 12.), 온라인 플랫폼 독과점 심사지침 제정시행 - 온라인 플랫폼 분야의 시장지배적지위 남용행위 심사기준 마련 -.

118 Christoph Busch, a.a.O., S. 21.

적인 의무를 제시할 수 있어야 한다. 상당 기간 동안 온라인 플랫폼에 대한 사전규제의 시도와 노력이 있었지만 이것이 관철되기 쉽지 않았다.[119] 그러나 EU P2B 규칙을 시작으로 독일의 GWB 제10차 개정을 넘어, DMA과 DSA에 이르기까지 온라인 플랫폼에 대한 사전적·확정적 의무를 부과하기 위한 시도는 계속되고 있다. 특히 독일 GWB는 온라인 플랫폼에 대한 사전규제가 도입된 경쟁규제와 전문규제의 혼합형 규제체계로 평가된다(kartellrechtnahe Regulierung).[120] 독일 통신법인 TKG는 현저한 시장력(beträchtlicher Marktmacht)을 가진 사업자는 상호접속 및 접속료 규제 등 사전규제의 대상이 되는데(TKG 제13조), GWB 제19조a도 교차시장에서 경쟁에 상당한 중요성을 갖는 사업자는 사전에 확정된 자사 우대 금지, 상품 및 서비스의 상호호환성 제한 금지, 데이터 이동성 제한 금지 등 사전규제를 받는 체계이다.

3. 경쟁규제와 전문규제 영역의 유형화

이상의 고려요소를 종합하면, 온라인 플랫폼의 시장지배력, 그 남용으로 인한 경쟁제한성과 이용자에 대한 착취남용 문제는 경쟁규제의 틀에서 풀어가는 것이 바람직하다고 본다. 이에 반해, 생존배려 기능과 관련되는 온라인 플랫폼의 문제는 전문규제로 대응하는 것이 합리적이다. 그러나 모든 온라인 플랫폼이 생존배려 인프라로 분류될 수는 없다. 온라인 플랫폼의 유형화가 필요하다.[121]

그렇다면, 기간 인프라에 해당하여 전문규제의 대상이 되는 온라인 플랫폼은 어떠한 것들이 있을까? 이러한 범주에 속하는 온라인 플랫폼의 기준을 사전에 제시하기는 어렵다. 다만, 온라인 플랫폼의 규모나 시장지배력을 기준으로만 판단할 것이 아니라, 온라인 플랫폼이 생존배려 서비스로서 기능하느냐를

119 이상윤·이황, 앞의 글, 283면.

120 Christoph Busch, a.a.O., S. 17.

121 이승민, 앞의 글, 149면도 이러한 유형구분을 전제로 기간망에 준하는 필수설비의 성격을 갖는 온라인 플랫폼 서비스나 OTT 서비스 등은 전문규제가 바람직하다는 입장이다. Lina M. Khan, supra, pp. 800.

기준으로 삼아야 한다.[122] 이러한 범주의 구분은 확정적이지 않고 개방적이고 유연하게 접근해야 할 필요가 있다. 독일 연방대법원은 페이스북 사건에서 페이스북을 이용할 수 있는지 여부는 상당수의 이용자에게 현저한 정도로 사회생활의 참여를 결정하는 것이므로, 페이스북을 이용하지 않는 것을 상상할 수 없을 정도라고 판단한 바 있다.[123] 생활필수품을 제공하는데 전자상거래 플랫폼이 얼마나 큰 역할을 하는지를 고려해 볼 수도 있을 것이다. 일률적으로 그 기준을 제시할 수 없지만, 온라인 플랫폼이 제공하는 일부 서비스들은 이미 우리 생활에서 없어서는 안 될 필수적인 요소가 되어버렸다.[124] 따라서 최소한 검색엔진이나, 여론형성에 영향을 미치는 SNS 또는 일부 온라인 동영상서비스(OTT)는 전문규제가 필요하다. 또한, 전통적인 생존배려 서비스를 플랫폼화 한 온라인 플랫폼도 기간 인프라로서의 기능을 인정해야 한다.[125] 생존배려 서비스가 온라인 플랫폼으로 제공되거나, 온라인 플랫폼 그 자체가 생존배려 서비스라면, 국가는 이러한 인프라 서비스가 적절히 제공될 수 있는 규제체계를 만들 헌법상 임무(verfassungsrechtliche Infrastrukturauftrag)를 부담하며, 온라인 플랫폼은 그에 상응하는 책임을 져야 한다. 이는 생존배려 영역에서 국가의 보장책임을 플랫폼 사회에서도 수행하기 위하여 반드시 필요하다.[126]

122 Christoph Busch, a.a.O., S. 22.

123 BGH, Beschluss vom 23.6.2020, KVR 26/19, Rn. 124(Christoph Busch, a.a.O., S. 15 재인용).

124 Christoph Busch, a.a.O., S. 14f.

125 Rupprecht Podszun, a.a.O., S. 48.

126 Christoph Busch, a.a.O., S. 21.

참고문헌

[국내문헌]

강지원, "EU의 온라인 플랫폼 시장 불공정거래행위 규율 강화: 「온라인 플랫폼 시장의 공정성 및 투명성 강화를 위한 2019년 EU 이사회 규칙」을 중심으로, 『외국입법동향과 분석』 제22호, 국회입법조사처, 2020.

김태오, "독일의 미디어협약 제정안상 주요 내용 – 구 방송협약을 대체·보완하는 새로운 규제를 중심으로 –", 『외국법제동향』 제14호, 한국법제연구원, 2020.

______, "규제행정법적 관점에서 본 유료방송 인수합병의 쟁점 – 최근 종합유선방송사업자 인수합병 사례를 중심으로 –", 『법과 기업연구』 제10권 제1호, 2020.

김태오 · 이소정, 『방송통신 분야에서의 규제재량권 확보와 규제불확실성 해소방안』, 정보통신정책연구원, 2014.

김현수 · 강인규, 『유럽연합 디지털시장법안(Digital Markets Act) 주요 내용 및 시사점』, 현안연구 20–02, 정보통신정책연구원, 2020.

김희수 · 김형찬 · 이종화 · 이상규 · 김원식, 『통신사업의 합리적 비대칭 규제방안 연구』, 연구보고 01–52, 정보통신정책연구원, 2001.

박유리, 『온라인 플랫폼의 부상과 정책적 시사점』, KISDI Premium Report 21–04, 2021.

박재윤, "보장국가론의 비판적 수용과 규제법의 문제", 『행정법연구』 제41호, 2015.

서정, "플랫폼의 시장획정과 시장지배력에 관한 쟁점", 『경쟁법연구』 제42호, 2020.

송태원, 『인터넷 플랫폼 시장에서의 공정경쟁 확보에 관한 법적 연구』, 고려대학교 법학박사 학위논문, 2018.

유영국, "독일 경쟁제한방지법 제10차 개정(안)의 주요 내용과 독점규제법상 시사점", 「경쟁법연구」, 제42호, 2020.

윤주호, "온라인 플랫폼 규제 입법 동향", 『경제규제와 법』 제17권 제2호 2024, 159면 이하.

이공, 『온디맨드 플랫폼 시장에서의 입점업체 매출분포 변화에 관한 연구: 배달앱 시장을 중심으로』, 정책연구시리즈 2021–03, 한국개발연구원, 2021.

이병준, "유럽연합 디지털 서비스법을 통한 플랫폼 규제 – 디지털 서비스법 초안의 주요내용과 입법방향을 중심으로 －", 『소비자법연구』 제7권 제2호, 2021.
이상윤·이황, "검색 중립성과 경쟁법 집행원리", 『경쟁법연구』 제40권, 2019.
이승민, "온라인 플랫폼에 대한 합리적 규제 방안", 『행정법연구』 제64호, 2021.
이원우, "경제규제와 공익", 『서울대학교 법학』 제47권 제3호, 2006.
______, "통신법상 개별약정의 허용성과 그 한계", 『행정법연구』 제16호, 2006.
______, 『경제규제법론』, 홍문사, 2010.
이원우·김태오, 제4편 경제행정법, 김철용(편), 『특별행정법』, 박영사, 2022.
이희정, "방송통신위원회의 재정제도에 관한 연구 － 그 법적 성격과 기능을 중심으로 －", 『행정법연구』 제24호, 2009.
______, "인터넷상 부가서비스 규제에 대한 일고", 『경제규제와 법』 제8권 제1호, 2015.
홍대식, "방송시장에서의 금지행위 규제의 문제점과 개선방안", 『경제규제와 법』 제1권 제1호, 2008.
______, "플랫폼 경제에 대한 경쟁법의 적용 － 온라인 플랫폼을 중심으로 －", 『법경제학연구』 제13권 제1호, 2016.
______, "온라인 플랫폼과 공정경제 정책 － 거래공정화 규제의 쟁점 －", 『법학연구』 제31권 제1호, 연세대학교 법학연구원, 2021.

경실련, 디지털 모래시계, 2020. 3. 17., http://ccej.or.kr/59582(최종검색일: 2022. 2. 12.).
공정거래위원회(2022. 1. 6.), 온라인 플랫폼 사업자의 시장지배적지위 남용행위 및 불공정거래행위에 대한 심사지침 제정안 행정예고.
디지털데일리(2021. 12. 20.자.), 달라진 플랫폼 위상…네이버－카카오, 시총 5위권 안착.
매일경제(2021. 12. 7.자.), 구글 vs 네이버… 빅테크 '검색전쟁' 재점화 국내시장 1위에 '사용자 친화 검색'으로 도전장.

[국외문헌]

Barkow, Rachel E./Huber, Peter W., *A Tale of Two Agencies: A Comparative Analysis of FCC and DOJ Review of Telecomminications Mergers*, 2000 U. CHI. LEGAL F. 29 (2000).
Busch, Christoph, *Regulierung digitaler Plattformen als Infrastrukturren der*

Daseinsvorsorge, WISO-Diskurs 04/2021.

Crémer, Jacques/de Montjoye, Yves-Alexandre/Schweitzer, Heike, *Competition Policy for the Digital Era*, 2019.

Dörr, Oliver, *Die Anforderungen an ein zukunftsfähiges Infrastrukturrecht*, VVDStRL Bd. 73 (2014).

Ducci, Francesco, *Gatekeeper and Platform Regulation: Is the EU Moving in the Right Direction?*, 2021.

Haucap, Justus, *Plattformökonomie: neue Wettbewerbsregeln – Renaissance der Missbrauchsaufsicht*, Wirtschaftsdienst 2020.

Khan, Lina M., *Amazon's Antitrust Paradox*, 126 Yale L. J. 710.

Krisch, Astrid/Plank, Leonhard, *Internet-Plattformen als Infrastrukturen des Digitalen Zeitalters*, Dezember 2018.

Kühling, Jürgen, *Sektorspezifische Regulierung in den Netzwirtschaften*, München, 2004.

Montero, Juan José/Finger, Matthias, *Digital Platforms as the New Network Industries*, 21 Network Industries Quarterly 3 (2019).

Paal, Boris P., *Medienvielfalt und Wettbewerbsrecht*, Tübingen, 2010.

Podszun, Rupprecht, *Empfiehlt sich eine stärkere Regulierung von Online-Plattformen und anderen Digitalunternehmen?* Hauptgutachten für die Wirtschaftsrechtliche Abteilung des 73. Deutschen Juristentags 2020/2022, München, 2020.

Schweitzer/Haucap/Kerber/Welker, *Modernisierung der Missbrauchsaufsicht für marktmächtige Unternehmen*, 2018

Unger, Steve, *Regulation of online platforms – What can we learn from 150 years of telcoms regulation?*, Bennett Institute for Public Policy, 2019,

von Lewinski, Kai, *Recht auf Internet*, Rechtswissenschaft 2011.

Statista, *Tägliche Verweildauer auf Social Networks weltweit nach Ländern 2019*, 2020.

07 온라인 플랫폼 서비스 규제의 규제법적 분석[1]

계인국 / 고려대학교 행정전문대학원

I 문제의식

온라인 플랫폼은 그 유형이 계속 다양해지고 있으며 기존의 서비스 영역 및 인접 서비스 간의 결합이나 새로운 산업영역의 흡수 역시 계속되고 있다. 온라인 플랫폼의 결합과 확대는 소위 새로운 비즈니스 모델을 통한 편익의 창출로 평가되기도 하지만, 다른 한편 독점이나 불공정성 등 경쟁저해적 행위 요인으로 지목되기도 한다. 플랫폼 시장의 확대와 함께 발생하는 다양한 문제 상황들로 인해 온라인 플랫폼에 대한 규제 논의가 계속되고 있는 가운데 해외의 온라인 플랫폼 규제 법안들이 소개되면서 국내의 온라인 플랫폼 중개거래의 공정화에 관한 법률안, 이른바 온라인 공정화법안의 타당성을 뒷받침하는 근거로 제안되기도 한다. 이러한 온라인 플랫폼 규제의 움직임에 대해 비판 또는 우려의 목소리도 높아져가고 있다. 합리적 규제제도의 설계보다는 자칫 성급한 "규제욕구"에 의해 획일규제나 장식적 규제[2]로 이어질 우려도 제기되나 특히, 지금까지의 온라인 플랫폼 규제의 근간을 이루던 경쟁정책과 경쟁법적 수단을 통해 발생하는 문제를 적절히 해결할 수 있을 것인가에 대한 근본적인 질문이 제기되고 있다. 기존의 시장지배력이나 기업결합 기준이 여전히 통용될 수 있

---

1 이 글은 고려법학 제104호 (2022. 3.)에 수록된 저자의 논문 "디지털 플랫폼 서비스 규제의 공법적 모델－생존배려로서 디지털 플랫폼의 이해－"를 수정한 것임.

2 규제욕구가 획일규제 및 장식적 규제로 이어지는 문제에 대해서는, 계인국, "지능정보기술 규제의 현황과 법학적 도전", 경제규제와 법 제14권 제1호 (2021), 66면 이하 참조.

을 것인지의 문제뿐만 아니라, 온라인 플랫폼에서 제기되는 개인정보 보호의 문제나 기본권이나 민주주의 원칙에 있어 유해한 상황의 방어 등은 경쟁법이 추구하는 목적과 유리되어 있다고 지적되기도 한다.

이러한 문제 상황 앞에서 규제필요성을 강변하는 측은 온라인 플랫폼에 모종의 공적 책임을 일방적으로 부과하려 하거나 플랫폼 시장을 공익 우선적으로 형성하려 하거나, 아예 국가주도형 플랫폼의 구축을 강변하는 등 온라인 플랫폼에 대한 권력적이고 일방적인 성격의 개입을 요구하기도 한다. 심지어 국내·외에서 제안된 법(안) 중에서 한계에 봉착한 경쟁법적 규제를 곧바로 공법적 규제로 치환시키려는 의중을 내보이기도 한다. 경쟁법과 경제공법 내의 공공경쟁법은 상호적 관계에 놓여있음이 분명하나, 경쟁법이 공공경쟁법, 특히 규제법(Regulierungsrecht)의 대상을 제한 없이 규율하는 것에 대해서는 분명한 이론적 한계가 있다. 뿐만 아니라 불분명한 공공성이나 공적 책임을 강변하면서 공영화에 가까운 공법적 규제를 성급하게 시도하려는 것은 더욱 더 경계되어야 한다. 결국 어느 정도 장기적 관점에서, 그리고 디지털 사회에서 온라인 플랫폼이 가지는 공법적 의미를 통해 시장원리와 공익이 조화를 이루는 방향의 공법적 규제모델을 신중히 모색할 필요가 있다.

이 글에서는 (i) 먼저 온라인 플랫폼 규제의 방향을 현상적으로 간략히 파악한 뒤 (ii) 온라인 플랫폼과 생존배려 서비스의 관계를 살펴보고 (iii) 생존배려 서비스의 이행에 대한 이론적 논의 이후, (iv) 생존배려 서비스를 제공하는 인프라로서 온라인 플랫폼에 보장국가론에 기초한 규제법의 모델을 적용하는 가능성을 타진해본다. 그러므로 이 글은 장기적 관점에서 디지털 생존배려 서비스로서의 플랫폼에 대한 이론적 토대를 구축하려는 시도이다.

II 온라인 플랫폼 규제전략

1. 경쟁법의 현대화

(1) 현상적 이해

어떤 대상의 규제에 대해 논하려 한다면 대상의 개념 내지 정의를 먼저 살펴보아야 할 것이다. 그러나 플랫폼 규제의 경우 플랫폼의 개념과 속성을 정리하는 문제에서부터 이미 어려움에 부딪히게 된다. 플랫폼을 일의적으로 정의하기가 어렵고 그 유형이 매우 다양하게 분류될 뿐만 아니라 특정 기준으로 플랫폼을 구별 또는 범주화하더라도 이들 플랫폼 간에 상호작용 내지 융합이 일어나기 때문에 일반화하여 서술하기 힘들다. 그렇기에 논의의 전개양상이 어느 정도는 현상적 서술에서 출발할 수밖에 없다. 이에 따라 살펴보면 국내의 소위 온라인 플랫폼 공정화법안을 비롯하여 해외의 여러 플랫폼 규제법안들은[3] 일단 그 토대를 경쟁법적 규제에 두고 있음이 발견된다.[4]

그러나 온라인 플랫폼 서비스의 특성이나 시장의 전개양상을 고려할 때 기존 경쟁법상 규제가 여전히 그리고 적절한 수단이 될 수 있는가는 문제가 제기되고 있다. 극단적으로 플랫폼을 그저 "브로커" 정도로 평가절하하는 것은 차치하고서라도 플랫폼 기업의 서비스 확장 자체를 경쟁적대적으로 인식하는 것은 전통적인 경쟁법적 규제에서 일부 통용될 수 있을지 모르나 온라인 플랫폼 서비스에 대한 지속가능한 규제전략으로 유효한 것인지에 대해서는 재고되어야 한다. 온라인 플랫폼 시장에 출현하는 신규 비즈니스 모델이나 서비스 영역의 확장이 그저 흔히 말하는 "법의 흠결"이나 "법의 틈새"를 노린 탈법적 현상인지, 아니면 디지털 사회에서 일어나는 새로운 디지털 생태계의 형성을 의미하는 것인지에 따라 규제필요성과 규제전략은 달라질 것이다. 또한 온라인

3 다만 본 연구에서는 주제 한정을 위해 해외 입법례에 대한 상세한 논의는 생략한다. 이에 대해서는 이미 다수의 선행연구가 존재함을 또한 지적해둔다.

4 이러한 현상적 분석을 기초로 하는 예로, 박미영, "온라인 플랫폼 규제를 위한 플랫폼 작용의 이해 필요성", 유통법연구 제5권 제2호 (2018), 111면 이하.

플랫폼 시장은 국내/국외 시장이라는 의미가 무색한 소위 글로벌 경쟁의 현장이라는 점에서 피규제 대상 선정의 문제나 규제의 실효성 확보문제가 발생하기도 한다. 그 외에도 플랫폼 시장은 다면시장, 동적 시장원리, 모듈성, 전환비용의 상대화 등으로 인해 종래 경쟁법적 규제에 새로운 과제를 계속해서 제기하고 있는 실정이다. 결국 온라인 플랫폼 규제에 있어 일차적이며 또한 본질적인 과제는 바로 경쟁법과 경쟁법적 규제의 현대화 내지 개혁[5]을 통해 디지털 시장에서 경쟁을 보장하는 것[6]이라 하겠다.

(2) 디지털 사회에서의 플랫폼 규제전략

현재, 그리고 장기적 관점에서는 더 나아가 소위 디지털 전환기 또는 디지털 사회에서 플랫폼은 어떤 의미를 가지는가를 생각해볼 수 있다. 디지털 전환은 다양한 산업영역에서 이미 가시적인 변화를 보여주고 있다. 이를 규율하는 법 역시 일차적으로는 그 대상에 있어 디지털 사회를 염두에 두어야 하며 장기적으로는 법 자체도 디지털 전환을 맞이하게 된다.[7] 이러한 의미에서 앞서 언급한 경쟁법의 현대화 작업은 경쟁법의 디지털화라고 표현할 수 있다. 실례로 2021년 독일 경쟁법 제10차 개정법안은 표제를 "경쟁법의 디지털화를 위한 법률(GWB–Digitalisierungsgesetz)"이라 하였으며, 개정법률안의 목표가 "디지털 시대의 경쟁정책(Wettbewerbpolitik für das digitale Zeitalter)"을 반영하기 위한 것임을 선언하고 있다.[8]

---

5 예를 들어 독일 경쟁법(GWB)은 2017년 제9차 개정부터 디지털 시장에 대한 규정을 도입하였고 제10차 개정에서 이러한 방향성은 더욱 가속화되고 있다. 국내에서도 이러한 논의는 이미 지적된 바 있다. 대표적으로, 홍대식, "온라인 플랫폼 시장과 경쟁법적 쟁점", 경쟁법연구 제34권 (2016), 10면 이하.

6 *H. Schweitzer*, Gemeinwohl und Wettbewerb unter Bedingungen der Digitalisierung: Zur Rolle des Marktes und zum Beitrag des Staates, in: *Kübling/Zimmer* (Hrsg.): Neue Gemeinwohl–herausforderungen: Konsequenzen für Wettbewerbsrecht und Regulierung, S. 41 (44).

7 디지털 전환에 따른 법적용의 변화양상에 대해서는, 계인국, "지능정보기술 규제의 현황과 법학적 도전", 경제규제와 법 제14권 제1호 (2021), 60면 이하 참조.

8 BT–Drucks, 19/23492, 19. Okt. 2020 "Entwurf eines Gesetzes zur Änderung des Gesetzes gegen Wettbewerbsbeschränkungen für ein fokussiertes, proaktives und digitales Wettbewerbsrecht 4.0 und anderer wettbewerbsrechtlicher Bestimmungen (GWB–Digitalisierungsgesetz)".

2. 공법적 규제전략의 모색

(1) 규제법 모델과의 연결점

주목할 점은 이러한 경쟁법의 변화는 그 주된 배경을 특히 데이터, 플랫폼, 그리고 이들에 의한 디지털 생태계 출현에 두고 있다는 점이다.[9] 즉 온라인 플랫폼의 문제는 디지털 시장에서의 새로운 경쟁정책을 요구함은 물론, 더 나아가 온라인 플랫폼이 디지털 사회 전반에 상당한 영향을 미치게 되어 일상생활 영역, 사회적 참여와 소통, 국민의 기본공급 등에 관련된 "디지털 인프라"의 역할을 수행하게 될 것이라는 데에 있다.[10] 이 지점에 이르게 되면 온라인 플랫폼 규제는 이제 경쟁정책 및 경쟁법적 규제가 목표로 하는 유효경쟁의 보호를 넘어 공법적 문제로 나아가게 된다. 특히 규제법(Regulierungsrecht)은 그 출현에서 이미 인프라 산업 내지 네트워크 산업을 주된 영역으로 하고 있었으므로 온라인 플랫폼 규제의 공법적 문제는 자연스럽게 규제법의 문제의식을 이어받게 된다.

그러므로 여기에서 말하는 온라인 플랫폼의 공법적 규제전략이라 함은 디지털 시대의 온라인 플랫폼이 어떤 의미를 가지며, 어떻게 규제법적 관념에 연결될 수 있는지에 중점이 있다. 특히 온라인 플랫폼이 사회영역에서 출발하였음에도 디지털 인프라로서 기본공급의 성격을 가지게 될 때 이를 공영화시키거나 민간의 비즈니스 모델에 국가가 무임승차하는 등의 관치주의적 방안이 아니라 시장원리와 공동선 목적 간의 조화를 이루는 모델이 필요하다. 이러한 점에서 규제법 모델은 온라인 플랫폼 규제에 대한 적절한 모델이 될 수 있으며 동시에 경쟁법과의 병렬적이고 협력적 관계를 유지하게 된다. 규제법적 관점에서 온라인 플랫폼 규제를 설명하기 위해 먼저 규제법에 대한 전반적 이해가 필요하나 이에 대해 선행연구가 다수 존재하므로 최소한의 윤곽만을 정리해보기로 한다.

---

9 BT–Drucks, 19/23492, 19. Okt. 2020, S. 1 ff.

10 *Ch. Busch*, Regulierung digitaler Plattform als Infrastrukturen der Dasiensvorsorge, WISO Diskurs 04/2021, Friedrich Ebert Stiftung, S. 21.

(2) 규제법상 규제의 개요적 설명

규제는 그 어원이나 일상적 어법에서 매우 넓은 의미로 사용되어 개요명확성을 찾기 힘들다.[11] 개념을 보다 한정하려는 여러 시도들은 규제를 '국가의 사회에 대한 영향력 행사'로 보려는 공통점을 가지고 있고 이때문에 빈번히 규제는 법 또는 법제도와 동의어로 여겨지곤 한다. 이런 관점에서 보면 "규제법"이란 표현은 너무 당연하거나 또는 동어 반복처럼 보일 수도 있다. 그러나 규제와 법을 동일시하거나 규제를 법에 기초한 국가의 모든 권력적 작용으로 이해할 경우 "규제"는 어떠한 법적 체계나 형식에 대한 의미보다는 다분히 정치적 의미에 머무르게 된다.[12] 여기에서 말하는 규제법은 그러므로 이런 포괄적인 의미가 아니라 이론적 배경에 따라 특정한 개념표지를 통해 구성되고 한정된 의미이다.

본래 법학에서 널리 통용되어온 규제개념은 19세기 후반 무렵 자유주의적 사상과 보통법(common law) 전통에 따라 만들어진 economic regulation과 그에 따라 발전해온 철도영역 등 인프라 산업 내지 네트워크 경제 영역에 대한 규제, 특히 경쟁법적 규제이다. 규제법(Regulierungsrecht)은 인프라 및 네트워크 경제영역을 그 대상으로 시작되었다는 점에서 위와 유사하나, 일정한 이론적 배경에 따라 특정한 개념표지를 통해 구성되고 한정된 의미의 규제를 설정하고 이에 따라 형성된 법영역을 지칭한다. 여기에서 규제법의 이론적 배경이란 법치국가 원리의 발전단계에서 나타난 국가형상인 보장국가(Gewährleistungsstaat)이론으로,[13] 보장국가는 근대 자유주의 국가관이 지향한 "작은 국가" 또는 "최소한의 국가"와 개인의 사회적 문제를 전적으로 보장하려는 사회적 급양국가 및

---

11 규제개념의 범위에 대한 상세한 논증은, 계인국 외, "규제개혁과 사법심사에 관한 연구", 사법정책연구원 연구총서 (2017), 37면 이하 참조.

12 이는 입헌국가 이전 시기 '무정형적인 규율형태의 전반'으로 규제를 인식하던 것과 같다. 근대적 법치국가 이후 이러한 무정형적, 포괄적인 규제의 법개념은 극복되었다. *I. Kay*, Regulierung als Erscheinungsform der Gewährleistungsverwaltung, S. 24.

13 보장국가론에 대해서는 계인국, "보장행정의 작용형식으로서 규제 – 보장국가의 구상과 규제의미의 한정 –", 공법연구 제41집 제4호 (2013), 155면 이하; "망규제법상 규제목적의 결합과 그 의의 – 보장행정의 공동선 실현 메커니즘 –", 강원법학 제39권 (2013), 67면 이하; "규제개혁과 행정법", 공법연구 제44집 제1호 (2015), 645면 이하 등.

복지국가 간의 대립으로부터 변증법적으로 발전한 새로운 국가형상이다.[14] 규제정책과 관련하여서는 규제증감 또는 규제완화와 재규제(re-regulation)라는 양적 순환구도를 벗어나 질적으로 변모한 국가의 행위전략과 조종전략을 의도하는 국가를 의미한다. 여기에서 국가의 행위 내지 조종전략이 질적으로 변화하였다는 것은 국가에게 주어진 임무, 특히 공익의 실현에 있어 더 이상 국가가 임무들을 직접 수행하지 않고 민간의 임무수행을 가능하게 하는 대신 공공복리 실현의 과정에서 사적인 급부제공을 장려한다는 것을 말한다. 민간의 공공임무의 이행이 국가의 후퇴를 의미하던 과거의 견해와 달리 보장국가론에서는 민간의 공공임무이행을 널리 인정하되 동시에 그 이행이 적절하고 충분히 달성될 것을 국가가 최종적으로 보장(gewährleisten)하는 것이다.[15] 이때 민간에게 임무를 실제로 이행할 책임(이행책임)이 주어진다면, 국가에게는 이를 사전·사후적으로 준비하고 감독하며 교정하는 등 보장할 책임(보장책임)이 주어지고[16] 규제법상 규제는 이 보장책임에 대응된다.

(3) 구조적 특징: 경쟁목적과 공동선 목적의 결합

온라인 플랫폼에 대한 공법적 규제가 경쟁법과 구별되는 지점을 설명하고 또한 적절한 규제모델을 설계하기 위해 보장국가론에 기초하는 규제법을 설정한 결정적인 이유는 규제법이 가지는 구조적 특징인 "목적결합(Zielverknüpfung)"에 기인한다. 규제법상 규제는 먼저 종래 국가독점적으로 조직되었던 부문에서 애초에 처음으로 경쟁과 시장을 새로이 창설하는 것을 특징으로 한다. 이러한 창설적(=형성적) 규제는 사인의 이기적 이윤추구행위에 내재되어 있는 공동선 잠재력과 자율규제 잠재력을 신뢰하며 이러한 구조를 제도화하여 공공임무가

14 *I. Kay*, Regulierung als Erscheinungsform der Gewährleistungsverwaltung, S. 133.

15 *H.-H. Trute*, Verantwortungsteilung als Schlüsselbegriff eines sich verändernden Verhältnisses von öffentlichem und privatem Sektor, in: Schuppert (Hrsg.), Jenseits von Privatisierung und "schlankem Staat", S. 13.

16 *A. Voßkuhle*, Gesetzgeberische Regelungsstrategien der Verantwortungsteilung zwischen öffentlichem und privatem Sektor, in: Schuppert (Hrsg.), Jenseits von Privatisierung und schlankem Staat, S. 47 (85).

분업적으로 실현될 수 있도록 진흥하려는 것이다.[17] 그러므로 규제는 한편으로는 유효경쟁을 통해 공동선을 산출한다는 목적과 함께 다른 한편으로는 해당 영역에서 기대되고 추구하는 특정의 공익목적을 함께 둔다. 규제법에서 경쟁목적과 공익 목적은 각각 규제목적이자 동시에 서로를 실현시키는 수단이 바로 목적결합이며[18] 이는 규제법의 입법구조에 있어 독특하고도 가장 중요한 특징이다.[19]

여기에서 경쟁법과의 중요한 차이점이 발견되는 바, 경쟁과 특정의 공동선을 병렬적으로 지향하는 구조는 일반경쟁법과 부합하지 않는다. 경쟁법은 유효경쟁의 보호를 통한 시장기능의 유지를 목적으로 하며 경쟁의 결과로써 공동선이 '획득되는 것'[20]이지 미리 특정의 공동선 목적을 상정하지 않으며, 사업자로 하여금 어떤 공동선임무를 이행하도록 하지 않는다.[21] 그러나 규제법에서 경쟁 그 자체는 중간목적이자 부분목적이며 더욱 최종적인 규제목표를 달성하기 위한 수단이다.[22] 규제법상 규제의 본질적인 목적은 소위 "규제된 경쟁", 즉, 경쟁관련적 행위와 공동선 지향적 결과가 결합된 공동선 의무적 경쟁을 창설하고 보호하는 데에 있다.[23]

---

17 이러한 "분업적 공동선 실현(arbeitsteilige Gemeinwohlverwirklichung)"은 보장국가론의 핵심 이념이다. *A. Voßkuhle*, Beteiligung Privater an der Wahrnehmung öffentlicher Aufgaben und staatliche Verantwortung, VVDStRL 62 (2003), S. 266 (304 ff.).

18 규제법의 목적과 목적결합에 대해 자세한 것은, 계인국, "망규제법상 규제목적의 결합과 그 의의 – 보장행정의 공동선 실현 메커니즘 –", 강원법학 제39권 (2013), 87면 이하 참조.

19 예를 들어 독일 통신법(TKG) 제2조, 에너지경제법(EnWG) 제1조 등

20 경쟁법은 자유로운 경쟁의 결과들이 규칙적이고 반복적으로 공동선에 합치된다는 이른바 "패턴예측(pattern prediction; Mustervoraussage)"에 기초한다. 이에 대해서는 F. *A. v. Hayek, Recht*, Gesetzgebung und Freiheit, Bd. III, S. 100 ff.

21 *T. Höppner*, Die Regulierung der Netzstruktur, S. 41.; 계인국, "망규제법상 규제목적의 결합과 그 의의 – 보장행정의 공동선 실현 메커니즘 –", 강원법학 제39권 (2013), 95면.

22 *M. Fehling*, Regulierung als Staatsaufgabe im Gewährleistungsstaat Deutschland – Zu den Konturen eines Regulierungsverwaltungsrechts, in: *H. Hill* (Hrsg.), Die Zukunft des öffentlichen Sektors, S. 91 (99).

23 *J. Masing*, Soll das Recht der Regulierungsverwaltung übergreifen geregelt werden?, Verhandlungen des 66 DJT, Bd. I, Gutachten D S. 44; *J. Kersten*, Herstellung von Wettbewerb als Verwaltungsaufgabe, VVDStRL 69 (2010), S. 288 (316 ff.).

(4) 영역특수성과 공동선

규제법의 대상이 되었던 산업 영역은 비용기능의 저가산성으로 인해, 그리고 법학에서는 이른바 생존배려(Daseinsvorsorge) 개념을 근거로 하여 국가나 지방자치단체의 독점을 인정하던 통신, 철도, 에너지, 여객운수, 폐기물처리 등의 인프라산업 및 네트워크산업 영역이었다. 이에 따라 규제법상의 규제는 종종 인프라규제(Infrastrukturregulierung) 또는 네트워크규제(Netzregulierung)로 지칭되기도 한다. 오늘날 규제법이라는 것은 이러한 각각의 인프라 또는 네트워크 산업 영역의 특수성을 반영하여 영역에 특수한 규제(sektorspezifische Regulierung: 전문규제)가 입법화 및 제도화된 일련의 법들이 이룬 법영역(Rechtsgebiet)이며 여기에는 통신법, 철도법, 에너지법, 여객운수법, 상하수법, 폐기물관리법 등이 해당된다.[24] 이하에서 다시 살펴보겠지만, 생존배려 서비스는 그 범위가 시대에 따라 유동적이며 생존배려임무의 수행자를 국가독점적으로 이해하려는 시도 역시 극복되었다. 규제법상의 규제는 민간에 의한 생존배려 서비스가 이행되도록 시장을 창설하는 동시에 기본공급이 충분하고 적절하게, 그리고 해당 영역의 특수한 공동선에 합치되는 방향으로 이행되도록 보장한다. 이 영역에 특수한 공동선이란, 각 인프라 영역이 가지는 특수성에 기인하는 것으로 이에 따라 영역특수 규제법(=전문규제법)의 공동선 목적이[25] 경쟁목적과 결합하여 설정되는 것이다.

3. 중간 정리

지금까지 설명한 규제법의 컨셉을 수용할 것인가 여부를 떠나 현재 통용되고 있는 "규제법"과 "규제법상의 규제"라는 개념은 이론적 배경과 함께 분명히 한정된 의미를 가진 법적 개념으로서 이해하여야 한다.[26] 경쟁법과의 관계

---

24 국내에도 물론 이러한 개별법들이 존재하나 규제법의 이론을 토대로 하거나 전면적으로 수용하지는 못하고 있는 상태이다.

25 예를 들어 통신 영역에서는 주파수 혼선방지나 정보약자의 배려가, 철도에서는 토지정착적 특성이나 환경문제, 에너지 영역에서는 안전성이나 보안 등이 공동선 목적으로 제시된다.

26 규제법의 의의는 공법 일반이론의 차원에서는 보장국가의 발현으로, 경제행정법의 차원에서

에 있어서도 규제법은 경쟁법과 상호적 관계에 서 있기 때문에 양자는 매우 유사하나, 목적결합으로 대변되는 구조적 차이점은 물론 이를 추구하는 방식 역시 상이하다는 점에서 “마치 쌍둥이와 같이 각각 독자적으로 완벽히 통용되는 법”으로 보아야 한다.[27]

그렇다면 본래의 문제의식으로 돌아가본다. 일단 온라인 플랫폼을 규제하려는 경쟁법적 시도는 디지털 시대 경쟁법의 현대화 및 개혁의 필요성을 분명히 보여준다. 그러나 경쟁법의 발전 내지 혁신이 의미하고 지향하는 바는, 경쟁법과 구별되는 규제법으로 곧장 진입한다는 것이 아니다. 온라인 플랫폼의 규제에 있어 경쟁정책적 문제를 공익과 이에 대한 명백한 규제필요성이 나타나는 경우, 이를 무리하게 기존 경쟁법적 관점으로 해석하려는 것이나 경쟁법적 관념으로 설계된 규제를 성급하게 규제법적 규제로 해석하려는 것 모두 적절한 해결책이 될 수 없다. 이하에서는 디지털 사회에서에의 플랫폼의 전개양상을 통해 이 두 가지 문제점을 짚어보고 이어서 온라인 플랫폼 규제의 모델로서 규제법이 상정될 수 있는 가능성과 방향성을 간략히 예측하여 본다.

Ⅲ 디지털 사회에서의 플랫폼

1. 논의의 방향

플랫폼은 일의적으로 정의하기 어렵고 다만 여러 표지들을 통해 서술적으로 표현할 수 있을 뿐이므로 더욱 엄정한 개념정의를 추구하기보다는 플랫폼이 현 시대와 가까운 장래에 다시 어떤 추가적인 표지에 영향을 받아 전개될

는 보장행정의 작용형식으로 새로운 경제감독의 유형으로 나타난다. *M. Edelbluth*, Gewähr-leistungsaufsicht, S. 50 ff.; 계인국, “독일 경제행정법의 기본방향과 최근 전개양상”, 행정법연구 제52호 (2018), 94면 이하; *M. Knauff*, Öffentliches Wirtschaftsrecht, 2. Aufl., § 7, Rn. 1.

27 *F. J. Säcker*, Das Regulierungsrecht im Spannungsfeld von öffentlichem und privatem Recht – Zur Reform des deutschen Energie– und Telekommnikationsrechts, AöR 130 (2005), S. 180 (189).

것인지가 오히려 중요하다. 여기에서는 특히 온라인 플랫폼이 소위 "디지털 전환(digital transformation)"을 통해 구축하게 되는 디지털 생태계와 여기에서 제공되는 상품과 서비스가 일반에 미치는 영향력의 확대, 온라인 플랫폼을 디지털 사회의 인프라로 인식할 경우 법학적 해명의 문제에 집중하도록 한다. 먼저 위의 각각의 개념표지들을 하나씩 살펴볼 것이며 기존의 규제전략이 봉착하는 문제들을 함께 간단히 살펴보도록 한다. 이 작업을 통해 서술적 개념으로서 온라인 플랫폼의 윤곽 역시 어느 정도 스케치될 수 있을 것이다.

2. 디지털 전환과 디지털 생태계의 구축

(1) 디지털 전환(digital transformation)

디지털화(digitalization)는 디지털 신호로 저장하여 이용할 수 있도록 만드는 디지티제이션(digitization)을 거쳐, 이 디지털 정보를 산업 영역에서 이용하여 편익을 창출하기 시작하는 단계를 말한다.[28] 이미 디지털화 단계에서도 상당한 사회변화가 목도될 수 있지만, 아직 디지털 전환에 이르지 않는 단계에서는 다소 한정적인 범위를 가지게 되며 특히 기존의 사회 이념이나 활동규칙, 특히 법제도와 충돌하는 모습이 포착되기도 한다.[29] 그러나 디지털 전환은 디지털화가 여러 분야에서 더욱 상용화되어 개개의 비즈니스 모델은 물론 해당 영역, 그리고 영역 간을 넘나들면서 활동과 활동규칙, 지배이념 등이 전체적으로 전환되는 차원을 의미한다. 디지털 전환 단계에서는 그러므로 개별 비즈니스 모델은 물론 기존의 산업, 기술, 노동, 법제도, 행정 등 다양한 영역이 상호 연결되고 다시 각각 변화를 겪게 되면서 마침내 새로운 디지털 생태계를 구축하기 시작한다. 특정 산업 영역에서의 신규 비즈니스 모델을 구축하는 수준을 넘어 영역포괄적인 변화와 이에 부합하는 일련의 생태계를 형성한다는 점은 디지털

28 디지티제이션－디지털화－디지털 전환에 대해 보다 자세한 설명은, 계인국, "4차 산업혁명과 행정법의 과제", 법제연구 제53호 (2017), 161면 이하 참조.

29 해당 산업이 정말 디지털화된 것인지에 대한 논란도 발생한다. 특히 모듈화된 세부산업에서는 "실질적－표면적" 신산업이 병존하게 된다. 계인국, "지능정보기술 규제의 현황과 법학적 도전", 경제규제와 법 제14권 제1호 (2021), 64면

전환과 플랫폼을 연결시켜주는 중요한 지점이 된다.

(2) 플랫폼의 디지털 생태계 구축

소위 '신 산업'으로 지칭되곤 하는 각종 디지털 기술 응용 산업들은 새로운 생태계를 형성한다는 데에 공통된 특징이 있으며 이러한 생태계 구축의 배양판 내지 촉매의 역할을 하는 것이 바로 플랫폼이다. 플랫폼은 특정 제품, 서비스를 넘어 포괄적인 시장전략과 복합기업적 구조를 형성하며 점차 디지털 생태계를 구축하게 된다. 디지털 생태계 안에서는 기존에 연계성을 생각하기 힘든 서비스가 포괄적으로 제공되며 그 이용관계에 있어서 종전과 다른 활동 규칙이 형성되기 시작한다.

먼저, 온라인 플랫폼이 구축해나가는 디지털 생태계에서는 또한 모듈화된 개별 사업들의 유연한 결합[30]과 동적 시장원리가 강하게 나타난다. 온라인 플랫폼 내에는 병렬적 또는 하부적으로 다양한 기술산업이 존재하며 이들은 각각의 상호관계를 통해 융합되거나 새로운 산업을 창출하기도 한다. 이렇게 모듈화된 산업들의 융합과 분산은 기존의 시장지배력의 구조를 유동적으로 변모시키게 되며 산업과 산업 그리고 플랫폼 간의 전환과 역전이 발생할 수 있다. 신규 사업자 내지 기존에 전혀 별개의 영역에서 활동하던 사업자에 의해 생태계가 변화되기도 하는 등 사업자와 사업영역을 일대일로 대응시키는 전통적인 사고방식은 점차 한계에 부딪히게 되고 시장지배력의 존속기간이 상당히 짧아지면서 시장지배자에 대한 규제를 실시하기도 전에 지배력 구도가 변화하거나 심지어 역전될 수도 있다.[31]

또한 온라인 플랫폼에 의한 디지털 생태계의 구축은 다양한 수요를 플랫폼 내에서 결합시킴과 동시에 다른 생태계에 대한 장벽이 될 수 있다. 하나의 플랫폼에서 서비스의 상호운용성이 보장되고 이로써 하나의 생태계를 형성하

30 이와 관련하여, *Christopher S. Yoo*, "Modularity Theory and Internet Regulation", Illonois Law Review (2016), pp. 18－24.

31 이상의 내용은, 계인국, "지능정보기술 규제의 현황과 법학적 도전", 경제규제와 법 제14권 제1호 (2021), 63면.

게 되면 최종 소비자가 디지털 생태계에 고착될 수 있기 때문이다.[32] 그러나 또한 플랫폼 간의 지배력 역전이나 이동성, 모듈성은 – 과거 경쟁정책적 관점에서는 – 공고해보이는 시장지배자의 위치를 오히려 쉽게 해체할 수도 있고 온라인 플랫폼의 이용자는 이전에 분산화되어 있던 마켓의 전환에 비해 매우 낮은 전환비용만으로 다양한 플랫폼을 오가며 수요를 충족시킬 수도 있다.[33] 결국 기존의 시장지배력의 판단 및 평가방법만으로는 온라인 플랫폼 및 디지털 생태계에서의 경쟁저해행위를 판단함에 어려움이 있다.

3. 디지털 인프라 및 생존배려로서 플랫폼

(1) 인프라의 의미

온라인 플랫폼이 형성해가는 디지털 생태계는 종종 디지털 시대의 기본적 인프라로도 표현되곤 한다.[34] 본래 군사용어로 사용되기 시작했던 인프라(Infrastructure)는 교통과 물자 및 통신전송을 위해 필수적인 지역구속적인 건물, 시설, 통신망의 총체를 의미하였고[35] 경제학에서 인프라 개념은 주로 공공재와 이에 관련된 시장실패에 대해 논의해왔다.[36] 어떤 관점에 따라 인프라와 그 문제상황을 이해하느냐에 따라 인프라 개념범위는 점차 확장되어가고 있으며[37] 오늘날 인프라 개념은 에너지, 교통, 수도와 같은 공공재에 관련된 서비스의 공급에 머무르지 않고 나아가 스포츠시설, 도로, 주차장, 대학교, 양로원 및 이와 유사한 것들을

32 *Ch. Busch*, Regulierung digitaler Plattform als Infrastrukturen der Dasiensvorsorge, WISO Diskurs 04/2021, Friedrich Ebert Stiftung, S. 10.

33 이른바 멀티호밍에 따른 경쟁제한성 판단의 문제는 김현경, “온라인 플랫폼 규제법안에 대한 비판적 고찰”, 선진상사법률연구 제94호 (2021), 147면 이하.

34 예를 들어, *M. Voigt u. a.* (Hrsg.), Weißbuch: Digitale Daseinsvorsorge stärken, VKU/Quadriga Hochschule Berlin, 2020, passim.; *Ch. Busch*, Regulierung digitaler Plattform als Infrastrukturen der Dasiensvorsorge, WISO Diskurs 04/2021, Friedrich Ebert Stiftung, S. 8 ff.

35 *G. Hermes*, Staatliche Infrastrukturverantwortung, S. 168.; *J.–C. Pielow*, Grundstrukturen öffen–tlicher Versorgung, S. 21.

36 *J.–C. Pielow*, Grundstrukturen öffentlicher Versorgung, S. 22.; C. Berringer, Regulierung als Erscheinungsform der Wirtschaftsaufsicht, S. 42.

37 *G. Hünnekens*, Rechtsfragen der wirtschaftlichen Infrastruktur, S. 8 ff.

포함하며 더 나아가 경찰, 사법기관 및 국방,[38] 그리고 사회적 상호작용을 위한 무형적 토대까지도 포함하기도 한다. 종래 법학에서 인프라 개념은 인접학문적 개념보다는 다소 의미를 한정시켜 "경제적 수요충족과 공동선에 기여하는 모든 시설과 제도 및 그 인적, 제도적 기반이라는 총괄개념"으로 보았다.[39] 이러한 점에서 인프라 개념은 생존배려(Daseinsvorsorge)와 중첩되며, 이 생존배려 서비스가 전형적으로 제공되는 네트워크산업 영역과도 연계된다.[40] 이들 각 개념은 특히 시대적 상황에 연계되어 그 범위가 지속적으로 확대되는 양상을 보인다.

(2) 디지털 생존배려 서비스

1) 생존배려

오늘날 IT 기술 및 정보처리기술의 비약적 향상으로 나타난 디지털 전환이라는 사회적 현실의 변화를 법학에 투영시키는 것과 같은 방법으로 1930년대 독일의 공법학자인 포르스트호프(E. Forsthoff)는 산업화와 도시화, 이로 인한 급속한 인구증가를 통해 공행정의 임무변화를 포착하고 이를 생존배려라는 개념으로 법학에 반영하였다. 생존배려(Daseinsvorsorge)란 현대 사회에서 개인의 생활처우에 필수적인 급부로 그 제공이 일반의 이익에 놓여있으며 또한 개인이 직접 이를 공여하기 어려운 급부이다. 이러한 개념 정의에서 이미 생존배려의 대상은 고정적이지 않고 당대의 사회적 현상을 반영한다는 점이 나타난다. 즉, 무엇이 생존배려에 속하는가의 여부는 다분히 정책적으로 판단될 수밖에 없다. 포르스트호프에 의하면 생존배려에 속하는 것이 무엇인지를 판단할 때, 먼저 "가상적인 일반국민(fiktiver Normalbürger)"을 상정하고 다시 "시대관련성(Zeitbezogenheit)"을 정치적으로 파악하여 "현대적 생활처우"에 필요한 서비스를

38 *J.-C. Pielow*, Grundstrukturen öffentlicher Versorgung, S. 22.

39 대표적으로 *L. Jellinghaus*, Zwischen Daseinsvorsorge und Infrastruktur, S. 6; *G. Hermes*, Staatliche Infrastrukturverantwortung, S. 170.

40 예를 들어, *M. Eifert*, Grundversorgung mit Telekommunikationsleistung im Gewährleistungsstaat, S. 175 ff.; *K. Cannivé*, Infrastrukturgewährleistung in der Telekommunikation zwischen Staat und Markt, S. 50.

정하게 된다. 그렇기 때문에 생존배려적 서비스는 사회적 현실의 변화에 따라 유동적으로 정해지는 것이며 생존배려의 의미와 내용을 일의적으로 정하기는 어렵다.[41] 이전에는 통신이나 교통, 상하수도, 전기나 가스 등의 에너지 공급이 생존배려의 대표적인 예로 여겨졌지만, 기존에 포함되지 않았던 다른 새로운 서비스가 "일반국민의 현대적 생활처우에 필수적인 급부"로 판단될 수도 있다.

2) 생존배려의 제공방식

생존배려 급부가 개인의 현대적 생활에 있어 필수적임에도 불구하고 각 개인이 직접 확보하기 어렵다는 점에서 종래 생존배려임무는 국가와 지방자치단체가 독점적으로 수행해야 한다고 여겨져 왔다. 그러나 오늘날은 더 이상 생존배려임무의 직접적 제공이 국가에게 독점적으로 맡겨져 있다고 보지 않는다. 심지어 생존배려 개념을 창안한 포르스트호프의 주장과 같이 국가가 직접 생존배려급부를 제공해야 한다는 입장은 오늘날 개인의 자유나 기본권에 앞서는 "권위적 행정국가"의 구상이라 비판되고 있다.[42] 물론 현대적 헌법국가는 기본권을 실제적으로 행사할 수 있기 위해 국가나 지방자치단체에게 각종 생존배려임무를 의무지우고 있고 이를 통해 사회적 법치국가를 구현한다.[43] 그러나 국가나 지방자치단체에게 생존배려임무가 의무지워진다고 하여 그 급부가 반드시 국가에 의해 직접 이행해야한다는 결과가 도출되는 것은 아니다.[44] 국가는 민간에게 생존배려 서비스의 이행을 다양한 방식과 수준으로 위임할 수도

---

41 *V. Schneiderhan*, Daseinsvorsorge und Vergaberecht – Darstellung eines Spannungsverhältnisses unter besonderer Berücksichtigung des Öffentlichen Personennahverkehrs, S. 27; *M. Knauff*, Der Gewährleistungsstaat: Reform der Daseinsvorsorge, S. 49. 이러한 이유에서 생존배려가 특정한 법적 효력을 가져오는 개념이 아니라는 견해도 있다. *M. Knauff*, Der Gewährleistungsstaat S. 46; *J.-C. Pielow*, Grundstrukturen öffentlicher Versorgung, S. 388, 394; Störr, S. 111 f.

42 *G. Hermes*, Staatliche Infrastrukturverantwortung, S. 116; W. *Löwer*, Energieversorgung zwischen Staat, Gemeinde und Wirtschaft, S. 111; *J.-C. Pielow*, Grundstrukturen öffentlicher Versorgung, S. 393.

43 *W. Rüfner*, Daseinsvorsorge und soziale Sicherheit, in: *Isensee/Kirchhof* (Hrsg.), HStR IV, 2006, § 96, Rn. 16; S. *Broß*, Daseinsvorsorge – Wettbewerb – Gemeinschaftsrecht, JZ 2003, S. 874 (877).

44 *W. Rüfner*, Daseinsvorsorge und soziale Sicherheit, in: *Isensee/Kirchhof* (Hrsg.), HStR IV, 2006, § 96, Rn. 24, 29 ff.

있고, 더 나아가 보장국가론에 의하면 생존배려 서비스의 이행책임을 완전히 시장에 인수시키고 국가는 단지 규제적으로 개입하거나 서비스 제공의 특정한 최소기준을 정하거나 사후적 개입가능성을 유보하는 방식으로 생존배려임무가 적절하고 충분하게 수행될 수 있도록 보장할 수 있기 때문이다.

3) 디지털 사회의 생존배려로서 플랫폼

생존배려의 개념에서 나타나는 바와 같이 생존배려 서비스는 시대적 상황에 따라 새로운 내용으로 채워질 수 있다. 이미 전통적인 생존배려 영역인 통신, 교통, 에너지 분야에서 디지털 전환이 빠르게 이뤄지고 있으며 더 나아가 디지털 전환은 다양한 방식으로 기존의 유무형적 인프라와 생존배려 서비스를 연결시켜가고 있다. 이러한 전환기에 온라인 플랫폼은 데이터[45], 검색엔진, SNS 등은 물론 지도, 결재서비스 등 다양한 앱서비스를 제공하는 앱 스토어 등 디지털 사회에서 개인에게 점점 필수적인 것이 되어가는 서비스를 중개하고 제공하는 가장 중요한 통로가 되고 있다. 새로운 생존배려 서비스로 이해할 수 있는 서비스가 주로 온라인 플랫폼에 의해 중개 및 제공된다는 점뿐만 아니라 기존의 생존배려 서비스 역시 디지털 전환을 통해 이제는 플랫폼에서 주로 또는 더 손쉽게 중개 및 제공된다는 점은 온라인 플랫폼으로의 접근과 이용, 보호 자체가 디지털 사회의 생존배려 및 기본 공급으로서의 모습을 보여주고 있다.

온라인 플랫폼이 디지털 사회에서 생존배려 서비스를 제공하거나 생존배려 자체로 볼 수 있다는 점과 함께, 국가는 그 이행책임을 부담하지 않고 다만 공동선에 지향되는 기본재화와 서비스의 공급을 보장할 보장책임을 진다는 것을 되새겨볼 필요가 있다. 디지털 플랫폼이 하나의 생태계를 형성하고 여기에서 기본 인프라로서 모습을 보임에 따라 기존의 경쟁정책적 관점에 따른 규제에 한계가 나타난다면 이러한 지점부터는 경쟁법적 규제가 아닌 규제법의 적용을 통해 온라인 플랫폼을 규제할 수 있을지 생각해볼 수 있다. 그 출발점은 바로 온라인 플랫폼을 디지털 사회에서의 기본인프라로 이해하는 것이며 이에

---

45 데이터를 생존배려로 이해하는 견해로는, *M. Voigt u. a.* (Hrsg.), Weißbuch: Digitale Daseinsvorsorge stärken, VKU/Quadriga Hochschule Berlin, 2020, S. 27 ff.

따라 국가의 인프라책임, 즉 생존배려 관련 서비스를 제공하는 인프라에 대한 국가의 보장책임을 발동시키려는 것이다. 국가가 부담하는 보장책임은 사후적인 교정프로그램보다 오히려 공동선 지향적 경쟁과 의무에 대한 규제프레임을 설계하는 데에 중점이 맞춰진다.

Ⅳ 규제법 모델의 적용방식

1. 경쟁법의 적용과 디지털화

(1) 생존배려에 대한 경쟁법의 적용 여부

플랫폼을 생존배려로 이해한다면 이에 대한 경쟁법의 적용여부 및 공법영역으로 진입여부에 대해서는 상이한 근거에 의해 설명될 수 있다. 과거 생존배려 개념의 출현 당시에 포르스트호프는 생존배려가 본질적으로 사회적(sozial) 기능을 가지는 것이므로 이윤을 추구하는 사경제적 구조 아래에서 제공되기에 적합하지 않다고 보았다. 만약 사경제적으로 생존배려가 제공된다고 하여도 이는 피할 수 없이 독점적 지위에서 제공되어야 할 것이므로 생존배려에 대해서는 경쟁법의 적용이 배제된다고 보았다. 비록 생존배려 제공이 외견상 경제적 구조를 보인다 해도 어디까지나 생존배려임무를 수행하는 것이지 시장기능을 수행하는 것은 아니라는 것이다.[46] 그러나 오늘날 이러한 견해는 사안에 따라 제한적으로만 인정될 뿐 일반적 의미에서 경쟁(법)과 생존배려의 불합치성 도그마가 유지되지는 않고 있다.[47]

경쟁법 적용 예외의 명맥을 유지한다고 볼 수 있는 예는 아마도 유럽연합기능조약(AEUV) 제14조와 제106조의 "공공 경제적 이익의 서비스(services of general economic interest)"일 것이다. 공공 경제적 이익의 서비스는 제공에 있어 의존성

---

46 *V. Schneiderhan*, Daseinsvorsorge und Vergaberecht, S. 60.

47 *G. Hermes*, Staatliche Infrastrukturverantwortung, S. 341.

이 강하게 나타나고 일반적 경제절차와 다른 예외적 규율이 적용되며, 서비스 제공을 위해 국가에게 일정한 임무가 주어진다는 점에서 생존배려의 개념에 근접하는 것처럼 보인다.

그러나 위 규정의 개념표지인 경제적/비경제적 행위,[48] 기업의 의미, 공공이익 등은 해석의 여지가 매우 넓다는 것이 문제된다.[49] 이런 경우 유럽연합법의 목적을 가장 잘, 그리고 간명하게 달성할 수 있도록 통일적으로 해석되어야 한다는 유럽연합법 해석원칙인 effet utile가 적용되는데, 그렇기에 이 개념은 여전히 유동적이고 불확정적이며 결국 그 자체로 바로 포착되기는 힘들다. 따라서 "공공 경제적 이익의 서비스" 개념은 분명 유사개념으로 볼 수는 있다 하여도 생존배려라든지 공공서비스 이론과 정확히 일치하기 힘들다.[50]

이러한 맥락에서 "공공 경제적 이익의 서비스"가 무엇인지 확정하는 것은 일차적으로 유럽연합 회원국들 각각의 다양한 상황여건, 특히 법적 전통에 따라 달리 해석되고 결정된다.[51] 유럽연합위원회는 "공공 경제적 이익의 서비스에 대한 백서"를 통해, 회원국들이 "공공 경제적 이익"을 확정하기 위한 원칙적인 기준을 두었고 이에 따라 심사할 수 있음을 정하였다. 이에 따르면 해당 서비스는 특별한 공동선의무에 결합되고 일반이익에 의해 제공되는 경제적 행위여야 한다.[52] 마찬가지로 유럽연합법원은 공공 경제적 이익의 서비스를 제공함에 있어 고권적 행위에 의해 위임되어야 함을 필수적으로 요구하며, 이 고권적 위임행위에서는 특별한 일반이익에 대한 임무와 제공되는 서비스가 정확히 적시될 것을 요구하고 있다.[53]

그런데 이 고권적 위임행위의 이론적 근거는 결국 공공 경제적 이익이 국

---

48 *V. Schneiderhan*, Daseinsvorsorge und Vergaberecht, S. 69 ff.

49 EuGH C−41/90, Rn. 21; *Koenig/Kühling*, Totgesagte Vorschriften leben länger − Bedeutung und Auslegung der Ausnahmeklausel des Art. 86 Abs. 2 EG, ZHR 166 (2002), S. 656 (664).

50 *M. Knauff*, Der Gewährleistungsstaat, S. 132 ff.; *S. Simon*, Liberalisierung von Dienstleistungen der Daseinsvorsorge im WTO− und EU−Recht, S. 30.

51 EuGH, Rs. C−159/94, Rn. 55 f.; Rs. C−67/96, Rn. 103 f.

52 *Europäische Kommision*, Weißbuch zu Dienstleistungen von allgemeinem Interesse, KOM (2004), Anhang 1., S. 27.

53 EuGH, Rs. 10/71, Rn. 8.; Rs. 172/80, Rn. 7.

가에게 배타적이고 독점적으로 주어진 임무이며 이를 확정하는 것도 국가의 전권한이라는 전제에서 출발한다. 이와 같이 국가만 담당해야 하는 공익적 임무라는 소위 핵심국가임무론(Kernstaatsaufgabelehre)은 한동안 임무론(Aufgabenlehre)에서 논의되었으나 결국 극복되었다.[54] 이론적으로나 실제로도 본래적이고 핵심적인 국가임무를 설정하는 것은 가능하지 않으며 다만 실정헌법이 정한 바에 따라 그때그때의 핵심적 국가임무를 찾아낼 수 있다. 이렇게 보면 공공 경제적 이익에서도 고정되고 본래적인 고권적 위임의 근거를 찾아낼 수는 없다는 것이다.[55]

결국 생존배려 개념과 동일성 여부를 차지하고서라도 "공공 경제적 이익의 서비스"에 대한 경쟁법의 적용 여부의 문제는 상당부분 사안별로 나타날 뿐이다. 그러므로 생존배려 및 그와 유사한 서비스와 경쟁(법)의 불합치성은 도그마적으로 이해할 것은 아니고 그렇다면 온라인 플랫폼이 디지털 사회에서 생존배려적 성격을 가진다는 것만으로 곧장 경쟁법 내지 경쟁정책을 적용할 수 없다고 보아서는 안된다. 오히려 온라인 플랫폼에서의 각종 경쟁저해적 행위 등은 기존의 경쟁법 내지 "경쟁법의 개혁"을 통해 해결을 도모할 필요가 있다. 공법적 규제모델을 본격적으로 논의할 수 있는 지점, 달리 말하자면 경쟁법의 적용이 한계에 봉착하는 지점은 플랫폼이 생존배려라는 이유 그 자체에서가 아니라, 디지털 생존배려 서비스의 각 영역에서 나타나는 공동선 목적(Gemeinwohlziel)과 경쟁구조의 창설의 연계라는 규제법의 구조적 특성이 위력을 발휘하는 지점인 것이다.[56]

---

54 국가의 핵심임무에 대한 논의는 계인국 외, "규제개혁과 사법심사에 관한 연구", 사법정책연구원 연구총서 (2017), 151면 이하; 계인국, "보장행정의 작용형식으로서 규제 – 보장국가의 구상과 규제의미의 한정 –", 공법연구 제41집 제4호 (2013), 155면 (161면, 166면).

55 이와 같은 임무론의 한계는 유럽연합법 및 국제협정 차원에서도 동일하게 나타나고 있다. *S. Simon*, Liberalisierung von Dienstleistungen der Daseinsvorsorge im WTO– und EU–Recht, S. 61.

56 이에 대해서는 위 Ⅱ. 2. (3), 본 Ⅳ. 2. (4)

(2) 경쟁법 개혁의 필요성

결국 온라인 플랫폼 서비스에 있어서도 본질적이고 일차적인 방향은 유효한 시장경쟁 원리의 보장이며 따라서 경쟁법적 규제는 여전히 가장 중요한 의미를 가진다. 다만 온라인 플랫폼 서비스에서 나타나는 경쟁정책적 문제들은 기존의 경쟁법적 관점 이외에 새로운 전환을 요구하고 있다. 온라인 플랫폼에 의한 디지털 생태계의 구축이 보여주는 시장변화의 가속화나 모듈성은 시장분석과 평가에 이은 시장지배력, 그리고 시장지배적 사업자를 중심으로 구성된 기존의 규제체계가 대응하기 어렵거나 또는 특정 사업자에 대한 규제가 형평성을 잃게 될 가능성을 높여간다. 또한 플랫폼이 가지는 중개력이나[57] 데이터 지배력은 온라인 플랫폼에 대한 경쟁법적 규제의 새로운 테마가 되어가고 있다.[58] 이에 따라 최근 논의되는 온라인 플랫폼 규제 논의는 포괄적 규정을 통해 기존 경쟁법 체계를 온라인 플랫폼에도 적용하려 하거나 경쟁법의 개정을 통해 적용영역을 확대하여 온라인 플랫폼을 규제하려는 시도를 진행 중이다.[59]

2. 규제법 모델의 적용

(1) 디지털 생존배려 서비스에 대한 보장책임

온라인 플랫폼의 발전양상은 디지털 사회의 경제와 사회 전반적 영역에서의 인프라, 즉 디지털 인프라로 이해할 수 있다. 이들은 단순히 거래 플랫폼에

---

57 예를 들어 개정 독일 경쟁법 제18조 제3b항은 플랫폼 특유의 시장지배력 판단기준으로 중개력(Intermediationsmacht)을 도입하였다.

58 이에 대해서는 최난설헌, "기업결합 심사에 있어서 빅데이터의 경쟁법적 의미 – 최근 해외 주요 기업결합 사례를 중심으로 –", 외법논집 제14권 제4호 (2017).

59 해외 경쟁법의 온라인 플랫폼 규제 동향에 대해서는 정혜련, "각국의 디지털 정책과 입법 동향 – 디지털(온라인) 플랫폼을 중심으로", 이성엽 편, 데이터와 법, 362면 이하; 황태희, "온라인 중개플랫폼 사업자 규제에 대한 EU 및 국내 입법 동향에 관한 소고,", 법학연구 (2020), 전북대 법학연구소, 449면 이하; 김진우, "온라인 플랫폼 규제에 관한 유럽법연구소의 모델규칙", 소비자문제연구 제51권 제3호, (2020), 181면 이하; 권용수, "온라인 플랫폼 규제방안에 관한 연구 – 일본의 '특정 온라인 플랫폼 공정화법'을 소재로 –", 상사법연구 제40권 제2호 (2021), 329면 이하.

서의 경쟁정책을 넘어 개인의 생활영역, 즉 사회적 소통과 이를 위한 정보검색 및 획득, 접근성의 차이에 따라 발생하는 민주주의 원칙과의 관련성 등의 사회적 문제를 발생시키고 있으며 플랫폼에 대한 접근가능성이 현대 사회에서 나타나는 다양한 상황 속에서 기본공급의 차이를 가져오기도 한다.[60] 이러한 점에서 디지털 인프라로서 플랫폼은 비록 민간에 의해 운영되고 서비스가 제공됨에도 불구하고 디지털 생존배려의 차원에서 이해될 수 있으며 다시 국가의 인프라책임, 즉 보장책임의 발현으로 이어질 수 있다.

디지털 사회에서 점차 증대되는 온라인 플랫폼의 기본적 인프라로서의 역할, 그리고 생존배려 영역에서 증대되는 의미는 기존 네트워크산업, 즉 통신이나 에너지, 교통, 상하수도 등과 유사한 양상을 보여준다. 또한 네트워크산업이 오늘날 국가독점적 또는 국가에 연계되어 이행되기보다는 민간에 의해 이행되므로 각 영역에서 유효한 경쟁의 창설과 보호, 그리고 영역적 공동선 목적이[61] 규제적으로 달성될 필요도 디지털 플랫폼에서 발견된다. 나아가 일정 온라인 플랫폼 서비스의 경우에는 합리적 가격으로 전역적이고 충분하며 또한 적절한 서비스를 보편적으로 제공할 필요, 즉 보편적 서비스로 나아갈 가능성도 있다. 이러한 일련의 발전양상은 규제법, 특히 네트워크산업 분야에서 발전해온 영역특수 규제법(=전문규제법)과의 유사성을 강하게 보여준다. 이하에서는 이러한 유사성을 감안한 도입가능성과 한계를 순서대로 살펴본다.

(2) 기본공급의 보장

디지털 인프라로서 플랫폼이 제공하는 서비스를 디지털 생존배려 서비스로 보고 그 기본공급을 보호한다는 것 자체는 규제법 및 그 배경이론인 보장국가론만의 특유한 것은 아니다. 그러나 규제법은 온라인 플랫폼이 제공하는 서

60 예를 들어 SNS를 이용한 선거운동이나 SNS에서의 공직자의 정치활동 문제는 물론 각종 소통 플랫폼으로의 접근가능성, 플랫폼을 이용한 공적 서비스의 제공 등을 생각해볼 수 있다.

61 특히 온라인 플랫폼 서비스에서는 경쟁정책적으로 달성하기 힘든 개인정보 보호나 사이버보안 문제가 영역특수적인 공동선 목적으로 제시되어야 할 것이다. *Ch. Busch*, Regulierung digitaler Plattform als Infrastrukturen der Dasiensvorsorge, WISO Diskurs 04/2021, Friedrich Ebert Stiftung, S. 22.

비스의 기본공급을 보호하는 것을 넘어 분업적 공동선 실현을 위한 사회적 절차의 형성과 준비에까지 나아가는 것을 의미한다. 즉, 규제법 모델에 의한 온라인 플랫폼의 기본공급 의무 부과는 명령적이고 권력적으로 이행되도록 하는 규제전략을 우선시하지 않는다. 기본공급은 원칙적으로 플랫폼 사업자들 간의 경쟁적합적인 조정 가운데에 보장될 수 있으므로 규제법 역시 온라인 플랫폼 영역에서의 경쟁창설적 규제를 통해 시장원리를 확보하고 이어서 플랫폼 사업자와 참여자 간의 접속 및 요금을 규제하는 사전적 규제을 통해 효율성과 기본공급의 보장을 함께 추구할 수 있다. 이는 필수적 급부의 이행을 위한 독점적 권한을 – 주로 국가에게 – 인정하고 이행하도록 했던 것을 넘어, 시장에서의 유효경쟁을 창설하고 이후로고 지속적으로 보장하여 보다 효율적이고 적절한 분배를 보장하는 방안이 된다. 규제법은 "일반 국민에게 불가결한 것으로 여겨지는" 서비스가 제공되는 시장이지만 "현저하고 지속적인 시장진입의 축소가 나타나고 장기적으로 유효 경쟁의 경향이 나타나지 않고 일반경쟁법의 적용만으로는 해당 시장실패에 대응하기 충분하지 않은"[62] 경우 시장과 시장지배력의 규제를 보완하면서도 각 영역별로 주어지는 공동선 목표를 병렬적으로 추구하기 위해 개입할 수 있다. 이런 네트워크 규제법은 온라인 플랫폼의 인프라 지배력을 다양하게 지시하면서도 생존배려 관련 서비스에 대한 플랫폼의 역할을 포착하는 "플랫폼 인프라 규제법"의 모범으로 삼을 수 있는 것이다.

다만, 특정 재화나 서비스가 경쟁적합적으로 제공되고 있음에도, 즉 시장실패에 해당하지 않음에도 불구하고 일반에 충분한 공급을 보장하지 못하는 소위 목표갈등(conflicting goals)[63] 상황이 발생할 수 있다. 과거 네트워크 산업에서 소위 "last mile"이 문제된 것과 마찬가지로 온라인 플랫폼 서비스의 경우에도 지역이나 인구 등의 이유로 인한 수요밀집지역 이외에서는 기본공급의 보장이 시장원리에 의해 충분히 달성될 수 없는 상황이 발생한다. 일반 국민에게

62 독일 통신법(TKG) 제10조 제2항

63 목표갈등은 경제적 목표가 비경제적 목표에 결합 또는 종속되어 시장실패가 없음에도 국가가 개입하게 되는 상황을 설명한다. 이에 대해서는 *J. Basedow*, Wirtschaftsregulierung zwischen Beschränkung und Förderung des Wettbewerbs, in: *Fuchs/Schwintowski/Zimmer* (Hrsg.), FS Immenga, S. 3 ff.; 계인국, "망규제법상 규제목적의 결합과 그 의의", 80면 이하.

사회적으로 동등한 기본공급의 필요성에 대한 광범위한 사회적 합의가 존재하는 경우 밀집지역 이외의 지역에 대한 비용격차를 보조하면서 기본공급을 의무화하는 보편적 서비스(universal service)의 관념은[64] 온라인 플랫폼 규제에 있어서도 시사점을 제공하게 된다.

(3) 접근성과 투명성

이러한 기본공급의 보장은 당연히 일반 국민에게 있어 공정한 접근가능성을 보장해야만 한다. 그러나 생존배려는 사회적 급부와 구별된다. 즉, 국가가 그 수요를 일방적으로 충족시켜주는 것이 아니라 합리적인, 다시 말해 저렴한 수준이라도 개별 시민의 요금 등의 반대급부가 계산되어야 하는 것이다. 이러한 이유에서 종래 생존배려 서비스에 대한 접근성은 합리적 가격(erschwinglicher Preis)이 문제되었다. 그러나 온라인 플랫폼 서비스에서는 이에 더하여 사업자에 의해 정해지는 거래조건이나, 사업자 및 제3자에 의해 작성되는 거래내역 또는 평가항목 등이 접근성을 저해하거나 차단할 수도 있음이 고려되어야 할 것이다. 특히 이 부분에서는 온라인 플랫폼 서비스의 알고리듬 투명성이 연계되는 바, 중개 플랫폼이나 검색엔진, 미디어 플랫폼에서 알고리듬적으로 조종되는 플랫폼 구동시스템에 대한 규제필요성이 제기되고 있다.

이에 대하여, 최근 들어 제시되고 있는 알고리듬 감사(algorithmic auditing)는 알고리듬의 안전성과 합법성, 윤리적 수준 등을 평가하고 보완하는 수단[65]으로 기대받고 있다. 알고리듬 감사의 개념 안에는 알고리듬을 검토하는 매우 강력한 규제수단부터 자율적 수단에 이르는 다양한 감사방식을 포괄하지만, 대체로 자체적이고 독립적인 감사 시스템을 의미한다. 예를 들어 유럽연합의 디지털서비스법(DSA)는 제26조와 제27조에서 초거대 온라인 플랫폼에게 위험평가를 수행하고 적절한 조치를 취할 것을 요구하고 제28조에서는 이런 위험완화 조치 등을 준수하였음을 인증하기 위한 외부감사를 요구한다. 여기에서의 감사는 초

---

64 *T. Höppner*, Die Regulierung der Netzstruktur, S. 36.

65 A. Koshiyama et al., Towards Algorithm Auditing: A Survey on Managing Legal, Ethical and Technological Risks of AI, ML and Associated Algorithms, SSRN ELEC. J. 1, 2 (Jan. 2021).

거대 온라인 플랫폼이 위험평가를 수행하였는지와 이에 따른 조치를 확인하는 것이며, 감사자가 독립적으로 위험평가를 수행할 것을 의무화하지는 않았다. 결국 DSA는 초거대 플랫폼에 외부감사를 요구하지만 규범적인 요청사항을 일일이 규정하지 않고서도 플랫폼 기업의 책임성을 높이고 알고리듬 시스템의 안전성을 개선한다는 방향성을 보여준다. 그러나 여전히 알고리듬 감사의 개념과 범위, 수단에 대한 논의는 아직 진행 중이며, 특히 알고리듬 감사가 한편으로는 감사를 명목으로 한 광범위한 규제로 나아갈 우려와 함께, 그와 정반대로 감사 세탁(audit washing)과 같은 부적절한 감사나 거짓 감사, 집행 메커니즘의 부실 등으로 유명무실한 규제가 될 가능성이 함께 지적되고 있기도 하다.[66]

(4) 공동선 목적의 추구

최근 온라인 플랫폼 규제의 대상으로 논의되는 영역을 살펴보면 경쟁저해적 행위 이외에도 개인정보 보호, 사이버 보안, 역정보와 페이크뉴스, 차별이나 혐오표현 등 유해 콘텐츠, 사상지배력의 왜곡, 데이터 착취 및 남용 등이 예로 들어진다. 이들 목적들은 대개 경쟁 외적 목적으로 이해되어왔으며 따라서 경쟁법의 적용이 어려운 것으로 여겨져 왔다.[67] 소위 플랫폼 권력을 확대하여 경쟁법적 기준을 우회적으로 적용하려 하거나 본래부터 이에 대해 경쟁법의 적용이 배제되지 않는다고 보려는 시도도 존재하나,[68] 동시에 경쟁 외적 문제를 경쟁저해 또는 남용행위를 통해 판단하는 위험성이 지적되고 있다. 어떤 방식으로 해야 이를 최선으로 달성할 수 있을 것인가에 대한 사회적 및 정치적 논의는 아직 충분히 성숙되지는 못한 상태이다. 이런 상황에서 공동선 목적이 방치되는 것도, 그렇다고 명령적이고 일방적으로 플랫폼 사업자에게 공동선 지향적 의무를 부과하는 것도 바람직한 방향은 아닐 것이다. 이러한 점에서 규제법

---

66 Goodman/Trehu, Algorithmic Auditing: Chasing AI Accountability, SANTA CLARA HIGH TECH. L.J. Vol. 39, 292.

67 위 II 2 (3) 참조.

68 관련하여 Facebook의 데이터 착취에 대한 판결로는 BGH, Beschluss vom 23. Juni 2020 – KVR 69/19.

이 보여주는 목적결합, 즉 시장경제질서와 영역별 공동선 목적의 상호결합이라는 형성적 형량구조는 양 측의 조화로운 해결가능성을 모색하게 한다.

3. 문제 상황과 한계

(1) 경쟁법의 과잉상황

먼저 경쟁법이 과잉규제를 행하는 상황을 생각해 볼 수 있다. 온라인 플랫폼의 발전 및 이에 의한 디지털 생태계의 형성과정에서 발생하는 각종 문제들은 경쟁정책적으로 불확실한 부분이 많을 뿐만 아니라 아예 경쟁정책을 통해 접근하기 어려운 부분이 존재한다. 시장 외적 목적, 즉 공동선 목적을 경쟁법이 사전적으로 형성하는 경우 이는 일반경쟁법의 영역을 벗어나는 것이며 이로써 경쟁법의 추구목적인 유효경쟁의 보호가 오히려 왜곡될 수 있다. 온라인 플랫폼 규제를 위한 경쟁법의 현대화와 디지털화는 경쟁법의 확대를 가져올 수는 있으나 공동선 목적의 사전적 형성과 실천이라는 영역으로의 과잉상황이 되어서는 안 된다.

(2) 규제 대상의 확정

규제 대상의 확정 문제는 어떤 특정 플랫폼을 디지털 사회에서의 인프라, 즉 디지털 생존배려의 영역에 속하는 기본공급의 의미로 볼 수 있는가에 대한 것이다. 먼저 생존배려 서비스로의 편입이 문제된다. 생존배려 개념 자체에서 이미 생존배려 서비스가 시대에 따라 유동적일 수밖에 없음이 나타난다. 통신의 예를 들자면, 유선전화에서 무선전화, 인터넷, 초고속인터넷 서비스, Wi-Fi에 이르는 서비스의 발전양상에서 어느 시점에 어떤 기술과 서비스가 생존배려 서비스로 인정될 것인지는 쉽게 정하기 어렵다. 마찬가지로 온라인 플랫폼 서비스를 디지털 사회에서의 생존배려 서비스로 보는 것에 대해서는 과연 이를 "현대적 생활처우"에 "필수적"인 것으로 볼 것인지, 더 나아가 이를 보편적 서비스의 대상으로 볼 것인지에 대해 일치된 의견을 찾아보기는 힘들다. 게다가 온라인 플랫폼 서비스는 국내 사업자나 참여자 및 이용자의 문제를 넘어 전 세계적 이슈라는 점에서 어려움은 가중된다.

또한 시장지배적 지위에 연결되는 경쟁법에서의 남용행위 통제와는 달리, 규제법은 영역별로 나타나는 대상의 기능에 관련된다. 디지털 인프라, 즉 생존배려적 서비스를 제공하는 온라인 플랫폼에 규제법을 적용한다는 것이 해당 플랫폼의 기능과 연결된다는 것은 규제 대상 플랫폼이 기존의 관점과 같이 거대 플랫폼, 즉 총매출액과 같은 규모 기준으로 판단하기 어려울 수도 있음을 보여준다. 생존배려라는 맥락에서는 예를 들어 소규모 모빌리티 플랫폼이 근거리 대중교통에 결부되어 있는 경우 장애 없는 모빌리티 서비스를 제공할 의무를 부과할 필요가 있게 된다는 것이다.[69]

(3) 시장 상황의 차이

온라인 플랫폼 시장이 기존에 국가독점상황이라든지 자연적 독점을 전제하지 않았다는 점도 규제법 모델의 도입에 있어 어려움으로 나타난다. 이론적으로는 꼭 과거에 독점이 존재하고 이에 대해 경쟁을 창설하는 것만을 규제법으로 국한시키지 않는다. 그러나 기존에 시장이 존재하고 여기에서 경쟁저해나 남용 등의 문제가 발생하여 경쟁법이 적용하고 이어서 공동선 목적과 같은 공법적 규제필요성이 요구되는 것은 단계적으로도 후속 차원일 뿐만 아니라 추가적 규제라는 점에서 개입에 대한 부담 내지 고도의 섬세한 제도설계가 요구된다. 경쟁법이 공법, 즉 규제법 영역으로 침범하는 것을 경계하는 것과 마찬가지로 경쟁법으로 아직 대처하지 못하거나 하지 않고 있는 문제를 규제법이 앞장서서 개입하는 것 역시 경계할 필요가 있다.

(4) 기본권적 구속의 문제

온라인 플랫폼 서비스에 규제법을 적용하여 유효경쟁을 창설 및 유지하고

---

69 *Ch. Busch*, Regulierung digitaler Plattform als Infrastrukturen der Dasiensvorsorge, WISO Diskurs 04/2021, Friedrich Ebert Stiftung, S. 22.

더 나아가 기본공급을 보장하도록 규제한다는 것은 온라인 플랫폼 사업자에 대해 단지 기본권 제한적 효과를 가져오는 것에 그치지 않는다. 특히 미디어 플랫폼이나 소셜 네트워크의 경우에는 사회적 생활영역에 미치는 영향력을 계속 증대시켜가고 있으며 개인의 기본권적 생활영역을 동요시키고 있다. 만약 온라인 플랫폼 서비스 사업자가 역정보(Desinformaion)나 페이크 뉴스, 유해 콘텐츠에 대해 팩트체크나 차단 등을 실시해야하는 의무가 일률적으로 주어지는 경우 이 민간 플랫폼 사업자는 점차 국가에 유사한 의무의 수행으로 인해 마치 기본권 수범자와 같은 양상을 띄게 된다. 이는 종래 공기업, 특히 사법적 형식의 공기업에 대한 기본권 구속의 문제에서 계속되어온 문제이다.[70] 다만, 네트워크 산업의 경우 시장 및 경쟁창설적 규제의 일환으로 일정 부분의 지분을 사전에 확보하거나 감독체제를 구축하는 등의 규율을 두었으나, 온라인 플랫폼 서비스의 경우 사후적으로 국가가 해당 플랫폼 서비스를 생존배려적 서비스로 정하고 개입하여 기본권적 구속을 가해야 한다는 점에서 지분확보나 감독체계 등의 장치를 마련하기에 더욱 어려움이 있다.

V 결어

지금까지의 논의를 정리해보면, 출발점은 온라인 플랫폼 서비스를 디지털 시대의 기본인프라로 파악하고 이를 법학적으로 생존배려 개념에 투영시켜 다시 디지털 생존배려 서비스로 보는 데에 있다. 생존배려 이론의 전개양상에 따라 그 서비스의 제공이 사적 수행자에 의해 이뤄질 수 있다는 점, 경쟁법의 적용이 원칙적으로 배제되는 것이 아니라 경쟁법이 본래 추구하는 목적과 배치되는 지점에서 공법적 규제가 요구된다는 점, 그리고 그 지점에서 오늘날 발견

70 이에 관련된 논의는 예를 들어, *H. Gersdorf*, Öffentliche Unternehmen in Spanungsfeld zwi-schen Demokratie-und Wirtschaftlichkeitsprinzip, S. 157 ff.; *F. Wollenschläger*, Wettbewerbliche Vorgaben für öffentliche Unternehmen, Rn. 56 ff.; S. Storr, Der Staat als Unternehmer, S. 243 ff.; 또한 독일 연방헌법재판소의 “Fraport” 판결 (BVerfGE 128, 226 ff.) 참조.

되는 영역특수적 규제, 즉 규제법이 나타난다. 이러한 연결고리를 통해 온라인 플랫폼 서비스에 대한 공법적 규제 모델로 적절한 방안을 규제법에서 찾았다. 온라인 플랫폼에서 나타나는 공동선 목적이 유효경쟁의 보장을 통해 더 이상 추구되기 어려운 상황이 심화되고 플랫폼에서 제공되는 서비스의 성격 및 온라인 플랫폼 그 자체가 생존배려적 기본공급이라는 일반적 인식이 자리잡을 때에 규제법 모델을 통한 공법적 규제가 개시될 수 있을 것이다. 규제법의 이념인 분업적 공동선 실현과 이에 따른 목적 결합의 구조 등이 플랫폼 시장의 혁신과 공동선을 동시에 추구할 수도 있다는 점에서 의미가 있음은 분명하나, 함께 살펴본 바와 같이 플랫폼 서비스를 생존배려 서비스로 볼 수 있는지 여부나 기본권적 구속이 따르는 개입 및 감독체계의 형성의 문제 등은 오히려 공법적 규제를 즉시 도입하려는 것이 매우 성급한 시도라는 것을 보여준다. 실증적 검토도 중요하겠지만 충분한 이론적 고려 없이 이뤄지는 "선제적" 규제는 오히려 장식적 규제, 획일규제로 이어질 가능성이 높다는 점을 유의해야 할 것이다.

참고문헌

[국내문헌]

계인국, "보장행정의 작용형식으로서 규제 – 보장국가의 구상과 규제의미의 한정 –", 공법연구 제41집 제4호 (2013), 155면 이하.

______, "망규제법상 규제목적의 결합과 그 의의 – 보장행정의 공동선 실현 메커니즘 –", 강원법학 제39권 (2013), 67면 이하.

______, "규제개혁과 행정법", 공법연구 제44집 제1호 (2015), 645면 이하.

______, "독일 경제행정법의 기본방향과 최근 전개양상", 행정법연구 제52호 (2018).

______, "지능정보기술 규제의 현황과 법학적 도전", 경제규제와 법 제14권 제1호 (2021).

권용수, "온라인 플랫폼 규제방안에 관한 연구 – 일본의 '특정 온라인 플랫폼 공정화법'을 소재로 –", 상사법연구 제40권 제2호 (2021), 329면 이하.

김진우, "온라인 플랫폼 규제에 관한 유럽법연구소의 모델규칙", 소비자문제연구 제51권 제3호 (2020), 181면 이하.

김현경, "온라인 플랫폼 규제법안에 대한 비판적 고찰", 선진상사법률연구 제94호 (2021).

박미영, "온라인 플랫폼 규제를 위한 플랫폼 작용의 이해 필요성", 유통법연구 제5권 제2호 (2018).

정혜련, "각국의 디지털 정책과 입법 동향 – 디지털(온라인) 플랫폼을 중심으로", 이성엽 편, 데이터와 법, 362면 이하.

최난설헌, "기업결합 심사에 있어서 빅데이터의 경쟁법적 의미 – 최근 해외 주요 기업결합 사례를 중심으로 –", 외법논집 제14권 제4호 (2017).

홍대식, "온라인 플랫폼 시장과 경쟁법적 쟁점", 경쟁법연구 제34권 (2016).

황태희, "온라인 중개플랫폼 사업자 규제에 대한 EU 및 국내 입법 동향에 관한 소고", 법학연구 (2020), 전북대 법학연구소, 449면 이하.

[국외문헌]

Basedow, Jürgen, Wirtschaftsregulierung zwischen Beschränkung und Förderung des Wettbewerbs, in: *Fuchs*, Andreas/*Schwintowski*, Hans–Peter/*Zimmer*, Daniel (Hrsg.), Wirtschafts– und Privatrecht im Spannungsfeld von

Privatautonomie, Wettbewerb und Regulierung, Festschrift für Ulrich Immenga zum 70. Geburtstag, München 2004.

Broß, Siegfried, Daseinsvorsorge – Wettbewerb – Gemeinschaftsrecht, JZ 2003, S. 874.

Berringer, Christian, Regulierung als Erscheinungsform der Wirtschaftsaufsicht, München 2004.

Busch, Christian, Regulierung digitaler Plattform als Infrastrukturen der Dasiensvorsorge, WISO Diskurs 04/2021, Friedrich Ebert Stiftung.

Eifert, Martin, Grundversorgung mit Telekommunikationsleistung im Gewährleistungsstaat, Baden–Baden 1998.

Edelbluth, Markus, Gewährleistungsaufsicht, Zur Verlagerung von Kontrollverantwortung in den gesellschaftlichen Bereich am Beispiel des Abfallrechts, Baden–Baden 2008.

Fehling, Michael, Regulierung als Staatsaufgabe im Gewährleistungsstaat Deutschland – Zu den Konturen eines Regulierungsverwaltungsrechts, in: *H. Hill* (Hrsg.), Die Zukunft des öffentlichen Sektors, S. 91.

Gersdorf, Hubertus, Öffentliche Unternehmen in Spanungsfeld zwischen Demokratie– und Wirtschaftlichkeitsprinzip, Eine Studie zur verfassungsrechtlichen Legitimation der wirtschaftlichen Betätigung der öffentlichen Hand, Berlin 2000.

Hayek, Friedrich A., Recht, Gesetzgebung und Freiheit, Band, Bd. III, München 1981.

Hermes, Georg, Staatliche Infrastrukturverantwortung, Tübingen 1998.

Höppner, Thomas, Die Regulierung der Netzstruktur, Baden–Baden 2009.

Hünnekens, Georg, Rechtsfragen der wirtschaftlichen Infrastruktur, Köln, München u.a. 1995.

Jellinghaus, Lorenz, Zwischen Daseinsvorsorge und Infrastruktur, Frankfurt a.M. 2006.

Kay, Inkook, Regulierung als Erscheinungsform der Gewährleistungsverwaltung, Frankfurt a. M. 2013.

Kersten, Jens, Herstellung von Wettbewerb als Verwaltungsaufgabe, VVDStRL 69 (2010), S. 288.

Knauff, Matthias, Gewährleistungsstaat: Reform der Daseinsvorsorge, Berlin

2004.

ders. Öffentliches Wirtschaftsrecht, 2. Aufl., Baden－Baden 2020.

Koenig/Kühling, Totgesagte Vorschriften leben länger － Bedeutung und Auslegung der Ausnahmeklausel des Art. 86 Abs. 2 EG, ZHR 166 (2002), S. 656.

Löwer, Wolfgang, Energieversorgung zwischen Staat, Gemeinde und Wirtschaft, Berlin u. a. 1989.

Masing, Johannes, Soll das Recht der Regulierungsverwaltung übergreifen ger－egelt werden?, Verhandlungen des 66 DJT, Bd. I, Gutachten D.

Pielow, Johann－Christian, Grundstrukturen öffentlicher Versorgung, Tübingen 2001.

Rüfner, Wolfgang, Daseinsvorsorge und soziale Sicherheit, in: *Isensee*, Josef/ *Kirchhof*, Paul (Hrsg.), Handbuch des Staatsrechts der Bundesrepublik Deutschland, Band IV, 3. Auflage, § 96, Heidelberg 2006.

Säcker, Franz Jürgen, Das Regulierungsrecht im Spannungsfeld von öffentlichem und privatem Recht － Zur Reform des deutschen Energie－ und Telekommnikationsrechts, AöR 130 (2005), S. 180.

Schneiderhan, Volker, Daseinsvorsorge und Vergaberecht － Darstellung eines Spannungsverhältnisses unter besonderer Berücksichtigung des Öffentlichen Personennahverkehrs, Berlin 2012.

Schweitzer, Heike, Gemeinwohl und Wettbewerb unter Bedingungen der Digitalisierung: Zur Rolle des Marktes und zum Beitrag des Staates, in: *Kühling/Zimmer* (Hrsg.): Neue Gemeinwohlherausforderungen: Konsequenzen für Wettbewerbsrecht und Regulierung, Baden－Baden 2020.

Simon, Stefan, Liberalisierung von Dienstleistungen der Daseinsvorsorge im WTO－und EU－Recht, Tübingen 2009.

Storr, *Stefan*, Der Staat als Unternehmer, Tübingen 2001.

Trute, Hans－Heinrich, Verantwortungsteilung als Schlüsselbegriff eines sich verändernden Verhältnisses von öffentlichem und privatem Sektor, in: *Schuppert*, Gunnar Folke (Hrsg.), Jenseits von Privatisierung und "schlankem" Staat: Verantwortungsteilung als Schlüsselbegriff eines sich verändernden Verhältnisses von öffentlichem und privatem Sektor, Baden－Baden 1999.

Voigt u. a. (Hrsg.), Weißbuch: Digitale Daseinsvorsorge stärken, VKU/Quadriga Hochschule Berlin, 2020.

Voßkuhle, Andreas, Gesetzgeberische Regelungsstrategien der Verantwortungsteilung zwi-schen öffentlichem und privatem Sektor, in: *Schuppert*, Gunnar Folke (Hrsg.), Jenseits von Privatisierung und "schlankem" Staat, Baden-Baden 1999.

ders., Beteiligung Privater an der Wahrnehmung öffentlicher Aufgaben und staatliche Verantwortung, VVDStRL 62 (2003), S. 266.

Wollenschläger, Ferdinand, Wettbewerbliche Vorgaben für öffentliche Unternehmen, in: *Kirchhof/Magen/Korte* (Hrsg.), Öffentliches Wettbewerbsrecht, Heidelberg 2014.

Yoo, Christopher S, *"Modularity Theory and Internet Regulation", Illonois Law Review (2016).*

08 플랫폼 혁신과 경쟁 이슈[1]

김민기 / 카이스트 경영대학

I 머리말

오늘날 인터넷 기반 다양한 사업자들을 지칭하는 용어로 사용되고 있는 '플랫폼'은 사실 전통시장, 결혼 중매 회사처럼 과거에도 오프라인 기반의 다양한 형태로 일상생활 속에서 쉽게 찾을 수 있었던 익숙한 개념이다. 기본적으로 '플랫폼' 그리고 '플랫폼 비즈니스'는 다수의 구매자와 공급자 간 발생하는 거래비용(transaction cost)을 낮추기 위해 생겨났다고 볼 수 있다. 특히 정부 여러 부처에서 경쟁적으로 법안을 추진, 고려하고 있는 플랫폼 사업자는 데이터를 기반으로 온라인 서비스를 제공하고 있는 '디지털 플랫폼 사업자'라고 볼 수 있다. 국내에서는 네이버, 카카오, 쿠팡, 국외에서는 GAFA(Google, Amazon, Facebook, Apple)로 대표되는 디지털 플랫폼 사업자들은 IT 기술을 통해 구매, 공급자 간 거래비용을 '혁신적'으로 감소시켰으며, 그들이 영위해온 비즈니스도 검색, 메신저, 소셜미디어, 커머스 등 다양한 서비스 형태를 띠며 확장해 왔다. 기본적으로 소비자-공급자 시장 모두 이용자 수가 많을수록 플랫폼 가치가 올라가게 되므로, 이들과 같은 데이터 기반 플랫폼의 경우 더 많은 소비자와 공급자가 플랫폼에 참여하게 됨으로써 플랫폼 사업자가 수집 가능한 데이터는 더욱

---

1 이 장은 저자가 2021년 8월 공정거래위원회와 한국데이터법정책학회, 한국소비자정책교육학회가 공동주관한 심포지엄에서 "데이터 이동권과 경쟁의 이슈와 과제"라는 제목으로 발표했던 내용과 2021년 12월 "디지털혁신기술 발전과 플랫폼화에 따른 미래산업변화 및 경제이슈" 보고서 작성을 위해 정보통신정책학회에 자문했던 내용을 바탕으로 수정, 보완한 글임을 밝힌다.

방대해지는 특징을 가진다. 이 과정에서 데이터 기반 학습을 통해 강화되는 플랫폼 사업자의 서비스 알고리즘은 소비자가 체감하는 서비스 품질 향상으로 이어져 '선순환적 피드백 루프'를 일으키고 이는 또다시 플랫폼 사업자의 성장으로 이어짐으로써 궁극적으로 특정 플랫폼 사업자로의 쏠림(tipping) 현상도 발생하게 된다. 더불어 플랫폼에 참여하는 다면 시장 이용자들을 공략하기 위한 사업자들도 수익 창출을 위해 가치사슬(value chain)에 참여하게 되면서 플랫폼 사업자가 주도권을 갖는 디지털 플랫폼 생태계가 형성될 수 있다. 이러한 이유로 각국의 경쟁 당국에서는 디지털 플랫폼 사업자의 다면/네트워크 효과, 데이터 기반 차별화 서비스, 규모의 경제(economy of scale), 범위의 경제(economy of scope)와 같은 특성에 주목하여 사업 경쟁자 관점에서 반경쟁적 행위와 진입장벽 생성 가능성을 검토하고 있는 실정이다. 이러한 플랫폼 사업자의 성장과 비즈니스 확장이 소비자에게 혜택을 주는 혁신의 결과라는 주장도 제기되고 있는 상황에서, 본장에서는 데이터를 기반으로 온라인 서비스를 제공하고 있는 '디지털 플랫폼 사업자'를 중심으로 다양한 비즈니스 모델과 경쟁 우위를 살펴보고 비즈니스 확장과 진화 관점에서 플랫폼 혁신이 갖는 함의를 논하고자 한다.

II 디지털 플랫폼 비즈니스와 경쟁력

디지털 플랫폼 사업자의 비즈니스 경쟁력은 1차적으로 '디지털화(digitalization)'에서 찾을 수 있는데, 기업의 경영 관점에서 봤을 때 디지털화는 비즈니스 프로세스에 IT 기술을 도입하는 것으로서 과거에 수집되지 못했거나 아날로그 형태였던 데이터를 다양한 접점에서 디지털 인풋(digital input)화할 수 있다는 의미를 가진다. 사물과 사물, 사람과 사물, 사람과 사람이 연결되는 데이터 기반 네트워크 사회에서 플랫폼 사업자는 디지털화를 통해 방대한 양의 데이터를 실시간 확보할 수 있게 되고, 이를 기반으로 창출된 다양한 서비스를 통해 충분한 소비자들을 획득할 수 있게 된다. 여기서 소비자, 그리고 정책 입안자의 시각에서 봤을 때 플랫폼 사업자가 얼마나 데이터를 보유하고 있느냐가 데이터 경쟁 우위에 있어 중요한 요소라고 생각할 수 있지만, 데이터 보유 그 자체는 기업의 데이터 경쟁 우위에 있어 필요 조건이지 충분 조건은 아니다. 학계에 널리 알려진 DIKW(Data–Information–Knowledge–Wisdom) 위계 이론에 따르면, 원재료인 데이터–정보–지식–지혜로 이어지는 피라미드 형태로 변환이 일어날 수 있다. 즉, 데이터 자체로는 가치가 없으며 특정 목적에 맞춰 구성되고 처리되어 지식으로의 변환되는 과정을 거침으로써 비로소 가치를 가지게 되는 것이다.[2] 이해를 돕기 위해 아마존(Amazon) 사례를 살펴보자. 아마존은 이커머스 사이트, 전자책 킨들, IoT 디바이스, 오프라인 상점(e.g., Whole Foods) 등 다양한 데이터 수집 채널들로부터 방대한 데이터를 수집할 수 있는 원재료 데이터 접근성 우위가 있다. 이렇게 수집된 데이터를 단순 보유하는 것에 그치지 않고 그 다음 가치사슬 단계인 분석으로 가져가면서 데이터에서 정보로 변환하는 과정을 겪게 되는데, 아마존은 AWS 클라우드뿐 아니라 머신러닝, 딥러닝, 그리고 계량경제 등 다양한 분야의 전문성을 지닌 분석 인력들을 보유하고 있기에 정보–지식 변환 단계에서도 경쟁 우위를 가지고 있다. 이렇게 분석된 결과는 기업의 지식으로 변환되어 가치 창출로 이어질 수 있는데, 가치 창출은 소비자들을 대상으로 더 나은 서비스와 상품을 제공함으로써 매출을 상승[3]시키거나 기업의 생산 비용을 절감하는 식의 수익 창출 행위로 설명 가능하다.

아마존뿐 아니라 국내외에서 자주 언급되는 디지털 플랫폼 사업자들은 초기엔 특정 정보 서비스로 한정해 소비자들로부터 인정을 받고, 해당 소비자 층을 기반으로 데이터를 활용하여 연관 정보 서비스를 보완재로 제공하는 경향을 보인 바 있다. 개별 소비자에게 필요한 정보 보완재가 맞춤형으로 제공된다는 특징으로 인해, 소비자는 혜택을 누리기도 하지만 장기적으로 소비자 고착

2 Rowley, J. (2007). "The Wisdom Hierarchy: Representations of the DIKW Hierarchy." *Journal of Information Science*, 33(2), 163–180.

3 데이터 기반 가치 창출의 대표적인 방법은 고객 세분화(micro–segmentation)를 통한 맞춤형 제품 추천, 업셀링(upselling), 크로스셀링(cross–selling) 등을 꼽을 수 있다.

이슈(lock-in effect)가 발생할 가능성도 있다. 플랫폼 사업자가 제공하는 연관 정보 서비스 전략에 대한 이해를 돕기 위해 글로벌 플랫폼 사업자로 잘 알려져 있는 구글(google)을 생각해보자. 구글은 이메일, 스케쥴러, 문서 클라우드 공유, 온라인 회의 등 다양한 정보 서비스를 함께 제공하고 있는데 예를 들어, 이용자는 아침에 출근하면서 구글 지메일을 통해 업무 파악을 하고 구글 칼렌더 서비스를 통해 업무 관련 미팅 일지를 기록할 수 있다. 다른 동료들도 구글을 이용하고 있기 때문에 미팅 일정을 지메일로 공유하면서 관련된 문서를 구글드라이브에 올려 공유하고 오후에 구글 행아웃을 통해 화상회의를 하기로 결정한다. 이렇게 끊김없는 정보 서비스를 하나의 사업자로부터 이용할 수 있고, 다른 동료들도 해당 서비스를 함께 이용함으로써 네트워크 효과가 발생하므로 이용자는 다른 서비스 사업자로 전환하기 점차 어려워질 수 있는 것이다. 비단, 특정 정보 서비스에 초점을 맞춘 사업자가 등장할 경우 이용자는 멀티호밍(multi-homing)을 할 수 있지만, 시장지배적 사업자의 정보서비스 번들링 전략은 서비스 이탈을 강하게 저지할 수 있는 것이다. 특히 다른 플랫폼 사업자로 전환을 할 경우 본인 정보 및 게시물 등을 상실할 수 있기에 데이터 이동의 범위와 가능성을 두고 데이터 소유권, 접근권, 이동권 이슈 등이 디지털 플랫폼 전환비용(switching cost)으로 부각되고 있다.

이렇듯 디지털 플랫폼 사업자는 방대한 데이터를 바탕으로 경쟁우위를 가지게 되므로, 어떠한 방식으로든 (기존 사업 혹은 신규 사업 등) 사용자들과의 접점과 시간 확보를 위한 서비스를 제공하려는 인센티브를 가지게 된다. 비단 플랫폼 사업자의 외형을 봤을 때는 비즈니스 수익 창출 영역이 물품 거래형(예: 아마존, 쿠팡), 서비스 거래형(예: 마이리얼트립), 자산공유형(예: Uber), 소셜형(예: 페이스북) 등으로 달라 보일지라도, 이들 플랫폼 사업자는 공통적으로 소비자가 자사 플랫폼 위에서 많은 시간을 보내길 원하고, 이를 위해 사람들 간 소통 서비스, 뉴스, 웹툰/웹소설/동영상 콘텐츠를 번들링(bundling) 방식으로 제공하게 된다. 대표적인 예로서 아마존의 인도 시장 공략을 들 수 있는데, 아마존은 인도 커머스 시장에서 점유율을 끌어올리기 위해 2016년 7월 아마존 프라임 서비스를 저가로 제공하는 식으로 온라인 쇼핑과 콘텐츠 번들링 전략을 취했는

데, 실제로 인도 시장 내 아마존의 커머스 시장 점유율이 상승한 바 있다. 국내 플랫폼 사업자들의 움직임을 보더라도, 최근 네이버와 CJ ENM 간 전략적 제휴, 네이버와 카카오의 글로벌 웹콘텐츠 사업자 인수합병(M&A), 쿠팡의 동남아 OTT 사업자 Hooq 인수와 쿠팡플레이 출시 등은 이러한 맥락에서 이해할 수 있겠다.

이와 같은 디지털 플랫폼 사업자의 움직임을 비즈니스 전략 차원에서 이해하기 위해서는 데이터를 활용한 미래 경제적 가치 창출(data monetization)이 어떻게 이뤄지는지 살펴볼 필요가 있다. 데이터 기반 가치 창출은 3가지 형태로 이뤄질 수 있는데[4], 우선 사업자는 자사 보유 데이터를 활용해 현재 진행 중인 핵심사업의 기획 및 운영의 효율성을 높임으로써 추가적인 매출 확보와 비용 감축을 유도할 수 있으며, 비즈니스 인사이트를 발굴함으로써 경제적 가치를 창출할 수 있다. 이는 일반적인 사업자에게 적용되는 가치 창출 방식으로서 디지털 플랫폼 사업자에 국한되지는 않는다. 두 번째, 사업자는 인접 사업 영역으로의 진출을 통해 보유 데이터 이외 타사업의 데이터와의 결합을 통해 인접 사업 영역으로 전략적으로 진출함으로써 미래 수익원 확보할 수 있다. 세 번째, 사업자는 자사 비즈니스 영역에서 데이터 기반 신규 서비스를 제공함으로써 추가적인 수익을 창출할 수 있다. 여기에서 두 번째, 세 번째 가치 창출 방식이 최근 데이터 기반 플랫폼 사업자들이 보이고 있는 행보와 관련되어 있다고 할 수 있다. 즉, 이들은 현재 소비자와의 접점을 확보해서 빅데이터를 수집할 수 있고 새로운 서비스를 제공해서 소비자의 시간을 더 확보할 수 있는 위치에 있기 때문에, 이들 사업자들은 자연스럽게 가치사슬의 상단에 위치한 업스트림(upstream) 업체들의 사업 영역으로 수직적(vertical) 인수합병 등의 절차를 통해 전략적으로 진출할 수 있으며, 동등한 가치사슬 레벨에 위치한 사업자들의 비즈니스 영역에도 기존에 제공되던 서비스와 구분되는 신규 서비스를 제공함으로써 수평적(horizontal) 확장을 시도할 수 있다. 이런 과정에서 성공적으로 새로운 공급자와 소비자를 끌어들이는 사업자는 생태계 주도권을 가져가

4 PwC (2019). “Putting a value on data.”

면서 디지털 플랫폼 사업자로 부상하게 된다.

그렇기에 플랫폼 사업자의 최초 비즈니스 토대가 온라인인지, 오프라인인지, 비즈니스 서비스가 검색인지, 메신저, 커머스인지 상관없이 최근 화두는 데이터 확보와 활용이 될 수밖에 없는 것이다. 단순히 자사 데이터를 어떻게 구축, 관리하여 의사 결정에 활용할 것인지 고민해야 할 뿐 아니라, 데이터 경제 생태계 변화에 따라 외부에서 획득(e.g., 기업 간 데이터 거래, 이종 산업 간 데이터 결합, 소비자 데이터 열람권 획득 등) 가능한 데이터로 어떻게 데이터를 보완하고 추가적인 가치를 창출할 것인지도 함께 논의되고 있다. 이러한 움직임 속에 작금의 디지털 플랫폼 사업자들의 비즈니스를 살펴보면, 많은 사업자들 간 비즈니스 영역을 구분하기 어려울 정도로 변모하고 있음을 알 수 있으며, 소비자의 시각에서 플랫폼 사업자의 주요 비즈니스 서비스 형태로 사업자를 논하고 시장과 경쟁을 논의하는 것 역시 현실과 거리가 멀다는 점도 인지할 필요가 있겠다. 이에 다음절에서는 플랫폼 사업자의 혁신에 대한 학술적 논의를 중심으로 그들이 보이고 있는 비즈니스 움직임을 유형화하여 살펴보고자 한다.

III 디지털 플랫폼 혁신 형태

단순히 세상에 없는 새로운 것을 발명한다고 해서 혁신이라고 부를 수 없다. 기업의 움직임을 혁신으로 부르기 위해서는 소비자든, 주주든 그 누군가에게 반드시 가치를 제공해야만 한다. 그러한 측면에서 기업에서 말하는 비즈니스 혁신은 소비자에게 과거 경험해보지 못한 가치를 제공하는 새로운 제품(e.g., 애플 아이폰, 전기자동차 테슬라 등)이나 서비스를 내놓는 행위로도 볼 수 있고, 기업 자체 비즈니스 공정 프로세스의 효율성을 높임(e.g., 5G 기반 스마트 팩토리 도입을 통한 공장 전체 비가동 시간 감축)으로써 비용을 감축하고 수익을 높이는 행위로도 볼 수 있다. 다만 플랫폼 사업자의 혁신의 경우, 플랫폼 구조와 비즈니스 모델의 복잡성, 혁신이 가져오는 결과가 중장기적으로 나타난다는 점에서 논의가 쉽지 않은 게 사실이다.

기본적으로 플랫폼을 논할 때 보통 수요-공급자로 이루어진 양면시장을 주요 특징으로 논해지곤 하는데, 플랫폼을 연구해온 학자들은 양면 시장 유형(e.g., 미디어 시장, 신용카드 시장, 온라인 중개 등)에 집중하여 좀더 체계적인 분석과 논의를 이끌어온 바 있다. 예를 들어, 플랫폼 양면 간 다양한 상황에서 관측 가능한 거래가 있었는지 여부를 두고 (1) 거래형 양면시장(two-sided transaction market)과 (2) 비거래형 양면시장(two-sided non-transaction market)으로 구분한 바 있다.[5] 거래형 양면 시장의 대표적인 예는 신용카드 시장인데, 카드를 발급받은 소비자가 카드사 가맹 점포에서 카드를 사용하면서 양면 간 거래가 관측이 된다. 이 경우, 양면 플랫폼으로서 신용카드 사업자는 플랫폼에 참여하는 비용(e.g., 연회비 등 멤버십 비용)과 더불어 거래 당 수수료(fee)를 부과할 수 있는 이부요금제(two-part tariff)를 도입할 수 있다. 이에 반해 비거래형 양면 시장으로 분류되는 미디어 시장은 콘텐츠 소비자와 광고주를 연결해주지만 소비자의 광고 노출(e.g., 배너 광고 클릭) 후 광고주 제품, 서비스 구매 간 인과관계가 기술적으로 추적 및 증명 가능하지 않은 이상 양면 간 거래를 완벽히 규정하기 어렵다고 볼 수 있으며, 이 경우 거래 수수료 등 이부요금제를 부과할 수 없다.

다만, 2절에서 언급했듯이 IT 기술의 발전과 비즈니스 모델의 복잡화로 인해 플랫폼 사업자는 거래형, 비거래형 시장을 포괄한 형태의 다면 시장 사업자로 진화하고 있다. 더불어 플랫폼의 수요 측면을 차지하고 있는 소비자는 반드시 한 면으로 제한되지 않고 다면(multi-sided)을 형성할 수 있고, 이 경우 플랫폼은 다면 플랫폼으로 변하게 된다.[6] 그렇기에 플랫폼 형태에 대한 규정과 플랫폼 혁신 논의는 쉽지 않으며, 구체적으로 <그림 8-1>에 제시된 구글 사례를 통해 살펴보고자 한다.

---

5 Filistrucchi, L., Geradin, D., Van Damme, E., & Affeldt, P. (2014). Market definition in two-sided markets: Theory and practice. Journal of Competition Law & Economics, 10(2), 293-339.

6 Hagiu, A., & Wright, J. (2015). Multi-sided platforms. International Journal of Industrial Organization, 43, 162-174.

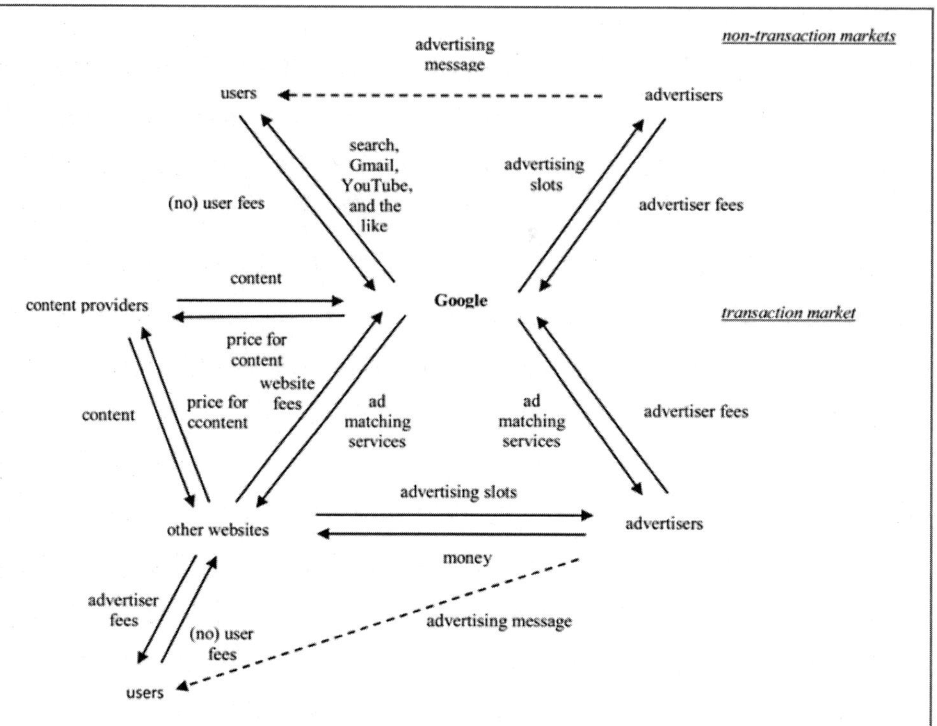

출처: Filistrucchi et al.(2014).

〈그림 8-1〉 거래형, 비거래형 시장을 포괄한 다면 시장 플랫폼 사업자 예시

<그림 8-1>을 보면 사업자의 행위는 웹, 모바일에서 발생하는 다양한 소비자 행위를 바탕으로 하여, 이용자 데이터 수집 활동, 직접 또는 제3자로부터 데이터를 구입하여 새로운 데이터로 처리하거나 가공, 판매하는 처리 및 중개활동, 이러한 빅데이터를 수요로 하여 자신의 사업을 영위하고자 하는 활동, 미디어(매체)를 보유하고, 광고주 또는 중개업자에게 광고비를 받고 광고를 집행하는 활동 등으로 구분지어 살펴볼 수 있다. 좀 더 구체적으로 <그림 8-1>에 일반 소비자(user)로 표기된 시장 참여자는 구글에서 제공하는 다양한 정보 서비스(e.g., 검색 서비스, 지메일, YouTube 등)을 이용하면서 광고에 노출되게 됨으로써 비거래형 시장에 참여하게 되고, 구글은 광고주와 기타 웹사이트 사업자에게 광고 매칭 서비스를 제공하고 콘텐츠 제공자에게 수익을 배분

하면서 거래형 시장을 형성하며 다면 시장 플랫폼 사업자로서 역할을 하게 됨을 알 수 있다. 이러한 플랫폼 다면화를 이끄는 것은 IT 기술 발전과 사용자 행동을 추적할 수 있는 데이터 획득 용이성 증대라고 볼 수 있겠다. 이에 따라 전통적인 온라인 디스플레이 광고 시장을 형성하고 있는 주체들은 광고주(제조업자, 유통사업자), 광고주와 매체를 이어주는 중개업자(Agency)인 종합광고대행사, 인터넷 광고대행사 및 광고플랫폼 사업자 내지 매체 사업자, 이용자 정도로 구분할 수 있었지만, 시장 세분화 및 타겟팅과 같은 데이터 기반 효율성을 추구하는 과정에서 전통적인 광고 주체들 이외에 SSP(supply-side platform), DMP (data management platform), DSP(demand-side platform) 등 빅데이터를 전문적으로 분석하고 처리하는 업체들이 광고 시장에 진입하게 되면서 플랫폼 비즈니스는 복잡한 다면 시장 형태로 진화하게 되는 것이다. 현재 플랫폼의 플랫폼(platform of platforms)으로 불리우는 애플 iOS와 구글 안드로이드가 디지털 생태계의 운영자(operator)로 영향력을 가지게 된 점도 모바일 데이터의 비중 확대와 관련된 다면시장화 동학(dynamics)에서 살펴볼 수 있다고 본다.

비슷한 맥락에서 플랫폼 사업자의 혁신을 확장과 진화 과정으로 간주하여 혁신의 발현 형태를 다면시장화로 살펴본 최근 연구가 있어 함께 소개하고자 한다. 양면 시장 플랫폼이 다면화되는 과정에서 기업의 혁신 전략은 (1) 공급 측면 확장(supply-side extensions) (2) 거래형 광고(transactional advertising) (3) 데이터 거래(data trading)로 규정하여 살펴볼 수 있다는 이론 프레임워크가 그것이다.[7]

7 Trabucchi, D., & Buganza, T. (2020). Fostering digital platform innovation: From two to multi-sided platforms. Creativity and Innovation Management, 29(2), 345-358.

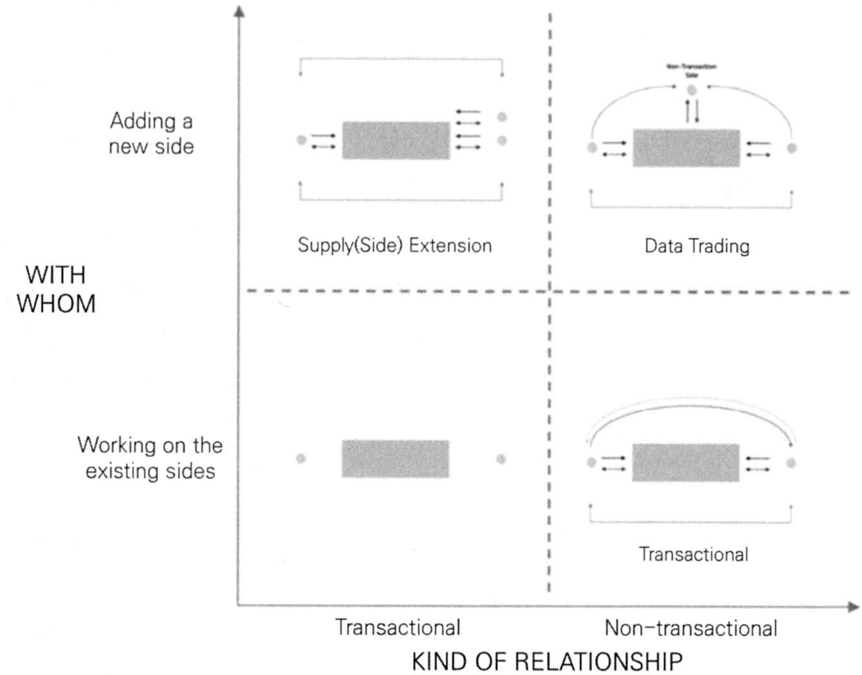

출처: Trabucchi & Buganza(2020).

〈그림 8-2〉 플랫폼 사업자의 3가지 혁신 전략 예시

<그림 8-2>의 세로축은 새로운 이용자를 시장으로 편입시키는 혁신으로 볼 수 있듯이, 우선 공급 측면 확대 전략 사례로서 유휴자산 공유 플랫폼 사업자로 시장에 진출했던 Airbnb와 Uber를 들어 설명할 수 있다. Uber의 경우 일반 소비자가 특정 목적지로 이동할 때 필요한 운송 수단을 공급 측면의 운전자가 제공하는 중개 비즈니스 모델로 시작을 했는데 이후 소비자가 목적지에서 필요로 하는 서비스 니즈에 주목하여 Uber Eats 서비스라는 목적지 주변 레스토랑이라는 새로운 공급 측면을 추가하는 비즈니스 전략을 취했다. 이러한 공급 측면 확장 전략은 새로운 수익원 확보뿐 아니라 신규 데이터 확보를 가능케 한다. 이러한 혁신 전략은 익스피디아(Expedia)나 부킹닷컴(Booking.com)과 같은 온라인 여행 에이전시 등에서 자주 볼 수 있는데, 이들은 호텔 예약에서 시

작하여 항공편, 차량 렌탈 등으로 연관 서비스 사업자들을 공급 측면으로 추가한다. 부킹닷컴의 경우, 자사 서비스를 이용하는 소비자의 과거 예약 정보뿐 아니라 현재 검색 정보 쿼리(query)에 대한 데이터를 가지고 있기 때문에 공급 측면에 위치해서 매칭되었던 호텔들을 검색 광고 비즈니스 모델로 편입시킬 수 있기도 하다. 사용자 측면의 데이터를 이용해 매칭을 촉진시킨다는 의미에서 호텔과 같은 공급 측면 사업자들은 플랫폼 사업자와 비거래형 관계를 광고 형태로 추가로 가지게 되는 셈이며, 이것이 두 번째 혁신 전략으로 간주될 수 있다. 세 번째 혁신 전략은 사용자와 공급자를 중개하는 과정에서 누적된 매칭 데이터를 다양한 목적으로 필요로 하는 사업자들에게 판매하여 수익을 창출하는 데이터 거래 모델인데 대표적인 사례는 Airbnb Citizen, Uber Movement이다. 이렇듯 플랫폼 사업자의 혁신 움직임은 자신을 중심으로 생태계(ecosystem) 확장으로 자연스럽게 이어지게 되는데, 이러한 과정에서 발생하는 사업자 간 경쟁과 소비자 후생 함의를 두고 경쟁 당국과 플랫폼 사업자 간 논쟁이 심화되고 있다.

Ⅳ 플랫폼과 혁신, 경쟁 함의

그렇다면 누군가에게 효율성, 수익 등으로 대표되는 가치를 창출시켜주는 플랫폼 사업자의 혁신은 왜 논란의 중심에 서게 되었는가? 그것은 혁신으로 인해 발생하는 경쟁 압력과 관련되어 있다고 볼 수 있는데, 우선 필자가 저자로 참여했었던 혁신 전략 논문[8]을 들어 최근 플랫폼 경쟁 이슈로 연결해 설명해보겠다.

8 Kim, W., & Kim, M. (2015). Reference quality-based competitive market structure for innovation driven markets. International Journal of Research in Marketing, 32(3), 284-296.

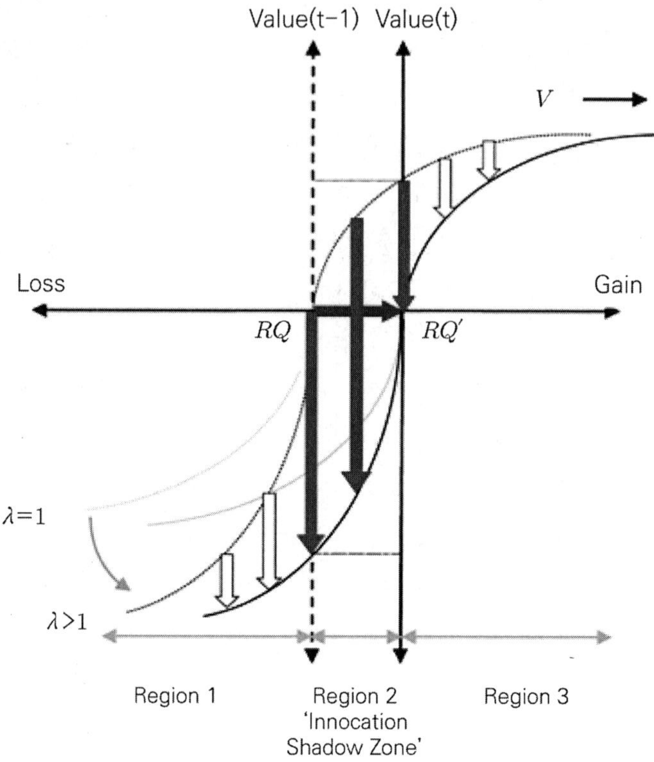

출처: Kim & Kim(2015).

〈그림 8-3〉 혁신과 경쟁 압력 예시

<그림 8-3>에 제시된 수학적 표기로 인해 다소 이해가 어려울 수 있으나, 핵심은 아무리 현시점에서 높은 시장 점유율과 경쟁 우위를 가지고 있는 사업자라고 하더라도 특정 사업자의 전략적인 혁신 움직임으로 인해 발생한 소비자 혜택이 소비자의 눈높이를 높일 경우 극심한 경쟁 압력을 받을 수 있다는 것이다. <그림 8-3>의 중간에서 보이는 'Innovation Shadow Zone'으로 지칭된 구간에 위치한 기존 사업자들은 혁신의 경쟁 압력에 가장 취약한 포지션에 있으며, 이를 알고 있는 기업은 전략적으로 취약 사업자들을 퇴출시킬 목적의 혁신을 추진할 수도 있다. 단기적으로 소비자는 RQ에서 RQ'로 이뤄진 혁

신으로부터 혜택을 누릴 수 있지만, 이러한 혁신으로 인해 기존 경쟁 사업자들이 시장에서 퇴출될 경우 시장 전체적으로 혁신에 대한 경쟁이 줄어들게 되어 중장기적으로는 지속적인 시장 혁신은 보장되지 않을 수 있는 것이다. 최근 빅테크(big tech) 플랫폼 사업자들이 소위 킬 존(kill-zone)을 가지고 있어서 자신들만의 데이터 중심 비즈니스 운용에 잠재적 위협이 될 수 있는 혁신적 스타트업들을 선제적으로 인수합병하는 움직임을 보이는 점[9]도 시장 전체로 봤을 때 혁신적 신규 서비스 창출을 저해할 수 있는 근거로 지적된 바 있다. 즉, 혁신이라고 포장될 수 있는 플랫폼 사업자의 움직임 속에서 경쟁 압력이 발생할 수 있고 중장기적으로 소비자 후생에 피해를 줄 수 있다는 우려가 존재하는 상황이다. 다만, 아직 학술적으로 플랫폼 사업자와 관련된 혁신, 경쟁 압력, 소비자 후생을 살펴본 연구는 부족한 편이며 특히 데이터 기반 실증 연구는 현저히 부족한 상황이다. 소비자 후생 관점에서 참고할 만한 실증 선행 연구로서 과거 페이스북(Facebook)이 사진 공유 생태계에 참여하는 보완적 성격의 3P 앱들이 존재하는 상황에서 자체 보완 서비스인 인스타그램을 수직 결합하여 제공하는 상황을 살펴본 연구가 있는데,[10] 소비자들은 이러한 수직 결합을 통해 인스타그램에서 추가적인 가치를 경험할 수 있었고 그 결과 페이스북 사진 공유에 있어 인스타그램 사용을 증가시켰다는 점이 확인된 바 있다. 이러한 인스타그램 사용자 층 확대는 페이스북의 사진 공유 생태계에 참여하는 큰 규모의 3P 앱 사업자들에게는 긍정적인 전이효과를 발생시키는 반면 작은 규모의 3P 앱 사업자들에게는 부정적인 전이효과를 주는 것으로 나타났다. 즉, 소규모 3P 사업자들에 대한 소비자 수요 감소와 대규모 3P 사업자들에 대한 소비자 수요 증가가 동시에 발생하게 되므로, 전체적인 사진 공유 생태계에서의 소비자 수요와 시장 규모는 증가한 것이다.

제한적이긴 하지만 최근 선행 연구들은 주로 디지털 플랫폼 사업자가 소

9 Kamepalli, S. K., Rajan, R., & Zingales, L. (2020). Kill zone (No. w27146). National Bureau of Economic Research.

10 Li & Agarwal (2017) Li, Z., & Agarwal, A. (2017). Platform integration and demand spillovers in complementary markets: Evidence from Facebook's integration of Instagram. Management Science, 63(10), 3438-3458.

비자-공급자를 중개(intermediation)하는 마켓플레이스 제공자로서 역할을 수행하면서 스스로 재판매 사업자로 마켓플레이스에 뛰어들어 3P(third-party) 입점업체와 직접 경쟁하는 '이중역할(dual role)'에서 오는 혁신과 경쟁 압력을 논하고 있는데, 대표적으로 Amazon의 마켓플레이스뿐 아니라, Apple의 App Store, Salesforce의 AppExchange, Sony의 PlayStation Store 등 자신이 구축한 마켓플레이스에서 3P 사업자 앱/게임 등과 경쟁하는 자체 앱/게임 등을 제공하는 상황들을 예시로 들 수 있겠다.[11] 플랫폼 사업자의 마켓플레이스 참여가 입점업체의 혁신에 영향을 주는 메커니즘과 관련해, 경영학 문헌에서는 수요와 공급 측면에서 발생 가능한 2가지 메커니즘을 제시하고 있다. 첫 번째, 공급 측면에서의 경주(Racing) 메커니즘[12]으로서 경영전략 문헌에서 Red Queen 효과로 불리우는 공급자 간 경쟁 역학이 플랫폼 혁신 논의와 관련되어 있다. 즉, 기업은 혁신을 통해 경쟁 기업과의 성과 우위 차이를 가져가려 하므로 플랫폼 기업의 입점은 공급 측면 혁신을 유발시킬 수 있다는 논리이다. 이 경우 플랫폼 사업자와 입점업체 간 힘의 균형 여부에 따라 다른 양상이 나타날 수 있는데, 플랫폼 사업자와 입점 3P 판매자 간 힘의 균형이 유지되는 상황에서는 경주 메커니즘이 더욱 작동하여 3P 판매자의 혁신이 촉발되지만, 플랫폼 사업자에게 시장 지배력이 있는 경우엔 3P 판매업체들이 의도적으로 경쟁을 피할 수 있기 때문에 경주 메커니즘이 작동하지 않을 수 있다.[13] 두 번째, 수요 측면에서의 관심이 높아진다는 관심 전이(attention spillover) 메커니즘이다. 플랫폼 사업자의 마켓플레이스 입점은 해당 상품 카테고리에 관심을 보이는 소비자 규모를 키우게 되어 관련 3P 입점업체가 증가된 소비자 그룹에게 어필하여 수익을 창출할 인센티브를 가지게 되므로 결국 혁신을 하게 된다는 논리이다. 이는 비단 플랫폼 사업자와 입점업체 간 경쟁으로 국한되지 않고 일반적인 기업 경쟁에

11 Hagiu, A., Teh, T. H., & Wright, J. (2020). Should platforms be allowed to sell on their own marketplaces?. Available at SSRN 3606055.

12 Tiwana, A. (2015). Evolutionary competition in platform ecosystems. Information Systems Research, 26(2), 266-281.

13 Foerderer, J., Kude, T., Mithas, S., & Heinzl, A. (2018). Does platform owner's entry crowd out innovation? Evidence from Google photos. Information Systems Research, 29(2), 444-460.

서도 작동하는데, 예를 들어 기업의 제품 광고는 경쟁 상품에 대한 소비자 수요를 줄일 수 있지만(i.e., business stealing) 해당 제품 카테고리에 대한 시장 파이를 키우는 식(i.e., market expansion)으로 전체 업체에게 도움을 줄 수 있는 것이다.[14] 특히 소비자 규모가 늘어남에 따라, 그들을 통해 발생하는 제품에 대한 피드백도 함께 증가하게 되므로, 해당 정보는 입점업체들이 어떠한 방향으로 혁신을 해야하는지 파악할 수 있는 새로운 기회도 만들어 줄 수 있다는 것이다.[15]

V 맺음말

유럽에 비해 빅테크 플랫폼 규제에 소극적인 입장을 보였던 미국에서도 최근 일련의 플랫폼 법안들이 발의되면서 디지털 플랫폼 사업자가 취할 수 있는 다양한 전략적 행동이 소비자 후생, 업체와의 경쟁과 혁신 촉진 측면에서 어떤 영향을 줄 것인지 살펴보려는 시도가 이뤄지고 있다.[16] 다만, 각국의 경쟁당국, 정책 입안자 및 학자들의 관심이 증가하고 있는 추세임에도 불구하고 본 장에서 언급했듯이 IT 기술의 발전과 데이터 접근성 확대, 비즈니스 모델의 복잡화로 인해 디지털 플랫폼 사업자는 초창기 사업 모델에 묶여있지 않은 새로운 형태의 다면 시장 사업자로 진화하고 있기에 플랫폼 혁신과 경쟁 논의는 여전히 초기 단계에 머물러 있다고 본다. 과거 경쟁당국이 취했던 시장 획정 및 경쟁 규정에서 벗어나 플랫폼 사업자의 중개 기능에 집중해 플랫폼의 시장 디자인 특성과 참여자 규정에 주목하는 추세도 이와 맞닿아 있다고 본다. 이러한 상황에서 그간 제한적으로 이루어진 선행 연구들에서도 이론적 모형이 가지고 있는 제약적인 가정과 그에 따른 정책적 해석의 한계점을 강조하고 있으며, 구

14 Liu, Q., Steenburgh, T. J., & Gupta, S. (2015). The cross attributes flexible substitution logit: Uncovering category expansion and share impacts of marketing instruments. Marketing Science, 34(1), 144-159.

15 Brown, S. L., & Eisenhardt, K. M. (1995). Product development: Past research, present findings, and future directions. Academy of management review, 20(2), 343-378.

16 Asoni, A. (2021). The effect of platform integration on competition and innovation.

글, 아마존, 페이스북과 같은 빅테크 플랫폼 기업들을 대상으로 시도된 실증 연구에서도 단기적인 긍정, 부정 효과가 동시에 추정되었을 뿐 아니라 장기적으로 의도되지 않은 효과 가능성을 배제하지 않고 정책 입안자들에게도 단기, 장기적 효과를 염두에 둘 것을 강조하였다는 점에 주의할 필요가 있다.

참고문헌

Asoni, A. (2021). The effect of platform integration on competition and innovation.

Brown, S. L., & Eisenhardt, K. M. (1995). Product development: Past research, present findings, and future directions. Academy of management review, 20(2), 343–378.

Evans, D. S., & Schmalensee, R. (2016). Matchmakers: The new economics of multisided platforms. Harvard Business Review Press.

Filistrucchi, L., Geradin, D., Van Damme, E., & Affeldt, P. (2014). Market definition in two–sided markets: Theory and practice. Journal of Competition Law & Economics, 10(2), 293–339.

Foerderer, J., Kude, T., Mithas, S., & Heinzl, A. (2018). Does platform owner's entry crowd out innovation? Evidence from Google photos. Information Systems Research, 29(2), 444–460.

Hagiu, A., Teh, T. H., & Wright, J. (2020). Should platforms be allowed to sell on their own marketplaces?. Available at SSRN 3606055.

Hagiu, A., & Wright, J. (2015). Multi–sided platforms. International Journal of Industrial Organization, 43, 162–174.

Kamepalli, S. K., Rajan, R., & Zingales, L. (2020). Kill zone (No. w27146). National Bureau of Economic Research.

Kim, W., & Kim, M. (2015). Reference quality–based competitive market structure for innovation driven markets. International Journal of Research in Marketing, 32(3), 284–296.

Li, Z., & Agarwal, A. (2017). Platform integration and demand spillovers in complementary markets: Evidence from Facebook's integration of Instagram. Management Science, 63(10), 3438–3458.

Libert, B., Beck, M., & Wind, J. (2016). The network imperative: How to survive and grow in the age of digital business models. Harvard Business Review Press.

Liu, Q., Steenburgh, T. J., & Gupta, S. (2015). The cross attributes flexible substitution logit: Uncovering category expansion and share impacts of marketing instruments. Marketing Science, 34(1), 144–159.

Tiwana, A. (2015). Evolutionary competition in platform ecosystems. Information Systems Research, 26(2), 266–281.

Trabucchi, D., & Buganza, T. (2020). Fostering digital platform innovation: From two to multi-sided platforms. Creativity and Innovation Management, 29(2), 345–358.

09 자율규제의 수범자이자 규제권자로서의 플랫폼*

선지원 / 한양대학교 법학전문대학원

I 자율규제의 의의와 논의 필요성

규제의 속성은 국가의 존재 이유와 연결된다. “사회계약론” 등의 이론에 따르면 대체로 국가의 성립은 국민의 일반 의지에 기초하여, 개인의 자유와 공동의 이익을 지키기 위해 형성된 약속과 동일시된다.[1] 그 약속, 즉, 사회계약을 지키기 위해 국가는 개인의 자유나 공동의 이익에 어긋나는 행위에 대해 규제라는 수단을 사용하는 것이다. 따라서 규제는 무조건적인 국가 권력의 과시가 아니라, 공동체 구성원들이 누려야 할 더 크고 궁극적인 자유를 위한 것이어야 한다. 공권력의 담지자는 그 측면에서 규제받는 당사자들이 받는 제약은 최소화하면서 공동체 전체의 자유는 극대화하는 방식이 무엇인지 끊임 없이 고민하여 규제의 방식을 결정해야 할 것이다. 즉, 규제의 목적과 대상에 대한 비례성(Verhältnismäßigkeit)을 찾는 것이 규제론의 가장 큰 의제인 것이다. 비례성이 충족되는 영역, 즉, 충돌되는 가치 사이에서 균형이 이루어지는 지점은 산업과 기술의 발전, 공동체 구성원들의 인식의 변화 등에 기초한 사회의 발전 양상에 따라 계속해서 변화해 왔고, 그에 따라 규제 형식 역시 진화해 왔다.

---

* 이 글의 내용은 저자의 논문인 “규제 방법의 진화로서 자율규제의 실질화를 위한 연구”(행정법연구 제64호, 2021. 3.)에 기초하였으며, 이후의 이론적 논의와 제도 발전 사항을 반영한 것임을 밝힌다.

1 다양한 논자들이 각기 다른 방법으로 주장한 “사회계약론”을 하나의 문장으로 단순화할 수는 없지만, 여기서는 고봉진, 사회계약론의 역사적 의의 — 홉스, 로크, 루소의 사회계약론 비교 —, 「법과 정책」 제20집 제1호, 2014, 65쪽 이하 참조.

규제의 방법론으로서 "자율규제"는 일찍부터 논의의 대상이 되어 왔다. 구체적인 규제의 방법론과 관련해서는 논자마다 차이가 있지만, 대체로는 일정한 영역에서 조직화된 집단이 스스로 그 구성원의 행위를 규율하는 것을 일반적으로 자율규제라고 지칭한다.[2] 즉, 구체적으로 집약할 수 있는 개념이라기보다는 규제의 방법론으로서 자율성이라는 특징을 가지고 있는 모든 방식을 가리킨다.[3] 근대 초기의 형식적 법치주의 행정 단계에서는 의회가 법률을 통해 정한 내용을 관료가 기계적으로 수행하는 것이 권력 작용의 전형적인 모습이었다.[4] 때문에 그러한 top-down 방식이 규제의 방법으로 취급되었을 것이다. 그러나 다원주의를 기초로 하는 현대의 행정에서 전통적인 top-down 방식의 규제는 여러 한계를 지닐 수밖에 없을 것이다. 때문에 여러 방법을 통해 규제의 방식을 개선하려는 시도가 나타났다. 특히 현대사회의 전문화 경향에 비추

---

2 자율규제를 "조직화된 집단이 그 구성원의 행위를 규제하는 것"으로 정의하는 문헌으로는 김상택 외, 자율규제 확대에 따른 전문규제기관 기능 및 역할에 관한 연구, 방송통신위원회, 2016, 8쪽. 자율규제의 개념요소로 "자율규제를 위한 준칙 내지 기준이 … 민간 부문의 행위주체들을 포함한 의사 구성체의 합의에 기초하여 설정"된다는 점과 "피규제자 스스로 정립한 자율기준을 적용하고 이행"한다는 점을 들고 있는 문헌으로 왕승혜, 경제행정법상 자율규제에 관한 연구 — EU·프랑스·한국 식품법제의 비교를 중심으로 —, 서울대학교 법학박사 학위논문, 2014, 19쪽 이하. "사업자 또는 사업자단체가 소비자보호를 위해서 또는 시장의 투명성과 신뢰를 확보하기 위해 스스로 행하는 자정노력으로서의 규제활동"으로 정의하는 문헌으로는 이민영, 인터넷 자율규제의 법적 의의, 저스티스 통권 제115호, 2010, 138쪽. "사적 그룹이나 이익단체 등에 의한 규제"로 정의하는 문헌은 정남철, 현대국가의 규제구조와 규제된 자율규제 — 특히 규제거버넌스의 구축과 실현방안을 중심으로 —, 공법연구 제46집 제4호, 2018, 421쪽. "경제 경영자, 사회적 파트너, 비정부 기구 또는 협의회에게 그들 스스로 통상적인 유럽 차원의 가이드라인들을 채택할 가능성을 주는 것(특히 실행 규칙 또는 분야별 합의)"라고 정의하고 있는 문헌으로는 Finck, The Sharing Economy and the EU, in: Davidson/Finck/Infranca, The Cambridge Handbook of the Law of the Sharing Economy, 2018, p. 267.

3 따라서 자율규제를 담당하는 주체와 방식에 따라 다시 여러 가지 법도그마틱적 개념으로 분화될 수 있다. 이원우, 규제개혁과 규제완화: 올바른 규제정책 실현을 위한 법정책의 모색, 저스티스 통권 제106호, 2008, 383쪽.

4 Gerald E. Frug는 일찍이 행정의 구현 방식을 행정의 담지자가 재량 없이 기계적으로 법을 집행하는 형식주의 모델(formalist model), 전문가인 관료의 재량 아래 효율적인 법 집행을 지향하는 전문가 모델(expertise model), 관료의 법집행의 정당성에 대해 사법심사라는 외부의 통제를 가하는 사법심사 모델(judicial review model) 및 관료의 법집행을 시장의 작용 및 다양한 당사자들의 영향력이라는 외부의 힘에 의해 통제받게 하는 시장/다원주의 모델(market/pluralist model)로 구분한 바 있다. Frug, The Ideology of Bureaucracy in American Law, Harvard Law Review, 1984, 1276 (1297 ff.).

어 규제의 실효성을 확보한다는 차원에서 자율규제에 대한 관심이 높아져 왔다. 2000년대 초중반 이후 금융 시장[5], 인터넷 콘텐츠 분야[6], 게임 시장[7] 등을 중심으로 자율규제에 대한 논의가 이어져 왔다.

이러한 자율규제에 대한 관심이 최근 다시금 높아진 것은 시장의 양상이 다시 새로워졌기 때문인 것으로 보인다. 개방성과 다양성을 본질로 하는 인터넷 기반 서비스의 발달과 더불어, 인공지능을 필두로 한 이른바 지능정보기술이라는 새로운 영역에 기반한 서비스의 보편화로 인해, 시장의 새로운 모습에 적합한 규제 방법을 다시 생각할 필요가 생긴 것이다. 다원주의에 기반하면서도 신기술 영역에 대해 실질적인 집행력을 확보할 수 있는 규제 방식을 도입해야 하는 시대적인 요청이 존재할 뿐만 아니라, 단순한 행위규제를 리스크 관리 기반의 규제로 개편하기 위한 수단 역시 중요해졌다. 위에서 언급한 대로 산업환경의 변화에 따라 규제의 패러다임 역시 변화할 필요성이 있고, 자율규제가 그 대안으로 다시 주목받고 있다.[8] 특히, 온라인 플랫폼이 주도하는 시장은 이러한 특성들이 집약되었다고 할 수 있다. 따라서 온라인 플랫폼 시장의 규제 방식으로서 자율규제를 검토해 볼 가치가 충분한 것이다.[9]

이 글에서는 자율규제라는 규제 방법의 유용성과 더불어 한계를 짚어보고,

---

5 금융 분야에서의 자율규제에 대해서는 김성수, 금융감독법상 자율규제에 관한 연구, 지역발전연구 제15집, 2006, 86쪽 이하; 이원우, 변화하는 금융환경 하에서의 금융감독체계 개선을 위한 법적 과제, 공법연구 제33집 제2호, 2005, 58쪽 이하 참조.

6 인터넷 콘텐츠 분야의 자율규제에 대해서는 박홍엽, 인터넷 콘텐츠 자율규제정책의 쟁점과 대응방안, 한국정책연구 제6권 제1호, 2006, 93쪽 이하.

7 게임 분야의 자율규제에 대해서는 강신규·김광재, 디지털 게임의 자율규제 방안에 관한 비교분석적 접근, Journal of Korea Game Society v.12 no.6, 2012, 109쪽 이하; 특히 확률형 아이템 규제에 있어서의 자율규제 필요성에 대해서는 황성기, 인터넷게임 관련 주요 규제 현황 및 개선방향, 언론과 법 제17권 제3호, 2018, 29쪽 이하.

8 최근의 한 연구에서 보듯이 자율규제를 "사회가 복잡해지고 고도로 전문화됨에 따라 행정기관의 능력이나 전문성으로 감당하기 어려운 분야가 늘고 있는 추세 속에서 민간의 자율성과 책임을 확대하고 행정력을 절약할 수 있는 묘책"으로 생각할 수 있는 것이다. 송시강, 혁신을 위한 규제개혁에 관한 법적 연구 — 전통적 규제개혁론 —, 한국공법학회·한국법제연구원 공동학술대회 자료집, 2020. 12. 9, 33쪽 이하.

9 최근 플랫폼경제 영역에서는 — 이율배반적이기는 하지만 — 정부 주도의 자율규제 논의가 이루어졌다. 2022년 7월 이후 갑을관계, 소비자·이용자, 데이터·인공지능, ESG 등 4개 분과를 중심으로 범부처 자율규제 협의회가 구성되었던 것이다. 이 내용에 대한 소개는 최수정, 온라인 플랫폼 규제 입법 현황과 향후 과제, 경쟁저널 제222호, 2024, 27쪽 이하 참조.

효율적이고 비례적인 규제 방안을 살펴보고자 한다. 이 관점에서 플랫폼이 수범자이자 동시에 규제권자가 되는 자율규제 방식이 어떤 방향으로 발전해 나가야 할지 모색한다.

II 구별 개념 및 확장 개념

1. 전통적인 규제(top-down 방식 규제)

자율규제와 가장 대척점에 서 있는 규제 방식은 전통적인 top-down 방식의 규제라고 할 수 있다. 전통적인 규제 방식은 형식주의적 모델(formalist model)[10]에 기초하여 입법자가 규제를 위한 규범을 마련하면, 행정주체가 이를 집행하는 형태로 이루어진다. 즉, 국가에 의한 규제로서 법규를 통해 강제성을 가지고 경우에 따라 위반 시 일정한 처벌(행정벌 혹은 형사벌)까지 가능한 경우를 통칭한다고 말할 수 있다.[11] 법적 효과를 일으키는 일정한 요건을 공적 주체가 규정할 뿐만 아니라, 요건이 충족되었을 때 공권력을 통해 그 법적 효과를 강제로 일으키는 방식이다. 일반적인 규제의 개념을 공적 주체가 특정 목적에 따라 사인의 특정 행위에 대해 개입하는 것이라고 새길 때,[12] top-down 방식의 규제는 그 규제의 근거와 정당성을 국가가 제정한 규칙에 두고 있다는 점을 특징으로 삼을 수 있을 것이다.

한편 행정규제기본법 제2조 제1호는 행정규제를 “국가나 지방자치단체가 특정한 행정 목적을 실현하기 위하여 국민(국내법을 적용받는 외국인을 포함한다)의 권리를 제한하거나 의무를 부과하는 것으로서 법령등이나 조례·규칙에 규

---

10 Frug, Harvard Law Review, 1984, 1276 (1297).

11 FInck, *op. cit*, p. 265 참조.

12 규제의 개념에 대해서는 법학, 정책학 및 경제학의 측면에서 다양한 논의가 존재한다. 법학 관점에서의 규제 개념에 대한 대표적인 논의들로 계인국, 규제개혁과 행정법, 공법연구 제44집 제1호, 2015, 647쪽; 정남철, 앞의 글, 413쪽.

정되는 사항"으로 정의하고 있다. 행정규제기본법이 행정규제라는 용어를 기본적으로 사용하고 있지만, 이는 전통적인 top-down 방식의 규제 개념과 일치한다고 볼 수 있고, 제2조 제1호에 행정규제의 약어로 "규제"를 특정함으로써, 행정규제와 규제 개념을 동일하게 취급하고 있음을 알 수 있다.

전통적인 top-down 방식의 규제는 법적 규칙이라는 특징을 가지기 때문에 통일적인 적용 가능성이 높고, 법적 안정성을 도모할 수 있다. 또한 법률을 통해, 혹은 법률의 수권을 받은 법규명령 등을 통해 근거지어지므로, 민주적 정당성[13]을 가질 수 있다는 장점 역시 있다. 또한 강제적인 집행 수단을 수반한다는 측면에서 규제의 목적을 관철할 수 있는 가능성 역시 커 보인다. 그러나 경우에 따라서는 그러한 경직된 규제 방식이 단점이 될 수 있다. 시장 상황의 변화가 매우 빈번한 영역 또는 규제 입안자와 피규제자 사이에 정보 비대칭성이 있는 영역에서 법적 규칙을 통해 정한 내용이 적절하지 않은 내용이 될 가능성이 높은 것이다. 시장 상황의 변화가 잦은 분야에서는 상대적으로 경직된 법규가 뒤쳐져 규제 지체가 상시적으로 나타날 가능성이 높다. 규제 입안자와 피규제자 사이의 정보 격차가 심한 영역에서는 시장 행위자의 활동을 비합리적으로 제약할 가능성이 생긴다. 정해진 규칙만을 형식적으로 이행할 경우 규제의 본래 목적을 회피할 가능성이 있어 규제의 효과 측면에서도 문제점을 나타낼 수 있다. 이와 같은 현실과 규칙 사이의 비대칭이 누적될 경우, 시장에서의 행위가 위축될 수 있을 뿐만 아니라, 규제 입안자들의 규제 설계에 대한 부담감 역시 높아지게 된다. 이러한 문제점은 특히 혁신이라는 관점에서 바라볼 때 더욱 두드러지게 된다. 혁신 기술은 편익과 더불어 리스크를 갖고 있기에, 어느 정도 규제가 불가피하다. 그러나 규제가 리스크의 속성[14]을 무시하고 특

13 입법 과정의 폐쇄성으로 인해 민주적 정당성에도 의문을 제기할 수 있다는 견해로 Finck, *op. cit*, p. 266. 그러나 이 문헌상의 비판은 유럽연합의 제2차법 제정 과정에서 집행위원회의 제안에 대한 유럽 의회와 평의회의 독회 과정에서 나타나는 폐쇄성에 기초하고 있어, 일반화하기는 어려울 것으로 보인다.

14 위험(Gefahr)이 추상적인 것이든 구체적인 것이든 그 자체로서 존재함에 반하여, 리스크는 얻을 수 있는 편익에 대한 반대급부로 존재한다. 따라서 경우에 따라서는 큰 편익을 얻기 위해 리스크를 감수해야 하는 경우도 있고, 규제는 편익과 리스크의 균형을 고려하여 유연하게 이루어질 필요가 있다. 위험과 리스크의 구별에 관해 Gärditz, in: Landmann/Rohmer, Umweltrecht

정 행위를 일률적으로 제재하는 방식으로 이루어진다면 기술을 통한 혁신의 장애물이 될 수 있는 것이다.[15]

2. 규제의 완화 내지 규제 개혁

규제의 완화[16]가 경제정책에서의 주요 의제로 등장한 것은 1997년 외환위기 사태를 겪은 직후 집권한 김대중 정부에서부터이다. 당시 정부는 행정규제가 경제 회생을 위한 장애물이 되어서는 안 된다는 인식 아래 「행정규제기본법」을 제정하여 행정규제를 체계적으로 관리하고자 도모하는 한편, 규제법정주의 원칙, 규제의 등록 및 공표 의무제 시행, 규제 신설·강화 시 규제영향분석 및 자체심사의 의무화, 신설·강화 규제에 대한 존속기한 설정 의무(이른바 "규제일몰제")를 시행하였다.[17] 또한 대통령 직속의 규제개혁위원회를 신설하여 규제의 50% 폐지를 목표로 천명하였으며, 규제 민원을 처리하기 위한 규제개혁센터를 설치하고, 범정부 차원의 규제개혁추진단을 신설하여 부처별로 일정 비율 이상의 진입규제를 감축하도록 하는 등 거버넌스적인 개선 역시 도모하였다.[18] 이후의 정부에서도 규제 개혁 내지 규제의 완화는 새 정부 출범 시의 주요 과제로 등장하였다.

Werkstand: 93. EL August 2020, GG Art. 20a, Rn. 86. 긍정적인 면 부정적인 면을 불문하고 '불확실성'이라는 요소를 리스크의 가장 중요한 개념요소로 꼽고 있는 문헌으로 김진현·박달재, 리스크의 개념에 대한 고찰, Journal of the Korean Society of Safety v.28 no.6, 2013, 91쪽.

15 혁신과 규제 사이의 갈등 및 그 해소를 위한 법적 수단에 대한 논의에 대해서는 이원우, 혁신과 규제: 상호 갈등관계의 법적 구조와 갈등해소를 위한 법리와 법적 수단, 경제규제와 법 제9권 제2호, 2016, 12쪽 이하 참조.

16 규제의 완화는 일반적으로 규제의 양적 축소를 의미하는 것으로서, 규제의 질적인 개편까지 포함하는 규제의 개혁과 동일시할 수는 없다. 이원우, 앞의 글(2008), 358쪽 참조. 그러나 외환위기 이후 우리나라의 규제 개선 움직임은 시장의 자율성을 확대하는 방향으로, 즉, 양적 측면에서 더 적은 규제를 지향하는 방향으로 이루어졌기에, 규제의 완화를 개제의 개혁과 동일시하는 분위기가 팽배했던 것으로 보인다. 규제의 양을 줄이는 것뿐만 아니라 규제 목적의 효율성과 효과성을 개선하는 것 역시 규제 개혁의 관심사라는 점에서 규제 완화만이 규제 개혁의 모습이라고 볼 수는 없을 것이다.

17 선지원 외, ICT 기반 신산업 활성화를 위한 행정규제 범주화 및 법적 효과 분석 연구, 정보통신정책연구원, 2019. 49쪽.

18 윤예지 외, 혁신성장과 규제개혁 - KCERN 58차 공개포럼 보고서, 2019, 5쪽.

최근 정부에서도 4차산업혁명위원회를 중심으로 규제·제도 해커톤을 실시하여,[19] 특히 ICT 분야에서 광범위한 규제 개선을 위한 제도 정비를 실시한 바 있다. 특히 「정보통신 진흥 및 융합 활성화 등에 관한 특별법」(이하 '정보통신융합법'이라 한다)을 통해 우선허용·사후규제 원칙을 도입하는 한편(제3조의2), 종래의 "신속처리"를 "규제의 신속확인" 제도로 개편(제36조)하여 법령의 존재 여부와 관계 없이 허가 등의 필요 여부를 확인할 수 있도록 변경하였다. 일괄처리 제도(제36조의2)를 통해 복수의 부처로부터 허가 등을 받아야 하는 신기술 및 서비스에 대해서는 과학기술정보통신부장관이 신청을 받아 동시에 관련 절차를 개시토록 하였고, 임시허가(제37조)의 범위를 확대하는 한편, 실증을 위한 규제특례(이른바 "규제샌드박스")를 도입하여(제38조의2) 신기술 및 신기술에 기반한 서비스의 실행이 규제로 인해 늦어지지 않도록 배려하였다.

이러한 규제 개혁 혹은 규제의 완화를 통해 공권력이 직접 행위에 대해 제약하는 형태의 규제가 시장 행위자의 자율을 확대하는 방향으로 개선될 수도 있다. 즉, 경우에 따라서는 규제 개혁이나 규제 완화의 결과로 top-down 방식의 규제가 자율규제로 변경될 수 있다. 그러나 두 현상은 원인과 결과의 관계에 있는 것이며, 개념적으로 동일하다고 말할 수는 없다. 또한 규제의 완화 또는 철폐를 통하여, 시장에서 아예 규제가 사라지는 현상과 규제의 방식이 자율규제로 변화되는 현상 역시 구분할 필요가 있다.

3. 원칙 중심의 규제

원칙 중심의 규제(Principle-based Regulation)는 특정한 행위에 대한 허용 여부나 제재 여부를 규칙을 통해 확정적으로 정하는 것이 아니라, 일반적이고 추상적인 원칙을 제시하고, 그 원칙의 범위 안에서 유연한 행위 규제를 하는 방식이다.[20] 규제 목적 달성의 관점에서 top-down 방식의 규제가 목적 달성의

19 해커톤을 비롯한 4차산업혁명위원회의 규제 개선 노력에 대해서는 선지원 외, 위의 보고서, 56쪽 이하 참조.

20 김태오, 4차 산업혁명의 견인을 위한 규제패러다임의 모색, 경제규제와 법 제10권 제2호, 2017, 154쪽 이하.

수단까지도 규칙을 통해 정하고 있기 때문에 정해진 규칙만을 형식적으로 이행하여 규제의 목적을 회피할 수 있는 가능성이 있는데 반하여, 원칙 중심의 규제에서는 목적을 달성하기 위해 보다 다변화된 수단을 사용한다. 따라서 원칙 중심의 규제는 변화 양상이 빠르게 나타나는 시장 상황에 대응할 수 있고, 그 운용만 제대로 된다면 규제 공백 내지는 규제 지체를 방지할 수 있다는 장점을 지닌다. 하지만 구체적인 사안에 대한 예측 가능성이 떨어져 법적 안정성을 저해할 수 있고, 규제의 집행과 관련하여 공정성이나 투명성 차원에서 문제가 생길 수 있을 것이다.[21]

원칙 중심의 규제가 자율규제와 결합할 경우 양자의 차이를 찾기는 쉽지 않다. 자율규제 역시 자율규제 체제의 상위에 있는 원칙은 법질서가 제시하고 있는 모습이 보통이기 때문이다. 즉, 원칙 중심의 규제 방식을 운용하는 방식으로서 공적 주체가 원칙을 제시하고 그 이행 방식을 시장 행위자의 자율에 맡긴다면 이는 사실상 자율규제의 다른 표현이라고도 할 수 있을 것이다. 결국 양 개념은 규제의 구조를 규제의 근거 차원에서 바라보느냐, 집행 방식의 차원에서 바라보느냐에 따라 달리 불릴 수 있는 내용이다.

4. 공동규제 혹은 규제된 자율규제

공동규제(Co－Regulation) 혹은 규제된 자율규제(Regulierte Selbstregulierung)는 규제의 단계별로 공적 주체와 시장 행위자가 역할을 분담하는 형식의 메커니즘이라고 이해할 수 있을 것이다. 즉, 공적주체가 추상적인 규율을 설정하고, 시장 행위자가 이를 자율적으로 이행하되, 시장 행위자는 단독으로 혹은 다른 행위자와 공동으로 통제를 위한 거버넌스를 설정하며, 규제 목적의 달성을 위해 공공 부문과 민간 부문 사이에 지속적인 기능적 협력이 이루어지는 형태를 말한다.[22] 공동규제나 규제된 자율규제에 있어 가장 중요한 핵심 요소는 집행

21 유제민, 레그테크(RegTech)의 도입과 규제법학의 과제, 경제규제와 법 제12권 제1호, 2019, 21쪽 이하.

22 공동규제 내지 규제된 자율규제에 대해서는 많은 문헌들이 논하고 있으나 그 개념 요소에 대해서는 우선 정남철, 앞의 글, 425쪽; Finck, *op. cit*, p. 268; Ladeur, »Regulierte Selbstregulierung«

에 대해 자율을 보장한다거나 자율규제의 체계에 대해 높은 차원에서는 공적 주체가 규율하고 있다는 사실이 아니라, 규범의 설정과 집행 사이에서 공공 부문과 민간 부문 간에 의사소통과 유기적인 협력이 이루어진다는 사실이다. 즉, 위에서 언급한 Frug의 다원주의적 접근법[23]에 따라 "정책, 법, 규범의 개발, 감시 및 규제의 표현 집행 및 진화에 있어서 넓은 범위의 이해관계 당사자들과 결정권자들의 이익"을 고려하는 방식으로서 고안된 것이다.[24]

사실상 모든 형태의 자율규제는 일정한 범위에서는 국가 혹은 공동체가 제시한 규범의 틀(Framework) 안에서 이루어진다고 할 수 있다. 또한 자율규제에 대해서도 어떤 식으로든 통제가 필요하며, 실제로 상위의 차원에서는 통제가 이루어지고 있다고도 볼 수 있다.[25] 물론 여기에서의 통제란 자율규제의 집행력을 확보하는 방식에 대해 국가가 간섭하는 것이 아니라, 집행의 수단과 세부적인 내용을 시장 행위자 스스로 정하되, 상위에 존재하는 공동체 차원의 목적이라는 구속을 받는다는 의미이다. 따라서 자율규제는 실상은 공동규제 내지는 규제된 자율규제를 의미한다고 말할 수 있을 것이다. 즉, 규제된 자율규제의 개념은 구별 개념이 아닌 확장개념으로 자리매김한다고 말할 수 있다. 단, 자율규제에 대한 규제의 정도 면에서 구체적인 규제 실행 체계별로 차이가 있을 수 있다. 즉, 공적 주체가 추상적인 원칙만을 제시한 채, 세부적인 기준과 집행의 방법을 시장 행위자에게 위임하는 경우가 있을 수 있는가 하면, 공적 주체가 더 세부적인 기준까지 제시하고, 시장 행위자는 집행의 방법만을 자율적으로 선택할 수 있는 경우도 가능하다.

---

im Jugendmedienschutzrecht, ZUM 2002, 859 (860 f.) 참조.

23 Frug, Harvard Law Review, 1984, 1276 (1356).

24 Raymond Brescia, Regulationg the Sharing Economy: New and Old Insights into an Oversight Regime for the Peer-to-Peer Economy, 95 Neb. L. Rev. 87, 2016, p. 134; Finck, *op. cit*, p. 268에서 재인용.

25 왕승혜, 앞의 책, 120쪽 이하.

Ⅲ 자율규제의 적용 영역

1. 자율규제의 방법론이 적용되고 있는 분야

실제로 우리 법체계 내에서 자율규제의 방법론이 사용되고 있는 분야가 존재한다. 주로 위에서 언급한 특성을 가지고 있는 산업 영역으로서 현재 자율규제의 체계가 작동하고 있는 사례는 다음과 같다.

자율규제가 작동되는 것으로 가장 널리 알려진 분야는 인터넷 자율규제일 것이다. 「정보통신망 이용촉진 및 정보보호 등에 대한 법률」(이하 '정보통신망법'이라 한다)은 제44조의4 제1항을 통하여 "정보통신서비스 제공자단체는 이용자를 보호하고 안전하며 신뢰할 수 있는 정보통신서비스를 제공하기 위하여 정보통신서비스 제공자 행동강령을 정하여 시행할 수 있다"고 규정하고 있으며, 제2항을 통하여 정보통신서비스 제공자단체가 청소년유해정보나 불법정보에 대해 "정보통신망에 유통되지 아니하도록 모니터링 등 자율규제 가이드라인을 정하여 시행할 수 있"도록 하고 있다. 또한 동조 제3항은 그러한 자율규제 활동을 정부가 지원할 수 있는 근거를 마련하고 있다.[26] 이에 따라 국내의 주요 인터넷 포털서비스 사업자들은 지난 2009년 "한국인터넷자율정책기구(Korea Internet Self-Governance Organization: KISO)"를 구성하여 이용자 콘텐츠, 서비스 운영, 온라인 광고 및 신기술 관련 자율규제를 실행하고 있다.[27]

인터넷 서비스 외에 방송광고 분야에서도 자율규제의 구조가 작동하고 있다. 「방송광고판매대행 등에 관한 법률」 제23조는 방송통신위원회가 "방송광고균형발전위원회"를 설치하여 운영하도록 하고 있다. 방송통신위원회가 설치의

---

26 정보통신망법상의 자율규제에 대한 근거 조항이 실은 불필요한 것이라는 견해도 있다. 황창근, 최근 10년간 국내 인터넷 자율규제 관련 법적 환경의 변화 양상, KISO Journal Vol. 34, 2019, 7쪽. 규제된 자율규제의 관점에서도 동 조항은 자율규제 체계를 둘러싼 프레임워크를 규정한 것이 아니라, 단순히 자율규제를 할 수 있다는 내용만 담고 있어 실질적인 규범력이 없어 보이므로, 이는 타당한 견해로 보인다.

27 상세 내용에 대해서는 KISO의 홈페이지를 참조하라. (사)한국인터넷자율정책기구 홈페이지 <https://www.kiso.or.kr> (2025. 2. 28. 최종 접속)

주체가 되고 있다는 점에서 위에서 언급한 KISO와 같은 순수한 자율규제 조직체라고 할 수는 없으나, 민간 부문의 추천을 통해 위원이 구성된다는 점과 "방송광고 균형발전을 위한 네트워크 지역지상파방송사업자와 중소지상파방송사업자에 대한 지원 및 이행실적 평가 등"을 독립적으로 수행한다는 점에서 자율규제의 성격을 띠고 있다고 할 수 있다.

게임 분야에서는 자율규제가 제도화되어 있지는 않지만, 실질적으로는 이원적인 자율규제의 작동 사례를 엿볼 수 있다. 먼저 거버넌스 측면에서는 "한국게임정책자율기구(Game Self-governance Organization of Korea: GSOK)"가 일정한 역할을 담당하고 있다. 정보통신망법이 정보통신서비스와 관련한 자율규제 촉진의 근거를 규정하고 있는 것과 달리, 게임 산업에서는 「게임산업진흥에 관한 법률」(게임산업법)상의 협회 설립 관련 규정을 제외하면 구체적인 자율규제 촉진과 관련한 법규를 찾을 수는 없다. GSOK은 규범적인 근거에 기반한 것이 아니라, 2018년 3월에 이루어진 문화체육관광부와 한국게임산업협회 사이의 "건강한 게임문화 조성과 게임생태계 발전을 위한 업무협약"에 근거하여 설립된 조직이다.[28] 규범을 근간으로 하는 전통적인 top-down 방식의 규제에서 진일보하여, 민관협력을 바탕으로 한 거버넌스 위주의 규제 모델을 취하고 있다는 점에서 규제로의 연구 차원에서 주목할 수 있는 사례라고 평가할 수 있다.[29] 게임 영역에서는 거버넌스적인 자율규제 외에도 자율 강령 형식의 메커니즘 역시 작동하고 있다. GSOK이 출범하기 이전인 2017년 2월에 한국게임산업협회가 제정한 "건강한 게임문화 조성을 위한 자율규제 강령"이 하나의 자율규제 가이드라인으로 통용되고 있다.

식품안전 분야에서 자율규제가 제도화된 사항도 찾아볼 수 있다. 「식품위

28 GSOK의 설립 경과 및 기능 등에 관한 설명은 GSOK의 홈페이지를 참조하라. 기구소개 - 한국게임정책자율기구 GSOK <http://www.gsok.or.kr/organization> (2025. 2. 28. 최종 접속)

29 항공우주, 인공지능, 자동차, 건설, 창조산업, 생명과학, 원자력, 풍력발전, 철도 및 관광 등 산업의 각 영역에서 정부와 민간 부문의 합의에 기반하여 규제 거버넌스를 구축해 나간 사례인 영국의 "Sector Deal"을 연상케 하는 자율규제 사례라고 할 수 있다. Sector Deal에 대해서는 다음 사이트를 참조하라. Introduction to Sector Deals - GOV.UK <https://www.gov.uk/government/publications/industrial-strategy-sector-deals/introduction-to-sector-deals> (2025. 2. 28. 최종 접속)

생법」 제31조는 식품 등을 제조·가공하는 영업자에게 "자가품질검사"를 시행할 의무를 부여하고 있다. 자가품질검사의 기준은 동법 제7조 및 제9조에 제시하고 있어, 규범의 틀을 법규를 통해 제시하고, 그 시행을 시장 행위자의 자율에 맡기고 있는 것이다.

국제사회 차원에서도 전문가집단 혹은 시장 행위자들의 집단이 자율규제 형태를 실현하고 있는 경우가 많다. 즉, 이러한 집단들이 구성원들에게 통용되는 기술 표준을 제시하거나 내부적인 감독 권한을 행사하는 방식이다. 대표적으로 국제표준기구(International Organization for Standardization: ISO)는 165개국의 국가 표준 기구들이 가입한 단체로서 법적 구속력은 없지만 사실상의 공신력을 가지는 표준과 가이드라인들을 발령하고 있다.[30] 전기·전자 기술자 협회(Institute of Electrical and Electronics Engineers : IEEE)는 전기 및 전자공학 전문가들의 국제 조직으로서, 약 160여 개국의 42만여 회원들로 구성되어 있는 조직이다.[31] IEEE는 각종 기술 관련 표준을 배포함으로써 자율규제기구로서의 영향력을 행사하고 있다. 특히, 최근 인공지능[32] 윤리와 관련하여 "Ethically Aligned Design"이라는 문서를 발간[33]하여 윤리적인 알고리듬의 설계를 위한 지침을 밝히고 있다.[34]

2. 자율규제의 적용을 고려할 수 있는 경우

(1) 자율규제 적용에 적합한 특징

자율규제는 규제의 유연성 및 규제비용의 절감 등 여러 장점을 가지지만,

---

30 ISO – International Organization for Standardization: ISO <https://www.iso.org/home.html> (2025. 2. 28. 최종 접속)

31 IEEE – The world's largest technical professional organization dedicated to advancing technology for the benefit of humanity. <https://www.ieee.org> (2025. 2. 28. 최종 접속)

32 IEEE는 인공지능(Artificail Intelligence)이라는 용어를 사용하지 않고 "자동화되고 지능화된 시스템"(Autonomous and Intelligent Systems: A/IS)이라는 용어를 사용한다.

33 IEEE, Ethically Aligned Design – A Vision for Prioritizing Human Well–being with Autonomous and Intelligent Systems, 2019.

34 이 문서의 주요 내용에 대해서는 선지원 외, 앞의 보고서, 177쪽 이하.

이러한 장점이 모든 영역에서 유효한 것은 아닐 것이다. 여전히 많은 산업 및 사회 영역에서는 전통적인 top-down 방식의 규제가 기능하고 있다. 그렇다면 어떤 영역에서 자율규제가 강점을 가질 수 있는지 살펴보는 일 역시 자율규제 논의를 위해 필수적인 작업일 것이다. 규제 방법론으로서 자율규제를 유용하게 적용할 수 있는 분야는 다음과 같은 특성을 가진다.

먼저 추상적인 리스크는 존재하지만, 구체적인 리스크가 명확히 드러나 있지 않는 분야를 들 수 있다. 신기술의 사용에 따라 직접 외부 세계에 물리적인 해악을 가할 우려가 있는 경우(예컨대 자율주행차 운행으로 인한 사고 위험)는 리스크가 구체화되어 있다고 할 수 있지만, 신기술 사용으로 사회 구조가 변화하여 그 안에 살고 있는 인류가 영향을 받을 가능성(예컨대 플랫폼 경제의 확대로 인한 일자리 변화와 사회안전망 공백)은 추상적인 리스크 단계에 머물러 있다고 할 것이다. 리스크 중심의 규제 방법을 채택한다 해도, 편익에 대비한 리스크를 사전에 명확히 계산할 수 있는 분야에서는 top-down 방식의 규제를 통해서도 관련 내용을 제재할 수 있는 요건을 규율하는 것이 가능하다. 자율규제의 장점은 규제 사항에 대해 더 높은 전문성을 가지고 있는 시장 행위자가 규제 집행의 기준과 방식을 선택함으로써, 더 효율적인 규제가 가능하다는 점이다. 따라서 추상적인 리스크만이 존재하는 경우에는 자율규제 체계 안에서 기술의 발전 속도와 방향에 따른 적절한 리스크 관리를 할 수 있을 것이다. 예컨대 인공지능 기술의 적용과 관련해서는 분야에 따라 구체적인 리스크를 탐지하기 어려운 경우가 있다. 인공지능은 이른바 범용기술로서 적용되는 분야에 따라 상이한 편익과 리스크를 보일 수 있으며, 그 발전 속도 역시 아직까지 가늠하기 어려운 상황이기 때문이다.[35] 이러한 특징을 가지는 영역이라 하더라도 추후 리스크가 명확해지고, 법적 안정성이 요구되는 상황이 도래한다면 그 범위에 한해서는 top-down 방식 규제로의 회귀도 가능할 것이다.

둘째로, 민간 주도의 자율적인 기술 발전이 중요한 분야에서는 자율규제

35 이런 이유로 인공지능의 역기능에 대해서는 법적 규율이 아닌 윤리적 통제와 자율규제 거버넌스가 강조된다. 이에 대해서는 선지원 외, 지능정보기술 발전에 따른 법제·윤리 개선방향 연구, 정보통신정책연구원, 2019, 153쪽 이하; 이원태 외, 4차산업혁명시대 산업별 인공지능 윤리의 이슈 분석 및 정책적 대응방안 연구, 4차산업혁명위원회, 2018, 186쪽.

가 유용성을 발휘할 수 있다. 경직된 top－down식 규제 체계 아래에서는 위에서 언급한 인공지능을 비롯한 ICT 분야의 기술 발전에 장애가 생길 수 있을 것이다. 이러한 문제를 해결하기 위해 이미 언급한 대로 우리나라는 정보통신융합법 등을 통해 ICT 분야 신기술을 적용한 사업들에 대해 일정한 규제 특례를 허용하고 있다. 그러나 임시허가나 실증특례와 같은 방식들은 리스크를 관리한다는 차원에서의 규제 방법론이라기보다는, 무규제 혹은 규제 유예와 가까운 방식이다. 따라서 기술 발전의 속도를 고려하면서 그 과정에서 나타날 수 있는 리스크를 관리하는 방식으로 자율규제를 고려해 볼 수 있다. 또한 이러한 분야에서는 시장 원리에 따른 자율규제가 가능할 수 있다. 민간 주도의 기술 발전을 통한 시장 확장이 계속될 경우, 기술의 안전도에 따른 소비자의 선택 차이로 인해, 시장 행위자가 스스로 리스크에 대한 관리를 해 나갈 가능성이 높아진다.

셋째로, 시장 행위자의 기술에 대한 지식과 전문성이 규제 입안자 및 집행자의 것보다 월등한 분야로서, 그러한 이유로 인해 집행력 확보가 어려운 영역에서도 자율규제를 적용하기에 적합하다. 이러한 분야에서는 강한 정보 비대칭성으로 인해, 규제 입안자가 규제를 설계하기 위해서는 상대적으로 많은 규제 비용이 소요될 수 있다. 금융, 환경, 식품위생, ICT 등 전통적인 산업 영역으로부터 새로이 등장하는 영역으로서 일정한 규제의 필요성은 있지만 규제 입안자가 직접 규제를 하기에는 전문지식이 부족했던 분야들이 자율규제의 영역으로 발전되어 온 바 있다.

넷째로, 시장 자체의 특징에 착안해 볼 수 있다. 즉, 이용자들이 민감하고 역동적으로 반응하는 시장일수록 자율규제의 유효성이 커지는 것이다. 기업이 이용자들에게 혹은 공익 측면에서 해악을 끼치는 어떠한 행위를 했을 때, 법적 규제보다 이용자들의 반응이 빠르게 일어나 기업의 시장에서의 평판이 떨어지게 되고, 결과적으로 기업으로 하여금 그러한 행위를 빠르게 시정하게 하는 기제가 작동할 때, 자율규제는 효과적으로 이루어질 수 있다.

마지막으로 자율성 보장을 통해 수호해야 하는 가치가 존재하는 경우를 들 수 있다. 규제 목적 달성을 위한 효율성을 따지기에 앞서 자율성 자체가 하나의 가치로서 수호되어야 하는 경우이다. 예컨대 표현의 자유라는 가치를 보장하기 위해 콘텐츠 영역에서 내용에 대해 행정규제를 가하는 것은 최소화되어야 할 것이다. 헌법재판소는 구 전기통신사업법상 불온통신에 대한 심의제도의 위헌 결정을 통해 행정청(정보통신부장관)에 의한 "불온통신"에 대한 규제가 명확성의 원칙, 과잉금지의 원칙 및 포괄위임입법금지원칙에 위배된다고 판시한 바 있다.[36] 헌법재판소의 이 결정은 규제의 요건 중 "불온통신"이라는 개념이 가지는 불명확성 등을 지적한 것으로 보여, 이 분야에서 자율규제의 방법론을 권고했다기보다는, 법률의 근거가 좀더 명확한 top-down 방식의 규제를 주문한 것처럼 보인다. 그러나 이 결정에서 헌법재판소가 설시한 이유 중 다음의 내용을 통해 인터넷 콘텐츠 영역에서의 자율규제의 적합성에 대한 헌법재판소의 견해를 엿볼 수 있다.

> 불온통신 규제제도는 인터넷을 비롯, 온라인매체를 이용한 표현행위의 비중이 점점 커지고 있는 변화된 시대상황에도 어울리지 않는다는 점을 지적하고자 한다.
>
> 불온통신 규제의 주된 대상이 되는 매체의 하나는 인터넷이다. 인터넷은 공중파방송과 달리 "가장 참여적인 시장", "표현촉진적인 매체"이다. 공중파방송은 전파자원의 희소성, 방송의 침투성, 정보수용자측의 통제능력의 결여와 같은 특성을 가지고 있어서 그 공적 책임과 공익성이 강조되어, 인쇄매체에서는 볼 수 없는 강한 규제조치가 정당화되기도 한다. 그러나 인터넷은 위와 같은 방송의 특성이 없으며, 오히려 진입장벽이 낮고, 표현의 쌍방향성이 보장되며, 그 이용에 적극적이고 계획적인 행동이 필요하다는 특성을 지닌다. 오늘날 가장 거대하고, 주요한 표현매체의 하나로 자리를 굳힌 인터넷상의 표현에 대하여 질서위주의 사고만으로 규제하려고 할 경우 표현의 자유의 발전에 큰 장애를 초래할 수 있다. 표현매체에 관한 기술의 발달은 표현의 자유의 장을 넓히고 질적 변화를 야기하고 있으므로 계속 변화하는 이 분야에서 규제의 수단 또한 헌법의 틀 내에서 다채롭고 새롭게 강구되어야 할 것이다.

판시사항과 직접적으로 연결되지는 않지만 인터넷상의 콘텐츠 규제에 있

36 헌법재판소 전원재판부 99헌마480, 2002. 6. 27.

어서는 규제의 목적 외에도 표현의 자유의 보장이라는 가치를 고려해야 한다는 점을 분명히 하고 있으며, 규제의 수단을 새롭게 강구해야 한다는 요구를 통해 자율규제의 정당성을 추론해 볼 수 있다.[37] 표현의 자유가 가치로서 보장되어야 하는 영역 외에도, 영업의 자유[38] 등이 우선시되어야 하는 분야에서 자율규제의 필요성이 부각될 수 있을 것이다.

(2) 신산업 영역 중 향후 자율규제 적합 분야 예시

아직까지 규제의 틀이 정립되지 않은 분야, 혹은 규제의 방법론을 획기적으로 개선해야 할 필요성이 있는 분야에서 향후 자율규제의 구조가 적용될 수 있을 것으로 보인다. 위의 특징을 고려할 때 신산업 영역 중 실제로 향후 자율규제가 유용할 것으로 예상되는 분야에 대해 살펴보는 것도 의미 있는 일일 것이다.

먼저 인공지능과 관련한 분야는 현재 추상적인 리스크만 존재할 뿐만 아니라, 민간 주도의 자유로운 기술 개발과 인공지능을 응용한 서비스 개발이 중요한 영역이다. 더구나 기술에 대한 이해도 역시 시장 행위자들이 규제 입안자에 비해 월등하게 높은 분야라고 할 수 있다. 기술의 적용 영역별로 상이한 편익과 리스크가 나타날 뿐만 아니라, 기술의 생애주기(설계, 기술 개발, 실험, 제품·서비스에의 응용, 소비자의 이용)에 따라, 또한 이용자의 정체성에 따라 다양한 리스크가 나타날 수 있다. 때문에 자율규제의 프레임워크를 통해 예측하지 못한 리스크에 유연하게 대처하는 한편, 기술의 개발 속도를 넘어서는 과도한 규제를 방지할 수 있을 것이다.

개인방송과 온라인 동영상 서비스 등 뉴미디어 분야 역시 자율규제가 작동할 수 있는 여지가 많은 영역이다. 이러한 뉴미디어가 안고 있는 리스크는 현행의 방송법이 규정하고 있는 규제 목적과는 부합하지 않는 경우가 대부분

37 규제론의 관점에서 이 판결의 함의를 분석하고 있는 연구로는 황성기, 불온통신규제와 표현의 자유, 인터넷법률 통권 제15호, 2003, 67쪽 이하.

38 예컨대 대형마트에 대한 규제에 있어 영업의 자유를 고려하여 자율규제로의 규제 방식 전환 가능성을 선택하는 방안을 지적하는 문헌이 있다. 최봉석·구지선, 대형마트와 SSM의 자율규제에 관한 검토, 행정법연구 제36호, 2013, 303쪽 이하.

이다. 따라서 구조적으로 전통적인 규제가 접근할 수 없는 내용이 존재한다.[39] 따라서 기존의 방송법 규율 체계에서 탈피한 새로운 규제 체계 구축을 통해 형평성 있고 비례적인 규율을 도모할 필요가 있다. 또한 수시로 변해가는 플랫폼의 경쟁 및 성장 상황, 콘텐츠 산업의 환경, 국내 이용자들의 소비 경향을 규제에 반영할 필요가 있으며, 콘텐츠 생산자와 플랫폼, 콘텐츠 소비자와 플랫폼 간의 적정 관계 역시 고려해야 한다. 뿐만 아니라 콘텐츠 규제의 측면에서는 자율성 자체가 뉴미디어에 있어 수호해야 할 가치가 될 수 있다.[40] 따라서 관계 주체들 간의 지속적인 협력과 논의가 필요하며, 환경에 맞는 규범 체계를 구성하고, 지속적으로 개선해 나가는 노력이 뉴미디어 분야에 필요하며, 자율규제가 그 수단이 될 수 있을 것이다.

(3) 플랫폼의 자율규제 적합성

그렇다면 온라인 플랫폼이 위에서 정리한 척도에 따른 자율규제 적용에 적합한 영역인지 검토해 볼 필요가 있다.

첫째로, 플랫폼 사업에 구체적인 리스크가 존재하는지의 여부를 살펴본다. 이를 위해서는 플랫폼을 통해 이루어지는 거래의 양상과 내용이 이용자에게 어떠한 해악을 미치는지에 대한 구체적인 계산이 이루어져야 할 것이다. 플랫폼이 매개하는 상품 내지 서비스에 대해 이용자 피해에 대해 일정 부분 리스크는 존재한다고 볼 수 있을 것이다. 그러나 그러한 리스크가 현실적으로 구체적으로 드러나 있는지의 여부에 대해서는 단언하기 어려울 것이다.

둘째로, 플랫폼이 주도하는 산업 영역에서 민간 주도의 발전이 중요한 것인지 확인해 본다. 플랫폼이 매개하는 거래 관계를 생각해 본다면, 각종의 기술이 결합하여 생성되는 창작물이 플랫폼을 기반으로 최종 소비자를 만나게 되며, 특히 최근 인터넷과 모바일 기술이 결합하면서 급속한 성장 속도를 보이

39 권은정, 개인방송 규제에 관한 공법적 연구 — 방송법에 기초한 규제론에 대한 비판을 중심으로 —, 서울대학교 법학박사 학위논문, 2019, 141쪽.

40 이러한 관점에서 자율규제가 필요한 영역과 전통적인 행정규제가 필요한 영역을 구분한 반규제(semi-regulation) 모델이 필요하다는 견해로 권은정, 위의 책, 179쪽 이하.

고 있다는 점을 주목할 수 있다. 즉, 플랫폼 시장에서 이루어지는 대부분의 시장행위는 창조적인 아이디어를 바탕으로 하는 지식집약적인 행위이며, 장기적 흐름 속에서 그 트렌드의 변화 양상은 무척 다양하고 다차원적이다. 서비스 편의성을 위한 기술 개발 측면에서도 민간 주도의 발전이 필수적인 영역이라고 할 수 있다.

셋째로, 플랫폼 사업자와 공적 주체 사이 정보비대칭이 존재하는지의 여부도 살펴보아야 할 척도이다. 이를 위해 플랫폼 영역에서 서비스가 이루어지는 과정을 살펴볼 필요가 있다. 먼저 지식집약적인 산업으로서 상품, 서비스 및 콘텐츠의 개발이 이루어진다. 이어서 이러한 상품 등이 출시 내지 퍼블리싱되어, 인터넷 망을 통해 플랫폼에 등록된다. 플랫폼과 소비자 사이의 다양한 계약에 따라 개별 소비자가 해당 상품 등을 이용하게 된다. 이러한 가치사슬 전반에 대해 공적 주체가 정확한 지식과 정보를 가지기 어렵다는 점은 현실적인 어려움일 것이다. 특히 최근 다양한 산업 영역과 인터넷 플랫폼과의 결합 양상을 고려할 때, 업무 영역이 분장되어 있는 공적 주체의 직접 규제는 더욱 비효율적일 수 있다. 즉, 실질적으로 콘텐츠의 생산과 유통을 담당하고 있는 플랫폼이 직접 또는 리스크를 관리하는 것이 효율적일 것이다. 제재의 효과성 측면에서도 공적 주체에 의해 직접적인 제재 처분보다 "시장에서의 명성 저하"가 보다 효과적인 접근으로 보인다. 우리나라의 플랫폼 시장이 매우 역동적이고 이용자들이 플랫폼 기업의 행태에 민감하게 반응한다는 점을 고려할 때, 시장의 특징 역시 자율규제에 적합하다고 평가할 수 있다.

마지막으로 살펴볼 사항은 표현의 자유 등의 가치가 플랫폼 사업 영역에 존재하는지의 여부이다. 플랫폼을 매개로 이루어지는 문화콘텐츠 사업은 기본적으로 표현의 자유와 문화국가원리의 지붕 아래에서 시장 참여자의 자율성에 기반한 발전을 도모하는 것이 바람직한 영역이라고 할 수 있다.

이 척도들을 종합적으로 고려할 때, 온라인 플랫폼에 대한 규제 역시 자율규제 모델를 적용하기에 적합한 것으로 보인다.[41] 특히나 인터넷을 기반으로

---

41 유럽연합의 공유경제 플랫폼에 대한 자율규제 및 공동규제 시도에 대해서는 선지원, 공유경제 플랫폼과 유럽법의 도전, KISDI 전문가칼럼, 2019. 7. 17. <http://www.kisdi.re.kr/>

한 플랫폼의 경우 플랫폼이라는 존재가 관련 사업의 내용에 대해 대부분의 정보를 보유하고 있어, 플랫폼이 자체적으로 규제를 집행할 경우 규제 비용을 가장 낮출 수 있다. 관계인들이 차별 없이 참여하는 자율규제의 구조를 구성하고, 자율규제의 방법으로 공적 주체가 제시한 법적 기준에 대한 감독과 집행을 시행한다면 여러 가지 장점을 얻을 수 있을 것이다.

Ⅳ 자율규제 실행의 방식

이미 언급한 것처럼 자율규제의 개념은 단일한 법도그마틱적인 개념이 아니라 다양한 형태로 나타날 수 있다. 다양한 규제의 방식 가운데서 기준의 정립 혹은 집행의 자율성이라는 요소를 발견할 때, 이를 자율규제라는 교집합으로 모을 수 있는 것이다.

기존의 문헌에서도 자율규제의 나름의 기준에 따라 범주화하려는 시도가 이어져 왔다. 특히 전통적인 규제 영역, 규제주체 및 규제 대상에 대한 도그마틱적인 분석을 토대로, 자율규제를 "개인이나 기업과 같은 영업자가 법령에 개괄적으로 설정된 목표기준을 준수하기 위하여 스스로 세부적인 실행규범을 정립하고 적용"하는 방식의 "자기통제형"과 "집단적 차원의 자율규제로서 공통의 목적을 추구하는 조직 구성원의 합의에 기초하여 조직에게 부여된 권위와 권한을 바탕으로 구성원에 의해 자발적으로 조직 구성원에 대한 규제와 감독권을 행사하는" 방식인 "기능자치형"으로 구분하고 있는 견해가 눈에 띈다.[42] 자율성의 정도에 따라 자율규제를 의무적 자율규제, 승인적 자율규제, 조건부 강제적 자율규제 및 자발적 자율규제로 분류하기도 한다.[43] 이하에서는 자율규제 체계가 작동하는 기능을 보다 세분화하여 이를 기준으로 자율규제의 유형을

(2025. 2. 28. 최종 접속).

42 왕승혜, 앞의 책, 92쪽 이하.

43 전학선 외, 글로벌 플랫폼사업자의 자율규제 실태 및 협력방안 연구, 방송통신심의위원회, 2020, 31쪽 이하.

분류해 보고자 한다.

1. 순수한 자율규범(자치규범)

먼저 시장 행위자 혹은 시장 행위자의 집단이 자치규범 형태의 순수한 자율 규범을 제정하는 형식을 생각해 볼 수 있다. 이 경우 보통은 법규를 통해 해당 영역의 행위자들에게 추상적인 의무를 부여하고 있는 경우가 흔하지만, 법규상의 의무가 없는 경우에도 시장의 작동 원리에 따라 자율규범을 제정하는 경우도 있다.

예컨대 「과학기술기본법」은 제4조 제5항을 통해 "과학기술인은 자율을 바탕으로 과학기술 활동을 수행하되 과학기술이 미치는 사회적·윤리적 영향을 고려하여 진실성 있게 수행하여야 하며, 경제와 사회의 발전을 위하여 과학기술의 역할이 매우 크다는 점을 인식하고 자신의 능력과 창의력을 발휘하여 이 법의 기본이념을 구현하고 과학기술의 발전에 이바지하여야 한다"고 규정하고 있다. 한국과학기술단체총연합회와 한국과학기술한림원, 한국공학한림원, UNESCO 한국위원회가 지난 2007년 선포한 "과학기술인 윤리강령"은 과학기술기본법상의 의무를 직접 표현하고 있지는 않지만, 법규가 정하고 있는 추상적인 의무를 자율규범의 형태로 구체화한 것이라고 보아야 할 것이다.

최근 기업별로 인공지능 윤리에 관한 자율규범을 제정하여 발표하고 있는 것도 이와 같은 자율규제의 한 형식이라고 볼 수 있다. 인공지능 윤리와 관련해서는 "카카오"가 "카카오 알고리즘 윤리 헌장"을 통해 인공지능의 개발 및 인공지능을 이용한 서비스 제공 과정에서 준수할 사항을 자율적으로 선언하고 있는 내용이 대표적인 자율규제 사례로 꼽힌다.[44]

---

44 알고리즘 윤리 | 카카오 <https://www.kakaocorp.com/kakao/ai/algorithm> (2025. 2. 28. 최종 접속)

2. 거버넌스의 구축

자율규제를 위한 거버넌스를 구축하고, 그러한 거버넌스에 규제의 집행을 맡기는 방법은 자율규제 방식으로서 가장 흔하게 찾아볼 수 있는 형태이다. 시장 행위자 또는 관계인을 대표하는 조직체를 구성하고, 이 조직체를 통해 자율규제를 실행하는 것이다. 거버넌스를 통한 규제의 방법은 공적 주체가 법규 등을 통해 제시한 기준을 자율 기구를 통해 집행하는 방법 및 자율 기구를 통해 실행 규범 등을 수립하는 방법 등이 있다.

이미 언급한 대로 인터넷 규제 영역에서의 KISO가 우리나라의 대표적인 자율규제 거버넌스를 담당하는 조직체라고 할 수 있을 것이다. 게임 영역에서는 GSOK이 자율규제의 거버넌스를 담당하고 있다. 최근 방송통신 분야에서는 지능정보기술 발달에 대비한 "지능정보사회 이용자보호 민관협의회"가 발족하여[45] 산업계, 기술개발자, 소비자 및 연구자들로 구성된 자율규제의 거버넌스를 구성한 바 있다. 이밖에 각종 법률에 산재하는 전문가기구들이 자율규제의 거버넌스를 이루는 기관들이라고 할 수 있다.

거버넌스 중심의 규율 구조를 가장 선호하는 나라는 영국이라고 할 수 있다. 앞에서 언급한 인공지능 규율 영역의 경우 영국은 세 개의 기관 – 인공지능청(Office for Artificail Intelligence : OAI), 인공지능 위원회(AI Council), 데이터 윤리 및 혁신센터(Centre for Data Ethics and Innovation : CDEI) – 을 설치하여 거버넌스를 구성하고 있다.[46] 이 중 민간위원들로 구성되어 자율규제를 담당하는 조직이 CDEI이다. CDEI는 인공지능을 비롯한 지능정보화와 관련한 대응 전략에 대해 정부와 산업계가 합의한 협약인 이른바 "AI Sector Deal"의 일환으로 설립된 기구로서, 각종 연구와 정책자문기능 외에도 인공지능 활용 행태 및 편향성에 대해 심사 기능을 수행하고 있다.[47] 인공지능 분야 외에도 광고 분야에서 "광고기준협회"(Advertising Standards Authority : ASAV), 미디어 영역에서 "언론

45 박미영, 방통위, '지능정보사회 이용자보호 민관협의회' 발족, <보안뉴스>, 2020. 4. 25.
46 이호영 외, 지능정보화 이용자 기반 보호 환경조성 총괄보고서, 방송통신위원회, 2019, 50쪽
47 선지원, 인공지능의 사회적 수용을 위한 국가법의 과제, 국가법연구 제16집 3호, 2020, 56쪽 참조.

위원회"(Press Council) 등이 자율규제 기구로서 작동하고 있다.

미디어 분야에서는 독일의 「청소년미디어보호 국가협약」(Jugendmedien-schutzstaatsvertrag : JMStV)상의 자율통제 기구를 참조해 볼 수 있다. 동 협약 제19조 제1항은 "방송과 텔레미디어에 대해 자유로운 자율통제 기구를 설립할 수 있다"고 규정하고 있다. 동조 제2항에 따라 승인받은 자율통제 기구는 제19조a에 따라 설립자인 방송국이나 텔레미디어서비스제공자의 동 협약 및 각종 규범 준수 의무를 감시하게 된다. 실제로 "멀티미디어 서비스제공자 자율통제 기구"(Freiwillige Selbstkontrolle Multimedia-Diensteanbieter : FSM e. V.)[48]가 2003년 설립되어 텔레미디어 분야에서 자율규제 거버넌스를 담당하고 있다. 사회관계망서비스(SNS)와 관련해서도 SNS 제공자는 "소셜네트워크 법집행 개선에 관한 법률"(Gesetz zur Verbesserung der Rechtsdurchsetzung in sozialen Netzwerken : NetzDG) 제3조 제2항 제3호 b)목에 따라 (규제된) 자율규제 기구를 설립할 수 있다.[49]

3. 자율 인증 체계의 정립

일정한 기준의 충족 내지 규율의 이행 여부를 시장 행위자의 자율에 맡기고 인증을 통해 이를 확인하거나 인센티브를 주는 방법 역시 자율규제의 한 방식이라고 할 수 있다.

정보통신망법은 제47조 제1항을 통해 "과학기술정보통신부장관은 정보통신망의 안정성·신뢰성 확보를 위하여 관리적·기술적·물리적 보호조치를 포함한 종합적 관리체계"를 수립·운영하고 있는 자에 대한 인증을 할 수 있다고 규정한다. 이러한 인증은 제2항에 따라 기간통신사업자, 집적정보통신시설 사업자 및 대형 사업자에 대해서는 의무사항이지만, 일반적인 부가통신사업자에게는 자율 사항이다. 식품위생법 제48조상의 "식품안전관리인증기준" 역시 자

48 FSM <https://www.fsm.de> (2025. 2. 28. 최종 접속)

49 이러한 자율규제기구의 설립에는 행정청(NetzDG의 경우 법무부장관)의 승인이 필요하다는 점에서 국가로부터 자유롭지 않아는 단점이 있다는 견해도 있다. Heilmann, Regulierung von Suchmaschinen, MMR 2020, 162 (166). 그러나 국가의 승인 필요성과 별개로, 이미 설립된 자율규제기구가 자율규제 거버넌스의 일부를 이룬다는 사실은 변함이 없을 것이다.

율 인증 체계를 통한 자율규제라고 할 수 있다. 동법은 일부 사업자들을 제외하고는 식품안전관리인증을 의무화하고 있지는 않지만, 정보통신망법과 마찬가지로 인증을 받은 자는 시장에서 일정 부분 인센티브를 받게 될 것이다. 「개인정보 보호법」 제32조의2가 규정하고 있는 개인정보 보호 인증 역시 자율적인 집행에 기반하고 있으며, 인증을 통해 인센티브를 얻게 하는 구조이다.

4. 추상적 규범에 대한 자율 집행

추상적인 원칙을 설정하고, 법규를 통해 내부적인 원칙 준수 의무와 기업 내부 거버넌스 도입 의무를 시장 행위자에게 부여하는 방법 역시 자율규제를 제도화하는 수단이다.

유럽연합의 데이터보호일반규정(General Data Protection Regulation : GDPR)은 물론이고 우리 개인정보 보호법도 당연히 개인정보 처리자에게 개인정보 보호를 위한 기술적·관리적 조치 의무를 부여하고 있다. 더하여 양 개인정보 보호 법제는 정보보호를 위한 내부 체계 구축의 의무 역시 개인정보 처리자에게 지우고 있다. 즉, 개인정보 보호법은 제29조를 통해 "개인정보처리자는 개인정보가 분실·도난·유출·위조·변조 또는 훼손되지 아니하도록 내부 관리계획 수립, 접속기록 보관 등 대통령령으로 정하는 바에 따라 안전성 확보에 필요한 기술적·관리적 및 물리적 조치를 하여야 한다"고 규정하여 개인정보처리자에게 안전조치의무를 부과하고 있는 것과 별개로, 자치규범으로서 "개인정보 처리방침"을 수립하여 공개하도록 하는 한편(제30조), 조직 내부에 "개인정보 보호책임자"를 지정하도록 규정하고 있다. 위에서 언급한 자율규제의 범주 중 "자기통제형"과 "기능자치형" 모두를 반영하고 있는 것이다.

V 플랫폼이 주도하는 자율규제의 실질화를 위한 발전 방향

1. 자율규제의 한계

자율규제 형식 역시 몇 가지 면에서 문제점을 노출하고 있다. 순수한 형식의 자율규제는 민주주의와 법치주의 원칙에 있어서의 문제점을 안고 있다. 자율적 조직으로서의 민간 기구가 규제의 집행을 담당할 경우 어느 정도 국민의 권리와 의무에 영향을 끼치는 것은 불가피하다. 문제는 이러한 규제 집행이 과도하게 개인의 권리를 침해하거나 개인에게 의무를 부과할 경우, top-down 방식의 규제와는 달리 민주주의적인 정당성이 모호하다는 점이다. top-down 방식의 규제는 국민의 대표인 국회가 제정한 법률에 직접적인 근거를 두고 있으므로, 민주적·법치주의적 정당성을 어렵지 않게 찾을 수 있다. 그러나 자율규제의 경우 시장 행위자들의 합의에 기초하여 이루어지기 때문에, 이러한 합의가 불안전할 경우에는 자율규제의 집행이 시장에서 주도적인 지위를 차지하고 있는 주체의 의사에 좌우되기 쉽다.

이에 더하여 관계인의 참여가 보장되지 않을 경우 산업 영역 내부인으로 구성된 자율규제의 거버넌스가 또다른 형태의 폐쇄적인 체계를 만들 수 있다는 우려도 있다.[50] 특히, 자율규제의 집행을 담당하는 주체가 규제의 목적보다는 자신의 이익을 우선시할 경우 규제 기준의 중립성이 무너질 수 있다는 문제점 역시 존재한다.[51]

2. 실질적인 플랫폼 자율규제를 정립하기 위한 요건

위에서 언급한 자율규제의 문제점을 해소하는 한편, 자율규제를 통해 규제의 목적을 효과적이고 효율적으로 달성하기 위해서는 순수한 형식의 자율규

50 정남철, 앞의 글, 423쪽.

51 이 문제점을 "대리인이론"으로 구성하는 문헌으로 성봉근, 제어국가에서의 규제, 공법연구 제44집 제4호, 2016, 241쪽.

제가 아니라 일정한 방식의 통제가 가미된 자율규제가 이루어져야 할 것이다. 이를 위해 다음과 같은 고려들이 필요하다.

첫 번째로, 플랫폼을 매개로 활동하는 관계인에 대한 정보제공 및 관계인의 조정 가능성이 존재해야 한다.[52] 이미 언급한 대로 자율규제의 형식은 민주적인 통제 측면에서 문제를 낳을 수 있기 때문에, 플랫폼과 가맹계약을 맺고 있는 사업자 외에 최종 소비자의 정보 획득과 통제 가능성이 존재해야 한다. 통신사업에서의 개인정보 보호의 경우 이용자의 개별 통제권(동의권, 열람권, 정정·삭제권 및 처리정지 요구권 등)이 존재한다. 이를 위한 전제로서 자율규제의 구조, 자율규범의 정립 과정 및 규제의 자율적인 집행 과정의 투명성 역시 확보되어야 할 것이다.

두 번째로, 자율규제에도 불구하고 어느 정도의 예측 가능성과 법적 안정성을 담보하기 위해서는 특히, 플랫폼 가맹사업자들의 "맥락의 준수"가 필요하다.[53] 가맹 사업자가 돌출된 행위를 하지 않고 전반적으로 시장 내에서 혹은 자율규제 체계의 범위 내에서 일반적으로 승인되는 원리에 따라 행위한다는 신뢰가 필요하기 때문이다. 예컨대 공유숙박 플랫폼에 의한 자율규제는 플랫폼 경제 내부의 행위자들이 일정하게 약속되어 있는 숙박서비스 제공 업무를 할 때에만 작동할 수 있다. 구성원들이 플랫폼이 제공하는 자원을 어떠한 불법적인 일에 활용한다면, "맥락"이 무너져 자율규제 체계는 더 이상 작동할 수 없을 것이다. 다만 일정한 경우에는 현존하는 실무 관행이나 관습에 지나치게 의존할 수 있다는 점에서, 오히려 규제에 있어 경직성을 불러올 수 있다. 때문에 이미 언급한 관계인의 개별적인 통제를 비롯하여 후술하는 이해관계 당사자들의 참여를 통하여 경직성을 보완해 나가고 적절한 논의 구조를 형성하는 일도 필요하다.

따라서 세 번째 요건으로는 자연스럽게 이해관계 당사자들의 참여 가능성을 꼽을 수 있다. 자율규제의 적정한 작동을 위해서는 플랫폼이 중심이 되는 협력적 거버넌스가 필수적이라고 할 수 있다. 이미 언급한 대로 기존의 관행에 규제 체계가 매몰되지 않고, 적시에 적절한 규제 집행을 하기 위해서는 시장

52 같은 견해로 Polenz, Verbraucherdatenschutz durch Selbstregulierung?, VuR 2012, 303 (303).
53 Polenz, VuR 2012, 303 (304).

참여자들의 다양한 관점을 지속적으로 반영할 필요가 있기 때문이다. 특히 혁신의 관점에서는 기술의 사회적 수용에 따른 각 이해관계자들의 의견을 폭넓게 수렴하여, 사회 발전 과정, 기술 발전 속도에 따른 규제 정책 이행 필요성을 고려하고 기술의 사회적 수용성 제고를 위해 기술적·법적·윤리적 방안 관련하여 사회적 논의를 활성화하기 위한 논의의 장이 필요하다. 플랫폼이 주도 아래 가맹사업자들과 이용자들의 참여를 보장할 수 있는 체계가 바로 그러한 논의의 장으로 기능할 수 있다.

마지막으로 자율규제 체계의 안전성과 견고성을 유지할 수 있어야 한다. 법적인 규범의 틀이 전혀 존재하지 않는 자율규제는 존재하기 어렵다. 자율규제는 일반적인 표준이나 행위 규범을 독립적이고 자율적인 통제 체계를 통해 관철하는 것이므로[54] 순수한 비규제 영역과는 구별되어야 한다. 따라서 자율규제 체계의 바깥을 둘러싸고 있는 규범의 틀이 안정적으로 유지될 수 있어야 한다. 경우에 따라 자율규제에 대한 감시자로서 혹은 위험 방지의 최후의 보루로서 행정주체가 긴급권 등의 방식으로 규제를 행하는 경우가 있다. 「식품안전기본법」 제15조의 긴급대응 등이 그러한 사례일 것이다. 이는 자율규제에 대한 간섭이라기보다 외부의 위험에도 불구하고 자율규제의 체계가 견고하게 유지될 수 있도록 하는 조치라고 할 수 있을 것이다. 즉, 자율규제가 제대로 작동하지 못했을 때 필요한 영역에서 공적 주체가 개입할 수 있는 적절한 외적 환경이 있어야 한다.

3. 효과적이고 균형 있는 자율규제의 실현을 위한 구조 모색 - 규제의 플랫폼화

위의 내용들을 고려하여 사회의 발전이라는 관점에서 플랫폼 모델에 적합한 자율규제(혹은 규제된 자율규제)의 적합한 구조를 생각해 볼 있다. 먼저 종적으로는 자율규제의 구조를 공고히 유지할 수 있는 플랫폼 기능을 하는 원칙이

54 Polenz, in: Kilian/Heussen, Computerrechts-Handbuch Werkstand: 35. EL Juni 2020, § 134, Rn. 47.

필요하며, 횡적으로는 다원주의적 사고에 따라 규제의 유연성을 담보해야 한다.

먼저 종적으로 플랫폼의 역할을 할 수 있는 규제의 틀이 필요하다. 자율규제가 무규제를 의미하는 것이 아니라는 점이 분명한 한, 자율규제의 체계보다 상위에서 규제 목적으로서의 일정한 가치를 부여할 필요가 있다. 미래를 위한 혁신이라는 관점에서 리스크 관리 차원의 규제를 바라볼 때 중요한 것은 각 세부 영역의 특성과 발전 속도를 고려해야 한다는 것은 분명하다. 하지만 다른 한편으로는 국정 전반의 방향성과 법체계의 정합성이라는 관점에서 어느 정도의 일관된 원칙을 모든 영역에서 관철시킬 수도 있어야 한다. 따라서 말 그대로 "Framework"(규범의 틀)를 제시하는 원칙들을 마치 플랫폼처럼 두고, 개별 영역에서 산업의 특성이나 지역적 특성, 수범자의 구성에 따른 특성 등을 고려한 개별 원칙들을 영역별 참여자들의 자율을 가미하여, 보완적으로 시행할 수 있을 것이다.

그러나 규제의 플랫폼화는 그 자체로 완성되는 것이 아니라 이하의 참여 거버넌스를 통해 완성될 수 있다. 즉, 횡적으로는 관계인 모두의 참여를 제도화한 거버넌스를 모색할 필요가 있다. 자율규제를 위한 거버넌스에 필수적인 것은 이해관계자의 참여로서 모든 관계인이 참여하여 적절한 규제의 정도와 집행 방법에 대해 확인할 필요가 있다. 특히 ICT 영역의 규제를 구성할 때, 첫째, 기술에 대한 이해도는 규제입안자보다 기술개발자 혹은 서비스 제공자가 더 높다는 점, 둘째, 기술의 서비스 시기, 기술을 사용하는 방법 등에 따라 규제의 필요성과 내용은 무척 다양하게 나타난다는 점을 고려할 필요가 있다. 따라서 혁신을 위한 자율규제의 거버넌스에는 서비스 제공자, 기술개발자, 이용자 등이 모두 참여하여 세부적인 규제 기준의 정립에 각자의 입장을 반영할 수 있어야 할 것이다. 일반적인 경우 이러한 관계인의 참여는 단지 구호에 그칠 가능성이 있으므로, 거버넌스 자체에 참여가 제도화될 필요가 있다. 즉, 위에서 언급한 플랫폼으로서의 규제 체계의 하부에 관계인이 참여하여 구체적 영역에서 자율적으로 프레임워크를 구체화하고 집행할 수 있는 거버넌스 자체는 법제도로서 담보하되, 그 거버넌스를 운영하는 방식은 구성원들의 자율에 맡겨야 할 것이다. 더하여 규제의 내용을 지속적으로 평가하는 역할도 이러한 참여 거버넌스를 통해 수행해야 할 것이다.

이와 같은 자율규제 방법론의 실현은 총론적인 규제 논의에서 완성된다기보다는, 개별 전문 영역별로 구체적인 규범 효과를 달성할 수 있는 노력을 통해 이루어질 수 있을 것이다. 혁신 기술들이 그 자체로서 사회적 편익을 나타내기보다는 개별 영역에 적용됨으로써 의미를 가진다는 점을 고려할 때, 이와 같은 개별적인 자율규제 체계의 정립이 타당하다고 할 수 있다. 공적 주체의 역할은 이러한 자율규제의 틀 바깥에서 규제 목적으로서의 가치를 구축하는 한편, 자율규제 집행을 위한 거버넌스가 원활하게 작동될 수 있도록 지원하는 일일 것이다.

VI 맺음말

경제와 사회 발전의 흐름 속에서 규제 혁신이라는 의제는 경제·사회·산업정책 속에서 지속적으로 중요한 과업이 되어 왔다. 또한 최근 신기술 기반 산업의 촉진이라는 측면에서 이루어졌던 규제 혁신의 노력들은 어느 정도 성과를 거두어 오기도 했다. 규제 개선의 노력을 통해 다양한 신기술 기반 산업들의 시행이 가능해졌으며, 일정량의 투자 유치와 고용 창출 효과도 나타났던 것으로 보인다.[55]

하지만 규제 축소에 가까운 지금까지의 제도적인 규제 혁신 논의들은 일정한 한계를 지닌다. 첫째, 규제 혁신이라는 의제 자체가 본질적으로 첨예한 이해관계와 리스크를 조정해야 한다는 어려운 과제를 품고 있기 때문이다. 둘째, 일반적이고 총론적인 규제 논의와 각 산업 영역의 특성을 반영할 수 있는

55 규제 샌드박스 시행을 통해 2024년 2월까지 1,244건의 실증특례가 승인되었다. 규제샌드박스 현황 | 규제샌드박스 <https://www.sandbox.go.kr/sandbox.SandboxTaskSlPL> (2025. 2. 28. 최종 접속). 이 책의 제1판에 밝힌 2020년 5월까지의 실증특례 승인 건수가 158건에 불과했다는 점을 고려하면, 그 이후 실증특례 제도가 효과적으로 작동했다고도 볼 수 있을 것이다. 2020년 5월까지의 통계에 대해서는 김가윤, 한국형 규제 샌드박스 제도의 주요 성과와 향후 법적 과제, 정보통신방송정책 제32권 제5호, 2020, 10쪽.

개별적인 논의가 균형 있게 제시되지 않고 있기 때문이다.

이런 문제를 고려할 때, 본 글의 대상이 되는 플랫폼에서 이루어지는 행위의 특성들을 모두 고려할 수 있는 규제 패러다임 자체를 전환시킬 방법론을 찾는 것이 제도적 측면에서의 중요한 과제이다. 규제가 리스크를 적절하게 관리할 수 있는 수단으로서 유용한 기능을 할 수 있도록, 단순히 규제 축소를 위한 노력만을 기울일 것이 아니라, 리스크 관리의 차원에서 규제 개선의 방향성을 찾고, 새로운 규제 모델 정립을 시도해야 할 것이다.

자율규제는 규제 패러다임의 전환을 위한 하나의 대안으로 주목받아 왔다. 그러나 자율규제를 시행할 수 있는 환경의 부재뿐만 아니라, 그 방법론 자체에 내재된 한계들로 인해 현재까지 뚜렷한 성과를 거두어 왔다고 평가하기 어렵다. 자율규제가 가지는 장점을 부각하고, 한계를 통제하기 위해서는 규제의 작동 측면에서 관계인의 조정가능성, 시장 행위자들의 맥락 준수, 이해관계 당사자들의 참여 가능성 및 자율규제 체계의 안전성과 견고성 유지라는 몇 가지 요건들을 충족할 필요가 있다. 이러한 요건의 충족을 통해 자율규제의 환경이 조성된다면, 본 연구를 통해 제안한 규제의 플랫폼화와 참여 거버넌스의 실현이라는 자율규제의 새로운 모델을 실험해 볼 수 있을 것이다. 특히, 급속도로 발전해 나가는 신기술을 기반으로 한 산업 영역에서 플랫폼의 정립과 당사자 참여의 교차를 통한 자율규제 방식은 최소한의 안정성을 확보하는 한편, 플랫폼 경제 발전의 양상에 따른 유연한 대응을 가능케 하는 규제 모델이라고 할 수 있을 것이다.

참고문헌

[국내문헌]

강신규·김광재, 디지털 게임의 자율규제 방안에 관한 비교분석적 접근, Journal of Korea Game Society v.12 no.6, 2012.

계인국, 규제개혁과 행정법, 공법연구 제44집 제1호, 2015.

고봉진, 사회계약론의 역사적 의의 – 홉스, 로크, 루소의 사회계약론 비교 –, 「법과 정책」 제20집 제1호, 2014.

권은정, 개인방송 규제에 관한 공법적 연구 – 방송법에 기초한 규제론에 대한 비판을 중심으로 –, 서울대학교 법학박사 학위논문, 2019.

김가윤, 한국형 규제 샌드박스 제도의 주요 성과와 향후 법적 과제, 정보통신방송정책 제32권 제5호, 2020.

김상택·임연규·김우경·이지은, 자율규제 확대에 따른 전문규제기관 기능 및 역할에 관한 연구, 방송통신위원회, 2016.

김성수, 금융감독법상 자율규제에 관한 연구, 지역발전연구 제15집, 2006.

김진현·박달재, 리스크의 개념에 대한 고찰, Journal of the Korean Society of Safety v.28 no.6, 2013.

김태오, 4차 산업혁명의 견인을 위한 규제패러다임의 모색, 경제규제와 법 제10권 제2호, 2017.

박홍엽, 인터넷 콘텐츠 자율규제정책의 쟁점과 대응방안, 한국정책연구 제6권 제1호, 2006.

선지원, 인공지능의 사회적 수용을 위한 국가법의 과제, 국가법연구 제16집 3호, 2020.

선지원·조성은·정원준·손승우·손형섭·양천수·장완규, 지능정보기술 발전에 따른 법제·윤리 개선방향 연구, 정보통신정책연구원, 2019.

선지원·양기문·이시직·이재훈, ICT 기반 신산업 활성화를 위한 행정규제 범주화 및 법적 효과 분석 연구, 정보통신정책연구원, 2019.

성봉근, 제어국가에서의 규제, 공법연구 제44집 제4호, 2016.

송시강, 혁신을 위한 규제개혁에 관한 법적 연구 – 전통적 규제개혁론 –, 한국공법학회·한국법제연구원 공동학술대회 자료집, 2020. 12. 9.

왕승혜, 경제행정법상 자율규제에 관한 연구 – EU·프랑스·한국 식품법제의 비교를 중심으로 –, 서울대학교 법학박사 학위논문, 2014.
유제민, 레그테크(RegTech)의 도입과 규제법학의 과제, 경제규제와 법 제12권 제1호, 2019.
윤예지 · 김다해 · 주강진 · 김애선 · 신수진, 혁신성장과 규제개혁 – KCERN 58차 공개포럼 보고서, 2019.
이민영, 인터넷 자율규제의 법적 의의, 저스티스 통권 제115호, 2010.
이원우, 변화하는 금융환경 하에서의 금융감독체계 개선을 위한 법적 과제, 공법연구 제33집 제2호, 2005.
______, 규제개혁과 규제완화: 올바른 규제정책 실현을 위한 법정책의 모색, 저스티스 통권 제106호, 2008.
______, 혁신과 규제: 상호 갈등관계의 법적 구조와 갈등해소를 위한 법리와 법적 수단, 경제규제와 법 제9권 제2호, 2016.
이원태 · 김정언 · 선지원 · 이시직, 4차산업혁명시대 산업별 인공지능 윤리의 이슈 분석 및 정책적 대응방안 연구, 4차산업혁명위원회, 2018.
이호영 · 손상영 · 선지원 외 13인, 지능정보화 이용자 기반 보호 환경조성 총괄보고서, 방송통신위원회, 2019.
전학선 · 정필운 · 심우민 · 윤진희 · 강명원, 글로벌 플랫폼사업자의 자율규제 실태 및 협력방안 연구, 방송통신심의위원회, 2020.
정남철, 현대국가의 규제구조와 규제된 자율규제 – 특히 규제거버넌스의 구축과 실현방안을 중심으로 –, 공법연구 제46집 제4호, 2018.
최봉석 · 구지선, 대형마트와 SSM의 자율규제에 관한 검토, 행정법연구 제36호, 2013.
최수정, 온라인 플랫폼 규제 입법 현황과 향후 과제, 경쟁저널 제222호, 2024.
황성기, 불온통신규제와 표현의 자유, 인터넷법률 통권 제15호, 2003.
______, 인터넷게임 관련 주요 규제 현황 및 개선방향, 언론과 법 제17권 제3호, 2018.
황창근, 최근 10년간 국내 인터넷 자율규제 관련 법적 환경의 변화 양상, KISO Journal Vol. 34, 2019.

[국외문헌]

Davidson, Nestor M./Finck, Michèle/Infranca, John J, The Cambridge Handbook of the Law of the Sharing Economy, Cambridge University Press, 2018.

Frug, Gerald E, The Ideology of Bureaucracy in American Law, Harvard Law Review, 1984.

Heilmann, Dorothea, Regulierung von Suchmaschinen, MMR 2020, 162.

IEEE, Ethically Aligned Design — A Vision for Prioritizing Human Well-being with Autonomous and Intelligent Systems, 2019.

Kilian, Wolfgang/Heussen, Benno, Computerrechts-Handbuch Werkstand: 35. EL Juni 2020.

Ladeur, Karl-Heinz, »Regulierte Selbstregulierung« im Jugendmedienschutzrecht, ZUM 2002, 859.

Landmann, Robert von/Rohmer, Gustav(Hrsg.), Umweltrecht Werkstand: 93. EL August 2020.

Polenz, Sven, Verbraucherdatenschutz durch Selbstregulierung?, VuR 2012, 303.

[기타]

규제샌드박스 현황 | 규제샌드박스 <https://www.sandbox.go.kr/sandbox.SandboxTaskSlPL> (2025. 2. 28. 최종 접속)

기구소개 -한국게임정책자율기구 GSOK <http://www.gsok.or.kr/organization> (2025. 2. 28. 최종 접속)

박미영, 방통위, '지능정보사회 이용자보호 민관협의회' 발족, <보안뉴스>, 2020. 4. 25.

선지원, 공유경제 플랫폼과 유럽법의 도전, KISDI 전문가칼럼, 2019. 7. 17. <http://www.kisdi.re.kr> (2025. 2. 28. 최종 접속)

알고리즘 윤리 | 카카오 <https://www.kakaocorp.com/kakao/ai/algorithm> (2025. 2. 28. 최종 접속)

(사)한국인터넷자율정책기구 홈페이지 <https://www.kiso.or.kr> (2025. 2. 28. 최종 접속)

FSM <https://www.fsm.de> (2025. 2. 28. 최종 접속)

IEEE - The world's largest technical professional organization dedicated to advancing technology for the benefit of humanity. <https://www.ieee.org> (2025. 2. 28. 최종 접속)

Introduction to Sector Deals – GOV.UK <https://www.gov.uk/government/publications/industrial-strategy-sector-deals/introduction-to-sector-deals> (2025. 2. 28. 최종 접속)

ISO – International Organization for Standardization: ISO <https://www.iso.org/home.html> (2025. 2. 28. 최종 접속)

PART 03

플랫폼 규제와 법정책 동향

10 플랫폼에 대한 규제와 경쟁법적 접근*

최난설헌** / 연세대학교 법학전문대학원

I 머리말

소위 "디지털 혁명"이라 불리는 디지털 기술의 발전은 우리 삶의 모든 측면에 큰 변화를 가져왔다, 정보통신기술(ICT)은 더 이상 특정 분야가 아니라 모든 현대 혁신 경제시스템의 기초가 되었다.[1] 이 과정에서 플랫폼은 새로운 시장을 창출하고 기존 시장을 파괴할 수 있는 잠재력을 보여주었는데, 플랫폼은 디지털 경제에서 가장 영향력 있는 행위자 중 하나이며, 거래의 핵심요소이다.[2] 플랫폼이 가진 근본적인 잠재력은 '파이프라인 시장에서 플랫폼 시장으로의 전환'이라는 표현을 낯설지 않게 하였고, Google, Apple, Facebook 및 Amazon과 같은 플랫폼의 성공으로 인해 비교적 짧은 기간 동안 전례 없는 시장 평가가 이루어지고 있다.[3]

플랫폼의 막강한 영향력으로 인해 현재 진행형인 미래의 경쟁 문제를 해

* 본고는 『경제법연구』 제19권 2호(2020)에 실린 저자의 논문인 "혁신경쟁의 촉진과 플랫폼 단독행위 규제상의 과제 – 시장지배적 지위 남용행위규제를 중심으로 – "를 바탕으로 2025년 시점을 반영하여 재구성·보완한 내용이다.

** 연세대학교 법학전문대학원 교수, 법학박사.

1 Communication from the Commission to the European Parliament, the Council, the European Economic and Social Committee and the Committee of the Regions, A Digital Single Market Strategy for Europe, Brussels, 6. 5. 2015 COM(2015) 192 final.

2 Jacques Crémer, Yves–Alexandre de Montjoye, Heike Schweitzer, "Competition Policy for the digital era (Final report)", European Commission, 2019, p. 54.

3 Daniel Mandrescu, "Applying (EU) competition law to online platforms: Reflections on the definition of the relevant market", World Competition, 2018.

결하고자 하는 관심이 높아지고 있으며, 변화하는 비즈니스 모델에 맞게 경쟁법과 경쟁정책을 조정해야 하는 새로운 도전과제를 남겼다. 이것은 시장과 경쟁을 보호하는 데 매우 중요한 문제가 아닐 수 없다. 특유의 간접 네트워크 효과와 빅데이터 축적·활용 등으로 우월한 지위를 보유하게 된 대형 플랫폼사업자의 규모와 시장지배력이 커지고, 경쟁 및 혁신에 미치는 잠재적 효과에 대한 우려가 증대되면서, 전 세계 주요 경쟁당국과 경쟁법 전문가들은 플랫폼에 대한 기술적 차원의 이해를 바탕으로 특유의 비즈니스 모델(성공 비결이 플랫폼 기반의 사업 전개와 확장이라는 점)이 경쟁에 미치는 영향을 경쟁법의 해석 및 집행에 반영하고자 노력하고 있다.

최근(2025년 3월 기준) 국내·외적으로 다양한 온라인 플랫폼 관련 입법적 제안들이 제시되고 있는데, 우리나라의 경우 2020년 9월 공개된 「온라인 플랫폼 공정화법」 제정 정부안 외에도 의안명에 온라인 플랫폼을 포함하는 관련 법률안이 21대 국회 정무위원회에서 19건 발의되어 모두 임기 만료로 폐기되었고, 현재 22대 국회 정무위원회에는 총 18건이 발의된 후 17건이 계류 중이다.[4] 공정거래위원회(이하 공정위)는 2023년 12월 19일, 소수의 핵심 플랫폼사업자를 지정하고, 플랫폼 시장에서 빈번하게 나타나는 위반행위를 금지하는 「플랫폼 공정경쟁 촉진법」의 제정을 추진할 계획을 밝혔으나, 이후 2024년 9월 9일 공정거래법 및 대규모유통업법을 개정하는 방안으로 플랫폼 사업자의 반경쟁행위를 규율하겠다고 입장을 선회한 바 있다. 이후 플랫폼 법안 관련 논의는 2024년 12월 18일에 열린 정무위원회 법안심사 제2소위원회에서 진행된 온라인 플랫폼 관련 법률안(제정안 기준) 공청회를 마지막으로 법 제정 여부를 두고 여야 간 합의가 도출되지 못하고 있다. 한편, 공정위는 공정위 예규로 2023년 1월, 「온라인 플랫폼 사업자의 시장지배적 지위 남용행위에 대한 심사지침」[5]을 제정하여 플랫폼 사업자의 독과점 남용금지 규제에 대한 구체적인 지침을 제시하고, 동시에 일부 온라인 플랫폼 분야(배달앱, 오픈마켓, 숙박앱, 모바일 상품권 분야)에서 발생하는 소위 '갑을관계' 문제에 대해서는 자율규제 방법으로 해결을 모색하고 있다.

4 국회 의안정보시스템 참조 <https://likms.assembly.go.kr/bill/main.do>.
5 공정거래위원회 예규 418호, 2023. 1. 12. 제정.

미국의 경우, 바이든 행정부 시기인 2021년 6월 미국 하원 법사위를 통과한 빅테크 플랫폼에 대한 5개의 패키지 법안이 큰 관심을 끌었으나 의회 회기(117th Congress, 2021–2022) 종료에 따라 폐기되었다. 또한, EU의 「디지털 시장법(DMA)」(2022.11. 발효, 2023.5.2. 시행), 독일 「경쟁제한방지법(GWB)」 제10차 개정 및 일본의 「특정 디지털 플랫폼의 투명성 및 공정성 향상에 관한 법률」(2021.2.1. 시행)과 「스마트폰에 사용되는 특정 소프트웨어의 경쟁촉진에 관한 법률」(시행일 미정) 등, 여러 국가에서 플랫폼 규제 입법 움직임이 동시다발적으로 나타나면서 플랫폼 방향에 대하여 진지하게 숙고할 시기가 도래한 것은 분명하다.[6]

본고에서는 플랫폼의 영향력이 나날이 확장되어가는 현실에서 플랫폼사업자의 사업전략과 이에 대한 해석 및 전통적인 경쟁법 판단기준 적용에 있어서의 쟁점들을 살펴보고, 관련 주요 사례 검토를 통하여 향후 플랫폼 관련 법 집행이나 법·정책적 개선방안 마련에 있어서 추가로 고려할 점에 대하여 고찰해 보기로 한다.

II 디지털 경제에서의 플랫폼 영향력의 확대와 경쟁법의 적용

1. 플랫폼을 통한 거래의 증가와 플랫폼의 기능

플랫폼은 "서로 다른 이용자 그룹이 거래나 상호작용을 원활하게 할 수 있도록 제공된 물리적, 가상적 또는 제도적 환경"[7] 내지 "인터넷을 이용하여 양면시장 또는 다면시장에서 두 개 또는 그 이상의 서로 다르나 상호의존적인

6 박유리·최계영·이경선·오정숙·이은민·손가녕·김성환·이승민·최난설헌, "온라인 플랫폼 생태계 발전을 위한 정책 방향 연구", 『정책연구』 21–21(2021), 정보통신정책연구원 참조 및 2025년 3월 기준 보완.

7 이상규, "양면시장의 정의 및 조건". 『정보통신정책연구』, 제17권 제4호(2010), 정보통신정책학회, 73–105면.

이용자 그룹 간의 상호작용을 가능하게 함으로써 하나 이상의 그룹을 위한 가치를 창출하는 사업자"로 정의된다.[8] 플랫폼은 오늘날 경제의 최전선에 있으며, 검색엔진, 마켓플레이스, 응용 프로그램 저장소, 결제시스템, 비디오 공유 및 소셜 네트워킹을 포함한 다양한 활동과 서비스를 위한 디지털 인프라를 제공한다.[9] 이처럼 플랫폼은 생태계 내 이해관계자들 사이의 매개체 역할을 하게 되는데, 이때 생태계 내에서 정보를 걸러내거나 선택할 뿐만 아니라 활발한 자료의 축적과 가공, 새로운 포장을 통해 그 가치를 더할 수 있다.[10]

또한, 플랫폼을 통한 거래의 증가는 플랫폼의 데이터 집중으로 인해 야기될 수 있는 강력한 간접 네트워크 효과와 결합하여 시장 및 소비자에게 '게이트키퍼(gate keeper)'로서 플랫폼에 대한 비즈니스 의존도를 증가시킨다.[11] 즉, 플랫폼은 생태계 내 가치의 흐름을 조절할 수 있고, 이러한 병목현상(bottleneck)의 가능성 때문에 플랫폼사업자들이 디지털 생태계 내에서 중요한 지위를 차지하게 되는 것이다.

플랫폼에는 새로운 비즈니스 모델과 알고리즘을 활용한 기능이 탑재되어 있으며, 이 알고리즘은 데이터를 기반으로 한 결정 과정을 통해 데이터를 수집하고 처리하도록 설계되어 있다. 이러한 플랫폼은 높은 매몰비용을 필요로 하며, 한계비용이 낮은 특징을 가진다. 즉, 데이터를 저장하고 처리하는 데 필요한 기술은 초기 비용이 많이 소요될 수 있으나 일단 시스템이 작동하면 추가 데이터와 관련한 한계비용이 낮으며, 수집된 데이터는 알고리즘을 개선하여 소

---

8 European Commission, Public consultation on the regulatory environment for platforms, online intermediaries, data and cloud computing and the collaborative economy, Consultation, 24 September 2015 to 6 January 2016. See the survey at <https://ec.europa.eu/digital-single-market/en/news/public-consultation-regulatory-environment-platforms-online-intermediaries-data-and-cloud>.

9 더불어 전혀 다른 분야에서 생성된 플랫폼이 서로 직접적으로 경쟁관계에 놓이게 됨에 따라, 기업들의 플랫폼 활동을 별개의 관련시장에서 파악하기보다는 생태계 내에서 비즈니스 모델에 따라 평가할 필요성이 증대되고 있다. 강인규, "플랫폼의 경쟁이슈와 규제방안", 『정보통신방송정책』 제24권 8호 통권 530호(2012), 정보통신정책연구원, 2-3면.

10 그 밖에 플랫폼의 5대 특징으로는 다음과 같은 점을 들 수 있다.: ① 비즈니스 경계 파괴, ② 생태계 기반, ③ 네트워크 효과, ④ 승자독식의 수익구조, ⑤ 양면/다면시장 구조

11 이러한 점 때문에 플랫폼은 생태계 내 게이트키퍼의 집합체로 간주되기도 한다. 강인규, 위의 논문, 4-5면.

비자에게 더 나은 맞춤형 서비스를 제공할 수 있다. 이 비용구조는 규모의 경제와 범위의 경제를 특징으로 하며, 따라서 소수의 사업자에 의한 빅데이터 시장집중을 용이하게 할 수 있다.[12]

한편, 오늘날 플랫폼 시장을 지배하는 기업들을 살펴보면, 대부분이 기존 기업(Incumbent)이라기보다 플랫폼 기반의 테크(Tech) 기업들임을 확인할 수 있다. 이들은 플랫폼 비즈니스로 시장에 진입해 기존 시장에 없었던 새로운 가치를 창조해내고, 기존의 기업들이 만들어 놓은 지대(rent)를 위협하고 있다.[13] 이와 같은 대표 플랫폼들은 인근 영역으로 진출하거나, 다른 분야와 융합되고, 새로운 분야로 진화하기도 하며 빠르게 변모하고 있다. 예컨대, Google은 검색엔진으로 출발했지만, 현재 실시간 위치 서비스(Google Maps), 미디어(Google News), 음악·비디오 스트리밍 서비스이자 광고 플랫폼인 YouTube 등 다양한 영역으로 진출하고 있다. 그리고 앱스토어(Google Play Store)를 통해 다른 플랫폼에 접속하기 위한 기반 플랫폼으로서의 역할을 수행하고 있다.[14]

2. 플랫폼과 비즈니스 환경의 변화

대규모 기술 기반 기업들은 글로벌 비즈니스 환경을 변화시켰다. 2009년 시가총액 기준 상위 10개 글로벌 기업에는 Tech 회사 2개가 포함되었으나, 2025년 3월 기준으로는 전 세계 시가총액 상위 10개 기업 중 플랫폼 사업을 영위하고 있는 기업이 5개이며, 2개의 기업을 제외한 8개 회사가 모두 Tech 회사이다.

---

12 Organization for Economic Cooperation and Development (OECD), "Big data: Bringing com-petition policy to the digital era, DAF/COMP(2016)14, Paris, 27 October, 2016. United Nations, "Competition issues in the digital economy", Trade and Development Board Trade and Development Commission Intergovernmental Group of Experts on Competition Law and Policy, Eighteenth session, Geneva, 10-12 July, 2019.

13 이효정·전창의·김기범, "플랫폼 비즈니스의 성공 전략", 『SAMJONG INSIGHT』 Vol. 67(2019), 삼정KPMG 경제연구원, 9면.

14 이화령·김민정, "플랫폼 경제의 시장기제와 정부정책", 연구보고서 2017-07(2017), 한국개발연구원, 4면.

〈표 10-1〉 전 세계 시가총액 Top 10 기업 중 플랫폼 기업의 비중 변화

* 2009년

순위	기업명(국가)	업종
1	PetroChina(중국)	석유
2	Exxon Mobil(미국)	석유
3	Microsoft(미국)	IT
4	Industrial and Commercial Bank of China(중국)	금융
5	Walmart(미국)	유통
6	China Construction Bank(중국)	금융
7	BHP Group(호주)	자원
8	HSBC Holdings(영국)	금융
9	Petrobras(브라질)	석유
10	Alphabet(미국)	IT

<출처: Bloomberg, 삼정KPMG 경제연구원>.

** 2025년 3월 5일 기준

순위	기업명(국가)	시가총액 ($T)	사업 현황
1	Apple(미국)	3,544.0	스마트폰, 모바일 OS(iOS), 앱스토어
2	Microsoft(미국)	2,888.0	PC용 OS(윈도), 클라우드 플랫폼
3	NVIDIA(미국)	2,830.0	반도체(그래픽 칩셋), 가전
4	Amazon(미국)	2,159.0	전자상거래, 클라우드 플랫폼
5	Alphabet(Google)(미국)[15]	2,092.0	검색엔진, 인터넷/모바일 광고, 모바일 OS(안드로이드)
6	Saudi Aramco(사우디아라비아)	1,736.0	석유, 천연가스 탐사
7	Meta(Facebook)(미국)	1,621.0	소셜네트워크 서비스
8	Berkshire Hathaway(미국)	1,069.0	투자사, 다국적 지주회사(보험, 가구, 식품, 제조업체 등 계열사로 보유)
9	TSMC(대만)	933.57	반도체 위탁생산
10	Broadcom(미국)	878.78	반도체 위탁생산

<출처: CompaniesMarketCap.com>.

15 알파벳은 2015년부터 Google의 지주회사가 되었다.

이처럼 무서운 속도로 성장하고 있는 플랫폼의 특정 시장에서의 시장지배력은 소규모 혁신기업들의 시장에의 접근과 생존에 영향을 미친다. 예컨대, Google, Microsoft, Amazon 및 Apple과 같은 주요 플랫폼은 인프라를 소유 및 운영하거나 거래자와 개발자가 의존하는 서비스를 제공하고 있으며, 이러한 시장에서 서비스 제공업체와 경쟁관계에 있다. 또한, 다수의 플랫폼사업자들은 광고사업과 더불어 소비자와 생산자를 연결해주고 받는 수수료를 사업의 주력 수익원으로 확보하고 있으며, 동시에 이들은 수직적으로 비교적 강력하게 통합된 구조를 취하고 있다. 이처럼 강력한 시장력을 보유한 사업자들은 전략적으로 잠재적 경쟁사업자들에 대한 진입장벽을 구축하고 고착효과(lock-in effects)를 통하여 수직적 차별정책을 취해서 시장에서의 경쟁을 조절할 수 있는 위치에 있으며, 이러한 행위를 행할 경제적인 인센티브를 갖는다. 또한, 특히 양면/다면시장[16]에서의 경쟁에 있어서는 일종의 선점효과가 뚜렷하여 사업의 초기 단계에서 성공을 거두어 어느 플랫폼을 거점으로 거래를 하는 그룹들의 규모가 커질수록 더 많은 판매자와 소비자를 끌어들일 수 있기 때문에 해당 사업자의 시장력은 점점 확장되기 쉽다.
따라서 이들 플랫폼사업자에 의한 시장지배적 지위의 남용행위 내지 다양한 불공정거래행위가 행해질 수 있다는 우려의 시각이 존재하는 것도 사실이다.[17]

3. 플랫폼의 확장과 진입장벽의 형성

플랫폼 특유의 네트워크 효과와 규모의 경제는 플랫폼 경제에 있어서 중요한 진입장벽 형성의 요인이다. 시장의 선점에 성공한 플랫폼은 규모의 경제에 따른 막대한 비용상의 이점과 획득하는 데이터 양/규모 면에서의 이점을 함

16 다면시장이란 일반적으로 서로에 대한 수요를 갖는 몇 개의 개별 이용자 그룹의 요구사항을 조율하는 기능을 하는 플랫폼을 뜻한다. David S. Evans and Michael D. Noel, "Defining Markets that involve Multi-Sided Platform Businesses: An Empirical Framework With an Application to Google's Purchase of DoubleClick, 2007, p. 3.

17 최난설헌, "플랫폼 시장과 거래상 지위의 남용 문제", 『경쟁과 법』 제7호(2016), 서울대학교 경쟁법센터, 64-65면.

께 가진다. 반면 새로운 시장참여자는 일반적으로 이미 시장에 안착한 기존 사업자와 유사한 진입기반(네트워크 효과)이나 규모를 가지지 않으면 이러한 문제를 극복할 수 없으며, 이 두 가지 요건 모두 단기간에 적은 비용으로 구비하기 어렵다.[18]

나아가 경쟁사업자와 비교하여 데이터 획득/처리 과정상의 이점이 있으면 규모의 경제 선순환을 통해 결국 네트워크 효과로 이어져서 사업자는 그에게 유리한 상황을 유지하면서 더 많은 데이터를 지속해서 수집할 수 있다.[19] 그러나 새로운 시장참여자는 공고한 진입장벽을 넘어서기 어려우므로 반대의 악순환을 경험할 수 있다. 즉, 플랫폼 특유의 네트워크 효과에 의한 수요 측면에서의 규모의 경제 및 이용자가 모여드는 피드백 효과로 인하여 플랫폼 경제에서 사업자는 단기적인 이윤 확보보다는 많은 이용자 확보를 꾀하는 성장 전략을 추구하게 된다. 따라서 플랫폼 경제에서 확장 가능성이 크고, 규모의 경제 실현에 유리한 비즈니스 모델을 선호하는 것은 당연하다.

한편, 나아가 경쟁우위를 유지하거나 강화하기 위해 기존 사업자는 개방성(openness) 또는 상호운용성(interoperability)을 제한할 강력한 동기를 갖게 되며, 이용자를 자신의 플랫폼에 묶어두기 위하여 경쟁사업자보다 약간 앞서는 인센티브를 제공함으로써 위에서 설명한 선순환 구조를 통해 계속적인 이익을 누릴 수 있게 된다. 이처럼 진입장벽을 공고히 하거나 경쟁사업자를 불리하게 하는 사업전략은 때로는 경쟁법적인 우려를 불러올 수 있다.[20]

---

18 그러나 위의 2가지 요건의 구비가 절대적으로 불가능한 것은 아니며, 만약 기존 플랫폼사업자와 견줄 수 있는 진입기반(네트워크 효과)과 규모를 갖춘 기업이 등장할 경우 경쟁은 활성화되고, 그 혜택은 소비자에게 돌아갈 수 있을 것이다. George J. Stigler Center for the Study of the Economy and the State, Report of Market Structure and Antitrust Subcommittee, Committee for the Study of Digital Platforms, The University of Chicago Booth School of Business, 01 July 2019, p. 17.

19 다양한 이용자의 대량 데이터 확보로 디지털 서비스가 질적으로 좋아지게 되면 네트워크 효과에 의하여 더 많은 이용자가 확보되는데, 알고리즘과 AI 등 데이터 처리 기술의 발달로 맞춤광고 등을 통하여 소비자의 더욱 큰 관심을 끌게 되면 결국 사업자의 매출 등 이익으로 돌아가게 된다.

20 Report of Market Structure and Antitrust Subcommittee, p. 18.

4. 플랫폼에 대한 규제 논의

디지털 시장의 경계가 실시간으로 변화하고, 이용자 기반 시장력이 용이하게 인접 시장으로 확장되는 현실에서, 미래 혁신에 대한 예측이 어렵고 플랫폼 시장이 역동적이라는 이유로 플랫폼을 경쟁법 조사에서 면제하지 않으며, 오히려 '혁신의 정체를 막기 위한 개입'이라는 경쟁당국의 조사와 집행을 정당화하는 논거를 구성할 수 있다.

경쟁법 분야에서 플랫폼에 대한 관심의 대부분은 시장지배력의 남용 가능성과 관련이 있다. 그러나 디지털 경제에서 경쟁의 복합적인 양상과 플랫폼이 아우르는 다양한 분야 및 시장획정의 어려움 등은 경쟁법 및 경제분석에 사용되는 시장지배력의 일반적인 개념에 대한 중요한 도전을 야기하였으며, 이에 플랫폼 규제에 있어서 전통적인 시장지배력의 남용 규정뿐만 아니라 불공정거래행위 규율(특히 거래상 지위 남용)을 적극적으로 채용하려는 시도가 최근 국내·외에서 나타나고 있다.

현행 경쟁법은 시장지배적 지위 남용행위 판단에 있어서 대체로 가격(price)을 기준으로 소비자에 대한 이익 또는 피해를 측정하는 것을 기반으로 하는 '소비자 후생 기준(consumer welfare standard)'을 반영하고 있다. 이러한 맥락에서 성장을 거듭하고 있는 거대 플랫폼의 핵심 비즈니스 전략인 '약탈적 가격책정(predatory pricing)' 내지 '극도로 낮은 마진(razor－thin margins) 정책'에 위의 소비자 후생 기준을 적용할 경우 경쟁법적 우려에서 벗어나게 된다. 거대 플랫폼은 중·단기적으로 경쟁사업자가 시장에서 퇴출될 때까지 저가정책을 유지하며 가격을 낮춘다. 그러나 이후 시장에서 경쟁이 사라지게 되면 종국적으로 가격이 상승하고 선택가능성이 감소할 우려가 있다. 그러나 이러한 플랫폼 업계의 관행은 가격이 낮아지면 일단 소비자에게 이익이 되는 것처럼 보이기 때문에 경쟁당국의 감시 및 경쟁법 적용대상에서 제외될 수 있다.

또한, 소비자 후생 기준의 또 다른 어려움은 실시간 변화하는 빠른 가격변동과 알고리즘에 의해 구현되는 개인화된 가격으로 인해 시장 인프라를 제공하는 플랫폼에 대한 가격 분석을 수행하기가 쉽지 않다는 점이다.[21]

---

21 United Nations, "Competition issues in the digital economy", p. 5.

따라서 플랫폼과 관련된 경쟁상황 분석에서 가격은 적절한 기준이 아닐 수 있다. 실제로 플랫폼을 통하여 다수의 서비스가 무료로 제공되기는 하지만 실제로 소비자는 데이터 제공을 통해 비용을 지불하는 것으로도 볼 수 있다.[22] 지배적인 플랫폼은 가격 이외의 수단으로 소비자 피해를 일으킬 수 있으며, 따라서 디지털 경제에 있어서는 소비자 후생 기준으로서 개인정보 보호 및 선택권의 보장, 데이터 보호, 전환비용 및 주요 플랫폼에의 고착효과와 같은 다른 판단요소들을 함께 포함하는 방안에 대하여도 숙고해보아야 할 것이다.[23]

Ⅲ 플랫폼 분야 주요 사례 검토[24]

1. 검토 대상 사례

종래 플랫폼사업자의 단독행위에 대하여 강력한 규제를 가하여야 한다는 주장은 유럽 대륙국가를 중심으로 강력하게 제기되었으며, 거대 플랫폼사업자의 시장지배적 지위 남용행위에 대한 제재는 유럽 경쟁당국(EU집행위원회, 독일 연방카르텔청, 프랑스 경쟁위원회)이 주도하고 있다.

본고에서는 시장지배적 지위 남용이 문제되어 EU집행위원회(European Commission)

22 일부 학자들은 경쟁당국의 조사에 있어서 플랫폼에 의한 데이터 통제의 반경쟁적 효과에 초점을 맞추어야 한다는 새로운 접근방식을 제안하였으며, 다른 학자들은 시장점유율과 데이터 통제 간의 관계를 고려하여 경쟁정책 및 개인정보 보호 관련 정책이 변화해야 한다고 주장한다. Nathan Newman, “Search, antitrust and the economics of the control of user data”, Yale Journal on Regulation, 31(2), 2014, pp. 401－454. 다만, 본고에서는 개인정보 보호 문제는 검토하지 않고, 경쟁법과 관련된 사항만 다루기로 한다.

23 따라서 소비자 후생 기반 접근방식이 디지털 경제에서의 반경쟁적 피해를 감지하고 저지하지 못한다는 점을 지적하고, 디지털 플랫폼에 있어서는 진입장벽, 이해 상충, 병목현상의 발생, 데이터 사용 및 통제, 협상력 역학 등에 주목하는 프로세스 기반 접근방식을 채택할 필요성을 강조하는 견해도 있다. Lina M. Khan, “Amazon’s antitrust paradox”, The Yale Law Journal, 126(3), 2017, pp. 564－907.

24 목차 Ⅲ 이하의 내용은, 이호영 외, “온라인 플랫폼 분야 경쟁법 집행기준 마련을 위한 연구”, 공정거래위원회 용역보고서(2020.12)의 50~91면의 내용을 참고하여 정리한 내용이다.

가 제재했던 2017년 Google 가격 비교쇼핑 사건(이하 'Google I 사건')[25]과 2018년 Google 안드로이드 사건(이하 'Google II 사건')[26]과 2019년 Google AdSense 사건(이하 'Google III 사건')[27]을 중심으로 살펴본다.

2. Google I - 가격 비교쇼핑 사건[28]

(1) 배경

2013년 자료에 따르면, Google은 미국에서 검색 트래픽의 70% 이상, 유럽의 경우에는 이 보다 더 높은 90%를 차지하고 있으며,[29] 따라서 검색중립성을 둘러싼 분쟁은 대부분 Google을 상대로 제기되고 있다.[30]

2010년 무렵부터 Google은 미국과 EU 경쟁당국의 조사를 받았으며, 미국 FTC의 오인유발 광고(misleading advertising) 및 시장지배적 지위 남용 혐의에 대한 조사를 동의명령으로 종결시키는 대가로 2011년 8월, 총 $500 million에 이르는 과징금을 부과받은 바 있다.[31] 이와 유사한 혐의로 EU집행위원회는 2010년 11월, 인터넷 검색시장에 에서의 시장지배력 남용 여부와 관련하여 Google에 대한 조사를 개시하여 장기간 광범위한 검토를 마치고 2015년 4월, Google 측에 심사보고서(Statement of Objection)를 발송하였다.

---

25 Commission UE, décision, C(2017) 4444 final, 27 juin 2017, aff. AT.39740, Google Inc. and Alphabet Inc.

26 Commission UE, décision, 18 juillet 2018, Google Android, 40099, IP/18/4581.

27 Commission UE, décision, 20 mars 2019, 40411, IP/19/1770, Google Search(Adsense).

28 이하의 Google I 사건 관련 검토 내용은 최난설헌, "인터넷 검색시장에서의 공정성 문제 - Google 사례를 중심으로 -," 『경제법연구』 제14권 3호(2015), 한국경쟁법학회, 95-118면 내용 참조.

29 곽주원·허준석·송영택, "검색의 중립성이 인터넷 생태계에 미치는 영향," 정보통신정책연구원(KISDI), (2013.11), 42면.

30 U.S. Department of Justice's Press Release on 24 August 2011, available at, <http://www.justice.gov/opa/pr/google-forfeits-500-million-generated-online-ads-prescription-drug-sales-canadian-online>.

31 2013년 1월, 미국 연방거래위원회(U.S. Federal Trade Commission, 이하 FTC)는 FTC법 제5조 위반 혐의와 관련하여 Google에 대한 조사를 마쳤으며, 조사대상은 주로 "검색편향/왜곡(search bias)" 혐의와 Google의 "멀티호밍 정책(multi-homing policy)"에 대한 것이었다.

(2) EU집행위원회의 결정 및 EU사법재판소의 판결

Google은 유럽경제지역(European Economic Area, EEA) 내 일반검색서비스 시장에서 90% 이상의 시장점유율을 가진 시장지배적 사업자로서,[32] 2010년 2월, Foundem, ejustice.fr, Ciao 등, 17개 사업자들이 Google의 경쟁법 위반행위에 대하여 EU 경쟁당국에 신고하였다. 2010년 11월 EU집행위원회는 Google의 유럽기능조약(Treaty on the Functioning of the European Union, 이하 TFEU) 제102조(시장지배적 지위 남용행위 금지)와 EEA Treaty 제54조 위반 여부에 대한 조사에 착수[33]하여 4가지 경쟁법 위반 혐의[34]를 발견하였다.[35]

EU집행위원회는 우선적으로 Google이 자연검색 결과를 경쟁사업자에게 불공정하게 불리한 방향으로 왜곡하여 표시하였는가에 초점을 맞추어 법 위반 여부를 조사하였으며, 이후 조사범위가 확대되어 2012년에는 Google이 다른 수직적 검색엔진 웹사이트의 콘텐츠를 사전 허가 없이 무단으로 도용하여 게시한다는 혐의까지 추가되기에 이르렀다. 구체적으로 Google의 혐의는 다음과 같이 정리할 수 있다.

① Vertical Search Abuse

EU집행위원회는 일반검색서비스(general search services)와 관련하여 Google이 일반검색서비스 결과에서 자신의 전문검색서비스 결과를 다른 경쟁업체의 결과보다 상위에 위치시켜서 경쟁사업자의 사업활동을 봉쇄(foreclosure)하는 결과를 초래할 우려("Vertical Search Abuse")가 있다고 보았다.[36]

② Contents Scraping Abuse

Google의 두 번째 혐의는 Google과 경쟁하는 전문검색서비스를 제공하는

---

32 European Commission, Press Release(Brussels, 25 April 2013), "Antitrust: Commission seeks feedback on commitments offered by Google to address competition concerns"(EC MEMO/13/383).

33 European Commission Press Release(Brussels 30 November 2010), "Antitrust: Commission probes allegations of antitrust violations by Google"(IP/10/1624).

34 Speech 12/372 "Statement of Vice President Almunia on the Google antitrust investigation" 21 May 2012.

35 *Ibid.*

웹사이트의 콘텐츠[37]를 사전 동의 없이 도용하여 Google의 검색결과로 보여주는 콘텐츠 복사 행위에 관한 것이다. EU집행위원회는 Google이 이와 같은 행위를 통하여 결과적으로 인터넷 사용자의 편익증진을 위한 오리지널 콘텐츠 개발에 대한 투자유인을 감소시키게 할 우려가 있다고 보았다.

③ AdSense for Search Abuse

Google의 세 번째 혐의는 사실상의 배제적 효과와 관련한 것인데, Google의 검색창을 이용한 광고나 Google의 중개 광고서비스를 이용하는 웹사이트를 대상으로 하여 Google 검색창에 이들 업체가 선택한 키워드 중 하나를 입력하면 해당 검색결과와 함께 광고가 표시되도록 하는[38] 계약을 맺음으로써 사실상 배타적으로 모든 검색광고를 Google을 통해 하도록 강요하는 효과를 가져와서 다른 검색광고 중개서비스 업체의 시장진입을 봉쇄할 우려가 있다고 보았다.[39]

④ AdWords[40] Abuse

네 번째 혐의는 광고주들이 그들의 광고를 Google 검색결과 페이지에 게시하기 위하여 이용하는 Google의 경매 방식의 광고서비스와 관련한 것인데, EU집행위원회는 Google이 소프트웨어 개발자들과의 계약에서 검색광고를 Google 플랫폼에서 경쟁사업자 플랫폼으로 이전하는 것을 금지하는 내용을 둔 것을 문제삼았다.[41]

EU집행위원회는 위의 혐의들에 대하여 Google 측에 시정방안을 제시할 기회를 부여하고 협의를 지속해왔으며,[42] Google은 2013년 4월 26일부터 2014

---

36 *Ibid*

37 예컨대, 호텔·항공권 가격 비교 및 예약서비스 제공 사이트와 레스토랑 정보 사이트 등의 이용자 평점 및 후기에 대한 콘텐츠가 이에 해당한다.

38 이와 같은 광고기법을 'search advertisement'라고 부른다.

39 *Ibid.*

40 AdWords란 Google의 광고 계약방식으로서, 광고주들은 AdWords에 가입함으로써 Google 웹사이트에 광고를 노출시킬 수 있으며, AdWords를 통한 광고수입은 Google 수입의 거의 전부에 해당하는 99%를 차지하였다.

41 *Ibid.*

42 당시 EU집행위원회의 수뇌부는 인터넷 시장처럼 빠르게 기술이 진보하고 사업모델이 급변하는 시장에서는 장기간의 심의절차를 거치는 것보다 해결책을 신속하게 제시하여 경쟁 왜곡을 시정하는 것이 낫다는 판단으로 동의의결 제도를 활용하려는 시도를 하였다.

년 1월까지 총 3차례에 걸쳐 시정방안(commitment)을 제시[43]하였으나, 경쟁사업자들의 거센 반대[44]에 부딪혀서 결국 동의의결(Commitment Decision)에 이르지 못하였다.[45]

2015년 4월 15일, EU집행위원회는 "Google이 EU 경쟁법에서 금지하는 시장지배적 지위를 남용하여 자사의 쇼핑 서비스를 일반검색페이지에서 체계적으로 우대한다는 점[46]에 대한 예비적 판단(preliminary view)"을 내용으로 하는 심사보고서(Statement of Objection)를 송부하였으며,[47] 2017년 6월 24억 2천만 유로의 과징금을 부과하였다.

Google은 위의 EU집행위원회의 결정에 불복하고 소송을 제기하였으나, 2021년 11월 EU일반법원에서 패소하고 다시 상고하여 2024년 9월 10일 EU 최고법원인 EU사법재판소(ECJ)는 EU집행위원회의 결정이 적법하다고 판단하고 Google의 과징금을 확정하였다.[48]

---

43 European Commission Press Release(Brussels, 5 February 2014), "Antitrust: Commission obtains from Google comparable display of specialised search rivals" (IP/14/116).

44 경쟁사업자 측에서는 Google의 표시 구분이 소비자에게 정보를 제공할 수 있으나 소비자에게 여러 상품을 비교할 수 있는 선택권을 부여하는 것은 아니라는 점을 주장하면서 Google의 검색 알고리즘의 조작 금지를 요구하였다.

45 Joaquin Almunia, "Public Policies in Digital Markets: Reflections from Competition Enforcement," London Chatham House Competition Policy Conference, (30 June 2014). 자세한 내용은 <http://europa.eu/rapid/press-release_SPEECH-14-515_en.htm> 참조.

46 이는 앞서 언급한 Google의 4가지 남용 혐의의 유형 중 첫 번째 유형인 "Vertical Search Abuse"에 해당한다.

47 European Commission, fact sheet from 15 April 2015 (MEMO/15/4781). 자세한 내용은 <http://europa.eu/rapid/press-release_IP-15-4780_en.htm> 참조. 집행위원회는 이와 동시에 Google의 Android 모바일 운영시스템에 대한 조사를 개시하였다(MEMO/15/4782).

48 Court of Justice of the European Union, Press Release(No 135/24, Luxembourg, 10 September 2024) – Judgment of the Court in Case C-48/22 P | Google and Alphabet v Commission (Google Shopping). Available at <https://curia.europa.eu/jcms/upload/docs/application/pdf/2024-09/cp240135en.pdf>.

3. Google Ⅱ - 안드로이드 사건

(1) 배경

Google은 2000년대 중반부터 인터넷 이용기반이 데스크톱 컴퓨터에서 모바일 기기로 전환될 것으로 예상하고, 모바일 기기에서도 Google 검색엔진이 계속 사용될 수 있도록 사업전략을 수립하였다. 이후 EU뿐만 아니라 전 세계적으로도 모바일 기기의 80%가량이 안드로이드 OS 기반으로 운영되고 있었으며, EEA 내 안드로이드 OS의 관련 라이센서블 모바일 OS시장 점유율이 90%를 넘으면서 소비자의 대다수가 구입하는 저렴한 가격대의 모바일 기기는 거의 모두가 안드로이드 OS를 장착하고 있었으며, EEA 내 안드로이드 OS기반 모바일기기용 앱들의 90% 이상이 Google의 앱스토어 서비스인 Play Store로부터 다운로드되었다.

이와 같은 시장 상황에서 2015년 4월, EU집행위원회는 스마트폰과 태블릿에 사용되는 안드로이드 OS, 관련 앱 및 서비스 등과 관련하여 Google의 영업관행이 EU 경쟁법에 위반되는지 여부에 대하여 공식조사에 착수하였다.

(2) EU집행위원회의 결정 및 EU일반법원의 판결

2018년 7월, EU집행위원회는 Google의 시장지배적 지위 남용행위에 대해 법위반행위의 중대성, 법 위반 기간 등을 고려하여 역대 최고 금액인 총 43.4억 유로(약 5.6조 원)의 과징금을 부과하였으며.[49] 이 사건에서 Google의 문제된 행위는 다음과 같다.

① 모바일 기기 제조사들에게 Google 앱스토어 탑재 조건으로 Google 검색앱 및 브라우저앱 선탑재 요구
② 모바일 기기 제조사들에게 Google 검색앱만을 선탑재하는 조건으로 금전

49 동 과징금은 Google이 EEA 31개 국가에서 안드로이드 OS 모바일 기기 기반 검색광고 서비스를 통해 창출하는 매출액을 기초로 산정한 것이다.

제공
③ 모바일 제조사들과 Google이 승인하지 않는 경쟁 안드로이드 운영체제에 의해 운영되는 모바일 기기의 제조·판매 금지 계약체결 등

EU집행위원회는 Google의 위 세 가지 행위가 모바일 인터넷 시장이 급성장하고 있는 상황에서 일반 인터넷 검색시장에서 Google의 시장지배력을 견고히 하기 위한 전략의 일환으로 실행되었다고 판단하였으며, 구체적으로는 Google의 행위가 경쟁 인터넷 검색서비스 제공자들이 공정하게 경쟁할 기회를 차단하였으며, 끼워팔기로 Google 검색앱과 크롬앱이 대부분의 안드로이드 모바일 기기에 선탑재되었고, 배타적 거래에 대한 인센티브 제공은 모바일 기기 제조사들이 경쟁사 검색앱을 설치할 유인을 감소시켰다고 보았다. 또한, 장차 경쟁 인터넷 검색서비스 제공자들이 많은 이용자를 확보할 수 있는 플랫폼이 될 수 있었던 안드로이드 포크의 개발을 방해하였으며, 경쟁 인터넷 검색서비스 제공자들이 모바일 기기로부터 이용자들의 검색이나 모바일 위치 등과 관련한 데이터를 수집하는 것을 방해하여 Google의 검색시장에서의 지위를 견고히 하였다고 판단하였다.

아울러 EU집행위원회는 Google의 행위가 인터넷 검색뿐 아니라 모바일 시장에서 혁신과 경쟁을 제한하였다고 보았는데, 다른 모바일 브라우저들이 선탑재된 Google의 크롬과 효과적으로 경쟁하는 것을 방해하고, 안드로이드 포크의 개발을 방해함으로써 다른 앱 개발자들이 성장할 기회를 차단하였다고 지적하였다.

EU집행위원회는 과징금 부과와 함께 Google에 대해서 본 건 결정 이후 90일 이내에 상기 법 위반행위를 중지하고 동 행위와 동일하거나 유사한 목적 또는 효과가 있는 행위를 하지 않도록 시정조치를 부과하였으며, Google의 시정조치 이행 여부를 모니터링하기 위해 Google에 대하여 본 건 결정 후 시정조치 이행상황을 집행위원회에 보고하도록 하였다.[50]

---

50 Google이 EU집행위원회의 결정을 이행하지 않을 경우 Google 모회사인 Alphabet의 전 세계 일일 평균매출액의 5% 범위 내에서 이행강제금을 부과할 수 있다.

Google은 위의 EU집행위원회의 결정에 불복하고 소송을 제기하였으나, 2022년 9월 14일 EU일반법원은 EU집행위원회의 결정이 적법하다고 하면서 다만 부과한 과징금을 41억 유로로 소폭 경감하는 판결을 내렸으며,[51] 2025년 3월 현재 동 사건은 EU사법재판소의 판단을 기다리고 있다.

4. Google Ⅲ – AdSense 사건[52]

(1) 배경

Google의 일반검색 서비스는 이용자가 검색창에 키워드를 입력하면 검색결과뿐만 아니라 해당 키워드에 알맞은 온라인 광고도 검색결과에 같이 표시한다. Google은 검색 및 검색광고(search adverts) 서비스를 제공하는 웹사이트(언론사, 블로그, 여행사 등) 운영자와 온라인 광고주를 중개하는 플랫폼(online search advertising intermediation platform)에 해당인 'AdSense for Search'를 운영하고 있으며,[53] 2006년부터 2016년까지 Google은 유럽 내에서 인터넷 일반검색 시장의 90% 이상과 온라인 검색광고 중개시장에서 70% 이상의 매우 높은 시장점유율을 차지하여 시장지배적 지위를 차지하고 있었다.[54]

이러한 온라인 검색 광고는 Google의 주요 수익원이므로 Google은 자신이

---

51 The European Union's General Court, Judgment – 14/09/2022 – Google and Alphabet v Commission (Google Android, Case T–604/18). Available at <https://curia.europa.eu/juris/document/document.jsf?text=&docid=265421&pageIndex=0&doclang=EN&mode=lst&dir=&occ=first&part=1&cid=13488321>.

52 이하의 Adsense 사건 관련 내용은 공정거래위원회, 해외경쟁정책동향 제151호(2019.4.17.) 참조.

53 Google은 Google Search를 통하여 직접 검색광고를 하고 있을 뿐만 아니라, 'Adsense for Search'를 통하여 중개 형태로 제3의 웹사이트에 광고를 하는데, 제3의 웹사이트는 이용자들이 검색창에 검색어를 치면 검색결과뿐만 아니라 검색광고도 보여준다. 만약 이용자가 검색광고를 클릭하면 Google과 제3의 웹사이트는 광고주로부터 수수료를 받게 된다.

54 Google은 해당 기간 동안 EU회원국 내 일반검색 서비스 시장에서 90% 이상의 시장점유율을 차지하고 있었으며, 온라인 검색광고 시장에서도 대부분의 EU회원국들에서 75% 이상의 시장점유율을 보유하는 상황이었으며, 이와 같은 Google의 온라인 검색광고 시장에서의 시장지배적 지위는 Google의 일반검색 시장에서의 지배력과 큰 연관성이 있다. European Commission, Press Release(Brussels, 20 March 2019), "Antitrust: Commission fines Google [1]1.49 billion for abusive practices in online advertising"(IP/19/1770).

제공하는 광고를 보는 이용자 수가 최대한 많아질수록 유리하였으며, Microsoft, Yahoo 등 경쟁사업자는 Google의 검색화면에 자신이 중개하는 광고를 노출시킬 수 없으므로 유명 웹사이트의 운영자, 유명 블로거의 웹사이트가 중요한 경쟁수단이 되었다.

(2) EU집행위원회의 결정과 EU일반법원의 판결

Google은 온라인 검색광고 중개서비스 제공을 위해 제3의 웹사이트 운영자(direct partner)들과 개별적 협상을 통해 계약(tailored agreements)을 체결하였으며, 해당 계약에 다음 중 하나 이상의 조항을 포함하고 있었다.[55]

① 배타적 공급 의무(exclusive supply obligation) – 2006년 이후
해당 웹사이트 검색광고 공간에 경쟁사업자의 광고를 게시하지 않도록 하는 배타적 계약 요구

② 완화된 배타성 전략(relaxed exclusivity strategy)으로 선회 –2009년 3월 이후
가장 수익성 높은 공간을 Google이 중개하는 광고에 할애하고, Google이 중개하는 광고를 일정 수 이상 게시할 수 있도록 보장하도록 하고(Premium placement),[56] 웹사이트 운영자가 경쟁사업자의 광고를 게시하는 방식을 변경하고자 할 경우, 사전에 Google부터 서면 승인을 받도록 하는 내용[57]

EU집행위원회는 대부분의 법 위반 기간 동안 Google의 문제된 조항이 포함된 계약이 관련 시장 매출액의 절반 이상을 차지하며, 이로 인하여 경쟁사업자의 효율성 경쟁(competition on the merits)과 혁신을 저해하였고, 궁극적으로 소

55 위의 공정거래위원회, 해외경쟁정책동향 제151호, 5면.

56 이는 웹사이트 검색결과 화면에서 가장 잘 노출되어 이용자의 클릭이 용이한 공간에 경쟁사업자가 자사의 광고를 게시하는 것을 방해하는 행위에 해당할 수 있다. 2016년 Google은 EU 집행위원회가 심사보고서를 송부받고 'Premium placement' 조항을 삭제하였다.

57 이는 경쟁사업자의 광고가 얼마나 이용자 유인효과가 있으며 그에 따라 얼마나 클릭되는지 등에 대하여 Google이 경쟁사업자가 중개하는 광고의 게시 방식과 성과를 통제할 수 있다는 것을 의미한다.

비자에게 피해를 가져왔으므로 TFEU 제102조를 위반하였다고 판단하였다.[58] EU집행위원회는 온라인 검색광고 중개시장이 일반검색 관련 기술, 검색광고 플랫폼 및 광고주·웹사이트 관련 충분한 포트폴리오를 개발하고 유지하는 데 상당한 초기적·지속적 투자비용이 소요되는 등 진입장벽이 높은 시장이며, Google의 행위로 인해 경쟁사업자는 Google을 대체할 온라인 검색광고 중개서비스를 제공할 수 없게 되었고, 결과적으로 웹사이트 운영자는 수익창출 옵션의 제한으로 Google에만 의존하게 되었다고 보았다. 또한, 광고주와 웹사이트 운영자의 선택권 제한은 서비스 가격의 상승을 가져와, 결국 소비자 후생을 저해하였으며, Google이 자사의 관행을 정당화할 수 있는 효율성 증대 효과를 입증하지 못하였다고 EU집행위원회는 판단하였다.[59]

따라서 EU집행위원회는 2019년 3월 20일, 법 위반행위의 중대성과 법 위반 기간 등을 고려하여 Google에게 14억 9천만 유로의 과징금을 부과하기로 결정하였으며, Google이 위법한 행위를 중지하고, 향후에도 유사한 목적과 효과를 지닌 어떠한 행위도 하지 않을 것을 명하였다.

Google은 위의 EU집행위원회의 결정에 불복하고 소송을 제기하였으며, 2024년 9월 18일 EU일반법원은 EU집행위원회의 과징금 부과처분을 취소하였다.[60] EU일반법원은 Google의 문제된 계약조항이 해당 기간 동안 Google의 경쟁사업자가 온라인 검색광고 중개시장의 상당 부분에 접근하는 것을 제한하였다는 것을 EU집행위원회가 충분히 입증하지 못했다고 판단하였으며, 아울러 EU집행위원회가 Google의 계약이 혁신을 저해하거나 소비자에게 피해를 주고 온라인 검색광고 시장에서 시장지배적 지위를 유지하고 강화하는 데 도움이 되었다는 점을 입증하지 못했다고 보았다. 2025년 3월 현재 동 사건은 EU사법

58 EU집행위원회는 Google이 Direct Partner들과 체결했던 Adsense 약정 내용이 TFEU 제102조 위반에 해당한다고 보았다. European Commission, Press Release(Brussels, 20 March 2019), "Antitrust: Commission fines Google [1]1.49 billion for abusive practices in online advertis-ing"(IP/19/1770).

59 앞의 공정거래위원회, 해외경쟁정책동향 제151호, 6면.

60 Official Journal of the European Union, Judgment of the General Court of 18 September 2024 - Google and Alphabet v Commission (Google AdSense for Search)(Case T-334/19), available at <https://eur-lex.europa.eu/legal-content/EN/TXT/PDF/?uri=CELEX:62019TA0334>.

재판소의 판단을 기다리고 있다.

5. 평가

EU집행위원회는 2017년 6월부터 2019년 3월까지 앞서 살펴본 Google Ⅰ, Google Ⅱ, Google Ⅲ 사건에서 잇따라 시장지배적 지위 남용을 이유로 한 법 위반 결정을 내리면서 총 82.5억 유로의 대규모 과징금을 Google에게 부과하였다. 이와 같은 거대 플랫폼사업자의 사업전략에 대한 EU 경쟁당국의 강경한 입장은 디지털 경제를 주도하는 플랫폼사업자의 거래관행에 대한 개선 시도라는 점에서 긍정적인 평가가 이루어지기도 하나, 일각에서는 이와 같은 EU집행위원회의 결정이 혁신의 저해, 소비자 후생 저하 및 기업의 사업활동 위축 등을 초래할 수 있다고 우려하고, 나아가 가장 효율적인 검색엔진인 Google에 대한 제재는 소비자들에게 피해를 끼치는 것으로 소비자 보호라는 경쟁법의 근본 취지를 위배하고 혁신을 저해한다는 비판 의견을 제시하기도 하였다.

EU집행위원회 결정의 배경에는 검색시장에서의 Google의 지위가 미국보다 유럽지역에서 훨씬 더 강력하다는 점과 전통적으로 시장지배적 사업자가 존재하는 시장에서의 경쟁은 특별히 보호를 받아야 하며, 시장지배적 사업자는 다른 사업자에게 부과되지 않는 이른바 "특별책임(special responsibility)"[61]을 부담한다는 전제 하에 시장지배적 지위 남용행위에 대하여 엄격하게 판단[62]했던 EU집행위원회의 태도가 반영된 것으로 보인다.[63]

시장상황이나 집행의 근거가 된 법 이론 등은 지역별, 국가별로 서로 상이하지만, 거대 플랫폼사업자의 사업전략 및 거래관행을 규율하는 EU집행위원회의 강경기조는 이후 EU 회원국뿐만 아니라 여러 국가의 경쟁정책 및 경쟁법

61 특별책임이란, 시장지배적 지위에 있는 사업자가 지배적 지위를 가지게 된 원인과는 별개로 역내시장에서 왜곡되지 않은 진정한 경쟁(genuine undistorted competition)을 제한하지 않을 특별한 책임을 부담한다는 것을 의미한다.

62 백대용, "EU의 Google 경쟁법 위반 혐의 조사 동향," EU Brief, Yonsei-SERI EU Centre, Vol. 4, No. 4 (2013), 26면.

63 EU사법재판소도 다수의 판결에서 시장지배적 사업자의 특별책임을 인정하고 있다.

집행에도 영향을 미치고 있다.

IV 맺음말

플랫폼의 사회·경제적인 영향력으로 인하여 몇몇 플랫폼으로의 쏠림현상과 이로 인한 다양한 문제들을 해결하기 위해서는 기존 경쟁법 체제로는 한계가 있어서 개선이 필요하다는 지적과, 새로운 기술 및 비즈니스 모델에 대응하기 위해서는 새로운 법의 제정 등, 인식의 전환과 규제 방향의 제고가 필요하다는 목소리가 급격히 커져가고 있다.[64]

본고에서 살펴본 EU의 Google에 대한 세 차례의 경쟁법 집행 사례 이후, EU집행위원회는 2019년부터는 Amazon을 대상으로 고강도 조사를 시행하였으며, 플랫폼사업자의 시장지배적 지위 남용행위에 대한 경쟁법 적용만으로는 중소판매업자들(SMEs)과 상생하는 공정한 온라인 시장환경을 조성하는 데 한계가 있다는 우려가 지속적으로 제기되자 온라인 플랫폼 시장에서의 거래관행 실태조사 결과를 토대로, EU이사회는 2019년 6월 20일 '온라인 플랫폼 시장의 공정성 및 투명성 강화를 위한 2019년 EU 이사회 규칙'을 제정하여 2020년 7월부터 시행하고 있다. 또한 EU집행위원회는 「디지털 시장법(DMA)」을 2022년 11월 1일에 발효하고 2024년 3월 7일부터 EU의 27개 회원국에서 전면 시행하는 등 디지털 경제 규율을 위한 숨 가쁜 여정을 달리고 있다.

한편, 머리말에서 살핀 바와 같이, 우리나라에서도 그간 여러 플랫폼 경제 관련 법안들이 발의되면서 디지털 공정경제 구현을 위한 기본 규범을 정립을 위한 노력을 기울이고 있으나, 경쟁 본연의 논의에서 벗어난 논의는 장기적 관점에서 향후 혁신 경제에 미치는 영향이 지대한 만큼 충분한 연구를 바탕으로 한 합리적인 판단기준 마련이 선행될 필요가 있다. 또한 '경쟁' 촉진을 위한 정책 마련을 위해서는: ① 새로운 비즈니스 모델에 대한 정확한 이해를 기초로

64 박유리·최계영·이경선·오정숙·이은민·손가녕·김성환·이승민·최난설헌, 앞의 보고서.

규제를 설계해야 할 것이며, ② 예측가능성 등을 고려하여 지나치게 추상적이거나 평가요소에 대한 해석이 불분명한 규제는 지양하고, ③ 디지털 시장에서의 거래, 온라인 플랫폼 시장에서의 거래는 국경을 초월하여 이루어지고, 경우에 따라서는 해외 사업자에 대한 우리 경쟁법의 적용도 있을 수 있으므로 세계적인 규제의 방향성이나 논의의 전개에 대해서도 귀 기울일 필요가 있음은 물론이다.[65]

빠르게 전개되는 디지털 경제의 흐름 속에 우리가 추구하는 것은 완벽한 경쟁구도의 마련이 아닌 '경쟁의 개선'이 되어야 할 것이다. 시장에 대한 충분한 이해를 통하여 경쟁적인 디지털 경쟁환경을 설계하고, 플랫폼의 사업전략 등 관심사와 인센티브를 이용자 및 나아가 사회·경제적 관심사와 연계하는 노력이 필요하다. 이러한 과정을 통하여 신중하게 설계된 규율체계는 시장에 허용 가능한 경쟁의 범위에 대해 명확성과 예측가능성을 제공하여 디지털 시장의 역동적인 특성을 살리고, 혁신에 미치는 부정적 영향을 최소화하면서 경쟁제한행위를 효과적으로 제어할 수 있을 것이다. 나아가 경쟁법 집행에 있어서도 빠른 시장의 변화에 대응할 수 있도록 법 집행 역시 가능한 한 신속하게 이루어져야 하며, 경쟁당국은 반경쟁적 행위에 대한 최적의 억제 효과가 있는 방법과 구제책을 택하여야 할 것이다.

65 박유리·최계영·이경선·오정숙·이은민·손가녕·김성환·이승민·최난설헌, 앞의 보고서.

참고문헌

1. 국내 단행본 및 논문

강인규, "플랫폼의 경쟁이슈와 규제방안", 『정보통신방송정책』 제24권 8호 통권 530호, 정보통신정책연구원, 2012.

곽주원·허준석·송영택, "검색의 중립성이 인터넷 생태계에 미치는 영향," 정보통신정책연구원(KISDI), 2013.11.

박유리·최계영·이경선·오정숙·이은민·손가녕·김성환·이승민·최난설헌, "온라인 플랫폼 생태계 발전을 위한 정책 방향 연구", 『정책연구』 21－21, 정보통신정책연구원, 2021.

백대용, "EU의 Google 경쟁법 위반 혐의 조사 동향," EU Brief, Yonsei－SERI EU Centre, Vol. 4, No. 4, 2013.

이상규, "양면시장의 정의 및 조건". 『정보통신정책연구』 제17권 제4호, 정보통신정책학회, 2010.

이화령·김민정, "플랫폼 경제의 시장기제와 정부정책", 연구보고서 2017－07, 한국개발연구원, 2017.

이호영 외, "온라인 플랫폼 분야 경쟁법 집행기준 마련을 위한 연구", 공정거래위원회 용역보고서, 2020.12.

이효정·전창의·김기범, "플랫폼 비즈니스의 성공 전략", 『SAMJONG INSIGHT』 Vol. 67, 삼정KPMG 경제연구원, 2019.

최난설헌, "플랫폼 시장과 거래상 지위의 남용 문제", 『경쟁과 법』 제7호, 서울대학교 경쟁법센터, 2016.

_______, "인터넷 검색시장에서의 공정성 문제 － Google 사례를 중심으로 －," 『경제법연구』 제14권 3호, 한국경제법학회, 2015.

_______, "혁신경쟁의 촉진과 플랫폼 단독행위 규제상의 과제 － 시장지배적지위 남용행위규제를 중심으로 － ", 『경제법연구』 제19권 2호, 한국경제법학회, 2020.

2. 해외 단행본 및 논문

Jacques Crémer, Yves－Alexandre de Montjoye, Heike Schweitzer, "Competition Policy for the digital era (Final report)", European Commission, 2019.

David S. Evans and Michael D. Noel, “Defining Markets that involve Multi-Sided Platform Businesses: An Empirical Framework With an Application to Google's Purchase of DoubleClick, 2007.

Lina M. Khan, “Amazon’s antitrust paradox”, The Yale Law Journal, 126(3), 2017.

Daniel Mandrescu, “Applying (EU) competition law to online platforms: Reflections on the definition of the relevant market”, World Competition, 2018.

Nathan Newman, “Search, antitrust and the economics of the control of user data”, Yale Journal on Regulation, 31(2), 2014.

George J. Stigler Center for the Study of the Economy and the State, “Report of Market Structure and Antitrust Subcommittee, Committee for the Study of Digital Platforms”, The University of Chicago Booth School of Business, 01 July 2019.

3. 각국 경쟁당국 자료

공정거래위원회, 해외경쟁정책동향 제151호(2019.4.17.).

Communication from the Commission to the European Parliament, the Council, the European Economic and Social Committee and the Committee of the Regions, A Digital Single Market Strategy for Europe, Brussels, 6. 5. 2015 COM(2015) 192 final.

European Commission, Public consultation on the regulatory environment for platforms, online intermediaries, data and cloud computing and the collaborative economy, Consultation, 24 September 2015 to 6 January 2016.

European Commission Press Release(Brussels 30 November 2010), “Antitrust: Commission probes allegations of antitrust violations by Google”(IP/10/1624).

European Commission, Press Release(Brussels, 25 April 2013), “Antitrust: Commission seeks feedback on commitments offered by Google to address competition concerns”(EC MEMO/13/383).

European Commission Press Release(Brussels, 5 February 2014), “Antitrust: Commission obtains from Google comparable display of specialised search rivals" (IP/14/116).

European Commission, Press Release(Brussels, 20 March 2019), "Antitrust: Commission fines Google 1 1.49 billion for abusive practices in online advertising"(IP/19/1770).

11 프랑스의 플랫폼 규제[1]

이승민 / 성균관대학교 법학전문대학원

I 개요

프랑스에서는 「디지털 공화국을 위한 2016. 10. 7.자 제2016－1321호 법률(LOI n° 2016－1321 du 7 octobre 2016 pour une Republique numerique)」(이하 '디지털 공화국법')에서 온라인 플랫폼에 대한 정의규정을 신설하고 온라인 플랫폼 운영자에게 일정한 의무를 부과하였으며, 소비자 보호에 관한 유럽 지침(Directive)의 국내 수용, 차량공유 서비스와 관련한 단편적인 규율들이 마련되었다. 최근에는 「디지털 서비스법(Digital Services Act)」(이하 'DSA'), 「디지털 시장법(Digital Markets Act)」(이하 'DMA'), 「데이터 거버넌스법(Data Governance Act)」(이하 'DGA')의 일부 내용을 프랑스 국내법에 반영하기 위한 「디지털 공간의 안전 및 규제에 관한 2024. 5. 21.자 제2024－449호 법률(LOI n° 2024－449 du 21 mai 2024 visant à sé－curiser et à réguler l'espace numérique)」(이하 '디지털 안전·규제법')이 제정되었다.

1 이하의 내용은 필자가 정보통신정책연구원/서강대 산학협력단, 『플랫폼 경제의 발전을 위한 경쟁 정책』, 2021에 제공한 원고의 내용을 일부 발췌, 수정하고 이후의 입법 변화 내용을 보완한 것이다.

II 디지털 공화국법

디지털 공화국법은 제1편부터 제4편까지 총 113개의 조항으로 구성된 상당히 방대한 법안이다. 이 중 해외 영토에 관한 제4편(제110조 내지 제113조)을 제외한 총 109개의 조항이 실질적 의미를 갖는 것인데, 세부적으로는 제1편 "데이터 및 지식의 유통"(제1조 내지 제39조), 제2편 "디지털 사회에서의 권리 보호"(제40조 내지 제68조), 제3편 "디지털에 대한 접근"(제69조 내지 제109조)으로 구성되어 있으며, 각 조항은 기존 법전(Code)의 일부 조항을 수정·변경하거나 기존 법전에 새로운 조항을 추가하는 형식을 취하고 있다.[2]

제1편은 다시 제1장 "데이터경제"(제1조 내지 제29조), 제2장 "지식경제"(제30조 내지 제39조)로 구성되는데, 제1장은 「대중과 행정의 관계에 관한 법전(Code des relations entrel le public et l'administration)」의 일부를 개정하는 것으로서 공공데이터에 대한 개방 등 공공기관의 정보공개 및 관리에 관한 내용이 주를 이루고, 제2장은 지식산업 진흥에 관한 규정들로 구성되어 있고 온라인 플랫폼 규제와 특별한 연관성이 있는 것은 아니다. 제3편도 디지털 커버리지의 전국 확대, 전자인증 및 간편결제서비스 도입, 온라인 도박 규제 및 온라인 게임 대회에 대한 규율, 취약 계층의 디지털 접근 지원 등에 관한 내용을 담고 있어서 온라인 플랫폼 규제와는 거리가 있다.

온라인 플랫폼과 관련하여 중요한 의미를 갖는 것은 제2편이다. 제2편은 제1장 "개방된 환경(Environnement ouvert)"(제40조 내지 제53조), 제2장 "온라인에서의 사생활 보호"(제54조 내지 제68조)로 구성되는데, 제2장은 개인정보 보호에 관한 것이어서 온라인 플랫폼 규제와 특별한 연관이 있는 것은 아니고, 제1장, 특히 제3절이 온라인 플랫폼에 대한 직접적인 내용을 담고 있다. 제1장 제3절에서는 제49조가 중요한데, 이 조항에서는 온라인 정보제공 사업자와 전자상거

2 여기서 '법전'(Code)은 특정 분야의 개별 법률 및 하위 법령들을 한꺼번에 모아 단일 법전화(codification)한 것을 의미하며, 이처럼 법전화된 법은 법률 영역(partie législative)과 하위 법령 영역(partie réglementaire)으로 구성된다. 이때, 전자의 경우는 L.OOO조로 표시되고, 후자는 주로 R.OOO조로 표시된다.

래업자의 정확하고 투명한 정보 제공을 요구하던 기존 「소비법전」 L.111－7조를 전면 개정하고, 온라인 정보제공 사업자에만 적용되던 기존의 L.111－6조는 삭제하였으며, L.111－7조에서는 온라인 플랫폼 운영자를 정의하면서 이에 대해 진실성·명확성·투명성의 관점에서 일정한 의무를 부여하고 있다. 또한, 위 제49조는 「소비법전」 L.131－4조도 개정하고 있는데, 그 내용은 L.111－7－2조 위반에 대해서도 L.111－7조 위반과 동일한 금전제재(자연인은 75,000유로 이하의 금전제재, 법인은 375,000유로 이하의 금전제재)를 부과하는 것이다.

한편, 디지털 공화국법 제50조 및 제52조는 「소비법전」 L.111－7－1조, L.111－7－2조를 각 신설하였는데, L.111－7－1조에서는 일정 규모 이상의 온라인 플랫폼 운영자에게 모범 사례를 소비자들에게 제시하고, 법을 위반한 온라인 플랫폼 운영자의 목록을 공개하도록 하였으며, L.111－7－2조는 이용후기에 관한 투명성을 강화하였다. 디지털 공화국법에 따라 개정된 L.111－7조, 신설된 L.111－7－1조 및 L.111－7－2조의 전체 내용은 다음과 같은데, 다만 DSA가 제정되면서 「디지털 안전·규제법」에서는 L.111－7조 I. 및 「소비법전」 L.111－7－1조를 삭제하였다.

<L.111－7조>

I. 다음 사항들을 공중에 직업적으로(à titre professionnel) 유상 또는 무상으로 제공하는 자연인 또는 법인은 온라인 플랫폼 운영자에 해당한다:

1° 제3자가 온라인으로 제공하는 콘텐츠, 재화 또는 서비스를 정보처리 알고리듬을 통해 분류 또는 등록(référencement)하는 것

2° 재화 판매, 서비스 제공, 콘텐츠·재화·서비스의 교환 또는 공유를 위하여 여러 당사자를 매개시키는 것

II. 모든 온라인 플랫폼 운영자는 다음과 관련하여 소비자에게 진실하고 명확하며 투명한 정보를 제공해야 한다.

1° 운영자가 제시하는 중개서비스에 관한 일반적인 이용조건(이용약관), 해당 서비스를 통해 접근할 수 있는 콘텐츠·재화·서비스의 등록, 분류, 삭제의 방식(modalité)

2° 온라인에서 제공·게시되는 콘텐츠·재화·서비스의 분류 또는 등록에 영향을 미치는 계약관계, 투자관계 또는 대가 지급 여부
3° 소비자와 직업적 또는 비직업적 관계를 갖게 되는 광고주의 자격, 당사자들의 민사상 및 세무상 권리의무

본 조항의 구체적인 적용조건은 온라인 플랫폼 운영자의 활동의 성질을 고려하여 데크레(Décret)[3]로 정한다.

위 데크레에서는 가격, 재화 및 서비스의 특성을 비교하는 정보를 직업적으로 제공하는 모든 온라인 플랫폼 운영자가 소비자들에게 제공해야 하는 비교의 요소들(éléments)에 관한 정보 및 「디지털 경제에서의 신뢰에 관한 2004. 6. 21.자 제2004-575호 법률(LOI n° 2004-575 du 21 juin 2004 pour la confiance dans l'économie numérique)」[4] 제20조[5]에 따라 소비자에게 제공되는 공개사항들에 대해 구체적으로 정한다.

또한, 위 데크레에서는 어떤 서비스의 직업적 제공자, 판매자 또는 공급자가 소비자와 연결되는 경우, 온라인 플랫폼 운영자가 이들이 소비자에게 L.221-5조 및 L.221-6조에 따른 정보를 제공할 수 있도록 하는 공간을 제공하는 조건에 대해 정한다.

<L.111-7-1조>

데크레로 정한 기준 이상의 접속자 수를 초과하는 온라인 플랫폼 운영자는 소비자들에게 L.111-7조에서 정한 진실성, 명확성, 투명성 의무를 강화하기 위한 모범 사례들(bonne pratiques)을 고안하여 소비자들에게 전파해야 한다.

관할 행정관청은 전조 I.에 언급된 온라인 플랫폼 운영자의 행위를 평가하고 비교하기 위해 L.511-6조에 정한 조건에 따라 조사를 시행할 수 있다. 이를 위하여 관할 행정관청은 운영자로부터 이러한 임무 수행을 위하여 필요한 정보를 수집할 수 있다. 관할 행정관청은 이러한 평가 및 비교의 결과를 정기적으로 배포하고, L.111-7조에 정해진 의무를 준수하지 않는 온라인 플랫폼 사업자의 목록을 공개한다.

3 우리나라의 대통령령에 해당하는 경우가 많다.
4 제2편(제14조 내지 제27조)에서 전자상거래에 관해 규율하고 있다.
5 광고의 명확성 및 광고주의 명확한 표시 의무에 관한 조항이다.

<L.111－7－2조>

「디지털 경제에서의 신뢰에 관한 2004. 6. 21.자 제2004－575호 법률」 제19조[6]에서 정한 정보 제공의무 및 본 법전 L.111－7조 및 L.111－7－1조에 저촉되지 않는 범위 내에서, 온라인에서 소비자로부터 비롯되는 의견을 수집, 변경, 배포하는 활동을 주로 또는 부수적으로 하는 모든 자연인 또는 법인은 온라인으로 게시된 의견들의 공표 및 처리 방식에 관하여 이용자들에게 진실되고 명확하며 투명한 정보를 제공해야 한다.

디지털 공화국법 제2편 제1장 제3절에는 숙박공유 플랫폼과 관련하여 「관광법전(Code du tourisme)」을 일부 개정하는 내용도 포함되어 있다. 즉, 제51조는 「관광법전」 L.324－1－1조, L.324－2조, L.324－2－1조를 각 개정하여 모든 단기 숙박 서비스에 대해 사전신고의무를 부과하고 위반 시 제재규정을 신설하였는데, 관광산업에 대한 의존도가 높은 프랑스에서 '에어비앤비'(Airbnb)와 같은 단기 숙박 서비스가 조세 회피 수단으로 악용되고 있다는 비판에 따른 개정으로 보인다.

Ⅲ DMA 및 DSA에 대한 입장

DMA 및 DSA가 제안된 직후, 프랑스 경제부장관 브뤼노 르 메르(Bruno Le Maire), 유럽외교 담당 차관 끌레망 본느(Clément Beaune), 디지털 전환 및 전기통신 담당 차관 세드릭 오(Cédric O)는 2020. 12. 15. 이들 법안을 매우 환영하는 내용의 보도자료를 배포하였다.[7] 이 보도자료에서 브뤼노 르 메르는 "DSA와 DMA는 규율된(régulé) 디지털 세계를 구축하고자 하는 유럽의 의지를 보여준다. 디지털 플랫폼들은 자신들의 책임을 이행해야 한다. 목표는 분명하다. 유

6 판매자 정보 제공 등에 관한 조항이다.

7 Gouvernement de la République française, Communiqué de presse, "Digital Services Act et Digital Markets Act", °N 494, 2020. 12. 15.

럽의 시민들에게 온라인에서의 안전을 보장하고 일체의 남용행위로부터 이들을 보호하는 것이다."라고 하였고, 끌레망 본느는 "온라인 공간은 규율된 공간이어야 한다. 인터넷은 법도 없고 권리도 없는 공간일 수 없다. 유럽이 제안하는 수준은 실효적인 것이고, 우리의 이익과 가치를 보호하기 위해 적절한 정도의 것이다. 2022년 상반기에 프랑스가 유럽연합 이사회의 의장이 되는 것은 우리가 그토록 필요로 하는 이 규칙들이 결실을 맺는 기회가 될 것이다."라고 하였으며, 세드릭 오는 "유럽의 DSA-DMA 제안은 향후 20년을 위한 규제 체계를 정하는 것이어야 한다. 구조를 형성하는 행위자들은 자신들의 실제 시장지배력에 상응하는 책임을 져야 한다. 이들은 자신들의 실제 경제력과 무관한 인위적인 보호 규정 뒤에 숨어서는 안 된다."라는 견해를 피력하였다. 위 보도자료의 주요 내용은 다음과 같다.

- 위 2가지 법안은 EU가 대형 디지털 플랫폼의 책임을 사회적 측면(불법 또는 유해 정보의 배포에 대한 투쟁), 경제 및 경쟁적 측면(디지털 시장의 혁신 및 경쟁 유지, 대형 사업자와 그 상대방 간 거래관계의 형평 및 공정 유지)에서 새로운 규제 체계를 통해 강화한 것임.
- 프랑스 정부는 법안의 시행을 위한 작업에 적극적으로 관여하고 다른 회원국들의 열성적 참여를 호소할 것이며, 2022년 초까지 위 법안들이 채택되도록 하는 것이 목표임.
- 이러한 유럽의 움직임은 이 주제에 대해 유럽연합 집행위원회와 함께 약 2년간 작업한 프랑스 정부의 강력한 정책적 기대에 응답하는 것임. 유럽은 자유방임주의 모델이나 감시와 통제 모델과 구별되는, 유럽 고유의 가치에 충실한 고유의 모델을 장려해야 함. 유럽은 경쟁이 보존되고 세계에 참조가 될 수 있는 과감하고 지속 가능한 규제방식을 구축해야 함. 위 법안들은 디지털 전환 우리 기업들을 뒷받침하고, 우리 기업들이 대규모로 날마다 투자하고 있는 디지털 전환에 있어 우리 시민들 모두를 뒷받침하는 것이어야 함.
- 전자상거래 지침 제정 후 20년이 지난 지금, 우리들(Bruno Le Maire, Clément Beaune, Cédric O)은 오늘 제시된 조문들이 온라인 플랫폼의 무

책임함을 종식시키기 위한 강력한 야망을 담고 있는 것이라는 점에 기쁘게 생각함. DMA는 가장 큰 사업자들을 대상으로 비대칭적인 가중적 의무 체계에 기반하고 있음. DSA는 디지털 플랫폼들이 불법적이거나 위험하거나 위조된 콘텐츠 및 제품의 배포로 인하여 그 이용자들에게 초래되는 주요 위험들에 대해 책임을 지도록 하는 것임.

○ 다가올 협상에서, 프랑스는 DMA의 메커니즘이 비즈니스 모델의 지속적인 발전에 대해 충분히 기민하고 유연하게 작동하고 신속히 대응할 수 있도록 각별한 주의를 기울일 것임. DSA와 관련하여서는 조문이 감독 메커니즘에 있어 회원국 전체의 적절한 협력을 보장할 수 있도록 노력할 것임.

한편, 브뤼노 르 메르와 세드릭 오는 2021. 5. 27. 브뤼셀에서 개최된 경쟁자문회의(Conseil Compétitivité; COMPET)[8]에서 독일 경제에너지부 장관 페터 알트마이어(Peter Altmaier), 네덜란드 경제 및 환경정책 차관 모나 케이저르(Mona Keijzer)와 함께 DMA 강화를 제안하였는데, 그 주요 내용은 다음과 같다.[9]

○ DMA의 적용범위는 가장 중요한 사업자들로 한정되어야 하며, 특히 사일로(silo) 효과를 지닌 생태계를 향유하는 사업자들을 대상으로 해야 함.
(영문 설명자료[10]) DMA안의 양적 기준으로는 10여 개 플랫폼 사업자가 포함될 수 있으므로 이를 더 축소할 것을 제안.

○ DMA는 유럽 경쟁법에 저촉되는 것이 아닌, 유럽 경쟁법과 시너지를 창출해야 함.
(영문 설명자료) DMA와 경쟁법의 관계를 분명히 하고, 상호보완적으로 시너지를 창출할 수 있도록 합리적으로 조율되어야 한다고 제안.

○ DMA는 상호보완적 관점에서 디지털 거인들에 대한 회원국 국내 규범과 유럽 규범의 유기적 연결을 보장해야 함.

8 영문 명칭은 “Competitive Council”이다.

9 Ministère de l’économie, des finances et de la relance, *op. cit.*

10 같은 보도자료에 첨부된 “Strengthening the Digital Markets Act and Its Enforcement”를 의미한다. 이하 같다.

(영문 설명자료) 회원국 입법과 유럽 입법은 게이트키퍼의 행위로 인한 시장 봉쇄와 불공정 이슈를 상호보완적으로 다루어야 하며, 이러한 입법들이 상호간에 효력을 저해해서는 안 됨. 디지털 경제가 복잡하고 다층적이어서 회원국별 특수성이 다양하게 나타날 수 있으므로, 회원국들은 게이트키퍼의 단독행위에 적용될 수 있는 경쟁법을 포함한 회원국 국내 규범을 여전히 정하고 집행할 수 있어야 하며, DMA는 회원국에 충분하고 명확한 재량을 부여하여 국내법 규범 및 그에 따른 집행을 허용할 것을 제안.

○ DMA 규정들은 규제자가 부여된 권한들을 지속적으로 행사할 수 있도록 유연해야 하고, 맞춤형 구제수단을 허용해야 함.

(영문 설명자료) DMA 제10조(게이트키퍼 의무 업데이트)가 일정한 유연성을 보장하고 있는 것은 환영하지만, 이것만으로는 게이트키퍼의 신속하게 변하는 행동 패턴을 충분히 억제할 수 없기 때문에 비즈니스 모델의 이질성과 시장의 역동성에 맞는 완전한 맞춤형 개입으로 한 걸음 더 나아갈 것을 제안. 이로써 제5조(게이트키퍼의 의무) 및 제6조(추후 구체화될 수 있는 게이트키퍼의 의무)를 보완할 수 있다고 설명.

○ 회원국들은 디지털 시장의 새로운 행위들에 적응할 수 있도록 DMA 조문을 신속하게 업데이트하는 조치를 취할 수 있어야 함.

(영문 설명자료) DMA는 디지털 시장의 급격한 변화에 발맞추기 위하여 시장조사를 통한 규칙 업데이트에 관한 내용을 포함한 것은 환영할 만하지만, 회원국과 유럽연합 집행위원회의 신속하고 능동적인 협력 체계를 규정해야 하며, 절차적으로는 회원국이 제15조의 시장조사(게이트키퍼 지정을 위한 시장조사)뿐만 아니라 제16조(체계적 비합치에 관한 시장조사) 및 제17조(새로운 서비스 및 행위에 대한 시장조사)의 시장조사도 요청할 수 있어야 함.

○ 모든 회원국 관할 관청의 협력을 통해 유럽의 모든 자원을 동원해야 DMA가 실효적으로 적용될 수 있음.

(영문 설명자료) 이를 위해 회원국의 관청들이 더 많은 역할을 해야 하며, 특히 경쟁법 집행에서 충분한 집행능력과 시장규제, 데이터 분석, IT 전문가 확보 이상의 전문성을 갖출 것을 제안하고 있음. 아울러, DMA가 경쟁정책과 가깝기 때문에, 회원국 경쟁당국과의 조율 및 협력 필요성을 강조

하고 있으며, 게이트키퍼에 대한 사적 집행도 법적으로 허용된다는 점을 명시할 것을 제안.

ㅇ 약탈적 합병과 그것이 혁신에 미치는 영향을 제한하기 위해 기업결합에 각별한 주의를 기울여야 함.
(영문 설명자료) DMA 제12조를 개정하며, 게이트키퍼가 매출액은 낮지만 가치가 높은 기업을 합병하려는 경우를 기업결합심사 대상에 명확히 포함시키고, 잠재적인 약탈적 합병에 대해 실효적으로 대처할 수 있는 실질적 심사기준을 마련할 것을 제안하면서, 이러한 변경이 DMA 채택 일정을 지연시켜서는 안 된다고 설명.

이와 같은 DMA 강화 입장은 유럽의회가 2021. 11. 의결한 DMA 수정안에도 상당한 영향을 미쳤다. 간략히 살펴보면, DMA 수정안은 게이트키퍼 지정을 위한 양적 요건을 강화하였고, 게이트키퍼 지정의 전제인 핵심 플랫폼 서비스(core platform service) 유형을 기존의 8가지에서 11가지로 늘렸으며,[11] 선탑재 앱 등을 이용자가 언제든 삭제할 수 있도록 하고, 선제적 인수합병(killer acquisition)을 제한하며, 각 회원국 경쟁당국의 역할을 분명히 하고, 내부고발자(whistleblower) 보호를 강화하며, 게이트키퍼의 DMA 위반행위에 대한 제재를 강화하고 있다.[12]

---

11 기존에는 (a) 온라인 중개 서비스, (b) 온라인 검색엔진, (c) 온라인 소셜네트워킹 서비스(SNS), (d) 동영상 공유 플랫폼 서비스, (e) 번호 미부여 대인 커뮤니케이션 서비스(number-independent interpersonal communication services)(메신저앱), (f) 운영체제(OS), (g) 클라우드 컴퓨팅 서비스, (h) (a)부터 (g)까지의 제공자가 제공하는 광고 네트워크, 광고 중개서비스 등을 포함한 광고 서비스의 8개였는데, 여기에 웹브라우저, 가상비서(virtual assistants), 커넥티드 TV가 포함되었다. 이후 DMA 최종 입법 단계에서는 커넥티드 TV가 빠지고 총 10개로 정리되었다(DMA 제2조 (2). 참조).

12 European Parliament, Press Release, “Digital Markets Act: Parliament ready to start negotiation with Council”, 2021. 12. 15.

Ⅳ 디지털 안전 · 규제법

DMA, DSA, DGA는 회원국에 직접 효력을 미치지만, 프랑스에서는 여기에 더하여 디지털 안전·규제법을 제정하여 프랑스 내에서 필요한 조치를 추가로 도입하였다. 이 법은 제1편부터 제8편까지 총 64개 조문으로 구성되어 있으며, 특징적인 내용은 제1편 내지 제4편에 규정되어 있다.[13] 이하에서는 제1편 내지 제3편의 주요 내용을 소개하고자 한다.[14]

제1편의 표제는 “온라인상에서의 미성년자 보호”인데, 제1절(제1조 내지 제3조)[15]은 디지털방송통신규제청(Autorité de régulation de la communication audio-visuelle et numérique; ARCOM)[16]의 권한을 강화하기 위해 디지털 경제 신뢰법을 일부 개정하는 내용이고, 제2절(제4조 내지 제6조)은 소아성애 콘텐츠에 대한 행정기관의 조치요구에 대해 24시간 내 이행하지 않으면 형벌을 부과하는 내용을 담고 있다. 이에 관한 자세한 내용은 제5조에 규정되어 있다. 이에 따르면, 행정기관이 「형법전」 제222－1조에 해당하는 고문이나 잔혹행위 관련 콘텐츠를 차단할 필요성이 인정되는 경우, 온라인 통신서비스 운영자 또는 호스팅 서

---

13 제5편(제42조 및 제43조)은 국가가 디지털 시장의 진화에 대해 보다 효율적으로 분석할 수 있도록 「디지털 시대에서 문화 작품에 대한 접근의 규제 및 보호에 관한 2021. 10. 25.자 제2021－1382호 법률(LOI n° 2021－1382 du 25 octobre 2021 relative à la régulation et à la protection de l'accès aux œuvres culturelles à l'ère numérique)」과 「관광법전」을 일부 개정하는 내용이다. 제6편(제44조)은 디지털 규제 거버넌스를 강화하기 위해 「디지털 경제에서의 신뢰를 위한 2004. 6. 21.자 제2004－575호 법률(Loi n° 2004－575 du 21 juin 2004 pour la confiance dans l'économie numérique)」(이하 ‘디지털 경제 신뢰법’)을 일부 개정하는 내용이고, 제7편(제45조 내지 제47조)도 법원의 사법기능 수행과 관련한 개인정보 처리의 감독을 위해 기존의 「행정소송법전」, 「법원조직법전」 및 「금융소송법전」을 개정하는 내용이며, 제8편(제48조 내지 제64조)은 이 법 신설에 따른 기존 프랑스 국내법들의 개정에 관한 보칙 조항이므로 이를 제외하고 살펴본다.

14 제4편(제40조 및 제41조)은 온라인 P2E(Play－to－earn) 게임에 대한 규제 내용이어서 이 글의 주제와 다소 벗어나므로 생략한다.

15 제1편은 편(titre) 아래에 장(chapitre)이 없고 곧바로 절(section)로 이어진다.

16 구 시청각최고위원회(Conseil supérieur de l'audiovisuel; CSA)와 ‘인터넷상 저작물배포·권리보호를 위한 고등감독청’(Haute Autorité pour la diffusion des œuvres et la protection des droits sur internet; HADOPI)을 통합하여 설립된 독립행정청이다.

비스 제공자에게 해당 콘텐츠의 삭제를 요청할 수 있고, 이때 행정기관은 이 사실을 인터넷 서비스 제공사업자에게 동시에 통보한다. 이후 24시간 이내에 해당 콘텐츠가 삭제되지 않을 경우, 행정기관은 해당 서비스의 전자주소 목록을 호스팅 서비스 제공자에게 통보할 수 있으며, 호스팅 서비스 제공자는 지체 없이 해당 전자주소에 대한 접근을 차단해야 한다. 온라인 서비스 운영자가 필요한 조치를 취하지 않는 경우, 행정기관은 별도의 삭제 요청 없이 곧바로 차단 조치를 통보할 수 있다. 이상의 삭제 요청 및 차단 조치는 디지털방송통신규제청 내 전문기관에게 전달되는데, 전문기관은 위 요청 및 조치의 적법성을 검토하여 그것이 부당하거나 위법하다고 판단될 경우 해당 행정기관에 철회를 권고할 수 있다. 행정당국이 권고에 불응할 경우, 전문기관은 행정법원에 제소할 수 있고, 집행정지를 신청할 수 있다. 행정기관은 해당 콘텐츠가 포함된 전자주소를 검색 엔진 및 온라인 디렉토리에도 통보할 수 있으며, 위와 동일한 절차가 적용된다. 이상의 규제는 2년 간 시범적으로 적용된다.

한편, 호스팅 서비스 제공자가 과거에 「형법전」 제222-1조와 관련된 콘텐츠 삭제 요청을 받은 적이 없는 경우, 행정기관은 최소 12시간 전에 해당 제공자에게 관련 절차 및 기한을 안내해야 한다. 호스팅 서비스 제공자가 기술적·운영상 문제 등 불가항력적 사유로 인해 삭제 요청을 이행할 수 없는 경우, 즉시 행정기관에 해당 사유를 통보해야 하며, 행정기관은 이를 검토한 후 삭제 요청 유지 여부를 결정할 수 있다. 만약, 삭제 요청의 명백한 오류나 정보 부족으로 이행불가능한 경우, 호스팅 서비스 제공자는 즉시 행정기관에 필요한 추가 정보를 요청해야 한다. 호스팅 서비스 제공자는 콘텐츠 제공자에게 해당 콘텐츠의 삭제 사실을 즉시 통보해야 하며, 삭제 이유, 삭제 명령의 사본 요청 방법, 행정법원에 제소할 권리가 있음을 알려야 한다. 다만, 「형법전」 제222-1조에 따른 범죄의 예방, 수사 및 기소를 방해할 우려가 있는 경우, 행정기관은 삭제 사실을 최대 6주 동안(추가로 최대 6주까지 연장 가능) 비공개로 유지하도록 명할 수 있다. 삭제 요청을 받은 호스팅 서비스 제공자, 콘텐츠 제공자 또는 검토 전문기관은 행정기관의 요청이 접수된 때로부터 48시간 이내에 행정법원에 제소할 수 있으며, 행정법원은 사건 접수 후 72시간 이내에 해당 삭제 명령의 적법성을 판단해야 한다. 행정법원의 판결에 대해서는 10일 내에 항소할 수 있으며, 항소법원은 1개월 내에 판결을 내려야 한다.

제2편의 표제는 “디지털 환경에서의 시민 보호”이며, 제7조부터 제25조까지가 여기에 포함된다. 특히, 제25조는 초대형 온라인 플랫폼의 의무에 대해 규정하고 있는데, 여기서 초대형 온라인 플랫폼은 DSA 제3조 (i)의 정의를 따른다. 이러한 초대형 온라인 플랫폼 운영자는 콘텐츠 관리자(modérateurs de contenus)의 관리 및 지원을 위한 헌장을 채택해야 한다. 이 헌장은 1° 온라인 콘텐츠 관리 업무와 관련된 각종 어려움에 대비할 수 있도록 관리자에게 종합적인 교육을 제공하는 것, 2° 관리자가 정신 건강에 대한 위험을 인식하도록 하고, 지원방안에 대한 정보를 제공하는 것, 3° 모든 관리자가 접근할 수 있는 심리적 지원 프로그램을 마련하고, 이들이 자신의 경험 및 업무와 관련된 감정을 상의할 수 있도록 정신 건강 전문가와의 개별 상담 기회를 제공하는 것, 4° 관리자가 지속적으로 어려운 콘텐츠를 처리해야 하는 부담을 줄이기 위해 업무를 순환하도록 하는 것, 5° 관리자들 간 지원 그룹 형성을 장려하여 서로의 경험을 공유하고 협력하며 상호 지원할 수 있도록 하는 것, 6° 관리자의 수요에 맞는 직장 내 복지 정책을 개발하여 정신 건강에 유익한 건강하고 안정적인 근무 환경을 조성하는 것, 7° 온라인 플랫폼 서비스에서 이용자 보호를 위해 관리자들이 수행하는 업무를 공개적·정기적으로 인정하고, 이들의 긍정적인 기여를 보상하는 것, 8° 관리자와 정신 건강 지원 전문가 간 상담 내용을 기밀로 유지하는 것(단, 위기 상황이 발생하여 적절한 개입이 필요한 경우에는 예외), 9° 관리자들의 의견 및 제안을 반영하여 관리 및 지원 프로그램의 효과를 정기적으로 평가하는 것에 관한 내용을 포함해야 한다.

제3편은 “데이터 경제에서 신뢰 및 경쟁 강화”를 표제로 하는데, 주로 클라우드컴퓨팅 서비스에 대해 다루고 있다. 제3편 제1장은 클라우드컴퓨팅 서비스 시장에서의 불공정거래행위(제26조 및 제27조), 제2장은 클라우드컴퓨팅 서비스의 상호운용성(제28조 내지 제30조), 제3장은 클라우드컴퓨팅 서비스 시장에서 전략 데이터 및 민감 데이터의 보호(제31조, 제32조), 제4장은 클라우드컴퓨팅 서비스 시장의 투명성(제33조 내지 제35조), 제5장은 데이터 중개 서비스 규제(제

36조 내지 제39조)를 다룬다.

제1장의 경우, 제26조에서는 이 법 공포일로부터 18개월 이내에, 경쟁당국이 자사우대 행위(autopréférence)와 관련하여 수행한 활동 및 절차적·법적 개선 가능성에 대한 보고서를 국회와 정부에 제출하도록 규정하고 있다. 그리고 제27조에서는 클라우드컴퓨팅 서비스(「상법전」 L.442-12조의 정의[17]를 따름), 데이터 전송 비용(클라우드컴퓨팅 서비스 제공자가 고객에게 부과하는 비용으로, 고객의 데이터를 네트워크를 통해 해당 제공자의 인프라에서 다른 제공자의 시스템 또는 고객의 자체 인프라로 전송하는 데 드는 비용), 제공자 변경 비용(표준 서비스 비용이나 조기 계약 해지 패널티를 제외하고, 고객이 다른 클라우드컴퓨팅 서비스 제공자로 전환하거나 고객의 자체 인프라로 이동하는 과정에서 제공자가 고객에게 부과하는 비용으로, 데이터 전송 비용 포함), 고객(「상법전」 L.442-12조의 고객을 의미)에 대해 정의하고 있다.

또한, 제27조는 데이터 전송 비용 및 제공자 전송 비용을 실제 부담하는 비용을 상한으로 하도록 규정하고 있으며, 데이터 전송 비용의 산정 기초가 되는 요금의 상한은 디지털 담당 장관이 디지털방송통신규제청의 제안을 바탕으로 정하고, 디지털방송통신규제청은 위와 같은 비용 산정시 고려해야 할 요소에 대한 가이드라인을 마련하도록 규정하고 있다. 그리고 클라우드컴퓨팅 서비스 제공자는 데이터 전송 및 제공자 변경 비용에 대한 명확하고 이해하기 쉽도록 정보를 제공해야 하고, 해당 비용의 성격과 금액을 명시해야 하며, 계약 기간 동안 이러한 정보가 변경될 경우에는 고객에게 이를 통지해야 한다. 다만, 이상과 같은 의무는 특정 고객의 개별적 요구를 충족하기 위해 설계된 맞춤형 클라우드컴퓨팅 서비스, 시험 및 평가 목적의 클라우드컴퓨팅 서비스에 대해서는 적용되지 않는다.

제2장의 경우, 먼저 제28조에서 디지털 자산(클라우드컴퓨팅 서비스의 고객이 사용 권한을 가지고 있는 모든 디지털 형식의 요소(응용프로그램 포함)로, 클라우드컴퓨팅 서비스 제공자와의 계약 관계와는 무관하게 사용이 보장되는 자산), 기능적 동등성

17 "중앙집중식, 분산식 또는 고도로 분산된 형태의, 구성 가능하고 모듈식이며 가변적인 정보 자원의 집합에 네트워크를 통해 언제 어디서든 요청에 따라 접근할 수 있도록 고객에게 제공하는 디지털 서비스로, 최소한의 관리 노력이나 서비스 제공자와의 상호작용으로 신속하게 활용 및 해제될 수 있는 서비스".

(동일 유형의 클라우드컴퓨팅 서비스 제공자로 전환할 때, 고객의 이전가능 데이터 및 디지털 자산을 기반으로 새로운 환경에서 최소한의 기능성을 복원하는 것을 의미하며, 이 때 새로 전환된 서비스가 계약에 따라 고객에게 제공된 공유 기능에 대해 동일한 입력값에 대해 본질적으로 유사한 결과를 제공하는 경우 포함), 이전가능 데이터(클라우드컴퓨팅 서비스 사용을 통해 고객이 직·간접적으로 생성하거나 공동 생성한 입·출력 데이터로서 메타데이터 포함. 단, 해당 데이터가 클라우드컴퓨팅 서비스 제공자 또는 제3자의 자산 또는 데이터로서 지식재산권이나 영업비밀 보호를 받는 경우는 제외)에 대해 정의하고 있다. 그리고 클라우드컴퓨팅 서비스 제공업체의 필수 의무로 상호운용성, 디지털 자산 및 이전 가능 데이터의 이동성, 그리고 이에 관한 무료 API 및 정보 제공 의무를 명시하고 있다. 단, 이러한 의무들도 맞춤형 클라우드컴퓨팅 서비스, 시험 및 평가 목적의 클라우드컴퓨팅 서비스에 대해서는 적용되지 않는다.

제29조는 디지털방송통신규제청이 제28조의 규정 내용에 대한 세부 사항을 정하도록 위임하고 있으며, 특히 상호운용성 및 데이터 이동성과 관련된 기술적 사양을 제정하도록 규정하고 있다. 그리고 클라우드컴퓨팅 서비스 제공자는 이와 같이 구체화된 사항들에 대한 준수의무를 부담한다. 이 역시 맞춤형 클라우드컴퓨팅 서비스, 시험 및 평가 목적의 클라우드컴퓨팅 서비스에 대해서는 적용되지 않는다.

제30조는 디지털방송통신규제청의 조사 및 제재, 분쟁조정에 대해 규정하고 있다. 특히, 디지털방송통신규제청은 클라우드컴퓨팅 서비스 제공자의 전 세계 매출의 3% 이내의 과징금을 부과할 수 있으며, 5년 내에 동일한 위반이 반복될 경우 이 비율은 5%로 가중된다. 아울러, 디지털방송통신규제청이 클라우드컴퓨팅 시장에서 지배적 지위 남용행위나 공정 경쟁을 저해하는 행위를 인지할 경우, 이를 경쟁청(l'Autorité de la concurrence)에 통보하도록 규정하고 있다.

제3장의 경우, 제31조에서 전략 데이터 및 민감 데이터에 대한 규정을 두고 있다. 제31조는 행정기관 및 법령에 열거된 공공기관이 정보 시스템 또는 응용프로그램 구축을 위해 민간 클라우드컴퓨팅 서비스를 이용하는 경우와 「공

중보건법전」에 열거된 공공단체에 대해 적용된다. 이러한 정보 시스템 또는 응용프로그램이 특정 민감 데이터를 처리하는 경우, 해당 데이터가 개인정보에 해당하는지 여부를 불문하고 그것이 유출될 경우 공공질서, 공공안전, 국민의 건강 및 생명, 지식재산 보호에 심각한 영향을 미칠 수 있다면, 행정기관 및 공공기관은 해당 클라우드컴퓨팅 서비스 제공자에게 보안 및 데이터 보호 기준을 적용하도록 해야 한다. 여기서 특정 민감 데이터는 ① 법률에 의해 보호되는 기밀 데이터, 특히 「대중과 행정의 관계에 관한 법전(Code des relations entre le public et l'administration)」 L.311-5조 및 L.311-6조에 따라 보호되는 각종 공적 데이터와 ② 국가 안보 보호, 공공질서 유지, 국민 건강 및 생명 보호와 같은 국가의 핵심 임무 수행에 필수적인 데이터를 말한다. 그리고 정부는 이 법 공포일로부터 18개월 내에 ① 해외 법률이 특정 민감 데이터 및 개인정보의 성질을 지니는 보건 데이터에 미칠 수 있는 위험 및 위협에 대한 집단적 보호 수준을 높이기 위한 추가 조치, ② 유럽연합 외에 소재하는 클라우드컴퓨팅 서비스 제공자가 프랑스 국가정보보안청(Agence nationale de la sécurité des systèmes d'information; ANSSI)이 인증한 암호화 감사(encryption audit)를 받도록 의무화할 필요성 및 그 실현 가능성에 관한 보고서를 의회에 제출해야 한다.

제4장은 클라우드컴퓨팅 서비스 시장의 투명성을 다루고 있다. 먼저, 제33조는 클라우드컴퓨팅 서비스 제공자의 정보공개 의무에 대해 규정하고 있는데, 클라우드컴퓨팅 서비스 제공자는 ① 서비스별 데이터 처리 인프라에 적용되는 법적 관할권에 대한 정보, ② 유럽연합 내에 보관된 비개인적 성격의 데이터를 보호하기 위해 시행하는 기술적·조직적·계약적 조치에 대한 일반적인 설명(해당 데이터에 대한 유럽연합 회원국이 아닌 국가의 무단 접근, 유럽연합 및 회원국 법에 위반되는 전송을 방지하기 위한 조치 포함)을 공개해야 한다. 이러한 정보는 클라우드컴퓨팅 서비스 제공자의 웹사이트에 공개하고 정기적으로 업데이트해야 하며, 웹사이트 주소는 모든 서비스 계약서에 명시되어야 한다. 그리고 클라우드컴퓨팅 서비스 제공자는 탄소 발자국, 물 소비량, 에너지 소비량과 같이 자사의 서비스가 환경에 미치는 영향에 대한 정보도 공개해야 한다. 다만, 이상의 의무는 시행령에서 정한 기준에 미달하는 클라우드컴퓨팅 서비스 제공자에 대

해서는 적용되지 않는다.

한편, 제35조는 이 법 제26조 내지 제30조, 제33조는 프랑스와 유럽연합 이외 국가의 클라우드컴퓨팅 서비스 제공자에 대해 적용된다고 규정하고 있다.

제5장은 데이터 중개 서비스 규제(제36조 내지 제39조)를 다룬다. 먼저, 제36조는 디지털방송통신규제청이 DGA 제13조에 따른 데이터 중개 서비스 분야의 관할 기관임을 명시하고 있으며, 디지털방송통신규제청은 데이터 중개 서비스와 관련된 법령안에 대해 자문을 제공하고, 담당 장관의 요청에 따라 국제 협상에서 프랑스의 입장을 준비하는 과정에 참여하며, 해당 분야의 국제·유럽기구에서 프랑스를 대표할 수 있다. 또한, 규제 집행의 일관성 및 조율을 위해 DGA 제29조에 따라 설립된 유럽데이터혁신위원회(European Data Innovation Board)에 참여하며, 유럽연합 회원국의 규제기관 및 유럽연합 집행위원회와 협력한다.

제37조는 행정조사에 대해 규정하고 있다. 디지털방송통신규제청은 임무 수행에 필요한 범위 내에서 합리적인 근거가 있는 경우, 데이터 중개 서비스 제공자로부터 필요한 정보·문서를 수집하여 DGA 제3장[18] 위반 여부를 확인할 수 있으며, 「우편전자통신법전(Code des postes et des communications électroniques)」 L.32-4조 및 L.32-5조에 따른 조사 및 같은 법 L.36-11조에 따른 제재(영업정지·취소, 서비스 제공 중단, 연간 매출액 3% 이하 또는 150,000유로 이하의 과징금 등)를 할 수 있다.

제38조는 디지털방송통신규제청과 국가정보자유위원회(Commission nationale de l'informatique et des libertés; CNIL)의 협력에 대해 규정하고 있다. 즉, 디지털방송통신규제청은 데이터 중개 서비스 제공자의 운영방식이 개인정보 보호 측면에서 문제를 야기할 가능성이 있는 경우, 국가정보자유위원회에 해당 문제를 공식적으로 통보하고 그 의견을 고려하도록 규정해야 한다. 또한, 디지털방송통신규제청은 이 법 제37조에 따라 개시된 모든 절차를 국가정보자유위원회에 통보해야 하며, 국가정보자유위원회가 개인정보 보호 관련 의견을 제시하는 데

18 DGA 제3장(제10조 내지 제15조)에서는 데이터 중개 서비스 관련 의무를 상세히 열거하고 있다.

필요한 정보를 제공해야 한다. 필요한 경우, 디지털방송통신규제청은 해당 사건의 후속 조치에 대해서도 지속적으로 정보를 제공해야 한다. 국가정보자유위원회도 개인정보 보호 관련 의무의 준수 여부를 감독하는 과정에서 인지한 정보 중 데이터 중개 서비스 제공자가 DGA 제3장에서 정한 의무를 위반했다고 볼 수 있는 사례가 있으면 이를 디지털방송통신규제청에 전달해야 한다.

참고문헌

[국내문헌]

정보통신정책연구원·서강대 산학협력단, 『플랫폼 경제의 발전을 위한 경쟁 정책』, 2021.

[국외문헌]

European Parliament, Press Release, "Digital Markets Act: Parliament ready to start negotiations with Council", 2021. 12. 15.

Gouvernement de la République française, Communiqué de presse, "Digital Services Act et Digital Markets Act", °N 494, 2020. 12. 15.

12 미국의 플랫폼 규제 입법 동향

정혜련 / 경찰대학교 법학과

I 서론

최근 미국은 빅테크를 규제의 대상으로 보고 반독점법의 적극적인 집행을 진행하고 있다.[1] 만일 전통적인 반독점법 이론을 그대로 적용한다면,[2] 페이스북의 왓츠앱 인수부터 대부분의 빅테크 기업들의 경쟁제한성 주장이 매우 쉽지 않을 것이다.[3] 오히려 소비자 후생을 향상시키는 경우로 비추어질 수 있기 때문이다. 예컨대 애플은 시장지배력을 이용하여 소비자들에게 낮은 가격에 높은

1 코로나-19 팬데믹의 영향으로 온라인 플랫폼은 그 중요성과 영향력이 확대되었고, 이러한 온라인 플랫폼의 전방위적 확산은 대규모 빅테크(Big Tech) 기업들이 자신들이 축적한 빅데이터와 데이터 활용 기술로 네트워크 효과(network effect), 고착효과(lock-in efect)를 만들어 신규사업자의 시장진입을 차단, 경쟁과 소비자의 선택권을 저해한다는 우려가 제기되었다.

2 EU에서는 DMA와 DSA를 발의하여 초대형 플랫폼 규제를 위한 보다 강력한 대안을 마련하고, DMA는 본회의를 통과, DSA는 2021년 1월 20일 본회의에서 표결로 확정지었다. 자세한 것은, 정혜련, "디지털플랫폼 규제에 관한 해외 동향", 고려대 기술법정책센터-법무법인 세종 『온라인 플랫폼의 혁신과 규제』 공동학술세미나 발제1, (21,07,14); Sandor Zsiros, "What is the EU Digital Services Act and how will it impact Big Tech?", euronews, January 20, 2022. https://www.euronews.com/2022/01/20/what-is-the-eu-digital-services-act-and-how-will-it-impact-big-tech.

3 국내에서는 전자상거래법 전면개정안 등 온라인 플랫폼 관련 용어를 정의함으로써 플랫폼 중심 생태계를 법의 영역으로 들여왔다는 점에서는 긍정적으로 평가되지만 전자상거래, 비대면 전자상거래 그리고 선지급식 전자상거래의 개념 관계 및 구별 실익은 아직 명확하지 않은 것으로 보인다. 자세한 것은, 정혜련, "전자상거래법의 온라인 플랫폼 상 프로파일링 광고 규제에 관한 소고 —알고리즘기반 광고규제 조항의 비교법적 분석을 중심으로—", 경영법률 제31권, 4호 (2021).

품질의 제품을 제공하였는데,[4] 애플이 2007년 출시한 아이폰 1세대의 가격은 599달러로 2021년에 출시한 아이폰 12세대의 평균 판매가인 600~700달러와의 차이는 100달러 이내이다. 그러나 2007년의 아이폰과 2021년의 아이폰은 분명 유의미한 품질의 차이가 존재한다.[5] 이와 같은 이유로 빅테크 플랫폼의 시장지배력이 없었더라면 발생할 수 없는 소비자 후생의 증진의 측면으로 보는 견해도 있다.[6]

그럼에도 불구하고 위의 가정대로 단순히 단말기 가격 및 품질개선의 형태로 소비자 후생 증진의 기준으로 판단할 수 없는 것[7]이 또한 플랫폼 시장의 특징[8]이기에 기존의 전통적인 경제학적 가정과 관습을 정면으로 도전하는 형태

---

4 Edward Longe, "Klobuchar's Antitrust Bill Reveals Lack of Understanding of Today's Big Tech Economy", InsideSources Opinions, June 07, 2021. https://insidesources.com/klobuchars-anti-trust-bill-reveals-lack-of-understanding-of-todays-big-tech-economy-2/ (accessed April 15, 2022).

5 *Ibid.*, 190.

6 이 견해에 따르면 CALERA 개정안은 빅테크 산업의 현재 상황에 대해 잘못된 판단을 하고 있으며 빅테크 산업이 소비자들에게 가져다 주는 혜택을 감소시킬 것이라는 비판을 받기도 한다. 특히 CALERA 개정안은 반독점 규제기관으로 하여금 기존의 소비자 후생 기준을 억지로 벗어나 빅테크 산업 자체가 경제 및 소비자에게 해롭다는 가정을 취할 것을 강요하고 있다고 하면서, 기존 시카고학파의 소비자 후생에 입각한 접근은 기업결합이 소비자에게 미치는 영향을 정량적으로 파악하여 규제할 수 있었지만, CALERA 개정안 및 뉴브랜다이즈 학파의 접근은 그 기준이 지나치게 추상적이라고 비판한다. 자세한 것은, Edward Longe, "Klobuchar's Antitrust Bill Reveals Lack of Understanding of Today's Big Tech Economy", InsideSources Opinions, June 07, 2021.
https://insidesources.com/klobuchars-antitrust-bill-reveals-lack-of-understanding-of-todays-big-tech-economy-2/.

7 2020년 10월 6일, 미국 하원의 반독점 소위원회(The House Judiciary Committee's Antitrust Subcommittee)는 Amazon.com과 Apple, Google, Facebook 등, 미국의 대표적인 IT 플랫폼 기업 4개사(소위 GAFA)의 반독점법 위반 혐의에 대해 16개월간의 조사 끝에 449페이지의 보고서("디지털 시장에서의 경쟁상황에 대한 조사 보고서")와 법률 권고안을 발표하였다. 동 보고서는 위 4개 사업자가 시장을 통제하는 게이트키퍼에 해당하며, 이들은 경쟁위협을 차단하고자 자신의 시장지배력을 남용하여 혁신을 위축시키고 소비자의 선택권을 제한하였으며, 나아가 민주주의에 위해가 된다며 비난하였다.

8 이러한 측면은 다음 저널에서도 확인할 수 있다. Georgia Wells, Jeff Horwitz and Deepa seetharaman, "Facebook Knows Instagram Is Toxic for Teen Girls, Company Documents Show", The Wallstreet Journal, September 14, 2021.
https://www.wsj.com/articles/facebook-knows-instagram-is-toxic-for-teen-girls-company-documents-show-11631620739?mod=hp_lead_pos7.

의 입법이 세계적인 추세로 발현되고 있다. 이들의 무대는 전통적인 시장과 상인으로 형성되는 시장이 아니며, 새로운 형태의 양면시장에서는 더 이상 '소비자 후생'만을 보호하는 것이 능사가 아니게 되었다.[9]

또한 미국은 데이터 보안의 관점에서도 플랫폼 규제를 추진 중이다.[10] 특히, 틱톡의 모회사인 바이트댄스가 중국에 본사를 두고 있기 때문에 데이터 유출에 대한 우려가 제기되고 있다.[11] 따라서 중국 정부가 틱톡이 저장 및 접근 가능한 정보에 접근할 수 있으며, 이에 따라 미국인의 개인정보를 포함하여 위치, 건강, 구매정보 등이 유출될 수 있다는 우려가 지속되고 있다고 간주되고 있다. 이러한 맥락에서 틱톡을 미국 시장에서 심각한 안보 위협으로 보고 있다. 또한 중국 공산당이 틱톡의 알고리즘을 조작하여 여론 조작 및 가짜뉴스 공급에 활용할 수 있다는 주장이 제기되고 있다. 이는 특히 젊은 세대 미국인들에게 영향을 미칠 가능성을 포함하고 있기 때문에 미국 정부는 이러한 우려를 바탕으로 틱톡 사용 금지 또는 강제 매각을 추진해왔으며, 법원은 틱톡의

---

9 과거 산업사회에서는 제품의 질, 수량 그리고 가격 등이 수요와 공급의 법칙에 의하여 '시장(market)'에서 자율적으로 조정이 되었다면, 현대 정보사회에서는 과거에 각각의 영역에서 국한되어 조성된 시장들이 '플랫폼(platform)'을 중심으로 한 곳에 통합되면서 플랫폼에 의해 비자율적으로 조정되기 시작하였다. 특히 플랫폼은 전통적인 단면시장(one-sided market)의 거래에서 벗어나 양면시장(two-sided market) 또는 다면시장(multi-sided market)을 형성하는 동시에 이로부터 수익창출을 극대화하고 있다. 자세한 것은, 정혜련, "디지털플랫폼 규제에 관한 해외 동향", 고려대 기술법정책센터-법무법인 세종『온라인 플랫폼의 혁신과 규제』공동학술세미나 발제1, (21,07,14).

10 1) 법안 이름: 미국 내 기기에서 틱톡 사용 금지 법안
2) 제재: 제정 후 30일 이내 대통령에게 국제비상경제권법 하에 틱톡의 모회사 바이트댄스와의 거래를 차단하고 금지하도록 지시하고, 이러한 제재를 회피하려는 주체에 대해 강력한 처벌을 가함
3) 국가안보 위협 보고의무: 제정 후 120일 이내에 국가정보국장(DNI)은 국방장관(OSD), 사이버 보안 및 인프라 보안국장(CISA), 국토안보국장(DHS), 연방수사국장(FBI)과 협의하여 틱톡으로 인한 국가안보 위협에 대한 보고서를 의회에 제출하도록 요구함
4) 법안 이행 보고의무: 제정 후 180일 이내에 정보국장이 동 법안 이행에 대해 의회에 브리핑하도록 요구함

11 2023년 11월, 한국의 네이버 클라우드 서버가 해킹당하면서 라인 사용자 데이터 약 510,000건이 유출되는 사건이 발생하였다. 일본 정부는 이에 대해 라인에게 데이터 보호 조치를 강화하도록 하였으며, 라인과 네이버의 자본 관계를 재검토하도록 행정명령을 내렸고, 네이버가 라인의 운영에 너무 많은 영향을 미치지 않도록 규제를 강화하였다. 따라서 미국뿐만 아니라 일본도 개인정보보호법(APPI)에서 기업이 사용자 데이터를 처리할 때 정당한 이유를 요구하며, 특히 데이터를 해외로 전송할 경우 사용자에게 이 사실을 알리도록 규정하고 있다.

사용 금지령을 잠정적으로 철회한 바 있다. 그러나 바이든 정부는 이 문제를 다시 협상하는 방식으로 처리하고 있으며, 틱톡은 미국 이용자 정보를 오라클 서버에 저장하는 등 데이터 보안 조치를 강화하고 있다.[12] 트럼프 정부는 America First 전략에 기초하여 자국의 플랫폼에 대해서는 플랫폼 책임을 상대적으로는 완화하도록 하면서, 국가 안보적 관점에서 중국 플랫폼에 대한 규제는 더욱 강화할 것으로 예상된다.

이처럼 미국에서는 지난 2021년 2월 4일 상원에서 기존 경쟁법 집행 패러다임을 뒤집어 빅테크 기업들을 규제하는 것을 그 골자로 하는 CALERA 개정안(경쟁 및 반독점법 집행 개정안(「The Competition and Antitrust Law Enforcement Reform Act」), 이하 "CALERA 개정안")이 발의되었다. 2021년 6월 11일에는 하원에서 GAFA(Google, Apple, Facebook, Amazon)를 겨냥한 5대 반독점 법안 패키지가 발의되었고, 그중 하나인 「American Innovation and Choice Online Act」는 최근 2022년 3월 2일 개정안이 제출되었다. 또한 2022년 2월 17일, 미국 상원에서 대규모 온라인 애플리케이션 스토어를 규제하는 「The Open App Market Act」 개정안이 제출되었다.

민주당 출신의 바이든 행정부가 아마존 규제를 강력하게 주장해온 리나 칸 컬럼비아 로스쿨 교수를 미국 연방거래위원회(FTC) 위원장으로 임명하고, 법무부(DOJ) 반독점국에 반독점법 집행 강화를 찬성하는 조나단 캔터를 임명하는 등 강력한 반독점법 집행 의지를 보이고 있다. 반독점법에 있어서 특히 미국의 이러한 변화와 입법 동향은 매우 주목할 만하다.

이에 이하에서는 빅테크 플랫폼에 대한 미 정부의 규제방안으로서 제시된 것들 중 반독점법 개정과 플랫폼규제법안을 살펴보도록 하겠다. 비록 동 법(안)의 대부분 통과되지 못하고 폐기되었지만, 현재 빅테크 중 애플과 구글의 소송에서 상당 미 정부의 규제방안으로 제시된 규제법(안)의 내용이 중요한 기준을 제공해 주었기 때문이다. 따라서 CALERA 개정안에 대한 내용을 포함하여, 비교적 최근 상원에서 개정안이 제출된 「American Innovation and Choice Online

12 자세한 것은, https://csf.kiep.go.kr/issueInfoView.es?article_id=49195&mid=a20200000000& board_id=21

Act」와 「Open App Markets Act」의 여러 쟁점을 확인해보고 최신 개정안에서 추가 및 변경된 점을 비교·분석하여 시사점을 도출해 보고자 한다.

Ⅱ CALERA(경쟁 및 반독점법 집행) 개정안

1. 개정안 발의 배경 및 특징

2021년 2월 4일, 미국 상원 법사위원회(Judiciary Subcommittee on Antitrust, Competition Policy and Consumer Rights) 의장인 Amy Klobuchar 의원은 CALERA 개정안을 대표 발의하였다. CALERA 개정안은 미국의 IT 빅테크 기업에 대한 규제[13]를 주 타겟으로 시작하면서도, 플랫폼 생태계만을 그 규제 대상으로 국한하지 않고 일반적인 경쟁법의 개정을 통해 반독점법의 문턱을 낮춰 법 집행을 용이하게 하는, 경쟁법 집행 패러다임의 전환점의 역할을 한다는 것에 그 의의가 있다.

이는 CALERA 개정안이 경쟁법의 목적을 소비자 후생(Consumer Welfare)의 보호로 보았던 시카고학파의 시각에서 벗어나 소비자 후생 이외의 다양한 목적을 주장하는 뉴브랜다이즈학파[14]의 시각을 수용하고 있는 것으로 평가할 수

13 CALERA 개정안에서 빅테크 규제에 대한 반대근거로서 빅테크 기업들이 "더 높은 가격"을 부과하고 소비자들을 위해 "더 낮은 품질의" 제품과 서비스를 생산한다는 것은 사실과 다르다고 하면서 지난 10년 동안 빅테크 회사들은 소비자들에게 더 나은 품질의 서비스를 더 저렴한 가격에 제공하기 위한 노력을 지속적으로 해왔다고 주장하며 Facebook과 Apple의 사례가 그러하다고 강하게 반발하였다.

14 리나 칸 FTC 위원장은 1970년대와 1980년대 미국 반독점법의 학문적 기초가 된 시카고학파의 이념은 반독점의 기준을 효율성, 가격, 그리고 소비자 후생이라는 측면에서만 이해하여 시장 구조와 관련한 초기 반독점법 모델의 입법적 고려를 무시한 결과 가격은 낮지만 집중도가 높은 시장에서는 나올 수 없는 소비자의 품질과 다양성에 관한 이익은 전혀 고려하고 있지 않다고 비판하였다. 그는 과거 셔먼법(Sherman Act)이 소비자에만 초점을 둔 것이 아닌 경제적 집중 그 자체에 집중한 것처럼, 반독점법이 초기 구조주의 경쟁정책에 회귀하여 소비자 후생 외에도 공급자의 보호 등 여러 가지 사항들을 종합적으로 판단하여야 한다고 주장하였는데, 경쟁정책에 대한 이러한 주장을 펼치는 학파를 반독점 규제와 노동법 등에 관심을 기울여 왔던 브랜다이즈 연방대법관의 이름을 따 '뉴브랜다이즈학파'라고 부른다(Lina Khan, "Amazon's

있다. 즉, CALERA 개정안은 지난 30여 년간 미국 경쟁정책 기조의 바탕이 된 시카고학파의 '소비자 후생' 중심의 경쟁법 집행이 아닌, 중소기업의 성장, 경제적 불평등 해소, 혁신 및 일자리 창출, 정치적 힘의 집중 예방, 미국 민주주의의 보호 등도 경쟁법의 보호법익에 속한다는 뉴브랜다이즈학파의 목소리가 반영된 것이다. 개정안을 발의한 Amy Klobuchar 의원은 최근 저서에서 1970년대 시작된 '소비자 후생'이라는 개념은 실질적으로는 미국 소비자들의 후생을 최대화하는 기준이 아닌 부('wealth')의 최대화에만 집중한 나머지 부의 이동과 분배에 대한 문제들은 고려하지 않아 경쟁법 집행의 본래 목적인 농부, 노동자, 소비자들을 독과점 기업들로부터 제대로 보호하지 못하였다고 평가하였다.[15] 그는 경쟁법의 집행이 단순히 소비자 후생의 경제적 측면뿐만 아니라 임금차별(Income Inequality), 인종차별(Racial Disparities), 민주주의(Democracy) 등의 사회·정치적 측면에서도 그 목적과 의의가 있다고 주장한다.[16] 따라서 CALERA 개정안은 기존의 미국 경쟁법정책의 기초가 된 시카고학파의 가정과 관행들을 타파하며, 시카고학파를 바탕으로 한 경쟁법의 경제학적 기초를 입법을 통해 바꾸려고 하는 것이다.[17]

따라서 연방경쟁법의 적극적인 집행과 목적의 확대 차원에서 CALERA 개정안은 기존 클레이튼법에 비하여 기업결합의 반경쟁성 평가 기준을 완화한다는 특징을 갖는다. 다시 말해서 기존 클레이튼법 제7조 기업결합 금지의 기준으로 경쟁의 '상당한(substantially)' 감소를 규정하고 있으나 CALERA 개정안은

Antitrust Paradox", The Yale Law Journal, Vol. 126, No.3 (2017): 710.).

15 Amy Klobuchar. (2021). Antitrust: Taking on Monopoly Power from the Gilded Age to the Digital Age. NY: Alfred A. Knopf. 162p.

16 *Ibid.*, 191p. But to truly ensure that the gains of competition and free enterprise go to en–trepreneurs and workers (as opposed to the monopolists who seek to stifle competition), we must also focus on our competition policy and thus even the playing field for small businesses and workers. … To help American workers, in addition to all of the tax, education, and social services changes that rightfully dominate economic discussions, we must also zero in on a new competition policy for America.

17 CALERA 개정안은 특정 기업들에게 시장지배력(market power)이 쏠린(concentrated) 현재의 미국 시장에서, 적극적인 경쟁법 집행을 이끌 방안으로 미국 법무부(DOJ) 산하 경쟁당국의 예산을 기존의 2배 이상으로 증액시키는 방안, 미국 경쟁당국이 위법한 행위를 한 기업들에게 과징금(civil penalty)을 부과할 수 있는 방안 등을 포함한다.

경쟁의 '실질적(materially)' 감소라는 새로운 기준을 제시한다는 점에서 그러하다.[18] 나아가 CALERA 개정안에서는 위험 중심의 기준(appreciable 'risk' of lessening competition)을 도입하고 반경쟁성의 기준을 명확히 설정(materially)함으로써[19] 기업결합에 대한 경쟁법 집행의 효과성 제고를 기대할 수 있다.[20]

또한 셔먼법에 규정된 행위[21]가 법원의 판결들이 축적됨에 따라 그 적용 및 집행의 효과성이 약화되었다고 판단한 결과,[22] CALERA 개정안은 클레이튼

---

18 여기서 '실질적(materially)'의 의미는 '최소한의 양보다 많음(more than a de minimus amount)'을 의미한다.
Section 7 of the Clayton Act
No person engaged in commerce or in any activity affecting commerce shall acquire, directly or indirectly, the whole or any part of the stock or other share capital and no person subject to the jurisdiction of the Federal Trade Commission shall acquire the whole or any part of the assets of another person engaged also in commerce or in any activity affecting commerce, where in any line of commerce or in any activity affecting commerce in any section of the country, the effect of such acquisition may be <u>substantially to lessen competition</u>, or to tend to create a monopoly.

19 Section 4. UNLAWFUL ACQUISITIONS
(b) Unlawful Acquisitions.—Section 7 of the Clayton Act (15 U.S.C. 18) is amended—
(1) in the first and second undesignated paragraphs, <u>by striking "substantially to lessen" each place that term appears and inserting "to create an appreciable risk of materially lessening"</u>;

20 Senator Klobuchar Introduces Sweeping Bill to Promote Competition and Improve Antitrust Enforcement", February 4, 2021.
https://www.klobuchar.senate.gov/public/index.cfm/2021/2/senator-klobuchar-introduces-sweeping-bill-to-promote-competition-and-improve-antitrust-enforcement

21 15 U.S.C. § 2 (1997).
Every person who shall monopolize, or attempt to monopolize, or combine or conspire with any other person or persons, to monopolize any part of the trade or commerce among the several States, or with foreign nations, shall be deemed guilty of a felony, and, on conviction thereof, shall be punished by fine not exceeding $100,000,000 if a corporation, or, if any other person, $1,000,000, or by imprisonment not exceeding 10 years, or by both said punishments, in the discretion of the court.

22 1980년대 이후 미국의 경쟁정책 철학의 주류가 구조주의(Harvard School)에서 행태주의(Chicago School)로 변화하면서 규제 집행이 전반적으로 감소하였다. 이에 따라서 반독점법의 적용대상 범위가 소비자가격 등 소비자 후생에 직접적인 영향을 미치는 행위로 제한되고 구조적 해소책에 대한 선호도가 감소하면서 법원의 기업분할 심리 및 판결 건수가 크게 감소하였다. 구체적으로 법무부 및 FTC의 클레이튼법(합병) 집행건수가 보합세를 보이는 가운데 법무부의 셔먼법 위반(비합병) 소송 제기 건수는 크게 감소하였다. 셔먼법은 관련 시장의 독점화 자체를 금지하는 것이며, 클레이튼법은 '경쟁을 실질적으로 감소'시키거나 '독점을 발생시키는' 기업결합을 금지하는 것이다. 따라서 경쟁당국에게는 실질적으로 경쟁을 제한하는

법에 경쟁성을 훼손할 수 있는 위험이 감지되는(appreciable risk of harming competition) 배제행위(exclusionary conduct)를 규정하고, 이를 금지하는 조항을 추가한다.[23] 이 밖에도 기업결합의 경쟁제한성 입증 책임(burden of proof)을 DOJ나 FTC가 아닌 결합 기업(merging parties)에 전가[24], 관련 시장 획정의 생략[25], 구매

기업결합임을 증명해야 하는 큰 부담을 지게 되는 이유로 집행뿐만 아니라 법원에 가서도 승소하기 어려운 상황이므로 집행이 감소할 수밖에 없게 된 것이다.

23 CALERA 개정안은 '하나 이상의 실제적 또는 잠재적 경쟁자를 실질적으로 불리하게 하거나(materially disadvantages 1 or more actual or potential competitors)' '하나 이상의 실제적 또는 잠재적 경쟁자의 경쟁할 수 있는 능력이나 유인책을 포기하게 하거나 제한하는(foreclose or limit the ability or incentive of 1 or more actual or potential competitors to compete)' 행위를 '배제행위(exclusionary conduct)'로 규정하며 '경쟁을 해칠 수 있는 상당한 위험이 있는 행위(presents an appreciable risk of harming competition)'를 하여서는 안 된다는 조항을 추가한다.
New section on exclusionary conduct (Section 9): CALERA defines "exclusionary conduct" to mean conduct that "materially disadvantages 1 or more actual or potential competitors" or "tends to foreclose or limit the ability or incentive of 1 or more actual or potential competitors to compete." The section then prohibits exclusionary conduct that "presents an appreciable risk of harming competition."
Stuart Baimel, "Senate Legislation Introduced Presages Congressional Action to Reshape U.S. Antitrust Enforcement", February 9, 2021.
https://www.jdsupra.com/legalnews/senate-legislation-introduced-presages-6087699/#4.

24 특정한 기준에 부합하는 기업결합의 경우(기업 결합의 가치가 $50 billion이 넘는 경우, 기업의 시가총액이 $100 billion이 넘는 경우 등), 기업결합에 대한 공적 집행 시 (DOJ, FTC, State AG) 당사 기업들이 반경쟁성이 없다는 것을 입증해야 한다. 당사자주의 구조의 소송에서 입증 책임을 DOJ나 FTC가 아닌 결합 기업에 전가시켜 반독점법 집행의 문턱을 높게 한 법원의 판례들을 뒤집으려는 것으로 해석할 수 있다.
Section 4. UNLAWFUL ACQUISITIONS
(1) the acquisition would lead to a significant increase in market concentration in any relevant market; ...(중략)
(B) (i) as a result of such acquisition, the acquiring person would hold an aggregate total amount of the voting securities and assets of the acquired person in excess of $5,000,000,000 (as adjusted and published for each fiscal year beginning after September 30, 2022, in the same manner as provided in section 8(a)(5) to reflect the percentage change in the gross national product for such fiscal year compared to the gross national product for the year ending September 30, 2021); or
(ii) (I) the person acquiring or the person being acquired has assets, net annual sales, or a market capitalization greater than $100,000,000,000 (as so adjusted and published); and
(II) as a result of such acquisition, the acquiring person would hold an aggregate total amount of the voting securities and assets of the acquired person in excess of $50,000,000 (as so adjusted and published),
unless the acquiring or acquired person establish, by a preponderance of the evidence, that the effect of the acquisition will not be to create an appreciable risk of materially

자 독점(Monopsony)[26]의 추가, 경쟁법 위반에 대한 과징금 부과 및 법무부 반독점국 예산증액, 내부고발자 보호(Whistleblower Protection) 등은 이전까지 축적된 판례들과 반독점법 법리들에 따라 그 힘을 잃은 반독점법의 집행 실효성을 CALERA 개정안을 통해 회복시켜 빅테크 기업들을 겨냥하고자 하는 입법부의 의지를 보여준다.

위 사항들을 종합한 CALERA 법안의 주요 내용은 다음과 같이 정리할 수 있다.

2. 기업결합의 반경쟁성 평가기준 완화

CALERA 개정안에서는 금지되는 M&A의 기준에 대해 규정한 현행 반독점법인 클레이튼법(Clayton ACT) 제7조와 다른 새로운 기준을 제시하고 있다. 현

---

lessening competition or tend to create a monopoly or a monopsony.

25 관련시장 획정필요성을 생략하게 된 것에는 Amex 판결(Ohio v. American Express Co.)이 깊은 관련이 있다. Amex 카드사는 자사 카드 소지자의 소비를 촉진하기 위해 다른 카드사보다 소비 시 더 많은 혜택을 주었다. 그러면서도 그 혜택에 따른 지출을 충당하기 위해 Amex 카드 가맹점들에게 다른 카드사들보다 더 많은 수수료를 요구하게 되었고, 카드 가맹점들이 소비자들에게 Amex 카드 대신 다른 카드의 사용을 권유하자 Amex사에서 가맹점들에게 타사카드 권유금지조항의 새로운 계약조항을 삽입하였다. 이에 미국 연방법무부와 주정부가 셔먼법 제1조 위반을 이유로 연방지방법원에 소송을 제기하였다. 이 문제에 대해 연방지방법원은 신용카드 플랫폼과 같은 양면시장은 신용카드 가맹점 시장과 신용카드 소지자 시장으로 분리되어야 하며, Amex사의 타사카드 권유금지조항은 신용카드 가맹점 시장 내에서 반독점적 행위이며 셔먼법 제1조를 위반하였다고 판시하였다. 그러나 연방항소법원과 연방대법원은 신용카드 플랫폼과 같은 거래플랫폼은 양면의 시장(카드 가맹점과 카드소지자)가 동시에 합의를 하여야 거래가 이루어진다는 점에서 신용카드 플랫폼 전체를 하나의 시장으로 획정해야 한다고 판시하며, 수요대체성을 중심으로 하는 전통적 관련시장 획정방법에서 벗어난 판결을 내렸다. LAW SCHOOL CASE BRIEF. “Ohio v. Am. Express Co. – 138 S. Ct. 2274 (2018),” n.d. https://www.lexisnexis.com/community/casebrief/p/casebrief-ohio-v-am-express-co.

26 구매자 독점(monopsony)이란 공급자는 많은데 오직 하나의 수요자만 존재하는 상태로, 판매자가 독점적 지위를 갖는 공급독점(monopoly)과 반대되는 상황이다. 여기서 구매자란 아마존과 같은 ‘중간유통업체’를 지칭하며, CALERA 개정안은 ‘제조업자’만이 상방시장에서 그러한 독과점 논리가 적용될 수 있다는 기존 경제법과 시카고학파의 경제학이론에서 벗어나 플랫폼 기반의 양면시장에서 구매자인 중간유통업체가 시장지배력을 행사하여 시장에서 불공정한 행위를 하는 것을 방지하는 것을 목적으로 한다(The legislation also amends Section 7’s prohibition on transactions that “tend to create” monopolies to include monopsonies as well.).

행법은 경쟁을 "상당히(substantially)" 감소시킬 가능성을 기준으로 하는 반면, 개정안은 경쟁을 "실질적(materially)" 감소시킬 가능성이 있는 M&A를 금지한다. 여기서 "materially"의 기준은 "최소(de minisis)"보다 높은 것으로, 반경쟁적 영향의 "상당함(substantially)"을 기준으로 반경쟁성을 평가한 기존 클레이튼법보다 그 기준이 완화되었다고 할 수 있다.

〈표 12-1〉 Clayton법과 CALERA(안)의 기업결합 반경쟁성 평가기준 비교

Clayton Act Section 7. Acquisition by one corporation of stock of another	CALERA Amendment Section 4. UNLAWFUL ACQUISITIONS
No person engaged in commerce or in any activity affecting commerce shall acquire, directly or indirectly, the whole or any part of the stock (...) the effect of such acquisition may be <u>substantially</u> to lessen competition, or to <u>tend to create a monopoly.</u>	(b) Unlawful Acquisitions.—Section 7 of the Clayton Act (15 U.S.C. 18) is amended— (1) in the first and second undesignated paragraphs, by striking "substantially to lessen" each place that term appears and <u>inserting "to create an appreciable risk of materially lessening";</u>

또한 개정안은 "경쟁 감소의 위험이 인지되는 정도(appreciable)"만으로도 M&A가 금지된다. 현재 클레이튼법 제7조는 "경쟁 저하의 가능성(the trend to a lessening of competition)"이 인정되는 경우 M&A를 금지하고 있다.[27] 개정안은 M&A 금지기준을 "가능성"이 인정되는지 여부에서 "인지"가 가능한지 여부로 그 문턱을 낮추고 있는 것이다. 즉 이는 M&A의 반경쟁성이 거의 확실하다고 입증되어야만 M&A를 금지하는 시카고학파 이념 바탕의 현 미국 사법부의 태도를 뒤집기 위해, 경쟁감소의 위험이 "감지될 정도"만의 기준으로도 입법으로써 M&A를 금지하려는 의도가 명확히 들어나는 조항이다.

27 AAI PUBLIC INTEREST ADVOCACY WORKSHOP ON MERGERS, SUMMARY OF SECTION 7 OF THE CLAYTON ACT (National Press Club – Washington, D.C: The American Antitrust Institute, 2013), 1–2.

3. 위험이 감지되는 배제행위의 추가

〈표 12-2〉 CALERA 개정안 Sec.9 배제행위

<table>
<tr><th colspan="2">CALERA Amendment
Section 9. EXCLUSIONARY CONDUCT</th></tr>
<tr><td colspan="2">(a) In General.—The Clayton Act (15 U.S.C. 12 et seq.) is amended by inserting after section 26 (15 U.S.C. 26a) the following:</td></tr>
<tr><td>(a) Definitions.—In this section:
(1) EXCLUSIONARY CONDUCT.—
(A) IN GENERAL.— The term 'exclusionary conduct' means conduct that—
(i) materially disadvantages 1 or more actual or potential competitors; or
(ii) tends to foreclose or limit the ability or incentive of 1 or more actual or potential competitors to compete.</td><td>(b) Violation.—
(1) IN GENERAL.—It shall be unlawful for a person, acting alone or in concert with other persons, to engage in exclusionary conduct that presents an appreciable risk of harming competition.</td></tr>
</table>

CALERA 개정안은 "배재행위(exclusionary conduct)"라는 개념을 클레이튼법에 새롭게 정의하면서도, "경쟁을 감소시킬 위험이 인지가능한 정도의 배제행위(exclusionary conduct that presents an appreciable risk of harming competition)"를 금지하고 있다.

개정안은 반독점법의 보호객체를 "경쟁(Competition)"이 아닌 "경쟁자(Competitiors)"로 하고 있다는 점에서 의미가 있다. 본래 미국 경쟁법의 핵심 원칙은 경쟁법은 "경쟁"을 보호하는 것이지 "경쟁자"를 보호하는 것이 아니라는 것이었다. 기존 법원 역시 반독점법을 집행함에 있어 시장 내에서 기업들이 자유롭게 경쟁하면서 경쟁자를 불리하게 하거나 경쟁에서 배제하는 행위는 자연스러운 현상이며, 위법성을 논할 수 없다는 입장이었다. 특히 1945년 Aloca 사건에서는 법원은 '기업의 뛰어난 기술, 선견지명 및 노력'으로 경쟁에서 이겨 시장 독점을 하게 된 기업에게 배제행위의 위법성을 묻는 것은 경쟁법의 기본원리에 반(反)한다고 판시하였다.[28] 다만 개정안은 배제행위에 대해 "경쟁자를 불리하게 하는 행위" 및 "경쟁자를 경쟁에서 배제하는 행위"라고 정의하고 있어 이러한

종전의 원칙과 달리 "경쟁자"를 불리하게 하거나 배제하는 행위를 규제하고 있다.

또한 CALERA 개정안은 기업의 반경쟁적 배제행위의 범위를 독점기업만이 아닌 모든 기업에게 확장한다는 점에서 의의가 있다. 현행 반경쟁법인 셔먼법 제2조에 따르면 기업의 배제행위의 위법성을 입증하기 위하여는 해당 기업이 ① 시장지배력이 있으며 ② 경쟁을 저하하는 배제행위가 있었는지를 판단해야 한다.[29] 이는 이미 시장에서 독점적 지위에 있는 기업들의 경쟁 배제행위만을 처벌하여 독점적 지위가 없는 기업들로 하여금 활발하게 경쟁을 하게 하도록 하는 취지로 이해된다. 그러나 개정안은 기업의 독점적 지위 여부에 관계없이 모든 기업으로 적용범위를 넓혔다. 즉 CALERA 개정안은 IT 빅테크 기업들을 겨냥하면서도, 일반적인 경쟁법의 개정을 하였다는 점이 특징이다.

4. 기업결합의 반경쟁성 입증 책임 전가

〈표 12-3〉 CALERA 개정안 Sec.4 반경쟁성 추정에 대한 입증

CALERA Amendment Section 4. UNLAWFUL ACQUISITIONS
(b) Unlawful Acquisitions.—Section 7 of the Clayton Act (15 U.S.C. 18) is amended— (...) *unless the acquiring or acquired person establish, by a preponderance of the evidence*, that the effect of the acquisition will not be to create an appreciable risk of materially lessening competition or tend to create a monopoly or a monopsony.

CALERA 개정안은 공적 집행 및 사적 집행과 관계없이 기업결합을 금지하려고 하는 자가 그 기업결합의 반경쟁성을 증명해야 하는 현행 클레이튼법과 다르게 M&A의 경우 DOJ나 FTC가 M&A에 대한 공적 집행 시 그 반경쟁성의

28 United States v. Aluminum Co. of America, 148 F.2d 416 (2d Cir. 1945) (Hand, J.)

29 "COMPETITION AND MONOPOLY: SINGLE-FIRM CONDUCT UNDER SECTION 2 OF THE SHERMAN ACT: CHAPTER 1," The United States Department of Justice archives, last modified Mar 18, 2022, accessed Apr 15, 2022, https://www.justice.gov/archives/atr/competition-and-monopoly-single-firm-conduct-under-section-2-sherman-act-chapter-1#N_4.

입증 책임을 DOJ나 FTC가 아닌 결합 기업에게 전가하고 있다. 특히 개정안에서는 M&A에 대한 공적 집행이 이루어질 경우 해당 M&A가 법률상 열기된 조건[30]에 해당하기만 하면 해당 M&A의 반경쟁성을 추정하고 있다. M&A의 반경쟁성의 입증 책임이 기업결합 당사자들에게 있기 때문에 이들은 그 기업결합이 반경쟁성이 없다는 것을 입증하여 반경쟁성의 추정을 뒤집어야 기업결합의 적법성이 인정된다.

특히 개정안에서는 기업결합의 당사자 중 어느 하나가 시가총액이 $100 billion이 넘고 기업결합의 가치가 $50 million이 넘는 경우 반경쟁성이 추정되도록 하여 개정안에 따르면 대부분의 대규모 빅테크 기업들 간 주요 M&A는 반경쟁성이 추정되게 된다. 구체적으로 FTC가 겨냥하는 GAFA의 경우, 2021년 GAFA 중 시가총액이 가장 낮은 페이스북의 시가총액이 $776 billion임을 감안했을 때,[31] 동 개정안에 의하면 예전에 페이스북이 왓츠앱이나 인스타그램을 인수했던 것과는 달리 앞으로 빅테크기업의 M&A는 매우 제한될 것이다.

5. 관련 시장 획정의 생략

〈표 12-4〉 CALERA 개정안 Sec.7 시장 획정

CALERA Amendment Section 7. MARKET DEFINITION
(a) In General.—Establishing liability under the antitrust laws does not require the definition of a relevant market, except when the definition of a relevant market is required, to establish a presumption or to resolve a claim, under a statutory provision that explicitly references the terms "relevant market", "market concentration", or "market share". (이하 생략)

30 CALERA Amendment Section 4.
(b) Unlawful Acquisitions.—Section 7 of the Clayton Act (15 U.S.C. 18) is amended— In a case brought by the United States, the Federal Trade Commission, or a State attorney general, a court shall determine that the effect of an acquisition described in this section may be to create an appreciable risk of materially lessening competition or to tend to create a monopoly or a monopsony, in or affecting commerce, if— (이하 생략)

31 "GAFAMs' market capitalization," Atlas Magazine, last modified April 27, 2021, accessed April 14, 2022, https://www.atlas-mag.net/en/article/gafams-market-capitalization.

CALERA 개정안은 경쟁법 적용에 있어서 "관련시장, 시장집중도, 시장점유율"과 같은 사항들이 법령상 요구되지 않은 경우 관련시장 획정의 필요성이 없다고 규정하고 있다. 이는 최근 Amex 판결 등에서 확인된 것처럼 플랫폼의 활성화에 따라 양면시장이 발달하자 기존의 수요대체성을 중심으로 하는 전통적 관련시장 획정방법은 더 이상 효과적이지 못한다는 것을 고려한 것이라고 할 수 있다. 특히 Amex 판결에서 중요한 쟁점이었던 "Indiana Federation of Dentists 사건[32]에서 연방대법원이 시장분석이란 어떠한 합의가 경쟁에 부정적인 영향이 있을 우려가 있는지 살펴보기 위한 것인데 실제로 그러한 효과가 발생한 경우 추가적인 분석이 필요하지 않다고 판시한 사항에 대하여 Amex 판결에서도 같은 법리를 적용할 수 있는가"에 대하여 대법원이 Amex 사건의 본질은 신용카드사와 가맹점 간의 수직적 거래제한으로서 수평적 거래제한과 달리 독점력이 없이는 경쟁제한효과 발생이 어려워 관련시장의 획정이 필수적으로 보았다.[33] 하지만 CALERA 개정안이 적용된다면 기존 판례의 입장을 뒤집어 플랫폼과 같은 수직적 거래에서도 관련시장의 획정 없이 셔먼법 및 클레이튼법을 집행할 수 있을 것이다. 또한 개정안은 법률의 기준에 따른 반경쟁성에 대한 충분한 증거가 있는 경우, 법원 및 FTC가 관련시장의 획정을 요구할 수 없다고 명시한다.[34] 즉 Amex 판결 등 양면시장과 같이 관련시장 획정이 난해한 사건에서 기존 셔먼법과 클레이튼법의 집행요건인 시장의 획정 없이도 반경쟁적 효과를 입증하는 것만으로도 위법성을 입증할 수 있도록 하는 입법부의 의도이다.

---

32 FTC v. Indiana Fed'n of Dentists, 476 U.S. 447 (1986).

33 조성국, "미국 Amex 판결의 경쟁법적 쟁점", 법률신문, 2020년 12월 17일, https://m.lawtimes.co.kr/Content/Info?serial=166522 (accessed April 15, 2022).

34 CALERA Amendment Section 7. MARKET DEFINITION

(b) Direct Evidence.—If direct evidence in the record is sufficient to prove actual or likely harm to competition, an appreciable risk to competition sufficient to satisfy the applicable statutory standard, or that the effect of an acquisition subject to section 7 of the Clayton Act (15 U.S.C. 18) may be to create an appreciable risk of materially lessening competition or to tend to create a monopoly or a monopsony, neither a court nor the Federal Trade Commission shall require definition of a relevant market in order to evaluate the evidence, to find liability, or to find that a claim has been stated under the antitrust laws.

6. 구매자 독점(수요독점)의 추가

〈표 12-5〉 CALERA 개정안 Sec.4 구매자 독점

CALERA Amendment Section 4. UNLAWFUL ACQUISITIONS
(b) Unlawful Acquisitions.—Section 7 of the Clayton Act (15 U.S.C. 18) is amended— (...) (3) by adding at the end the following: " In a case brought by the United States, the Federal Trade Commission, or a State attorney general, a court shall determine that the effect of an acquisition described in this section may be to create an appreciable risk of materially lessening competition or to tend to create a monopoly or a monopsony, in or affecting commerce, if— (...)

CALERA 개정안은 클레이튼법 제7조에 구매자 독점(monopsony)라는 단어를 추가하면서, 기업결합이 독점을 유발하는 경향이 있는 경우(tend to create a monopoly) 이를 금지하도록 하는바, 즉 전통적 의미의 (공급)독점이 구매자 독점을 만드는 경향이 있는 경우 이를 금지하는 것이다.

현재 빅테크 기업의 경우, 시장의 하류가 아닌 시장의 유일한 구매자(독점적 구매자)의 지위로서 시장의 상류 부분의 경쟁을 저해하는 행위가 문제된다.[35] 예컨대 아마존의 온라인 마켓에 입점하려고 하는 업체(공급업체)들은 아마존에게 90일 동안 대금지급을 유예할 수 있는 재량(sole discretion)을 그 내용으로 하는 계약을 받아들여야만 하는데, 구매자가 많은 시장에서는 공급자가 다른 공급처를 알아보면 그만이지만, 현재 상황과 같이 구매자(플랫폼 업체)가 시장에서 독점적 지위[36]를 행사한다면 공급자로서는 다른 선택의 여지가 없다. 따라서 CALERA 개정안은 구매자 독점을 유발할 가능성이 있는 M&A를 제한하여 '제조업자'만이 쌍방시장에서 그러한 독과점 논리가 적용될 수 있다는 기존 반독

---

35 Thales Teixeira, "Big Tech's Power is in Monopsony", Medium, Jan 11, 2020. https://medium.com/@thalesumich/big-techs-power-is-in-monopsony-c1d7a07210ea (accessed April 15, 2022).

36 2020년 기준 아마존에서 미국 온라인 소매 거래의 49%가 이루어진 바, 공급업체와 구매자인 온라인 플랫폼의 관계에서 온라인 플랫폼이 우월한 지위를 가지게 되는 것은 당연하다. 관련하여, *Ibid.*

점법과 시카고학파의 경제학이론에서 벗어나 플랫폼 기반의 양면시장에서 구매자인 중간유통업체가 시장지배력을 행사하여 시장에서 불공정한 행위를 하는 것을 방지하는 것을 목적으로 한다.

7. 경쟁법 위반에 대한 과징금 부과 및 법무부 반독점국 예산 증액

CALERA 개정안은 경쟁법 집행의 실효성을 높이는 수단으로 경쟁법 위반 시 과징금(civil penalty)를 부과하는 조항을 추가하고 있다. 구체적으로 지난 1년간 해당 기업의 미국에서의 매출액의 15% 또는 위법한 행위를 한 기간 동안 위법행위와 관련된 매출액의 30% 중 더 큰 금액을 상한선으로 하여 과징금을 징수할 수 있도록 하고 있다.[37]

또한 CALERA 개정안은 적극적인 경쟁법 집행을 위해 기존의 FTC와 DOJ 산하 반독점국의 2022년 예산을 증액시켰으며[38], FTC에 경쟁 옹호 사무소(Office of the Competition Advocate)를 만들어[39] FTC 및 법무부 반독점국이 소비자, 중소기업, 그리고 직원들로부터 반경쟁적 행위나 시장지배에 따른 역효과에 대한 보고를 받은 과정이나 절차를 제시하도록 하며,[40] 소환권(subpoena au–

---

37 (f) Civil Penalties.—Any person who violates subsection (b)(1) shall be liable to the United States for a civil penalty, which may be recovered in a civil action brought by the Attorney General of the United States, of not more than the greater of—

(1) 15 percent of the total United States revenues of the person for the previous cal–endar year; or

(2) 30 percent of the United States revenues of the person in any line of commerce affected or targeted by the unlawful conduct during the period of the unlawful conduct."

38 Klobuchar introduced a bill this month aimed at strengthening antitrust enforcement. The bill would increase authorizations to each agency by $300 million, bringing the FTC to $651 mil–lion and Justice's division to $484.5 million.

39 (b) Establishment.—There is established within the Federal Trade Commission the Office of the Competition Advocate.

40 (e) Duties And Powers.—The Competition Advocate shall—

(1) recommend processes or procedures that will allow the Federal Trade Commission and the Antitrust Division of the Department of Justice to improve the ability of each agency to solicit reports from consumers, small businesses, and employees about possible anticompetitive practices or adverse effects of concentration;

thority)을 주어 셔먼법 제7A조에서 다루고 있는 회사(covered company)에게 경쟁성 평가 보고서를 제출하도록 수권하고 있다.41

8. 내부고발자 보호(Whistleblower Protection)

CALERA 개정안은 고용주나 연방정부에 자발적으로 민사적(civil) 반독점법 위반을 신고하거나 집행 조치에 참여하는 사람에 대한 보복 방지 보호 조항을 추가하고 있다. 이 조항은 고용주가 그러한 사람을 해고, 강등, 정직, 위협, 희롱, 또는 차별하는 것을 금지하고 있다. 내부고발자는 보복행위로 인해 발생한 연공서열 복직, 밀린 보수, 특별 피해에 대한 보상을 포함하여 "필요한 모든 구제"를 받을 권리를 가지게 된다.42

또한 개정안에서는 내부고발자에게 금전적 혜택(incentive)을 주고 있는데, DOJ에게 "원본 정보(Original information)"을 제공한 내부고발자는 반독점행위에 대한 형사적(criminal) 규제가 성공적으로 이루어졌을 때 100만 달러를 초과하는 형사 벌금의 30%를 상한선으로 하여 보상금을 받을 수 있다.43

41 (f) Subpoena Authority.—

(1) IN GENERAL.—The Competition Advocate may either require the submission of or accept voluntary submissions of periodic and other reports from any covered company for the purpose of assessing competition and its impact on the United States, local geographic areas, and different demographic and socioeconomic groups.

42 COMPENSATORY DAMAGES.—

Relief for any action under paragraph (1) shall include—

(A) reinstatement with the same seniority status that the covered individual would have had, but for the discrimination;

(B) the amount of back pay, with interest; and

(C) compensation for any special damages sustained as a result of the discrimination including litigation costs, expert witness fees, and reasonable attorney's fees.

43 (b) Awards.—

(1) IN GENERAL.—

In a covered enforcement action, the Attorney General, subject to subsection (c), may pay an award or awards to 1 or more whistleblowers who voluntarily provided original information to the Department of Justice that led to the successful enforcement of the covered enforcement action, in an amount equal to not more than 30 percent, in total, of what has been collected of the criminal fine imposed in the covered enforcement action under the antitrust laws.

이같이 확대된 금전적 보상과 구제제도는 더 많은 잠재적 내부고발자들로 하여금 행동을 취하기에 충분한 동기가 될 것으로 보인다.[44] 이와 같은 내용은 내부고발자에 대한 비슷한 법안인 Dodd－Frank법의 사례를 보았을 때와 유사하다.[45]

Ⅲ 미국 5대 법안(SOE 법안)

1. 미국 5대 법안 개괄

미국 5대 법안(SOE 법안)은 2021년 6월 11일 미국 하원에서 발의된 반독점법 개정안 패키지를 의미하며, 이는 다음의 5가지 법안을 의미한다.

〈표 12-6〉 SOE 법안(미국 하원의 발의법안)

1. The American Innovation and Choice Act 2. The Platform Competition and Opportunity Act 3. The Ending Platform Monopolies Act

44 Kramer Levin, "The Potential Impact of the Competition and Antitrust Law Enforcement Reform Act of 2021 on Antitrust Enforcement and Private Antitrust Litigation," April 14, 2022, https://www.kramerlevin.com/en/perspectives－search/the－potential－impact－of－the－com－petition－and－antitrust－law－enforcement－reform－act－of－2021－on－antitrust－enforce－ment－and－private－antitrust－litigation.html#_ftnref15.

45 SEC(Securities and Exchange Commission)의 Dodd－Frank 내부고발자 프로그램은 원본정보를 제공한 내부 고발자에게 증권법 위반에 대한 성공적인 집행이 이루어진 경우 100만 달러를 초과하는 금전적 회수의 10%에서 30% 사이의 보상금을 부여한다. 또한 내부고발자에 대한 구제제도 역시 마련되어 있다. SEC는 2020년 6,900건의 내부고발자 팁(whistleblower tips)을 받았는데, 이는 Dodd－Frank 프로그램을 시작할 때와 비교했을 때 130%가 증가한 것이다. 또한 SEC는 내부 고발자의 정보를 바탕으로 한 집행으로 2020년 한 해에만 27억 달러 이상의 금전적 제재를 집행하였다. CALERA가 내부고발자에 대하여 유사한 보상금 및 보복 방지 조항을 담고 있다는 점을 감안한다면 SEC의 사례와 유사한 효과로 DOJ 조치에 대한 후속 소송으로 내부고발자의 민간 독점법 위반 소송의 수를 증가시킬 수 있을 것이다.

4. The Augmenting Compatibility and Competition by Enabling Service Switching (ACCESS) Act
5. Merger Filing Fee Modernization Act

5번 법안을 제외한 4개 법안은 직접적으로 "covered platform(이하 CP)"을 규제한다. "covered platform"[46]이란 온라인 플랫폼 중 ① 미국 내 월간 사용자 수(monthly active users)가 5,000만 명 이상이거나 이용사업자(monthly active business users) 수가 10만 개 이상이고, ② 플랫폼을 소유 또는 지배(control)[47]하는

---

46 SEC.3. DEFINITIONS.
(d) Covered Platform.—The term "covered platform" means an online platform—
(1) that has been designated as a "covered platform" under section 4(a); or
(2) that—
(A) at the time of the Commission's or the Department of Justice's designation under section 2(d), or any of the twelve months preceding that time, or in any of the 12 months preceding the filing of a complaint for an alleged violation of this Act—
(i) has at least 50,000,000 United States-based monthly active users on the online platform; or
(ii) has at least 100,000 United States-based monthly active business users on the platform;
(B) is owned or controlled by a person with net annual sales, or a market capitalization greater than $600,000,000,000, adjusted for inflation on the basis of the Consumer Price Index, at the time of the Commission's or the Department of Justice's designation under section 4(a) or any of the two years preceding that time, or at any time in the 2 years preceding the filing of a complaint for an alleged violation of this Act; and
(C) is a critical trading partner for the sale or provision of any product or service offered on or directly related to the online platform.

47 SEC.3. DEFINITIONS.
(c) Control.—The term "control" with respect to a person means—
(1) holding 25 percent or more of the stock of the person;
(2) having the right to 25 percent or more of the profits of the person;
(3) having the right to 25 percent or more of the assets of the person, in the event of the person's dissolution;
(4) if the person is a corporation, having the power to designate 25 percent or more of the directors of the person;
(5) if the person is a trust, having the power to designate 25 percent or more of the trustees; or
(6) otherwise exercises substantial control over the person.

개인 또는 법인의 연간 매출 또는 시가총액이 6,000억 달러를 초과하며, ③ 플랫폼에서 판매 또는 제공되는 제품과 서비스의 핵심 거래상대방(critical trading partner)인 플랫폼 사업자이다. "핵심 거래상대방"이란 플랫폼 이용사업자가 자신의 이용자 또는 고객에게 접근(access)하거나 자신의 이용자 또는 고객에게 효과적으로 서비스를 제공하는 데에 필요한 도구 또는 서비스에 대한 접근을 제한할 수 있는 능력을 가진 자를 말한다.[48] 이러한 조건에 해당하는 온라인 플랫폼은 FTC(Federal Trade Commission)나 DOJ(Department of Justice)가 CP로 지정하며, 한번 지정되면 소유 또는 지배구조의 변경과 무관하게 10년간 유지되고[49] 위 4개 법안에 직접적으로 적용된다. 여기서 covered platform 정의 규정에서 주목할 만한 점은 정량적 요건뿐만 아니라 "지배(control)"와 "핵심 거래상

클레이튼법 제7조 기업결합은 "effect may be substantially to lessens competition"이라고 규정하고 있지만 CALERA법은 "create an appreciable risk of materially lessening competition"이라는 새로운 금지 기준을 제시하고 있다. "Substantially"와 "materially"의 일반적인 정의만으로는 개정안의 기준이 기존과 어떻게 다른 것인지 뚜렷하지 않으나, 개정안은 "실질적"("materially")이란 "최소"보다 높은 경우("more than de minimis amount")를 뜻한다고 규정하고 있다. 즉, 개정안은 반경쟁적 영향이 "최소"("de minimis")보다 높은 기업결합을 금지하고자 하는 것이므로 "상당함"을 뜻하는 기존의 "substantially" 기준보다는 완화된 기준으로 해석될 수 있다. 그러나 앞으로 이러한 기준이 정확하게 어떻게 법원에 의하여 해석될 것인지는 아직 불분명하다.

48 SEC.3. DEFINITIONS.
(f) Critical Trading Partner.—The term "critical trading partner" means an entity that has the ability to restrict or impede—
(1) the access of a business user to its users or customers; or
(2) the access of a business user to a tool or service that needs to effectively serve its users or customers.

49 SEC.3. DEFINITIONS.
(a) Covered Platform Designation.—
(1) The Federal Trade Commission or Department of Justice shall designate whether an entity is a covered platform for the purpose of implementing and enforcing this Act. Such designation shall—
(A) be based on a finding that the criteria set forth in section 3(d)(2)(A)-(C) are met;
(B) be issued in writing and published in the Federal Register; and
(C) will apply for 10 years from its issuance regardless of whether there is a change in control or ownership over the covered platform unless the Commission or the Department of Justice removes the designation pursuant to subsection (b).

대방"이라는 정량적 요건까지 동시적으로 고려하고 있다는 점이다. CP를 직·간접적으로 소유·지배하는 자를 covered platform operator(이하 CPO)라고 한다. 그리고 CP를 사용하여 자신의 상품 또는 서비스를 판매하는 자를 business user(이하 이용사업자)라고 한다.

1) American Innovation and Choice Online Act

미국 온라인시장의 혁신 및 선택에 관한 법률(American Innovation and Choice Online Act)은 자사 제품에 대한 특혜 제공, 즉 플랫폼의 자기우대(Self- Preferencing)를 금지한다. 반대로 타 사업자의 제품·서비스·사업을 배제하고 불이익을 주거나, 서로 유사한 지위에 있는 사업자들을 차별 대우하는 행위는 금지된다.[50] 구체적으로 금지되는 행위는 다음과 같다.

〈표 12-7〉 American Innovation and Choice Online Act 금지행위

American Innovation and Choice Online Act Section 2. UNLAWFUL DISCRIMINATORY CONDUCT[51]
(a) 금지(VIOLATION) CPO가 (1) CPO 자신의 상품 서비스 우대하는 행위 (2) 다른 이용사업자의 상품 서비스를 배제하거나 불이익을 주는 행위 (3) 서로 유사한 지위(similarly situated)에 있는 이용사업자들을 차별 대우(discriminate)하는 행위
(b) 다른 차별행위(OTHER DISCRIMINATORY CONDUCT) (1) 이용사업자가 CPO의 상품·서비스에서 사용할 수 있는 플랫폼, 운영 체제, 하드웨어 및 소프트웨어 기능에 접근(access)하거나 상호 운용할 수 있는 능력을 제한하거나 방해하는 행위

50 이성엽 고려대 기술경영전문대학원 교수·기술법정책센터 센터장, "미국의 플랫폼 반독점 패키지법 혁신과 선택을 위해 플랫폼 독점을 규제한다", 산업통상자원부, VOL.113, 2021.10월호 https://tongsangnews.kr/webzine/2110/sub2_2.html.

51 법무법인 지평, 위와 같은 기사.

(2) CPO가 제공하는 상품·서비스의 구매 또는 사용을 조건으로 CP에 접근하거나 CP에서 우대배치 행위
(3) 이용사업자가 CP에서의 활동으로 인해 획득한 비공개 정보를 CPO 자신의 상품 또는 서비스 제공에 사용하는 행위
(4) 이용사업자가 CP에서의 활동으로 발생시킨 데이터에 대해 접근하는 것을 계약, 기술적 제약 등을 통해 제한 또는 방해하는 행위
(5) 이용사용자들이 CP에 사전에 설치된 소프트웨어 등을 제거하는 것을 제한 또는 방해하는 행위
(6) 이용사업자가 CP에서 거래 목적으로 사용자들에게 통신 정보 또는 하이퍼링크를 제공하는 것을 제한 또는 방해하는 행위
(7) 검색, 랭킹 등을 포함한 CP의 모든 사용자 인터페이스(UI)와 관련하여, CPO 자신의 제품·서비스·사업을 다른 사업자에 비해 우대하는 행위
(8) 이용사업자의 가격책정에 개입 또는 이를 제한하는 행위
(9) 이용사업자 또는 이용사업자의 고객·사용자가 다른 제품 또는 서비스와 상호작용하거나 연결하는 것을 제한하거나 막는 행위
(10) 관련 법령의 위반에 대해 신고한 이용사업자 또는 사용자에게 보복하는 행위

(c) 효율성 항변(Affirmative Defense)

(1) 피고가 (a) 또는 (b)에 기술된 행위가 명백하고 확실한 증거(clear and convincing evidence)에 의해 인정되는 경우 또는 다음 각 호의 경우, (a) 및 (b)를 적용하지 않는다.

(A) 이용사업자의 정당한 활동을 제한하거나 방해하여 경쟁과정에 해를 끼치지 아니할 경우
(B) 좁게 조정(narrowly tailored)되었고, 덜 차별적인 방법으로 달성할 수 없었으며, 비확정적이었으며, 이하 열거된 행위를 위해 필요했던 경우
(i) 연방법 또는 주법을 준수하기 위한 행위
(ii) 사용자 개인 정보 또는 기타 비공개 데이터를 보호하기 위한 행위

2) Platform Competition and Opportunity Act

플랫폼 경쟁과 기회 법률(Platform Competition and Opportunity Act)은 CPO의 반경쟁적인 '킬러 인수(Killer Acquisition)'를 규제한다. CP로 지정된 회사가 타 기업의 주식 또는 자산의 일부 또는 전체를 인수할 경우 반경쟁성이 추정되며, 대상 플랫폼과 경쟁하거나, 대상 플랫폼과 경쟁할 잠재적 가능성이 있다거나, 대상 플랫폼의 시장 내 지위를 증진시킨다거나 하는 등의 사정이 없음을 증명

해야 한다. 즉, 기존에는 경쟁당국이 기업인수의 반경쟁성에 대한 입증책임을 부담하였으나, 이 법에 따르면 반대로 CP로 지정된 기업이 해당 기업인수가 반경쟁적이지 않음을 명백하고 확실한 증거(clear and convincing evidence)에 따라 증명해야 한다.

특기할 사항은 이 법안이 이용자의 관심("user attention")을 끌기 위한 경쟁도 "제품 또는 서비스의 판매 또는 제공"과 관련한 경쟁에 포함됨을 별도로 명시하였다는 점이다.[52] 따라서 전통적 재화·용역의 판매 또는 제공으로 규정하기 힘든 거래에도 이 법안이 적용된다. 또한 오직 데이터 취득을 목적으로 하는 기업인수도 그 자체만으로 시장지위에 영향을 미칠 수 있음을 명시해 두었다. 따라서 본 법안에 따르면 기존 반독점법과의 가장 큰 차이점은 "입증책임의 전환"을 가져올 수 있는 효과를 가진다는 점이다.

〈표 12-8〉 플랫폼 경쟁과 기회 법률(Platform Competition and Opportunity Act)의 주요내용

Platform Competition and Opportunity Act Section 2. UNLAWFUL ACQUISITIONS	내용
(a) 금지(VIOLATION) CPO가 상업 또는 기타 업종에 종사하는 사업자의 주식·자본·자산의 일부 또는 전부를 직접적 또는 간접적으로 인수하는 행위는 금지된다.	CPO의 '킬러 인수(killer acquisitions)'를 규제 '킬러 인수'란 지배적인 기업이 초기 또는 잠재적인 경쟁자들을 인수하여 경쟁적 위협을 무력화하거나 기업의 지배력을 유지하고 확장하는 것을 말한다.[53] 대표적인 예로 페이스북의 인스타그램과 왓츠앱 인수.[54]
(b) 예외(EXCLUSION) CPO가 (A) 인수 대상 기업과 경쟁관계가 아니거나 (B) 기타 상품 또는 서비스 판매·제공에 있어 초기(nascent) 또는 잠재적인(potential) 경쟁상	현행 경쟁법에 따르면 경쟁당국이 기업인수의 반경쟁성에 대한 입증책임을 부담하였으나, 본 법안 도입으로 입증책임을 플랫폼으로 전환. 미 하원 반독점 소위원회의 반독점 보고서에 따르면 입증책임(burden of proof)을 인수당사자에게 전환하는 것은 경쟁당국의 자원의 효율성

52 이 법안에서는 경쟁의 폭을 넓게 정의하고 있으며, 기존의 반독점법에서의 '경쟁'과는 다름을 알 수 있다.

대를 인수하는 것이 아니거나 (C) CP와 직접적으로 관련된 상품·서비스 또는 기타 상품·서비스의 판매·제공에 있어 CP 또는 CPO의 시장지위를 높이지 않거나 (D) CP와 직접적으로 관련된 상품·서비스 또는 기타 상품·서비스의 판매·제공에 있어 CP 또는 CPO의 시장지위를 유지하는 능력을 증진시키지 않는다는 것을 <u>명백하고 확실한 증거(clear and convincing evidence)</u>에 따라 증명한 경우 인수행위는 허용된다.	과 반경쟁적인 인수를 막을 가능성을 높일 수 있다고 함.[55]
(c) 이용자의 관심(USER ATTENTION) 이용자의 관심(user's attention)을 끌기 위한 경쟁도 제품·서비스의 판매·제공과 관련한 경쟁, 초기 또는 잠재적인 경쟁에 포함된다.	전통적인 재화·서비스에 관한 정의로 규정하기 힘든 (이용자의 관심을 끄는) 재화·서비스에 관한 경쟁도 규율
(d) 데이터의 역할(ROLE OF DATA) 추가적인 데이터 접근을 목적으로 하는 기업인수도 covered platform의 시장지위를 증진 또는 유지할 수 있다.	데이터를 확보하여 경쟁을 제한하는 기업인수 또한 규율

3) The Ending Platform Monopolies Act

플랫폼 독점 종식에 관한 법률(Ending Platform Monopolies Act)은 CPO가 자신의 플랫폼을 사용하는 타 사업을 소유·지배하는 것을 금지하여 CPO의 이해충돌을 규제하는 법안이다. "이해충돌"은 ① CPO가 자신의 플랫폼(즉 CP)이 아닌 다른 사업을 소유 또는 지배하고, ② 그로 인해 CPO가 자신의 플랫폼에서 자사 제품·서비스·사업을 경쟁사에 비해 우대하거나, 경쟁사 또는 잠재적 경쟁자를 배제 또는 불이익을 받게 할 동기 및 능력을 갖게 되는 경우로 정의하

53 미 하원 반독점 소위원회(2020), "Investigation of Competition in the Digital Marketplace: Majority Staff Report and Recommendations" pp. 11.

54 미 하원 반독점 소위원회(2020), "Investigation of Competition in the Digital Marketplace: Majority Staff Report and Recommendations" pp. 150−151.

55 미 하원 반독점 소위원회(2020), "Investigation of Competition in the Digital Marketplace: Majority Staff Report and Recommendations" pp. 393.

였다. 즉, 이 법안은 CPO가 소유 또는 통제하고 있는 타 사업체를 통해 자신의 대상 플랫폼에서 제품 또는 서비스를 실제로 제공한 사실이 없다 할지라도 자기우대 또는 경쟁사 차별행위를 할 "동기 및 능력"이 있음이 인정되면 적용될 수 있다.[56]

예를 들어 아마존은 자신의 플랫폼에서 16종의 자체 브랜드(PB)상품을 '아마존 베이식'이라는 이름으로 팔고 있는데, 다른 판매자 이익을 침해한다고 평가될 경우 플랫폼 운영과 판매를 분리해야 할 수 있다. 구체적인 내용은 다음과 같다.

〈표 12-9〉 플랫폼 독점 종식에 관한 법률(Ending Platform Monopolies Act)의 주요내용

The Ending Platform Monopolies Act Section 2. UNLAWFUL CONFLICTS OF INTEREST
(a) 금지(VIOLATION) CPO는 다음 각 호의 행위를 위하여 자신이 운영하고 있는 CP 이외의 사업 부문에 대해 소유·통제 또는 이익의 이해관계를 갖는 것은 불법이다. (1) 상품·서비스의 제공 또는 판매를 목적으로 CP를 사용하는 행위 (2) CPO가 CP에 대해 접근하는 조건으로, CP에서의 우대 조건으로, 상품 또는 서비스를 제공하는 행위 (3) 이해충돌(conflict of interest)을 발생시키는 행위
(b) 이해충돌(CONFLICT OF INTEREST) 이해충돌이란 (1) CPO가 CP가 아닌 다른 사업을 소유·지배하는 행위 (2) CPO가 운영하는 사업에 대한 소유와 통제가 CPO 자신으로 하여금 다음 각 호에 대한 동기(incentive) 및 능력을 갖게 되는 경우 (A) CPO 자신의 상품·서비스 등을 초기(nascent) 또는 잠재적인(potential) 경쟁을 발생시키는 경쟁 사업자에 비해 우대하는 경우 (B) CPO 자신에 대한 초기 또는 잠재적 경쟁을 발생시키는 경쟁 사업자의 상품·서비스 등을 자신의 플랫폼에서 배제하거나 불이익을 주는 경우

56 법무법인 지평, 위와 같은 기사.

4) The Augmenting Compatibility and Competition by Enabling Service Switching(ACCESS) Act

경쟁 및 호환 촉진을 위한 서비스 전환 지원 법률(Augmenting Compatibility and Competition by Enabling Service Switching Act; ACCESS Act)은 플랫폼 간 데이터 이동이 원활하게 이루어지도록 플랫폼을 규율한다. 동 법안은 소비자들이 하나의 플랫폼에서 다른 플랫폼으로 데이터를 옮기는 것이 어렵다는 점 때문에 기존 플랫폼에 고착화(lock-in)됨으로써 플랫폼 간 경쟁이 제한된다는 점에서 발의되었다. 사용자가 소셜미디어를 보다 쉽게 탈퇴하고 자신의 콘텐츠를 쉽게 가져갈 수 있도록 한다. 즉 데이터 이동성(Data Portability)과 상호호환성(Interoperability)을 이용해 사업자 및 고객의 진입장벽과 전환비용(Switching Cost)을 낮추고자 하는 법안이다. 동 법안은 CPO가 자사 플랫폼을 통해 취득한 사용자 데이터를 적절히 보호하지 못하거나 데이터 보안조치를 적절히 시행하지 않는 행위 그리고 경쟁사업자 또는 제3자 사업자를 통한 서비스 호환을 거부하는 행위를 불법으로 규정하고 있다.[57] 구체적인 내용은 다음과 같다.

〈표 12-10〉 경쟁 및 호환 촉진을 위한 서비스 전환 지원 법률(Augmenting Compatibility and Competition by Enabling Service Switching Act; ACCESS Act)의 주요내용

Augmenting Compatibility and Competition by Enabling Service Switching Act; ACCESS Act
Section 3. PORTABILITY
(a) IN GENERAL CP는 사용자의 동의 또는 지시에 따라 사용자 또는 타사업자에게 안전하게 데이터를 전송할 수 있도록 구조화되고 일반적으로 사용되는 기계독해 가능한 형식으로 투명(transparent)하고 제3자의 접근가능(third-party-accessible)한 인터페이스(API 포함)를 유지해야 한다.

57 장영신·강구상, "미국의 경쟁정책 및 플랫폼 독점규제 입법 동향과 시사점", Vol. 21 No. 16, 2021.8.19, 14쪽.

(b) DATA SECURITY (1) IN GENERAL CP로부터 사용자 데이터를 제공 받는 경쟁업체 또는 잠재적 경쟁업체는 제공 받은 사용자 데이터를 합리적으로 확보해야 하며, 데이터 또는 CP의 정보시스템 보안에 위험을 초래하지 않도록 합리적인 조치를 취해야 한다. (2) VIOLATION 이 section을 따르지 않는다면 동법을 위반한 것이며 그런 경우 동법의 section 9와 10에 의한 제재를 받는다. (3) TERMINATION OF ACCESS 위원회는 경쟁 또는 잠재적으로 경쟁 주인 사업자가 이 section 또는 위원회가 동법 section 6(c)에 규정한 것을 채택한 기준을 위반한 것을 발견한 경우 CP에게 해당 사업자에게 데이터 전송을 중지할 것을 요구할 수 있다
(c) PORTABILITY OBLIGATIONS (a)에 규정된 데이터이동성(portability)를 확보하기 위해서 CP는 section 6에 의거하여 위원회가 채택한 기준을 준수해야 한다.
SECTION 4. INTEROPERABILITY
(a) IN GENERAL CP는 section 6(c)에 의거하여 채택된 기준을 준수하는 경쟁 사업자 또는 잠재적 경쟁사업자와 함께 데이터 상호호환성(interoperability)를 증진시키고 유지시키기 위해서 투명(transparent)하고 제3자의 접근가능(third-party-accessible)한 인터페이스(API 포함)를 유지해야 한다.
(b) DATA SECURITY section 2와 동일
(c) INTEROPERABILITY OBLIGATION section 2와 동일
(d) SECURITY AND PRIVACY STANDARDS 동법의 section 6(c)에 의거하여 위원회가 채택한 기준에 따라 CP는 CP 또는 사용자 데이터에 대한 위협을 해결하기 위해 합리적으로 필요한 범위 내에서 경쟁 사업자 또는 잠재적 경쟁 사업자의 접근에 대한 프라이버시 및 보안 표준들을 설정해야 하며, 위반이 의심되는 경우 위원회에 보고해야 한다.

(e) PROHIBITED CHANGES TO INTERFACES (1) COMMISSION APPROVAL CP는 위원회에 데이터 상호호환성에 영향을 미칠 수 있는 인터페이스 변경을 승인해 줄 것을 요청함으로써 상호호환성에 영향을 미칠 수 있는 인터페이스 변경을 할 수 있다. 위원회는 관련 기술위원회(relevant technical committee)와의 협의를 거쳐 경쟁 사업자 또는 잠재적 경쟁사업자에 대해서 불합리하게 접근을 거부하거나 상호호환성을 저해하는 목적이나 효과를 가지고 변경이 이루어지지 않았다고 결론을 내린 경우 변경을 허용해야 한다. (2) EXCEPTION 인터페이스 변경사항이 취약성에 좁게 맞춰져 있고(narrowly tailored to the vulnerability) 경쟁사업자 도는 잠재적 경쟁 사업자에 대해서 불합리하게 접근을 거부하거나 상호호환성을 저해하는 목적이나 효과가 없는 경우, CP는 보안상 취약점 또는 사용자의 프라이버시 또는 보안에 긴급한 위험을 발생시키는 기타 긴급 상황을 해결하기 위해 인터페이스 변경이 필요한 경우 위원회의 승인을 받지 않고 상호호환성에 영향을 미치는 인터페이스 변경을 할 수 있다.
(f) DATA MINIMIZATION (1) NON－COMMERCIALIZATION BY A COVERED PLATFORM CP는 상호호환적인 인터페이스를 통해 이용사업자로부터 얻은 사용자의 데이터를 수집, 사용 또는 공유해서는 아니 되며, 단 이러한 데이터의 개인정보보호 및 보안성을 유지하거나 서비스의 상호호호한성을 유지하기 위한 목적은 예외로 한다. (2) NON－COMMERCIALIZATION OF DATA ON A COVERED PLATFORM 이용사업자는 CP 사용자의 데이터의 보호 및 보안 또는 서비스의 상호호환성을 유지하기 위한 목적 외에는 CP에서 사용자의 데이터를 수집, 사용 또는 공유할 수 없다.

5) Merger Filing Fee Modernization Act

합병 신청 수수료 현대화법(Merger Filing Fee Modernization Act)은 1976년에 제정된 Hart－Scott－Rodino Antitrust Improvements Act을 개정한 것으로, 중소규모 합병 건에 대한 수수료는 낮추되 빅테크 기업 등에 의한 대형 합병 신청 건에 대한 수수료는 인상하는 것을 골자로 하고 있다.[58] 변경 사항은 다음과 같다.

58 장영신·강구상, “미국의 경쟁정책 및 플랫폼 독점규제 입법 동향과 시사점”, 2021.8.19, 15쪽.

〈표 12-11〉 합병 신청 수수료 현대화법(Merger Filing Fee Modernization Act)

합병 거래규모(현행)	수수료(현행)	합병 거래규모(개정안)	수수료(개정안)
5천만 달러 이상 ~1억 달러 미만	4만 5천 달러	5천만 달러 이상 ~1.615억 달러 미만	3만 달러
1억 달러 이상 ~5억 달러 미만	12만 5천 달러	1.615억 달러 이상 ~5억 달러 미만	10만 달러
5억 달러 이상	28만 달러	5억 달러 이상~10억 달러 미만	25만 달러
		10억 달러 이상~20억 달러 미만	40만 달러
		20억 달러 이상~50억 달러 미만	80만 달러
		50억 달러 이상	225만 달러

6) 평가 및 소결

SOE 법안은 GAFA 등 빅테크 기업들을 정조준한 반독점법이라고 평가받는데, 이는 5번 법안을 제외한 나머지 4개 법안이 직접적으로 "covered platform (이하 CP)"을 규제하기 때문이다. 1번 법안에서는 SOE 법안의 수범자인 CP를 다음의 조건을 만족하는 온라인 플랫폼으로 규정하고 있다.

〈표 12-12〉 The American Innovation and Choice Act 중 CP(지정플랫폼) 규정 및 요건

(A)	FTC나 DOJ에 의해 CP로 지정되는 동시에 또는 이 법을 위반한 혐의로 고소된 시점에서 12개월 이전에 어떠한 때이든 아래의 조건을 만족하는 경우	(i) 미국 내 월간 사용자 수(monthly active users)가 5,000만 명 이상이거나 (ii) 미국 내 월간 이용사업자(monthly active business users) 수가 10만 개 이상인 플랫폼
(B)	FTC나 DOJ에 의해 CP로 지정되는 동시에 또는 이 법을 위반한 혐의로 고소된 시점에서 2년 이전에 어떠한 때이든 플랫폼을 소유 또는 지배(control)하는 개인 또는 법인의 연간 매출 또는 시가총액이 6,000억 달러를 초과하는 경우	
(C)	온라인 플랫폼에서 또는 온라인 플랫폼에 직접 연관되어 상품 또는 서비스를 판매·제공하는 핵심 거래상대방(critical trading partner)[59]인 경우	

59 Platform Competition and Opportunity Act of 2021, SEC.3. DEFINITIONS.
(f) Critical Trading Partner.—The term "critical trading partner" means an entity that has the ability to restrict or impede—

하원 발의안은 CP의 요건을 위와 같이 규정하여, '매우 거대한 극소수'의 빅테크만을 정확히 겨냥하였다.[60] CP로 지정된 온라인 플랫폼은 한번 지정되면 소유나 지배관계의 변경사항과 무관하게 10년간 CP로써 위 4개 법안의 수범자가 된다.[61] CP의 요건에 관한 하원의 발의안에서 주목할 만한 점은, 정성적 요건뿐만 아니라 "지배(control)"와 "핵심 거래상대방(critical trading partner)"이라는 정량적 요건까지 고려하고 있다는 점이다. 또한 정량적 요건에서 '국내'를 기준으로 하는 요건과 '글로벌' 기준으로 하는 요건을 함께 고려하고 있는 점도 주목할 만하다.

그러나 2021년 10월 18일 Klobuchar 의원은 1번 법안 (「American Innovation and Choice Online Act」)과 같은 이름의 내용이 거의 동일한 법안을 상원에 발의하였고, 2022년 3월 2일 Durbin 의원의 개정안이 상원에서 제출되면서 CP 요건 조항이 상당히 구체적으로 개편되었다. 상원 개정안에서 또한 불법행위(Unlawful Conduct)에 관한 정의 규정 개정, 이용사업자(Business user)에 관한 정의 규정 개정, CP의 행위에 대해 위법성을 조각하는 효율성 항변(affirmative defense) 등 많은 유의미한 개정을 포함한다. 이하에서는 2021년 10월 18일 Klobuchar 의원의 「American Innovation and Choice Online Act」의 상원 발의안과 2022년 3

---

(1) the access of a business user to its users or customers; or
(2) the access of a business user to a tool or service that needs to effectively serve its users or customers.

60 Stuart Baimel, Joshua Soven, "Package of Ambitious Antitrust Bills Targeted at Large Technology Companies Introduced in the House", JDSUPRA, June 16, 2021. https://www.jdsupra.com/legalnews/package-of-ambitious-antitrust-bills-3393767/ (accessed April 15, 2022).

61 SEC.3. DEFINITIONS. (a) Covered Platform Designation.—
(1) The Federal Trade Commission or Department of Justice shall designate whether an entity is a covered platform for the purpose of implementing and enforcing this Act. Such designation shall—
(A) be based on a finding that the criteria set forth in section 3(d)(2)(A)-(C) are met;
(B) be issued in writing and published in the Federal Register; and
(C) will apply for 10 years from its issuance regardless of whether there is a change in control or ownership over the covered platform unless the Commission or the Department of Justice removes the designation pursuant to subsection (b).

월 2일 상원에서 제출된 개정안을 비교하며 개정안에서 변경된 내용들을 살펴보고자 한다.

2. American Innovation and Choice Online Act 개정

1) 지정플랫폼(covered platform)에 관한 정의 규정 개정

2022년 3월 2일 상원에 제출된 개정안은 CP의 요건을 다음과 같이 정의하고 있다.

〈표 12-13〉 최신 개정안(22.3.2)에서의 CP(지정플랫폼) 요건

American Innovation and Choice Online Act(March 2, 2022 amendment)	
(A)	section 3(d)[62]에 의거하여 Covered Platform(이하 'CP')로 지정된 온라인 플랫폼
(B) 상장회사인 경우 (Publicily Traded Company)	section 3(d)에 의거하여 CP로 지정되기 전 12개월 동안 또는 본법 위반 혐의에 대한 기소 제기 전 12개월 동안 중 어느 시점이라도 적어도 다음 사항을 만족하여야 한다. ① 미국 내 월간 사용자 수(monthly active users)가 5,000만 명 이상이거나 ② 이용사업자(monthly active business users) 수가 10만 개 이상인 온라인 플랫폼
	section 3(d)에 의거하여 CP로 지정되기 전 2년 동안 또는 본법 위반 혐의에 대한 기소 제기 전 2년 동안 적어도 다음 사항을 만족하여야 한다. ① 어느 시점이라도 미국 연간 순매출액이 5,500억 달러 이상인 자가 소유·통제하거나 ② 2년 기간 중 180일 동안 평균 시가총액이 5,500억 달러 이상인 플랫폼
	section 3(d)에 의거하여 CP로 지정되기 전 12개월 동안 또는 본법 위반 혐의에 대한 기소 제기 전 12개월 동안 중 어느 시점에서 전 세계 월간 사용자(worldwide monthly active users)가 1억 명 이상인 온라인 플랫폼
	온라인 플랫폼에서 판매 또는 제공되는 제품과 서비스의 핵심 거래상대방(critical trading partner)인 경우

<table>
<tr><td rowspan="4">(C)
비상장회사인
경우
(non- publicily traded company)</td><td>section 3(d)에 의거하여 CP로 지정되기 전 12개월 동안 또는 본법 위반 혐의에 대한 기소 제기 전 12개월 동안 중 어느 시점이라도 적어도 다음 사항을 만족하여야 한다.
① 미국 내 월간 사용자 수(monthly active users)가 5,000만 명 이상이거나
② 이용사업자(monthly active business users) 수가 10만 개 이상인 온라인 플랫폼</td></tr>
<tr><td>section 3(d)에 의거하여 CP로 지정되기 전 2년 동안 또는 본법 위반 혐의에 대한 기소 제기 전 2년 동안 어느 시점이라도 직전 회계연도의 이자, 세금, 감가상각 및 상각 전 수익이 300억 달러 이상인 자가 소유 또는 통제하는 경우</td></tr>
<tr><td>section 3(d)에 의거하여 CP로 지정되기 전 12개월 동안 또는 본법 위반 혐의에 대한 기소 제기 전 12개월 동안 중 어느 시점에서 전 세계 월간 사용자(worldwide monthly active users)가 1억 명 이상인 온라인 플랫폼</td></tr>
<tr><td>온라인 플랫폼에서 판매 또는 제공되는 제품과 서비스의 핵심 거래상대방(critical trading partner)인 경우</td></tr>
</table>

제출된 개정안은 기존의 Klobuchar 상원 발의안과 다르게 covered platform의 기준을 상장회사(publicily traded company)와 비상장회사로 구분하여 CP 지정 절차를 보다 체계적으로 정의하고 있다. 두 구분의 주요 차이점으로는, 전자는 연간매출액과 시가총액을, 후자는 직전 회계연도의 이자, 세금, 감가상각 및 상각 전 수익을 기준으로 하고 있다는 것이다. 또한 상장회사의 경우 매출액과 시가총액을 측정하는 시간적 기준이 기존의 "2년의 어느 시점(at any point during the 2 years)"에서 "2년 중 180일(any 180 days period during the 2year period)"로 개정되어, 기존안보다 시가총액 기준을 좁힌 것으로 해석된다. 또한 개정안

62 (d) Covered Platform Designation.—
(1) IN GENERAL.—The Commission and Department of Justice may jointly, with concurrence of the other, designate an online platform as a covered platform for the purpose of implementing and enforcing this Act, which shall—
(A) be based on a finding that the criteria set forth in subparagraph (B) or (C) of section 2(a)(5) are met;
(B) be issued in writing and published in the Federal Register; and
(C) except as provided in paragraph (2), apply for a 7-year period beginning on the date on which the designation is issued, regardless of whether there is a change in control or ownership over the covered platform.

에서 상장회사, 비상장회사 구분 없이 새로운 정량적 기준으로서 전 세계 월간 사용자 수를 CP 지정 기준에 추가했다는 점에서 주목할 만하다. 이는 온라인 플랫폼 기업들이 대부분 미국 또는 중국을 소재로 하는 현재 시장 상황을 고려해 보았을 때 중국 빅테크 기업들에 대한 견제로 이해할 수 있다.

2) 불공정한 행위(Unlawful Conduct)에 관한 정의 규정 개정

〈표 12-14〉 American Innovation and Choice Online Act '불공정행위' 추가 수정사항 비교

American Innovation and Choice Online Act (introduced in Senate October 18, 2021)	American Innovation and Choice Online Act(March 2, 2022 amendment)
SEC. 2. UNLAWFUL CONDUCT. (a) Violation.—It shall be unlawful for a person operating a covered platform, (...) has engaged in conduct that would— (1) unfairly preference the covered platform operator's own products, services, or lines of business over those of another business user on the covered platform in a manner that would materially harm competition on the covered platform; (2) unfairly limit the ability of another business user's products, services, or lines of business to compete on the covered platform relative to the covered platform operator's own products, services, or lines of business in a manner that would materially harm competition on the covered platform; or (...)	SEC. 3. UNLAWFUL CONDUCT. (a) In General.—It shall be unlawful for a person operating a covered platform in or affecting commerce to engage in conduct, as demonstrated by a preponderance of the evidence, that would— (1) preference the products, services, or lines of business of the covered platform operator over those of another business user on the covered platform in a manner that would materially harm competition; (2) limit the ability of the products, services, or lines of business of another business user to compete on the covered platform relative to the products, services, or lines of business of the covered platform operator in a manner that would materially harm competition; (...)

상원 제출안의 또 다른 주목할 만한 특징은 정의 규정을 모두 제2조로 두고 불법행위를 다루는 조항을 제3조로 이동하면서, 제3조의 제1항과 제2항을 수정한 것이다. 구체적으로, 개정안은 발의안 제2조 제1항과 제2항의 "불공정

하게(unfairly)"이라는 자구를 삭제하여 적용의 범위를 확대하며 반독점법 적용 요건을 완화해 규제의 범위를 넓혔다. 즉, 같은 사항에 대해 발의안에서는 우대(preference)행위나 제한(limit)행위가 실제로 불공정하여야 위법행위로 인정되는 반면 제출안에서는 우대행위나 제한행위 그 자체로서 위법행위로 인정하겠다는 것이다. 한편 본 제출안에 대하여 반대하는 사람들은 제출안 제3조 제1항이 금지하고 있는 자기 선호(self-preference)라는 표현은 상당히 모호하며 이런 자기 선호에 해당될 수 있는 수많은 기업 행위들은 플랫폼 경제 이전부터 이어온 기업의 일반적인 비즈니스 관행이며 소비자에게 큰 이익을 준다고 주장한다.[63]

〈표 12-15〉 American Innovation and Choice Online Act '데이터보호와 예외' 추가 수정사항 비교

American Innovation and Choice Online Act (introduced in Senate October 18, 2021)	American Innovation and Choice Online Act(March 2, 2022 amendment)
SEC. 2. UNLAWFUL CONDUCT. (b) Unlawful Conduct.—It shall be unlawful for a person operating a covered platform, in or affecting commerce, if it is shown, by a preponderance of the evidence, that the person has engaged in conduct that would — (5) unless necessary for the security or functioning of the covered platform, materially restrict or impede covered platform users from un-installing software applications that have been preinstalled on the covered platform or changing default settings that direct or steer covered platform users to products or services offered by the covered platform operator;	SEC. 3. UNLAWFUL CONDUCT. (a) (8) materially restrict or impede covered platform users from uninstalling software applications that have been pre-installed on the covered platform or changing default settings that direct or steer covered platform users to products or services offered by the covered platform operator, unless necessary— (A) for the security or functioning of the covered platform; or <u>(B) to prevent data from the covered platform operator or another business user from being transferred to the Government of the People's Republic of China or the government of another foreign adversary;</u>

63 Aurelien Portuese, "Please, Help Yourself: Toward a Taxonomy of Self-Preferencing", Information Technology & Innovation Foundation, October 25, 2021. https://itif.org/publications/2021/10/25/please-help-yourself-toward-taxonomy-self-preferencing#:~:text=The%20current%20antitrust,media%20attention.55(accessed April 15, 2022).

또한 제출안은 발의안과 비교하였을 때 제8항에 B를 추가하여 CP 사용자들이 CP에 사전에 설치된 소프트웨어 등을 제거하거나 CP 사용자로 하여금 상품이나 서비스 구매를 유도하는 디폴트 설정을 변경하는 것을 현저하게 제한 또는 방해하는 행위를 제한하면서도, 그것이 "중화인민공화국 또는 적국의 정부"로 데이터가 이동하는 것을 막으려는 행위는 제외한다고 예외규정을 명시적으로 추가하였다. 이는 CP의 정의규정에 대한 개정과 유사한 입법적 취지로 외국 기업, 특히 중국의 빅테크 기업을 견제하려는 태도로 이해할 수 있다.

3) 이용사업자(Business user)에 관한 정의 규정 개정

〈표 12-16〉 American Innovation and Choice Online Act '이용사업자 정의' 최근 수정사항 비교

American Innovation and Choice Online Act (introduced in Senate October 18, 2021)	American Innovation and Choice Online Act(March 2, 2022 amendment)
SEC. 2. UNLAWFUL CONDUCT. (2) BUSINESS USER.—The term "Business User" means a person that utilizes or is likely to utilize the covered platform for the sale or provision of products or services, including such persons that are operating a covered platform or are controlled by a covered platform operator.	SEC. 2. DEFINITIONS. (2) BUSINESS USER.—The term "business user"— (A) means a person that uses or is likely to use a covered platform for the advertising, sale, or provision of products or services, including such persons that are operating a covered platform or are controlled by a covered platform operator; and (B) does not include a person that— (i) is a clear national security risk; or (ii) is controlled by the Government of the People's Republic of China or the government of another foreign adversary.

제출안의 CP 이용사업자(business user)에 대한 정의는 발의안과 비교하였을 때 CP를 "utilize" 하는 사람에서 "use" 하는 사람으로 수정되었다. 이는 CP 이용사업자의 법적 개념의 범주를 좁혔다고 해석되며, 핵심 거래상대방(critical trading partner)[64]의 개념 범주를 축소하는 결과를 가져온다고 할 수 있겠으며 본 법안의 수범 대상 축소로 연결될 것이다. 즉 동 조항에 use의 목적으로서 "for the advertising, sale, or provision of products or services"를 명시함으로써 use의 개념이 포괄하는 범위를 어디까지 인정할 것인지, 그 한계에 대하여 명확히 (축소)설정하였다고 해석된다. 일각에서는 이는 법 개정 상 발생한 착오(오류)라고 이해한다. 반면 utilize의 불명확한 법적 개념은 그것에 대한 법원의 해석이 축적되기까지 오랜 기간과 동시에 수범자로서 CP들의 지속적(과도한) 소송비용을 초래했을 것이다. 따라서 utilize에서 use로의 변경은 반독점법의 수범자의 범위를 미세하게 축소하는 대신에 더 강력한 규제 집행의 근거가 되며 더 나아가 CP의 소송비용 절감도 기대할 수 있다.

또한 제출안은 CP에서 광고("advertising")를 하는 사람까지 business user의 범위에 포함시켰다. 이는 온라인 플랫폼은 일반적으로 생산집단이나 소비집단 모두에 비용을 부담하지 않는 대신에 광고를 통해서 수익구조를 형성한다는 특성에 착안해, 약탈적 가격행위(predatory pricing)를 일삼는 플랫폼 내에서 광고는 수익 구조에서 핵심이 되기 때문에 이에 대한 규제까지도 명시하는 것으로 이해할 수 있다.

마지막으로 제출안에서는 CP 이용사업자에서 "명백한 국가적 보안 위험이 있는 자"와 "중화인민공화국 또는 다른 적국(foreign adversary[65])의 정부에 의

---

64 SEC. 2. DEFINITIONS.

(6) CRITICAL TRADING PARTNER.—The term "critical trading partner" means a person that has the ability to restrict or materially impede the access of—

(A) a business user to the users or customers of the business user; or

(B) a business user to a tool or service that the business user needs to effectively serve the users or customers of the business user.

65 (8) FOREIGN ADVERSARY.—The term "foreign adversary" has the meaning given the term in section 8(c) of the Secure and Trusted Communications Networks Act of 2019 (47 U.S.C. 1607(c)).

개정안에서 "Foreign adversary"라는 정의는 Secure and Trusted Communications Networks Act of 2019의 정의를 따른다고 한바, 아래는 Secure and Trusted Communications Networks Act of 2019에서 규정하고 있는 "Foreign adversary"의 정의이다.

Foreign adversary.

The term "foreign adversary" means any foreign government or foreign nongovernment person engaged in a long-term pattern or serious instances of conduct significantly adverse to the

해 지배되는 자"를 예외로 하고 있는데, 이는 본 제출안이 미국 국내 기업에만 적용되어 외국 기업들이 국내 주요 플랫폼과 데이터를 공유하는 것에 대한 우려를 표한 것으로 해석된다.[66]

4) 효율성 항변(affirmative defense)에 관한 규정 개정

〈표 12-17〉 American Innovation and Choice Online Act '효율성 항변' 최근 수정사항 비교

American Innovation and Choice Online Act (introduced in Senate October 18, 2021)	American Innovation and Choice Online Act(March 2, 2022 amendment)
(1) IN GENERAL.—Subsection (a) shall not apply if the defendant establishes by a preponderance of the evidence that the conduct described in subsections (a) was narrowly tailored, was nonpretextual, and was necessary to— (...) (C) maintain or enhance the core functionality of the covered platform.	(1) IN GENERAL.—It shall be an affirmative defense to an action under paragraph (1), (2), or (3) of subsection (a) if the defendant establishes by a preponderance of the evidence that the conduct was narrowly tailored, nonpretextual, and reasonably necessary to — (...) (C) maintain or substantially enhance the core functionality of the covered platform.
(2) UNLAWFUL CONDUCT.—Subsection (b) shall not apply if the defendant establishes by a preponderance of the evidence that the conduct described in subsection (b)— (A) has not resulted in and would not result in material harm to the competitive process by restricting or impeding legitimate activity by business users; or (B) was narrowly tailored, could not be achieved through less discriminatory means, was nonpretextual, and was necessary to— (...)	(2) OTHER UNLAWFUL CONDUCT.—It shall be an affirmative defense to an action under paragraph (4), (5), (6), (7), (8), (9), or (10) of subsection (a) if the defendant establishes by a preponderance of the evidence that the conduct— (A) has not resulted in and would not result in material harm to competition; or (B) was narrowly tailored, could not be achieved through less discriminatory means, was nonpretextual, and was reasonably necessary to— (...)

national security of the United States or security and safety of United States persons.

66 Kent Walker, "The harmful consequences of Congress's anti-tech bills", Public Policy, Jan 18, 2022. https://blog.google/outreach-initiatives/public-policy/the-harmful-consequences-of-congresss-anti-tech-bills/ (최종방문 2022년 4월 15일).

효율성 항변(affirmative defense)이란 일종의 면책규정으로, CP가 본법에서 규정하는 금지행위에 대해 해당 행위가 면책사항에 해당하는 목적을 위해 좁게 조정(narrowly tailored)되고 필수불가결(non-pretextual)하였다는 점을 증거의 우위(pre-ponderance of evidence)로 입증하는 경우 그 행위가 허용될 수 있다는 것을 의미한다. 제출안에서는 효율성 항변 규정을 Section 3. (a)에 규정된 금지행위 10가지를 크게 2개로 분류하여 규정하고 있는데, (1) 자기우대(self-preferencing) 행위, (2) 경쟁업자에 대한 제한 행위, (3) 차별대우 행위를 하나의 카테고리로 하고, 나머지 (4)~(10)에 규정된 금지행위는 다르게 효율성 항변 규정을 적용하고 있다.

한편 발의안에서는 금지행위라도 조건들을 만족한다는 것을 증거의 우위로 입증하는 경우 "본법을 적용하지 않는다(shall not apply)"라고 규정한 반면 개정안에서는 "shall not apply"의 문구를 "그것은 효율성 항변으로 추정된다(It shall be an affirmative defense)"라고 변경하였다. 또한 발의안과 제출안 모두 효율성 항변의 요건으로 규정하고 있는 "CP의 핵심 기능을 향상시키는 것"에 대하여, 제출안에서는 "현저하게(substantially)" 향상시키는 것을 증명하도록 하여 효율성 항변의 범위를 축소시켰다.

Ⅳ The Open App Market Act 개정

1. 개괄

「American Innovation and Choice Online Act」가 CP의 불법행위에 대해 규정했다면, 「The Open App Market Act」는 CC(covered company)의 의무들에 대해 다루는 법안이다. 구체적으로, 「American Innovation and Choice Online Act」가 '플랫폼'을 규제한 법안이라면, 본 법안은 '앱스토어'를 규제하는 것을 그 목표로 한다. 본 법안은 2021년 8월 11일 상원에서 발의되었고, 2022년 2월 17일 상원에서 개정안이 제출되었다. 다음 표는 개정안의 핵심적인 내용을 정리한 것이다.

〈표 12-18〉 CC의 정의와 의무

<table>
<tr><th>구분</th><th>조항</th><th>내용</th></tr>
<tr><td>CC의 정의</td><td>SEC. 2. DEFINITIONS.</td><td>(3) Covered company란 미국 내 사용자가 5,000만 명이 넘는 앱스토어를 소유하거나 지배하는 자를 의미한다.</td></tr>
<tr><td rowspan="3">CC의 의무</td><td rowspan="3">SEC. 3. PROTECTING A COMPETITIVE APP MARKET.</td><td>(a) 독점과 속박
– CC는 앱 개발자들에게 자신들의 인앱 결제 시스템(in–app payment system)을 사용할 것을 앱스토어 사용약관으로 설정해서는 안 된다.
– CC는 다른 앱스토어의 이용약관보다 가격조건이 유리하도록 앱 개발자들에게 약관을 요구해서는 안 된다.
– 앱 개발자의 앱 이용자에 대한 정당한 비즈니스 커뮤니케이션을 제한하는 행위</td></tr>
<tr><td>(d) 정보의 상호운용성(Interoperability)에 관한 규정
– CC가 앱스토어를 운영하며 앱스토어가 작동하는 운영체제(operating system) 또는 운영체제의 구성을 지배하는 경우
(1) 제3자의 앱스토어를 앱스토어의 기본값으로 선택할 수 있도록 허용해야 한다.
(2) 제3자의 앱스토어를 CC의 앱스토어가 아닌 다른 방법으로 설치할 수 있도록 하여야 한다.
(3) 기본으로 설치되어 있는 앱이나 앱스토어를 숨기거나 삭제할 수 있도록 하여야 한다.</td></tr>
<tr><td>(e) 검색에서 자사우대(self–preferencing)에 관한 규정
– CC는 앱스토어 검색 결과에서 CC 또는 그 비즈니스 파트너의 앱을 제3자의 앱보다 부당하게 선호하거나 검색 순위에서 우위로 두는 등 불평등하게 대우해서는 안 된다.</td></tr>
<tr><td>면책조항</td><td>SEC. 4. PROTECTING THE SECURITY AND PRIVACY OF USERS.</td><td>(a)항
– (1) CC의 행위가 다음과 같은 조건에 해당하는 경우 처벌하지 아니한다.
(A) 사용자의 프라이버시, 보안, 또는 디지털 안전을 위해 필수불가결하게 행한 행위의 경우
(B) 스팸이나 사기를 예방하기 위한 행위의 경우</td></tr>
</table>

		(C) 지적 재산권의 불법적인 침해를 방지하기 위한 행위의 경우 (D) 연방법 또는 주(州)법 위반을 방지하거나 준수하기 위해 취한 조치의 경우
		(b)항 - (a)항의 면책규정은 CC가 증거의 우월성으로 다음과 같은 사항을 입증할 때에만 적용된다.

한편 본 상원 개정안은 상원 발의안과 비교하였을 때 인앱 결제 시스템의 정의에 대한 사항, 면책규정에 대한 구체화 및 입증책임 요건 완화 등의 개정사항이 있었는데, 이하에서는 상원 개정안이 가지는 의미를 상원 제출안과 비교하여 분석하고자 한다.

2. 인앱 결제 시스템의 정의 개정

〈표 12-19〉 The Open App Market Act 기존안과 최신안 정의규정 비교

The Open App Market Act (introduced in Senate August 11, 2021)	The Open App Market Act (February 17, 2022 amendment)
SEC. 2. DEFINITIONS. (5) IN-APP PAYMENT SYSTEM.—The term "In-App Payment System" means an application, service, or user interface to process the payments from users of an App.	SEC. 2. DEFINITIONS. (5) IN-APP PAYMENT SYSTEM.—The term "in-app payment system" means an application, service, or user interface to manage billing or process the payments from users of an app.

상원 개정안에서는 인앱 결제 시스템의 정의에 대하여 제출안의 정의를 그대로 유지하면서도 "manage billing"의 경우에도 인앱 결제에 포함되도록 추가하였다. 기존 안에는 인앱 결제에 대하여 "process the payments"만 명시되어 있었는데, 이는 앱스토어가 '지불방식 및 방법'만을 관리하는 것에 대한 규제를 의미한다. 반면 개정안은 billing 개념을 통해 앱 제공부터 대금청구(invoices)까지 일련의 과정을 인앱 결제 시스템에 포함하여 규제하게 된다.

이는 앱스토어가 인앱 결제로 소비자의 지불방식뿐만 아니라 특정 앱의 구독료를 관리하는 등 활동 범위가 넓어진 현재 상황을 고려한 개정이라고 해석된다.

3. 면책규정의 구체화

〈표 12-20〉 The Open App Market Act 기존안과 최신안의 '면책규정' 비교

The Open App Market Act (introduced in Senate August 11, 2021)	The Open App Market Act (February 17, 2022 amendment)
SEC. 4. PROTECTING THE SECURITY AND PRIVACY OF USERS. (a) In General.—Subject to section (b), a Covered Company shall not be in violation of a subsection of section 3 for an action that is— (1) necessary to achieve user privacy, security, or digital safety; (...)	SEC. 4. PROTECTING THE SECURITY AND PRIVACY OF USERS. (2) PRIVACY AND SECURITY PROTECTIONS. —In paragraph (1), the term "necessary to achieve user privacy, security, or digital safety" includes— (A) allowing an end user to opt in, and providing information regarding the reasonable risks, prior to enabling installation of the third-party apps or app stores; (B) removing malicious or fraudulent apps or app stores from an end user device; (C) providing an end user with the technical means to verify the authenticity and origin of third-party apps or app stores; and (D) providing an end user with option to limit the collection sharing of the data of the user with third-party apps or app stores.

개정안은 기존안이 면책규정으로 둔, CC가 사용자의 "프라이버시, 안전 혹은 디지털 보안"을 위해 한 행위를 구체적으로 나열하며 조항을 추가하고 있다. 개정안에서는 구체적 면책행위를 추가하여 CC가 (A) 최종사용자(end user, 즉 소비자)가 제3자의 앱이나 앱스토어를 설치하기 전 발생할 수 있는 위험에 대해 정보를 제공하고 위험을 수인한다는 사전동의(opt-in)를 받는 경우 (B) 최종사용자의 기기에서 악성 또는 사기성 앱 또는 앱스토어를 제거하는 경우 (C) 최종사용자에게 제3자의 앱 또는 앱스토어의 진실성 및 출처를 검증하는 기술적인 수단을 제공하는 경우 (D) 최종사용자에게 제3자의 앱 또는 앱스토어와의 데이터 수집 및 공유를 제한하는 옵션을 제공하는 경우 CC의 행위의 위법성이 조각된다고 규정하고 있다.

이러한 면책규정의 구체화는 규제의 합리성과 정당성을 강화하는 것으로 해석할 수 있다. 특히 이는 CC의 정보의 상호운용성(Interoperability) 의무에 대한 법집행적 관점에서 더욱 그러하다. 기존안이 상원에서 처음 발의되었을 때, CC의 정보의 상호운용성(Interoperability) 확보 의무로 CC가 "제3자의 앱스토어를 설치할 수 있도록" 하는 의무도 포함되어 있어 CC측에서 해당 의무는 앱스토어나 운영체제(Operating System)의 안정성의 문제, 프라이버시 및 데이터 유출의 문제가 있다고 비판하였다. 그러나 개정안에서처럼 CC에게 면책규정의 하나로 (B)호에 "최종사용자의 기기에서 악성 또는 사기성 앱 또는 앱스토어를 제거하는 경우"를 구체적으로 명시하면서 "제3자의 앱스토어를 설치할 수 있도록" 허용할 정보의 상호운용성 의무를 지우는 입법적 태도는, CC가 사용자의 보호를 위해 제3자의 앱 또는 앱스토어를 제거하는 것은 금지하지 않으면서도 그 외의 정보독점적 행위는 규제할 근거가 되어 개정안을 통해 규제의 합리성과 정당성을 확보할 수 있다고 해석된다.

4. 면책규정의 입증책임 완화

〈표 12-21〉 The Open App Market Act 기존안과 최신안의 '면책규정 입증책임' 비교

The Open App Market Act (introduced in Senate August 11, 2021)	The Open App Market Act (February 17, 2022 amendment)
SEC. 4. PROTECTING THE SECURITY AND PRIVACY OF USERS. (b) Requirements.—Section (a) shall only apply if the Covered Company establishes by <u>clear and convincing</u> evidence that the action described is— (1) applied on a demonstrably consistent basis to Apps of the Covered Company or its business partners and to other Apps; (2) not used as a pretext to exclude, or impose unnecessary or discriminatory terms on, third-party Apps, In-App Payment Systems, or App Stores; and (3) narrowly tailored and could not be achieved through a less discriminatory and technically possible means.	SEC. 4. PROTECTING THE SECURITY AND PRIVACY OF USERS. (b) Requirements.—Subsection (a) shall only apply if the covered company establishes by a <u>preponderance of the evidence</u> that the action described in that subsection is— (1) applied on a demonstrably consistent basis to— (A) apps of the covered company or its business partners; and (B) other apps; (2) not used as a pretext to exclude, or impose unnecessary or discriminatory terms on, third-party apps, in-app payment systems, or app stores; and (3) narrowly tailored and could not be achieved through a less discriminatory and technically possible means.

기존안과 개정안 모두 제4조 a항에 CC의 행위가 사용자의 프라이버시, 보안, 또는 디지털 안전을 위해 필수불가결하게 행한 행위의 경우 및 스팸이나 사기를 예방하기 위한 행위의 경우 등에 해당하는 경우 본법에 위반하지 아니한다는 취지의 면책조항을 두고 있으면서, 제b항에 면책조항에 해당한다는 것에 대하여 CC에게 입증책임의 정도를 규정하고 있다.

다만 개정안은 기존안에서 그 입증책임을 명백하고 확실한 증거(clear and convincing evidence)에 의한 입증을 요구할 것에서 증거의 우위(preponderence of the evidence)에 의해 입증해야 한다고 개정하였다. 즉 CC의 면책규정에 대한 입

증책임을 완화한 것으로 해석된다. 이는 CC 및 앱스토어 입장에서 유리한 입법이라고 해석할 수 있지만, 전체적인 측면에서 보면 당사자주의 소송구조에서 규제의 정당성 및 합리성 확보로도 해석할 수 있을 것이다.

V 결론 및 시사점

앞에서 살펴본 바와 같이, 미국에서는 입법을 통해 반독점법을 개정함으로써 새로운 형태의 양면시장과 빅테크 기업으로의 경제의 집중화에 따른 다양한 문제들을 해결하려고 하고 있다. 무엇보다 그 기저에는 '소비자 후생'의 기준으로 반경쟁성을 평가한 시카고학파에 대한 반성적 고찰과 뉴브랜다이즈학파의 재조명이 있다. 소비자 후생이라는 기준만으로는 거대해지는 빅테크 플랫폼 기업들의 네트워크 효과와 고착효과를 막을 수는 없을 것이며, 이미 플랫폼 생태계는 모든 분야에 '구조적 충격'을 줌으로써 새로운 메가트렌드를 형성하고 있다.[67]

특히 2022년 3월 2일 American Innovation and Choice Online Act의 개정안 제출과 2022년 2월 17일 The Open App Market Act의 개정안 제출은 다음과 같은 측면에서 의미하는 바가 크다고 할 수 있겠다.

1. 지정플랫폼(CP)의 지정(designation) 절차 구체화

유럽은 플랫폼 규제에 관한 법안을 먼저 제시하였는데, 그중 EU의 디지털시장법인 DMA(Digital Markets Act)는 게이트키퍼 플랫폼의 지정에 있어서 시장조사(MI)에 대한 조항을 구비(제15조)했지만, 그에 비해 미국의 발의안의 플랫폼 지정 조항은 구체적이지 않고 단순하며 정의 규정의 동어반복에 불과하였다.[68]

67 정혜련, "해외 온라인 플랫폼 규제 동향", 국회보: 국민과 함께하는 국회 소식지, 대한민국국회(2021).

68 정혜련, "경쟁법적 측면에서 디지털서비스법", 한국법제연구원-한국인터넷법학회 공동학술

그러나 지난 2022년 3월 2일 제출된 American Innovation and Choice Online Act 개정안에서는 covered platform에 관하여 상장회사인 경우와 비상장회사인 경우로 새롭게 접근하면서도, 상장회사의 시가총액에 관한 시간적 기준을 명확히 설정하는 등 그 지정 절차를 구체화하였다. 특히 시가총액 기준의 기간을 "2년 동안 어느 시점에서든지"에서 "2년 동안 180일 기간의 평균"으로 변경한 것은, CP의 시장지배적 지위는 어느 한 시점보다는 일정한 기간 동안 이루어진다는 접근에 입각한 것으로 규제의 합리성을 제고하였다고 생각된다. 또한 제출안에서는 세계 월간 사용자를 지정 요건에 추가하였다는 점도 특징인데, 이는 온라인 플랫폼 기업들이 대부분 미국 또는 중국을 소재로 한다는 점을 고려했을 때 중국 빅테크 기업을 겨냥한 견제임을 이해할 수 있었다. 이는 플랫폼 시장은 단순한 경제적 가치 창출의 수단일 뿐 아니라 그 존재 자체로 한 국가의 경쟁력이 됨을 의미하기도 한다.

2. 규제의 정도

American Innovation and Choice Online Act 개정안에서는 business user를 정의할 때, 발의안의 "utilize"가 아닌 "use"를 사용하여 수범자의 규모를 축소시킨 것으로 해석된다. 반면 utilize의 불명확한 법적 개념은 그것에 대한 법원의 해석이 축적되기까지 오랜 기간과 동시에 수범자로서 CP들의 지속적이고 과도한 소송 비용을 초래했을 것이며, 따라서 utilize에서 use로의 변경은 반독점법의 수범자의 범위를 미세하게 축소하는 대신에 더 강력한 규제 집행의 근거가 된다고도 해석할 수 있다. 또한 제출안은 CP에서 광고("advertising")를 하는 사람까지 business user의 범위에 포함시켰는데, 이는 광고를 통해서 수익구조를 형성하는 온라인 플랫폼의 특성에 착안한 것으로써 강력한 규제의 근거가 된다. 기존에는 미국이 유럽에 비해 더 완화된 규제 양상을 보여 왔으나,[69] 개정안을 통해 EU보다도 엄격하게 플랫폼을 제한하게 될 것이다.

대회 발제 3, (21, 5. 7).

69 *Ibid.*

3. 핵심 거래상대방(Critical Trading Partner)

미국의 발의안에서는 정성적 개념인 "핵심 거래상대방(Critical Trading Partner)"에 대하여 그것의 정량적 요건이 제시되지 않았다. 이것은 미국 규제 법안이 유럽안과 마찬가지로 개념(지정 플랫폼)이 개념(핵심 거래상대방)을 낳는 악순환이 발생하는 등 입증 곤란의 문제가 발생할 수 있다는 문제점으로 지적되곤 하였다.[70] 다만 최근 American Innovation and Choice Online Act 개정안에서는 CP의 지정 요건으로 상장회사와 비상장회사 모두 "온라인 플랫폼에서 판매 또는 제공되는 제품과 서비스의 핵심 거래상대방인 경우"를 추가하였다는 점에서 핵심 거래상대방 개념은 그 자체로 CP의 지정요건에 있어서 정량적 요건이 되었다고 할 수 있다.

4. 이익충돌(Conflict of Interest)과 자기 선호(Self-preferencing)

이익충돌(Conflict of Interest)이란 CP가 본 플랫폼 외에 다른 사업을 소유하거나 지배하면서 그 사업의 소유 또는 지배가 자사 상품을 우대하거나 경쟁사 상품을 불리하게 만들 유인이나 능력을 제공하는 것을 의미한다. 이익충돌은 플랫폼 시장의 팽창에 따라 경쟁법적으로 새로 탄생한 개념이며, 필연적으로 자사 제품의 선호되는 상태를 유지하기 위하여 검색 순위나 기능에서 자사 제품을 우대하는 자기 선호(Self-preferencing)를 포섭하는 개념이다.

그러나 자기 선호는 매우 일반적인 사업 관행이며 오랫동안 정당한 경쟁 수단으로 취급되었다. 예컨대 슈퍼마켓이나 상점은 종종 차별적으로 제품을 배치하거나, 자사 서비스의 소비를 구내에서의 제3자 참여와 결부시켜 자체 제품을 선호한다. 슈퍼마켓이 상품의 구매자와 판매자 사이의 중개자라는 점을 고려하였을 때, 이들은 '플랫폼처럼' 행동한다고 할 수 있다.

다만 슈퍼마켓과 플랫폼의 결정적 차이는 그 거래 장소가 온라인인지 여부이며 이에 따라 시장 지배력에 대한 거대한 차이가 발생한다. 슈퍼마켓은 그

---

70 *Ibid.*

주변 지역의 소비자를 대상으로 하는 반면 플랫폼의 이용자 및 소비자는 그 범위를 명확히 확정하기 어렵다. 슈퍼마켓의 자사서비스(상품)우대 행위와 플랫폼의 자사서비스(상품)우대 행위는 본질적으로는 같은 행위라고 할지라도 플랫폼 운영자의 경우 이에 구속될 수 있는 또는 제한될 수 있는 이용사업자, 소비자의 수는 비교할 수 없을 정도로 많으며 이는 한 사업의 시장 생태계, 더 나아가 국가 경제와도 직결되는 문제로 인식되는 것이다. American Innovation and Choice Online Act 개정안은 이러한 플랫폼의 사업확장성 및 양면시장성을 고려하여 일반적 사업 관행으로 인식되어온 자사 선호를 대형 온라인 플랫폼이 행하는 경우 법률로서 금지하고자 하는 것이다. 특히 개정안은 상원 발의안의 "unfairly"의 자구를 삭제하여 발의안에서는 우대행위가 실제로 불공정하여야 위법행위로 인정되는 반면 개정안에서는 우대행위 그 자체로 위법행위로 규제의 대상이 되어 자기 선호에 대한 더 강력한 규제의 발판을 마련하였다.

이처럼 최근 미국은 빅테크를 규제의 대상으로 보고 반독점법의 적극적인 집행을 준비하고 있다. 만일 전통적인 반독점법 이론을 그대로 적용한다면, 위에서 설명한 것처럼 페이스북의 왓츠앱 인수부터 대부분의 빅테크 기업들의 경쟁제한성 주장이 매우 쉽지 않을 것이다. 오히려 소비자 후생을 향상시키는 경우로 비추어질 수 있다. 예컨대 애플은 시장지배력을 이용하여 소비자들에게 낮은 가격에 높은 품질의 제품을 제공하였는데[71], 애플이 2007년 출시한 아이폰 1세대의 가격은 599달러로 2021년에 출시한 아이폰 12세대의 평균 판매가인 600~700달러와의 차이는 100달러 이내이다. 그러나 2007년의 아이폰과 2021년의 아이폰은 분명 유의미한 품질의 차이가 존재한다. 이는 빅 테크 플랫폼의 시장지배력이 없었더라면 발생할 수 없는 소비자 후생의 증진의 측면으로 보는 견해도 있다.[72]

---

71 Edward Longe, "Klobuchar's Antitrust Bill Reveals Lack of Understanding of Today's Big Tech Economy", InsideSources Opinions, June 07, 2021. https://insidesources.com/klobuchars-anti-trust-bill-reveals-lack-of-understanding-of-todays-big-tech-economy-2/(accessed April 15, 2022).

72 이 견해에 따르면 CALERA 개정안은 빅테크 산업의 현재 상황에 대해 잘못된 판단을 하고

그럼에도 불구하고 위의 가정대로 단순히 단말기 가격 및 품질개선의 형태로 소비자 후생 증진의 기준으로 판단할 수 없는 것[73]이 또한 플랫폼 시장의 특징이기에 기존의 전통적인 경제학적 가정과 관습을 정면으로 도전하는 형태의 입법이 세계적인 추세로 발현되고 있다. 이들의 무대는 전통적인 시장과 상인으로 형성되는 시장이 아니며, 새로운 형태의 양면시장에서는 더 이상 '소비자 후생'만을 보호하는 것이 능사가 아니게 되었다.

현재 초국가적 플랫폼과 플랫폼 시장에 관한 통제 및 규제는 국내뿐 아니라 세계적인 흐름이라고 할 수 있다. 미국의 혹은 유럽의 방법이든 효율적인 통제 수단 및 적극적인 지원책을 만들고자 함에는 각국의 목적과 방향은 다름이 없다고 여겨진다. 여기에서 비즈니스 모델의 다양성에 따라서 그 방식의 범위와 그에 따른 통제방법의 차이가 있다는 점도 중요할 것으로 보인다. 물론 너무 개별적인 방식은 그 산업의 개발을 늦추고 혹은 행정비용의 낭비를 초래할 수 있으므로 상당한 기간 동안 정책방향을 설정하고 단계적으로 움직이고 있는 주요국가에서 채택하고 있는 입법의 내용을 보다 구체적이고 통합적으로 이해해야만 할 것으로 보인다. 유럽을 포함하여 미국에서도 규모가 상당한 특징적인 기업은 필수적인 경우에 한하여 지정방식을 택하도록 하고,[74] 다만 그

있으며 빅테크 산업이 소비자들에게 가져다 주는 혜택을 감소시킬 것이라는 비판을 받기도 한다. 특히 CALERA 개정안은 반독점 규제기관으로 하여금 기존의 소비자 후생 기준을 억지로 벗어나 빅테크 산업 자체가 경제 및 소비자에게 해롭다는 가정을 취할 것을 강요하고 있다고 하면서, 기존 시카고학파의 소비자 후생에 입각한 접근은 기업결합이 소비자에게 미치는 영향을 정량적으로 파악하여 규제할 수 있었지만, CALERA 개정안 및 뉴브랜다이즈학파의 접근은 그 기준이 지나치게 추상적이라고 비판한다. 자세한 것은, Edward Longe, "Klobuchar's Antitrust Bill Reveals Lack of Understanding of Today's Big Tech Economy", InsideSources Opinions, June 07, 2021.
https://insidesources.com/klobuchars-antitrust-bill-reveals-lack-of-understanding-of-todays-big-tech-economy-2/.

73 2020년 10월 6일, 미국 하원의 반독점 소위원회(The House Judiciary Committee's Antitrust Subcommittee)는 Amazon.com과 Apple, Google, Facebook 등 미국의 대표적인 IT 플랫폼 기업 4개사(소위 GAFA)의 반독점법 위반 혐의에 대해 16개월간의 조사 끝에 449페이지의 보고서("디지털 시장에서의 경쟁상황에 대한 조사 보고서")와 법률 권고안을 발표하였다. 동 보고서는 위 4개 사업자가 시장을 통제하는 게이트키퍼에 해당하며, 이들은 경쟁위협을 차단하고자 자신의 시장지배력을 남용하여 혁신을 위축시키고 소비자의 선택권을 제한하였으며, 나아가 민주주의에 위해가 된다며 비난하였다.

74 국내에서는 전자상거래법 전면개정안 등 온라인 플랫폼 관련 용어를 정의함으로써 플랫폼

범위가 너무 넓어지는 경우 비용 및 위험을 최소화하기 위한 통제수단을 마련해 놓는 방식으로, 동시에 진입 및 성장을 꾀하거나, 현재 시설 및 비용을 감당하지 못하는 사업자에게 가혹한 진입장벽으로 작용될 우려가 높은 내용들은 재검토되어야 할 것이다. 무엇보다도 가장 핵심이 되는 사항인 데이터 이동 및 호환과 같은 관리 및 통제에 관한 검토는 그 전제가 되어야 할 것이다.

따라서 플랫폼의 역동성과 복잡성을 이해하고, 플랫폼 시장의 혁신과 성장을 저해하지 않으면서 공정한 경쟁이 가능하도록 하는 근본적인 검토를 바탕으로 한 최적의 규제(de-regulation)와 입법이 필요할 것이다.

중심 생태계를 법의 영역으로 들여왔다는 점에서는 긍정적으로 평가되지만 전자상거래, 비대면 전자상거래 그리고 선지급식 전자상거래의 개념 관계 및 구별 실익은 아직 명확하지 않은 것으로 보인다. 자세한 것은, 정혜련, "전자상거래법의 온라인 플랫폼 상 프로파일링 광고 규제에 관한 소고 —알고리즘기반 광고규제 조항의 비교법적 분석을 중심으로—", 경영법률 제31권, 4호 (2021), 또한 온라인 플랫폼 운영사업자는 거래방식 및 관여도에 따라 정보교환거래, 연결수단제공, 중개로 분류되어 차별화된 규율이 적용된다. 그러나 플랫폼에 대한 법적 책임을 부담시키는 정당성의 근거가 플랫폼의 영향력이라면 사업 규모나 거래 비중 등 영향력을 기준으로 책임을 차등화하는 규율체계가 필요하다고 생각된다. 유럽연합의 DSA (Digital Service Act)는 플랫폼 운영자 중 대규모 플랫폼 운영자(very large online platforms)를 대상으로 추가적인 규제를 가하는 방식을 취한다. 이는 최근 미국 하원에서 발의된 플랫폼 규제 5대 법안 패키지의 Covered platform에 대하여도 같다.

이와 관련하여, 정혜련, "해외 온라인 플랫폼 규제 동향", 국회보: 국민과 함께하는 국회 소식지, 대한민국국회(2021).

참고문헌

[국내문헌]

강지원 · 임지영, “온라인 플랫폼 사업자의 자사우대에 대한경쟁법상 허용 범위의 한계－네이버쇼핑 사건과 EU Google Shopping 사건, 영국 Streetmap 사건을 중심으로－”, 한국경쟁법학회, 2021.

권건보 · 이한주 · 김일환, “EU GDPR 제정 과정 및 그 이후 입법동향에 관한 연구”, 미국헌법연구, 29(1), 2018.

권오승, 아세안경제법, 박영사, 2022.

김형배 한국공정거래조정원 원장, <온라인 플랫폼에 대한 경쟁법적 대응 현황－미국 빅테크 플랫폼 5개 패키지 법안을 중심으로>의 개회사, (2021.9.28).

류승균, “EU 개인정보보호규칙(GDPR)의 제정과 시사점”, 경제규제와 법, 9(1), 2016.

양용현 · 이화령, “미국의 플랫폼 반독점법안 도입과 시사점”, KDI FOCUS, 제109호, 2021.

이성엽, 고려대 기술경영전문대학원 교수 · 기술법정책센터 센터장, “미국의 플랫폼 반독점 패키지법 혁신과 선택을 위해 플랫폼 독점을 규제한다”, 산업통상자원부, VOL.113, 2021.10월호 https://tongsangnews.kr/webzine/2110/sub2_2.html.

이성엽 외, 데이터와 법, 박영사, 2021.

이재호, “EU 디지털서비스법과 국내 소비자법의 시사점”, 소비자정책동향, 제111호, 2020.

장영신 · 강구상, “미국의 경쟁정책 및 플랫폼 독점규제 입법 동향과 시사점”, 대외경제정책연구원, vol.21. no.16 2021.8. 4면.

정혜련, “경쟁법적 측면에서 디지털서비스법”, 한국법제연구원－한국인터넷법학회 공동학술대회 발제 3.

______, “디지털플랫폼 규제에 관한 해외 동향”, 고려대 기술법정책센터－법무법인 세종 『온라인 플랫폼의 혁신과 규제』 공동학술세미나 발제1, (2021.07.14).

______, “미국의 프라이버시와 개인정보보호－개인정보보호에 대한 유럽연합과의 차이를 중심으로－”, 일감법학, 2016.

______, “전자상거래법의 온라인 플랫폼상 프로파일링 광고 규제에 관한 소고－알

고리즘기반 광고규제 조항의 비교법적 분석을 중심으로-", 경영법률 Vol 31, No 4, 2021.

______, "해외 온라인 플랫폼 규제 동향", 국회보: 국민과 함께하는 국회 소식지, 대한민국국회, 2021.

______, 구글(Google) 관련 미국·유럽결정(판결)이 IT산업에 미치는 영향-앱개발 시장에 미치는 영향을 중심으로- 경영법률, 제31권 1호, 2020.

______, 기업결합심사에 있어서 구매자 시장력(Buyer Power)-미국 기업결합심사 지침에서의 논의를 중심으로-, 경제법연구, 제12권, 2호, 2013.

______, 인앱결제강제서비스 규제에 관한 소고 —Epic games Inc. v. Apple Inc. 판례분석을 중심으로, 經營法律, Vol.32 No.2, 2022.

조성국, "미국 Amex 판결의 경쟁법적 쟁점", 법률신문, 2020년 12월 17일, https://m.lawtimes.co.kr/Content/Info?serial=166522.

한국은행, 美 빅테크에 대한 반독점규제 현황 및 파급영향, 해외경제 포커스 제 2021-10호, 2021.

[국외문헌]

AAI PUBLIC INTEREST ADVOCACY WORKSHOP ON MERGERS, "SUMMARY OF SECTION 7 OF THE CLAYTON ACT", Washington, D.C.: National Press Club, 2013.

Amy Klobuchar, Antitrust: Taking on Monopoly Power from the Gilded Age to the Digital Age, (NY), Alfred A. Knopf, 2021.

Aurelien Portuese, "Please, Help Yourself: Toward a Taxonomy of Self-Preferencing", Information Technology & Innovation Foundation, October 25, 2021. https://itif.org/publications/2021/10/25/please-help-yourself-toward-taxonomy-self-preferencing#:~:text=The%20current%20anti-trust,media%20attention.55.

"COMPETITION AND MONOPOLY: SINGLE-FIRM CONDUCT UNDER SECTION 2 OF THE SHERMAN ACT : CHAPTER 1.", The United States Department of Justice archives, last modified Mar 18, 2022, accessed Apr 15, 2022, https://www.justice.gov/archive/atr/competition-and-monopoly-single-fimr-conduct-under-section-2-sherman-act-chapter-1#N_4.

Edward Longe, "Klobuchar's Antitrust Bill Reveals Lack of Understanding of

Today's Big Tech Economy", InsideSources Opinions, June 07, 2021. https://insidesources.com/klobuchars-antitrust-bill-reveals-lack-of-understanding-of-todays-big-tech-economy-2/.

FTC v. Indiana Fed'n of Dentists, 476 U.S. 447 (1986)

"GAFAMs' market capitalization," Atlas Magazine, last modified April 27, 2021, accessed April 14, 2022, https://www.atlas-mag.net/en/article/gafams-market-capitalization.

Kent Walker, "The harmful consequences of Congress's anti-tech bills", Public Policy, Jan 18, 2022. https://blog.google/outreach-initiatives/public-policy/the-harmful-consequences-of-congresss-anti-tech-bills/.

Lina Khan, "Amazons Antitrust Paradox", The Yale Law Journal, Vol. 126, No.3, 2017.

Stuart Baimel, Joshua Soven, "Package of Ambitious Antitrust Bills Targeted at Large Technology Companies Introduced in the House", JDSUPRA, June 16, 2021. https://www.jdsupra.com/legalnews/package-of-ambitious-antitrust-bills-3393767/.

Thales Teixeira, "Big Tech's Power is in Monopsony", Medium, Jan 11, 2020. https://medium.com/@thalesumich/big-techs-power-is-in-monopsony-c1d7a07210ea.

United States v. Aluminum Co. of America, 148 F.2d 416 (2d Cir. 1945) (Hand. J.)

13 중국 온라인 플랫폼 입법정책 동향

정혜련 / 경찰대학교 법학과, **김종우** / 강남대학교 글로벌문화학부

I 들어가며

오늘날 빅테크 플랫폼의 등장으로 국경을 넘은 서비스 이용이 가능해졌다. 이러한 서비스 제공을 위해서는 데이터 수집과 처리가 기본적으로 필요한데, 데이터의 가치가 높아짐에 따라 데이터를 둘러싼 국가 안보의 문제도 함께 불거졌다. 오늘날의 플랫폼 관련 법제는 데이터나 정보보안과 관련한 내용을 담고 있음을 확인할 수 있다. 최근 국내에서 온라인 플랫폼과 개인정보 보호 등과 관련된 다양한 법률 제·개정 시도가 이루어지고 있다. 본고에서는 중국의 최신 플랫폼 관련 입법 동향을 소개 및 검토한다. 구체적으로 먼저, 중국의 반독점법에서의 플랫폼 관련 조항에 대한 입법 동향을 살펴본다. 그리고 중국 데이터안전법의 플랫폼에 관한 주요 특징 및 내용에 대하여 살펴본다. 이후 최근 중국의 인공지능법 동향을 소개한다. 마지막으로 이전 챕터[1]의 미국 플랫폼 규제 입법과의 비교 및 검토를 통하여 국내에 주는 시사점[2]을 알아보고자 한다.

---

1 본 내용은 저자의 기존 학술대회 발표문과 논문 등을 일부 수정·보완·편집한 것임을 밝힌다.

2 정혜련, "K플랫폼 규제의 딜레마－최근 주요국의 플랫폼규제법 집행동향 분석과 국내와의 비교 및 시사점을 중심으로", 경제법연구, 제23권 제2호, 2024.

II 중국 플랫폼 규제 입법 동향[3]

1. 플랫폼 경제의 약탈적 가격차별행위에 대한 중국 반독점법 차원의 분석

착취는 중국 반독점법 의의에서 일종의 손해 개념으로서 소비자이익의 직접적인 침해에 관련된다. 기업이 시장지배적 지위를 이용하여 획득하는 상업적 이익의 기회는 가격구조 또는 거래조건 조종을 통해 소비자의 이익을 탈취하게 되는데, 정상적이면서 충분히 효과적인 경쟁 상황 하에서는 획득할 수 없는 상업적 이익을 편취하게 된다. 플랫폼 경제에서 잠재적인 탈취성 남용행위는 특히 소비자에 대한 가격차별을 포함한다. 즉 착취형 가격차별행위라고 해야 한다.

(1) 특정 가격 결정의 운행 원리

디지털화와 스마트화, 플랫폼화, 네트워크를 핵심으로 하여 인류는 빅데이터를 추진 동력으로 하는 디지털 경제 시대에 진입하였다. 기업의 특화된 가격산정은 데이터에 의존하는데, 여기에는 소비자가 스스로 원해서 제공하는 데이터, 쿠키 추적으로 획득한 추적 데이터, 컴퓨터 분석으로 획득한 추론 데이터를 포함한다.[4] 또다른 한편으로 컴퓨터연산 분석모델에 대해 투자 및 개선을 진행하여 예측의 정확성을 향상시키게 된다. 소비자의 데이터정보는 기업에 대량으로 집중되어 정보비대칭이 가속화되고 부단히 강화된 컴퓨터 연산으로 완전가격차별의 이론적 가설이 현실이 된다.[5]

---

3 본 내용은 2023년 한국경영법률학회 경영법률 34권 1호에 게재된 플랫폼 경제의 가격차별행위에 대한 중국 반독점법 차원의 분석 논문의 일부를 수정한 것임을 밝힌다.

4 OECD, Personalised Pricing in the Digital Era, Background Note by the Secretariat, 2018, pp.10−11. https://one.oecd.org/document/DAF/COMP(2018)13/en/pdf, 마지막 방문일자 2023년 1월 30일.

5 时建中, “共同市场支配地位制度拓展适用于算法默示共谋研究”, 『中国法学』, 2020年第2期, 55页。

특화된 가격 산정은 온라인에서 소비자의 가격차별행위를 겨냥한 것으로, 소비자이익을 저해할 뿐만 아니라, 공정거래에 대한 소비자의 실질적인 기대에 어긋난다. 이로 인해 중국의 소비자보호법, 개인정보보호법, 개인데이터보호법, 차별금지법 및 전자상거래법, 불공정경쟁법, 불공정상업행위법의 주목을 받고 있다.[6] 그러나 소비자이익 보호에 주목하는 것과 마찬가지로 소비자가 획득하는 거래가격, 거래조건의 공정함 및 합리성 또한 주목해야만 한다. 상술한 특화된 가격 산정 행위는 예외가 될 수 없다.[7] 중국 반독점법 제17조 제1항 6은 조건이 동일한 거래상대방이 거래가격에서 차별대우를 실시하는 것에 대해 금지 규정을 두고 있는데, 이것이 특화된 가격 산정 조정의 기본적 근거를 형성한다. 이에 요건의 부합성 및 실질 위법성 두 가지 차원에서 법리 분석을 실시하기로 한다.

(2) 구성요건의 부합성

중국 반독점법 제17조 제1항 6에서 규정하는 남용행위는 두 가지 요건이 존재한다. 하나는 조건이 동일한 거래상대방이 있어야 하고, 다른 하나는 거래가격 등 거래조건에서 차별대우를 실시해야 한다. 특화된 가격 산정은 서로 다른 소비자에 대해 차별적 거래가격을 수취하기 때문에 두 번째 요건에는 부합한다. 첫 번째 요건으로 말하면 중국 반독점법은 경영자와 소비자 개념을 구분하기 때문에 거래상대방이라는 개념은 경영자 개념도 포함하고 소비자 개념도 포함한다. 즉 실생활의 수요를 만족시키기 위해 제품을 구매 및 사용하거나 서비스를 받는 개인을 말하는 것이다.[8] 관건은 조건이 동일한 소비자를 어떻게 해석하고 판단해야 하는가라는 점이다. 성별과 연령, 신분과 수입, 성격과 취미 차이 때문에 조건이 완전히 동일한 소비자는 존재하지 않는다. 소비자에 대한 조건의 동일성 여부의 판단은 확실히 제한을 가하는 방법을 채택할 수는 없다. 만약 플랫폼기업이 소비자 데이터를 수집하고 처리하는 목적과 종류, 방식과

6 焦海涛, “经济法法典化：从“综合法”走向“整合法”“, 『学术界』, 2020年第6期, 72页°
7 叶明·郭江兰, “数字经济时代算法价格歧视行为的法律规制”, 『价格月刊』, 2020年第3期, 104页°
8 郝俊淇, “反垄断法上的交易相对人及其三重角色”, 『中国价格监管与反垄断』, 2020年第7期, 94页°

기한 등 가격을 산정한 관련 정보를 사전에 노출시키지 않았다면, 플랫폼기업이 직면하는 모든 소비자들은 모두 조건이 동일한 것으로 추정할 수 있는데 그 원인은 두 가지가 있다. 첫째, 시장거래의 합법성이 거래 각 당사자의 알 권리에 대한 동의에 달려 있기 때문이다. 둘째, 인간이 장기간 상호 교류하면서 형성한 사회규범이나 관례로서 소비자는 보통 일종의 실질적인 기대를 갖고 있는데, 자신과 타인이 동등한 지위와 조건에 처해 있고, 가격이 동일한 시기에 통일적이고 보편적이면서 투명한 방식으로 제공되기 때문이다.

'플랫폼 반독점지침' 제17조는 '플랫폼 거래에서 획득한 거래상대방의 프라이버시 정보와 거래 역사, 개인의 애호, 소비습관 등에 존재하는 차이는 거래상대방 조건의 동일함을 인정하는 데에 영향을 끼치지 않는다.'고 더욱 더 분명하게 규정하였다. 이것은 소비자에 대한 조건의 동일함의 보편적인 추정이고 소비자의 디지털화에 대한 그 어떠한 차이가 아니기 때문에 소비자에 대한 공정거래권의 존중이 구체화한 것이라고 하겠다.

(3) 실질적인 위법성

거시 차원의 착취효과로 말하면 특화한 가격 산정이 반드시 소비자 전체 복지를 감소시킨다고 판단할 수는 없다. 전통적인 가격 차별과 마찬가지로 플랫폼 경제의 가격 산정 또한 복지 이전 효과를 발생시키는데 소비자에게 유리할 수도 있고 소비자에게 불리할 수도 있다. 단지 그 영향의 정도가 얼마나 큰가의 문제만 존재한다. 어느 경제학 연구에 따르면 단일기업이 독점으로 실시하는 특화한 가격 산정이 소비자의 전체 복지를 감소시키는 것 외에 기타 정형하에서 소비자 전체 복지가 받는 영향은 확실하지 않고 모호한 측면이 있다. 이 때문에 개별 안건 분석방법을 채택하여 특화한 가격 산정의 복지효과에 대해 구체적으로 평가를 해야 한다. 또다른 연구에 따르면 불완전경쟁 조건 하에서 만약 기업이 소비자의 브랜드 선호도 내지 충성도를 이용하여 가격 산정을 특화한다면 최상의 비대칭 반응(Best response asymmetry)이 존재하게 되며, 특화된 가격 산정은 기업 간의 경쟁 격화를 유도하고 평균가격의 하락 및 소비자 전체 복지 증진을 가져오게 된다. 거꾸로 기업이 소비자의 비용 검색 또는 비용 비교를 이용하여 특화된 가격 산정을 진행한다면 최상의 대칭 반응(Best response symmetry)이 존재하게 되고, 이것은 특화된 가격 산정이 기업 간의 경쟁을 약화시킴으로써 평균 가격으로 하여금 상승하도록 하고 소비자 전체 복지를 감소시키는 결과를 가져오게 된다.[9] 이것은 개별 분석의 중점은 특화된 가격 산정의 정보 종류를 식별하고, 기업과 소비자 간의 정보비대칭의 관련 요건을 초래한다는 것을 의미한다.

미시적 차원의 착취효과로 말하면 기업이 소비자 개인 또는 어떤 단체가 실시하는 특화한 가격 산정을 겨냥하여 그 위법성을 확립해야 하는데, 관건은 관련 행위의 평가가 소비자의 공정 가격과 합리적 거래조건 획득에 대한 실질적인 기대를 위배했는가라는 것이 된다. 실제로 그런 높은 가격을 지불할 의사가 있는 소비자로 말하면 그들은 특화한 가격 산정의 가장 직접적이면서도 주된 피해자이다. 동일한 상품을 구매하면서도 도리어 비용과 완전히 무관한 원인으로 더 높은 가격을 지불하기 때문이다. 제품에 실질적으로 발생하는 비용과 수취한 가격에 상당히 높은 차이가 존재하거나 또는 기타 유사한 거래와 비교하여 가격이 명백히 불합리적일 때 반독점법이 금지하는 불공정한 고가행위가 성립할 수 있다.[10] 즉 특화한 가격 산정은 불공정한 높은 가격행위를 구성할 수 있다.

가격차별행위 각도에서 보면 만약 소비자가 매도자가 동일 기간에 매우 저렴한 가격으로 타인에게 완전히 동일한 상품을 판매하려는 것을 알았다면 해당 상품 구매에 추가 지불을 하지 않을 것이고, 매도자의 거래계약에 존재하는 쌍방의 동의는 깨질 것이다. 즉 시장거래의 도덕적인 합법성은 거래 각 당사자의 동의에 달려 있다. 이 때문에 기업이 사전에 특화한 가격 산정 운영계획을 노출했는가의 여부가 관건의 하나가 되며, 관련 정보를 투명하게 공개하여 소비자의 알 권리와 동의를 확보하는 것이 불법성 평가의 관건을 구성한다.

9 Christopher Townley · Eric Morrison · Karen Yeung, "Big Data and Personalised Price Discrimination in EU Competition Law"; https://ssrn.com/abstract=3048688. 마지막 방문일자 2023년 1월 21일.

10 R. O' Donoghue · J. Padilla, "The Law and Economics of Article 82 EC", Hart Publishing, 2006, p. 609.

기업이 알 권리에 동의하지 않는 상황 하에서 개인정보의 추적과 수집, 처리를 통해 특화한 가격 산정을 확립하는 것은 개인의 디지털 자료에 의존하게 되기 때문에 합리적인 거래조건 및 공정한 거래가격에 대한 소비자의 실질적인 기대를 심각하게 충족시키지 못하게 된다. 즉 지나치게 높은 가격과 차별적 가격의 표면적 상태는 부적절한 데이터 추적과 수집, 처리행위를 서비스하게 되고, 소비자의 행위 차별과 특화 전략을 염두에 두고 더 현저한 착취효과를 구비하게 된다. 독일 연방카르텔국과 최고법원이 인정한 것이 있는데, 페이스북이 독일 소셜네트워크의 시장지배적 지위를 남용한 것으로 사용자의 자발적 동의를 거치지 않고 제3자 홈페이지와 응용절차로부터 사용자 데이터를 수집하고 사용자의 페이스북 계정 내 기타 데이터를 연관지어 융합함으로써 착취에 해당하는 남용행위를 구성한 것이 그것이다.[11] 그러나 설명해야 할 부분은 상술한 행위 또한 개인정보보호법상의 동의에 대한 알 권리와 공정하고 투명한 원칙, 목적 제한, 데이터 최소화, 데이터의 완전성 및 비밀유지원칙을 위반한 것으로 불법 데이터 처리행위를 구성한다고 하겠다. 이것이 '개인정보보호법'과 '중국 반독점법'간의 법적 쟁점을 초래하게 되었으며, 반독점법 집행기구와 데이터보호기구 간에 어떻게 협력체제를 구축할 것인가의 문제를 야기하게 되었다.

2. 플랫폼 경제의 왜곡형 가격차별행위에 대한 중국 반독점법 차원의 분석

착취형 남용과 배타적 남용과 비교하여 왜곡 효과 및 왜곡형 남용은 줄곧 주목을 받지 못하였다. 이것은 왜곡형 남용이 배타적 남용을 포함하는 것으로 인식되었고, 시장지배적 지위를 구비한 기업이 자신과 이해관계가 없는 다른 경쟁자와의 경쟁에 피해를 주는 것으로 사람들이 인식하였기 때문이다. 그러나 현실에서는 왜곡형 남용행위 사례가 분명히 존재한다. 화웨이 회사가 IDC 회사를 시장지배적 지위를 남용하였다고 제소한 사례가 대표적이다. IDC 회사의

11 Thomas H ppner, "Data Exploiting As an Abuse of Dominance: The German Facebook Decision"; https://ssrn.com/abstract=3345575. 마지막 방문일자 2023년 1월 19일.

차별적 성격의 허가비용은 화웨이 회사로 하여금 관련 단말기시장의 경쟁을 포기하도록 하였으며 불공정한 가격 산정 조건을 부득이 수용하도록 하였고, 그럼으로써 화웨이 회사가 관련 단말기시장 경쟁에서 비용 증가, 이윤 감소, 경쟁능력의 직접적인 제약에 직면하게 되었다.[12] 이런 사실이 왜곡 효과를 조성한 차별대우행위에 대한 중국 반독점법 차원의 관심을 분명하게 표출시킨 것으로 평가되고 있다. 중국 반독점법 제17조 제1항 6의 규정이 상기 사실을 입증해준다.

(1) 가격차별행위에 대한 판단

우선 분명히 해야 할 부분은 왜곡형 차별대우행위의 대상이 경쟁관계를 구비한 거래상대방이라는 점이다. 소비자 간에는 반독점법상의 경쟁관계가 존재하지 않기 때문에 여기에서의 거래상대방은 경영자를 의미한다. 즉 제품의 생산과 경영에 종사하거나 또는 서비스를 제공하는 자연인과 법인, 기타 조직을 말한다. 다음으로 거론해야 할 부분은 왜곡형 가격차별행위 사건에서 플랫폼기업과 거래상대방에는 경쟁관계가 존재하지 않는다는 점이다. 그렇지 않다면 중국 반독점법에서 다루어야 할 것은 왜곡 효과가 아니라 배타적인 효과가 될 것이다. 가격차별행위에 대해 어떻게 사실 인정을 할 것인가에 대해서는 다음과 같은 사례를 생각해 볼 수 있다. 어떤 전자상거래 플랫폼에 입주한 두 건강제품 브랜드 A와 B가 있는데, 양자의 제품과 주요 공략 대상이 고도로 유사하면 격렬한 경쟁이 존재하게 된다. 전자상거래 플랫폼이 잠시 건강제품 판매에 종사하지 않는다면 A와 B는 어떠한 경쟁도 존재하지 않게 되고, 전자상거래 플랫폼은 A와 B의 모든 판매에 대해 동일한 비율이나 서로 다른 비율의 수수료를 수취하게 될 것이다.

1) A와 B 구성요건이 동일한 거래상대방

조건이 동일한 거래상대방에 대한 판단은 전자상거래와 해당 거래가 부담하는 비용, 거래 표적의 성질과 발생시간 등의 요건을 종합적으로 고려해야 한다. 그 핵심은 전자상거래가 A와 B와 진행하는 거래의 대등성에 있다. 고려해

12 广东省高级人民法院（2013）粤高法民三终字第306 号民事判决书°

야 할 요건은 세 가지를 포함한다. 첫째, A와 B와 거래할 때 전자상거래가 부담하는 비용이 유사해야 한다. 경제학 각도에서 조망하면 가격차별이라 함은 그 어떠한 비용이 의지하는 가격 차이가 없다. 즉 A와 B가 거래할 때 만약 판매수량과 수요자층, 신용 상황, 독점계약판매 등 판매 조건에서 분명한 차이가 존재하지 않는다면 해당 전자상거래 플랫폼이 부담하는 거래비용은 동일하거나 유사하기 때문에 이것에 근거해서 가격차별이나 차별대우를 실행할 수는 없다. 즉 그 어떠한 왜곡형 차별대우행위에 대해서 우선 해당 차별대우가 매도자에게 어떠한 비용 절감이나 자본회수비율의 차이를 가져왔는가를 고려해야만 한다는 것이다. 둘째, A와 B의 성질이 유사해야 한다. 이것은 A와 B 건강제품 판매가격과 용도, 수요자층 등 요건 평가와도 관련된다. 즉 A와 B 건강제품이 충분한 대체성을 구비했는가를 확인해야 한다. 셋째, A와 B와 거래를 진행하는 시간이 동일하거나 매우 근접해야 한다. 거래의 대등성을 만족하는 데에 있어서 플랫폼은 A와 B의 거래에 발생시간이 동일하거나 근접할 것을 요구한다. 이 때문에 일단 거래가 발생한 시간이 서로 다르거나 시장수요에 변화가 있고 기술 혁신, 제품 업그레이드 등의 요건들은 두 당사자의 적절한 판매조건의 근본적인 차이를 조성하게 된다.

2) 거래가격 등 거래조건에서 A와 B에 대한 가격차별행위 실시

중국 반독점법 제17조 제1항 6이 규정하는 차별대우의 표현은 상당히 광범위하다. 거래가격 등 거래조건의 차별은 명의가격의 차이를 포함하는 것뿐만 아니라 할인, 페이백, 보조금 등 직접 금액 계산에 따른 양도도 포함한다. 이와 동시에 직접 일정한 금액으로 구현되지는 않으나 실제로 특정 거래조건의 차이를 대표하는 것도 포함한다. 일시불인가 아니면 분할납부인가의 문제, 또 특정 서비스 내지 설비의 제공 여부 등이 그것이다.[13]

거래조건상의 차별대우가 적절하게 규정되기 위해서는 반드시 조건이 동일한 거래상대방을 참조해야만 하며, 그렇지 않을 경우 중국 반독점법의 규제행위는 대단히 광범위해지게 될 것이다. 거래조건에서의 가격차별행위는 아래

13 兰磊, “非法价格歧视行为的判断标准研究”, 『竞争政策研究』, 2015年第2期, 52页°

두 가지 상황이 존재한다. 첫째, A와 B는 조건이 동일한 거래상대방이지만, 전자상거래 플랫폼은 두 당사자에 대해 서로 다른 거래 수수료를 수취하는 것이 그것이다. 예로 A에 대한 모든 판매는 3%의 거래 수수료를 받지만, B에 대한 판매는 5%의 거래 수수료를 받는 행위가 그것이다. 둘째, A와 B가 거래가 동일한 거래상대방에 속하지 않지만 전자상거래 플랫폼이 두 당사자의 판매에 대해 똑같이 5%의 거래 수수료를 받는 경우가 그것이다. 이 때문에 중국 반독점법 제17조 제1항 6의 규정은 아래와 같이 해석될 수도 있다. 즉 조건이 서로 다른 거래상대방이 거래가격 등 거래조건에서 동일한 대우를 실시하는 것이 그것이다. 즉 '플랫폼의 반독점지침' 제17조 지침은 관건이 되는 상황을 누락하였다.

(2) 가격차별행위의 왜곡 효과 초래

건강제품 생산기업인 A와 B가 거래조건이 동일한 거래상대방에 속한다고 가정할 때 전자상거래가 두 회사에 대해 각기 다른 비율의 수수료를 받는다면 가격차별행위가 발생하는데, 이런 경쟁 우열 자체는 경쟁 손해와 동등하게 대할 수 없다. 이로 인해서 경쟁 손해의 존재를 추정하는 것도 반드시 필요한 것은 아니다. 이런 왜곡형 차별대우행위는 어떤 거래상대방이 경쟁의 부정적인 요건 때문에 불리한 경쟁지위에 처하게 되는 것 외에도 가격차별대우가 왜곡 효과를 초래했다는 것을 반드시 입증해야만 한다.

왜곡 효과는 주로 두 가지로 구성된다. 첫째, 효과 차이에 기반을 둔 왜곡 효과이다. 서로 다른 고객의 내부 효율은 차이가 존재하는데 효율이 낮은 고객과 비교하여 효율이 높은 고객의 투입제품이나 플랫폼에 대한 수요탄력성은 매우 낮다. 고객의 높은 효율은 고도의 생산성을 창출하는 경영 기초 위에 세워지며 효율을 낮추지 않는 상황 하에서 높아지 생산량을 감소할 방법은 없다. 역탄성 규칙에 근거하여 시장지배적 기업은 고도의 높은 효율을 구비한 고객에 대해 더 높은 가격을 수취하며 저효율이 나타난 고객에 대해서는 더 낮은 가격의 수수료를 받는 것으로 그친다. 실제 생산성 비율은 저효율이 나타난 고객 숫자가 고효율의 고객을 압도하지 않는 한 생산량은 감소하게 된다. 즉 경쟁이 지나치게 왜곡되면 관련 시장의 가격은 높은 수준으로 상승하며, 소비자는 더 높은 가격을 지불해야만 하는 상황에 직면하게 된다. 둘째, 종적 통합을 방어하는 왜곡 효과이다. 일정한 역량을 갖춘 고객이 시장지배적 지위를 갖춘 기업과 담판을 짓고 매우 저렴한 가격을 제시 내지 희망할 때, 일단 시장지배적 지위를 갖춘 기업이 이를 불허하면 해당 고객은 시장지배적 지위를 갖춘 기업이 소재한 시장에 보다 통일적인 가격을 요구할 수 있다. 그러나 만약 고객의 그러한 요구가 무모하고 효율이 낮다면 시장지배적 지위를 갖춘 기업은 이에 대해 더 높은 가격을 받게 된다. 시장지배적 지위를 갖춘 기업은 시장 역량이 약한 고객에 대해서는 더 낮은 가격을 받고 시장 역량이 강한 고객에 대해서는 상대적으로 높은 가격을 받게 된다. 이와 동시에 시장 역량이 강한 고객이 가격 통합으로 이윤에 있어서 손해를 볼 수 있는 금액에 해당하는 자산을 별도로 확보하는 노력을 하게 된다. 이런 상황 하에서는 경쟁 과정이 왜곡되어 최종적으로 소비자가 더 높아진 가격을 지불해야 하는 상황으로 귀결될 수 있다.[14] 이런 왜곡 효과는 시장지배적 지위를 갖춘 기업이 관련 고객이 회피할 수 없는 거래 대상으로 연계시키는 결론을 도출하도록 한다. 또 가격차별대우는 반드시 현저한 것이 특징으로 우대 혜택을 받지 않는 고객이 지불하는 비용은 필히 우대 혜택을 받는 고객이 지불하는 비용보다 월등히 더 크다. 매우 큰 손해를 부담해야 한다는 의미이다. 그리고 시장지배적 지위를 갖춘 기업이 제공하는 제품이나 서비스는 고객 총비용의 매우 커다른 비율을 점해야만 하며, 그렇지 않은 경우 가격차별행위는 고객의 활동과 경쟁 과정에서 실질적인 영향을 발생시키는 것이 어려워진다. 이런 가격차별행위는 일시적인 것이 아니라 매우 오랜 시간을 유지하게 된다.[15]

---

14 OECD, Price Discrimination, Background Note by the Secretariat, 2016, p.19. https://one.oecd.org/document/DAF/COMP(2016)15/en/pdf. 마지막 방문일자 2023년 1월 20일.

15 R. O' Donoghue·J. Padilla, "The Law and Economics of Article 82 EC", Hart Publishing, 2006, p. 577.

3. 플랫폼의 배타적 가격차별행위에 대한 중국 반독점법 차원의 분석

배타적 남용이라 함은 시장지배적 지위를 갖춘 기업이 배타적 행위를 채택하여 경쟁상대방의 상업 기회를 제한하거나 경쟁상대방의 경쟁력을 없앰으로써 경쟁 과정에 손해를 가하여 시장지배적 지위를 유지하거나 강화하는 것을 말한다. 그러나 이 과정에서 소비자이익을 충분히 보상하는가에 대해서는 현재까지 쟁점이 되고 있다. 배타적 가격 차별행위의 불법 인정에 대해서 결정적인 의미를 구비한 요건은 차별대우 자체에 있지는 않으며, 차별대우행위가 경쟁에 反하는 배타적 효과를 초래하였는가가 관건이 된다. 이중 기준 회피 및 관련 규칙의 방범을 위해서 중국 반독점법 제17조 제1항 6에서는 가격차별대우의 금지성 규정을 두고 있는데, 이를 맹목적으로 확대 적용하는 것은 아니며, 배타적 남용행위의 적절한 체제를 규제하거나 분석하는 것 또한 아니다.

(1) 플랫폼 경제의 배타적 남용행위의 차별요건

플랫폼기업이 실시하는 수많은 행위는 배타적 가격차별행위로 불리운다. 그 중 남용행위에 대한 차별대우 요건의 불법 인정으로 말하면 최소 여러 개의 요건이 있으나 결정적인 의의를 구비한 것은 아니다. 결정적인 의의를 구비한 요건은 그 행위가 反경쟁적인 배타적 효과를 초래했는가가 관건이며, 그 입증은 다양한 손해이론과 표준 검증에 달려 있다.

대표적인 사례로는 첫째, 아마존의 약탈적 가격 산정이 있다. 둘째, 애플의 가격 차별이 있다. 자사 우대 혜택이 적용된다. 셋째, 구글의 품질 차별이 있다. 넷째, 마이크로소프트의 끼워팔기가 그것이다. 다섯째, 알리바바의 독점거래가 그것이다. 여섯째, 애플스토어, 구글 플레이, 위챗의 거래거절이 있다.

(2) 배타적 남용행위에 적용될 필요가 없는 가격차별행위조항

배타적 남용행위를 어떻게 확립해야 하는가라는 것은 만국 공통의 난제에 속한다.[16] 이윤희생, 레버리지, 경쟁상대방 비용 상승의 봉쇄, 소비자손해 등을 통해 배타적 남용행위를 확립하여 왔다. 중국 반독점법 제17조 제1항에서 금지하는 약탈적 가격 산정, 거래거절, 독점거래에 해당하는 거래 제한, 끼워팔기는 일반적으로 전형적인 배타적 남용행위이다.

중국 반독점법 제17조 제1항 6의 차별대우조항과 다른 법률의 배타적 남용행위조항에 적용되는 손해이론과 표준, 법리는 각기 상이하기 때문에 차별대우조항이 배타적 남용행위에 일률적으로 적용되지는 않아야 한다. 차별대우조항은 의심의 여지 없이 중국 반독점법이 열거하는 약탈적 가격 산정, 거래거절, 거래제한, 끼워팔기 등의 남용행위로 하여금 차별대우 요건에 근거하여 인위적으로 구분하게 되고, 그 결과 이중기준을 불법 인정하는 결과를 초래한다. 그 예로 비록 중국 반독점법 제17조 제1항 2에서 약탈적 가격 산정을 규정하여 정상 비용보다 낮은 가격으로 제품을 판매하는 것에 대한 조사를 요구하고 있으나, 만약 동법 제17조 제1항 6의 조건이 동일한 거래상대방 및 거래가격 등 거래조건에서의 가격차별 요구에 따른다면 해당 검사는 소위 약탈적 가격 산정행위가 되어 정상 거래를 조종한 혐의를 가지게 될 뿐만 아니라, 또한 모종의 행위에 대한 불합리한 금지를 초래하게 된다. 차별적인 성격의 비용보다 높은 가격 산정 금지가 그 예가 된다. 즉 차별적 대우와 비차별적 대우를 인위적으로 구분할 이유가 없으며, 약탈적 가격 산정 등 배타적 남용행위에 대해 이중기준을 채택할 이유도 존재하지 않는다.

설명이 필요한 부분은 가격차별조항 적용 범위에 대한 축소는 해당 안건이 여러 조항과 법률적인 충돌을 야기할 뿐만 아니라, 이와 동시에 각기 다른 종류의 남용행위를 성립한다는 점이다. 만약 어떤 전자상거래 플랫폼의 서비스정책이 강력한 기업 유도효과와 봉쇄효과를 구비하여 경쟁관계에 있는 플랫폼에 대한 봉쇄 및 배타적 효과를 조성한다면 배타적 거래제한행위가 성립한다. 이와 동시에 만약 이런 서비스정책이 조건이 동일한 플랫폼 내 경영자에 대해 차별적 성격을 갖는다면, 그 결과 왜곡형 차별대우행위가 성립될 것이다. 만약 이런 서비스정책이 플랫폼 내 경영자에 대한 데이터와 정보수집처리의 불합리한 조항을 포함한다면 약탈적 성격의 불합리한 거래조건이 성립될 것이다. 서

16 钟刚, "平台经济领域滥用市场支配地位认定的证据规则思考", 『法治研究』, 2021年第2期, 189页。

로 다른 성질 또는 종류의 남용행위는 동일한 안건에 공존하게 되는데, 그들이 근거로 하는 법률조항과 손해이론, 분석 틀 및 표준에는 각기 다른 차이가 존재하여 더 좋은 규범을 위해 법률 개정 노력이 전개되어야만 한다.

Ⅲ 중국 데이터 안전법의 10대 법률 쟁점

중화인민공화국 데이터 보안법(이하 '데이터 보안법'이라 함)은 중화인민공화국 제13기 전국인민대표대회 상무위원회 제29차 회의에서 2021년 6월 10일에 통과되어 2021년 9월 1일부터 시행되었다. "데이터 보안법"은 전반적인 국가 안보관의 입법 목표를 반영하고, 데이터 보안 분야의 두드러진 문제에 초점을 맞추어 데이터 분류 및 등급 관리를 확립하였으며, 데이터 보안 위험 평가, 모니터링 경고, 긴급 대응, 데이터 보안 심사 등의 기본 제도를 수립하고 관련 주체의 데이터 보안 보호 의무를 명확히 하였다. 데이터 보안법은 중국 최초의 데이터 보안 관련 전문 법률로, 총 7장 55조로 구성되어 있으며, 10개의 주요 특징이 있다.

1. 전반적인 국가 안보관을 표방

데이터 보안법은 전반적인 국가 안보 관점을 관철하는 것을 출발점으로 삼고, 데이터 거버넌스에서 가장 중요한 안전 문제를 출발점으로 삼아 데이터 보안의 주요 모순과 균형점을 파악한 것으로, 우리나라 데이터 보안 분야의 중요한 기초 법률이다. 데이터 보안법 제1조는 '데이터 처리 활동을 표준화하고 데이터 보안을 보장하며 데이터 개발 및 활용을 촉진하고 개인 및 조직의 정당한 권익을 보호하며 국가 주권, 안전 및 개발 이익을 보호하기 위해 이 법을 제정'한다고 규정하고 있다.

이 조항의 '데이터 처리 활동 표준화, 데이터 보안 보장, 데이터 개발 및 활용 촉진'은 '데이터 보안법'의 입법 기반이며, 그 중 '표준화, 보장 및 촉진'이라는 3가지 키워드는 점진적인 관계이고 데이터 처리 활동을 표준화하는 목적은 데이터 보안을 보장하는 것이며 데이터 보안을 기반으로 데이터의 질서 있는 개발 및 활용을 촉진하는 것이다.[17]

2. 중국 데이터 보호의 역외 법률 효력

현재 전 세계 경제 무역 거래, 기술 교류, 자원 공유 등 국제 협력이 점점 더 빈번해지고 있으며, 데이터의 국경 간 이동은 피할 수 없는 사실이다. 만약 데이터 보안법이 중화인민공화국 내에서 데이터 활동을 수행하는 지역 공간에만 적용된다면, 이는 분명히 비현실적인 것이 된다. 이를 위해 데이터 보안법 제2조 제2항은 "중화인민공화국 외부에서 데이터 처리 활동을 수행하여 중화인민공화국의 국가 안전, 공공 이익 또는 시민, 조직의 합법적 권익을 해치는 경우, 법에 따라 법적 책임을 추궁한다."고 분명히 규정하고 있다. 이 조항의 '해외 데이터 처리 활동'의 주체에는 중국 외부에 위치한 데이터 처리자와 중국 내에 위치한 데이터 처리자가 포함되지만 데이터 처리 행위는 해외에 있으며, 이 두 가지 유형의 데이터 처리자의 행동은 국가 안보, 공익 및 시민과 단체의 합법적인 데이터 권익을 해치는 한 모두 중국 법률의 관할 하에 있고 법적 책임을 추궁하는 것으로 되어 있다.[18]

3. "중앙 국가안전위원회"의 총괄 조정 하에 있는 산업 데이터 감독 메커니즘

데이터 보안법 제5조는 "중앙 국가 안전 지도 기관은 국가 데이터 보안 작업의 의사 결정 및 조정을 책임지고 국가 데이터 보안 전략 및 관련 주요 지침 및 정책의 시행을 연구, 공식화 및 지도하며, 국가 데이터 보안의 주요 사항

17 王春晖,《中华人民共和国数据安全法》十大法律问题解析, 保密科学技术, 2021年9月, 第3－4页°

18 王春晖,《中华人民共和国数据安全法》十大法律问题解析, 保密科学技术, 2021年9月, 第4页°

및 중요 작업을 조정함으로써 국가 데이터 보안 작업 조정 메커니즘을 제안한다."고 규정하고 있다. 데이터 보안법은 '중앙 국가안전위원회'의 조정 하에 산업 감독 메커니즘을 구현한다. 첫째, 중앙 국가 안전 지도 기관은 국가 데이터 보안 업무의 결정 및 의사 조정을 책임지고, 국가 데이터 보안 전략 및 관련 주요 지침 및 정책의 시행을 연구, 공식화 및 지도하며, 국가 데이터 보안의 주요 사항 및 중요 업무를 조정한다. 둘째, 각 지역 및 부서의 업무에서 수집 및 생성된 데이터 및 데이터 보안을 책임지고, 셋째, 산업, 통신, 교통, 금융, 천연자원, 보건, 교육, 과학 및 기술 및 기타 주관 부서는 산업 및 분야의 데이터 보안 감독 책임을 집행을 담당한다. 넷째, 공안기관, 국가안전기관 등은 본 법률 및 관련 법규에 따라 책임을 진다.[19]

4. 데이터를 핵심 요소로 하는 디지털 경제 발전 촉진

데이터 보안법 제7조는 "국가는 개인, 조직 및 데이터와 관련된 권익을 보호하고, 데이터가 법에 따라 합리적이고 효과적으로 활용되도록 장려하며, 데이터가 법에 따라 질서 있고 자유롭게 흐르도록 보장하고, 데이터를 핵심 요소로 하는 경제 발전을 촉진한다."고 규정하고 있다. 데이터는 생산 요소로서 시장에서 기여도를 평가하고 기여도에 따라 보수를 결정하는 것으로, 이는 중국공산당 19기 4중 전회에서 처음으로 제안된 중대한 재산권 혁신 제도이다. 현재 각종 네트워크 플랫폼, 특히 슈퍼 네트워크 플랫폼은 자체 구축한 네트워크 생태계를 통해 네트워크 공공 공간의 데이터를 일종의 私權으로 간주하고 있으며, 이는 데이터 요소 시장의 구축에 불리하게 작용하고 있다. 따라서 데이터 보안법은 "국가가 개인, 조직 및 데이터와 관련된 권익을 보호한다."고 명확히 제시하고 있으며, 여기서 "권익"은 시민과 법인이 법적으로 보호받는 데이터와 관련된 권리와 이익을 의미한다. 개인과 조직의 데이터 관련 권익이 충분히 보호되는 것을 바탕으로, 법에 따라 데이터의 합리적이고 효과적인 활용과 법에 따른 질서 있는 자유로운 이동을 추진하게 된다.[20]

19 王春晖,《中华人民共和国数据安全法》十大法律问题解析, 保密科学技术, 2021年9月, 第4页°

5. 국가 데이터 분류 등급 보호 제도

데이터 보안법 제21조는 '국가는 데이터의 분류 및 계층적 보호 시스템을 구축하고 데이터의 경제 및 사회 발전에서 중요한 정도와 변조, 파괴, 유출 또는 불법 획득 또는 불법 이용 시 국가 안보, 공익 또는 개인 및 조직의 법적 권익에 대한 위해 정도에 따라 데이터를 분류하고 계층적으로 보호한다. 국가 데이터 보안 작업 조정 메커니즘은 관련 부서를 통합하여 중요한 데이터 기록을 수립하고, 중요한 데이터 보호를 강화한다.'고 규정하고 있다.

"데이터 보안법의 '데이터 분류'는 데이터의 '중요도'와 '위해도'의 입법적 방법을 채택하여 데이터의 분류 및 계층적 보호를 구현하고 특히 '국가 안보, 국민 경제의 생명선, 중요한 민생, 주요 공익과 관련된 데이터'를 국가 핵심 데이터로 나열하고 보다 엄격한 관리 시스템을 구현하고 있다. 데이터 보안법은 국가 차원에서 데이터 분류 및 등급을 제안하여 데이터 보호와 활용 간의 균형점을 결정하는 중요한 근거로, 행정 데이터, 기업 데이터, 산업 데이터 및 개인 데이터의 보호를 위한 법적 기초를 마련했다.[21]

6. 국가 데이터 보안 심사 제도

"국가 안전심사는 중국 국가안전법에서 가장 먼저 확정된 국가안전심사 및 감독 제도이다." 국가보안법 제59조의 규정에 따르면, "국가는 국가 안보 심사 및 감독을 위한 파괴 및 메커니즘을 구축하고, 국가 안보에 영향을 미치거나 영향을 미칠 수 있는 외국인 투자, 특정 품목 및 핵심 기술, 네트워크 정보 기술 제품 및 서비스, 국가 안보 문제와 관련된 건설 프로젝트 및 기타 주요 사항 및 활동에 대해 국가 안보 심사를 수행하여 국가 안보 위험을 효과적으로 예방하고 해결한다."고 되어 있다.

데이터 보안 심사와 네트워크 보안 심사는 법에 따라 확립된 국가 보안

---

20 王春晖,《中华人民共和国数据安全法》十大法律问题解析, 保密科学技术, 2021年9月, 第4－5页°

21 王春晖,《中华人民共和国数据安全法》十大法律问题解析, 保密科学技术, 2021年9月, 第5页°

심사 제도의 두 가지 중요한 내용으로, 데이터 보안법 제24조는 "국가는 데이터 보안 심사 제도를 수립하여 국가 안보에 영향을 미치거나 영향을 미칠 수 있는 데이터 처리 활동에 대해 국가 안보 심사를 실시한다."고 규정하고 있다. "네트워크 안전법" 제35조는 "핵심 정보 인프라 운영자가 네트워크 제품과 서비스를 구매하여 국가 안보에 영향을 미칠 수 있는 경우, 국가 인터넷 정보 부서가 국무원 관련 부서와 함께 조직한 국가 안보 심사를 통과해야 한다."고 규정하고 있다.

데이터 보안법의 데이터 보안 심사 제도는 네트워크 보안법의 네트워크 보안 심사 제도와 다르며, 前者의 심사 대상은 주로 국가 안보에 영향을 미치거나 영향을 미칠 수 있는 데이터 처리 활동에 대해 주로 데이터의 수집, 저장, 사용, 가공, 전송, 제공, 공개 등을 포함한다. 後者의 심사 대상은 주로 핵심 정보 인프라 운영자가 네트워크 제품 및 서비스를 구매하여 국가 안보에 영향을 미치거나 영향을 미칠 수 있는 상황을 대상으로 한다.[22]

7. 국가 데이터 보안 비상 대응 메커니즘

데이터 보안법 제23조는 "국가는 데이터 보안 비상 대응 메커니즘을 구축한다."고 명시하고 데이터 보안 사고가 발생한 경우 관련 당국은 법에 따라 비상 계획을 시작하고 해당 비상 대응 조치를 취하여 위험의 확대를 방지하고 잠재적인 안전 위험을 제거하며 국민에게 적시에 관련 경고 정보를 공개해야 한다고 규정하고 있다. 이 조항은 4개의 의미를 가지고 있다. 첫째, 국가 차원에서 데이터 보안 비상 대응 메커니즘을 구축하는 것, 둘째, 데이터 보안 분쟁이 발생하면 관련 단위는 법에 따라 즉시 비상 계획을 가동해야 하며, 이 조항의 '관련 단위'는 '책임진 당사자가 운영한다'의 원칙에 따라 결정되어야 하며, 세 번째는 가장 효과적인 비상 대응 조치를 취하여 위험의 확대를 방지하고 잠재적인 안전 위험을 제거하는 동시에 연구 및 판단을 조직하고 증거를 보존하며

22 王春晖,《中华人民共和国数据安全法》十大法律问题解析, 保密科学技术, 2021年9月, 第5－6页°

정보 공시를 적절히 수행해야 한다. 데이터 보안 사고에 대한 비상 계획은 비상 정도, 개발 동향 및 가능한 위험 정도에 따라 분류되어야 하며 일반적으로 빨간색, 주황색, 노란색 및 파란색의 4단계로 구분한다. 특히 중대하고 중대하며 더 큰 일반 데이터 잉여 비상 사태에 적절히 적용될 수 있다.[23]

8. 데이터 처리자의 준법 의무

데이터 준법이란 데이터 처리자 및 그 직원의 데이터 처리 행위가 법률 및 규정, 규제 규정, 산업 준칙 및 데이터 보안 관리 규정 및 국제 조약, 규칙 등의 요구에 부합함을 의미한다. 데이터 보안법 제27조부터 제30조까지는 데이터 처리자가 데이터 보안을 위한 4가지 중요한 준수 의무를 이행한다고 명확히 규정하고 있다.

(1) 데이터 처리 활동 전개 시 법에 따른 규정 준수

데이터 보안법 제27조는 "데이터 처리 활동을 수행할 때는 법률 및 규정에 따라 전 과정 데이터 보안 관리 제도를 구축하고, 데이터 보안 교육 훈련을 조직하며, 이에 따른 기술 조치 및 기타 필요한 조치를 취하여 데이터 안전을 보장해야 한다."라고 규정하고 있다. 인터넷 등 정보 네트워크를 활용하여 데이터 처리 활동을 할 때는 네트워크 보안 등급 보호 제도를 기반으로 위에서 언급한 데이터 보안 보호 의무를 이행해야 한다. 중요한 데이터 처리자는 데이터 보안 책임자와 관리 기관을 명확히 하고, 데이터 보안 보호 책임을 이행해야 한다.

이 조항은 4가지 중요한 의무를 규정하고 있다. 첫째, 데이터 처리 활동은 법률 및 규정의 규정에 따라 수행되어야 하며, 둘째, 데이터 처리 활동은 전체 프로세스 데이터 보안 관리 시스템을 구축 및 개선하고 데이터 보안 교육 및 훈련을 조직해야 한다. 셋째, 데이터 처리 활동은 데이터 보안을 보장하기 위

23 王春晖,《中华人民共和国数据安全法》十大法律问题解析, 保密科学技术, 2021年9月, 第6页°

해 상응하는 기술적 조치 및 기타 필요한 조치를 취해야 하며, 넷째, 인터넷 및 기타 정보 네트워크를 사용하여 데이터 처리 활동을 수행할 때 네트워크 보안 등급 보호 시스템을 기반으로 위에서 언급한 데이터 보안 의무를 이행해야 한다.

(2) 국민에 대한 복지 제공 및 사회 윤리에 부합해야 하는 데이터 처리

현재 데이터 처리자는 데이터 처리 활동에서 지능형 기술과 알고리즘 기술, 특히 데이터 처리자가 개발한 지능형 기술의 융합을 많이 사용하고 있으며, 그 본질은 빅데이터를 기반으로 한 자기 학습, 판단 및 의사 결정 알고리즘이다. 알고리즘의 핵심은 네트워크 기반의 프로그래밍 기술이다. 현재 스마트 기술을 기반으로 한 알고리즘 결정은 전형적인 '블랙박스' 특성을 가지고 있으며, 사회 공중도덕과 윤리에 어긋나는 문제가 존재한다. 가장 전형적인 것은 빅데이터의 고객 차별 메커니즘이다. 데이터 처리자가 법률 및 사회 공중도덕을 위반하고 빅데이터 신기술을 남용하는 상황에 대응하여 데이터 보안법 제28조는 데이터 처리 활동을 수행하고 데이터 신기술을 연구 개발해야 한다는 3가지 준수 의무를 제안하고 있다.

(3) 데이터 처리 활동 시 리스크 모니터링 강화

데이터 보안법 제29조는 "데이터 처리 활동을 수행할 때 리스크 모니터링을 강화하고 데이터 보안 결함 및 취약성이 발견되면 즉시 시정 조치를 취해야 하며, 데이터 보안 사고가 발생한 경우 즉시 조치를 취하고 규정에 따라 적시에 사용자에게 알리고 관련 당국에 보고해야 한다."고 규정하고 있다. 데이터 보안 리스크 모니터링 및 평가는 데이터 보안 리스크 평가 기준 및 관리 규범을 참조하여 데이터 자산의 가치, 잠재적 위협, 취약점, 이미 취한 보호 조치 등을 모니터링하고, 데이터 보안 사건 발생 확률 및 발생할 수 있는 손실을 분석 및 판단하며, 데이터 보안 리스크 관리 조치를 제안하고 있다. 데이터 보안법 제29조는 데이터 보안 위험 모니터링 및 데이터 보안 사고 처리에 대해 두 가지 명확한 요구 사항을 제시하고 있다.

(4) 중요 데이터 처리자의 정기적인 데이터 위험 평가 수행

데이터 보안법 제30조는 “중요 데이터 처리자는 규정에 따라 데이터 처리 활동에 대한 정기적인 위험 평가를 수행하고 위험 평가 보고서를 관련 주무 부서에 제출해야 한다. 리스크 평가 보고서에는 처리되는 중요한 데이터의 유형과 양, 데이터 처리 활동, 데이터 보안 리스크 및 대응 조치가 포함되어야 한다.” 고 규정하고 있다. 이 조항에는 세 가지 항목이 있다. 첫째, 중요 데이터의 처리자는 규정에 따라 정기적으로 데이터 처리 활동에 대한 리스크 평가를 수행해야 한다. 둘째, 데이터 위험 평가 보고서를 관련 주관 부서에 제출해야 한다. 셋째, 리스크 평가 보고서에는 처리된 중요 데이터의 종류와 수량, 데이터 처리 활동 상황, 직면한 데이터 보안 위험 및 대응 조치 등이 포함되어야 한다.[24]

9. 중요 데이터의 출국 안전 관리 제도

데이터 보안법 제3조는 다음과 같이 규정하고 있다: “중화인민공화국 경내 운영자가 수집 및 생성하는 중요 데이터의 출국 안전 관리는 ‘중화인민공화국 네트워크 보안법’의 규정에 따른다. 기타 데이터 처리자가 중화인민공화국 경내 운영에서 수집 및 생성하는 중요 데이터의 출국 안전 관리 방법은 국가 인터넷 정보 부서가 국무원 관련 부서와 함께 제정한다.”

데이터 보안법 제3조는 중요 데이터의 출국 안전 관리를 규정하고 있는데, 주로 2가지 측면이 관건이 된다. 첫째, 중화인민공화국 경내에서 운영자가 수집 및 생성한 중요 데이터의 출국 안전 관리는 ‘중화인민공화국 네트워크 보안법’의 규정을 적용하며, 둘째, 중요 정보 인프라 운영자가 처리하는 중요 데이터 외에 기타 데이터 처리자가 중화인민공화국 영내에서 운영 중에 수집 및 생성하는 출국 안전 관리 조치는 국가 인터넷 정보 부서에서 국무원 관련 부서와 함께 제정한다는 것이 그것이다.[25]

---

24 王春晖,《中华人民共和国数据安全法》十大法律问题解析, 保密科学技术, 2021年9月, 第6－7页°

25 王春晖,《中华人民共和国数据安全法》十大法律问题解析, 保密科学技术, 2021年9月, 第8页°

10. 데이터 처리 서비스를 제공하는 행정허가 진입제도

데이터 보안법 제30조는 "법률 및 행정 법규에 따르면 데이터 처리 관련 서비스를 제공하기 위해 행정 허가를 받아야 하며, 서비스 제공자는 법에 따라 허가를 받아야 한다."라고 규정하고 있다. 허가에는 허가 또는 승인의 의미가 포함되어 있으며 데이터 처리 관련 서비스에 대한 행정 허가의 기본 특성은 행정 기관이 특정 데이터 처리 서비스 활동을 사전에 통제하는 관리 행위이다.

데이터 처리 관련 서비스에 대한 행정 허가는 일반적으로 다음 세 가지 특성을 가져야 한다. 첫째, 데이터 처리 관련 서비스에 종사하는 행정 허가는 행정 상대방의 신청에 따른 행정 행위로, 행정 상대방의 신청이 없으면 행정 기관이 자발적으로 허가를 부여할 수 없다. 둘째, 데이터 처리 서비스 행정 허가의 설정은 법률의 일반적인 금지를 의미하며, 행정 허가의 내용은 국가가 일반적으로 금지하는 활동으로, 사회 생활과 생산의 필요에 적응하기 위해 일정 조건을 충족하는 경우 금지를 해제하고 특정 활동에 참여할 수 있도록 허용한다. 데이터 처리 서비스 자체는 국가 주권, 안전 및 발전 이익을 수호하는 것과 관련이 있으며, 이는 국가가 일반적으로 금지하는 행위여야 한다. 그러나 국가는 데이터 개발 및 활용을 촉진하기 위해 데이터 안전을 보장하는 전제 하에 조건에 맞는 조직과 개인에게 데이터 처리 서비스를 허용한다. 셋째, 데이터 처리 서비스 행정 허가는 수혜적인 행정 행위로서, 상대방이 데이터 처리 서비스라는 특정 활동에 참여할 수 있는 권리와 자격을 부여하는 행정 행위이다.[26]

26 王春晖,《中华人民共和国数据安全法》十大法律问题解析, 保密科学技术, 2021年9月, 第8页°

IV 생성형 인공지능을 추구하는 중국 인공지능법의 최신 동향[27]

현재, 전 세계 인공지능의 발전은 새로운 도약기에 접어들었다. GPT－4로 상징되는 생성형 인공지능(GAI: generative artificial intelligence)의 기술 혁신은 기존의 인공지능에서 생성형 인공지능(AGI: artificial general intelligence)으로의 진화를 가속화하고 있으며, 인공지능의 새로운 패러다임과 생태계를 탄생시키고, 인공지능의 응용 분야를 더욱 확장하여 전방위적으로 인간 사회에 깊이 통합할 것으로 기대된다. 2023년 4월, 중앙인터넷정보국은 '생성형 인공지능 서비스 관리방법(의견수렴원고)' 초안을 작성하였다. 불과 3개월 뒤인 2023년 7월 국가사이버정보국 등 7개 부처가 공동으로 '생성형 인공지능 서비스 관리를 위한 임시방법'[28]를 발표했다. 잠정조치는 중국이 최초로 GAI 기술과 서비스에 대해 명확하게 규정한 것이자, 세계 최초로 효력이 발생한 GAI 전문 행정법이다. 미래 중국 GAI 기술과 서비스의 발전 기조를 다질 뿐만 아니라, 글로벌 GAI 거버넌스 실천을 선도하고 있다.

인공지능 기술의 발전이 가져온 기회와 도전에 직면하여 중국으로서는 국가 차원의 인공지능 분야 입법을 시급히 추진하고 있다.[29] 2023년 5월 발표된 '국무원 2023년도 입법사업계획'에서는 '인공지능법 초안'을 전국인민대표대회 상무위원회 심의를 제청한 34개 입법 초안 가운데 하나로 포함시킴으로써, 중국에서 인공지능 입법을 진행해야 하는가에 대한 논쟁을 종결하였다. 그 후 계속해서 '인공지능법 초안' 작성 과정에서 고민한 것은 인공지능 기술의 건전하고 빠른 발전을 어떻게 보장할 것인가에 대한 내용이었다. 현재 '인공지능법 초안'은 아직 예비 심의 제청 단계에 있으며, 실제 시행까지는 비교적 긴 시간이 소요될 것으로 보인다. 상술한 '임시방법'의 제정 및 공포는 '인공지능법 초

27 이 글은 2024년 11월 30일 제72회 안암법학회 2024년 추계학술대회에서 발표한 논문을 수록한 것이다.

28 金歆, 七部门联合发文一促进生成式人工智能健康发展和规范应用(政策解读), 人民日报, 2023.07.15., 第2页°

29 严驰, "GPT4发展中的若干问题及其规制方案", 信息安全研究, 2023.9(6), 第510－517页°

안'의 개선에 대한 시사점을 제공했다. 앞으로 '임시방법'의 관련 규정을 시사점으로 삼아 인공지능법 제정 시 주의해야 할 네 가지 중점 문제를 명확히 할 필요가 있다. 즉, 보다 과학적이고 합리적인 인공지능 분야 톱다운 설계 방안을 구축하고 과학 기술의 발전을 촉진해야 한다. 첫째, 전반적인 차원에서 촉진형 입법 모델의 채택을 고려하고, 둘째, 입법 내용에서 準사용성 규범의 사용을 줄이고, 셋째, 입법에서 분류 및 등급별 관리 감독을 명확히 하며, 마지막으로 국제 교류와 협력을 강화해야 한다. 이것에 대해서는 본문에서 네 부분으로 분류하여 자세히 설명하기로 한다.

1. 촉진형 입법모델 채택

기존 입법모델은 크게 3단계로 구분되는데, 1단계는 주체의 행위를 규율하는 것을 특징으로 형사입법, 행정입법 및 민상사입법 분야의 규범 설정형 입법으로 구현되며, 2단계는 경제 및 사회 업무를 규제하고 관리하는 것을 특징으로 하는 관리형 입법이라고 하겠다. 경제법률 조정, 사회보장영역 및 환경보호 등이 해당된다. 3단계인 촉진형 입법은 규제형 입법과 관리형 입법을 기반으로 하여 이를 조정하고 보완한 것으로,[30] 어떤 분야의 발전을 제창 및 촉진하기 위한 것이고 일반적으로 사회가 잘 발달되지 않고 시장 규모가 형성되지 않은 신흥 지역을 대상으로 한다.[31] 국가가 경제 및 사회 발전에 관여하는 중요한 수단이 되며, 신흥 산업이나 신흥지역 발전에 적극적인 촉진, 지도 작용을 한다. 1996년 공포된 '과학기술 성과 전환 촉진법'에 '촉진'이라는 문구가 처음 등장했고, 그 후 공포된 10개 법률은 모두 '촉진법'이라는 이름을 포함하였다. 촉진 입법은 30년간의 탐색과 혁신 끝에 독특한 입법 경험을 형성하였다. 구체적으로 중국 국민의 생활과 긴밀하게 연결되어 입법범위는 주로 발전이 더딘 취약성 산업, 개혁 과정에 있는 산업 및 고속 발전 중에 있는 산업을 대상으로 하였다.

30 陈昶屹, "论"促进型立法"的形成背景", 「北京行政学院学报」, 2005, 35(1), 第65－68页°
31 杨紫烜, 经济法, 北京:北京大学出版社, 1999, 第86页°

인공지능은 새로운 기술로서 넓은 의미에서는 과학기술법의 규제 영역에 속한다. 과학기술을 키워드로 국가법률 데이터베이스에서 검색하면 '과학기술성과전환촉진법', '과학기술진보법', '과학기술보급법' 등 3개의 법률을 찾을 수 있다. 넓은 의미에서 볼 때 세 개의 법률은 모두 촉진형 입법에 속하며, 그 입법 의도는 각각 과학 기술 성과의 전환을 촉진하고, 과학 기술의 진보를 촉진하며, 과학 기술의 보편적인 보급을 촉진하는 것에 해당한다. 인공지능법의 명칭에 반하여 규범의 대상이 인공지능이라는 것만 반영할 뿐, 더 이상의 정보를 반영할 수는 없다. 비록 잠정방법의 전체 이름에 관리라는 문구가 있기 때문에 관리형 입법으로 인식될 수 있다. 그러나 잠정방법의 구체적인 내용을 보면 촉진형 입법의 속성을 알 수 있다. 그 예로 잠정방법 제1조에서 제시한 바와 같이, 입법 목적은 "생성형 인공지능 기술의 건전한 발전과 응용을 규범하는 것"이다. 법적 근거에 있어서는 잠정방법도 인공지능법 초안에 과학기술진보법을 추가했다. 잠정방법 제3조는 또한 잠정방법이 규정하는 주요 원칙은 '발전과 안전을 동등하게 중시하고 혁신과 법에 의한 거버넌스를 촉진하는 결합'이라고 지적하고, '인공지능법 초안'에서 관리감독을 강조한 기조를 약화시키고, 순서상 '발전' 및 '혁신'을 '안전'과 '거버넌스'보다 우선시하였다.

2022년 9월부터는 선전 경제특구 인공지능 산업 촉진 조례, 상하이시 인공지능산업 발전 촉진 조례, 베이징시 인공지능 혁신 발전 촉진의 몇 가지 조치 등 여러 지역에서 인공지능 영역의 지방법규가 반포되었다. 그 결과 각각의 지역별 인공지능 산업의 발전이 촉진되었는데, 인공지능 기술과 관련하여 오프라인의 현실과 가상공간을 결합한 특성을 고려할 때 입법은 효과적인 기준이 부족하다고 하겠다. 소프트법으로 인공지능을 다스리는 것은 이전의 전통적인 글로벌 거버넌스 패러다임이었다. 촉진법은 전형적으로 국가의 강제력에 의존하지 않고 법률의 실시를 보증하는 연성 규범으로 도덕, 정책 등 기타 사회 규범의 결합을 효과적으로 보완할 수 있었다.[32] 전통적인 관리형 입법과 비교하면 인공지능법은 촉진형 입법 모델을 더욱 더 많이 채택해야만 한다. 이와 동

32 李洋, "促进型法的概念证成", 「西部法学评论」, 2021, 117(6), 第40－53页°

시에 중국 인공지능 산업의 발전을 보다 잘 장려하고 지원하기 위해 '인공지능법'의 명칭을 보다 직접적인 '인공지능산업촉진법'으로 변경하는 것도 고려할 수 있어야 한다. 언어철학의 관점에서 볼 때 토론의 모든 명칭은 사물의 본성을 설명하는 데 쓰인다는 플라톤의 주장을 차용할 수 있기 때문에 명칭 변경도 긍정적으로 고려할 만한 가치가 있다.[33] 입법 명칭은 법률문서의 중요한 부분일 뿐만 아니라, 법률의 시행 효과를 보장하는 관건이 된다. 구분, 식별, 체계적 통합 등의 중요한 기능을 가지고 있으며, 법률의 내용과 취지를 간결하게 반영해야 한다.[34] 비록 인공지능법 초안이 예비 심의 제청에 들어갔지만, 인공지능법이라는 명칭이 그대로 확정된 것은 아니다. 이와 관련된 명칭 조정의 선례가 있는데, 예를 들어 가정교육촉진법 제정 당시 최초의 명칭은 가정교육법이었다가 법률의 내용과 일치하도록 개정되었다.

2. 준용성(準用性) 규범 사용의 감소

잠정방법은 GAI 기술과 서비스에 대한 전면적이고 완벽한 규범 문서로, GAI 분야에 관련된 개념, 거버넌스 규칙, 서비스 규범, 검사 감독 및 법적 책임 등의 내용을 체계적으로 규정하였다. 인공지능 분야의 변화하는 기술 발전과 시장 상황에 대응하여 GAI의 혁신 발전을 장려함과 동시에 법에 따른 통치를 실현하기 위해 잠정방법은 인공지능법 초안 의견수렴 원고와 비교하여 적용 범위, 감독방식, 처벌조치 등에 중대한 변화를 가하였다. 잠정방법의 구체적인 내용과 변경사항은 본 논문이 중점적으로 다루는 쟁점이 아니므로, 여기에서는 다시 언급하지 않기로 한다.

준용성 규범은 법률 조문에 아직 규범을 규정하지 않은 것으로서, 다른 법률문서 중의 어떤 규범을 끄집어내어 적용하는 것을 지칭한다.[35] 이것은 중국 민상사 입법에서는 드문 일이 아니다. 중국 증권법 제11조에서 지적한 바와 같

33 柏拉图·王太庆译, 柏拉图对话集, 北京:商务印书馆, 2019, 第74页°

34 刘怡达. "法律名称的要素´ 功能与确定方法—基于全国人大及其常委会的立法实践", 「法律方法」, 2022, 39(2), 第146页°

35 沈宗灵, 法理学, 北京大学出版社, 2003, 第145页°

이 주식회사의 주식 공개 발행은 회사법의 관련 규정에 부합하여야 한다. 통계에 따르면 인공지능법 초안 의견수렴 원고 21개 조항 중 6개까지 준용성 규범 허용 기준이 제시되어 있다. 잠정방법은 인공지능법 초안 의견수렴 원고 대부분의 준용성 규범을 유지하였다. 주로 제7조, 제12조, 제17조 및 제21조에서 규범을 하고 있으며, 그 중 제7조는 GAI 서비스 제공자에 대한 훈련 데이터 처리 활동 규정으로 중화인민공화국 사이버보안법, 중화인민공화국 데이터보안법, 중화인민공화국 개인정보보호법에 따른 관리감독 요구를 준수해야만 한다.

잠정방법 제12조는 표시의무 규정에 관한 것으로 GAI 서비스 제공자는 인터넷 정보 서비스 심층 합성 관리 규정 제16~18조에 따라 내용을 표시해야 한다. 잠정방법 제17조는 안전 평가 및 비치 의무 규정으로 여론에 대한 GAI 서비스를 제공해야 하고, 인터넷 정보 서비스 알고리즘 추천 관리 규정 제24조 규정에 따라 법안 신청과 변경, 등록 수속을 이행해야 한다.[36] 잠정방법 제21조는 처벌규정으로 GAI 서비스 제공자는 잠정방법 규정 위반 시, 관련 부처가 사이버보안법, 데이터보안법, 개인정보보호법, 과학기술진보법 규정에 따라 처벌해야 한다.

준용성 규범은 일종의 유추 적용이며, 관건은 유사성 판단이다.[37] 입법에 대한 과도한 준용성, 즉 허용 기준은 심각한 법률 해석 문제를 야기할 수 있다. 한편으로는 법조문의 위치를 흐리게 하고 개념 정의와 인지적 편차를 초래하여, 법률 규제의 실패를 초래할 수 있다. 예를 들어, 잠정방법 제7조에서 GAI 서비스 제공자는 데이터 사전 훈련 및 최적화 훈련을 수행할 때 관련 법률 및 규정을 준수해야 한다. 현재 우수한 성능을 보이는 대형 GAI 모델은 모두 천억 개의 매개변수 수준에 도달했다. 잠정방법은 관련 규범의 장면 패치와 유사하며 단독으로 해당 조항을 전치하는 것은 형식상 규정의 중요성을 나타내지만, GAI 기술은 대량의 데이터 사용에 관한 특징과 혼동하기 쉽다. 한편, 전치 후의 규범은 내용상 비교적 전면적이고 구체적이다. 예를 들면 잠정방법 제12

36 崔爽, 国家网信办发布《生成式人工智能服务管理办法(征求意见稿)》, 科技日报, 2023.04.12., 第1页。

37 李龘, "准用性法条适用的法律论证一兼论其适用的程序规范", 「山东法官培训学院学报」, 2019, 35(3), 第123－124页。

조는 내용 표시와 심층 합성 관리 규정과의 연계를 제안하였다. 심층 합성 관리 규정이 상세하게 지적한 부분은 다음과 같다. 서비스 제공자가 기술적 조치를 취하여 표시를 추가하고 법령에 따라 로그인 정보를 보존하여야 한다. 생성 또는 편집된 정보 내용의 합리적인 위치 또는 구역에 현저한 표시를 하여야 하며, 어떠한 조직이나 개인도 기술적 수단을 사용하여 해당 표시를 삭제, 변조 및 은닉하여서는 아니 된다.[38] 따라서 원래 법률 조항은 폐기될 위험이 있다.

명확성의 원칙은 입법에 대한 기본적인 요구 사항이며, 실무적으로 합리적인 구속력 있는 규정이다.[39] 인공지능법의 입법 내용은 확정적 규범을 위주로 하고, 법률 조항의 집행 가능성을 강화하며, 법률 조문의 규범을 더욱 더 구체화하여,[40] 준용성 규범의 숫자를 줄여야 한다. 이와 동시에 제도 간의 조정을 적극적으로 개선하고, 전치 후 규범과 기존 법조문을 잘 연결하여 법률 조문 간의 충돌 및 중복을 방지하며, 법률 제도 내에서 인공지능 기술이 가치를 나타낼 수 있도록 해야 한다.

3. 명확한 등급 분류에 따른 관리감독 실시

지금까지 명확하게 등급을 분류한 보호제도는 중국에서 알고리즘과 데이터 분야에서 자주 목격되었다. 알고리즘 차원에서는 2021년 9월 발간된 '인터넷 정보서비스 알고리즘 종합관리 강화에 관한 지침'에서 알고리즘 등급 분류에 따른 안전관리 추진이라는 개념을 처음 제시하였다. 2021년 11월 채택된 '알고리즘 추천관리규정' 제23조에서는 알고리즘 등급 분류 안전관리제도 구축을 더욱 명확히 하였다. 데이터 측면에서 데이터보안법 제21조는 중국 중앙정부와 지방정부의 이원화한 시스템으로 '국가데이터 분류 및 등급별 보호제도'를 구축해야 한다고 명시했고, 사이버보안법 제21조에서도 데이터 분류 채택 의견을 제시하였다. 개인정보보호법 제51조는 개인정보에 대한 분류 및 관리를

38 毕文轩, "生成式人工智能的风险规制困境及其化解:以ChatGPT的规制为视角", 「比较法研究」, 2023, 187(3), 第160－161页°

39 高巍, "重构罪刑法定原则[", 「中国社会科学」, 2020, 291(3), 第129页°

40 郭佳·杨尚东, "力求法律文本规范´ 具体", 「民主与法制时报」, 2021.11.23., 第3页°

제시하고 있다. 앞서 언급한 바와 같이 '알고리즘 추천관리규정', '사이버보안법', '데이터안전법', '개인정보보호법'은 모두 잠정방법의 준용성 규범으로 전환 대상이 된다. 잠정방법은 제정 과정에서 위의 관리 방법에 대해 많은 시사점을 제시하였을 뿐만 아니라, 등급 분류에 대해서도 좋은 성과를 도출하였다. 잠정방법 제3조는 감독방식에 있어서 GAI 서비스에 대하여 포용적으로 신중하고 제한적으로 적용할 것과 등급에 기반을 둔 분류 방법을 실시해야 한다고 명시하고 있다. 잠정방법 제6조는 공공데이터 등급 분류에 있어서 순서있는 개방 추진을 언급하였으며, 잠정방법 제16조는 중국의 관련 주관부서는 반드시 GAI 기술 특성과 그 관련 분야의 서비스 응용에 대하여 등급 분류에 따른 감독 규칙과 지침을 제정해야 한다고 재차 강조하였다.[41]

인공지능 분야의 등급 분류 규제에 대한 아이디어는 여러 차례의 협상과 수정 끝에 GAI 대형 모델에 대한 엄격한 관리감독 규정을 명시적으로 추가한 유럽연합(EU)의 인공지능법(AIA)에서 비롯되었다. 2023년 6월 유럽 의회는 AIA 초안을 압도적 다수로 통과시켰다. 입법 절차에 따라 AIA는 최종 협상 단계에 진입하게 된다. EU AIA는 인공지능 시스템을 네 가지 위험 범주로 나누어 규제한다. 첫째, '납득할 수 없는 위험'(unacceptable risk)을 발생시키는 인공지능 시스템을 엄격히 금지하고 높은 처벌을 부과한다. 둘째, '고위험'(highrisk)을 명시하는 인공지능 시스템은 위험 관리 조치를 준수하고 전 생애주기 평가를 받아야 한다. 셋째, '제한된 위험'(limitedrisk) 인공지능 시스템에 대해서는 특정한 공개 요구사항과 투명성 의무를 설정한다. 마지막으로 '저위험 및 최소위험'(lowandminimalrisk)급에 해당하는 인공지능 시스템에 대해서는 규제를 포기한다.[42] AIA 부록은 생물 측정, 주요 인프라, 교육 및 직업훈련, 고용 및 직원 관리, 민간 및 공공서비스 제공, 법 집행, 이민과 보호 및 국경 통제, 사법과 민주적 절차 등 고위험 8대 분야를 규정하고 있다. 정의에 따르면 투명성을 갖춘 챗봇은 제한적 위험의 인공지능 시스템, GPT－4와 같이 투명성 의무를 이행하지 않는 GAI는 프라이버시 및 공공서비스 제공에 속하는 고위험 인공지능 시

41 张亚雄, "七部门联合发文一规范生成式人工智能服务", 「光明日报」, 2023.07. 14, 第4页°

42 王伟洁·邓攀科·吕志远, "欧盟2021年《人工智能法》研究", 「信息安全研究」, 2022, 8(2), 第119页°

스템으로 하여 AIA가 엄격한 관리감독 요건을 규정하고 있다.

등급 분류는 인공지능 관리감독에 있어서 당연히 있어야 하는 의의로서, 그 장점은 일률적인 조악한 입법을 피하는 것에 있다. 이는 법률의 적합성, 과학성을 높이고, 관리감독의 정확성, 유효성을 높이며, 중국 인공지능 산업의 발전을 촉진하는 것에 도움이 된다. 잠정방법에서는 GAI 서비스 분류 및 등급별 거버넌스의 원칙을 제시했지만, 더 이상의 구체적인 관리감독 규칙은 없다. 앞으로는 입법 시야를 넓히고 AIA의 EU 표준을 참고하여, 중국의 현실과 수요에 부합하는 위험 평가 메커니즘을 수립하고, 미래의 적격 규정 준수를 미리 준비해야 한다. 실제로 중국에서 기타 분야의 등급 분류 관리 방안은 인공지능법률 구축에 유익한 경험을 제공했다. 데이터 분야의 경우, 현행 법률이나 부문 규정에서는 아직 등급 분류에 대한 전반적인 요구에 머물러 있지만, 부처가 발간하는 지침 문서와 표준에서는 구체적인 방안[43]을 볼 수 있다. 예를 들어 2020년 2월 중국 신식정보부가 발표한 '산업데이터 분류의 등급별 지침(시행)' 제2장은 산업별 차이, 업무 규모 등을 종합적으로 고려하여 제조업 기업과 플랫폼 기업의 산업데이터를 분류하였다. 제3장은 산업 데이터의 변조, 파괴, 유출 또는 불법 이용의 잠재적 영향에 따라 3단계로 분류된다.[44]

4. 국제 교류 및 협력 강화

인공지능 혁명의 역사적 과정은 필연적으로 국가의 역할 탄생에 역량을 발생시키며, 필연적으로 인공지능 혁명을 둘러싼 국가 간의 새로운 경쟁을 유발하게 된다.[45] 잠정방법 제6조는 '인공지능법 초안 의견수렴 원고' 제3조에서 언급한 국제 협력을 기반으로 하여 국제 교류와 협력을 전개하고 국제 규칙 제정에 참여하는 중요성을 더욱 더 강조하고 있다.

---

43 洪延青, "国家安全视野中的数据分类分级保护", 「中国法律评论」, 2021, 41(5), 第75页°

44 张继红, "国家安全视域下我国数据安全法的制度构造", 「西北工业大学学报:社会科学版」, 2021, 91(3), 第101页°

45 余南平, "新一代人工智能技术与大国博弈新边疆", 「探索与争鸣」, 2023, 401(5), 第37页°

싱가포르는 세계 최초로 국가 인공지능 전략을 가동한 국가 중 하나로, 동남아 지역의 인공지능 거버넌스 규칙 제정에 주도적인 위치를 점하고 있다. 한편, 싱가포르는 전 세계적으로 디지털 경제 협정의 주창자이자 선도자이기도 하며, 이미 5개국과 4개의 디지털 경제 협정에 대한 협상을 완료하였다. 싱가포르, 뉴질랜드, 칠레 3개국은 2020년 6월 화상회의를 통해 온라인으로 디지털 경제 동반자 협정(DEPA)을 체결했다. DEPA는 싱가포르 주도로 체결된 세계 최초의 지역 디지털 경제 협정으로, 일부 학자들은 이를 중미유럽 외 글로벌 디지털 경제 무역 규칙 발전의 '제4의 힘'이라고 부른다.[46] 2021년 11월, 중국은 공식적으로 뉴질랜드 측에 DEPA 가입 신청서를 제출했다. 싱가포르는 DEPA에 이어 싱가포르－호주 디지털 경제 협정(SADEA), 영국－싱가포르 디지털 경제 협정(UKSDEA), 한국－싱가포르 디지털 파트너십 협정(KSDPA) 협상을 잇달아 완료하고, EU와 일차적으로 'EU－싱가포르 디지털 파트너십'(EUSDP) 체제 협의를 확립하였다. 이전의 국제 무역 협정 중에서 인공지능과 관련된 구체적인 기술적 측면의 문제를 다룬 것은 없었다.[47] DEPA는 세계 최초로 인공지능 규칙을 포괄하는 디지털 경제 협정으로, 이후 체결된 SADEA, UKSDEA, KSDPA, EUDPA에도 인공지능 조항이 포함됐으며, SADEA와 KSDPA에는 인공지능 거버넌스 협력의 발전과 장려를 위한 양해각서(MOU)가 첨부됐다.

싱가포르는 디지털 경제 협정에 일차적으로 국제 인공지능 거버넌스 틀을 구축하고, 양자 또는 다자 디지털 경제 협정(디지털 경제 협정에 국한되지 않음)의 형식을 통해 국제 교류와 협력을 강화하여 더 많은 국가와 인공지능 거버넌스 항목에 대한 합의를 도출하였다. 싱가포르와 중국 간에도 양호한 경제무역 협력 기반이 있다. 두 나라는 중국－싱가포르 자유무역협정(CSFTA)에 서명하고 협정의 업그레이드를 완료했을 뿐만 아니라, 모두 역내 포괄적 경제동반자 협정(RCEP) 협약국이다.[48] 비록 싱가포르는 무역량에 있어서 중국 사이에 큰 격차

---

46 Soprana M, *The digital economy partnership agreement(DEPA): Assessing the significance of the new trade agreement on the block*, Trade Law and Development, 2021, 13(1), p. 150.

47 王晓丽·严驰, "从RCEP展望CPTPP:知识产权条款分析及对我国的启示", 「法治论坛」, 2021, 60(4), 第261－263页°

48 王晓丽 · 严驰, "数字经济时代非同质化代币的风险治理", 「合肥工业大学学报:社会科学版」, 2022,

가 있으나, 싱가포르는 인공지능 분야의 국제 협력 경험이 중국에 많은 시사를 줄 수 있다. 향후 중국 인공지능법률 제정과정에서 잠정방법의 "국제 교류·협력을 전개하고 국제 규칙 제정에 참여한다."는 요구를 관철시켜 싱가포르의 발전모델을 충분히 벤치마킹하고, 이미 긴밀한 연계를 구축한 "일대일로" 국가 또는 RCEP 회원국 간 인공지능 시범협력의 타당성을 소규모부터 점진적으로 모색해야 한다. 아울러 싱가포르 등 회원국과 함께 인공지능 국제 거버넌스 규칙 제정에 참여하여 인공지능 분야에서 중국의 영향력과 발언권을 높이는 DEPA 가입도 적극 추진할 필요가 있다.

V 비교 및 평가

1. 중국

중국으로서는 챗GPT 시대를 성공적으로 이끌어나가기 위해서는 챗GPT 시대에 걸맞는 중국의 인공지능법률을 기존에 활용했던 인공지능법률보다 한 단계 진화한 형태로 제정하는 것이 적절하다고 하겠다.

본문에서는 중국 인공지능 법률 발전의 흐름을 감안하여 주요 특징들을 설명해보았다. 최근 제정된 중국 인공지능 관련 법률로는 선전 경제특구 인공지능 산업 촉진 조례, 상하이시 인공지능산업 발전 촉진 조례, 또 베이징시 인공지능 혁신 발전 촉진의 몇 가지 조치 등이 거론될 수 있다. 결과적으로 중국 전역의 인공지능 산업이 발전하게 되었는데, 가상공간의 활동을 반영하는 법률 제정을 생각한다면, 현재보다도 앞으로 더 좋은 입법 개정이 기대된다고 할 수 있다. 발전의 여지가 더 많다는 뜻이다. 중국 인공지능 법률 제정 및 개정에 있어서는 전통적인 관리형 입법보다는 촉진형 입법 모델을 더 장려해야 한다. 또한 '인공지능법'의 명칭을 '인공지능산업촉진법'으로 변경하는 것도 바람직하다.

36(6), 第34页。

본문에 언급한 내용 가운데 준용성 규범이라 함은 법률 조문에 아직 규범을 규정하지 않은 것으로서, 다른 법률문서 내에서 부분적으로 어떠한 규범을 추출하여 적용하는 것을 말한다. 관련 자료에 따르면 중국 인공지능법 초안 의견수렴 원고 21개 조항 가운데 6개 조항에 준용성 규범 허용 기준이 제시되어 있다. 이것과 관련하여 개인적으로는 입법 과정에서 준용성 규범을 남용하는 것은 중대한 법률 해석 문제를 초래할 수 있다. 준용성 규범 남용의 폐해를 언급한다면 한편으로는 개념 정의와 보다 명확한 법률 규범을 실시하지 못하도록 할 수가 있다. 잠정방법 제7조에서 GAI 서비스 제공자가 데이터 사전 훈련과 최적화 훈련을 수행할 때에 이와 관련한 법률 및 규정을 준수하도록 규범한 것이 단적인 예이다. 또한 잠정방법 제12조에서는 보다 깊이있는 합성 관리 규정과 연계하도록 제안한 규범이 있다. 합성 관리 규정이 특히 강조하여 규범한 내용은 서비스 제공자가 기술적 조치를 채택하고 관련 법률에 따라 로그인 정보를 보존하라는 것이 그것이다.

챗GPT에 의해 생성되고 편집이 이루어진 정보를 보다 합리적인 지역에 누구나 용이하게 식별할 수 있는 표시를 하라는 것이 주요 내용이다. 그 어떠한 개인이나 조직도 언급한 표시를 변조하거나 삭제, 또는 은닉하지 못하도록 하였다. 이렇게 진행된다면 준용성(準用性) 규범을 사용하는 횟수 또한 현저하게 감소하게 되어 법률 규범이 보다 명확해지는 장점이 드러나게 된다. 상기 언급한 내용과 관련하여 좀더 언급을 하면 '알고리즘 추천관리규정', '사이버 보안법', '데이터 안전법', '개인정보보호법'은 모두 잠정방법의 준용성 규범 대상이 되기 때문에, 장기적으로는 어떤 식이든 간에 다른 법률 명칭 형태로 대체될 가능성이 높다. 그러나 현단계에서 잠정방법은 제정 과정에서 관리 방법과 관련하여 일정한 시사를 제시한 것은 인정해야 한다. 또한 등급 분류에 있어서도 비교적 양호한 결과를 만들어내었다. 잠정방법 제3조 규범을 보면 감독 방식의 경우 GAI서비스에 대해 보다 적극적인 자세로 포용하고, 한편으로는 신중하면서도 보다 제한적으로 적용할 것을 주문하고 있다. 합리적인 기준에 따른 분류 방법을 실시해야 한다는 내용도 규범한 것이 특징이다. 공공데이터 등급 분류에 대해서 차례대로, 보다 순서있는 개방 추진을 규범한 것이 잠정방법 제6조이고, 중국의 관련 주관부서는 반드시 GAI 기술 특성과 그 관련 분야의 서비스 응용에 대해 등급 분류에 따른 감독 규칙과 지침을 제정해야 한다고 재차 강조한 것은 잠정방법 제16조에 규정되어 있다. 동 잠정방법의 경우 GAI 서비스 분류 및 등급별 거버넌스의 원칙을 제시하였으나, 더 이상의 구체적인 관리 감독 규칙은 아직 규정되지 않았다고 평가할 수 있다. 앞으로가 기대된다.

AIA의 EU 표준이 시사하는 바를 참고할 필요가 있고, 중국의 실제 현실과 수요에 걸맞는 리스크 평가와 관련한 법률 제도를 확립해야 한다. 실제로 중국에서 기타 분야의 등급 분류 관리 방안은 인공지능법률 구축에 매우 도움이 되는 내용을 시사한 바 있다. 현행 법률이나 부문 규장을 감안하면 데이터 분야는 아직 등급 분류에 대해 일반적인 차원의 요구에 머물러 있다고 하겠다. 그러나 이와는 반대로 각각의 부처가 발간하는 지침 문서와 표준에서는 방안이 보다 구체적이다. 중국을 제외한 해외 인공지능 발전 사례와 관련하여 미국, EU를 제외한 같은 아시아 국가 가운데 싱가포르는 디지털 경제 협정에 있어서 국제 인공지능 거버넌스 틀을 구축한 선도적인 경험을 갖고 있다. 또한 양자 또는 다자간 디지털 경제 협정 형식을 채택하여 국제 교류와 협력을 강화하였기 때문에 더 많은 국가들과 인공지능 거버넌스 항목에 대해 보다 원만하게 합의에 도달할 수 있었다. 싱가포르는 같은 아시아 국가로서 중국과 일정 수준 이상의 경제무역 협력 기반이 존재한다. 양국은 중국－싱가포르 자유무역협정(CSFTA)에 서명을 하였을 뿐만 아니라, 역내 포괄적 경제동반자 협정(RCEP) 협약국이기도 하다. 도시국가인 싱가포르는 무역량에 있어서는 비록 중국과 커다란 격차가 존재하지만, 인공지능 법률제도 발전 및 협력에 있어서는 중국에 많은 시사를 줄 수 있다.

2. 유럽

EU GDPR은 기존의 'EU 개인정보보호지침(Directive 95/46/EC)'과 마찬가지로 정보주체의 기본권과 자유를 보호하고 EU 회원국 전체에 개인정보 보호에 관하여 동일한 기준을 적용하기 위한 목적에서 제정되었다.[49] 다만 GDPR은

'EU 개인정보보호지침'과는 달리 개별 EU 회원국이 별도의 입법 조치를 취하지 않더라도 각국의 국내법에 우선하여 모든 EU 회원국에 적용된다. 이에 GDPR은 EU 전체의 차원에서 통일적인 법 적용을 가능하게 하고, 개인정보의 보호에 관한 단일한 규범으로써 개인정보처리자가 부담하는 규제 비용의 절감에 기여할 것으로 기대된다.[50] 이와 더불어 GDPR은 1995년 제정된 'EU 개인정보보호지침'이 반영하지 못하는 경제·사회·기술적 측면의 변화를 고려하여 21세기 디지털 환경에 적합한 개인정보 보호 규정을 정하고 있다. 최근의 급격한 기술 발전으로 개인정보의 이동성이 높아짐에 따라 정보주체의 개인정보 통제권이 약화되는 측면이 있다. 이에 GDPR은 현실의 기술 발전을 반영하는 정보주체의 권리를 강화하고 개인정보처리자가 준수하여야 할 사항을 명시함으로써 디지털 시대의 개인정보 보호 법제 방향을 선도하여 제시한다는 평가를 받고 있다.[51]

한편 GDPR 제5조는 개인정보를 처리함에 있어 반드시 고려하여야 할 6대 원칙과 이를 준수하고 입증하여야 할 개인정보처리자의 책임(accountability)을 정하고 있으며, 그 내용은 다음과 같다.

〈표 13-1〉 GDPR 제5조(원칙)의 내용

구분	원칙	내용
1	적법성(lawfulness)·공정성(fairness)·투명성(transparency	개인정보는 적법·공정·투명하게 처리되어야 함
2	목적 제한(purpose limitation)	개인정보는 특정하고 명확하며 정당한 목적을 위해 수집되어야 함
3	최소 수집(data minimisation)	개인정보는 처리 목적에 필요한 것으로 제한되어 수집되어야 함

49 권건보 외, "EU GDPR 제정 과정 및 그 이후 입법동향에 관한 연구", 미국헌법연구 29(1), 2018, pp. 3-5.

50 류승균, "EU 개인정보보호규칙(GDPR)의 제정과 시사점", 경제규제와 법 9(1), 2016, pp. 265-268.

51 조성은·민대홍, "GDPR시대 개인정보정책의 주요 쟁점 및 대응방안", KISDI Premium Report 18(4), 2018, p. 3.

4	정확성(accuracy)	개인정보는 정확해야 하고, 필요한 경우 최신성을 유지해야 함
5	보관 제한(storage limitation)	개인정보는 처리 목적에 필요한 기간에 한해 보관되어야 함
6	무결성(integrity)과 비밀성(confidentiality)	개인정보는 기술적·관리적 조치 등 적절한 보안 하에 처리되어야 함

특히 GDPR은 우리나라의 개인정보 보호 관련 법제에서 직접 정하고 있지 않은 '개인정보 이동권'과 '자동화된 개별 의사결정에 관한 권리'를 정하고 있다. GDPR 제20조에서 정하는 정보주체의 개인정보 이동권은 정보주체가 자신의 개인정보를 기계적으로 판독 가능한 형식으로 제공받을 권리와 정보주체가 지정하는 제3의 개인정보처리자에게 자신의 개인정보를 기계적으로 판독 가능한 형식으로 제공하여 줄 것을 요청할 권리를 포함하는 개념이다. 이로써 정보주체는 서비스 제공자 선택권을 보장받아 특정한 개인정보처리자가 제공하는 서비스에 종속되지 않을 수 있다. 또한 개인정보 이동권이 보장됨으로써 정보주체는 특정 개인정보처리자에게 자신의 개인정보가 축적되었음을 이유로 다른 서비스로 변경하지 못하는 상황을 회피할 수 있으므로, 정보주체의 자기결정권이 강화된 것으로 볼 수 있다. 한편 GDPR 제22조에서 정하는 자동화된 개별 의사결정에 관한 권리는 사람의 개입이 배제된 상태에서 오직 기계적으로만 개인정보가 처리되는 것을 방지하기 위한 것으로 볼 수 있다. GDPR 제4조 제4호에서 자동화된 의사결정의 하나인 '프로파일링(profiling)'을 정의하고 있는데, 이는 최근의 정보통신기술(ICT)과 이를 토대로 하는 각종 상업적 마케팅 기법의 발달 추세를 반영한 것으로 평가할 수 있다.

3. 미국

(1) 캘리포니아주 프라이버시 권리법(The California Privacy Rights of 2020, 이하 "CPRA")

CPRA는 2018년 제정된 캘리포니아 소비자 개인정보보호법(The California Privacy Act,CCPA)의 수정 버전으로서, 소비자의 권리와 기업의 의무를 강화하고 미국 최초의 개인정보 보호 전담 집행기관 신설 내용을 포함하고 있다. 캘리포니아 거주자의 개인 데이터에 접근하고 이용하는 기업이 CPRA의 적용을 받게 되며, CCPA에 비해 CPRA 적용대상 기준이 상향조정됨으로써 소규모 사업자들은 CPRA의 적용대상에서 제외 CPRA 적용 대상 기업으로는 ① 연 매출이 2,500만 달러 이상이거나 ② 소비자 개인정보를 10만 건 이상 보유하고 있거나 ③ 개인정보 판매 및 공유에 따른 매출이 총 매출의 50% 이상을 차지하는 경우로 제한된다. CPRA의 주요내용은 아래와 같다.

㉠ 새로운 원칙의 도입 및 개인정보 보호 관련 개념의 확장

CPRA는 CCPA에서 언급되지 않았던 개인정보 보호 원칙을 추가하고 '민감정보(Sensitive Personal Information)와 동의 기준(Consent Standard) 개념을 확대하여 적용한다.

• 데이터 최소화의 원칙

CPRA는 그동안 중요한 원칙으로 회자되어왔던 데이터 최소화(data minimization)의 원칙을 미국 법령 최초로 명문화하였다.

• 목적 제한의 원칙

소비자에게 통지하지 않고는 개인정보를 공시된 수집목적에 부합하지 않은 용도로 이용할 수 없도록 규정하였다.

• 데이터 저장 제한

CCPA가 데이터 저장과 보유에 대한 원칙을 제시하지 않은 것과 달리, CPRA는 공시된 목적을 위해 "합리적으로 필요한" 기간보다 더 오랫동안 개인정보를 저장하는 것을 금지한다,

• 민감정보

민감정보의 개념을 새롭게 도입하고 민감정보의 이용 및 공개를 제한함으로써 엄격하게 보호한다.

• 동의 기준

'동의(consent)'는 CCPA에서도 중요한 개념으로, CPRA는 동의가 "합의 의사를 나타내는(signifies agreement) 명확하고도 긍정적인 행위(clear affirmative action)"여야 한다는 점과 일명 "다크패턴"을 통해 동의를 확보할 수는 없다는 점을 강조한다.

㉡ 소비자 권리 강화

CPRA는 소비자의 권리를 추가로 더 보장하는 방식으로 정보주체의 권리 강화 추세를 반영하였다.

• 정정 요구권

소비자는 기업이 보유한 부정확한 개인정보에 대해 수정을 요청할 수 있는 권리를 보장받으며, 기업은 이러한 권리에 부응하여 부정확한 정보를 수정하도록 상업적으로 합당한 노력(commercially reasonable efforts)을 기울이도록 규정하였다.

• 공유 거부권

개인정보 '공유'란 소비자의 행태정보를 활용한 광고를 위해 사업자가 개인정보를 제3자에게 전송하거나 제공하는 것을 의미하며, 정보주체인 소비자는 이를 거부할 수 있는 권리를 보유한다.

• 자동화된 의사 결정 거부권

프로파일링 등에 따른 자동화된 의사 결정의 결과로 고용이나 계약에 있어 차별을 당하지 않도록 이를 거부(옵트아웃)할 수 있는 권리를 보장한다.

• 정보주체의 대응 범위 확대

비암호화된 개인정보는 물론 암호화된 개인정보에 대해서도 무단 열람, 유출, 도난 사고가 발생했을 경우 정보주체가 대응 행동에 나설 수 있도록 범위를 확대한다.

㉢ 기업의 의무와 책임성 강화

CPRA는 소비자의 권리 강화에 상응하는 기업의 의무와 책임을 강화하였다.

• **계약의 의무**

기업이 소비자의 개인정보를 판매 또는 공개하기 위해서는 그러한 비즈니스 상대자(제3자, 서비스 제공업체, 도급업체 등)와 개인정보 제공의 목적, 개인정보를 제공받는 자의 CPRA 준수 의무 등의 조건을 명시한 계약서를 작성하도록 의무화한다.

• **보안 의무**

기업이 개인정보의 특성에 적합한 합리적인 보안 절차 및 관행을 구현하여 무단 또는 불법적인 접근, 파괴, 이용, 변형, 공개 행위로부터 개인정보를 보호하도록 요구한다.

• **고위험 활동에 대한 개인정보영향평가 및 보안 감사**

개인정보 침해 위험이 높은 활동에 대해서는 개인정보영향평가와 정보보안감사(cybersecurity audits) 관련 규정을 발행하고 위험평가 결과는 신설 예정인 캘리포니아주 개인정보보호 감독기구에 "정기적으로" 제출하도록 요구한다.

• **CPRA 적용대상 기업 범위 조정**

CCPA에서는 5만 건 이상의 개인정보를 보유한 기업에 대해 법률을 적용했으나 CPRA는 10만 건 이상의 소비자 개인정보를 보유 한 기업에 적용되도록 기준을 상향 조정함으로써 소규모 사업자들은 CPRA의 적용 대상에서 제외한다.

㉣ 개인정보 보호 감독기구 신설

CCPA는 캘리포니아주 개인정보 보호 감독기구(CalPPA)를 신설하고 주 법무장관으로부터 법집행 권한을 이전받을 수 있는 근거를 마련하였다.

CalPPA는 **미국 최초의 소비자 개인정보 보호 법집행 전문 기관**으로서 법률 위반 사안에 대한 조사, 행정처분, 규칙 공포 등의 권한을 확보한다.

사업자의 소비자 개인정보 처리 활동으로 인해 소비자의 프라이버시나 보안에 중대한 위협을 초래하는 경우 연간 사이버보안 감사를 실시하고 위험성

평가 결과를 제출하도록 관련 규칙을 제정하는 한편, 소비자 프라이버시에 관한 캘리포니아주의 보험 관련 법규를 검토하여 CPRA보다 강력한 개인정보 보호를 보장하지 않는 경우 새로운 규칙을 제정하게 될 전망이다.

CalPPA 이사회는 5인으로 구성되며, 캘리포니아 주지사가 위원장을 포함한 2명을 지명하고 나머지 의석은 법무장관, 캘리포니아 상원 규칙위원회(California Senate Rules Committee), 캘리포니아 의회 의장(Speaker of the California Assembly)이 임명한다.

(2) 연방개인정보보호법안(American Data Privacy and Protection Act, 이하 "ADPPA")[52]

CPRA는 캘리포니아주의 개인정보 보호 관련 일반법이라면 ADPPA는 연방 단위의 개인정보 보호 일반법이다. ADPPA는 2022년에 발의되었으며, 2023년 기준, 회기 내 통과되지는 못했다. 개인정보의 처리원칙, 소비자의 권리, 사업자의 책임, 법의 집행 및 적용을 주요 내용으로 담고 있다.

개인정보 처리원칙 부분에서는 데이터 최소화의 원칙을 명시하고 민감정보와 인터넷 검색 및 브라우징 내역의 수집, 처리 및 이전의 제한 규정을 두었다. 상품 또는 서비스의 설계나 개발, 구현과 관련하여 프라이버시 위험을 식별하고 완화하도록 하고 있다. 또한 본 법안에 나온 권리를 행사하는 것에 대해서 상품이나 서비스의 차별을 금지한다. **GDPR에도 데이터 최소화의 원칙이 나와 있으나, GDPR은 원칙 준수에 대한 입증책임을 개인정보 처리의 목적과 방법을 결정하는 컨트롤러에게 두고 있다.**[53] **본 법안이 발의되었을 당시는 관련 입증책임을 사업자에게 두었으나 수정안에서는 입증책임 규정이 삭제되었다.**[54]

소비자의 권리 부분에서는 FTC에 ADPPA 설명자료를 작성하고 공개할 의무를 부과하고 있으며 사업체에는 개인정보처리방침의 작성·공개·개별통지,

52 이창범, "ADPPA(미국 연방 개인정보보호법안)의 입법 동향과 전망", 한국인터넷진흥원 글로벌 개인정보 보호 컴플라이언스, 2022, 8-11면.

53 The controller shall be responsible for, and be able to demonstrate compliance with, paragraph 1 ('accountability').

54 이창범, 위의 글, 20면.

간편고지의 의무를 부과한다.[55] 소비자의 데이터 권한으로는 데이터를 열람, 정정, 삭제, 이전할 권리를 명시하고 있다. 이러한 권리들은 GDPR에서도 확인할 수 있는데, GDPR에서는 자동화된 의사결정을 거부할 권리도 규정하고 있다.[56] 이는 본 법안에서는 확인되지 않는 부분이다. 이러한 작업이 요구되었을 때의 처리 기간도 정하고 있는데, 사업자의 분류에 따라 기간을 다르게 정한다.

〈표 13-2〉 ADPPA상의 사업자 유형별 작업 처리 기간

대규모 사업자[57]	45일 이내
일반 사업자[58]	60일 이내
소규모 사업자[59] [60]	90일 이내

55 작성과 공개에는 필수적으로 들어가야 하는 사항이 있는데, 사업자의 신원 및 연락처, 수집 또는 처리하는 개인정보의 유형 등이 그것이다. 이때, 개인정보가 중국, 러시아, 이란, 북한으로 전송, 처리, 제공되는지 여부도 포함하도록 되어있다. (*(9) Whether or not any covered data collected by the covered entity or service provider is transferred to, processed in, stored in, or otherwise accessible to the People's Republic of China, Russia, Iran, or North Korea.*)

56 Article 22 Automated individual decision-making, including profiling

1. The data subject shall have the right not to be subject to a decision based solely on automated processing, including profiling, which produces legal effects concerning him or her or similarly significantly affects him or her.

57 25억 달러 이상의 연간 수익, 500만 명 이상의 개인이나 디바이스로부터 '대상 데이터' 수집 또는 20만 명 이상의 개인이나 디바이스로부터 '민감 데이터 수집' 등을 요건으로 한다.

((A) IN GENERAL.—The term "large data holder" means a covered entity or service provider that, in the most recent calendar year—

(i) had annual gross revenues of $250,000,000 or more; and

(ii) collected, processed, or transferred—

(I) the covered data of more than 5,000,000 individuals or devices that identify or are linked or reasonably linkable to 1 or more individuals, excluding covered data collected and processed solely for the purpose of initiating, rendering, billing for, finalizing, completing, or otherwise collecting payment for a requested product or service; and

(II) the sensitive covered data of more than 200,000 individuals or devices that identify or are linked or reasonably linkable to 1 or more individuals.)

58 대규모 사업자도, 소규모 사업자도 아닌 경우를 의미한다.

59 평균 연간 총소득이 4,100만 달러를 초과하지 않는 경우, 20만 명 이상의 개인이나 디바이스에서 '대상 데이터'를 수집하거나 처리하지 않는 경우, 해당 기간 동안 대상 데이터를 전송하여 얻는 수익이 전체의 50% 이상이 아닌 경우 등을 요건으로 한다.

이외에도 동의 철회수단이나 맞춤형 광고의 거부, 옵트 아웃 수단 제공 의무 등을 기업에게 부과하고 있다. 아동이나 약자의 데이터 전송과, 그들을 대상으로 한 맞춤형 광고를 제한하고 있으며, 제3자 데이터 수집 사업자의 고지 및 등록 의무와 개인의 수집 거부권을 명시한다. 나아가 알고리즘이나 데이터 차별금지와 이와 관련한 영향평가 의무를 부과하고 있으며 여러 보호 장치를 마련할 의무 조항 등을 두고 있다.

사업자의 책임으로는 임원이 내부통제 및 보고체계를 증명하고 **개인정보영향평가**를하도록 한다. 기술적 컴플라이언스 프로그램 제안과 승인 절차를 두고 있으며 상무부가 디지털 위조에 관한 연차 보고서를 발간하도록 한다.

법의 집행 및 구제 절차 부분에서는 개인정보 보호나 피해구제 관련 기구의 설치와 FTC의 권한, 타법과의 관계와 민사소송 관련 사항을 두고 있다.

ADPPA는 미국의 연방 단위 개인정보 보호 관련 기본법으로, EU의 GDPA에 대응한다고 할 수 있다. 데이터 최소화의 원칙이나 **개인정보 이전 요구권 규정, 데이터 및 사이버 보안 규정 등 비슷한 내용을 양측에서 확인할 수 있다. 그러면서도 ADPPA에서는 개인정보 국외이전에 대한 제한 규정을 두고 있지 않다.**[61] GPPA의 경우에는 제5장에서 '제3국 및 국제기구로의 개인정보 이전'을 규정하고 있다. EU의 집행위원회에서 제3국이나 해당 제3국의 영토, 하나 이상의 지정 부분, 또는 국제기구가 적정한 보호수준을 보장한다고 결정한 경우에 한하

((b) Exemption Requirements.—The requirements of this subsection are, with respect to a covered entity or a service provider, the following:

(1) The covered entity or service provider's average annual gross revenues during the period did not exceed $41,000,000.

(2) The covered entity or service provider, on average, did not annually collect or process the covered data of more than 200,000 individuals during the period beyond the purpose of initiating, rendering, billing for, finalizing, completing, or otherwise collecting payment for a requested service or product, so long as all covered data for such purpose was deleted or de-identified within 90 days, except when necessary to investigate fraud or as consistent with a covered entity's return policy.

(3) The covered entity or service provider did not derive more than 50 percent of its revenue from transferring covered data during any year (or part of a year if the covered entity has been in existence for less than 1 year) that occurs during the period.)

60 소규모 사업자의 경우는 이전이나 정정, 보호조치 마련 의무 등을 면제받을 수 있다.

61 이창범, 위의 글, 56면.

여 개인정보 이전이 가능하다. 이때의 고려사항으로는 법치주의 인권 및 기본적 자유의 존중, 공안, 국방, 국가보안 및 형법, 공공기관의 개인정보 이용을 다룬 전반적·분야별 관련 법률 등 그 나라의 개인정보 보호 관련 법리나 제반 사정이 있다.[62] 또한 개인정보 보호 규정의 준수를 보장하고 강요할 의무가 있는 하나 이상의 독립적 감독기관의 유무 및 해당 기관의 효과적인 작동여부도 판단 기준이 되며[63], 이전 대상국이나 국제기구가 체결한 국제협정이나 법적 구속력이 있는 조약, 문서 및 다자간·지역적 기구에의 참여로 주어진 기타 의무도 고려한다.[64]

(3) 미국 플랫폼 독점법안

〈표 13-3〉 미국의 플랫폼 독점 법안

법안	주요내용	DMA 유사 조항
The American Innovation and Choice Act	자사우대 행위 또는 사업자의 상품이나 재화를 차별적으로 대우하여 경쟁을 제한하는 행위를 금지. 이용사업자에 의해 플랫폼에서 생성된 데이터를	DMA 제6조 제1항 (d) refrain from treating more favorably in ranking services and products offered by the gatekeeper

62 GDPR 제45조 제2항 (a) the rule of law, respect for human rights and fundamental freedoms, relevant legislation, both general and sectoral, including concerning public security, defence, national security and criminal law and the access of public authorities to personal data, as well as the implementation of such legislation, data protection rules, professional rules and security measures, including rules for the onward transfer of personal data to another third country or international organisation which are complied with in that country or international organisation, case-law, as well as effective and enforceable data subject rights and effective administrative and judicial redress for the data subjects whose personal data are being transferred;

63 GDPR 제45조 제2항 (b) the existence and effective functioning of one or more independent supervisory authorities in the third country or to which an international organisation is subject, with responsibility for ensuring and enforcing compliance with the data protection rules, including adequate enforcement powers, for assisting and advising the data subjects in exercising their rights and for cooperation with the supervisory authorities of the Member States; and

64 GDPR 제45조 제2항 (c) the international commitments the third country or international organisation concerned has entered into, or other obligations arising from legally binding conventions or instruments as well as from its participation in multilateral or regional systems, in particular in relation to the protection of personal data.

	이용하거나, 이용사업자가 그 데이터에 접근하지 못하도록 하는 행위를 금지. 플랫폼 이용자가 사전에 설치된 소프트웨어를 삭제하거나 기본값을 변경하는 행위를 제한하는 것을 금지.	itself or by any third party belonging to the same undertaking compared to similar services or products of third party and apply fair and non-discriminatory conditions to such ranking;
The Platform Competition and Opportunity Act	기업의 반경쟁적인 **'킬러인수'를 규제**하며 인수의 반경쟁성에 대한 입증책임을 기업에게 부담시킴. 시장지배적 지위의 강화와 관련하여, **데이터를 추가적으로 확보하기 위한 인수의 제한.**	DMA 제12조 제1항 A gatekeeper shall inform the Commission of any intended concentration within the meaning of Article 3 of Regulation (EC) No 139/2004 involving another provider of core platform services or of any other services provided in the digital sector irrespective of whether it is notifiable to a Union competition authority under Regulation (EC) No 139/2004 or to a competent national competition authority under national merger rules.[65]
The Ending Platform Monopolies Act	플랫폼 운영자가 자기 플랫폼을 이용하여 상품이나 재화를 판매 또는 공급하는 사업체를 소유하거나, 이용사업자가 플랫폼을 이용하거나 별도의 선호되는 지위를 차지하기 위한 조건이 되는 상품이나 서비스를 공급하는 행위, 이해충돌 관계를 유발하는 행위 제한.	DMA 제5조 (e) refrain from requiring business users to use, offer or inter-operate with an identification service of the gatekeeper in the context of services offered by the business users using the core platform services of that gatekeeper;[66]
The Augmenting Compatibility and Competition by Enabling Service	이용자의 동의나 지시에 따라 **플랫폼이 가지고 있는 데이터를 이용자나 타사업자에게 안전하게 전송할 수 있도록 하는 데이터 이동성**(Data Portability) **보장을 규정.** 서로 다른 기기나 서비스에서 각자의 정보를 교환하고 교환한 정보를 이용할	DMA 제6조 제1항 © allow the installation and effective use of third party software applications or software application stores using, or interoperability with, operating systems of that gatekeeper and allow these software

Switching(ACCESS) Act	수 있는 상호호환성(Interoperability)[67] 보장을 규정. **데이터 이동성과 상호호환성과 관련한 정보 보안 관련 의무 부과**	applications or software application stores to be accessed by means other than the core platform services of that gatekeeper. The gatekeeper shall not be prevented from taking proportionate measures to ensure that third party software applications or software application stores do not endanger the integrity of the hardware or operating system provided by the gatekeeper; (h) provide effective portability of data generated through the activity of a business user or end user and shall, in particular, provide tools for end users to facilitate the exercise of data portability, in line with Regulation EU 2016/679, including by the provision of continuous and real−time access ;

위의 법안에서는 **플랫폼의 데이터 수집이나 이용과 관련한 조항을 두고 있는데, 플랫폼 생태계에서는 데이터의 보유가 기업의 경쟁력이나 시장지배력과 결부되기 때문**이다. 몇 가지 법안에서는 데이터 관련 사항에 제한을 두면서도, 수범대상 금지행위의 예외가 되는 단서조항을 마련해 자국의 데이터 유출방지를 위한 조치는 가능하도록 했다.

The American Innovation and Choice Act의 경우 사전설치 애플리케이션

65 단, DMA에서는 '모든 기업결합'에 대한 신고의무를 부과하고 있는 것이고, 이에 대한 제한은 조문에 나와 있는 '기업결합규칙(Regulation (EC) No 139/2004)'에 따라 집행위가 판단하여 가한다.

66 DMA에서는 「The Ending Platform Monopolies Act」의 내용과 직접적으로 동일한 조문이 확인되지는 않는다.

67 New York v. Microsoft Corp., 224 F. Supp. 2d 76, 122 (D.D.C. 2002), aff'd, 373 F.3d 1199 (D.C. Cir. 2004)

의 제거나 지정플랫폼 운영자의 제품이나 서비스로 안내 또는 조정하는 기본 설정의 변경을 제한하는 조치를 원칙적으로 금지하나, **중국이나 그밖에 적대국으로부터 데이터를 지키기 위한 경우는 예외**로 하고 있다.[68] 또한 금지사항(Unlawful Conduct)을 규정하는 조항에 대해 '미국의 제재나 수출 통제 체제 하에서 경제적 거래에 참여하는 것이 금지되거나 제한된 대상'이나 **'국가안보, 정보, 법 집행에 위해를 가할 수 있는 대상'에게 데이터를 공유하거나 상호운용하는 것을 요구하는 것이 아님을 명시**하고 있다. 또한 지정플랫폼이나 이용사업자의 데이터가 중국이나 적대국의 정부에게 전달될 가능성이 높은 방식으로 해당 조항을 준수하도록 해석되지도 않는다고 규정되어 있다.[69] 이외에도 효율성항변 규정에서 이용자 사생활(user privacy)이나 보안(the security of nonpublic data, or the security of the covered platform) 관련 사항 등을 명시하여 정보 보호에 대한 여지를 두고 있다.

The Augmenting Compatibility and Competition by Enabling Service Switching(ACCESS) Act에서는 데이터 이동성(Portability)과 상호호환성(Interoperability)을 만족하는 데 있어서 정보 보안(Data Security)을 필수 요건으로 두고 있다. 본 법안에서는 상호호환성 관련 인터페이스를 바꿀 때 위원회의 승인을 얻도록 하고

---

68 (8) materially restrict or impede covered platform users from un−installing software applica−tions that have been pre−installed on the covered platform or changing default settings that direct or steer covered platform users to products or services offered by the covered platform operator, unless necessary
(A) for the security or functioning of the covered platform; or
(B) to prevent data from the covered platform operator or another business user from being transferred to the Government of the People's Republic of China or the government of another foreign adversary;

69 (A) IN GENERAL. Nothing in subsection (a) may be construed
(iii) to require a covered platform operator to inter−operate or share data with persons or business users that are on any list maintained by the Federal Government by which en−tities
(I) are identified as limited or prohibited from engaging in economic transactions as part of United States sanctions or export−control regimes; or
(II) have been identified as national security, intelligence, or law enforcement risks;
(v) in a manner that would likely result in data on the covered platform or data from another business user being transferred to the Government of the People's Republic of China or the government of another foreign adversary; or

있는데, **사용자 프라이버시나 보안에 긴급한 위험을 초래하는 보안 취약이나 다른 긴급한 상황에 대응하기 위한 경우는 그 예외**로 두고 있다.[70] 또한 이 법안에서는 플랫폼 운영자와 이용사업자 사이의 데이터 '비상업화(NON-COMMERCIALIZATION)' 규정을 두고 있다. 이 규정에서는 상호호환 인터페이스를 이용하여 플랫폼 운영자가 이용사업자로부터, 혹은 그 반대로 상대방의 데이터를 수집, 이용, 공유하는 것을 금지한다. 이때 상호호환성 유지나 데이터 보안을 위한 경우에는 금지사항의 예외로 두고 있다.

위의 **법안들**의 핵심 목적은 플랫폼 시장에서의 반경쟁적 행위를 규제하는 것이긴 하나, 데이터나 보안과 관련된 내용이 반복적 혹은 지속적으로 나오는 것을 확인할 수 있다. 현재는 폐기되어 통과되지 않은 법이긴 하나 해당 법안이 부여하는 데이터 이용 관련 의무가 상당한 보안상**의 문제를 야기할 수 있다는 것을 인식한 미국의 태도를 확인할 수 있다.** 더불어 적대 국가와 중국을 직접적으로 언급한 것을 보았을 때, 기업의 자체적인 보안만이 아니라 국가 단위의 데이터 안보 대처까지 용이하게 하고자 한 것으로 보인다. 따라서 법안에서 언급된 내용들은 **간접적인 방법 등을 통하여 플랫폼 시장에서 해당 의무의 어떠한 방식으로 대처하는가에 관한 규제 상황을 계속적으로 주시할 중요성이 상당**하다고 하겠다.

(4) 미국혁신경쟁법(United States Innovation and Competition Act) 및 미국경쟁법(The America COMPETES Act)

미국혁신경쟁법은 미국의 대중 견제 패키지 법안으로, 7가지 세부법안으로 구성되어 있으며, 중국에 대한 기술적 우위의 유지와 국가안보 대응을 주요 내용으로 하고 있다.[71]

---

70 EXCEPTION. A covered platform may make a change affecting its interoperability interfaces without receiving approval from the Commission if that change is necessary to address a se-curity vulnerability or other exigent circumstance that creates an imminent risk to user privacy or security if the change is narrowly tailored to the vulnerability and does not have the pur-pose or effect of unreasonably denying access or undermining interoperability for competing businesses or potential competing businesses.

Endless Frontier Act는 미국의 기술발전을 위한 제반시스템 양성을 주된 내용으로 하고 있다. 그러면서도 **중국으로의 기술 유출을 염두에 두어 여러 제한 사항을 규정**하고 있다. 아래는 관련 조문의 내용이다.

중국 기업은 'Manufacturing USA Program'이나 'Manufacturing USA Network'에 가입이 제한됨.[72]
과학기술정책실장이 연방의 자금으로 개발된 지적 재산이 중국에 있거나 중국에 있는 외국 기업체와 제휴했거나 그 자회사인 회사에 의해 사용되는 범위를 검토하도록 함.[73]
과학기술정책실장이 연방 기금으로 개발된 지적 재산이 외국 사업체나 중국기업체와 제휴했거나 그 자회사인 회사에 의해 사용되지 않도록 하는 권고안을 개발하도록 함.[74]

Strategic Competition Act는 중국으로부터의 국가안보 위협에 대처하는 내용을 주되게 다루고 있다. 홍콩이나 신장 위구르, **티벳과 중국 간의 갈등에 미국이 개입할 것임을 재확인하고 있으며 동맹국과의 파트너십 강화를 통해 중국에 대응할 것을 규정하고 있다.**[75] **데이터 보안과 관련하여는 지식재산 절도행위 및 미국에 설립된 기업들이 소유한 기술의 이전에 관여한 중국의 국유기업 목록을 발표하는 것을 규정한다.**[76]

Meeting the China Challenge Act**에서는 중국의 시장교란 행위나 국가안**

---

71 법률신문(2022. 08. 25.), 미국의 경쟁법안 입법 동향 및 우리 기업의 대응 방향, <https://m.lawtimes.co.kr/Content/Article?serial=181152 > (최종접속일: 2023. 05. 26.)

72 (B) IN GENERAL.A company of the People's Republic of China may not participate in the Manufacturing USA Program or the Manufacturing USA Network without a waiver, as described in paragraph (2)(C).

73 (B) the extent to which intellectual property developed with Federal funding
(i) has been used by foreign business entities;
(ii) is being used to manufacture in the United States rather than in other countries; and (iii) is being used by foreign business entities domiciled or by foreign business entities affiliated with or subsidiary to foreign business entities in the People's Republic of China.

74 to ensure that intellectual property developed with Federal funding is not being used by foreign business entities or by foreign business entities affiliated with or subsidiary to foreign business entities domiciled in the People's Republic of China; and

75 이경은, "미국 혁신경쟁법 주요 내용 및 시사점", AI TREND WATCH, 2021-15호, 정보통신정책연구원, 2021, 8면.

76 위의 글, 8면.

보 위협 행위와 관련한 규정을 두고 있다. 특히 중국의 영업기밀 탈취와 관련하여, 이를 통해 이득을 얻는 외국 주체들에게 자산 동결, 수출통제 명단(Entity List)**에 포함, 금융기관으로부터의 대출금지, 비자발급 중지 등의 제재를 부과**하도록 한다.[77]

Trade Act of 2021에서는 중국의 지식재산권 탈취나 디지털 검열, 관세회피 이슈에 대한 대응과 이로 인해 미국이 겪는 부작용을 최소화하기 위한 무역통상 개혁 내용을 입법화한 것이다.[78] 미국 무역대표부(Office of the United States Trade Representative, 이하, USTR)가 국무부와 협력하여 호주, 캐나다, EU, 한국 등과 공동하여 지식재산권 탈취로 만들어진 제품을 수입 금지하는 협상을 개시하도록 한다.[79] 또한 USTR이 자국 내외의 검열 강제나 미 국민 데이터에 불법적으로 접근하는 외국의 정책, 법령, 행위를 파악하도록 하고 있다. 나아가 이러한 행위를 하는 국가를 '요주의 국가'로 하여 연방관보에 게재하도록 한다.[80]

미국혁신경쟁법은 상원에서 발의된 것이었고, 미국경쟁법은 이후 2022. 1. 25. 미국 하원에서 발의되었다. **미국의 국가경쟁력 강화와 중국 견제라는, 미국혁신경쟁법과 유사한 내용을 두고 있다.**[81] 반도체 제도 인센티브나 연구 및 혁신, 안보나 금융, 자원 이슈를 다루는 위원회 등을 규정하고 있다. 정보 보호와 관련하여, 지적재산권을 위반한 우선관찰대상국의 상품 금지에 대한 규정을 두고 있다.

이처럼 미국혁신경쟁법과 미국경쟁법은[82] 대중국적인 내용을 골자로 한 법안이다. 그 안에는 중국과 미국이(혹은 국제사회가) 겪는 외교적 분쟁에 대한 내용을 다수 담고 있는데, 그 중에서도 지속적으로 등장하는 소재가 지식재산권과 사이버 안보이다. 앞서 반독점 패키지 법안에서 확인할 수 있었던, **기업의 정보와 국가 안보를 강하게 결부시키는 미국의 태도**를 확인할 수 있다.

---

77 이원석, 위의 글, 10면.

78 이원석, 위의 글, 12면.

79 이원석, 위의 글, 13면.

80 이원석, 위의 글, 13면.

81 법률신문(2022. 08. 25.), 미국의 경쟁법안 입법 동향 및 우리 기업의 대응 방향, <https://m.lawtimes.co.kr/Content/Article?serial=181152 > (최종접속일: 2023. 05. 26.)

82 다만, 미국경쟁법은 대중국적 내용 외의 분야도 망라하여 마련된 법안이다. (최창택, 미 하원 「2022년 미국 경쟁법」 주요 내용과 시사점, KISTEP 브리프 02, 과학기술정책센터, 2022, 1면.)

3. 개인정보 국외이전

EU의 개인정보 역외이전은 1995년 EU의 개인정보보호지침(Data Protection Directive)부터 시작되었다. 이 지침에서는 EU 외의 지역으로 개인정보를 이전하는 경우를 해당 국가가 적정한 보호수준(adequate level of protection)을 갖추었을 때로 한정한다.[83] 이 지침에서 나아가 제안된 것이 GDPR이며 현재는 GDPR이 역외 개인정보 이전을 규정하고 있다.

앞서 미국의 ADPPA에서 서술했듯이, 미국에는 개인정보 보호를 다루는 일반법이 없어 왔으며 영역별 개인정보를 다루는 개별법들이 있었다. 미국에서는 EU 사이의 개인정보 이전을 원활하게 하고자, 미국 내 기업들이 적정한 보호수준을 만족하기 위해 갖추어야 할 사항을 정하는 '세이프 하버' 협정을 체결했다. 이 세이프하버 협정을 기반으로 개인정보 이전을 하던 중, '슈렘스 사건'이 발생한다.[84]

세이프하버가 무효가 된 이후, 다시 미국과 EU의 개인정보 이전의 기반이 되는 '프라이버시 실드' 협약이 승인되었다. 당시 유럽집행위에서는 세이프하버 개선을 위한 '투명성 개선'과 '피해 구제 확실성 제고', '실행력 강화', '이전 정보에 대한 미국 당국의 접근 제한'을 제시했고, 프라이버시 실드는 이러한 사항을 바탕으로 사항을 보충한 것이다.

그러나 EU에 GDPR이 도입됨에 따라 더 높은 개인정보 보호 수준을 요구하게 되었고 프라이버시 실드도 유효성 문제에 직면한다. 미국 정부의 감시에 대한 보호수단 부재와 개인 데이터에 대한 적정 수준의 보호 요건 구성 미비가 주요 문제로 제기되었다.[85] 미국 외 거주 외국인에 대한 감시 승인을 제공하는

---

83 윤재석, "유럽연합과 미국의 개인정보이전협약(프라이버시 쉴드)과 국내 정책 방향", 정보보호학회논문지, 2016, 1271면.

84 슈렘스(Max Schrems)는 프라이버시 운동가로, 아일랜드 법원에 페이스북을 상대로 미국 국가안보국(National Security Agency, 이하 "NSA")이 자신의 프라이버시를 침해했다고 소송을 제기했다. 실제로 이 소송에서 EU-미국의 세이프하버 협정이 무효화되었다. 이 당시, 미국 정보 당국이 구글 등 자국의 IT 기업 서버에 별도의 프로그램을 설치하여 이용자를 감시했다는 미국 NSA 요원의 폭로가 무효화 판결에 영향을 주었다는 설명도 있다. 자세한 것은 윤재석, 위의 글, 1272면.

미국의 외국정보감시법(Foreign Intelligence Surveillance Act, FISA)**과 국가 안보 및 대외 정책 이익 증진을 위한 신호 정보 활동을 가능하게 하는 대통령 정책 지침 제28조 등이 국가로부터의 개인정보 보호를 약화한다고 보기도 했다. 이러한 여파로 인해 미국의 거대 기업 'Meta'는 유럽에서 개인정보보호법 위반을 이유로 상당한 과징금을 부여 받았고, 6개월 이내에 유럽 이용자와 관련한 데이터의 미국 전송을 중단하게 되었다.**[86]

기본적으로 미국은 개인정보 역외이전의 근거를 마련하여 처리 절차를 간편화하려는 시도를 하였다. 미국의 클라우드법이 그것이고, 앞서 미국과 EU 사이에서 볼 수 있었던 다양한 협약 등도 모두 이러한 취지에서 비롯되는 것으로 해석할 수 있다. 하지만 EU의 경우 프라이버시와 관련된 권리 보호를 주장하며 개인정보의 역외이전을 매우 제한적으로 이용하고 있다. 또한 미국의 기업 정보 감시를 고려하여 역외이전 적정성 여부를 판단하는 등 데이터 안보 문제에도 민감하게 반응하고 있음을 알 수 있다.

Ⅵ 나가며

이 글에서는 중국의 플랫폼 관련 입법 동향에 대하여 중국의 반독점법, 데이터안전법, 인공지능법에 대하여 소개하고 관련 조항에 대하여 살펴보았다. 특히, 플랫폼과 관련한 최근의 입법규제에 관련하여 미국의 온라인 플랫폼 규제와 더불어 최근의 데이터와 관련된 입법 동향을 검토해보았다.[87] 유럽의 DSA와 DMA, 미국의 SOE법안 등과 더불어 중국도 마찬가지로 플랫폼에 대한 입법을 추진하고 있음을 확인하였다. 국내에서도 비슷한 시기에 플랫폼 관련

85 한국인터넷진흥원, "유럽사법재판소의 프라이버시 쉴드 무효 판결 분석", 2020 최종보고서, 2020, 225면.

86 다만, 이 부분에 대해서는 Meta의 법적 대응이 지속 중이며 미국에서도 프라이버시 실드를 대체할 새로운 방안을 모색 중으로 알려져 있다.

87 미국의 플랫폼 규제 입법동향에 대하여 자세한 것은, 이성엽 외, 정혜련 편저, 데이터와 법, 박영사 2023.

법안이 추진되었고, 현 시점에서는 유럽의 특별법만이 통과되었다.[88] 표면적으로 보았을 때는 최근 주요국들의 입법 동향들이 매우 상반된 결과로 보이지만 그 저변에 깔린 법정책적 의도는 대동소이하다고 생각한다. 중요한 것은 유럽, 중국 그리고 미국의 규제 방향이 어디를 향하는지다.

미국의 경우, 앞서 언급한 거대 온라인 플랫폼이 모두 자국기업인 상황에서 미국의 반독점 패키지 법안이 결과적으로 통과하지 못한 것은[89] 이와 관련이 있을 것이라고 생각한다. **자국 플랫폼 기업을 향한 강력한 규제 대신에 미국이 선택한 것은 중국의 기업과 시장조성을 견제하는 것**이었다. **앞서 살펴본 바와 같이, 중국에서는 대대적으로 인공지능사업 진흥 및 육성을 위한 입법이 이전부터 진행되어 왔음을 확인하였다. 다시 말해서 관련 시장에서의 데이터 이동 및 확보를 위한 기틀을 법을 통해 마련하고 이를 통해 인공지능시장의 활성화를 도모하기 위한 계획을 수립하였다.** 따라서 미국은 중국으로의 정보 유출이나 중국계 플랫폼 기업의 성장뿐만 아니라 미국의 중국의 반인권적 행위와 함께 정보보안이나 지식재산권 침해 문제를 해결하기 위한 법안의 필요성이 더욱 중요함을 직시하고 이에 대하여 직접적으로 지적하기도 하였다. 앞서 언급한 '대중국' 법안에서 이러한 내용을 확인할 수 있다.

결과적으로 중국과 미국 모두 글로벌 시장 내에서 자기 영역 내의 국가보안을 우선시하는 정책방향 제시하고 동시에 자국의 기업이 성장할 수 있도록 규제 방향을 정한 것이라고 볼 수 있다. 현재 우리나라의 온라인 플랫폼 법은 네이버나 카카오 같은 국내 주요 플랫폼 기업도 함께 규제대상으로 포함한다. 하지만 이러한 입법방식은 글로벌 시장으로 진출해야 할 자국기업의 경쟁력을 약화시키는 결과를 초래할 수 있으며, 중국 혹은 미국 어느 곳에서도 차별되는 규제양상을 보이게 될 위험성이 크다. 법 제정의 숨은 의도를 살피는 동시에, '플랫폼 –소비자', '플랫폼–이용사업자', '플랫폼–타 플랫폼'의 차원으로 나누어 고찰하고, 국내 기업의 성장을 제한하지 않는 선에서 법안 제정 문제를 다루어야

---

88 여기에서 특별법은 유럽연합에서 제시된 새로운 질서 및 기준을 중심으로 만들어진 새로운 "플랫폼 규제법"이라는 의미에서 유럽의 DSA와 DMA와 같은 입법을 의미한다.

89 단, 'Merger Filing Fee Modernization Act'는 통과.

할 것으로 보인다.

나아가 데이터 경제의 성장을 견인하자는 목적을 담은 개정된 개인정보보호법에도 주목이 간다. **개정 개인정보보호법은 개인정보 전송요구권을 신설하는 등 전 국민 마이데이터 시대의 개인정보 활용 기반 강화로 신기술 및 신산업을 지원한다는 데에 그 의의가 있다. 아직 마이데이터 지원플랫폼 구축, 데이터 형식과 전송체계 표준화, 마이데이터와 데이터 유통 시장의 연계 강화 등 마이데이터의 활성화를 위한 과제들이 남아있지만, 마이데이터 산업에 대한 기대감이 상승 중이다. 그러나 플랫폼 산업의 활성화를 위한 데이터 활용의 가능성 증가에서 확대된 개인정보 유출의 피해 가능성을 감안한다면, 개인의 민감정보를 보호할 수 있는 민감수준의 보안은 필수적**이다.[90] 더불어 여러 기업의 서비스가 글로벌화됨에 따라 개인정보는 국제통상의 대상이 되었다. 기존에는 개인정보 보안 규제와 활발한 개인정보 교류를 통한 산업발전이 대치되는 것으로 여겨졌다. 하지만 **EU와 미국 사이의 슈렘스 사건 등은 개인정보 보호 규제 강화와 더불어 최근 논의되고 있는 인공지능법(안)에 대한 논의도 함께 논의되어야만 데이터 통상과 그를 통한 국내 사업자들의 진출과 더불어 국내 및 국외 산업발전이 가능함을 시사**한다.[91] **앞서 살펴본 미국의 플랫폼 입법 동향 및 중국의 플랫폼 입법 동향에서의 시사점에 맞추어 주요국 및 유럽이 요구하는 수준에 미칠 수 있을 정도로 개인정보보호법안을 포함한 데이터 및 인공지능법(안)을 합리적으로 신속하게 발전시켜가야 할 것**이다.[92]

90 코스콤 뉴스룸, “디지털금융 보안정책 동향_2023년 개정 개인정보보호법을 중심으로”, <https://m.blog.naver.com/koscommedia2021/223115220263> (최종 접속일: 2023. 6. 8.).

91 정혜련, “K플랫폼 규제의 딜레마－최근 주요국의 플랫폼규제법 집행동향 분석과 국내와의 비교 및 시사점을 중심으로”, 경제법연구, 제23권 제2호, 2024.

92 정혜련, 상동.

참고문헌

이성엽 외, 『데이터와법』, 박영사, 2024.

정혜련, "K플랫폼 규제의 딜레마 –최근 주요국의 플랫폼규제법 집행동향 분석과 국내와의 비교 및 시사점을 중심으로– 경제법연구, 제23권 2호(2024).

______, "미국의 프라이버시와 개인정보보호 –개인정보보호에 대한 유럽연합과의 차이를 중심으로–", 일감법학 제35권, 271–305면(2016).

______, "구글(Google)관련 미국、유럽결정(판결)이 IT산업에 미치는 영향 –앱개발시장에 미치는 영향을 중심으로–", 경영법률 제31권 제1호, 473–501면(2020).

______, "주요국의 온라인 플랫폼 규제동향 –최근 해외 입법 추진 현황을 중심으로–", 법학논총, 제46권 제1호, 31–74면(2022).

______, "전자상거래법의 온라인 플랫폼상 프로파일링 광고규제에 관한 소고 –알고리즘기반 광고규제 조항의 비교법적 분석을 중심으로–", 경영법률 제31권 제4호, 189–231(2021).

______, "Proposed Changes to the U.S. Antitrust Laws –Antitrust Regulations in Digital Economy–", 법학논총 제46권 제3호(2022).

______, "해외 온라인 플랫폼 규제 최신 동향이 국내 법제화에 주는 의의" D. EView,(3), 디지털경제연구원(2023).

徐晋, 平台经济学, 上海交通大学出版社, 2014年版.

吴敬琏, "平台经济与公共政策", 『比较』, 2018年第5期.

郜庆, "优化数字经济营商环境背景下支配地位认定条款之重塑", 『行政法学研究』, 2020年第5期.

郝俊淇, "滥用市场支配地位与排除´限制竞争的可分性", 『中国市场监管研究』, 2020年第6期.

董笃笃, "竞争法理念的缘起: 从公平价格到市场竞争", 『经贸法律评论』, 2021年第2期.

时建中, "共同市场支配地位制度拓展适用于算法默示共谋研究", 『中国法学』, 2020年第2期.

焦海涛, "经济法法典化: 从"综合法"走向"整合法", 『学术界』, 2020年第6期.

叶明·郭江兰, "数字经济时代算法价格歧视行为的法律规制", 『价格月刊』, 2020年第3期.

郝俊淇, "反垄断法上的交易相对人及其三重角色", 『中国价格监管与反垄断』, 2020年第7期.
兰磊, “非法价格歧视行为的判断标准研究”, 『竞争政策研究』, 2015年第2期.
钟刚, “平台经济领域滥用市场支配地位认定的证据规则思考”, 『法治研究』, 2021年第2期.
郝俊淇 · 刘维俊, “反垄断指南的功能探讨”, 『中国价格监管与反垄断』, 2015年第9期.

OECD, Price Discrimination, Background Note by the Secretariat, 2016, pp. 18－19. https://one.oecd.org/document/DAF/COMP(2016)15/en/pdf, 마지막 방문일자 2023년 1월 20일.
Sean F. Ennis·Pedro Gonzaga·Chris Pike, "The Effects of Market Power on Inequality", CPI Journal Fall, 2017.
OECD, Personalised Pricing in the Digital Era, Background Note by the Secretariat, 2018, pp. 10－11.
Christopher Townley·Eric Morrison·Karen Yeung, “Big Data and Personalised Price Discrimination in EU Competition Law”.
R. O’ Donoghue·J. Padilla, “The Law and Economics of Article 82 EC”, Hart Publishing, 2006.
Thomas Hppner, “Data Exploiting As an Abuse of Dominance: The German Facebook Decision”.

https://ssrn.com/abstract=3345575.
https://one.oecd.org/document/DAF/COMP(2018)13/en/pdf.
https://ssrn.com/abstract=3048688.
https://ssrn.com/abstract=3345575.

金歆, 七部门联合发文—促进生成式人工智能健康发展和规范应用(政策解读), 人民日报, 2023.07.15.
严驰, “GPT4发展中的若干问题及其规制方案”, 信息安全研究, 2023.9(6).
陈昶屹, “论“促进型立法”的形成背景”, 『北京行政学院学报』, 2005, 35(1).
杨紫烜, 经济法, 北京: 北京大学出版社, 1999.
李洋, “促进型法的概念证成”, 『西部法学评论』, 2021, 117(6).
柏拉图 · 王太庆译, 柏拉图对话集, 北京: 商务印书馆, 2019.
刘怡达, “法律名称的要素´ 功能与确定方法—基于全国人大及其常委会的立法实践”, 『法律方法』, 2022, 39(2).

沈宗灵, 法理学, 北京大学出版社, 2003.
崔爽, 国家网信办发布《生成式人工智能服务管理办法(征求意见稿)》, 科技日报, 2023. 04.12.
李勰, "准用性法条适用的法律论证—兼论其适用的程序规范", 『山东法官培训学院学报』, 2019, 35(3).
毕文轩, "生成式人工智能的风险规制困境及其化解: 以ChatGPT的规制为视角", 『比较法研究』, 2023, 187(3).
高巍, "重构罪刑法定原则[", 『中国社会科学』, 2020, 291(3).
郭佳·杨尚东, "力求法律文本规范´ 具体", 『民主与法制时报』, 2021.11.23.
张亚雄, "七部门联合发文—规范生成式人工智能服务", 『光明日报』, 2023.07. 14.
王伟洁 · 邓攀科 · 吕志远, "欧盟2021年《人工智能法》研究", 『信息安全研究』, 2022, 8(2).
洪延青, "国家安全视野中的数据分类分级保护", 『中国法律评论」, 2021, 41(5).
张继红, "国家安全视域下我国数据安全法的制度构造", 『西北工业大学学报:社会科学版』, 2021, 91(3).
余南平, "新一代人工智能技术与大国博弈新边疆", 『探索与争鸣』, 2023, 401(5).
王晓丽·严驰, "从RCEP展望CPTPP: 知识产权条款分析及对我国的启示", 『法治论坛』, 2021, 60(4).
王晓丽 · 严驰, "数字经济时代非同质化代币的风险治理", 『合肥工业大学学报: 社会科学版』, 2022, 36(6).
王春晖,《中华人民共和国数据安全法》十大法律问题解析, 保密科学技术, 2021年9月.
Soprana M, The digital economy partnership agreement(DEPA): Assessing the significance of the new trade agreement on the block, Trade Law and Development, 2021, 13(1).

14 우리나라의 플랫폼 규제 입법 동향 및 평가

김현수 / 정보통신정책연구원

I 개관

2020년 말부터 2021년까지 플랫폼 사업자에 대한 규제를 도입하는 여러 법안들이 국회에 제출되었다. 그 중 가장 핵심적인 법안으로는 2020년 12월 11일 국회 과학기술정보방송통신위원회(이하 "과방위")에서 전혜숙 의원이 대표발의한 「온라인 플랫폼 이용자 보호에 관한 법률」 제정안(이하 "플랫폼 이용자보호법"), 공정거래위원회 안으로서 2021년 1월 28일 국회 정무위원회(이하 "정무위")에 제출된 「온라인 플랫폼 중개거래의 공정화에 관한 법률」 제정안(이하 "플랫폼 공정화법") 및 2021년 3월 5일부터 4월 14일까지 입법예고 절차를 거친 후 아직 국회에 제출되지 않은 「전자상거래 등에서의 소비자 보호에 관한 법률」 전부개정안(이하 "전자상거래법 전부개정안") 등(이하 "플랫폼 3법")이 있다.

이 중에서 플랫폼 이용자보호법과 플랫폼 공정화법에 대해 중복규제 문제 등이 제기되어 방송통신위원회, 과학기술정보통신부, 공정거래위원회 등은 부처 간 협의와 당·정·청 회의 등을 거쳐 2021년 11월 수정 의견을 국회에 제출하였다. 하지만 이후 개최된 국회 정무위와 과방위의 법안 심사 소위에서 각 법안이 많은 부분 보완되었으나 산업계 등의 반대가 여전하므로 더 나은 법안이 되도록 신중한 논의를 위해 보류하였다.

윤석열 정부 출범 후 플랫폼을 둘러싼 부작용을 해소하면서도 시장의 역동성과 혁신이 저해되지 않는 균형 잡힌 정책을 위해 민간 주도의 자율규제를 추진하기로 결정함에 따라 2022년 8월 플랫폼 사업자, 중·소 상공인, 소비자단체, 전문가 등이 참여하는 자율기구가 출범하였다. 하지만 2022년 10월 카카오 서비스 장애 사태가 발생한 이후 정책 기조가 변화하여 플랫폼 독과점에 대한 대응 필요성이 강조되고, 공정거래위원회는 2023년 1월 「온라인 플랫폼 사업자의 시장지배적 지위 남용행위에 대한 심사지침」을 제정하였다. 또한, 2024년 7월 티몬·위메프 대규모 미정산 사태가 발생하자 공정거래위원회는 같은 해 9월 플랫폼 독과점 및 갑을 분야의 제도 개선을 위한 공정거래법과 대규모유통업법 개정 방향을 발표하였다. 이하에서는 플랫폼 3법의 주요내용과 윤석열 정부 출범 후 정책 동향을 살펴보고, 시사점을 분석하고자 한다.

II 플랫폼 3법의 주요 내용

1. 플랫폼 이용자보호법의 주요 내용

(1) 입법 필요성[1]

하나의 플랫폼을 통해 다수의 참여자가 다면적 거래를 하는 플랫폼 시장은 일정 규모 이상의 가입자 확보를 통한 구조적 독과점 시장으로, 일부 거대 플랫폼은 필수로 자리잡은 스마트폰을 통해 국민의 일상생활을 사실상 지배하는 등 막강한 영향력을 행사하고 있다. 이러한 플랫폼의 관문(gatekeeper) 역할로 인해 스타트업·중소사업자는 협상력 측면에서 열위에 놓이게 되는 등 ICT 생태계의 공정경쟁 기반이 훼손될 가능성이 있다. 또한, 무한 확장성, 기존 산업 잠식·생태계 파괴, 후발 사업자 진입 장애, 중소사업자에 대한 지배력 남용행위 등이 구조화될 특성을 갖고 있어 공생을 위한 일정한 규제가 불가피한 상황이다. 특히, 코로나로 인한 비대면 활동 증가, 온라인 시장의 급속한 성장, Z세대의 소비패턴 변화로 플랫폼 매출액·점유율이 급속 성장함에 따라 높아진

1 방송통신위원회, 「온라인 플랫폼 이용자보호에 관한 법률(안)」 설명자료('21.3.18)

거래의존도 및 독점적 지위 강화로 이용사업자에 대한 불공정 행위가 심화되고 이용자 피해 발생 가능성이 증가하였다.

온라인 플랫폼 서비스는 전기통신사업법 상 부가통신사업으로 진입규제 및 금지행위 규정 등이 적용되고 있다. 진입규제로는 자본금 1억 원 초과 시 신고, 특수한 유형의 부가통신사업은 등록을 해야 하며, 플랫폼을 이용해 다른 서비스를 제공하려는 자에게 불합리하거나 차별적인 조건 부과, 광고와 정보의 미구분, 서비스 이용·해지 제한, 과도한 위약금 부과, 중요사항 미고지, 선탑재앱 삭제 제한, 적정한 수익배분 거부·제한, 플로팅 광고 삭제 제한 등을 금지행위로 규정하고 있다. 하지만 기간통신사업 관련 규정들에 비해 금지행위 세부유형 등에 대한 구체성이 부족하여 규제 명확성, 수범자의 예측 가능성 및 규제 순응도, 집행 실효성 등이 높지 않은 상황이다. 한편, 전기통신사업법 개정은 전반적인 검토를 통해 플랫폼 사업을 포함한 전체 부가통신사업에 대한 규제체계 마련 등 전면 재정비가 필요하여 상당한 시일이 소요될 것으로 예상된다. 이에 EU, 일본 등 해외 주요국의 입법례를 참고하여 온라인 플랫폼 특별법 제정을 통해 인터넷 생태계의 공정경쟁 환경을 조성하고 이용자 권익을 제고하는 방안이 적절할 것으로 판단된다.

(2) 법안 주요 내용

1) 기본방향

플랫폼의 양면적 관계를 모두 규율하며, 일정 규모 이상의 플랫폼에 대해서만 규제를 적용하여 규제가 혁신을 저해한다는 우려에 대응한다. 첫째, 이용자 간에 의사소통, 정보교환, 거래 등 모든 유형의 상호작용을 매개하는 플랫폼에 대하여 적용함으로써 규제 공백을 방지하고 규제 형평성을 달성한다. 국외에서 이루어진 행위라도 국내 시장 또는 이용자에게 영향을 미치는 경우에는 이 법을 적용함으로써 국내외 사업자 간 규제 역차별을 방지한다. 둘째, B(이용사업자)－P(플랫폼)－C(최종이용자) 간 다면적 관계에서 P－B 및 P－C 간 관계를 모두 규율한다. 먼저 P－B 관계에서는 우월적 협상력 남용, 부당한 거래조건을 통한 이용사업자 또는 다른 플랫폼과의 경쟁 제한 등을 규율하고, P－C 관계에서는 정확한 정보 제공, 선택권 확대, 효과적인 불만처리 절차 제공 등을 규율한다. 셋째, 매출액, 이용자수 등이 일정규모(예: 매출액 1,000억 원 이상이고 일평균 이용자수 100만 명 이상)에 달하고 공정경쟁 및 이용자 보호의 필요성이 크다고 인정되는 주요 플랫폼 서비스에 한정하여 규제를 적용한다. 특히, 대규모(예: 일평균 이용자수 500만 명 이상) 플랫폼은 국민경제 전반에 미치는 영향이 크고 플랫폼 집중도가 높아 게이트키퍼 역할을 하므로 강한 규제를 적용하여 이용자 선택권과 혁신을 촉진한다.

2) 일정 규모 이상의 플랫폼에 적용되는 사항

① 내부 불만처리 절차 마련(제6조)

2020년 방통위 이용자보호업무평가 결과 구글 앱마켓과 페이스북이 이용자보호업무 관리체계, 피해예방 활동실적, 이용자 의견 및 불만 처리실적 등 이용자보호업무 수준이 전반적으로 '미흡'한 것으로 평가되어 업무개선이 필요한 것으로 파악되었다. 이에 플랫폼 사업자로 하여금 이용자의 불만을 처리하는 적정 절차를 갖추고, 불만 처리 운영상황을 공개하도록 할 필요가 있다. 참고로 EU 디지털서비스법(Digital Services Act, 이하 "DSA")에서는 플랫폼 사업자로 하여금 이용자가 무료로 이용할 수 있는 내부 불만시스템을 마련하도록 규정하고 있다. 이에 따르면, 플랫폼이 불법 콘텐츠 또는 이용조건에 부합하지 않는 정보라는 이유로 삭제하거나 접근을 차단한 결정에 대해 이용자가 최소 6개월 동안 불만을 제기할 수 있도록 해야 한다. 플랫폼은 접수된 불만을 적시에 성실하고 객관적으로 처리해야 하며, 이용자에게 그 결과와 법정 외 분쟁해결절차 및 기타 가능한 구제수단을 알려야 하고, 이러한 불만처리를 자동화된 수단에 의해서만 행해서는 아니 된다. 한편, 2019년 제정된 EU 플랫폼 공정성·투명성 규칙(Regulation on Promoting Fairness and Transparency for Business Users of Online Intermediation Services, 이하 "P2B 규칙")에서는 이용사업자가 무료로 이용할 수 있는 내부 분쟁해결 시스템을 마련하도록 규정하고 있다. 다만, 연 매출액이 1,000만 유로 미만이고 종업원 수 50인 이하인 경우에는 이러한 의무가 면제된다.

② 서비스 제한 등의 사전통지(제8조)

이용사업자에게 제공하는 서비스를 제한·중단하려는 경우, 계약 내용을 변경하려는 경우 및 계약을 해지하려는 경우 사전에 그 내용 및 구체적인 사유를 통지해야 한다. P2B 규칙에서는 온라인 중개서비스 제공자가 이용사업자에 대한 서비스를 제한하거나 일시적으로 중단할 경우 효력 발생 시점 또는 그 이전에, 서비스 전체의 제공을 종료하는 경우에는 최소 30일 이전에 그 이유를 고지하도록 하고, 약관 내용 변경 시 15일 전에 통보하도록 하고 있다.

③ 정보 제공(제9조)

한국인터넷진흥원의 2019년 인터넷플랫폼시장 현황조사 결과에 따르면, 플랫폼 사업자의 불충분한 정보(환불사유 등 판매정보 등) 제공을 가장 큰 문제로 지적하고 있다. 또한, 플랫폼 공정화법 제정 관련 입점업체 간담회에서 한국프랜차이즈산업협회는 "배달앱 분야에서 가장 우려되는 문제는 정보 독점"이며 "이에 고객 관련 데이터를 자영업자 및 가맹본부와 공유할 필요가 있다"고 주장하였다. 또한, 한국외식업중앙회는 적정 수수료 산정 기준 마련의 필요성을 강조하면서 수수료 부과내역의 투명한 공개, 고객 관련 정보 공유, 판매과정에서 발생한 손해에 대한 비용부담 기준 마련 등이 규정되어야 한다고 주장하였다. 이에 이용사업자 또는 최종이용자에 의해 제공되거나 생성된 데이터를 이용사업자에게 제공할 의무를 부과하는 것이 적절할 것으로 판단된다. 다만, 개인정보는 최종이용자가 동의할 경우에 한한다.

EU 디지털시장법(Digital Markets Act, 이하 "DMA")에서는 이용사업자 또는 이용사업자가 승인한 제3자에게 해당 이용사업자 및 해당 이용사업자가 제공하는 서비스·상품에 관련된 최종이용자에 의해 핵심 플랫폼 서비스 이용 과정에서 제공되거나 생성되는 집계·비집계 데이터의 효과적인 고품질의 지속적 실시간 접근·이용을 무료로 제공하도록 하고 있다. 다만, 개인정보의 경우에는 핵심 플랫폼 서비스를 통해 이용사업자가 제공하는 상품·서비스에 있어 최종이용자가 유발한 이용과 직접적으로 관련되며, 개인정보보호규칙에 따라 최종 이용자가 그러한 공유를 선택한 경우에만 접근·이용을 제공해야 한다.

④ 부당한 정보 이용 금지(제10조)

유럽위원회(European Commission)는 아마존이 플랫폼 사업자이자 유통 사업자라는 이중 지위를 남용하여 제3자 판매자의 제품 자료를 수집해 이들 제품과 비슷한 자사 제품을 출시했다는 의혹에 대해 조사 중이다. 이처럼 플랫폼이 스스로 유통하기도 하는 경우(PB; Private Brand) 중개 시장에서 얻은 정보를 PB에 이용하는 행위를 금지하는 것이 바람직하다. DMA에서는 이용사업자 및 이용사업자의 최종이용자의 활동을 통해 생성되거나 이용사업자 및 이용사업자의 최종이용자가 제공하는 공개되지 않은 데이터를 이용사업자와의 경쟁에 사용해서는 아니 된다고 규정하고 있다.

⑤ 이용약관의 신고(제14조)

최종이용자에 대한 이용약관을 정하여 방송통신위원회에 신고해야 한다. 이는 약관 통제가 아니라 규제기관이 약관 현황을 파악할 수 있도록 하기 위한 것으로서, 요건을 갖추면 신고를 접수한 날의 다음 날까지 신고확인증을 발급하도록 하여 신고제가 사실상의 인가제로 운영되는 것을 방지하였다.

⑥ 데이터 이동성 보장(제16조)

대규모 플랫폼 사업자는 다양한 플랫폼 서비스를 통해 방대한 양의 데이터를 수집하는 이점을 보유한다. 데이터는 디지털 경제의 필수재로서 주요 진입장벽 및 확산장벽으로 기능하여 시장 경합성과 혁신 잠재력을 저해할 수 있으므로, 이용자가 자신의 활동을 통해 생성된 데이터에 대한 전송을 요청하는 경우 이를 이용자 또는 이용자가 지정한 제3자가 전송받을 수 있는 절차를 마련해야 한다. DMA에서는 이용사업자 또는 최종이용자의 활동을 통해 생성된 데이터의 이동성을 효과적으로 제공하고, 특히 지속적인 실시간 접근 제공을 포함하여 개인정보보호법에 따라 최종이용자에게 데이터 이동성의 행사를 용이하게 하는 도구를 제공하도록 하고 있다.

⑦ 금지행위(제15조) : P2C

이용약관과 다르게 서비스를 제공하는 행위를 금지한다. 이는 현행 전기통신사업법 제50조 제1항 제5호 전단에 의해 금지되는 행위이다. 다만, 동법은 신고한 이용약관에만 적용되는 바, 플랫폼 이용자보호법에서 새로이 플랫폼 이용약관 신고제를 도입하여 약관위반 규제의 적용대상을 확대하였다.

미성년자의 부모의 동의를 얻지 않는 등 법령 또는 이용약관에서 정한 절차를 위반하여 계약을 체결하는 행위를 금지한다. 이는 전기통신사업법 제50조 제1항 제5호 후단 및 시행령 [별표4] 금지행위의 유형 및 기준 제5호 나목 3)에 의해 금지되는 행위이다. 전기통신사업법에 이미 존재하는 사항을 다시 규정한 이유는 이 법이 전기통신사업법의 특별법으로서, 특히 동의의결제, 분쟁조정, 이행강제금 등 사건처리 절차에 있어 차이가 있기 때문이다.

많은 플랫폼 사업자의 이용약관에 “OOO는 단독 재량으로 본 사이트 또는 사이트를 통해 사용할 수 있는 모든 서비스와 제품 및 파생제품 또는 귀하의 사이트 사용과 이에 파생되는 모든 사항을 언제든지 어떠한 이유로도 예고 없이 수정하거나 일시 중단하거나 해지할 수 있는 권한이 있습니다”와 같은 일방적인 이용 제한 및 계약 해지 조항이 존재하고 있다. 이에 정당한 사유 없이 서비스 이용을 거부·지연·제한하는 행위를 금지할 필요가 있다. 이는 전기통신사업법 제50조 제1항 제5호 후단 및 시행령 [별표4] 금지행위의 유형 및 기준 제5호 나목 5)에 의해 금지되는 행위이다.

2020년 1월 방통위는 구글이 유튜브 서비스 가입 절차에서 중요 사항인 월이용요금, 청약철회 기간, 구독취소·환불 정책을 제대로 고지하지 않은 행위에 대해 시정명령 및 과징금을 부과한 바 있다. 이처럼 이용자에게 요금, 계속거래 조건 등의 중요한 사항을 설명 또는 고지하지 않거나 거짓으로 또는 과장하여 설명 또는 고지하는 행위를 금지해야 한다. 이는 전기통신사업법 제50조 제1항 제5의2호 및 시행령 [별표4] 금지행위의 유형 및 기준 제5의2호 가목 및 나목에 의해 금지되는 행위이다.

계약기간 중에 계약조건을 변경하려는 경우 이용자에게 그 변경 사항을 사전에 설명 또는 고지하지 않는 행위를 금지한다. 이는 전기통신사업법 제50

조 제1항 제5의2호 및 시행령 [별표4] 금지행위의 유형 및 기준 제5의2호 마목에 의해 금지되는 행위이다.

서비스 이용이 제한·중단되었다는 사실을 이용자에게 즉시 설명 또는 고지하지 않는 행위를 금지한다. DSA에서는 이용자가 제공한 특정 정보를 삭제하거나 접근을 차단한 경우 늦어도 삭제하거나 접근을 차단한 시점에 이용자에게 이러한 사실을 알리고 그 이유를 명확하고 구체적으로 설명하도록 하고 있다.

부당하게 광고와 광고가 아닌 정보를 명확하게 구분하지 않고 제공하거나 허위·과장·기만하는 내용을 포함하여 이용자를 오인하게 하는 행위를 금지한다. 전단은 전기통신사업법 제50조 제1항 제5호 후단 및 시행령 [별표4] 금지행위의 유형 및 기준 제5호 나목 5)에 의해 금지되는 행위이다. 후단은 특히 이용자가 반복적으로 허위·과장·기만하는 내용을 게시하는 경우 플랫폼 사업자로 하여금 서비스 중단 등의 조치를 취하도록 하기 위한 것이다(제15조 제3항).

정당한 사유 없이 계약의 취소·해제·해지를 거부·지연·제한하는 행위를 금지한다. 이는 전기통신사업법 제50 조제1항 제5호 후단 및 시행령 [별표4] 금지행위의 유형 및 기준 제5호 나목 8)에 의해 금지되는 행위이다.

3) 대규모 플랫폼에만 적용되는 사항

① 노출 기준의 공개(제11조)

앱 개발자들은 객관적 자료에 근거해 추천 순위를 매기고 있다는 앱 마켓 입장은 알고 있으나 추천 순위에 포함되는 방법을 알 수 없는 상황이며 순위에 잦은 오류가 발생해도 불만을 제기하기 어려운 입장이다. 이에 검색결과, 추천 등 콘텐츠의 노출 순서 및 노출 방식을 결정하는 주요 기준을 공개하고 이를 준수할 의무를 부과할 필요가 있다.

이 경우 알고리즘을 공개할 의무는 없으며, 합리적으로 판단할 때 확실하게 검색결과의 조작을 통해 이용자를 기만할 수 있게 하거나 이용자 피해를 초래할 수 있는 정보를 공개할 의무는 없다. 또한, 순위 매커니즘의 상세한 기능을 공개할 필요 없이 순위를 결정하는 주요 매개변수 및 주요 매개변수의 상대적 중요성에 대한 설명만 제공하면 충분하고, 상대적 중요성과 관련하여 주요 매개변수 또는 알고리즘의 정확한 가중치를 공개할 의무는 없다. 한편, 노출 기준 중 프로파일링에 따르지 않을 선택권을 최종이용자에게 부여해야 한다.

DSA에서는 타겟 광고에 사용된 주요 매개변수와 추천시스템의 주요 매개변수에 대한 공개의무 및 이에 대한 이용자의 선택권을 부여하고 있다. P2B 규칙에서는 상품 노출순위를 결정짓는 주요 변수 및 변수 간 상대적 중요도, 이용사업자가 지급하는 경제적 대가가 순위 결정에 미치는 영향(이용사업자가 지급하는 직·간접적인 대가가 순위에 미치는 영향 포함)을 약관에 명시하도록 하고 있다.

② 서비스 제공 거부 사유의 통지(제12조)

앱 개발자들은 수수료뿐만 아니라 예측이 어려운 앱 마켓 관리지침이나 단절된 대화창구 등에 더 큰 불만을 나타내고 있다. 이에 대규모 플랫폼 사업자가 이용사업자의 서비스 이용 요청을 수락하지 않을 경우 그 구체적 사유를 설명하고 소명 기회를 제공하도록 할 필요가 있다. 일본 「특정 디지털 플랫폼의 투명성 및 공정성 향상에 관한 법률」(2020.6.30. 제정)에서는 플랫폼 제공조건에 해당되지 않는 거래를 요청하여 거절할 경우에는 그 내용 및 이유를 공개하도록 하고 있다.

③ 금지행위(제13조) : P2B

정당한 사유 없이 계약을 이행하지 않거나 계약과 다르게 서비스를 제공하는 행위를 금지한다. 현행 전기통신사업법은 신고한 약관과 다르게 서비스를 제공하는 행위만 금지하고 있으나(제50조 제1항 제5호 전단), 대규모 플랫폼의 경우 이용사업자와의 계약이 주로 약관에 의해 이루어지고 있다는 점, 상당한 협상력 우위에 있는 경우가 많다는 점 등을 고려하여 이용사업자와의 계약 위반도 규제하는 것이 바람직하다.

2020년 8월 페이스북과 마이크로소프트는 애플 앱스토어에서 자사의 게임앱 등록을 거부했다며 유럽위원회에 문제를 제기한 바 있다. 애플 앱스토어의 경쟁 앱 등록 거부행위는 상당히 오래전부터 반복적으로 발생해 온 문제이다.

이와 같이 정당한 사유 없이 서비스 이용을 거부·지연·제한하는 행위를 금지하는 것이 바람직하다. 이는 전기통신사업법 제50조 제1항 제5호 후단 및 시행령 [별표4] 금지행위의 유형 및 기준 제5호 나목 5)에 의해 금지되는 행위이기도 하다.

플랫폼 공정화법 제정 관련 입점업체 간담회에서 전국택시운송사업조합연합회는 고율의 수수료 문제 및 입점업체 간 차별적 취급(우선 배차 등)을 방지하기 위한 방안 마련이 필요하다고 강조하였다. 이와 같이 수수료·광고비 등 부과, 판매촉진 행사 등에 있어 이용사업자 간 부당하게 차별하는 행위를 금지하는 것이 바람직하다고 판단된다. 이는 전기통신사업법 제50조 제1항 제7호 및 시행령 [별표4] 금지행위의 유형 및 기준 제7호 나목 1)에 의해 금지되는 행위이다. DMA에서는 게이트키퍼 앱스토어에 대한 이용사업자의 공정하고 비차별적인 접근 조건 적용을 의무화하고 있다.

2017년 6월 유럽위원회는 구글이 인터넷 일반검색 분야의 시장지배적 지위를 남용하여 자사 비교쇼핑 서비스(구글 쇼핑)에 불공정한 특혜를 부여한 행위에 대해 시정명령 및 과징금을 부과한 바 있다. 이와 같이 정당한 사유 없이 자신 또는 계열회사가 제공하는 콘텐츠 등을 우대함으로써 기존 지배력을 유지·강화하거나 인접시장으로 지배력을 전이하는 행위를 금지해야 한다. DMA에서는 제3자의 유사한 서비스·상품과 비교하여 게이트키퍼 자신 또는 동일한 기업집단에 속하는 제3자에 의해 제공되는 서비스·상품의 순위를 더 유리하게 취급해서는 안 되며, 그러한 순위에 공정하고 비차별적 조건을 적용하도록 하고 있다.

2018년 7월 유럽위원회는 구글이 플레이스토어·검색앱 등 자사 앱의 선탑재를 희망하는 기업들로 하여금 안드로이드 포크에 기반한 모바일기기를 제조·판매하지 못하게 하는 계약을 체결한 행위에 대해 시정명령 및 과징금을 부과하였다. 이와 같이 정당한 사유 없이 다른 플랫폼 사업자의 서비스 이용을 제한하는 행위를 금지한다. 이는 전기통신사업법 제50조 제1항 제7호 및 시행령 [별표4] 금지행위의 유형 및 기준 제7호 나목 2)에 의해 금지되는 행위이다. DMA에서는 사업이용자가 게이트키퍼의 온라인 중개서비스를 통해 제공되는 것과 다른 가격·조건으로 제3자 온라인 중개서비스를 통해 최종이용자에게 동일한 제품 또는 서비스를 제공하는 것을 허용하도록 규정하고 있다.

2018년 7월 유럽위원회는 구글이 모바일 기기 제조사들에게 앱스토어 탑재 조건으로 구글 검색앱 및 브라우저앱의 선탑재를 요구한 행위에 대해 시정명령 및 과징금을 부과하였다. 이처럼 주된 계약과 관련성이 적은 부수적 계약 체결(예: 부가서비스 가입, 포스기 구입)을 요구하는 행위를 금지한다. DMA에서는 이용사업자가 게이트키퍼의 핵심 플랫폼 서비스를 통해 제공하는 서비스에 대해 게이트키퍼의 신원확인 서비스를 사용·제공·상호운용하도록 요구해서는 아니 되며, 이용사업자 또는 최종이용자에게 게이트키퍼의 핵심 플랫폼 서비스의 액세스·가입·등록 조건으로 게이트키퍼로 지정된 핵심 플랫폼 서비스 또는 추정기준 ⓑ를 충족하는 다른 핵심 플랫폼 서비스에 액세스·가입·등록하도록 요구해서는 아니 된다고 규정하고 있다.

2017년 5월 유럽위원회는 아마존이 전자책 출판업체들과 체결한 '최저가 보장 조항' 계약에 대해 아마존이 제출한 시정방안을 승인하여 동의의결한 바 있다. 이처럼 자사 플랫폼에 제공하는 조건보다 더 좋은 조건으로 경쟁 플랫폼에 제공하지 않도록 요구하는 행위를 금지한다. DMA에서는 이용사업자가 게이트키퍼의 온라인 중개서비스를 통해 제공되는 것과 다른 가격·조건으로 제3자 온라인 중개서비스를 통해 최종이용자에게 동일한 제품 또는 서비스를 제공하도록 허용해야 한다고 규정하고 있다.

2. 플랫폼 공정화법의 주요 내용

(1) 입법 필요성[2]

온라인 거래로의 전환, 코로나19로 인한 비대면 거래의 급증 등에 따라 플랫폼을 통한 거래규모가 급속히 확대되고 있다. 이와 함께 입점업체의 거래 의존도가 높아지면서 플랫폼의 우월적 지위가 강화되고 입점업체에 대한 불공정

2 공정거래위원회, 「온라인 플랫폼 공정화법」 제정안 입법예고 보도자료('20.9.28).

행위 등 피해 발생 우려가 현실화되고 있지만 기존 정책 수단으로는 효과적인 대응에 한계가 있다.

플랫폼은 중개사업자로서 대규모유통업법이 적용되지 않고, 공정거래법에는 계약서 제공 의무, 표준계약서 등 분쟁예방 및 거래관행 개선을 위한 근거 규정이 부재하며 플랫폼 산업의 특수성을 반영하여 거래상 지위 남용행위의 기준을 구체화할 필요가 있다. 이에 따라 플랫폼－입점업체 간 거래관계의 투명성과 공정성을 제고하여 플랫폼 생태계의 공정하고 지속가능한 발전이 가능하도록 제도적 기반을 마련할 필요가 제기되었다.

(2) 법안 주요 내용

1) 법적용 대상사업자(제2조)

규율대상을 이용사업자로부터 이용대가를 받고 플랫폼 중개서비스를 제공하는 '중개 거래 플랫폼'에 한정하였다. 또한, 플랫폼 중개서비스를 통한 매출액이 100억 원 이상이거나 판매가액 합계액이 1,000억 원 이상인 사업자 중에서 대통령령으로 정하는 사업자에 대해서만 법을 적용한다.

2) 계약서 작성 · 교부 의무 및 필수기재사항(제6조)

2019년 법제연구원의 온라인 유통플랫폼 불공정행위 현황 조사 결과에 따르면, 합의된 서면계약서 부재를 경험한 입점업체 비율이 25%에 달하였다. 명시적인 중개 거래 계약서가 존재하지 않을 경우 플랫폼과 입점업체 간 분쟁 발생 시 입점업체의 대응능력이 현저히 저하되는 문제가 존재한다. 다른 갑을관계 분야(하도급법, 가맹사업법, 대규모유통업법, 대리점법)는 이미 사업자에게 계약서 작성 · 교부 의무를 부과하고 있다. 이에 중개서비스 계약의 기간 · 변경 · 갱신 · 해지, 중개서비스 내용 · 기간 · 대가, 중개서비스 개시 · 제한 · 중지 · 변경, 상품 노출 순서 · 기준, 거래상 손해 분담 기준 등 입점업체의 권리 · 의무 관계에 중요한 항목을 계약서 필수기재사항으로 규정하고, 입점업체에 대한 계약서 교부를 의무화하였다.

3) 온라인 플랫폼 중개서비스 계약 내용 변경 및 제한 등의 사전통지(제7조)

계약과 관련한 주요 사항의 변경 또는 서비스 제공의 제한 등에 대해 일정기간 전에 미리 통지할 의무를 부여하여 사업자의 예측 가능성을 보장할 필요가 있다. 이에 서비스 제한·중지 시 7일 전에, 계약 해지 시 30일 전에, 계약 변경 시 시행령으로 규정한 기일 전에 입점업체에 통지할 의무를 부과하고, 이러한 사전통지 절차를 거치지 아니한 계약의 해지 또는 변경의 효력을 부인하였다.

4) 불공정 거래행위의 금지(제9조)

플랫폼 거래에서 자주 발생하는 공정거래법상 거래상 지위 남용행위(구입강제, 경제상 이익제공 강요, 불이익제공, 경영간섭, 부당한 손해전가 등) 금지 조항을 플랫폼 사업모델의 특성에 맞게 이관하여 규정하였다. 현행 공정거래법에 따른 '거래상 우월적 지위 판단 기준'은 오프라인 거래를 전제로 설정되어 있어 플랫폼 중개 거래에 직접 적용하기 곤란하기 때문이다. 구체적으로 입점업체가 구입할 의사가 없는 재화 또는 용역을 구입하도록 강제하는 행위, 입점업체에게 자기를 위하여 금전·물품·용역, 그 밖의 경제상 이익을 제공하도록 강요하는 행위, 입점업체에게 거래과정에서 발생한 손해를 떠넘기는 행위, 입점업체에게 불이익이 되도록 거래조건을 설정 또는 변경하거나 그 이행과정에서 불이익을 주는 행위, 입점업체의 경영활동을 간섭하는 행위를 금지한다.

3. 전자상거래법 전부개정안의 주요 내용

(1) 개정 필요성[3]

디지털 경제의 가속화, 코로나19 장기화에 따른 비대면 거래 활성화로 온라인 유통시장이 급성장하고, 온라인 플랫폼 중심으로 거래구조도 재편되었다. 거래의 편의성, 인지도 등 이유로 플랫폼을 이용한 거래비중이 늘어나고, 이에

3 공정거래위원회, 「전자상거래 소비자보호법」 전부개정안 입법예고 보도자료('21.3.5).

따라 플랫폼 사업자의 영향력도 크게 증가하고 있다. 중개 플랫폼의 경우 단순한 중개 기능을 넘어 플랫폼 사업자가 광고게재, 청약접수, 대금수령, 결제대행, 배송대행, 청약철회 접수, 대금환급 등 거래에 관여하는 정도 및 역할이 크게 증가하고 있다. 한편, 전통적 통신판매인 우편, 카탈로그 비중은 감소한 반면, 배달앱, SNS, C2C 플랫폼을 이용한 신유형 거래가 활성화되고 있다.

2002년 제정된 현행 전자상거래법은 전통적인 통신판매 방식을 기초로 설계되어, 변화된 시장상황에 효과적으로 대응하고 사업자의 의무·책임을 적절히 규율하기에 한계가 있어 법 개정이 시급한 상황이다. 플랫폼은 역할·거래관여도가 증대되었음에도, 현행법상 중개자라는 고지만으로 면책되어 소비자 피해구제가 제대로 이루어지지 못하고 있다. 배달앱, SNS, C2C 플랫폼을 통한 거래가 증가하면서 소비자 불만도 늘고 있으나, 피해구제·분쟁해결 장치는 미흡한 수준이다. 검색결과·순위, 사용자 후기 등은 소비자의 선택에 주요 고려사항이 되고 있으나, 신뢰성이 확보되지 못한 상황이다. 급성장한 온라인 시장에서 소비자 피해를 방지하기 위해 위해물품의 유통을 신속히 차단시킬 필요가 있다.

이에 시장상황 변화를 반영하여 규율체계를 개편하는 것을 법 개정의 기본원칙으로 삼고, 일상생활 속 빈번하게 발생하는 소비자 피해를 합리적으로 방지하고 효율적으로 구제하는 데 역점을 두었다.

(2) 법안 주요 내용

1) 용어 및 편제 개편

① 전자상거래 실태를 반영한 용어 정비

통신판매업자, 통신판매중개업자 등으로 다양하게 정의·규율하였던 용어를 폐지하고, 전자상거래 사업자를 온라인 플랫폼 운영사업자 및 온라인 플랫폼 이용사업자, 자체 인터넷 사이트 사업자로 구분·정의하였다.

〈표 14-1〉 전자상거래법 적용대상 사업자 분류

구 분		대표유형
온라인 플랫폼 운영사업자 (이하 '플랫폼 사업자')	정보교환매개	SNS, C2C중고마켓 등
	연결수단제공	가격비교사이트, SNS쇼핑 등
	거래중개	오픈마켓, 숙박앱, 배달앱, 앱마켓 등
온라인판매사업자	온라인 플랫폼 이용사업자 (이하 '입점업체')	오픈마켓 입점사업자, 블로그·카페 등 SNS플랫폼 이용 판매사업자
	자체 인터넷 사이트 사업자	홈쇼핑, 종합쇼핑몰, 개인쇼핑몰, OTT 등

② 전자상거래 중심으로 규율체계 개편

입점업체－플랫폼 사업자－소비자 3면 관계 전자상거래에서는 온라인 플랫폼 운영사업자 및 이용사업자가 법적용 대상이 되고, 자체 인터넷 사이트 사업자－소비자 2면 관계에서는 자체 인터넷 사이트 사업자가 법적용 대상이 된다. 비중이 줄어든 우편·카탈로그 및 홈쇼핑 판매 등은 준용규정을 통하여 비대면 거래관계에서 발생하는 소비자 보호 규정이 계속 적용된다.

2) 소비자에 대한 정보제공 강화

소비자가 광고 제품을 순수한 검색결과로 오인하여 구매하는 것을 예방하기 위해 전자상거래사업자가 이를 구분하여 표시하도록 하였다. 또한, 검색·노출 순위를 결정하는 주요 기준도 표시하도록 하였다.

이용후기에 대한 소비자 신뢰도 확보를 위해 전자상거래 사업자가 이용후기의 수집·처리에 관한 정보를 공개하도록 하였다. 전자상거래 사업자가 개별 소비자의 기호, 연령, 소비습관 등을 반영한 광고를 할 경우 소비자가 인기상품으로 오인하여 구매하지 않도록 맞춤형 광고여부를 별도 표시하고 일반광고도 선택할 수 있도록 하였다.

3) 중개 플랫폼 운영사업자의 책임 현실화

중개거래·직매입을 혼용하는 플랫폼의 경우 소비자가 거래당사자를 오인하지 않도록 플랫폼 운영사업자에게 각각 분리하여 표시·고지하도록 했다. 플랫폼의 거래 관여에 따른 책임 소재를 소비자가 쉽게 파악하여 피해구제 등을 신청할 수 있도록 플랫폼 운영사업자가 거래과정에서 수행하는 업무내용을 표시하도록 하였다.

플랫폼 운영사업자가 자신이 거래당사자인 것으로 소비자 오인을 초래했거나 자신이 수행하는 역할과 관련하여 소비자에게 피해를 끼친 경우 이용사업자와 연대책임을 지도록 하였다.

4) 개인 간 전자상거래에 대한 소비자 보호 확대

C2C거래에서 연락두절, 환불거부 등으로 인한 소비자 피해가 증가함에 따라 플랫폼 사업자가 분쟁 발생 시 신원정보를 확인·제공하고, 결제대금예치제도 활용을 권고하도록 하였다.

5) 정보교환 등 플랫폼에 대한 현행법상 의무 명확화

정보교환을 이용하여 사업자와 소비자 간 자발적으로 거래가 이루어지는 경우 플랫폼 운영사업자에 대해서는 피해 구제신청 대행 장치 마련, 소비자 분쟁 발생 시 신원정보 제공 등 피해구제 협조 의무를 명확히 하였으며, 업체 링크를 통해 특정 판매자와 거래 개시를 알선하는 연결수단 제공 플랫폼은 분쟁 발생 시 신원정보 제공, 분쟁해결을 위한 조치 의무를 명확히 하였다.

6) 음식배달 등 인접지역 거래에서의 법 적용 확대

코로나19 등으로 배달앱 등을 통한 거래가 급증하고, 소비자 불만·피해도 다양하게 나타남에 따라 인접지역 거래에 대한 법 적용범위를 확대하였다. 배달앱 사업자에 대해 신고, 신원정보 제공 등 플랫폼 사업자에 대한 의무 규정이 적용되도록 하고, 이용사업자에게는 신원정보 제공 의무를 부여하였다.

7) 전자상거래 사업자의 신원정보 확보

소비자 분쟁의 원활한 해결을 위해 분쟁조정위원회 등이 플랫폼 운영사업자에게 입점업체의 신원정보를 요청할 수 있도록 하고, 공정위·지자체의 법 위반 조사 시 세무서, 한국인터넷진흥원 등 관계기관에 전자상거래사업자의 사업자·도메인 등록 정보 등을 요청할 수 있도록 하였다.

Ⅲ 플랫폼 이용자보호법 및 플랫폼 공정화법 수정안

1. 법안 발의 후 경과

플랫폼 이용자보호법 관련 방송통신위원회는 플랫폼 사업자, 이용사업자, 소비자 단체 등의 의견을 수렴하고, 이를 학계·법률·연구기관 전문가들로 구성된 '온라인 플랫폼 법제포럼'에서 논의하였다. 또한, 방송통신위원회, 과학기술정보통신부, 공정거래위원회, 개인정보보호위원회 등 4개 부처는 법제 간 상충되거나 중복요소가 없는지 지속적으로 협의하였다. 이를 통해 학계·법조계·산업계·이용자·정부의견 등을 담은 플랫폼 이용자보호법 수정안을 마련하여 2021년 11월 25일 개최된 국회 과방위 법안 심사 소위에 수정 의견으로 제안하였다.

플랫폼 공정화법 관련해서는 공정거래위원회가 2021년 1월 28일 정부안을 국회에 제출한 이후 송갑석·김병욱·민형배·배진교·성일종·민병덕 의원 등이 유사법안을 발의하여 총 7개의 입법안이 국회 정무위에 계류 중이며, 2021년 4월 22일 전문가 의견청취 등을 위한 국회 공청회가 개최된 바 있다. 공정거래위원회는 2021년 11월 24일 개최된 국회 정무위 법안 심사 소위에 수정 의견을 제출하였다.

2. 플랫폼 이용자보호법 수정사항

대규모 온라인 플랫폼과 일정 규모 이상 온라인 플랫폼으로 이원화되어 있던 규제체계를 일원화하고, 법 적용대상을 총매출액(중개수수료 기준) 1,000억 원 또는 총판매금액 1조 원 이상 사업자 중에서 이용자 수, 서비스 특성 등을 고려하여 대통령령으로 정하도록 하한을 규정하였다(제4조 제2항). 다른 법률과의 관계 측면에서 개인정보의 처리 및 보호에 관하여는 「개인정보보호법」에서 정하는 바에 따르도록 하여 규제 중복 등이 발생하지 않도록 하였다(제5조 제3

항). 플랫폼 사업자 등이 공정경쟁 및 이용자 권익 보호를 위해 정하도록 권장하는 자율 규약에 대한 심사요청권을 삭제하고(원안 제5조 제2항), 표준약관 제정권한(원안 제14조 제5항)을 삭제하였다.

온라인 플랫폼 사업자와 이용사업자 간 거래에 적용할 수 있는 기준을 정하여 사용 권고할 수 있도록 한 규정(원안 제7조)을 삭제하였다. 이용사업자에게 제공하는 서비스를 제한 또는 중단하려는 경우에는 최소 3일 이전에, 계약의 내용을 변경하려는 경우에는 최소 15일 이전에, 계약을 해지하려는 경우에는 최소 30일 이전에 이용사업자에게 그 내용 및 구체적인 사유를 통지하도록 한 규정(원안 제8조)을 삭제하였다. 이용사업자로부터 온라인 플랫폼 서비스 이용 요청을 받은 경우 요청을 받은 날로부터 30일 이내에 그 수락 여부를 통지하고 수락하지 아니하는 경우 그 구체적 사유를 통지하도록 한 규정(원안 제12조)을 삭제하였다. 결제 및 환불과 관련하여 이용약관에 명시하는 등 이용자 보호 의무(원안 제17조)를 삭제하였다. 플랫폼 분쟁조정위원회 설치·운영에 관한 규정(원안 제19조부터 제25조까지)을 삭제하였다.

데이터 전송요구권(원안 제16조)은 개인정보위원회 소관이므로 삭제하고 이용사업자가 이용후기, 소비이력, 이용자 통계정보, 서비스 운영정보 등에 접근하여 이용할 수 있는 권리로 수정하였다(제11조). 이용사업자가 요구하는 경우 해당 이용사업자 또는 해당 이용사업자의 서비스를 이용하는 자가 온라인 플랫폼 서비스를 이용하는 과정에서 제공하거나 생성된 정보에 접근하여 이용할 수 있도록 하되, 접근을 제공하지 아니하는 것이 전체 이용자의 이익에 부합한다고 판단되는 경우, 「부정경쟁방지 및 영업비밀보호에 관한 법률」 제2조 제2호에 따른 영업비밀에 해당하는 경우 등에는 접근을 제공하지 아니할 수 있도록 하였다. 또한, 검색결과·추천서비스 정보의 노출기준 공개 범위에 알고리즘이 포함되지 않음을 명시하였다(제13조).

대규모 온라인 플랫폼 사업자와 일정 규모 이상 온라인 플랫폼 사업자의 금지행위 규정(원안 제13조 및 제15조)을 통합하고, 정당한 사유 없는 계약 불이행, 서비스 가입·이용 지연·제한·중단, 사전 고지 없는 계약변경, 서비스 제한·중단 사실 미고지, 적정 수익배분 거부·제한, 비용·손해의 부당한 부과,

광고 미구분 또는 허위·과장·기만적 내용 표함, 부당한 차별적 조건 부과 등 총 8개의 금지행위로 축소하였으며, 방조 책임과 연대 책임을 삭제하되, 이용자가 부당하게 광고와 광고가 아닌 정보를 명확하게 구분하지 않고 제공하거나 허위·과장·기만적인 광고성 정보를 제공하여 이용자를 오인하게 하는 행위를 하였음이 명백한 경우에 해당 이용자에 대한 서비스 중단 등 대통령령으로 정하는 조치를 이행하도록 의무를 부과하였다(제15조).

3. 플랫폼 공정화법 수정사항

법 적용대상 규모 기준을 원안 대비 10배 상향하여 중개수익 1,000억 원 이상 또는 중개거래금액 1조 원 이상인 플랫폼 중에서 과기정통부와 협의하여 대통령령으로 정하도록 하고, 법 적용대상에서 온라인 광고 플랫폼을 제외하였다. 또한, 정부 내 정책 일관성 및 플랫폼 공정화법 집행 효율성 등을 위해 중개계약서 기재사항, 표준계약서 마련, 서면 실태조사 관련 사항 등에 과기정통부 및 방통위와의 협의 의무를 신설하였다.

Ⅳ 윤석열 정부 출범 후 정책 동향

1. 플랫폼 자율기구 출범

윤석열 정부는 플랫폼을 둘러싼 부작용을 해소하면서도 시장의 역동성과 혁신이 저해되지 않는 균형 잡힌 정책을 위해 민간 주도의 자율규제를 추진하기로 결정함에 따라 2022년 8월 '플랫폼 자율규제 및 상생발전 촉진 기구'(이하 "플랫폼 자율기구")가 출범하였다.[4] 기존에 추진되던 플랫폼 이용자보호법과 플랫폼 공정화법은 입법 추진을 유보하고, 최소 규제 원칙에 따라 분야별 대표 사

4 기획재정부, 플랫폼 민간 자율기구 출범식 개최('22.8.19)

업자와 자율기구 내 협의를 통해 법 제정 없이 신속히 효력을 발휘하는 자율준칙을 도출하기 위함이다. 또한, 다양한 부처 소관의 플랫폼 정책방향을 통합적으로 논의하기 위해 기획재정부, 과기정통부, 방통위, 공정위, 중기부, 금융위, 개보위 등 관계부처들로 구성된 '범부처 플랫폼 정책협의체'를 운영하기로 하였다.

플랫폼 자율기구는 갑을 분과, 소비자·이용자 분과, 데이터·AI 분과 및 혁신공유·거버넌스 분과로 구성되고, 플랫폼 사업자, 소상공인 단체, 소비자 단체, 전문가 등이 참여한다. 갑을 분과의 주요 논의 과제는 수수료·광고비 부담 완화, 사전통지, 표준계약서, 노출 기준의 투명성, 분쟁 조정, 상생 방안 등이고, 소비자·이용자 분과는 다수 소비자 피해 대응 방안, 정보제공 강화, 불법 유해 콘텐츠 관리, 분쟁 조정 등이다. 데이터·AI 분과의 주요 논의 과제는 AI 투명성 확보 및 편향성 완화, 데이터 접근성 강화 등이고, 혁신공유·거버넌스 분과는 혁신적 사회 가치 창출 사례 공유, 민관 협업 과제 발굴, 혁신 공유 원칙 마련, 지배구조 개선 등이다.

플랫폼 자율기구는 2023년 5월 '플랫폼 자율기구 자율규제 방안 발표회'를 개최하고 산하 4개 분과에서 마련한 자율규제 방안을 발표하였다.[5] 갑을 분과는 '오픈마켓 분야 자율규제 방안', 소비자·이용자 분과는 '오픈마켓 소비자 집단피해 신속 대응 방안', 데이터·AI 분과는 '플랫폼 검색·추천 서비스 투명성 제고를 위한 자율규제 원칙', 혁신공유·거버넌스 분과는 '플랫폼의 사회 가치 제고를 위한 8대 원칙'을 발표하였다. 갑을 분과는 2023년 3월 '배달앱 분야 자율규제 방안'을 발표하였고, 2024년 4월 그 이행점검 및 재검토 결과를 발표하였으며, 2024년 9월 '숙박 플랫폼 자율규제 방안'을 발표하였다. 2024년 12월 데이터·AI 분과는 '플랫폼 검색·추천서비스 투명성 제고를 위한 자율규제 원칙'의 이행점검 결과를 발표하였고, 혁신공유·거버넌스 분과는 '플랫폼 거버넌스 원칙(안)'을 발표하였다.

5 과학기술정보통신부, 플랫폼 자율규제 방안 발표회 개최('23.5.11)

2. 플랫폼 독과점 심사지침 제정

2022년 10월 카카오 서비스 장애 사태가 발생한 이후 정책 기조가 변화하여 플랫폼 독과점에 대한 대응 필요성이 강조되었다. 이에 공정거래위원회는 2023년 1월 「온라인 플랫폼 사업자의 시장지배적 지위 남용행위에 대한 심사지침」(이하 "플랫폼 독과점 심사지침")을 제정하였으며, 국회에서는 수많은 플랫폼 공정화법 및 플랫폼 독과점 규제 법안들이 발의되었다.

플랫폼 독과점 심사지침은 플랫폼 분야의 특성을 고려한 시장 획정, 시장 지배력 평가 기준 등을 제시하고, 경쟁 제한 우려가 있는 대표적인 행위 유형을 구체적 사례를 통해 예시하였다. 먼저 시장 획정에 있어서는 플랫폼의 다면(多面, multi-sided)적 특성을 고려하여 각 면을 여러 개의 시장으로 구분하여 획정할지 아니면 각 면을 포괄하여 하나의 시장으로 획정할지 여부에 대한 판단 기준을 제시하였다. 무료 서비스라고 하더라도 플랫폼 사업자와 이용자 간 가치의 교환(거래)이 발생한다면 관련 시장을 획정할 수 있다는 점을 명확히 하고, 이 경우 품질 또는 비용을 변수로 고려하여 대체가능한 서비스의 범위를 판단할 수 있도록 하였다. 기술 발전 속도, 연구·개발 상황 등 동태적 특성도 시장 획정 시 감안하도록 하였다.

플랫폼 사업자가 시장지배적 사업자인지 여부를 판단함에 있어 고려 요소로 교차 네트워크 효과 등에 따른 시장의 진입장벽(교차 네트워크 효과, 규모의 경제, 범위의 경제 등으로 시장에 진입장벽이 존재하는지 여부), 문지기(gatekeeper)로서의 영향력(다수의 사업자와 소비자를 연결하는 중개자 역할을 하면서 주요 이용자 집단에 대한 접근성을 통제할 수 있는 영향력을 행사하는지 여부), 데이터 수집·보유·활용 능력(각 사업자들의 데이터 수집·보유·활용 능력 및 그 격차, 경쟁사업자가 데이터에 접근할 수 있는 가능성 등) 및 새로운 상품·서비스 출현 가능성(새로운 상품·서비스의 출현 가능성, 연구개발 현황, 향후의 기술 발전 가능성 등)을 규정하였다. 무료 서비스 등 매출액 기준 시장점유율 산정이 적합하지 않은 경우에는 이용자 수, 이용 빈도 등을 대체 변수로 활용할 수 있다.

플랫폼 사업자의 행위가 시장의 경쟁 상황에 미치는 효과를 평가함에 있어 고려해야 할 요소들도 보완하였다. 서비스 다양성 감소, 품질 저하 및 이용자 비용 상승, 혁신 저해 우려 등 가격·산출량 이외의 경쟁 제한 효과도 고려한다. 현재 지배력을 보유한 시장뿐만 아니라 이와 연계된 다른 상품·서비스 시장의 경쟁 상황에 미치는 효과도 고려한다. 플랫폼의 각 측면을 각각 별개의 시장으로 획정하더라도 각 측면의 상호 연관성을 경쟁 제한 효과 평가 시 고려할 수 있다. 혁신을 촉진하여 소비자 후생을 증진시키는지 반대로 혁신을 저해하는 효과가 있는지 여부 등도 고려한다.

플랫폼 분야에서 경쟁 제한 우려가 있는 주요행위 유형으로 멀티호밍(multi-homing) 제한, 최혜대우(MFN: Most Favored Nation) 요구, 자사우대(self-preferencing) 및 끼워팔기를 규정하였다. 또한, 각 유형별로 공정거래법 상 적용 가능한 조항과 위법성 판단 시 고려 요소를 구체화하는 한편, 실제 공정거래법 적용 사건을 토대로 구체적 사례를 예시하였다.

〈표 14-2〉 플랫폼 사업자의 주요 경쟁 제한 행위 유형

유형	주요 내용	주요 경쟁 제한 효과
멀티호밍 제한	자사 플랫폼 이용자의 경쟁 플랫폼 이용을 직·간접적으로 방해	플랫폼 시장의 독점력을 유지·강화
최혜대우 요구	자사 플랫폼 상의 거래조건을 타 유통채널 대비 동등하거나 유리하게 적용하도록 요구	
자사우대	자사 플랫폼 상에서 자사 상품·서비스를 경쟁사업자의 상품·서비스 대비 직·간접적으로 우대	플랫폼 시장의 독점력을 지렛대(leverage)로 연관 시장까지 독점화
끼워팔기	플랫폼 서비스와 다른 상품 또는 서비스를 함께 거래하도록 강제	

3. 공정거래법 및 대규모유통업법 개정 추진

2024년 7월 티몬·위메프 대규모 미정산 사태가 발생하자 공정거래위원회는 같은 해 9월 플랫폼 공정경쟁 촉진 및 티메프 재발방지 입법방향을 당정협의회에 보고하고, 플랫폼 독과점 및 갑을 분야의 제도개선을 위한 입법 추진방

향을 발표하였다.[6] 공정거래위원회에 따르면, 그동안 플랫폼은 국민 일상에 깊숙이 자리 잡아 혁신과 성장에 기여했으나, 그 이면에는 시장 공정화 필요성에 대한 요구가 컸다. 정부는 플랫폼 시장 공정화를 위해 자율규제(상생협약), 적극적 법 집행 등 다양한 수단을 통해 대응해 왔다. 그러나 독과점 플랫폼이 경쟁 플랫폼의 시장 진입을 저지하거나 시장에서 몰아내는 경쟁 제한 행위가 여전히 빈번하게 발생하고 있고, 티몬·위메프 사태와 같이 일부 플랫폼 기업들이 사회적 논란과 함께 입점업체 등 경제적 약자 보호를 위한 제도 보완 필요성도 긴요한 상황이다. 이에 공정거래위원회는 변화 속도가 빠른 플랫폼 시장의 독과점 폐해에 신속·효과적으로 대응하는 한편, 티몬·위메프 사태의 재발을 방지하기 위한 후속 조치로서 유통 플랫폼에 대한 판매대금 정산 등 관련 법적 규율을 통해 입점업체를 두텁게 보호하기 위한 입법을 조속히 추진하기로 하였다.

플랫폼 독과점 분야에서는 경쟁 제한 행위의 신속한 차단을 위해 현행 「공정거래법」을 개정하여 시장의 경쟁 질서를 보호할 계획이다. 규율 대상은 시장 영향력이 압도적인 지배적 플랫폼이며, 이는 법 위반행위가 발생한 경우 사후 추정하는 방식으로 특정한다. 당초 '사전 지정' 방침을 발표한 바 있으나, 업계·전문가·관계부처 의견 등을 종합 검토하여 '사후 추정'으로 변경하였다. 구체적 추정 요건은 현행 공정거래법 상 시장지배적 사업자 추정 기준보다 강화하여 독점력이 공고한 경우로 한정하되, 신생기업(스타트업) 등의 규제 부담 등 우려를 고려하여 연간 매출액 4조 원 이하 플랫폼은 제외한다. 규율 분야는 중개, 검색, 동영상, 사회관계망(SNS), 운영체제, 광고 등 6개 서비스 분야이고, 자사우대, 끼워팔기, 멀티호밍 제한, 최혜대우 요구 등 4대 경쟁 제한 행위를 금지한다. 지배적 플랫폼의 영향력에 상응하는 강화된 입증책임을 부여하되, 경쟁 제한성이 없는 경우 등에 대한 항변권은 충분히 보장한다. 적발된 경쟁 제한 행위에 대한 제재수단으로 과징금 상한을 현행 공정거래법 상 시장지배적 지위 남용행위(관련 매출액의 6%)보다 상향(8%)하고, 경쟁 제한 행위의 신속한 차

6 공정거래위원회, 플랫폼 공정경쟁 촉진 및 티몬·위메프 사태 재발방지를 위한 입법방향('24. 9.9)

단을 위해 임시중지명령 제도도 도입한다.

플랫폼과 입점업체 간 갑을 분야에서는 필요한 제도 보완을 통해 경제적 약자인 을(乙) 사업자에 대한 보호를 강화할 예정이다. 티몬·위메프 사태의 재발 방지를 위해 대규모유통업법 개정을 통해 제도를 보완하되, 규제 강화 필요성과 중소 규모 플랫폼의 혁신·성장 저해 우려를 종합 고려하여 규율 대상 및 내용에 있어 복수안을 마련하였다. 우선 대규모유통업법 적용대상에 재화·용역 거래를 중개하는 일정 규모 이상의 온라인 플랫폼을 포함시킨다. 구체적인 규율대상 플랫폼의 규모는 연간 중개거래 수익 1백억 원 이상 또는 중개거래 금액 1천억 원 이상(1안) 또는 연간 중개거래 수익 1천억 원 이상 또는 중개거래 금액 1조원 이상(2안)의 사업자 중에서 추후 의견수렴 등을 거쳐 결정한다.

규율대상 플랫폼에 대해서는 정산 기한 준수 및 대금 별도 관리 의무를 부여하는 한편, 현행 대규모유통업법 상 규율 중 거래관계의 투명성·공정성 확보를 위한 사항도 적용한다. 먼저 정산기한은 전통 소매업(특약매입 등)과의 차이를 고려하여 현행 대규모유통업법 상 전통 소매업 정산기한(월 판매마감일로부터 40일)보다 단축하되, 구매확정일(청약철회기한 만료일)로부터 10일에서 20일 이내(1안) 또는 월 판매마감일로부터 30일 이내(2안) 중에서 결정한다. 또한, 플랫폼이 판매대금을 직접 수령하는 경우 수수료 등을 제외한 판매대금의 100%(1안) 또는 50%(2안)를 별도관리(예치, 지급보증 등)하도록 의무화한다. 그 밖에 현행 대규모유통업법 상 유통거래의 투명성·공정성 확보를 위한 조항 중 온라인 중개 거래에 적용 가능한 사항도 준용한다.

V 검토

해외 주요국의 입법 동향을 살펴보면, 유럽연합이 디지털 시장법 제정을 통해 플랫폼 경쟁 규제의 글로벌 스탠더드를 주도하고자 하며, 영국, 일본, 호주 등이 동조하고 있는 상황이다. 영국과 일본은 디지털 시장법과 유사한 플랫폼 사전규제법을 제정하였고, 호주는 법률 제정을 추진 중이다. 다만, 영국은 사업자별 맞춤형 지침을 마련하고, 일본은 적용대상 서비스가 더 적으며 보안과 프라이버시 보호를 더 고려한다는 특징이 있다.

플랫폼 규제의 필요성이 인정되는 경우 그 형식이 자율규제 또는 법적 규제 중에서 어느 것이 더 적합할지 판단하려면 규제의 내용과 범위에 대한 면밀한 검토가 필요하다. 자율규제가 효과적일지 여부는 그 나라의 법제도, 사회문화적 환경과 국민 특성 등 다양한 요인들에 의해 영향을 받지만, 플랫폼 생태계가 글로벌하기 때문에 해외 사례들도 참고하여 실효적인 자율규제 체계 구축방안을 고민해야 한다. 특히, 그간 자율규제가 발전해 온 내용 규제뿐만 아니라 최근 문제가 되고 있는 공정 경쟁 측면에서 자율규제를 도입하려면 생태계에서 사적 규제자 역할을 하는 지배적 사업자를 통제하고 자율기구의 정당성과 실효성을 확보할 수 있는 방안이 요청된다. 또한, 자율규제가 적합하지 않은 분야가 있으므로, 자율규제가 법적 규제보다 우월한 해결책인지 여부를 평가하고, 민관의 적절한 역할 분담과 협력 수준을 결정하여 자율규제와 법적 규제를 혼합하는 것이 바람직하다. 사전규제를 도입하는 경우에는 특정 행위를 전면 금지하는 형태와 경쟁 기반 조성을 위한 개입을 구분해야 하며, 전자의 경우 경쟁 촉진 효과, 후자의 경우 투자 유인 및 보안에 대한 고려가 필요하다.

참고문헌

공정거래위원회(2024.9.9), 플랫폼 공정경쟁 촉진 및 티몬·위메프 사태 재발방지를 위한 입법방향.

공정거래위원회(2021.3.5), 「전자상거래 소비자보호법」 전부개정안 입법예고.

공정거래위원회(2020.9.28), 「온라인플랫폼 공정화법」 제정안 입법예고.

과학기술정보통신부(2023.5.11), 플랫폼 자율규제 방안 발표회 개최.

기획재정부(2022.8.19), 플랫폼 민간 자율기구 출범식 개최.

김현수 외(2023), 「플랫폼 자율규제 활성화 방안 연구」, 정보통신정책연구원.

________ (2021), 「온라인 플랫폼 서비스에 관한 이용자 보호 체계 방안 연구」, 정보통신정책연구원.

방송통신위원회(2021.3.18), 「온라인 플랫폼 이용자보호에 관한 법률(안)」 설명자료.

PART 04

플랫폼과 경제 문제들

15 플랫폼 경쟁과 데이터 이동성*

박유리 / 정보통신정책연구원

디지털 플랫폼은 서로 다른 이용자들의 연결을 통해 커뮤니케이션, 재화나 서비스의 거래 등 다양한 가치를 창출하는 비즈니스 모델이다. 최근 플랫폼 비즈니스가 금융, 의료, 교육, 모빌리티 등 다양한 영역으로 확장되면서 디지털 플랫폼은 우리 일상에 깊숙이 자리잡아 가고 있다. 사람들과 소통하고, 다양한 콘텐츠를 감상하며, 버스나 택시 등의 교통수단을 이용하고, 생필품이나 식료품을 원하는 시간에 배송받는 등 우리 생활 전반이 플랫폼 기반의 비즈니스를 통해 이루어지고 있는 것이다.

이처럼 디지털 플랫폼의 영향력이 증대하면서 플랫폼에 대한 정책적인 관심도 높아지고 있다. 특히 소위 GAFA로 불리우는 구글(Google), 애플(Apple), 페이스북(Facebook, 現 메타), 아마존(Amazon)과 같은 대규모의 플랫폼 기업들이 주요한 관심 대상이다. 이들 기업들은 시장가치 기준으로 상위를 점유하고 있을 뿐 아니라 전 세계 시장에서 막대한 규모의 이용자들을 확보하며 이용자 시간의 상당 부분을 점유하고 있다.

플랫폼으로의 경제력 집중, 이용자 집중과 함께 활발히 논의되고 있는 이슈 중 하나는 바로 데이터 집중이다. 본 장은 디지털 플랫폼의 경제적 속성이 어떻게 특정 플랫폼으로의 쏠림 현상을 야기할 수 있는지, 또 여기에 데이터가 어떠한 역할을 하는지를 살펴보고자 한다. 이와 함께 데이터 집중을 완화하기 위한 대안 중 하나로 제시되고 있는 데이터 이동성에 대해 살펴보았다.

---

* 본 장의 내용은 박유리 외(2020)의 내용을 발췌하여 재정리한 것임을 밝힌다.

I 플랫폼과 데이터

플랫폼의 주요한 경제적 특성을 네트워크 효과, 규모의 경제와 범위의 경제, 전환비용으로 구분하여 살펴보았다.

우선, 네트워크 효과는 디지털 플랫폼의 가장 중요한 경제적 특성 중 하나이다. 네트워크 효과는 플랫폼의 양면(side) 중 한 면의 이용자 효용이 같은 면의 이용자 규모가 커질수록 증가하는 직접 네트워크 효과와 한 면의 이용자 규모 증가가 다른 면의 이용자 효용을 증가시키는 간접, 혹은 교차 네트워크 효과로 구분할 수 있다. 메신저앱, 소셜네트워크 서비스의 경우, 같은 서비스를 이용하는 사람들의 수가 늘어나면 커뮤니케이션할 기회가 높아지므로 효용이 증가하는 직접 네트워크 효과가 크게 나타난다. 상거래 플랫폼, 앱스토어와 같은 마켓플레이스를 제공하는 플랫폼의 경우 수요자 숫자 증가가 공급자 효용에, 공급자 수 증가에 의한 상품 다양성은 수요자 효용에 다시 영향을 미치는 간접 네트워크 효과가 나타날 수 있다. 플랫폼 기업은 각 면의 이용자들을 플랫폼으로 끌어들이기 위해 네트워크 효과를 극대화할 유인을 갖게 되며, 네트워크 효과 극대화 전략은 플랫폼의 임계점(critical mass) 달성 및 성장에 중요한 영향을 미친다.

다음은 규모의 경제이다. 경쟁력 있는 플랫폼을 구축하는 데에는 막대한 비용이 소요될 수 있으나, 구축 이후에 추가적인 이용자에 소요되는 한계비용은 매우 낮기 때문에 이용자 규모가 커질수록 평균비용은 감소하게 된다. 이러한 규모의 경제는 플랫폼에 특유한 것은 아니며 오프라인 시장에서도 존재해왔지만 디지털 플랫폼의 경우 물리적인 제약이 상대적으로 약하기 때문에 규모의 경제를 극한까지 밀어붙일 수 있다는 차이를 보인다(Crémer et al., 2019).

일정 규모의 이용자 층을 확보한 플랫폼은 플랫폼 위에 다양한 서비스들을 추가하여 운영하는 경향을 보이는데, 이는 동시에 다수의 인접 시장을 운영하는 것에 의해 비용은 감소하고 서비스 품질을 증대할 수 있기 때문이다(Furman et al., 2019). 이처럼 범위의 경제 또한 플랫폼에서 자주 관측되는 경제적 특성이다.

전환비용(switching costs)은 한 서비스에서 다른 서비스로 전환할 때 발생할 수 있는 제반 비용을 의미하는데 시장에 많은 사업자들이 존재하더라도 실제 이용자들이 사업자 전환을 자유롭게 할 수 없는 경우 고착화(lock-in) 현상이 발생하기 때문에 시장에서 유효한 경쟁이 이루어지기 힘들다. 그러므로 전환비용은 시장에서의 유효 경쟁정도를 판별하는 데 있어 중요한 개념 중 하나이다. 디지털 플랫폼은 이용 및 가입이 클릭 몇 번으로 이루어져 전환비용이 낮고, 다수의 서비스를 동시에 이용하는 멀티호밍(multi-homing) 양상을 보인다는 것이 플랫폼 서비스 등장 초기의 인식이었다. 그러나, 실제 많은 수의 이용자들은 주로 이용하는 소수의 플랫폼을 집중적으로 이용하는 행태를 보이고 있으며, 주로 이용하는 서비스를 바꾸지 않고 지속적으로 이용하고 있는 경향을 보인다.[1] 특히, 네트워크 효과가 존재하는 플랫폼의 경우 모든 이용자들의 전환비용이 결합된 집합적 전환비용(collective switching costs)이 존재할 수 있기 때문에(Shapiro and Varian, 1998), 이러한 전환비용을 넘는 편익을 제공하는 것은 쉬운 일은 아니다.

종합해보면, 네트워크 효과로 플랫폼의 성장은 가속화되고, 강력한 네트워크 효과를 갖는 플랫폼에서는 상당한 전환비용이 존재할 가능성이 크다. 강한 네트워크 효과와 높은 전환비용은 플랫폼이 빠르게 성장함과 동시에 신규 경쟁자에의 위협을 약화시키는 역할을 하고, 규모와 범위의 경제를 달성한 플랫폼은 막대한 이용자 기반을 활용하여 플랫폼의 가치를 더욱 높일 수 있다. 가치가 높아진 플랫폼에 더욱 많은 이용자가 모이게 되는 플랫폼의 자기 강화 메커니즘(self-reinforcing mechanisem)이 형성되는 것이다(Busch et al, 2021). 즉, 소수 플랫폼이 다수의 이용자를 점유하게 되는 쏠림현상은 플랫폼의 경제적 속성을 고려하면 자연스러운 결과라 할 수 있다.

플랫폼 집중, 그리고 독점과 관련되어 빠지지 않고 등장하는 이슈 중 하나가 바로 데이터이다. 우선 데이터의 경제적 특성을 살펴보면 다음과 같다. 데

1 플랫폼 이용자들을 대상으로 서비스 전환 경험을 조사한 박유리 외(2020)에 따르면, 응답자의 약 80% 이상이 최근 1년간 주로 이용하는 서비스를 전환한 경험이 없다고 대답했는데, 이용자들은 '현재 서비스에 익숙해서', '현재 이용하고 있는 서비스의 품질이 좋아서' 서비스를 전환하지 않는다고 응답.

이터는 비경합성(non-rivarly)인 재화이므로 같은 데이터를 동시에 서로 주체들이 이용할 수 있다. 또한 사용한다고 해도 소멸되지 않으며 재사용도 가능하고 같은 데이터가 서로 다른 주체들에 의해 수집되고 사용된다고 해도 데이터의 가치가 훼손되지 않는다. 그러므로 사회 전체적인 차원에서 데이터가 가능한 많이 사용되게 하는 것이 사회적 부를 극대화한다는 의견이 제시되고 있기도 하고 이는 'open data government'와 같은 정책적 움직임으로 나타나기도 한다(Economist, 2020). 상호 보완적인 데이터 집합을 결합하면 더 좋은 인사이트를 얻을 수 있는 등 데이터는 범위의 경제 특성을 보이며, 데이터가 통합되고 연계되어 분석될 경우 새로운 혁신이 창출되는 등 긍정적인 외부효과를 발생시킬 수도 있다. 그러나 데이터를 보유하고 있는 기업은 다른 주체들이 자신이 갖고 있는 데이터에 접근하거나 사용하지 못하도록 기술적, 법적인 조치를 취할 수 있으므로 데이터는 반드시 비배제성(non-excludable)을 갖지는 않는다.

그럼 플랫폼 독점 등 플랫폼의 경쟁과 관련된 정책 논의에서 데이터는 왜 중요하게 언급되고 있는 것일까? 이를 한 문장으로 요약하자면 특정 플랫폼으로의 이용자 집중이 데이터 집중으로 연결되기 때문이다. 데이터는 이용자들이 플랫폼을 활용한 산출물이자 플랫폼에서 다양한 서비스를 가능하게 하는 주요 투입요소이다. 플랫폼은 이용자들로부터 수집된 데이터들을 활용해서 서비스 품질을 높이거나, 맞춤형 광고 제공을 통해 수익을 창출한다. 그리고 이를 다시 플랫폼의 서비스 품질을 높이는 데 투자해서 새로운 이용자들을 끌어들이는 선순환 구조가 확립될 수 있다. 앞서 살펴봤던 규모와 범위의 경제는 이용자 행위와 관련된 데이터가 수집·축적되고 활용됨에 따라 더욱 강력해진다. 한 플랫폼에서의 이용자 데이터를 확보하고 있는 플랫폼 기업은 인접한 다른 영역으로의 확장이 용이하다. 그러므로 플랫폼 기업은 양질의 데이터를 모으기 위한 노력을 기울일 유인을 갖게 된다.

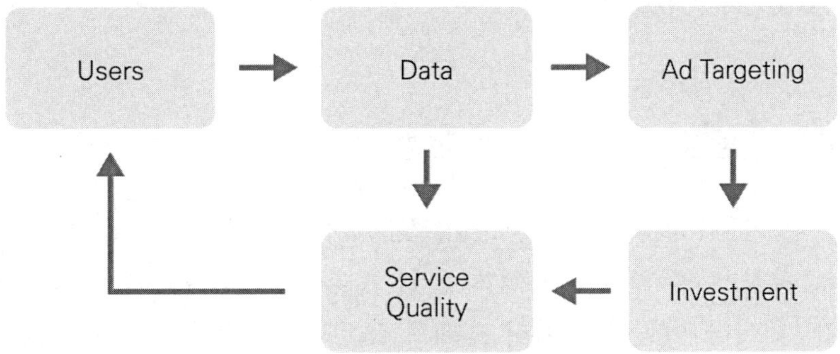

자료: OECD(2016), Furman et al.(2019)에서 재인용

〈그림 15-1〉 디지털 플랫폼의 선순환고리(feedback loops)

플랫폼의 이용자수 기반 점유율은 데이터 점유율로 이어지며 데이터 집중은 플랫폼 기업 간 경쟁에 영향을 미친다. 이용자 데이터를 이미 많이 확보하고 있는 기존 기업은 신규 진입 기업에 비해 더 정확한 이용자 맞춤형 서비스 제공이 가능하며 이는 기존 기업이 데이터로 인한 경쟁 우위를 가질 수 있음을 의미한다. 또한 플랫폼에 축적된 데이터들 – 예를 들면 이용자가 작성한 콘텐츠, 업로드한 사진, 상품이나 서비스에 대한 리뷰 등– 은 이용자들이 다른 플랫폼으로 쉽게 이동하지 못하는 요인으로 작용할 수도 있다.

데이터를 수집하고 활용하기 위한 기업들 간 경쟁이 심화되고 있는 현실에서 데이터의 자유로운 이동을 통해 기업 간 데이터 격차를 해소하고, 데이터로 인한 시장 진입 장벽을 완화하며 전환비용을 낮추어 플랫폼 시장의 경쟁을 촉진하기 위해 고안된 방안이 바로 데이터 이동성이다.

II 데이터 이동성

1. 데이터 이동성 개념 및 도입 현황

데이터 이동성(data portability)은 정보주체가 자신의 데이터를 한 데이터 보유자에서 자신이 원하는 제3자에게 손쉽게 이동할 수 있는 능력(혹은 권한)을 의미한다. 데이터 이동성은 여러 형태로 도입될 수 있다. 기업이 자발적으로 데이터 이동성을 도입하는 대표적 사례는 구글, 페이스북(現 메타), 마이크로소프트, 애플 등을 중심으로한 데이터 전송 프로젝트(Data Transfer Project, 이하 DTP)를 들 수 있다. 구글포토의 사진들을 애플 아이클라우드나 마이크로소프트 원드라이브에 내려받을 수 있는 등 DTP는 프로젝트 참여 기업의 이용자들이 참여 기업의 서비스 데이터를 서비스 간 손쉽고 안전하게 이동할 수 있도록 오픈소스 기반의 프레임워크를 구축하고 있다.

그러나 이렇게 기업 자율로 데이터 이동성을 보장하는 사례는 흔치 않으므로 주요국에서는 정보주체의 자기 데이터에 대한 권리를 강화하고 정보주체의 권리 기반으로 기업 간 데이터 이동을 자유롭게 하기 위해 데이터 이동성을 제도적으로 도입하고 있는데, 이것이 바로 데이터 이동권이다. EU는 2018년 5월 일반개인정보보호법(General Data Protection Regulation, GDPR)에서 '정보주체가 개인정보 처리자에게 제공한 본인과 관련된 개인정보를 구조화되고, 일반적으로 사용되며, 기계가 읽을 수 있는 형태로 받을 권리가 있으며 이러한 데이터를 다른 처리자에게 전송할 권리'로 데이터 이동권(Right to data portability)을 정의하였다. 이에 따르면, 데이터 이동권의 행사 대상이 되는 데이터는 정보주체가 자발적으로 제공한 데이터(volunteered data)와 정보주체의 서비스 이용으로부터 관측된 데이터(observed data)로, 기업의 데이터 가공 노력이 투입된 추론된 데이터(interred data)는 제외된다.

미국의 캘리포니아주 소비자 프라이버시법(The California Consumer Privacy Act, 이하 CCPA)에서는 데이터 이동성을 접근권(Right to access)의 형태로 도입하고 있다. CCPA의 데이터 접근권에 따르면 소비자는 개인정보를 활용하는 사업자에게 사업자가 수집한 개인정보의 사본을 우편이나 전자적 방식으로 전송하도록 요청할 수 있다. 단, CCPA의 적용은 연간 총 매출액이 2,500만 달러를 초과하거나, 5만 건 이상의 소비자 등에 대한 개인정보를 보유하거나, 개인정보 판매에 따른 매출이 연매출의 50% 이상을 차지하는 경우에 해당하는 영리를 목적으로 개인정보를 처리하는 사업자를 대상으로 한다.

일본은 관민데이터 활용추진기본법에서 정보은행 개념을 도입했는데, 정보은행은 정보주체를 대신해서 개인정보를 수집, 전송, 판매하고 정보 제공의 대가를 개인에게 제공하는 역할을 담당한다.

우리나라에서는 신용정보의 이용 및 보호에 관한 법률(이하 신용정보법)에서 신용정보전송요구권이라는 형태로 데이터 이동성을 처음 도입하였다. 이에 따르면 개인인 신용정보주체는 신용정보제공·이용자 등이 보유하고 있는 본인에 관한 개인신용정보를 전송해 줄 것을 요구할 수 있는 권리를 갖는다. 요구의 대상이 되는 데이터는 신용정보제공·이용자등이 신용정보주체로부터 수집한 정보, 신용정보주체가 신용정보제공·이용자등에게 제공한 정보, 신용정보주체와 신용정보제공·이용자등 간의 권리·의무 관계에서 생성된 정보이다. 우리나라에서도 신용정보제공·이용자등이 개인신용정보를 기초로 별도로 생성하거나 가공한 신용정보는 전송요구 대상에서 제외하고 있어 전송 대상 데이터에 대해서는 EU GDPR의 데이터 이동권과 유사하다. 특이한 점은 전송요구권이 도입되었지만 이를 기반으로 전송된 데이터를 활용할 수 있는 사업자는 마이데이터 사업자(본인신용정보관리업)로 허가를 받아야 한다는 것이다. 이로 미루어 보아 우리나라 데이터 이동권의 도입 목적은 정보주체의 권리 강화보다는 새로운 형태의 데이터 기반 금융서비스 사업자를 활성화하기 위한 측면이 더 큰 것으로 보인다.

금융위원회의 마이데이터 사업은 2022년 1월 5일 본격 시행되었으며 2022년 4월 본인신용정보관리업으로 본허가를 받은 사업자는 56개사였으나 2025년 현재 69개로 증가하였다. 금융위원회에서는 마이데이터 2.0 시행을 위한 제도적 기반 마련을 위해 신용정보업감독규정과 가이드라인 개정을 발표하였는데,

그 내용은 다음과 같다. 우선 비대면채널로만 이용할 수 있었던 마이데이터 서비스를 대면채널로 확대하고, 법정대리인의 동의 없이 마이데이터를 이용할 수 있는 연령을 19세에서 14세로 낮추는 등 서비스 접근성을 개선하였다. 또한 마이데이터 사업자의 정보 결합기준을 명확화하고, 정보주체의 동의하에 제3자에 정보를 판매할 경우 안심 제공 시스템을 의무화하였다(금융위원회, 2024.9.30.).

한편 금융 분야를 중심으로 시작된 데이터 이동권 도입은 2023년 3월 개인정보보호법 개정에 따라 전 분야로 확대되었다. 개인정보보호법의 개인정보 전송요구권은 금융 마이데이터와 상이한 체계를 갖고 있는데, 우선 개인정보 전송요구권에서는 정보전송자를 본인대상과 제3자 대상으로 구분하여 전송을 요구할 수 있는 범위를 본인 대상과 제3자 대상 전송정보로 구분하고 있다. 제3자 대상 정보전송자는 산업별 매출액, 개인정보 규모 기준 등을 고려하여 보건의료, 통신, 유통 부문을 우선 추진하고 있으며 대상이 되는 전송정보는 의료의 경우 진단내역, 처방내역, 처방약품명과 일수, 의료기기를 통해 생성·수집된 정보 등이 포함되며 통신의 경우 기간통신서비스 가입정보 및 이용정보, 청구정보, 납부 정보 등이, 유통 부문에서는 주문정보, 구매상품 및 서비스 정보 등이 포함된다(개인정보보호위원회, 2024.6.25.). 또한 정보주체로부터 정보를 전송받을 수 있는 개인정보관리 전문기관을 지정하고 특수 전문기관, 중계 전문기관, 일반 전문기관으로 구분하여 기관별 수행 가능한 서비스 및 지정요건을 상이하게 규정하고 있다. 정보 전송방법과 관련해서도 금융 마이데이터는 API 시스템을 구축하여 정보전송자가 마이데이터 사업자에게 직접 정보를 전송하지만, 개인정보전송자는 중계 전문기관을 통하여 정보를 전송하도록 규정되어 있다(율촌, 2024.5.).

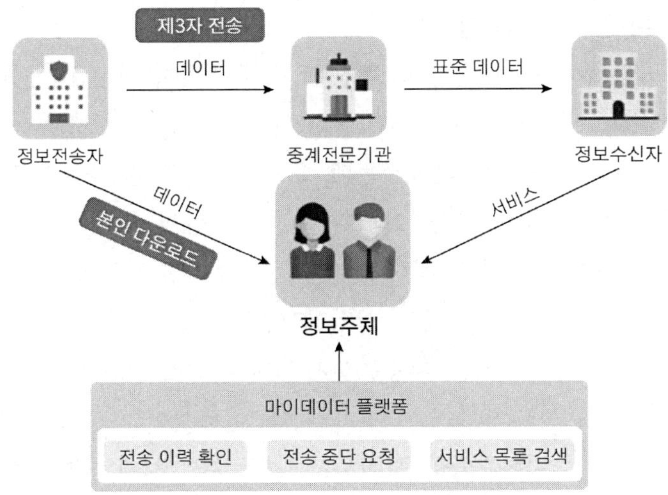

출처: 개인정보보호위원회, 2024.6.25.

〈그림 15-2〉 개인정보 전송요구권에 따른 마이데이터 체계도

개인정보보위원회에서는 마이데이터 제도 안착을 위해 의료 및 통신 분야의 정보 전송자와 전송항목을 확대하고, 교육·고용·여가 등 다양한 분야로 확대해 나가는 방안을 논의할 계획임을 밝혔다(개인정보보호위원회, 2025.1.13.). 이처럼 우리나라에서는 정부 부처의 적극적인 의지로 정보주체의 요구에 따라 다양한 분야에서 데이터 이동성이 적용될 것으로 예상된다.

2. 데이터 이동성의 영향

데이터 이동성 도입의 목적은 각 국의 상황에 따라 다르겠지만, 크게 정보주체의 자기 데이터에 대한 권리 강화와 플랫폼 시장에서의 전환 촉진을 위한 경쟁활성화, 그리고 데이터 기반 혁신 촉진으로 구분할 수 있다. 이 중 정보주체의 권리 강화에는 논란의 여지가 없으나 데이터 이동성의 도입이 과연 시장에서의 경쟁을 활성화할 것인가, 데이터 기반 혁신에 기여할 것인가에 대해서

는 의견이 분분하다. 다음에서 데이터 이동성의 효과에 대한 선행연구를 통해 이에 대한 논의를 살펴보고자 한다.

이동성 도입으로 시장 경쟁을 촉진한 대표적인 사례는 이동통신시장에서의 번호이동성(number portability)이다. Ramos and Blind(2020)은 번호이동성과 데이터 이동성을 비교하여 분석하였는데, 둘 간 유사점은 사업자 전환 시 정보를 유지할 수 있도록 한 것이다. 그러나 번호이동성이 모든 이동통신사업자에게 적용되고, 이동의 대상이 되는 정보가 이동전화번호로 단순한 것에 비해 데이터 이동성은 적용 대상 사업자도 상황에 따라 다르고 이동 대상인 데이터의 형태나 내용이 복잡하다. 또한 이동통신시장에서 번호이동성이 도입될 당시의 시장 상황은 시장 포화도가 높았으나, 데이터 이동성이 도입되는 시장인 플랫폼은 시장 포화도가 분야에 따라 상이하고, 이동통신 시장과 비교해 낮다는 차이점을 보인다. 또한 번호이동성의 경우 전화번호를 이동하고 번호가 제대로 이동되었는지만 확실하면 되는 것에 반해, 데이터 이동성의 경우 이동 대상인 데이터에 나의 정보뿐 아니라 여러 정보주체의 정보가 포함될 수 있으며 이동 시 데이터의 유출 위험과 함께 이동된 이후 데이터의 오남용 이슈 등 다양한 위험요인이 존재한다. 그러므로 번호이동성에 비해 데이터 이동성이 시장의 경쟁을 촉진하고 이용자 편익에 도움이 될 것인지를 단언하기는 쉽지 않다.

Lam and Liu(2020)은 데이터 이동성이 이용자의 전환비용은 낮출 수 있지만 데이터 이동성에 대한 권리로 소비자가 더 많은 데이터를 기존 기업에게 제공할 수 있기 때문에 기존 기업이 데이터 분석 기반의 네트워크 효과를 생성하여 경쟁력을 강화하고 신규 기업의 진입장벽을 높힐 수 있다고 지적하였다.

Nicholas(2020)는 데이터 이동성이 전환비용을 낮출 수 있지만 전환비용 이외의 다른 진입 장벽, 즉 데이터 접근권 제약 및 규모의 경제, 네트워크 효과 등을 낮추는 데에는 효과적이지 않을 수 있다고 설명하였다. Siciliani and Giovannetti(2019) 또한 전환비용을 낮추기 위한 데이터 이동성의 도입이 본래의 목적과 달리 신규 기업의 진입이 더 어려워지는 결과를 초래할 수 있다고 지적하였다. 경쟁 우위를 갖고 있는 기존 플랫폼 기업이 전략적으로 전환 후에도 기존 서비스를 함께 이용하는 부분적 멀티호밍보다 전환 후 한 서비스만 이용하는 완전 전환을 선호하기 때문에 신규진입기업이 시장에서의 발판을 마련하기 어려울 수 있다는 것이다. 그러므로 데이터 이동성을 스타트업 등 신규진입기업이 어느 정도 시장 발판을 마련한 후에 도입하는 것이 바람직할 수 있다고 제안하였다.

Krämer(2021)는 데이터 이동성이 데이터 관련 전환비용, 예를 들면 새로운 플랫폼 서비스를 이용하기 위해 자발적으로 데이터를 다시 제공해야 하는 등의 비용, 맞춤형 서비스를 위한 관찰된 데이터를 다시 구축해야 하는 비용 등의 전환비용을 낮추는 데 기여할 수 있다고 설명하였다. 그러나 네트워크 효과가 큰 플랫폼 서비스의 경우 네트워크 전체가 다 옮겨가지 않으면 기존의 효용을 유지할 수 없으므로 데이터 이동성은 네트워크 효과로 인한 고착화 감소에는 도움이 되지 않을 수 있다고 지적하였다.

Wohlfarth(2019)는 데이터 이동권이 데이터 집약적인 기업이 데이터를 수집하는 양에 영향을 미칠 수 있음을 보였다. 이에 따르면 데이터 이동 권한이 없는 경우 시장에 진입하고자 하는 기업은 이용자를 유인하기 위해 데이터 이용을 축적할 수 있는 서비스를 설계해야 한다. 그러나 데이터 이동권이 존재하는 경우 기존 기업의 데이터가 신규진입기업에 이동될 수 있기 때문에 신규 기업은 데이터 사용을 축적하거나 수집되는 데이터 양을 증가시킬 유인이 감소하게 된다.

한편 데이터 이동성이 이용자 후생에 미치는 영향은 동일하지 않을 수도 있다. 데이터 이동권이 도입됨에 따라 기존 사업자의 고객들은 신규 사업자에게 데이터를 쉽게 이동시킬 수 있어 맞춤형 서비스로 인한 편익을 누릴 수 있다. 그러나 새로운 고객들은 기존 서비스로부터 이동시킬 데이터가 없는 상황에서 새롭게 데이터를 구축해야 하며 신규 기업이 데이터를 구축할 유인이 적은 경우 맞춤형 서비스를 받지 못해 오히려 후생이 감소할 수 있다(Krämer and Stüdlein, 2019).

데이터 이동성이 데이터 기반 혁신에 미치는 영향은 파악하기 쉽지 않다. Nicholas and Weinberg(2019)는 이동된 데이터로 경쟁상품을 만들어낸 기업이 나타나지 않았음을 지적하며 데이터 이동성이 신규 서비스 창출에는 도움이 되지 않는다는 의견을 제시하였다. 그 사례 중 하나가 바로 페이스북이다. 페이스북은 데이터 이동성이 제도적으로 도입되기 이전인 2010년부터 이용자들의 데이터 다운로드를 가능하게 했음에도 불구하고 페이스북 데이터의 이동을 통한 경쟁자가 나타나지 않았다. 저자들은 데이터 이동성의 역할을 이해하기 위해 페이스북의 'download your information' 툴을 통해 이용자 데이터를 추출하여 익명처리하고, 뉴욕의 기술 커뮤니티(tech community)에 추출된 데이터의 장·단점을 파악하고 잠재적 경쟁자에게 본 데이터가 유용하게 활용될 수 있는지를 물었다. 인터뷰 결과 페이스북 서비스의 기능에 특화된 데이터로 페이스북의 경쟁재를 만들기는 쉽지 않으며 유사한 카피 서비스의 개발만 가능할 것이라는 의견이 지배적인 것으로 나타났다.

Krämer(2021)는 분석 수준의 혁신과 서비스 수준의 혁신을 구분하여 설명하고 있다. 원시데이터(자발적·관찰된 데이터)가 충분히 주어질 경우, 데이터가 없기 때문에 새로운 비즈니스를 시작하지 못하는 콜드 스타트 문제를 극복할 수 있어 아이디어 기반의 서비스 혁신이 이루어질 수 있다. 비즈니스 초기부터 데이터 분석에 있어서의 혁신이 반드시 필요한 것은 아니므로 서비스 수준 혁신과 분석 수준 혁신이 서로 다른 조직에서 독립적으로 이루어질 수 있다면 혁신 활동은 상당히 증가할 수 있다. 저자는 오픈 뱅킹 사례를 예로 들며, API 기반 공통 인터페이스가 가용해짐에 따라 핀테크가 등장하였으며 적어도 데이터 이동성이 금융 분야의 혁신 활동을 촉진시켰음을 시사한다고 설명하였다.

한편 OECD(2021)는 플랫폼 시장의 특성에 따라 데이터 이동성의 효과가 달라질 수 있다고 지적하면서 데이터 이동성이 효과적인 시장을 다음과 같이 특정하였다. 데이터 이동성은 이용자가 멀티호밍하는 경향이 낮은 서비스와 기존 네트워크 상실 위험이 없는 네트워크 효과가 낮은 서비스에서 유용하다. 예를 들면 음악 스트리밍 서비스의 경우 동시에 여러 사업자들의 서비스를 이용하는 경향이 약하며, 서비스가 친구들과의 연결에 의존하지 않으므로 데이터 이동성이 유효할 수 있다.

이처럼 선행연구들은 데이터 이동성의 효과에 대해 다양한 의견을 제시하고 있으며 일치된 결론을 내리고 있지는 않다. 그러나 데이터 이동성만으로는 플랫폼 독점 등의 플랫폼 시장에서의 경쟁 이슈를 해결할 수 없으므로 다른 보완적인 대안들이 필요하며, 데이터 이동권은 이용자가 권리를 행사해야만 의미가 있으므로 데이터 이동성의 메커니즘 설계에 주의를 기울여야 한다는 것을 공통적으로 언급하고 있다.

Ⅲ 데이터 이동성의 정책 방향

데이터 이동성 도입에 대한 논의는 소수 거대 플랫폼의 시장 지배력 강화 및 플랫폼 독점, 그리고 데이터 집중에 대한 우려로부터 출발했으며, 우리나라 또한 유사한 맥락에서 데이터 이동성 도입에 대한 논의를 진행하고 있다. 그러나 우리나라의 디지털 플랫폼 시장 상황은 EU나 미국과는 차이가 있다. EU는 미국의 거대 플랫폼에 대항할 수 있는 자국의 플랫폼 기업이 거의 없는 상황에서 데이터 이동성을 통해 자국민의 데이터 주권을 강화하고, EU 국민의 데이터를 수집·활용하는 플랫폼 기업을 통제하려고 하는 것으로 보인다. 미국은 소수의 거대 플랫폼으로 인해 미국이 최우선으로 하는 가치인 '혁신'이 저해될 수 있다는 우려에서 플랫폼 기업을 규제하고, 데이터 이동성을 도입하고자 한다. 우리나라는 플랫폼 시장에서의 경쟁 촉진과 데이터 기반 신산업 활성화가 주된 목적인 것으로 보인다. 그러나 OECD(2021)에서 지적했듯이, 시장의 상황에 따라 데이터 이동성의 도입 효과는 달라질 것이고, 데이터 이동성의 도입이 본래의 목적과 상이한 결과를 가져올 수도 있다. 이러한 관점에서 다음과 같이 데이터 이동성의 정책방향을 제안하였다.

1. 증거 기반 정책 수립

우선, 데이터 이동성에 대한 증거 기반 정책을 수립하여야 한다. 특히 데이터 이동성이 금융뿐 아니라 전 산업 영역에 도입될 것이라 예상되는 상황에서 우리나라의 플랫폼 시장 상황과 데이터의 영향에 대한 면밀한 조사는 필수적이다. 우선, 데이터가 디지털 플랫폼 경쟁에 미치는 영향에 대한 증거를 수집해야 한다. 데이터에 대한 접근, 데이터의 유통 및 거래, 기업들의 데이터 활용 실태 등에 대한 조사 및 분석을 통해 어떤 분야에서 데이터 이동성이 효과가 있을 것인지, 어떤 상황에서 데이터로 인해 전환비용이 높아지고, 네트워크 효과가 강화될 수 있는지, 데이터로 인한 규모와 범위의 경제가 형성되는 산업 및 비즈니스 유형은 무엇인지 등을 면밀히 검토해야 한다. 또한 데이터가 정말 우리가 우려하는 플랫폼 독점이나 혁신적 신규 진입을 방해하는 데 중요한 역할을 하는 것인지를 구체적인 사례와 통계를 통해 파악할 필요가 있다. 이와 함께 산업 유형별로 데이터 이동성의 활용 사례를 수집·분석하여 데이터 이동성 도입의 영향을 지속적으로 모니터링 하여야 한다. 데이터가 미치는 영향은 상황에 의존적이므로 산업 유형별, 기업의 비즈니스 모델별로 데이터 이동성의 사례를 수집하고 데이터베이스를 구축하여 데이터 이동성의 영향을 분석하고, 이 결과를 데이터 이동성 관련 정책 방향 조율에 활용할 필요가 있다.

이처럼 데이터와 디지털 플랫폼에 대한 다양한 분석을 통해 우리나라 상황에 맞는 그리고 특정 산업 유형에 맞는 데이터 이동성의 도입 형태를 도출할 수 있으며 지속적인 시장 상황에 대한 모니터링을 통해 시장 상황 변화에 따라 정책을 개선할 수 있을 것이다.

2. 데이터 이동성의 실효성 제고를 위한 메커니즘 설계

데이터 이동성이 데이터 이동권 형태로 도입되는 경우, 그 효과는 이용자들이 데이터 이동권을 얼마나 적극적으로 활용하는지에 달려 있다. 무엇보다 많은 사람이 데이터 이동권을 사용하지 않을 경우, 데이터 이동권을 통해 확보된 데이터는 대표성을 갖지 못할 수도 있다(Krämer et al., 2020). 그러므로 시장에서 데이터 이동권이 활발히 활용될 수 있도록 메커니즘 설계에 주의를 기울여야 한다.

우선, 이용자 관점에서는 다음의 사항들이 충족될 필요가 있다. 박유리 외

(2020)에 따르면 데이터 이동권 이용 의향이 없는 가장 큰 이유는 개인정보 유출에 대한 우려때문인 것으로 나타났다. 그러므로 이용자 데이터의 안전한 이동을 위한 기술적 보호 조치가 필요하다. 두 번째로는 어떤 기업들로 데이터가 이동되는지, 이동되는 데이터가 어디에 어떻게 활용되고 있는지 등 데이터 이동의 흐름에 대한 투명성 확보를 통해 이용자의 신뢰를 획득해야 한다. 데이터 이동성이 활성화될 경우 이용자의 데이터 관리 접점도 확대될 수밖에 없으므로 이용자가 자신의 데이터의 흐름과 활용처를 명확히 인지할 수 있도록 개인 데이터 관리도구와 같은 정보관리도구를 제공할 필요가 있다. 이용자들이 데이터 이동으로 인한 편익과 비용을 정확히 인지하고 이동권을 행사할 수 있도록 데이터 이동권에 대한 이해도를 높이는 것도 중요하다.

기업관점에서는 기업 간 데이터 이동 편의성 제고를 위한 상호운용성(interoperability) 확보가 무엇보다 중요하다. 상호운용성 확보는 데이터 이동으로 축적된 데이터가 아웃데이트되는 것을 막고 데이터의 실시간성을 보장하기 위해서도 중요하다(OECD, 2021). 금융 분야의 경우 마이데이터 사업자 간 API를 통해 데이터 이동이 일어날 것이지만, 그 외의 산업의 경우는 데이터 이동을 위한 길이 확보되어 있지 않다. 특히 이종산업 간 데이터 이동에 인한 혁신 효과가 클 것이라고 예측되는 상황에서 특정 분야의 특정 사업자 간 호환성 확보만으로는 데이터 이동성의 효과가 제한적으로 발휘될 수밖에 없다. 그러므로 사업자 간 데이터 이동의 상호운용성을 확보할 수 있도록 협의체 구성 및 지원, 인센티브 제공 등의 정책 지원이 필요할 것으로 생각된다. 다만 상호운용성 확보를 위한 협의체는 정부 주도가 아닌 산업 자율적인 형태가 우선되어야 하며, 정부는 산업 주도의 협의체가 특정 기업의 이익을 대변하지 않고 공정하고 합리적으로 운영될 수 있도록 지원해야 한다. 또한 상호운용성 확보를 위한 기업 자율적인 협의체 방식이 일정 기간이 지난 이후에도 제대로 작동하지 않는다고 판단되면, 이를 조정하기 위한 정부의 개입이 필요할 수도 있다.

기업 간 상호운용성 확보를 통해 같은 유형의 데이터는 산업 유형과 관계없이 같은 포맷으로 활용될 수 있게 된다면 이종산업 간 데이터의 이동이 좀 더 자유롭게 일어날 수 있을 것이다. 이처럼 데이터 이동성이 시장에서 쉽게 활용될 수 있어야만 이동된 데이터를 활용한 새로운 서비스가 창출될 수 있고, 이동된 데이터 기반 서비스를 이용하는 소비자들의 경험 증대로 소비자들의 데이터 이동 유인이 높아지는 선순환 구조가 구축될 수 있다.

데이터 이동성의 이행이 영세·중소기업에게 새로운 진입장벽이나 부담으로 작용하지 않도록 데이터 이동성을 설계하는 것도 중요하다. Swire and Lagos(2012)는 많은 중소기업들이 GDPR을 완전히 이해하고 데이터 이동성을 위한 반출-반입 모듈(export-import module)을 준수하여 데이터를 다른 업체로 이동시킬 수 있는 자원을 갖추고 있지 못하다고 지적한 바 있다. 따라서 데이터 이동을 위한 인프라 구축을 위해 영세·중소기업을 대상으로 인력 채용 지원, 제반 설비에 대한 비용, 기술 지원 등의 정책 지원 방안을 마련할 필요가 있다.

또한 데이터 이동성을 모든 기업에게 동일하게 적용할 것인가에 대한 고민도 필요하다. 데이터 이동성의 시행으로 이미 시장에서 많은 이용자를 확보하고 있는 사업자로의 데이터 이동이 일어나 오히려 데이터 집중이 강화된다는 우려도 제기되고 있고, 앞서 언급한 영세·중소기업의 이행비용 부담 등도 이슈가 되고 있다. 그러므로 거대 규모의 기업에게 더 엄격한 조건을 적용하고, 신규 기업이나 규모가 작은 기업에게 완화된 조건을 부여하는 등의 비대칭적인(asymmetric) 규제가 경쟁 활성화나 혁신 촉진이라는 정책적 목적을 만족시키기 위해 더 나은 대안인지를 검토할 필요도 있다.[2] 미국 연방거래위원회의 데이터 이동성에 대한 워크숍에서는 기업 규모가 아니라 민감한 데이터를 많이 보유하고 있는 기업에 책임을 더 많이 부과하는 등의 아이디어도 제시되었다. 이처럼 데이터 이동성의 실효성을 높이기 위한 메커니즘 설계에는 많은 고민이 필요할 것으로 보인다.

2 우리나라에서는 번호이동성 제도 도입 시 모든 이동통신사업자에게 일괄 적용하지 않고 시장점유율이 낮은 사업자부터 적용하는 시차 도입 방식을 적용한 바 있다.

참고문헌

[국내문헌]

금융위원회(2024.9.30.), "마이데이터 2.0 시행을 위한 제도적 기반을 마련하겠습니다", 금융위원회 보도자료.

개인정보보호위원회(2024.6.25.), "전분야 마이데이터 제도 설명회 발표자료", 개인정보보호위원회 보도자료.

개인정보보호위원회(2025.1.13.), "안전한 개인정보, 신뢰받는 인공지능 시대 = 2−25년 개인정보보호위원회 주요 정책 추진계획 발표", 개인정보보호위원회 보도자료.

박유리 · 이은민 · 구윤모(2020), 디지털 플랫폼의 전환비용과 데이터 이동성에 관한 연구, 기본연구 20−01, 정보통신정책연구원.

율촌(2024.5.), "금융회사가 알아야할, 전 분야 마이데이터 추진을 위한 개인정보보호법 시행령 개정안 입법예고."

[국외문헌]

Busch, C., I. Graef, J. Hoffmann, & A. Gawer (2021). Uncovering blindspots in the policy debate on platform power.

Crémer, J., De Montjoye, U.−A & Schweitzer, H. (2019). Competition policy for digital era.

Economist (2020). Are data more like oil or sunlight?, Special report.

Furman, J., Coyle, D., Fletcher, A., McAuley, D., & Marsden, P. (2019). Unlocking digital competition: Report of the digital competition expert panel. UK government publication, HM Treasury.

Krämer, J. (2021). Personal data portability in the platform economy: Economic implications and policy recommendations. Journal of Competition Law & Economics, 17(2), 263−308.

Krämer, J., & Stüdlein, N. (2019). Data portability, data disclosure and data−induced switching costs: Some unintended consequences of the General Data Protection Regulation. Economics Letters, 181, 99−103. Northeastern Journal of Agricultural and Resource Economics 14:5.13.

Krämer, J., Senellart, P., & de Streel, A. (2020). Making data portability more effective for the digital economy: Economic implications and regulatory challenges. Centre on Regulation in Europe asbl (CERRE).

Lam, W. M. W., & Liu, X. (2020). Does data portability facilitate entry?. International Journal of Industrial Organization, 69, 102564.

Nicholas G. & M. Weinberg (2019). Data Portability and Platform Competition: Is User Data Exported From Facebook Actually Useful to Competitors?. The Engelberg Center on Innovation Law & Policy.

Nicholas, G. (2020). Taking It With You: Platform Barriers to Entry and the Limits of Data Portability, Michigan Telecommunications and Technology Law Review, Forthcoming.

OECD (2021), Data Portability, Interoperability and Digital Platform Competition, OECD Comptition Commitee Discussion Paper,http://oe.cd/dpic

Ramos, E. F., & Blind, K. (2020). Data portability effects on data-driven innovation of online platforms: Analyzing Spotify. Telecommunications Policy, 44(9), 102026.

Shapiro, C., Carl, S., & Varian, H. R. (1998). Information rules: A strategic guide to the network economy. Harvard Business Press.

Siciliani, P., & Giovannetti, E. (2019). Platform competition and incumbency advantage under heterogeneous switching cost—exploring the impact of data portability.

Wohlfarth, M. (2019). Data Portability on the Internet. Business & Information Systems Engineering, 61(5), 551-574.

16 플랫폼과 사회경제적 갈등

곽규태 / 순천향대학교 글로벌문화산업학과

I 서론

주류 경제활동이 디지털 플랫폼(이하 플랫폼)[1]을 중심으로 빠르게 재편되며 바야흐로 플랫폼 경제(platform economy)의 시대가 본격적으로 펼쳐지고 있다. 플랫폼 경제는 '플랫폼을 기반으로 생산과 소비, 유통 등 여러 가지 경제활동(C2C, B2C, B2B 등)이 형성되고, 플랫폼을 중심으로 가치 창출과 가치 전유(value creation & appropriation)가 이루어지는 경제권'으로,[2] 상품 거래의 관점에서 보면 일상적으로 활용하는 전자상거래, 유휴자산을 공유하는 공유경제, 실물 비즈니스를 온라인으로 연결하는 O2O 거래 등이 모두 플랫폼 경제의 개념에 포함된다.[3]

한편 자동화(automation)와 디지털 전환(digital transformation)을 이끄는 지능정보기술(intelligence technology)의 발달과 소비 트렌드의 변화는 플랫폼 기반 온라인 거래를 급격히 증가시켰다. 예컨대 데이터 기술(data technology)의 진화, 스마트 디바이스와 애플리케이션의 보편화, 모바일 간편 결제의 성장은 비대면 플랫폼 거래의 안정성과 편리성을 배가해 주었다. 또, 디지털 네이티브(MZ, 알

1 본 장에서는 디지털 플랫폼의 기술과 생태계 특성을 모두 고려해(Asadullah et al., 2018; Sa-adatmand et al., 2019), '둘 이상의 경제적 행위자들에게 다면적인 인터페이스(interfaces)와 보완적인 자산(complementary assets)을 제공하며 거래를 매개하는(mediating transactions) 비즈니스 시스템(Helfat & Raubitschek, 2018)'을 디지털 플랫폼의 개념적 정의로 활용한다.

2 Acs et al., The Evolution of the Global Digital Platform Economy: 1971-2021. Available at SSRN, 2021. p. 8.

3 조혜정, 플랫폼 경제 확산에 따른 이슈 대응 및 규제개선 연구, 중소기업연구원 정책연구 19-38 (2019). 9쪽.

파세대 등)의 소비 영향력 확대와 홈코노미(homeconomy)의 성장은 소비자의 선호와 취향이 우선시되는 온라인 거래 방식을 새로운 뉴노멀로 정착시켰다. 여기에 예상치 못한 코로나19 사태의 발생이 비대면 산업(untact industry)[4]의 성장을 더욱 가속해 플랫폼 중심 산업 생태계가 지속적으로 확장되는 형국이다.

알려진 바와 같이 플랫폼 경제는 간접 네트워크 효과(indirect or cross-side network effect)와 다면 시장(multi-sided market)의 특성을 기반으로 공급과 수요, 거래 방식 등의 측면에서 전통적인 경제와는 뚜렷한 차이를 보인다. 전통 경제와 차별화되는 플랫폼 경제의 특징은[5] ① 온라인 연결성 확장으로 인한 새로운 거래 가능성 파생 ② 유휴자원의 시장 편입을 통한 효율성 배가 ③ 시공간 세분화를 통한 다양한 거래단위 생성 ④ 전통적으로 가치를 인정받지 못한 비공식 거래 및 서비스 시장화 ⑤ 개인 수요 기반 맞춤형 제품의 유통지원 ⑥ 재화의 소유에서 사용으로 소비 패러다임의 변화 유도 ⑦ 간접비 감소 유도 ⑧ 고정비용 부담 완화를 통한 신규 사업자 진입 지원 ⑨ 데이터 기반 정밀 가격 설정 지원 ⑩ 정보 비대칭 완화를 통한 합리적 소비 지원 등과 같이 정리될 수 있다.

플랫폼 생태계의 중심에 위치한 플랫폼은 다양한 이용자 집단(supply-side and demand-side users) 간에 이루어지는 온라인 거래를 중개하거나 이를 촉진하는 기능과 역할을 수행한다.[6] 거래 당사자 간의 비대칭 정보 해소 및 거래 성사에 안전장치를 제공해 신뢰를 부여해 주고 합리적인 가격 설정에 준거를 제공하는 방식이다. 유통경로도 단순화시켜 준다. 이와 함께 산업 내 그리고 산업 간 비즈니스 다각화(inter or intra industry diversifications)를 유발해,[7] 기업 파

---

4 중소기업중앙회, KOSME 산업분석리포트: 비대면(언택트) 산업, 융합금융처 산업리포트 2020-5호 (2020), 6쪽. (비대면 산업은 재화나 서비스를 제조·판매·이용하는 과정에서 대인 접촉을 최소화할 수 있는 제품생산 또는 유통구조를 갖추고 있는 산업 군으로, 스마트헬스케어, 비대면 교육, 스마트워크, 비대면 생활소비, 엔터테인먼트, 물류·유통, 비대면기반기술 등으로 분류 가능)

5 Lobel, O., The law of the platform. Minnesota Law Review. 101(87), 2016, pp.106-112.

6 이화령·김민정, 플랫폼 경제 시장기제와 정부정책, KDI 연구보고서 2017-07 (2017). 8-14쪽.

7 Li & Greenwood, The effect of within-industry diversification on firm performance: synergy creation, multi-market contact and market structuration. Strategic Management Journal, 25(12), 2004, pp. 1131-1153.

트너십의 변화와 신규 시장 형성(market formation)에 기여하는 것도 플랫폼의 기능과 역할이라 볼 수 있다. 전이 효과(spillover effect)와 도메인 효과(domain effect)가 탁월한 인터넷 공간에서 플랫폼은 기존 산업의 확장을 유도하며, 산업 간 상호연관성(interdependence)의 재발견을 도와 특정 비즈니스의 성과를 인접한 유관 산업에까지 확장시키는 긍정적 외부효과(positive externality)를 파생시킨다.[8] 이로 인해 플랫폼 경제에서 주목받는 업종의 경우 전통 경제 체제에서보다 더욱 성장하는 산업효과(industry effect)도 종종 목격된다.[9]

하지만 플랫폼의 기능과 역할이 항상 긍정적인 방향으로만 작동하는 것은 아니다. 이전에 경험하지 못한 다양한 사회경제적 갈등 상황도 야기하기 때문이다. 플랫폼 리더(platform leader)들의 시장 영향력이 과도해지면서 이들의 거래 조정 및 시장 참여 방식에 대한 우려가 커지고 있고, 또 디지털 전환으로 야기되는 빠른 시장 재편의 흐름에서 상대적으로 열위에 처하거나 소외된 경제주체들의 불만도 높아진 상황이다. 예컨대 플랫폼 독과점과 시장 쏠림(tipping), 플랫폼 사업자의 골목상권 비즈니스 확장, 정보 흐름의 왜곡과 통제, 비윤리적 플랫폼 알고리즘 운영, 플랫폼 사업자의 교차보조(cross subsidization) 등과 같은 다양한 플랫폼 경제의 문제들이 지속적으로 등장하고 있다.[10] 나아가 국가를 초월하는 플랫폼 영향력의 확대로 플랫폼 제국주의(platform imperialism), 정보 주권(information sovereignty)과 관련한 문제들도 다양한 국가 간 갈등 국면을 만들어 내는 등 플랫폼을 둘러싼 사회경제적 갈등은 다양한 분야에서 더욱 격화되는 양상이다.

플랫폼 경제의 순기능과 사회적 효용을 극대화하기 위해서는 플랫폼 경제의 부작용과 갈등을 적절하게 관리하는 방안에 대한 고민이 필요하며, 이를 위해서는 먼저 플랫폼 갈등의 양상과 본질을 이해해야 한다. 플랫폼 갈등관리의

8 Webster & Lin, The Internet Audience: Web Use as Mass Behavior. Journal of Broadcasting & Electronic Media, 46(1), 2002, pp. 1－12.

9 Wessel et al., The problem with legacy ecosystems. Harvard business review, 94(11), 2016, pp. 68－74.

10 김준연, 글로벌 플랫폼 경제의 부상: 혁신론과 독점론을 넘어서, SPRI 월간SW중심사회 통권 제90호 (2021). 8쪽.

실패는 성공적인 디지털 전환을 지연시키거나 왜곡된 방향으로 이끌고,[11] 사회적 비용을 가중시키거나 특정 이해집단 간의 불필요한 비시장(non-market) 경쟁을 유발하는 등 사회 발전과 경제 성장을 저해할 수 있다. 따라서 플랫폼 경제의 성장과 발전에 필수적인 공유 가치(shared value) 구축을 위해서는 본원적으로 이해관계자들 간의 파트너십과 신뢰 형성, 이를 위협하는 위험과 갈등 인자에 대한 진단과 대응, 그리고 조율(orchestration)에 대한 심층적인 고민이 필요하다.[12] 그러나 현재까지 플랫폼을 둘러싼 제반 갈등에 대한 사회적 논의는 이에 미치지 못하고 있다. 이에 본 장에서는 플랫폼 경제를 둘러싼 사회경제적 갈등, 예컨대 플랫폼 경제의 근간인 정보 활용 방식과 추구 가치를 둘러싼 이견, 플랫폼 비즈니스로 야기되는 신·구사업자 간의 갈등, 플랫폼 노동과 일자리를 둘러싼 사회문제 등과 같이 우리 사회 전반과 국민경제에 파급력이 높은 갈등 이슈를 확인하고 이러한 이슈의 관리 방안에 대해 논의하려 한다.

이어지는 Ⅱ에서는 플랫폼 비즈니스와 플랫폼 갈등 특성을 살펴보고, Ⅲ에서는 플랫폼 경제에서 파생되는 사회경제적 갈등의 주요 의제를 고찰한다. 그리고 Ⅳ에서는 향후 플랫폼 갈등관리의 원칙 및 정책 방향에 대해 논의한다.

Ⅱ 플랫폼 비즈니스와 플랫폼 갈등

1. 플랫폼의 유형과 비즈니스 특성

플랫폼의 가치 창출(value creation) 방식과 비즈니스 모델(business model)은 개별 플랫폼의 거래 방식과 중개 유형에 따라 달라지므로, 플랫폼 비즈니스의 특성을 이해하기 위해 플랫폼 유형 분류에 대한 논의를 정리할 필요가 있다.

---

11 국회입법조사처, 디지털 전환에 따른 사회갈등의 현황과 대응방안 연구: 온라인 플랫폼 관련 갈등을 중심으로. NARS 정책연구용역보고서 (2021.09), 1쪽.

12 Helfat & Raubitschek, Dynamic and integrative capabilities for profiting from innovation in digital platform–based ecosystems. Research Policy, 47(8), 2018, pp. 1391–1399.

그간 학계와 각국 정부, 국제기구들은 플랫폼 비즈니스의 특성 규명을 위해 다양한 관점의 플랫폼 유형화를 시도해왔다. 예컨대 플랫폼 기술 특성에 따라 웹 기반 플랫폼과 모바일 플랫폼(purely web- or mobile app-based)으로,[13] 거버넌스(governance) 특성에 기반해 개방형 플랫폼과 폐쇄형 플랫폼으로(opened or closed), 그리고 소유구조(ownership structure) 특성에 따라 오픈소스 플랫폼과 사적 플랫폼(open source or proprietary)으로 접근했던 시도들이 대표적이다.[14] 특히 국제노동기구(ILO)는[15] <표 16-1>과 같이 플랫폼이 제공하는 서비스(서비스 거래와 노동의 특성)에 근거해 플랫폼 유형을 <개별 이용자 대상 서비스 제공 플랫폼>, <노동 매개 플랫폼>, <거래 중개·촉진 플랫폼>, <노동 매개와 서비스를 동시에 제공하는 복합 플랫폼>과 같이 4가지로 분류하는 방식을 제안한 바 있다. ILO의 분류 방식은 플랫폼이 제공하는 서비스 내용에 대한 이해와 디지털 노동의 제공 및 중개와 관련한 플랫폼 비즈니스의 식별에 장점이 있다. 다만, 플랫폼 세부 유형의 구분 기준이 다소 불명확하고 각각의 플랫폼 유형별 참여자 역할 특성을 체계적으로 설명하지 못하는 한계점이 존재한다.

〈표 16-1〉 플랫폼의 유형

제공 서비스	유형	세부 분야	서비스 제공 기업
개별 이용자들에게 서비스 제공	사회적 매체 플랫폼		facebook/Instagram, Tiktok, X(twitter)
	전자지불 플랫폼		paypal, tencent, 카카오, paytm
	크라우드펀딩 플랫폼		Catars, Ketto, Kickstarter
	다른 디지털 서비스 플랫폼	News, Media, 오락	Netflix, Buzzdeed, Youtube, 왓챠, 웨이브
		광고	Gumtree, Kengoo, OLX
		검색, 정보, 리뷰	Google, 네이버, 다음, Yelp, Feedly
		재화와 자산의 임대	Airbnb, Homestay
		의사소통과 회의	skype, zoom, 카카오톡
		응용 앱 시장	Apple App Store, Google Play store, Aptoide

13 Täuscher & Laudien, Understanding platform business models: A mixed methods study of marketplaces. European Management Journal, 36(3), 2018, pp. 319-329.

14 Asadullah et al., Evolution mechanisms for digital platforms: a review and analysis across platform types, 2018.

15 ILO, World Employment and Social Outlook 2021: The role of digital labour platforms in transforming the world of work, 2021. p. 40.

<table>
<tr><td rowspan="9">노동을 매개하는
디지털 노동 플랫폼</td><td rowspan="4">웹 기반 플랫폼</td><td>프리랜스와 경쟁 기반</td><td>99design, Kabanchik, Upwork</td></tr>
<tr><td>작은 과업(Microtask)</td><td>Clickworker, Microworkers, AMT</td></tr>
<tr><td>경쟁 프로그래밍</td><td>Hacker Rank, Topcoder</td></tr>
<tr><td>의료 컨설팅</td><td>1Doc3, DocOnline</td></tr>
<tr><td rowspan="5">지역 기반 플랫폼</td><td>택시</td><td>Uber, Didi, Ola Cabs, Lyft</td></tr>
<tr><td>배달</td><td>Meituan, 쿠팡, 배달의 민족</td></tr>
<tr><td>가정 서비스(전기, 배관)</td><td>Doit4you, Task Rabbit, 숨고, anyman</td></tr>
<tr><td>가사 서비스(청소, 이사)</td><td>Batmaid, BookMyBai, 미소, 대리주부</td></tr>
<tr><td>돌봄 서비스</td><td>Care24, CareLinx, Greymate Care</td></tr>
<tr><td rowspan="4">거래의 중개와 촉진</td><td rowspan="4">B2B 플랫폼</td><td>도소매</td><td>Alibaba, Amazon, 무신사</td></tr>
<tr><td>제조업 시장과 분석</td><td>Anyfactory, Laserhub</td></tr>
<tr><td>농업시장과 분석</td><td>Agri Marketplace, Ninjacart, Farm-Crowdy</td></tr>
<tr><td>금융대출과 분석</td><td>Ant Group, 카카오뱅크, Avant</td></tr>
<tr><td>노동의 매개와 다른
서비스 제공</td><td>하이브리드 디지털 플랫폼</td><td>제공 서비스 배달, 택시, 소매,
오락, 전자지불</td><td>Jumia, Grab, Gojek, 당근마켓</td></tr>
</table>

출처: ILO, 2021, p. 40; 배규식, 2021, 29쪽에서 재인용.

이에 플랫폼의 비즈니스 특성, 특히 플랫폼 운영자(platform owner)의 통제력과 외부 참여자(external contributors)의 자율성을 근거로 플랫폼 비즈니스 유형 구분을 시도한 연구에[16,17] 기초하여 플랫폼 유형화와 비즈니스 특성 이해에 접근하고자 한다. 먼저 부드로와 라카니(Boudreau & Lakhani)는 플랫폼 운영자의 통제력(control)과 외부 참여자의 자율성(autonomy)을 근거로 플랫폼 비즈니스 모델을 ＜통합 플랫폼(integrator platform)＞, ＜제품 플랫폼(product platform)＞, ＜다면 플랫폼(multi-sided platform)＞과 같은 세 가지 방식으로 유형화하였다(<그림 16-1> 참조).[18] 여기서 '통합 플랫폼'은 플랫폼 운영자가 절대적으로 강력한 통제권을 행사하는 유형이다. 플랫폼 운영자가 플랫폼 이용자들의 모든 거래를 중개하며, 플랫폼에서 발생하는 거의 모든 거래에 과금할 수 있다. 아울러 플랫폼 운영자는 거래가격을 직접 설정하는 권한을 보유하며, 플랫폼 이

16 Boudreau & Lakhani, How to manage outside innovation. MIT Sloan Management Review, 50(4), 2009, p. 54.

17 박영신 외, 모바일 플랫폼 도입으로 인한 시장구조의 변화분석: 양면시장을 중심으로, 산업연구원 연구보고서 2017-849 (2017), 36-47쪽.

18 Boudreau & Lakhani, 2009, pp. 54-55.

용자 전체를 통제할 수 있는 막강한 권한을 지닌다. 다음으로 '제품 플랫폼' 유형은 통합 플랫폼 비즈니스에 비해 상대적으로 플랫폼 운영자의 통제권이 축소된 경우다. 플랫폼 운영자가 플랫폼 이용에 필요한 핵심 기술 제공과 유지에는 관여하지만, 해당 기술의 활용 여부와 자신들의 제품·서비스를 제공하기 위해 추가적인 노력을 하는 것은 이용자의 자율성에 의해 결정된다. 플랫폼 이용자가 직접 가격을 결정할 수 있다는 점이 통합 플랫폼 유형과 구분되는 차별점이다. 끝으로 '다면 플랫폼' 유형은 플랫폼 운영자가 플랫폼 운영상의 최소 규칙 등을 제공하며 가장 약한 통제력을 행사하는 모델로 플랫폼 외부 이용자의 자율권이 가장 적극적으로 보장된다. 즉, 플랫폼 운영자는 소비자와 공급자의 거래 관계에 거의 통제력을 행사하지 않고 중립적인 거래 기반을 제공하는 데 집중하며, 그 대가로 거래의 쌍방 혹은 일방에 수수료를 부과하거나 추가적인 광고수익 등을 통해 비즈니스 모델을 구성한다.

이와 유사한 맥락에서 박영신 외는[19] 플랫폼 운영자의 중개 역할과 통제 권한을 중심으로 앞서 논의한 3가지 유형의 플랫폼 비즈니스 모델을 <단순

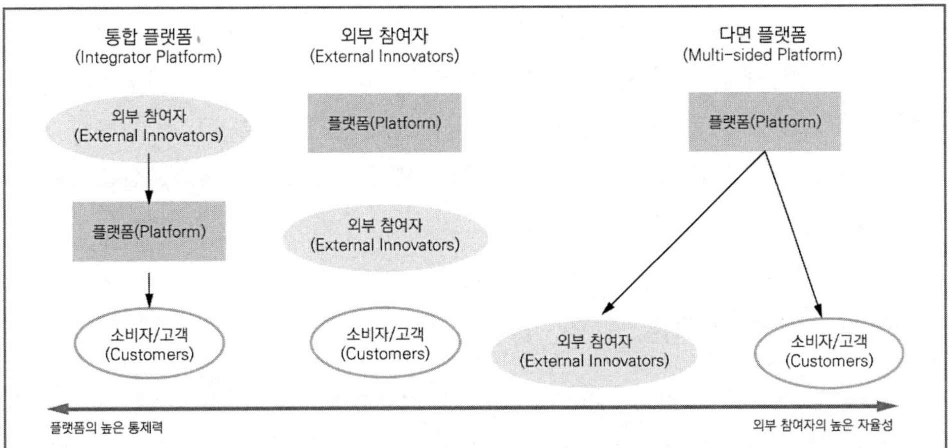

출처: Boudreau & Lakhani, 2009, p. 54.

〈그림 16-1〉 플랫폼 유형별 비즈니스 특성

19 박영신 외, 앞의 글, 36−47쪽.

중개·중립 플랫폼>과 <통제·지배적 플랫폼>의 두 가지 비즈니스 유형으로 단순화시켰다. 여기서 '단순 중개·중립 플랫폼'은 '다면 플랫폼(예: 서비스 초기의 우버, 카카오택시)'과 유사한 개념이며, '통제·지배적 플랫폼'은 '통합 플랫폼(예: 안드로이드, iOS)'과 유사하다.

한편 플랫폼의 통제력에 근거한 플랫폼 유형 분류 시도는 플랫폼 비즈니스 모델 특성의 포착과 플랫폼 갈등 기제에 대한 설명에서 이점이 있으나, 시간 경과에 따라 플랫폼의 통제력에 변화가 발생할 수 있다는 점을 추가로 고려할 필요가 있다. 예컨대 우버나 호텔 중개 앱의 경우처럼 시장 진입 시는 '단순 중개·중립 플랫폼'이었으나 시장점유율이 높아지면서 '통제·지배적 플랫폼'으로 비즈니스 특성이 변하는 사례들이 목격된다. 따라서 플랫폼 비즈니스의 특성은 기본적으로 플랫폼의 유형과 중개 방식에 따라 차이가 존재할 수 있으나, 시간 흐름에 따라 플랫폼 유형 자체가 가변적이고, 이에 따라 플랫폼 비즈니스의 특성도 변할 수 있는 것으로 볼 필요가 있다.

이상의 논의를 요약하면 플랫폼 비즈니스는 플랫폼 운영자의 통제 권한과 이용자 그룹의 자율성에 따라 플랫폼상의 거래에 대한 쌍방 혹은 일방의 이용자 그룹에 중개 수수료를 부과하며 수익을 창출하거나, 수수료 없이 무상으로 중개 서비스를 제공한 뒤 광고 등을 통해 별도로 수익을 충당하는 구조가 근간인 셈이다. 특히 후자의 경우라면 적은 비용으로 플랫폼 운영자가 제공하는 양질의 서비스를 이용할 수 있기에, 다양한 이용자 그룹의 플랫폼 진입을 가속하는 동인으로 작동한다.

2. 플랫폼 갈등의 개념, 유형, 동인

플랫폼 경제의 성장 이면에는 다양한 사회경제적 갈등도 드러난다. 여기서 '플랫폼의 사회경제적 갈등'(이하 플랫폼 갈등)이란 '디지털 플랫폼 생태계 안팎에서 발생하는 다양한 주체들의 사회경제적 이념이나 가치, 이해관계, 의견, 원칙 등의 충돌이나 대립 현상'으로,[20] 근본적으로 이러한 갈등의 생성은 앞서

20 현재까지 플랫폼 갈등과 관련한 학술적인 개념화가 이루어지지 않은 상황이므로, 본 장에서

살펴본 플랫폼 경제, 그리고 플랫폼 비즈니스의 특성과 밀접하게 관련된다.[21] 의견 표출이 용이하고 익명성이 보장되는 커뮤니케이션 환경, 비대면 모바일 간편 거래 방식의 통용, 플랫폼 운영자의 영향력 증대 및 디지털 전환 가속화로 인한 전통산업의 인터넷 시장 편입, 이로 인한 다양한 경쟁 환경 파생이 경제 주체들의 다양한 이익 추구 활동과 의사결정, 이들의 시장 지위에 불안정함과 불확실성을 가중시키기 때문이다.[22] 앞서 언급한 바와 같이, 갈등 주체들 간의 감정이나 논쟁, 투쟁이 격화되면 갈등 당사자들이 자신의 이익을 위해 비생산적인 활동에 자원을 낭비하게 되므로 사회경제적 손실이 증가하게 되고,[23] 또 갈등의 생애 주기가 역동적일수록 다수의 이해관계자가 얽혀있기에 갈등 주체들의 행동이 매우 복잡하고 동태적인 경향을 보인다.[24]

플랫폼 경제는 이용자(수요자·공급자), 디지털 플랫폼, 디지털 인프라(통신 및 서비스 장비 사업자), 디지털 기업(소프트웨어 및 앱 개발) 간의 다양한 거래 관계가 하나의 거대한 디지털 생태계를 구성하고 있고 다양한 경제주체, 예컨대 소수의 대기업, 수천의 중형기업, 수백만의 소기업들의 참여로 이루어지기에 상호 협력, 분산된 거버넌스, 공통자원의 효율적 활용을 위한 요소시장(factor markets)의 외부화가 필수적이다.[25] 이러한 플랫폼 경제의 특징을 플랫폼 경제

는 ① Thomas(1992, p. 891)의 갈등 개념(특정 이해관계자가 불만을 가지거나, 불만을 가지기 시작하는 과정; the process which begins when one party perceives that another has frus-trated, or is about to frustrate, some concern of his), ② 갈등의 사전적 의미(Wikipedia, 이해관계, 의견, 원칙 등의 충돌이나 대립 현상; a struggle and a clash of interest, opinion, or even principles), ③ 대통령령(공공기관의 갈등예방과 해결에 관한 규정 제2조)상의 갈등 개념(공공정책을 수립하거나 추진하는 과정에서 발생하는 이해관계의 충돌, ④ Obershall (1978, p. 291)의 사회적 갈등 개념(집단, 조직, 공동체, 군중 등의 이해집단 간의 갈등 상황; social conflict refers to conflict in which the parties are an aggregate of individuals, such as groups, organizations, communities, and crowds, rather than single individuals, as in role conflict)에 플랫폼 경제 특성을 가미해, 자체적으로 플랫폼의 사회경제적 갈등 개념을 조작하였다.

21 플랫폼 갈등은 디지털 전환으로 파생되는 디지털 갈등 국면의 전체를 설명하지는 못하나 (국회입법조사처, 2021.09), 현재 표면화된 사회경제적 디지털 갈등의 대부분은 플랫폼 갈등과 유사하다.

22 Greenstein, Platform Conflicts [Micro Economics]. IEEE Micro, 33(04), 2013, pp. 78-79.

23 박준 외, 한국의 사회갈등과 경제적 비용. 삼성경제연구소(2009).

24 최남희, "4대강 재자연화 정책에 따른 갈등의 동태성에 대한 인과순환구조 분석", Crisisonomy 제17권 제10호 (2021), 69-92.

참여 주체의 관점에서 살펴보면 <그림 16-2>에서 보는 바와 같이 주요 4개 경제주체 간의 협력 및 거래 관계로 설명할 수 있다. 세부적으로 플랫폼 경제 주체는 ① 플랫폼 경제의 디지털 인프라를 제공하는 통신사와 디바이스 제조사(digital infrastructure; telecommunications service and communication equipment firms), ② 플랫폼 서비스를 제공 혹은 중개하는 디지털 플랫폼 혹은 플랫폼 운영자(digital platforms; platform firms), ③ 플랫폼 서비스의 공급과 수요를 담당하는 이용자 그룹(digital users; supply-and demand-side users), ④ 종전에 없던 혁신적인 서비스를 제공하며 등장한 신규 디지털 비즈니스 기업(digital entrepreneurs; new technology-based firms)으로 요약된다.

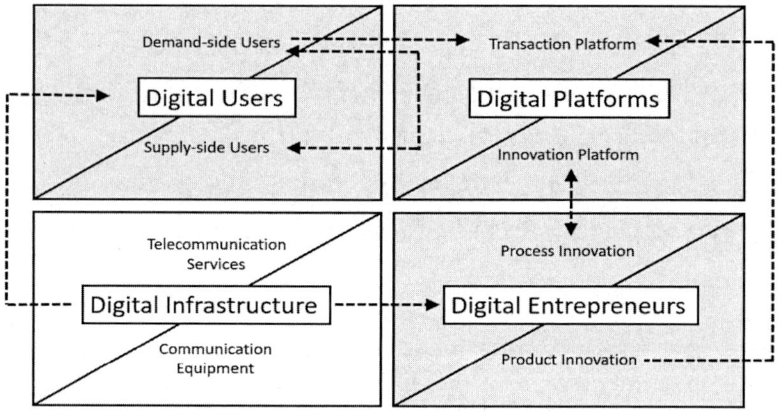

출처: Acs et al.,(2021). p. 13.

〈그림 16-2〉 플랫폼 경제의 구성원과 상호관계

여기서 플랫폼 경제 형성을 위해 필요한 플랫폼 참여자들 간 협력의 이면에는 모두 잠재적 갈등이 상존한다. 즉, 플랫폼 경제를 구성하는 4가지 유형의 참여자(이용자, 플랫폼, 인프라, 신규 비즈니스를 담당하는 각각의 경제주체)들의 역할 및 거래 특성에 따라 크게 3가지 유형의 플랫폼 갈등이 파생될 수 있다. 우선,

25 Acs et al., 2021. pp. 9-14.

동일 혹은 유사한 제품과 서비스를 제공하는 참여자들 간의 갈등이다. 이는 <그림 16-2>에 제시된 4가지 유형의 참여자 집단별로, 예컨대 디지털 인프라 제공 사업자 간, 이용자 간, 플랫폼 운영자 간, 신규 비즈니스 기업 간에 빚어지는 갈등으로 플랫폼 참여자 유형별로 내부적인 갈등 기제가 작동하는 방식이다. 특히 플랫폼을 활용하는 수요와 공급 측면의 이용자 집단(digital users)이 매우 다양해지면서 이용자 집단 내부에서는 공급자-공급자, 공급자-소비자, 소비자-소비자 등과 같은 다양한 유형의 갈등 형성이 목격된다. 둘째, 서로 이질적인 역할을 담당하는 참여자들 사이에서 발생하는 갈등이다. 이는 플랫폼 이용자와 플랫폼 운영자, 디지털 인프라 제공업자와 플랫폼 운영자 간의 갈등과 같이 각기 다른 역할과 유형의 경제주체들 간에 형성되는 이해관계 대립을 뜻한다. 끝으로 <그림 16-2>에 언급되지 않은, 즉 디지털 플랫폼 생태계에 편입되지 않은(못한) 전통적인 경제주체와 플랫폼 경제주체 간의 갈등을 고려할 수 있다. 예컨대 전통사업자와 플랫폼 운영자 간의 갈등, 전통사업자와 플랫폼 신규 비즈니스 기업 간의 갈등 등이 대표적이다. 물론 이러한 유형의 갈등을 플랫폼 갈등의 영역에 포함하는 것이 타당한지에 대한 이견이 있을 수 있으나, 오늘날 플랫폼 경제에서 발생하는 많은 사회문제가 이 유형의 갈등에서 포착되는 만큼 플랫폼 갈등 유형의 범주로 고려하는 것에 무리가 없으리라 판단한다. 세부적으로 이러한 플랫폼 갈등을 Acs et al.(2021)의 이해관계자 특성에 따라 플랫폼 기업(플랫폼 운영자(digital platforms) 및 신규 디지털 기업(digital entrepreneurs)을 중심으로 다시 세분화해 보면, <표 16-2>와 같이 8가지 세부 유형에서 플랫폼 갈등이 주로 발생했거나 향후 발생할 가능성이 높은 것으로 확인된다.

〈표 16-2〉 플랫폼 운영자(digital platform)와 타 이해관계자 간 갈등 유형

구분 (vs. 플랫폼 운영자)	정의
소비자(digital user)	플랫폼 운영자와 최종 소비자 간의 갈등
이용사업자(digital user)	플랫폼 운영자와 이용사업자(공급자) 간의 갈등

통신사업자(infrastructure)	플랫폼 운영자와 통신사업자 간의 갈등
디바이스사업자(infrastructure)	플랫폼 운영자와 디바이스 사업자 간의 갈등
신규 디지털기업(digital entrepreneur)	플랫폼 운영자와 신규 디지털기업 간의 갈등
경쟁관계의 플랫폼 운영자(digital platform)	플랫폼 운영자(A)와 플랫폼 운영자(B) 간의 갈등
전통산업(legacy industry)	플랫폼 운영자와 전통산업 간의 갈등
*신규 디지털기업(digital entrepreneur) vs. 전통산업(legacy industry)	신규 디지털기업과 전통산업 간의 갈등

한편 플랫폼 갈등이 왜 발생하는지에 대한 이해도 적절한 갈등 관리를 위해 선행되어야 할 작업이다. 이와 관련해 본 절에서는 갈등을 일으키는 동인을 크게 플랫폼 비즈니스에 내재한 근원적 갈등 인자와 플랫폼 생태계 외부 환경 요인으로 구분한다. 먼저 플랫폼 경제의 근원적 작동방식이 갈등 유발의 원인이 될 수 있다.

언급한 바와 같이 플랫폼 경제는 자연독점과 유사하게 시장 집중의 가능성이 근원적으로 내재되어 있다. 네트워크 효과, 높은 고정비용, 낮은 가변비용의 특성으로 인해 수확 체증의 양태를 보이며, 미디어 기기 선탑 서비스 확보를 통한 시장 선점, 데이터 수집 및 활용을 통한 플랫폼 경쟁우위 확보가 이루어질 경우 이러한 쏠림은 더욱 강하게 작동한다.[26] 아울러 모바일 메신저나 사회관계망 등과 같이 고착효과(lock-in)가 높은 플랫폼 서비스라면 전환비용이 높아 타 서비스로의 전환이 더더욱 어렵고, 플랫폼 운영자가 수직결합 등을 통해 제품·서비스 공급에 직접 참여해 자사 제품과 서비스를 우대할 불공정거래의 가능성이 매우 높아진다. 따라서 시장 영향력이 높은 플랫폼 운영자와 시장 지위가 약화된 전통적인 경제주체들 간, 그리고 직간접적 경쟁 관계에 내몰린 플랫폼 운영자와 여타 사업자들 사이에는 다양한 긴장 관계가 조성될 수밖에 없다. 나아가 대다수의 플랫폼이 공공재와 사유재의 속성을 양면적으로 동시에 지닐 수 있다는 점도 갈등을 유발하는 플랫폼 비즈니스의 근원적 동인이다.[27]

26 이화령·김민정, 앞의 글, 12−14쪽.

27 Knüpfer & Entman, Framing conflicts in digital and transnational media environments. Media, war & conflict, 11(4), 2018, pp. 476−488.

예컨대 플랫폼을 상거래를 위한 관문(gateway) 내지 필수설비(essential facility)로 보고 이용자에게 동등한 접근권을 부여해야 한다는 입장과, 타 플랫폼으로 갈아타는 전환비용(transaction cost)이 낮은 상황에서 플랫폼 기업의 투자와 혁신노력을 인정해 사적 서비스로 취급해야 한다는 입장은 상충되고 있으며,[28] 이러한 인식 차이는 플랫폼 운영원칙 및 플랫폼 운영자의 중개 역할과 책임에 대한 규명에서도 상이한 가치 충돌을 야기하고 있다.

다음으로 플랫폼의 외부 환경요인이 플랫폼 갈등을 심화시키기도 한다. 예컨대 비대면 산업의 성장으로 인한 플랫폼 운영자의 영향력 강화, 코로나19로 인한 사회적 거리두기 지속 등은 상대적으로 경제적 어려움에 처한 전통산업군의 불만을 플랫폼 갈등으로 이끈 바 있다.[29] 코로나19로 인한 경제적 충격은 민간 소비와 고용의 측면에서 보면 지난 50년간 5번의 대형 경기 침체(1차 석유파동, 2차 석유파동, 외환위기, 세계금융위기, 코로나위기) 중 외환위기에 이어 2번째로 높은 것으로 확인될 정도였는데, 이때 플랫폼의 서비스 확장 분야인 예술·스포츠·여가, 숙박·음식점, 임대·운수업 등의 생산 및 고용 하락 심화를 둘러싸고 다양한 갈등이 첨예하게 발생했었다.[30] 플랫폼 경제를 둘러싼 대외 환경 변화가 플랫폼 갈등을 더욱 심화시킬 수 있음을 예측하게 하는 대목이다.

Ⅲ 플랫폼 갈등의 주요 이슈

플랫폼 경제로 대변되는 디지털 생태계가 사회 전반에 큰 영향을 미치며 기존의 규범과 질서에 다양한 도전을 제기하고 있는 만큼, 플랫폼을 근간으로

28 김준연, 앞의 글, 8-9쪽.

29 이원태 외, 4차 산업혁명 시대의 디지털 사회갈등 이슈 분석 및 사회통합정책 방안, 정보통신정책연구원 기본연구 20-08-03 (2020), 11-12쪽.

30 강두용 외, 코로나 팬데믹이 한국경제와 산업에 미친 영향: 팬데믹 이후 1년의 중간평가. 한국산업연구원 이슈페이퍼 2021-11 (2021), 37-40쪽.

한 사회경제적 갈등 이슈는 도처에서 목격된다. 본 절에서는 플랫폼 갈등의 사회경제적 이슈 중 국민경제적 파급력과 갈등관리의 중요도와 시급성이 높은 세 가지 이슈를 각각 '정보 갈등'(정보의 생산/유통/활용과 관련한 갈등), '산업 갈등'(신·구 사업자 간 갈등과 같이 플랫폼 비즈니스를 둘러싼 이해관계자 갈등), '노동 갈등'(플랫폼 경제에서 부상하는 다양한 노동과 일자리 문제)으로 구분해 이를 중점적으로 조망한다.

1. 정보 갈등: 플랫폼과 시민사회

인터넷 활용의 증가, 포털·소셜네트워크서비스(SNS)·인터넷동영상서비스(OTT) 등과 같은 플랫폼 서비스 이용의 보편화로 이전보다 정보 이용의 편리성이 획기적으로 개선되었다. 그러나 이로 인한 부작용도 만만치 않은 상황이다. 사실, 정보의 생산 및 소비와 관련된 '정보 갈등'은 인터넷 확산의 초기 시절부터 현재까지 가장 오랜 기간 회자되어 온 사안이다.[31] 주지하는 바와 같이 오늘날 데이터를 포함한 정보는 산업 발전과 기업 경쟁력의 원천이며 동시에 사람들의 일상 커뮤니케이션을 가능하게 하는 요소다. 따라서 활용 가치가 높은 정보를 확보하고 이를 자유롭게 활용하고자 하는 것은 모든 경제주체의 근원적 기대요인이다. 아울러 경제적 가치를 차치하고서라도 정보는 그 자체로 사회적 담론 등의 형성에 중요한 단초를 제공하기에 시민사회의 성장과 밀접한 관련이 있다. 따라서 정보의 수집과 중개, 유통의 측면에서 일고 있는 다양한 '정보 갈등'에 대한 이해와 관리 방안 모색은 사회경제적 갈등 관리의 출발점이다.

한편 정보 갈등은 앞서 살펴본 플랫폼의 유형 중 플랫폼 운영자의 통제력이 다소 낮고 외부 참여자의 자율성이 높은 '다면 플랫폼'[32] 혹은 '단순 중개·중립 플랫폼'[33]에서 주로 목격되며, 본 절에서는 정보 갈등의 영역 중 시민사회의 성장과 발전을 위협하는 요소에 집중해 주요 갈등 이슈는 3가지로 요약된다.

---

31 이명호, 디지털 격차와 갈등, 새로운 사회제도의 필요성, 월간SW중심사회 통권제88호 (2021). 33쪽.

32 Boudreau & Lakhani, 2009, p. 54.

33 박영신 외, 앞의 글, 36-37쪽.

정보 갈등과 관련한 이슈로는, 첫째 허위·기만정보(dis－/mis－information)와 가짜뉴스로 대변되는 선정적이고 편향된 정보의 범람과 이의 해결 방안을 둘러싼 것이다. 이는 '정보의 생산 및 유통'에 관련된 이슈로, 근원적으로는 플랫폼 중심의 정보 검색 및 이용행태의 보편화 그리고 이러한 수요자 편의를 제공하기 위한 커뮤니케이션 플랫폼의 발달과 밀접한 관련이 있다. 예컨대 커뮤니케이션 플랫폼의 발달은 과거 소수 일간지나 방송 등을 통해 개별적으로 이루어지던 뉴스 정보의 공급 패턴을 모바일로 확장해 시공간의 제약이 없는 뉴스 이용환경을 만들어 내는 데 성공했다. 즉, 뉴스 정보의 매개를 넘어 다양한 언론사가 제공하는 뉴스를 모아 제공하고, 개인 취향에 근거한 정보 큐레이션 서비스의 편의성까지 갖추고 있다.[34] 그러나 이러한 변화는 전통적인 언론사보다 이를 통합적으로 이용자에게 매개하는 플랫폼 운영자의 역할을 강화시켰고, 뉴스 생산시장의 진입장벽을 낮춰 뉴스 정보업에 진출한 사업자들 모두를 치열한 경쟁에 내몰았다. 이러한 상황 속에서 광고 수익 확보와 유료화의 어려움에 처한 뉴스 및 정보제공 사업자들이 경쟁적으로 클릭 베이트(click bait) 등을 활용한 선정적인 연성 뉴스를 쏟아내며, 광고 수익을 높이기 위한 뉴스 어뷰징(news abusing)에 적극적으로 동참하고 있다. 더 나아가 경제적 혹은 정치적 목적을 관철하기 위해 이른바 허위정보와 가짜뉴스의 생산에도 열을 올리고 있으며, 이러한 문제적 콘텐츠를 인터넷 포털, SNS, 모바일메신저, 인터넷동영상서비스(OTT) 등과 같은 다양한 정보 공유 플랫폼을 통해 대중에게 확산시킨다.[35] 즉, 인터넷 공론장에서 자신의 주장 혹은 자신이 대변하는 집단의 가치와 사상, 이익을 표면화시키고 확대시키려는 이용자 집단이 늘면서 부정확한 혹은 사실적 악의를 지닌 거짓 정보가 기하급수적으로 늘어 이로 인한 필터 버블(filter bubble), 에코체임버(echo chamber)와 같은 확증 편향(confirmation bias) 현상이 심각한 사회문제로 대두된 것이다. 따라서 커뮤니케이션 플랫폼의 다변화는 이전보다 시장 참여의 기회 혹은 표현의 자유 신장에 기여하고 편의성을 증진

34 곽규태, "인터넷 뉴스 생태계의 현황과 발전 방향. 이상우 외(편)", 『인터넷 산업의 미래, 함께 묻고 답하다』, 한울아카데미, 2019, 95쪽.

35 곽규태, 위의 책, 100－110쪽.

시켰으나 반대로 저급한 품질의 정보와 가짜뉴스 등과 같은 유해 콘텐츠가 유통될 수 있는 환경 조성, 불필요한 정보 과잉으로 정보 탐색 및 이용 시간 증가를 유발해 오히려 이용자 간의 정보 비대칭성을 높이는 결과도 초래했다. 이와 관련해 플랫폼의 정보 노출(예컨대 뉴스배열) 방식, 공급 정보의 적정가격 산정, 정보 중개 방식(인링크/아웃링크),[36] 사회경제적 편익을 저해하는 문제적 정보 서비스의 플랫폼 유통에 대한 정화 노력의 책임을 둘러싸고 플랫폼 운영자, 정보 공급업자(이용사업자) 간, 전통 언론사와 신규 인터넷 정보사업자 간의 갈등이 곳곳에서 목격된다.

둘째, 플랫폼의 이용 혹은 거래에서 중추적 역할을 수행하는 검색·추천 알고리즘의 공정성도 논란이다. 이는 '정보 중개 및 게이트키핑'과 관련된 사안으로, 플랫폼 운영에 핵심적 역할을 하는 알고리즘의 투명성과 중립성을 둘러싼 갈등 이슈다. 플랫폼 운영자의 핵심 역할인 정보 검색과 정보 매칭 기능은 올바르게 작동할 경우 이용자의 거래비용을 줄이고 신규 사업자의 시장 진입을 지원하는 긍정적 효과를 낳는다. 하지만 반대로 중립성을 위반한다면 오히려 공정한 시장경쟁을 억제하고 거래의 수익배분을 왜곡해 궁극적으로 소비자 선택권을 제한하는 도구로 활용될 가능성도 높다.[37] 특히 알고리즘 담합이나 이용자 정보에 기반한 가격차별 행위가 일어날 잠재적 가능성까지 배태되어 있어 다양한 갈등이 유발될 수 있다. 검색 알고리즘의 선택에서 배제된 이용자 그룹은 잠재적으로 경쟁에서 불리할 수밖에 없기에, 알고리즘의 공정성을 바라보는 시각은 다양한 이슈에서 이해관계에 따라 달라진다. 예컨대 알고리즘 작동기술이 이용자에게 평가받아야 할 사업자의 영업 자산인지 혹은 공공재적 성격이 가미된 공적 자산이라 제3자의 적절한 개입과 통제가 필요한지에 대한 판단과 평가는 매우 다르다는 의미다. 사실, 알고리즘 운영 원리가 세세히 공개된다 해도 알고리즘 운영의 공정성과 객관성을 검증하는 작업이나 바람직한 방향 설정이 어떻게 이뤄져야 하는지를 결정하기는 어렵고, 아울러 또 다른 플

---

36 플랫폼에서 뉴스기사를 클릭할 시, 플랫폼 내에서 뉴스를 보여주는 인링크(in-link) 방식과 해당 뉴스기사를 작성한 언론사 웹사이트로 이동시키는 아웃링크(out-link) 방식

37 이화령·김민정, 앞의 글, 31-32쪽.

랫폼 이용사업자들이 공개된 알고리즘 로직에 맞춰 적극적으로 대응할 경우 소비자 후생과 소비자 편익이 여전히 개선되지 않거나, 오히려 이전보다 악화될 수 있는 측면도 있기에 이러한 갈등 이슈의 해결은 더욱 어려운 국면으로 접어들고 있다.

셋째, 개인정보의 활용, 정보자산의 침해, 디지털 격차 등과 같은 '정보 수집 및 활용' 측면에서도 다양한 갈등 이슈가 확인된다. 정보와 데이터가 산업 성장의 핵심 자원으로 주목받으며 이의 활용성을 높이기 위한 사회적 논의가 전개되면서, 민감한 개인정보의 활용 및 이를 둘러싼 프라이버시 보호와 관련된 사회적 갈등도 높아지고 있는 것이다. 개인정보는 보호받아야 할 기본권이라는 입장과 사회경제 시스템의 진전을 위해 개인정보의 일정 부분을 활용해야 한다는 입장이 상충하는 것이다. 아울러 경제적 가치가 있는 개인정보의 유출, 민감 개인정보 획득을 위한 프라이버시 침해 및 해킹, 피싱 등의 제반 범죄가 심각한 사회문제로 부상하면서 이러한 이슈의 예방과 관리를 위한 플랫폼 경제주체들 간의 상호 역할과 책임 소지에 있어 상이한 인식 차이도 확인된다.

끝으로 새로운 유형의 '디지털 격차'가 심화되고 있어 이 또한 정보 갈등의 주요 이슈로 주목할 필요가 있다. 최근 목격되고 있는 디지털 격차는 전통적으로 회자되어 온 정보 격차나 미디어 격차의 양상과는 다르게 모바일과 지능정보기술의 빠른 진전으로 정보 소외 계층이 아니라 보통의 일반 이용자들 사이에서 기술 습득과 기술 활용의 편차가 심해지는 것이 특징이며,[38] 신 유형의 디지털 격차가 일상 전반의 사회적 배제와 차별로 이어질 가능성이 있다는 점이 문제시된다.[39] 특히 이전에 보편적으로 이용하던 오프라인의 주류 서비스들이 대거 온라인 플랫폼으로 이동하면서 모바일 기기 및 관련 서비스 활용의 다양성과 복잡성이 매우 높아진 상황이고, 이용자의 수용능력에 따라 이러한 디지털 격차가 더욱 악화될 수 있는 여건이 조성되고 있다.

38 이명호, 앞의 글, 34쪽.
39 이원태 외, 앞의 글, 13쪽.

2. 산업 갈등: 전통 사업자와 신규 사업자 등

플랫폼의 사회경제적 갈등 중 최근 가장 첨예하게 전방위로 확산되고 있는 이슈는 플랫폼 기반 산업구조 변동에 따른 신·구 사업자의 충돌로 대변되는 '산업 갈등'이다. 플랫폼은 새로운 시장을 창출하고 이를 조성하는 기능과 임무를 수행하지만, 동시에 기존 사업자들에게는 위협이 되기도 한다. 이 때문에 플랫폼 기반 산업에서는 자신의 비즈니스 파이를 잃지 않으려는 기존 산업과 종사자들의 다양한 저항이 노정된다. 신규 시장 진입 사업자가 전통 사업자들의 수익 영역을 대체하고 전통 산업 종사자들의 일자리와 생계를 위협하면서 신·구 사업자들 간의 갈등이 표출되는 방식이다. 플랫폼 비즈니스를 통해 새롭게 진입한 사업자가 디지털 역량을 기반으로 규제가 미비하거나 존재하지 않는 틈새를 공략해 기술적 기반 비즈니스를 추진하는 데 비해, 상대적으로 전통 사업자들은 디지털 역량이 낮고 기존 산업 규제를 비대칭적으로 적용받고 있어 갈등이 촉발되는 경우가 대부분이다.[40] 플랫폼 경제 성장 초기에는 핀테크, 공유 숙박업, 운송업 등과 같이 주로 정부 규제가 강하게 작동하는 보호 산업에서 이러한 신·구 사업자의 갈등이 심하게 부각되었고, 최근에는 의료, 법률, 교육 등 전문직이 종사하는 산업까지 갈등의 영역이 지속적으로 확대되고 있다.[41]

사실 산업 갈등은 비단 신·구 사업자(신규 디지털사업자와 전통산업) 간의 대립으로만 그치지 않는다. 오히려 플랫폼 운영자와 전통 사업자 간의 분쟁으로 이어지는 경우도 많이 발생하고 있다. 그 이유는 플랫폼 운영자가 거래의 중개를 넘어, 자회사 혹은 관계사의 형태로 신규 비즈니스를 직접 시장에 출시하며 마찰이 발생하기 때문이다.[42] 전술한 바와 같이 플랫폼 운영자는 플랫폼 통제권의 행사, 알고리즘을 통한 개입, 수직결합 등을 통한 다각화와 같은 막강한 시장 지위를 활용해 자신의 수익 영역에서 경쟁적인 사업자를 전략적으로 배

---

40 이원태 외, 앞의 글, 11-12쪽.

41 이명호, 앞의 글, 39쪽.

42 과학기술정보통신부 외, 2020년 온라인 플랫폼 정책포럼 보고서, 과학기술정보통신부/ICT대연합/온라인 플랫폼정책포럼 (2020), 172-176쪽.

제할 영향력을 확보하고 있다.[43] 이 때문에 플랫폼 운영자의 플랫폼 사업 진출에 대한 불공정거래 가능성을 제기하거나, 플랫폼 운영자의 시장 지배력이 미치는 시장경쟁 위축의 문제점을 제기하는 전통 사업자들의 목소리가 높아지는 것이다. 여기서 더 나아가 최근 사업자 간의 갈등 양상은 국내 사업자 간 분쟁을 넘어 글로벌 사업자와 국내 사업자 간의 갈등으로까지 확대되는 모습을 보인다. 플랫폼을 둘러싼 글로벌 비즈니스에 대한 규제 이슈, 예컨대 글로벌 비즈니스에 대한 국가 규제 관할권의 문제, 자국 플랫폼과 외산 플랫폼의 규제 동등성 및 조세 형평성, 규제가 국내외 이용자 간의 형평성에 미치는 영향 등 다양한 갈등 이슈가 표출되고 있다.

한편 <스타트업얼라이언스>의 보고서에 따르면[44], 디지털 플랫폼의 등장으로 촉발된 국내외 갈등 사례는 <표 16-3>에서 보는 바와 같이 플랫폼 유형별로 매우 다양하다. 산업 갈등의 주요한 원인으로는 전통산업과의 업역 분쟁이 가장 빈번했고, 집단 갈등의 유형에서도 업역 분쟁으로 인한 구조적 이익 갈등이 상대적으로 많은 것으로 나타났다. 세부적으로 업종별 특성에서 이를 살펴보면, 공유서비스, 전문·지식서비스 업종에서 플랫폼과 전통산업 간 업역 분쟁이 주로 발생하는 것으로 나타났고, 미디어·콘텐츠, 쇼핑·유통 업종에서는 플랫폼이 매개 역할을 해 창출되는 수익배분을 둘러싼 이슈가 주로 발생하는 것으로 확인되었다. 무엇보다 플랫폼 비즈니스에 관련된 거래 관계가 다양할수록, 즉 비즈니스 모델이 다양할수록 갈등이 발생할 수 있는 이해관계자가 많아져 갈등 관계도 확장되는 경향이 있었고, 새로운 디지털 서비스가 현행법에서 분류되거나 정의되지 못하는 경우 이러한 갈등 소지가 더욱 커지는 것으로 확인된다.[45]

---

43 조혜정, 앞의 글, 105-110쪽.

44 스타트업얼라이언스. 디지털 플랫폼과 기존 산업 간 비즈니스 갈등에 대한 탐색적 연구, 이슈페이퍼 2024-01호 (2024), 1-30.

45 과학기술정보통신부 외, 앞의 글, 108-184쪽.

〈표 16-3〉 플랫폼을 둘러싼 사업자 간 갈등 사례

연번	업종	플랫폼 서비스명	국가	갈등 사례개요
1	금융 부동산	레볼루트	영국	종합 핀테크 서비스를 제공하는 챌린저 뱅크 기업으로, 2023년 은행 라이선스 허가를 두고 영국 중앙은행 및 금융 당국과 갈등
2		레드핀	미국	부동산 매물 거래 검색·정보를 제공하는 서비스로, 2005년 부동산 매물 정보 공개와 중개 수수료 공개를 두고 전미 부동산중개인협회와 갈등
3		토스	한국	종합 핀테크 서비스로, 2015년부터 규제 형평성, 은산분리 완화와 핀테크 보험 진출을 두고 기존 금융사 및 금융 노조와 갈등 지속 중
4		직방	한국	부동산 매매정보를 제공하는 부동산 검색/중개 서비스로, 2019년부터 사업영역 충돌과 규제 형평성을 두고 한국공인중개사협회와 갈등
5	공유 서비스	우버	핀란드	승객과 차량을 연결하는 미국의 승차 공유 서비스로, 2016년 핀란드에서 무면허 영업을 두고 기존 택시기사와 우버 드라이버 간의 갈등
6		에어비앤비	프랑스	방을 빌려주는 숙박 공유 서비스로, 2015년 사업영역, 세금 규제 형평성, 젠트리피케이션 이슈를 두고 기존 숙박업계 및 도시 주민들과 갈등
7		타다	한국	차량 공유 및 카풀을 제공하는 차량 렌탈 플랫폼에서 제공하는 부가 서비스로, 2020년 불법 영업 여부를 두고 기존 택시업계와 갈등
8		다자요	한국	빈집을 숙소로 탈바꿈하는 숙박 중개 서비스로, 2019년 불법 영업 여부를 두고 농림축산식품부 및 농어촌민박협회와 갈등
9	쇼핑 유통	도어대시	미국	지역 맛집 배달을 제공하는 서비스로, 2019년부터 수수료 상한제, 배달원 임금 인상, 배달 수수료 책정 방식을 두고 지속적으로 여러 집단과 갈등 중
10		아마존	미국	세계 최대 전자상거래 서비스로, 2020년부터 입점업체 피해 논란, 배달기사 노동 처우를 두고 여러 입점업체와 노동자 집단과 지속 갈등 중
11		배달의민족	한국	한국 점유율 1위 배달 서비스로, 2021년 기본 배달료 인상 이슈 및 번쩍배달, 알뜰배달 도입으로 인한 라이더와 음식점주와의 수수료 분배 갈등

12		쿠팡	한국	상품 판매부터 배송까지 모든 단계를 직접 운영하는 한국 최대의 이커머스 서비스로, 2015년 규제 불평등을 두고 오프라인 유통업체와 갈등
13	미디어 콘텐츠	구글뉴스	프랑스	구글이 개발하고 운영하는 세계 최대의 인터넷 뉴스 서비스로, 2016년 뉴스 사용료, 구글 뉴스 정책 변경을 두고 경쟁 당국 및 언론사와 갈등
14		스포티파이	미국	독자적인 플레이리스트와 음원구성을 보유한 스트리밍 서비스로, 2016년 저작권 침해 논란, 음원 사용료 요율을 두고 작곡자, 음반 제작자와 갈등
15		다음뉴스	한국	대한민국 최초의 포털 사이트 다음에서 제공하는 뉴스 서비스로, 2015년 뉴스 제휴사 선정의 공정성, 언론사 권한 확대를 두고 언론사와 갈등
16		왓챠	한국	영화 및 영상매체를 공급받거나 제작하여 제공하는 OTT 서비스로, 2020년 콘텐츠 및 음악 저작물 사용료 요율을 두고 타 저작권 단체들과 갈등
17	전문 지식서비스	벤고시닷컴	일본	변호사 검색 및 무료 법률 상담 등을 제공하는 일본 최대의 법률 상담 포털 서비스로, 2005년 불법 영업 여부를 두고 일본변호사협회와 갈등
18		텔레닥헬스	미국	원격 의료 진료 및 진단을 시행하는 미국 최대의 종합 헬스케어 서비스로, 2015년 규제 필요성을 두고 텍사스 의료 위원회와 갈등
19		로톡	한국	온라인을 통해 변호사와 소비자를 직접 연결하는 서비스로, 2021년 변호사 광고 플랫폼 서비스의 정당성을 두고 변호사 단체와 갈등
20		닥터나우	한국	한국 최초 원격 의료 서비스로, 코로나 시기 일부 허용되었으나 2023년부터 비대면 진료의 제도화를 두고 약사 및 의사 단체와 갈등 중

출처: 스타트업얼라이언스(2024) 이슈페이퍼 2024-01호, 23-24.

3. 노동 갈등: 플랫폼 노동과 일자리

플랫폼의 사회경제적 갈등 이슈 중 마지막 의제는 디지털 전환으로 인한 고용구조 변동과 플랫폼 노동이 야기하는 제반 문제와 관련된다. 알려진 바와 같이 지능정보기술에 근거한 디지털 전환은 전반적인 산업구조의 변화뿐 아니라 노동(work)과 일자리(job) 전반에 양과 질의 측면에서 큰 변화를 초래하고 있다. 때문에 노동시장에서 요구하는 직업 역량이나 고용형태가 이전과 달라지는 등 노동의 형식과 내용에 적지 않은 변화가 목격된다. 이와 더불어 플랫폼이 직접 고용하거나 중개하는 새로운 형태의 플랫폼 노동이 증가하면서 플랫폼 노동자의 권익과 이들의 사회보장을 둘러싼 제반 문제점들도 노동 갈등의 이슈에 병합되는 상황이다. 디지털 전환과 플랫폼 노동이 야기하는 대표적인 노동 갈등의 이슈는 다음과 같다.

첫째, 기술 환경 급변으로 인공지능과 빅데이터 기반 알고리즘 등을 비즈니스에 연결하며 생산설비 자동화나 사무 직무 효율화를 꾀하는 기업들이 늘어나면서, 불필요한 인력의 유휴화 시도와 이로 인한 실업문제가 갈등 이슈로 대두되고 있다.[46] 즉, 불확실한 산업 환경 변화에 대응해 유연한 고용구조로 전환하려는 기업(고용주)과 현재와 유사한 노동 공급의 방식을 유지하려는 노동자 간의 긴장이 고조되고 있으며, 노동의 유연화로 파생된 사회보장제도의 취약함과 관련한 사안은 노동자와 기업, 혹은 기업과 정부 간의 관계로까지 노동 갈등이 확대되는 양상이다.[47] 물론 디지털 전환으로 인해 사라지는 업무나 직무만 있는 것은 아니다. 반대급부로 새로운 업무와 직무도 등장한다. 그러나 결과적으로 새로운 과업환경에 필요하지 않거나 변화에 제때 적응하지 못하는 노동자는 유휴자원일 수밖에 없고, 더불어 다수의 노동자들이 일자리를 보존한다 해도 이들 역시 지속적으로 환경에 적응하며 새로운 역량 함양을 위해 노력해야 하기에 디지털 전환이 야기하는 노동시장의 변화는 소수에게만 국한되는 문제가 아니다.[48] 무엇보다 디지털 전환이 노동시장에 미치는 영향의 심각성은 과업(task)이 늘어나는 것에 반해 안정적인 일자리가 현저히 줄어든다는 데 있다.[49] 이로 인해 디지털 전환은 저임금 혹은 저숙련 일자리만을 소멸시키는 것이 아니라 중간 수준의 일자리에도 적지 않은 영향을 미쳐 노동시장의 양극화를 가중시킬 것이라는 것이 중론이다.[50]

---

46 이병훈, 4차 산업혁명과 노사관계, 『한국사회정책』 제25권 제2호 (2018), 433–436쪽.
47 이명호, 앞의 글, 40–41쪽.
48 배규식, 디지털 전환과 노동. SPRI 월간SW중심사회 통권 제88호 (2021), 24–26쪽.
49 배규식, 위의 글, 26–27쪽.
50 이원태 외, 앞의 글, 12–13쪽.

둘째, 플랫폼 경제에서는 기존 아웃소싱과는 현저히 다른 차원의 노동 유연화가 심화되고 있다. 예컨대 플랫폼 노동(platform work)으로 대변되는 고용의 형태가 증가하고 있다. 여기서 플랫폼 노동은 '노동을 매개하는 디지털 노동 플랫폼[51]을 통해 거래되는 서비스(용역)와 재화 생산 노동'으로,[52·53] 플랫폼을 통해 고객이나 일거리를 얻는 노동, 플랫폼이 노동의 대가를 중개하거나 플랫폼에서 연결되는 일거리가 불특정 다수에게 열려 있는 모든 노동의 형태 등을 의미한다.[54]

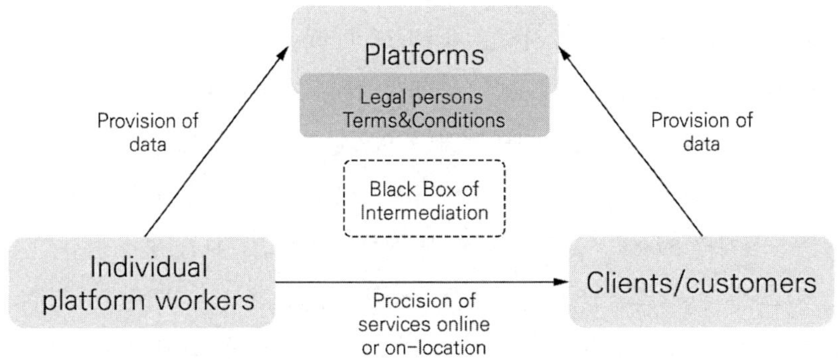

출처: Hauben et al., 2020, p. 14.

〈그림 16-3〉 플랫폼 노동의 개념

51 <표 16-1>의 플랫폼 유형 중 '노동을 매개하는 디지털 노동 플랫폼'(웹 기반 플랫폼, 지역 기반 플랫폼)

52 장지연 외, 디지털 시대의 고용안전망: 플랫폼 노동 확산에 대한 대응을 중심으로, 한국노동연구원, 2020, 8−19쪽.

53 ILO, 2021, pp. 43−44.

54 한국고용정보원 <플랫폼 경제 종사자 규모 추정>에서는 '플랫폼을 통해 일감이나 일거리를 구하는 사람'을 플랫폼 경제 종사자로 정의한 반면, 2020년 일자리위원회의 <플랫폼 노동 실태 파악을 위한 통계/설문방안 검토> 연구에서는 플랫폼 노동의 특성을 다음과 같이 제시하였다. ① 디지털 플랫폼에서 거래되는 것이 서비스나 가상재화일 것: 자산임대 플랫폼은 서비스(노동) 플랫폼과 구분 ② 플랫폼을 통해서 '일거리'를 구할 것(short jobs, projects, tasks) ③ 플랫폼이 노동의 대가(보수)를 중개함. 플랫폼이 단순한 광고 게시판이 아님 ④ 플랫폼을 통해 연결되는 일거리가 불특정 다수에게 열려 있어야 함: 특정인에게 과업배정을 위해 플랫폼을 이용할 경우 플랫폼 노동에 포함하지 않음

<그림 16-3>에서 보는 바와 같이, 플랫폼 노동은 개별 노동자와 고객(고용주)이 직접 계약을 맺는 전통적인 방식이 아니라, 플랫폼이 노동자 및 고객(고용주)과 각각 계약을 체결해 노동 및 과업의 관리, 대가 지급 등의 업무를 수행한다. 노동자와 고객(고용주)은 전통적인 직접 대면방식으로 업무에 대해 소통하지 않으며, 플랫폼 특히 알고리즘을 통해 과업관리와 노동 통제가 이루어지고 감정노동과 저임금이 특징이다.[55]

2024년 8월 고용노동부/한국고용정보원의 <2023년 플랫폼종사자 실태조사>에 따르면[56·57] 국내 플랫폼 노동 종사자의 규모는 2023년 기준 약 88.3만 명(전체 취업자의 3.3%)으로 2022년(795천 명) 대비 11.1% 증가하였고, 15~69세 취업자 중 플랫폼종사자가 차지하는 비중도 매해 점진적으로 증가하는 것으로 나타난다(2021년: 2.5%, 2022년: 3.0%, 2023년: 3.3%). 고학력자의 플랫폼 노동 비율이 늘어나는 가운데, 이들 종사자의 절반 이상(약 56%)이 30~40대인 것이 특징이다. 플랫폼종사자들은 <표 16-4>에서 보는 바와 같이, 배달/운전(485천 명, 전체 플랫폼노동자의 54.9%), 교육·상담 등 전문 서비스(144천 명), 컴퓨터 단순작업(87천 명), 가사·청소·돌봄(52천 명), 창작활동(50천 명), IT관련 서비스(41천 명)에 종사하고 있으며, 전년 대비 웹 기반 플랫폼 직종 종사자 수가 증가하고 있음을 보여준다.

〈표 16-4〉 직종별 플랫폼종사자 수 비교(2022년과 2023년)

(단위: 천 명, %)

순위	2022년		2023년		증감률 (%)
	직종	종사자 수	직종	종사자 수	
1	운송(배달·배송·운전)	513	운송(배달·배송·운전)	485	−5.5
2	전문서비스	85	전문 서비스	144	69.4
3	컴퓨터 단순작업	57	컴퓨터 단순작업	87	52.6
4	가사·청소·돌봄	53	가사·청소·돌봄	52	−1.9

55 정흥준 외, 플랫폼 기업의 고용·노사관계, 한국노동연구원 정책연구 2020-05 (2020), 10-11쪽.
56 고용노동부, 2024년 8월 5일 보도자료. "플랫폼종사자 88.3만명으로 전년 대비 11.1% 증가"
57 박보람 외, 플랫폼종사자 직종별 근무실태와 정책 과제, 한국고용정보원 기본연구 2023-03. 11-24.

5	창작활동	36	창작활동	50	38.9
6	IT 관련 서비스	17	IT 관련 서비스	41	141.2
7	그 외	19	그 외	24	26.3
	전체	795	전체	883	11.1

출처: 박보람 외(2023), p. 13.

무엇보다 플랫폼 노동의 문제는 평생직장의 개념을 느슨하게 만들어 고용 불안을 가중시키고, 노동력의 공급과잉을 야기해 노동자들의 처우를 더욱 열악하게 만드는 데 있다. 세부적으로 ① 과업을 세분화해 일과 노동의 관계를 흐릿하게 하는 점 ② 노동 계약의 지속성이 약하고 단기계약으로 추진된다는 점 ③ 노동자에게 기업이 제공하는 전통적인 사회보장이 약화되고 있는 점 ④ 소득과 일자리의 불안정성 ⑤ 결사의 기회가 부재하다는 점 등이 문제점으로 보고되고 있다. 이로 인해 다수의 플랫폼 노동자들이 보수 미지급, 비용/손해에 대한 일방적 부담, 보수 삭감 등의 부당함을 경험하는 것으로 나타난다.

끝으로 플랫폼 시대의 노사관계 갈등도 주목해야 할 이슈다. 이는 앞서 언급한 두 가지 노동 분야 갈등 이슈와도 밀접히 관련된다. 기본적으로 디지털 전환이 야기하는 인력의 유휴화와 잉여인력에 대한 고용조정 추진 여부는 노사 간의 주요한 갈등 현안이기에 기술변화가 야기하는 새로운 지식과 역량 함양에 대응하기 위한 교육훈련 및 업무 재배치, 새로운 과업환경에서의 노동 강도와 업무 배분 등이 노사 간의 새로운 갈등 이슈일 수밖에 없다.[58] 또, 플랫폼 노동과 같이 노동관계법의 표준 고용관계에서 벗어나 있는 특수고용과 간접고용 형태의 취약 노동자들이 증가하면서 고용주와 노동자 관계, 즉 노사관계가 이전과 달리 모호해지는 상황이 특징적이다. 디지털 전환은 전통적인 노동조합의 조직기반이나 교섭력을 약화시키고 있으며, 이에 따라 예전과 같이 집단적 노사관계를 형성할 수 없는 취약 노동자들은 더더욱 사각지대로 내몰리는 상황이다. 이밖에 정규직 노동자 감소로 인한 기업의 비용절감이 이익으로 전환되는 과정에서 사회보장 기여금 의무가 약화되는 상황도 새로운 갈등 문제로

58 이병훈, 앞의 글, 433–436쪽.

부상 중이다. 부족한 사회보장 재원의 충당을 어떤 경제주체에게 어떻게 배분할 것인지가 갈등의 주요 쟁점이다.[59]

Ⅳ 결론 및 논의

지금까지 플랫폼 비즈니스의 특징과 이에 따라 정보·산업·노동의 측면에서 큰 파장을 빚고 있는 플랫폼의 사회경제적 갈등 이슈를 살펴보았다. 세부적으로 신·구 사업자들의 갈등으로 대변되는 산업 갈등 외에도, 정보의 획득과 생산과 유통 과정에서 벌어지는 갈등, 노동시장의 변화를 둘러싼 갈등의 세부 이슈를 확인하고 그 쟁점을 정리하였다. 사실 갈등 그 자체가 문제일 수는 없다. 지난 과거에도 기술 혁신이 야기하는 산업 변동의 과정에서는 대체로 갈등이 존재했고, 또 이러한 갈등이 시장 경쟁을 유발해 정체된 산업 성장을 견인하고 소비자 편익 향상에 긍정적 도움을 제공하는 측면이 있어 반드시 부정적이지만도 않기 때문이다.[60] 다만 최근 플랫폼 경제를 둘러싸고 나타나는 사회경제적 제반 갈등은 다양한 영역에서 사회시스템의 성장과 발전에 개입하고 디지털 전환의 속도와 방향에도 영향을 미칠 수 있기에 체계적인 갈등관리가 요구된다. 왜냐하면 플랫폼 갈등은 지능정보사회로의 전환 과정에서 사상과 가치의 영역, 노동 및 일자리와 결부된 생계의 영역, 산업 변동과 비즈니스의 영역, 국가 간의 이익 추구 영역 등에 이르기까지 다양한 제 분야의 변화와 성장에 개입하기 때문에, 갈등관리의 실패가 궁극적으로 사회통합 및 국가경쟁력의 퇴보로 이어질 가능성이 크기 때문이다.

사실 갈등의 완전한 해소는 이루기 어려운 불가능한 목표에 가깝다. 따라서 논의의 중심은 적절한 갈등 관리의 방법과 그 수준을 유지하는 것이 핵심이다.[61] 여기서 갈등 관리는 '갈등으로 인한 부정적 효과를 최소화하고 갈등의 긍

59 정홍준 외, 앞의 글, 43-44쪽.

60 김준연 외, 앞의 글, 9쪽.

61 Greenstein, Platform Conflicts, 2013, pp. 78-79.

정적 효과를 최대화하려는 일체의 활동'을 말하며,[62] 갈등으로 인한 편익이 갈등으로 파생되는 비용을 초과하도록, 즉 갈등 수준이 너무 높거나 낮지 않게 이를 유지하고 조정하는 것이 중요하다. 이는 갈등 수준에 대한 체계적인 진단 및 측정, 갈등의 변화 양상에 따른 적절한 갈등 관리 방안 등이 모색될 필요가 있음을 시사한다.

한편 그간 갈등 관리(특히 공공 갈등의 관리) 방안은 크게 3가지 차원에서(법·제도적, 경제적, 참여 거버넌스적 관점) 논의되어 왔다.[63] 세부적으로 '법·제도적 접근'은 사법부의 판결에 따라 법적 분쟁을 해결하는 방식이 대표적이며, 협상(negotiation), 중재(arbitration), 조정(mediation) 등과 같은 재판 이외의 대안적 분쟁해결(ADR; alternative dispute resolution) 제도도 활용한다. 다음으로 '경제적 접근'은 경제적인 이해관계를 수반한 공공 갈등을 해결하는 대표적인 방식으로 갈등을 비용과 편익의 불공정성 혹은 보상에 대한 불만에서 파생되는 것으로 이해하고 보조금 및 인센티브 등의 경제적 유인을 제공해 갈등을 관리하는 접근이다. 끝으로 '참여 거버넌스적 접근'은 갈등 발생 시 시민사회의 참여와 협력에 기반한 공론장을 형성해 갈등을 중재·해결하는 방식이다.

이와 관련해 어떠한 갈등관리 방식이 적합한지, 현재의 갈등관리 수단이 충분하고 최선인지 등에 대해서는 논란이 있을 수 있다. 왜냐하면 플랫폼의 사회경제적 갈등의 원인과 유형은 매우 다양하고 공공 갈등의 속성에만 한정되지 않기에 상대적으로 이해관계자들의 경제적 이익 조정이 쉽지 않기 때문이다. 나아가 플랫폼 갈등은 경제적 측면의 갈등 외에도 사상과 가치의 대립과 같은 비경제적 측면의 갈등 요소를 포함하고 있어 이해관계 해결이 경제적 측면에만 국한되지 않는 경우도 많다. 따라서 새롭게 부상 중인 플랫폼 갈등 이슈에 대응하기 위해서는 적절한 갈등 관리 방식을 찾아가는 작업이 매우 중요하고 시급하다. 기본적으로 플랫폼 갈등 관리의 원칙 및 방향 설정과 관련해서는 '법·제도적인 접근'과 '참여 거버넌스적 접근'을 동시에 고려할 필요가 있어

---

62 Gray, B., & Putnam, L. L., Means to what end? Conflict management frames. Environmental practice, 5(3), 2003, pp. 239-240.

63 국회입법조사처, 앞의 글, 33-41쪽

보인다. 예컨대 경제적 이해관계가 첨예한 갈등 사안의 경우 사법적 판단이나 조치가 적절할 것이고, 사회적·가치적 측면의 갈등 사안은 시민사회의 거버넌스를 통해 사후적 갈등 관리와 사전적 예방을 동시에 모색할 필요가 있다. 다만 앞서 설명한 바와 같이 법·제도적인 접근은 갈등 사안의 처리에 오랜 시간이 걸리며, 많은 비용을 수반하고, 이미 발생한 갈등에만 사후적으로 대처할 수 있는 한계가 있으므로, 반면교사로 삼을 수 있는 사법적 판단의 결과 외에도 시민사회의 숙의 결과를 입법으로 해결하려는 노력 또한 보다 적극적으로 고려되어야 한다.[64] 물론 이를 위해서는 갈등 당사자들의 주장에 대한 객관성과 진실성 검증을 위한 다양한 학문적 접근과 실증적 논거의 확보가 필수적이다. 이와 동시에 플랫폼 경제에서 발생하는 갈등의 유형과 양상별로, 동일 혹은 유사 사안에 대한 판단의 형평성이 치우치지 않도록 갈등 관리의 방향성을 정립하는 작업도 요구된다. 예컨대 사회적 편익의 관점에서 소비자 후생을 우선한다든지, 신·구 사업자 간의 공정 경쟁 유도가 주안점이라든지, 디지털 전환의 성공적 이행을 지원하는 방안을 우선한다든지 등과 같은 플랫폼 갈등 관리의 대원칙에 대한 사회적 합의 도출이 필요하다는 의미다.

끝으로 플랫폼의 사회경제적 갈등, 즉 정보 갈등, 산업 갈등, 노동 갈등을 줄이기 위한 정책적 방향은 다음과 같이 요약될 수 있다. 첫째, 정보 갈등의 해결을 위해서는 무엇보다 플랫폼 내 유해 정보 및 문제적 콘텐츠의 유통을 거르고 이를 차단하기 위한 플랫폼 경제주체들의 헌신과 자율적인 정화 노력이 더욱 강화되어야 한다. 이를 위해 소비자 보호와 저널리즘의 원칙을 준수하며 양질의 정보를 제공하는 언론사 및 정보제공 사업자들을 후원하는 방식, 즉 이들의 안정적 수익창출 방안에 대한 적극적인 사회적 관심이 필요하다. 이와 함께 플랫폼 운영자들은 알고리즘의 공정성을 높이기 위한 노력과 투자를 강화해야 하며, 개인정보 활용과 관련한 강화된 원칙을 마련하고 준수하는 한편, 플랫폼 참여자들과의 거래 원칙을 보다 공정하고 투명하게 정립하기 위해 적극적인 노력을 기울일 필요가 있다.[65] 아울러 디지털 전환기에 발생할 수 있는 미디어

64 국회입법조사처, 앞의 글, 303-314쪽.

65 Jacobides et al., Platforms and ecosystems: Enabling the digital economy. In Briefing Paper

활용의 격차, 정보 및 디지털 신기술 접근의 격차가 벌어지지 않도록 사회적 관심과 정책당국의 노력이 배가되어야 한다.

둘째, 산업 갈등의 경우 산업구조 변동을 고려한 디지털 전환 대응 정책을 마련할 때 산업 갈등을 관리하는 방안에 대해서도 구체적인 정책을 추가하고 생태계 변화에 대처해가야 한다. 물론 산업 갈등 관리의 대원칙은 소비자의 편익과 글로벌 시장에서 한국 산업의 혁신 성장을 동시에 고려해야 한다. 이 외에도 전통산업의 유연성을 높일 수 있는 산업정책 수립과 이들의 혁신을 지원하는 지원 또한 적극적으로 고려되어야 하며,[66] 낡은 규제가 적용되는 분야와 업종에 대한 규제완화도 적극적으로 검토할 필요가 있다. 특히 업종별 형평성에 대한 갈등이 산업 갈등에서의 주요 이슈이므로 정책의 초점을 공정거래에 집중할 필요가 있고, 갈등을 중재하는 정책의 타당성·투명성·적시성을 이전보다 높일 필요가 있다.

마지막으로 노동 갈등의 대처를 위해서는 기술 발달 환경과 괴리되어 있는 노동정책의 획기적인 개선이 필요하다. 디지털 전환에 대비한 평생교육과 직업훈련 등의 분야에 정부의 과감한 투자가 필요하며, 이를 통해 변환기 시장의 요구에 부응하는 노동자 훈련이 원활히 작동되어야 한다. 아울러 플랫폼 노동 확산에 대비한 노동 정책 및 사회보장제도를 시급히 점검해 정비하고, 정부 정책에서 플랫폼 노동 변화 및 일자리 안정화와 관련된 정책의 우선순위가 현재보다 더욱 높아질 필요가 있다.[67]

World Economic Forum 2019, p. 32.

66 이명호, 앞의 글, 38－39쪽.

67 정흥준 외, 앞의 글, 43－44쪽.

참고문헌

[국내문헌]

강두용 외, 코로나 팬데믹이 한국경제와 산업에 미친 영향: 팬데믹 이후 1년의 중간평가. 한국산업연구원 이슈페이퍼 2021-11 (2021).

고용노동부, 2024년 8월 5일 보도자료. "플랫폼종사자 88.3만명으로 전년 대비 11.1% 증가" (검색일 2025.03.11.) http://www.moel.go.kr

국회입법조사처, 디지털 전환에 따른 사회갈등의 현황과 대응방안 연구: 온라인 플랫폼 관련 갈등을 중심으로. NARS 정책연구용역보고서 (2021.09), 1-94.

과학기술정보통신부 외, 2020년 온라인 플랫폼 정책포럼 보고서, 과학기술정보통신부/ICT대연합/온라인 플랫폼정책포럼 (2020), 1-207.

곽규태, "인터넷 뉴스 생태계의 현황과 발전 방향. 이상우 외(편)", 『인터넷 산업의 미래, 함께 묻고 답하다』, 한울아카데미, 2019, 89-113.

김준연, 글로벌 플랫폼 경제의 부상: 혁신론과 독점론을 넘어서, SPRI 월간SW중심사회 통권 제90호 (2021), 8-21.

박보람 외, 플랫폼종사자 직종별 근무실태와 정책 과제, 한국고용정보원 기본연구 2023-03. 11-24.

박영신 외, 모바일 플랫폼 도입으로 인한 시장구조의 변화분석: 양면시장을 중심으로, 산업연구원 연구보고서 2017-849 (2017), 1-106.

박준 외, 한국의 사회갈등과 경제적 비용, 삼성경제연구소 (2009).

배규식, 디지털 전환과 노동, SPRI 월간SW중심사회 통권 제88호 (2021), 23-31.

서울경제, 2021년 05월 28일자 (검색일 2022.01.15.) https://www.sedaily.com/NewsVIew/22MJCKG17N

스타트업얼라이언스. 디지털 플랫폼과 기존 산업 간 비즈니스 갈등에 대한 탐색적 연구, 이슈페이퍼 2024-01호 (2024), 1-30.

이명호, 디지털 격차와 갈등, 새로운 사회제도의 필요성, SPRI 월간SW중심사회 통권 제88호 (2021), 32-43.

이병훈, 4차 산업혁명과 노사관계, 『한국사회정책』 제25권 제2호 (2018), 429-446.

이원태 외, 4차 산업혁명 시대의 디지털 사회갈등 이슈 분석 및 사회통합정책 방안, 정보통신정책연구원 기본연구 20-08-03 (2020), 1-173.

이화령 · 김민정, 플랫폼 경제 시장기제와 정부정책, KDI 연구보고서 2017-07 (2017),

1－180.

일간NTN, 2021년 09월 16일자 (검색일 2022.01.15.) http://www.intn.co.kr

장지연 외, 디지털 시대의 고용안전망: 플랫폼 노동 확산에 대한 대응을 중심으로, 한국노동연구원, 2020, 1－289.

정흥준 외, 플랫폼 기업의 고용·노사관계, 한국노동연구원 정책연구 2020－05 (2020), 1－288.

조혜정, 플랫폼 경제 확산에 따른 이슈 대응 및 규제개선 연구, 중소기업연구원 정책연구 19－38 (2019).

중소기업중앙회, KOSME 산업분석리포트: 비대면(언택트) 산업, 융합금융처 산업리포트 2020－5호 (2020).

최남희, 4대강 재자연화 정책에 따른 갈등의 동태성에 대한 인과순환구조 분석, 『Crisisonomy』 제17권 제10호 (2021), 69－92.

[국외문헌]

Acs, Z. J., Song, A., Szerb, L., Audretsch, D. B., & Komlosi, E., The Evolution of the Global Digital Platform Economy: 1971－2021. Available at SSRN, 2021. 1－32.

Asadullah, A., Faik, I., & Kankanhalli, A., Evolution mechanisms for digital platforms: a review and analysis across platform types, 2018, 1－9.

Boudreau, K. J., & Lakhani, K. R., How to manage outside innovation. MIT Sloan management review, 50(4), 2009, 69－76.

Gray, B., & Putnam, L. L., Means to what end? Conflict management frames. Environmental practice, 5(3), 2003, 239－246.

Greenstein, S., Platform Conflicts [Micro Economics]. IEEE Micro, 33(04), 2013, 78－79.

Hauben, H., Lenaerts, K. and Waeyaert, W., The platform economy and pre－carious work, Publication for the committee on Employment and Social Affairs, Policy Department for Economic, Scientific and Quality of Life Policies, European Parliament, Luxembourg 2020.

Helfat, C. E., & Raubitschek, R. S., Dynamic and integrative capabilities for profiting from innovation in digital platform－based ecosystems. Research Policy, 47(8), 2018, 1391－1399.

ILO, World Employment and Social Outlook 2021: The role of digital labour platforms in transforming the world of work, 2021, 1−283.

Jacobides, M. G., Sundararajan, A., & Van Alstyne, M., Platforms and ecosys−tems: Enabling the digital economy. In Briefing Paper World Economic Forum 2019, 1−32.

Knüpfer, C. B., & Entman, R. M., Framing conflicts in digital and transnational media environments. Media, war & conflict, 11(4), 2018, 476−488.

Li, S. X., & Greenwood, R., The effect of within-industry diversification on firm performance: synergy creation, multi-market contact and market structuration. Strategic Management Journal, 25(12), 2004, 1131−1153.

Lobel, O., The law of the platform. Minnesota Law Review. 101(87), 2016, 87−166.

Oberschall, A., Theories of social conflict. Annual review of sociology, 4(1), 1978, 291−315.

Saadatmand, F., Lindgren, R., & Schultze, U., Configurations of platform or−ganizations: Implications for complementor engagement. Research Policy, 48, 2019, 1−17.

Täuscher, K., & Laudien, S. M., Understanding platform business models: A mixed methods study of marketplaces. European Management Journal, 36(3), 2018, 319−329.

Thomas, K. W., Conflict and conflict management: Reflections and update. Journal of organizational behavior, 13, 1992, 265−274.

Webster, J., & Lin, S. The Internet Audience: Web Use as Mass Behavior. Journal of Broadcasting & Electronic Media, 46(1), 2002, 1−12.

Wessel, M., Levie, A., & Siegel, R., The problem with legacy ecosystems. Harvard business review, 94(11), 2016, 68−74.

17 ISP와 플랫폼 간 분쟁과 시사점

정광재 / 정보통신정책연구원

I 서론

디지털 경제가 점차 확산되면서 인터넷 생태계의 주요 인프라인 네트워크, 즉 인터넷 망의 역할이 더욱 중요해지고 있다. 온라인 공간의 다양한 디지털 콘텐츠와 어플리케이션을 제공하는 사업자와 콘텐츠와 어플리케이션을 이용하는 최종 이용자는 인터넷 망의 연결(access)을 통해서 상호 간의 콘텐츠 및 정보의 교환이 이루어진다. 따라서 디지털 경제하에서 인터넷 망은 사업자와 이용자 모두에게 필수적인 인프라가 되고 있다. 최근에는 인터넷 이용의 증가로 인하여 일상 생활의 다양한 서비스가 디지털로 전환됨에 따라 인터넷 망의 활용도 또한 더욱 높아지고 있다.

한편, 다양한 디지털 콘텐츠와 어플리케이션의 이용이 온라인 플랫폼 중심으로 일어나고 인터넷 생태계에서 플랫폼 사업자의 영향력이 과거에 비해 증가하는 등 인터넷 환경이 변화하면서 콘텐츠 및 어플리케이션 제공의 중추적 역할을 하는 플랫폼 사업자와 네트워크 인프라를 구축해 인터넷 연결을 제공하는 인터넷 서비스 제공 사업자(Internet Service Provider, ISP) 사이의 갈등이 2010년대 이후 점차 새로운 이슈로 주목받고 있다. 2010년 초반 미국의 Comcast와 Netflix 사이의 분쟁과 프랑스의 Orange와 Google 사이의 분쟁 사례들은 변화한 인터넷 환경에 따라 나타난 ISP와 플랫폼 사업자들 간의 네트워크 이용과 관련한 갈등을 보여주는 대표적인 사례들이다.

국내 역시 최근 들어 주요 플랫폼 사업자들과 ISP 사이에서 소위 망이용계약 또는 망이용대가와 관련한 분쟁에 대한 우려들이 점차 증가하고 있고, Netflix와 SKB 간의 소송이 발생하는 등 플랫폼과 ISP 사이의 갈등이 점차 심화되는 추세이다. 이러한 추세에 따라서 망이용계약과 관련한 규제 필요성에 대한 논의도 점차 증가하고 있는 추세이다.

본 장에서는 점차 증가하는 플랫폼 사업자와 ISP 간의 인터넷 망 이용과 관련한 분쟁의 배경이 되는 네트워크 이용 환경 변화의 특징에 대해서 살펴보고, 해외 및 국내의 플랫폼-ISP 간 주요 분쟁 사례들에 대한 고찰을 통해 분쟁 사례들의 공통점, 국내외 환경 차이 등 시사점에 대해 살펴보고자 한다. 이를 위해서 Ⅱ장에서는 인터넷 생태계의 기본구조 및 망이용계약에 대한 개념 등을 정립하고, Ⅲ장에서는 망이용계약과 관련한 분쟁의 배경이 되는 환경 변화의 특징을 살펴보고자 한다. Ⅳ장에서는 해외 및 국내의 주요 분쟁 사례들을 분석하고, Ⅴ장에서는 이에 대한 정책 논의 동향에 대해 정리하고자 한다.

Ⅱ 인터넷 망 이용과 관련한 주요 개념 정리

1. 인터넷 망 이용의 기본구조

유럽전자통신규제기구(BEREC)[1]는 가치사슬 측면에서 전기통신서비스 이용의 구조를 설명하고 있다.[2] 이에 따르면 전기통신서비스 이용 구조는 크게 인터넷 연결(access)을 제공하는 네트워크 계층과 이를 이용하는 어플리케이션 계층으로 구분할 수 있다.

1 Body of European Regulators for Electronic Communications.

2 BEREC, "An assessment of IP interconnection in the context of Net Neutrality, BoR(12) 130, 2012, p. 15.

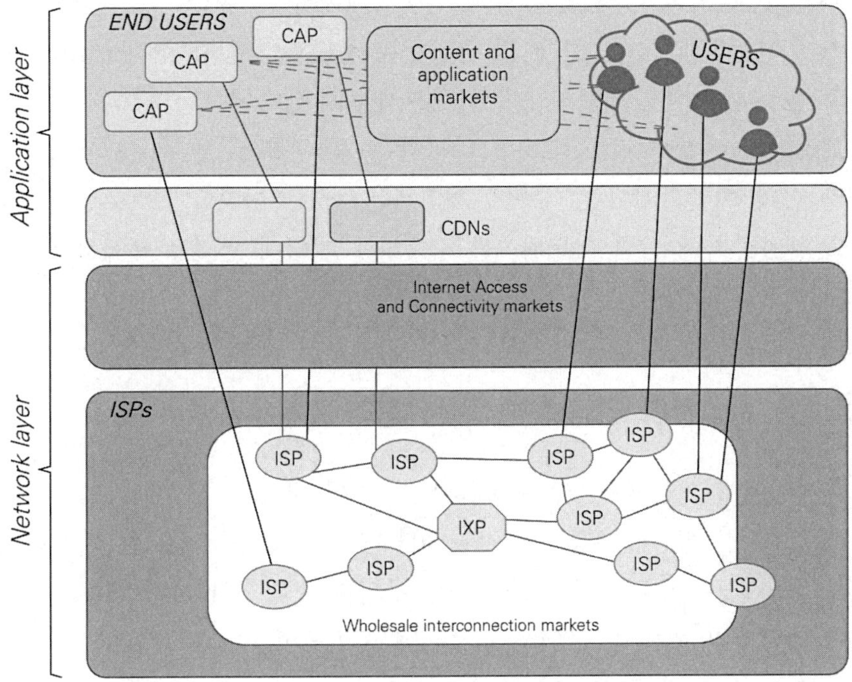

출처: BEREC(2012).

〈그림 17-1〉 가치사슬 측면에서 전기통신서비스 이용 구조

네트워크 계층은 인터넷 연결(internet access and connectivity)을 제공하는 역할을 담당하며, 일반적으로 인터넷 서비스 제공 사업자(ISP)가 소매시장에서 이용자들에게 인터넷 연결을 제공하는 역할을 한다. 각각의 인터넷 망 사이의 연결을 위해서 네트워크 계층 안에서 ISP들은 네트워크의 상호접속(interconnection)을 통해 서로 연결한다. 국내 통신시장에서 이러한 역할을 하는 ISP들의 예로는 KT, SKB, LGU+ 및 종합유선방송 사업자들을 들 수 있다.

네트워크 계층에서 제공되는 인터넷 연결을 이용하는 계층을 어플리케이션 계층으로 구분하며, 어플리케이션 계층 안에서는 콘텐츠 또는 어플리케이션을 제공하는 사업자(Content Application Provider, CAP)와 해당 서비스를 이용하는 최종 이용자(end users)가 포함된다. CAP와 최종 이용자는 네트워크 계층을 거쳐서 서로 연결되며 이 연결을 통해 어플리케이션 서비스가 제공된다. 다양한 콘텐츠와 어플리케이션을 중개 및 유통하는 플랫폼 사업자 역시 CAP의 한 유형으로 볼 수 있으며, 어플리케이션 계층에 해당한다.[3]

최근에는 콘텐츠 전송 네트워크 사업자(CDN)[4] 또는 클라우드 호스팅 사업자들과 같이 어플리케이션 계층에 해당하는 서비스이지만, ISP로부터 인터넷 연결을 제공받거나 직접 네트워크를 구축하여 인터넷 연결을 제공하는 사업자 유형도 등장하고 있다.

2. 플랫폼 사업자의 인터넷 망 이용 형태

미디어에서 언급되는 "망 이용"라는 개념에 대해서 합의된 개념이 존재하지는 않으나,[5] 시장 내 분쟁 사례들로 미루어 볼 때, "망 이용"은 디지털 콘텐츠 및 어플리케이션을 제공하고자 하는 사업자가 자신의 서비스를 최종 이용자에게 전달하기 위해서, 콘텐츠 및 어플리케이션이 저장되어 있는 서버와 최종 이용자가 연결된 인터넷 망 사이를 연결하는 서비스를 이용하는 것으로 볼 수 있다. EU의 전자통신규범(EECC)[6]에서 "access"를 전기통신 서비스의 제공을 목적으로 관련 설비 또는 서비스의 배타적 또는 비배타적 이용을 허용하는 것으로 정의[7]하고 있는데, 해당 규범에서 정의하는 전기통신서비스 제공의 목적에 정보사회 서비스[8](information society service)의 전달이 포함되어 있다. 이러한 점으로 미루어 볼 때, 국내에서 언급되는 "망 이용"이라는 개념은 EU에서 정의

---

3 본 장에서의 초점은 대규모 플랫폼 사업자와 ISP 간의 분쟁이기 때문에, 이 후의 내용에서는 CAP라는 용어 대신 플랫폼 사업자라는 용어를 사용하여 망이용계약과 관련한 분쟁을 서술하도록 한다.

4 Content Distribution Network, 콘텐츠의 효율적인 전송을 위해 네트워크 내에 여러개의 노드에 데이터를 저장하고 최종이용자에게 빠르게 데이터를 전달할 수 있도록 구축된 시스템

5 조대근, "상호접속료인가, 망 이용대가인가? −ISP−CP간 망 연결 대가 분쟁 중심으로−", Journal of Internet Computing and Services, 21(5), 2020, pp. 9−20.

6 European Electronic Communications Code

7 Directive 2018/1972 of the European Parliament and of the Council of 11 December 2018 es−tablishing the European Electronic Communications Code (L 321/36, 17.12.2018, p. 66.

8 국내 전기통신사업법 상 부가통신서비스와 유사한 개념.

하는 "access"의 개념과 유사한 개념으로 볼 수 있다.

네트워크 구조적인 측면에서 서버에서 최종 이용자까지 데이터가 전달되는 과정에는 총 3가지 유형 또는 CDN 서비스가 관여할 수 있다(Arthur D. Little 2014). 먼저 서버에 인터넷 연결을 제공하는 Originating ISP가 있으며, 플랫폼 사업자는 Originating ISP로부터 전 세계 인터넷 망을 연결할 수 있는 서비스를 제공받는다. Originating ISP는 Transit ISP와의 상호접속을 통해서 최종 이용자가 가입되어 있는 Terminating ISP의 인터넷 망까지 서버의 데이터를 전달하게 되며, Transit ISP 역시 상호접속을 통해 Terminating ISP에게 데이터를 전달하고, Terminating ISP는 이를 최종 이용자에게 전달하게 된다. 이 밖에도 Orignating ISP 또는 Transit ISP를 거치지 않고 CDN 서비스를 통해서 Terminating ISP에게 데이터를 전달하는 형태의 데이터 트래픽 흐름도 존재한다.

다만, 이는 망 이용계약의 구조를 원론적으로 세분화하여 나타낸 것으로 실제 사례에서는 Transit ISP가 생략된 채로 연결이 되거나, Originating ISP와

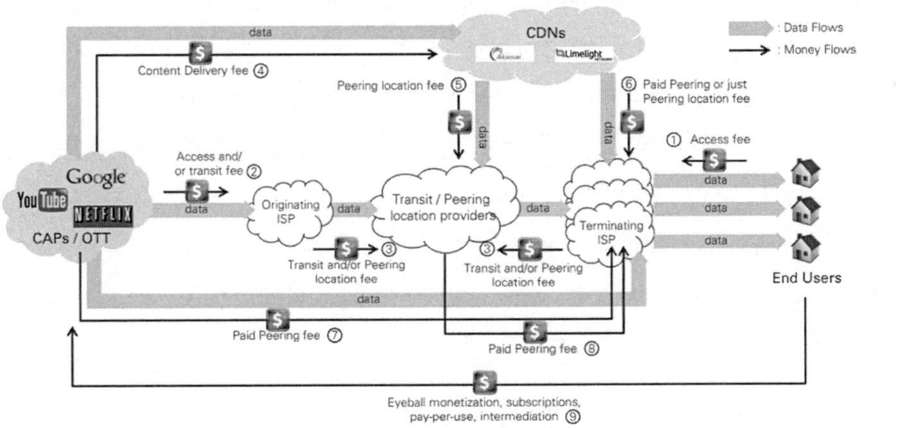

출처: Arthur D. Little(2014).[9]

〈그림 17-2〉 플랫폼 사업자의 인터넷 연결 방식에 대한 개념도

9 Arthur D. Little, "The Future of the Internet: Innovation and Investment in IP Interconnection, May 2014, Liberty Global, p. 28.

Terminating ISP가 동일한 경우도 존재한다.[10] 예를 들어, 국내에 서버가 위치하며 국내 이용자들에게만 서비스를 제공하는 경우는 플랫폼 사업자가 Terminating ISP와 직접 망 이용계약을 하는 것이 일반적이며, 해외에 위치한 서버에서 국내 이용자에게 연결할 경우에는 Transit ISP를 이용하는 경우도 있다.

<그림 17−2>에서의 데이터 트래픽 흐름을 단순화하면 망 이용의 형태는 크게 서버와 Terminating ISP가 직접 연결되는 형태와 그렇지 않은 형태로 나눌 수 있고, 직접 연결되지 않은 형태는 중개하는 네트워크에 따라서 Originating/Transit ISP를 경우하거나 CDN 서비스를 경유하는 형태로 구분할 수 있다.

위의 설명과 같이 트래픽 전달 과정 측면에서 플랫폼 사업자의 망 이용은 크게 3가지 형태로 구분되나, 플랫폼 사업자가 서버를 구성하는 방식이나 망 이용을 위해 플랫폼 사업자가 계약하는 대상이 누구인 지에 따라서 망 이용 계약의 형태는 더 세분화될 수 있다. 서버를 구성하는 방식에도 IDC와 같은 호스팅 서비스를 통해서 서버를 구축하는 경우 망 이용(인터넷 연결)은 호스팅 서비스에 포함되어 계약이 이루어지며, 이 경우 플랫폼 사업자가 망 이용에 대한 계약을 하는 대상은 ISP가 아닌 호스팅 서비스 제공 사업자가 되는 경우도 있다. 반면, 플랫폼 사업자가 자체적으로 데이터 센터를 구축하는 경우에는 인터넷 연결을 위해서 ISP와 직접 망 이용에 대한 계약이 필요하며 이 경우 인터넷 전용회선 계약 형태로 망 이용계약이 이루어진다. 한편, 서버 간의 네트워크를 구축한 플랫폼 사업자의 경우 IXP(Internet Exchange Point)나 캐시서버를 통해서 ISP와 피어링(peering) 계약을 맺는 경우도 존재한다. 피어링이란 상호 간의 네트워크에 대한 라우팅 정보를 교환하고 발생되는 트래픽을 상호 교환하는 형태의 계약을 의미한다.[11]

---

10 즉, 플랫폼 사업자가 최종 이용자가 가입되어 있는 ISP와 바로 직접 계약을 맺는 경우를 의미한다.

11 Wikipedia, "피어링", https://ko.wikipedia.org/wiki/피어링(2022.1.21.)

〈표 17-1〉 망 이용계약의 주요 유형

<table>
<tr><th>트래픽 전달 과정</th><th>서버의 구성</th><th>망 이용계약 대상</th><th>계약 유형 예</th></tr>
<tr><td rowspan="3">서버와 Terminating ISP가 직접 연결</td><td>서버 호스팅 이용</td><td>Terminating ISP 또는 ISP와 연결된 호스팅 서비스 사업자</td><td>호스팅 서비스 이용계약 (인터넷 연결 제공 포함)</td></tr>
<tr><td>데이터 센터 구축</td><td rowspan="2">Terminating ISP</td><td>인터넷 전용회선 계약</td></tr>
<tr><td>IXP 또는 캐시서버</td><td>Peering 계약</td></tr>
<tr><td rowspan="3">Transit ISP를 통해 서버와 Terminating ISP가 연결</td><td rowspan="2">서버 호스팅 이용</td><td>Transit ISP 또는 ISP와 연결된 호스팅 서비스 사업자</td><td>호스팅 서비스 이용계약 (인터넷 연결 제공 포함)</td></tr>
<tr><td>CDN 사업자</td><td>CDN 서비스 이용계약 (인터넷 연결 제공 포함)</td></tr>
<tr><td>데이터 센터 구축</td><td>Transit ISP</td><td>인터넷 전용회선 계약</td></tr>
</table>

Ⅲ ISP-플랫폼 간 망 이용 분쟁의 배경

ISP와 플랫폼 사업자 간 망 이용과 관련한 분쟁과 갈등이 점차 증가하고 있는 배경을 파악하기 위해서는 인터넷 생태계와 관련한 환경 변화를 복합적으로 고려할 필요가 있다. 본 절에서는 2000년도 이후의 인터넷 생태계의 환경 변화를 네트워크, 이용행태, 시장 측면에서 초점을 두어 살펴보고자 한다.

1. 네트워크 트래픽 구조의 변화

ISP와 플랫폼 사업자의 망 이용에 영향을 미친 주요 요인 중 하나는 온라인 동영상 콘텐츠를 중심으로 하는 인터넷 데이터 트래픽의 급격한 증가를 꼽을 수 있다. 초창기 인터넷 이용은 텍스트 기반의 웹서핑을 중심으로 이루어졌으나 이후 네트워크 전송속도의 발달과 함께 인터넷 이용자 수가 증가하고 콘텐츠 유형 또한 점차 다양화되기 시작하였다. 특히, 네트워크의 고도화와 함께 스마트폰 등 모바일 기기의 발달로 인하여 데이터 소비량이 높은 동영상 콘텐츠 중심으로 디지털 콘텐츠의 이용 행태가 변화하게 된다. 이러한 콘텐츠 이용행태 변화에 따라 인터넷 데이터 트래픽 내 동영상 트래픽이 큰 비중을 차지하게 되고 전체 트래픽 또한 급격히 증가하게 되었다. Cisco의 글로벌 인터넷 트래픽 증가 전망에 2008년 글로벌 인터넷 트래픽은 10,174PB(Petabyte),[12] 2017년 트래픽은 122EB(Exabyte)[13]로 9년간 약 12배 증가한 것으로 나타났다.

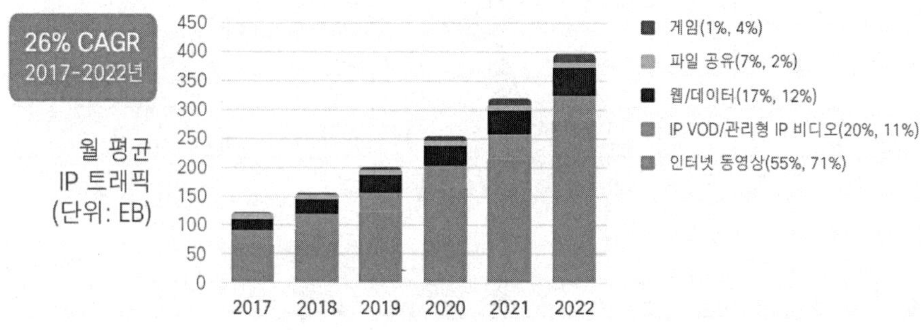

출처: Cisco(2017).

〈그림 17-3〉 글로벌 인터넷 트래픽 전망(2017-2022)

특히, 인터넷 동영상 트래픽의 비중이 2017년 55%에서 2022년 71%로 점차 증가하면서 고용량의 데이터를 소비하는 콘텐츠 중심으로 인터넷 이용행태가 변화하였다.

2. 플랫폼 사업자의 환경 변화

동영상 트래픽을 중심으로 한 인터넷 트래픽의 급격한 증가는 플랫폼 사

12 Cisco, "Cisco Visual Networking Index", 2012, http://www.cisco.com/en/US/netsol/ns827/net–working_solutions_sub_solution.html.

13 Cisco, "Cisco VNI Global IP Traffic Forecast", 2017–2022, 2017.

업자의 전략적 측면에서 두 가지 주요한 변화를 일으키게 된다.

첫 번째로는 동영상 트래픽의 증가 및 다양한 디지털 콘텐츠의 등장으로 인터넷 생태계에서 대규모의 트래픽을 점유하는 플랫폼 사업자들이 등장하였다는 점이다. 2019년 기준으로 전세계 인터넷 트래픽 중 중요 사업자의 비중을 살펴보면 12%를 구글, 11.4%를 Netflix가 차지하는 것을 포함하여 주요 글로벌 빅테크 플랫폼 사업자의 인터넷 트래픽 비중이 43%에 해당하는 것으로 나타났다.[14] 2022년에는 이 수치가 48%[15]로 더욱 증가하는 등 주요 플랫폼 사업자의 트래픽 점유 현상이 더욱 두드러지게 나타나고 있다. 이러한 플랫폼 사업자의 대규모 트래픽 점유 현상은 인터넷 생태계에서 플랫폼 사업자의 영향력에 변화를 가져왔으며, 이러한 영향력의 변화가 ISP와의 망이용계약에 있어서도 영향을 준 것으로 볼 수 있다.

〈표 17-2〉 주요 플랫폼 사업자의 글로벌 트래픽 비중(2019, 2022년)

사업자 명	트래픽 비중	
	2019년	2022년
구글	12.00%	13.85%
Netflix	11.44%	13.74%
페이스북	7.79%	6.45%
마이크로소프트	5.03%	5.11%
애플	3.97%	4.59%
아마존	2.87%	4.24%
합계	43.10%	47.98%

출처: Sandvine(2020, 2023).

두 번째로는 콘텐츠 이용에 필요한 데이터 전송량이 과거 인터넷 환경에 비해서 증가함에 따라서 플랫폼 사업자의 서비스 제공에 있어 끊김없는 안정적인 서비스 제공이 더욱 중요한 역할을 하게 되었다는 점이다. 동영상 콘텐츠

14 Sandvine, “2019 Mobile Internet Phenomena Report”, 2020.

15 Sandvine, “The Global Mobile Internet Phenomena Report”, 2023.

뿐만 아니라 전자상거래, 뉴스 등 전반적인 디지털 서비스들이 과거 텍스트 중심에서 멀티미디어 중심으로 진화하면서 플랫폼 사업자 측면에서는 고용량의 데이터를 안정적으로 제공할 수 있는지 여부가 수익에 큰 영향을 미치게 되었다. 즉, 전송 지연, 전송속도, 전송 장애 등의 품질이 과거에 비해서 서비스 이용에 더 많은 영향을 주게 되었다. 한 예로, 세계 최대 전자상거래 기업 중 하나인 Amazon은 2006년 자체적으로 수행한 연구에서 100ms 전송지연이 발생할 때마다 전자상거래 매출의 1%가 감소한다고 발표하였다.[16] 약 10년 뒤인 2017년 CDN 사업자인 Akamai가 유사한 실험을 수행하였을 때는 100ms의 전송지연이 발생할 때마다 감소하는 매출액의 비율이 7%로 상승한 것으로 나타났다.[17] 위 결과에서 알 수 있듯이 전송품질의 중요도가 점차 증가하고 있고, 플랫폼 사업자들은 망 이용에 있어서도 전송 품질을 더욱 향상시키기 위해 다양한 방법을 고민하게 되었다.

3. 플랫폼 사업자의 망 이용 환경 변화

앞서 서술한 주요한 환경 변화는 플랫폼 사업자의 망 이용에 있어서도 변화를 가져오게 된다. 인터넷이 본격적으로 상용화되기 시작한 뒤 초창기(90년대) 인터넷 상호접속의 계층적 구조를 이루고 있었다.[18] 당시 인터넷 망의 구조는 전국 단위로 인터넷 연결 제공이 가능한 백본 제공 사업자[19]가 최상위 계층에서 글로벌 지역의 인터넷 제공 사업자들은 인터넷 백본 제공 사업자와의 연결을 통해 자신의 서비스에 가입한 최종 이용자에게 전국적인 연결을 제공한다. 이 당시의 플랫폼 사업자들은 주로 인접한 ISP를 통해 인터넷 연결을 구매하고, 해당 ISP는 상위 ISP와 계약을 통해서 글로벌 연결을 확보하는 형태로

---

16 Linden, G., “Make Data Useful”, Amazon.com, 2008.

17 Akamai, “Akamai Online Retail Performance Report: Milliseconds Are Critical”, Cambridge, MA USA, April 18 2017.

18 조은진 · 변재호, “인터넷 생태계 및 상호접속체계 진화 방향 분석”, 주간기술동향, 정보통신산업진흥원, 2011.11.18. p. 1.

19 해시넷, “백본”, http://wiki.hash.kr/index.php/%EB%B0%B1%EB%B3%B8#.EC.9D.B8.ED.84.B0.EB.84.B7_.EB.B0.B1.EB.B3.B8(2022.1.21.)

최종 이용자에게 콘텐츠를 전달하였다.

이후 인터넷 이용과 디지털 서비스의 환경이 변화하면서 플랫폼 사업자들은 콘텐츠를 이용자에게 더욱 빠르고 안정적으로 전달하기 위하여 콘텐츠가 저장되어 있는 서버를 최종 이용자가 가입되어 있는 인터넷 망에 물리적으로 더욱 가깝게 배치하여 전송 품질을 향상시키고자 다양한 노력을 기울이고 있다. 이에 따라 캐시서버, CDN과 같이 최종 이용자에게 가깝게 콘텐츠를 배치하는 역할을 하는 서비스의 수요가 증가하였으며, 과거 계층 구조하에서 트랜짓(Transit)을 통해서 전 세계 인터넷 망을 연결하고자 했던 이용방식 대신 최종 이용자가 가입되어 있는 ISP와 플랫폼 사업자가 직접 연결하는 형태가 점차 증가하게 되었다.

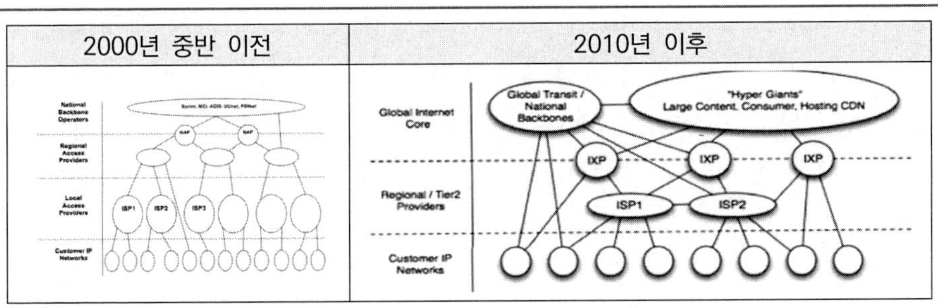

출처: Besen and Israel(2013).[20]

〈그림 17-4〉 인터넷 접속 구조의 변화

또한, 과거 텍스트 중심의 이용환경과 달리 동영상 콘텐츠 중심의 이용환경에서는 이용자가 서버에 요청하는 트래픽의 양에 비해 다운받는 트래픽의 크기가 압도적으로 높게 나타나면서 ISP 측면에서 착·발신 트래픽 비율의 불균형이 점차 발생하게 되었다. 이로 인하여 트래픽 규모가 크고 트래픽 교환 비율의 불균형이 심한 사업자에게는 망 이용 또는 상호접속에 있어서 사업자

20 Besen and Israel, "The evolution of Internet interconnection from hierarchy to "Mesh": Implications for government regulation", Information Economics and Policy, 25, 2013, pp. 236–237.

간 상호 호혜적 원칙에 따른 자율적 협상이 점차 어려워지는 환경으로 변화하고 있다.

4. 소결

위의 인터넷 생태계 및 네트워크와 관련한 주요한 환경 변화를 요약해 보면, 네트워크 고도화, 정보통신기술의 발달로 인터넷 이용이 점차 확산되면서 동영상 등 디지털 콘텐츠 이용이 점차 고용량 데이터 소비 중심으로 변화하게 된 것이 이용행태 측면에서 중요한 환경 변화로 볼 수 있다. 이러한 변화로 인하여 네트워크 환경 측면에서 착·발신 트래픽의 불균형, 서비스 제공에 있어 전송 품질의 중요도 증가, 인터넷 생태계 내 플랫폼 사업자의 영향력 증가가 나타나게 되었다. 그리고 이러한 네트워크 환경 변화로 인하여 플랫폼 사업자가 망을 이용하는 방식에 있어 최종 이용자를 보유한 ISP와의 직접계약이 증가하였고, 늘어나는 망 이용사례 속에서 사업자 간 협상력 등 역학관계의 변화 등으로 인하여 망 이용과 관련한 분쟁 및 갈등이 과거에 비해서 증가하는 것으로 볼 수 있다.

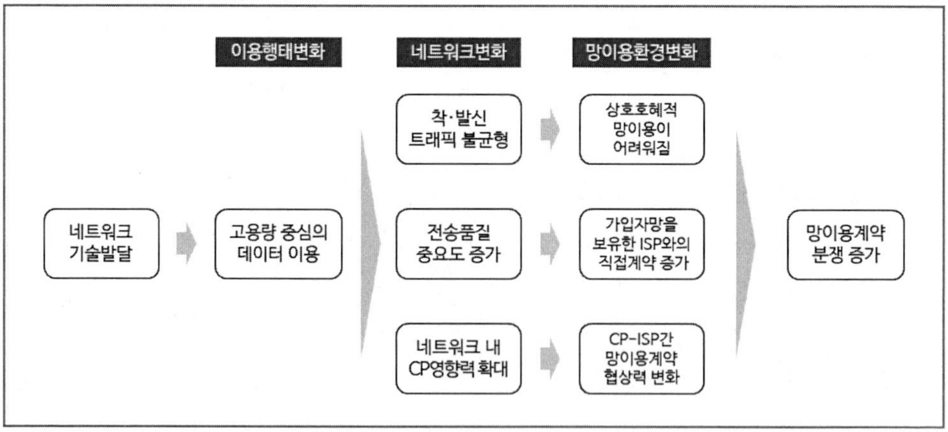

〈그림 17-5〉 플랫폼-ISP 간 망 이용 갈등의 배경이되는 환경 변화 요인

Ⅳ 플랫폼-ISP 간 주요 분쟁 사례

본 절에서는 플랫폼과 ISP 간의 망 이용과 관련한 주요 분쟁 사례들을 돌아보고 주요 사례들의 공통점과 국내·외 시장 환경의 차이점 등에 대해 살펴보고자 한다. 이후 서술할 주요 분쟁 사례들의 경우 ISP와 ISP 간의 분쟁 사례들도 포함되나, 해당 사례들의 경우 분쟁의 발단이 되는 배경에 플랫폼 사업자가 영향을 주는 부분이 있는 사례들로 플랫폼 사업자와 ISP 간의 분쟁 사례에 포함하여 서술하고자 한다.

1. Level 3(Netflix) - Comcast(2010)

미국의 대표적인 케이블TV 사업자이자 브로드밴드 사업자인 Comcast와 대형 트랜짓 ISP인 Level 3는 2004년부터 상호 간 Peering 협정을 체결하여 양사간 트래픽을 교환하고 있었다. Level 3는 2010년 11월 동영상 스트리밍 사업자인 Netflix와 새로이 계약을 체결하면서 Netflix의 서버에서 발생하는 트래픽을 Level 3와 연결되어 있는 다른 인터넷 망으로 전달하게 된다. 이에 따라 Level 3에서 Comcast로 전달되는 Netflix의 트래픽 양이 증가하면서 Level 3는 Comcast에 대해 접속 용량 확대가 필요했고, 양 사업자 간 새로운 상호접속 협정이 필요하게 되었다.

2010년 당시 Netflix는 미국 내에서 CDN 사업자인 Akamai(AKAM)와 LimeLight Networks(LLNW)를 통해 Comcast의 가입자에게 서비스 제공하고 있었다.[21] Netflix와 계약 중인 두 CDN 사업자들은 Comcast에 paid peering[22]을 통해서 Comcast 가입자에게 트래픽을 전달하였다. 따라서 Netflix 역시 두 CDN 사업

21 현재 Netflix는 "Open Connect(https://openconnect.netflix.com/en/)"라는 자체적인 서버 네트워크를 구축하고 있으나 2010년 당시에는 글로벌 서비스 진출이 본격적으로 시작되기 이전이었으며, 따라서 외부 CDN 서비스를 이용하여 콘텐츠를 전달하는 방식을 주로 이용하였다.

22 양 사업자 간 상호 트래픽을 교환하는 peering과 기본적인 방식은 동일하나 한 사업자가 상대방에게 트래픽 전송에 대한 비용을 지불하는 형태의 협정(출처: 변재호·조은진, "인터넷 정산모델 발전동향 및 전망", 전자통신동향분석, 제28권 제5호, 2013년 10월)

자에게 서비스 이용료를 지불하고 콘텐츠를 Comcast 가입자에게 전달하는 상태였다.

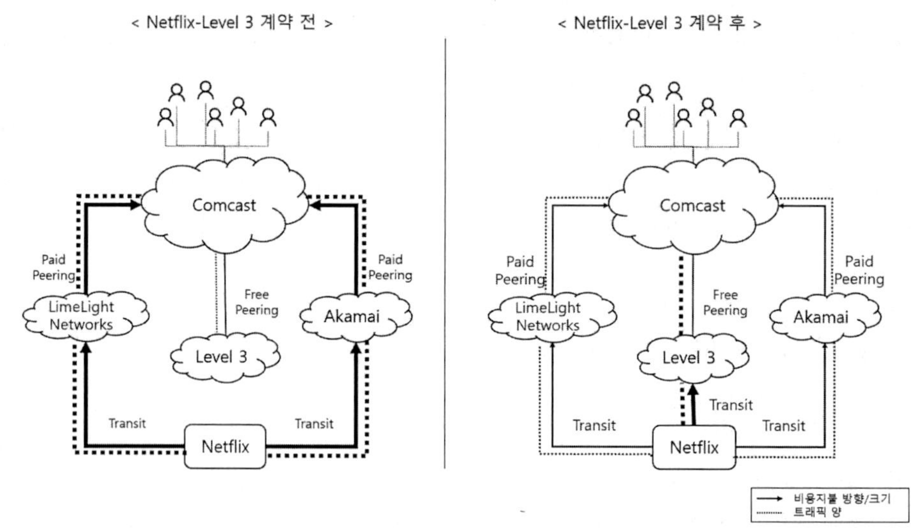

출처: Norton(2014) 재구성.[23]

〈그림 17-6〉 Netflix와 Level 3의 계약에 따른 Comcast-Netflix 간 연결 변화

Netflix와 Level 3와의 새로운 계약으로 인하여 Netflix는 Level 3를 통해 기존 계약 중인 AKAM, LLNW 보다 낮은 가격에 Netflix의 콘텐츠를 Comcast 가입자에게 전달하기 시작하였다. 이러한 가격 차이에 따라 점차적으로 "Netflix→AKAM/LLNW→Comcast"의 경로로 전달되는 트래픽 양이 감소하고 "Netflix→Level 3→Comcast" 경로의 트래픽이 증가하기 시작하였다. Comcast 입장에서는 paid peering 협정을 맺고 있던 AKAM, LLNW의 트래픽이 감소하고 무정산 중인 Level 3의 트래픽이 증가하는 변화는 수익 측면에서 부정적인 영향을 가져올 수 있었다.

23 Norton W. B., "The Internet Peering Playbook: Connecting to the Core of the Internet", DrPeering Press, January 1 2014, pp. 156−157.

이러한 상황에서 Level 3는 Netflix 유치로 인한 트래픽 증가에 대응하여 Comcast에 양 사 간 접속 용량 증설을 요청하였고, 이에 Comcast는 Level 3에 대해서 변화한 환경에 따라 기존 peering 협정이 유효하지 않으며, 불균형적인 트래픽 교환 비율을 근거로 paid peering 협정을 새로 맺을 것을 요구하였다. 이를 Level 3가 거부하자 Comcast는 Level 3와의 접속을 일시적으로 중단(depeering)하게 되었다.

이후 양 사는 후속 논의를 통해서 2010년 11월 29일 paid peering에 합의하였고, 다시 트래픽 소통이 이루어졌다. 일시적인 합의는 이루었으나 이후 2010년 12월 Level 3는 Comcast의 요구가 FCC의 망중립성 기본원칙을 위반한다며 FCC[24]에 청원을 하였지만, 받아들여지지 않았다.[25] 이후 Level 3는 Comcast와 새로운 peering 조건으로 2013년, 2015년 각각 협정을 갱신하고 사건이 일단락되었다.[26]

이후 Netflix는 2012년부터 “Open Connect”라는 자체 CDN을 구축하기 시작하면서 직접 ISP와 네트워크 연결에 대한 협상을 시작하게 되었다. Open Connect의 공개된 정책에 따르면 Netflix는 Open Connect를 통해 ISP와의 협상 시 무정산 상호접속(settlement-free interconnection)을 원칙으로 공개하고 있다.[27] 하지만, Comcast와 같이 대규모 가입자를 보유한 일부 대형 ISP[28]에 대해서는 착신망 접근에 대한 비용(terminating access fee)을 지불하고 있다고 인정한 사례가 존재한다.[29]

---

24 Federal Communications Commission, 미 연방통신위원회

25 당시 Comcast는 NBC Universal과의 합병을 진행 중이었는데, Level 3는 이와 관련하여 FCC에 합병 인가조건으로 Comcast의 가입자 망에 대한 망중립성 준수 의무를 지킬 것을 청원하였으나 받아들여지지 않았다.

26 Fierce Telecom, “Level 3, Comcast sign new network interconnection agreement”, May 21 2015 11:23pm

27 Netflix, “Open Connect 소개”, https://openconnect.netflix.com/ko_kr/#what-is-open-connect

28 Comcast, TWC, AT&T, Verizon

29 Declaration of Ken Florance, Applications of Comcast Corp. and Time Warner Cable Inc. For Consent To Assign or Transfer Control of Licenses and Authorizations, MB Docket No. 14-57, August 25, 2014. p. 20.

해당 분쟁 사례는 변화한 인터넷 환경(트래픽 교환 비율 불균형)에 따라 플랫폼 사업자와 Termirating ISP 사이에서 트랜짓을 주로 제공하던 ISP의 협상력이 약화되었고 그에 따라 Paid Peering이 나타나고 플랫폼 사업자가 직접 CDN을 구축하는 등 네트워크 연결 방식이 변화하고 있다는 점을 시사하고 있다.

2. Cogent(MegaUpload) - France Telecom(2012)

두 번째 사례는 2012년 발생한 Cogent와 France Telecom 사이의 망 이용에 관한 분쟁이다. 앞 사례의 Level 3와 유사하게 Cogent는 주로 콘텐츠 사업자들을 유치하며 트랜짓 서비스를 판매하는 ISP이다. 당시 Cogent는 France Telecom의 네트워크와 서로 비용을 정산하지 않는 무정산(settlement-free) 기반의 peering 접속 협정을 맺고 있는 상태였다. 계약 중인 콘텐츠 사업자들의 트래픽 증가와 신규 콘텐츠 사업자 유치에 따라 Cogent는 France Telecom에 접속 용량 증설 및 가입자 망과 직접접속 허용을 요구하였으나 France Telecom은 이에 대해 paid peering 협정을 요구하며 Cogent의 요청을 거부하였다. 2011년 5월 9일 Cogent는 France Telecom이 네트워크 접속 요청을 거부한 것에 대해 규제기관인 ARCEP[30]에 지배력 남용 혐의로 France Telecom을 고발하게 되었다. 앞선 사례와는 다르게 해당 사례는 분쟁으로 인한 사업자 간 협의 과정에 규제기관이 개입한 점이 특징이다.

이에 따라 프랑스의 통신규제기관인 ARCEP은 해당 사례에 대한 조사를 거쳐 2012년 9월 20일 조사 결과를 발표하였다. 조사 결과에 따르면 ARCEP은 양 사업자 간의 트래픽 교환 비율이 peering 협정 당시 협의했던 범위를 초과할 경우, 추가로 비용을 요구하는 것이 정당하다고 결론내리고 있다. 규제기관의 조사에 따르면 당시 양 사가 맺은 기존 협정에서 허용되는 트래픽 교환 비율은 2.5:1이었으나, 2009년 12월 기준 트래픽 교환 비율은 최대 13:1까지 나타났다. 또한 결과 보고서에서 peering 협정은 트랜짓을 이용하지 않는 조건으로

30 Autorité de Régulation des Communications Électroniques, des Postes et de la Distribution de la Presse, 전자통신 및 우편 규제기관

상호 간 망을 연결하는 것이며, 이러한 peering 연결이 반드시 무료가 되어야 할 필요는 없다고 결론내리고 있다. 또한, 양 사가 맺은 트래픽 교환 비율이 다른 사업자에 비해 차별적인 조건이라고 판단할 근거가 없다고 명시하고 있다.

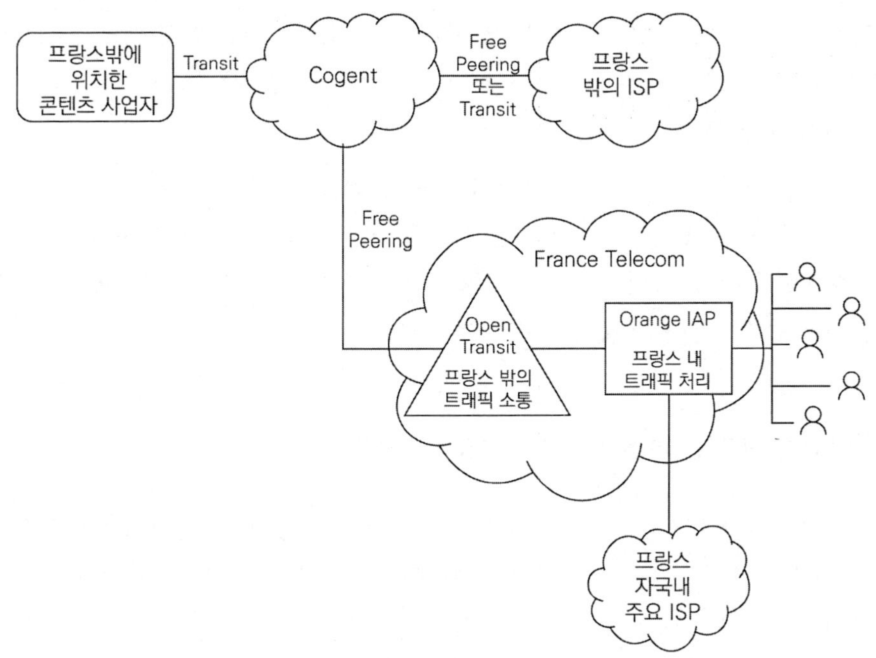

출처: Arcep(2012) 재구성.[31]

〈그림 17-7〉 2012년 당시 France Telecom의 네트워크 구조

규제기관의 조사결과와는 별개로 조사 기간 당시 Cogent의 트래픽 중 상당 부분을 차지하던 콘텐츠 사업자인 MegaUpload[32]가 조사기간 중에 저작권

31 ARCEP, "Decision no. 12-D-18 of 20 September 2012 on practices concerning reciprocal interconnection services in the area of internet connectivity.", 20 September 2012, p. 8.

32 홍콩의 온라인 기업으로 웹하드와 유사한 온라인 파일 호스팅 서비스를 제공

이슈로 인하여 서비스가 폐쇄되면서 결론적으로는 Cogent와 France Telecom 사이에서 트래픽 교환비율이 큰 차이를 보일 정도의 현상은 단기적으로 일어나지 않았다. Cogent는 트래픽 양은 기존 접속 용량 대비 40% 수준으로 감소함에 따라 추가 용량 증설 필요성이 단기적으로는 소멸되었다. 위 판결은 peering 협정이라 하더라도 트래픽 교환비율에 따라서 비용을 요구할 수 있다는 점을 규제기관에서 인정했다는 점이 중요하며, 이는 향후 플랫폼 등 콘텐츠 사업자가 가입자 망에 도달하기 위한 네트워크 연결을 이용하는 데 있어 영향을 주었을 가능성 존재한다.

Cogent 사례의 영향으로 인하여 이후 Google은 Transit ISP를 통하지 않고 France Telecom에 직접 peering 협정을 요구하고 이에 따라 추가적인 분쟁이 발생하였으나 2013년 France Telecon의 주장에 따르면 Google이 트래픽에 대한 비용을 지불하고 있는 것으로 추정되고 있다.[33]

3. Facebook - SKB/LGU+(2016, 2017)

Facebook과 ISP 간의 분쟁 사례는 국내에서 플랫폼 사업자와 ISP 간의 망 이용계약과 관련한 갈등에 대한 이슈를 불러일으키는 계기가 된 사례이다. 해당 사례의 배경은 2016년 변경된 인터넷 상호접속 제도에 있다. 당시 제도 개정에 따라서 동일계위(KT, SKB, LGU+ 사이) 간 접속료 정산이 과거에 무정산 형태에서 트래픽에 비례하여 비용을 지불하는 형태로 접속료 정산 방식이 변화하였다.[34] 당시 Facebook은 국내에 유일하게 KT 인터넷 망에 캐시서버를 두고 있는 상태였으며, 타 ISP는 주로 KT의 인터넷 망의 캐시서버로부터 데이터를 전달받아 Facebook의 서비스를 제공하고 있었다. 이러한 상황에서 변화한 상호접속 제도로 인하여 KT에 위치한 Facebook의 캐시서버에서 SKB/LGU+로 착신되는 데이터 트래픽에 대해서 KT의 접속료 비용이 증가할 우려가 발생하게 된다.

(출처: https://ko.wikipedia.org/wiki/메가업로드)

33 Gadget 360, “Orange claims to have forced Google to pay for traffic”, 17 January 2013.

34 미래창조과학부, “미래부, 인터넷망 상호접속제도 개선을 위한 고시 개정 추진”, 2014.7.30.

이러한 환경 변화에 따라서 Facebook은 2016년 SKB, LGU+와 망 이용과 관련한 협상을 시작하였으나, 협상이 제대로 이루어지지 않았고, Facebook의 주장에 따르면 트래픽 중계로 인한 비용 증가를 우려하여 2016년 12월 SKB, 2017년 2월에는 LGU+의 접속경로를 변경하였다. 변경된 접속경로로 SKB, LGU+ 가입자는 홍콩의 Facebook 데이터센터를 통해 서비스를 제공받았으며, 이로 인해 기존의 데이터 경로에 비해서 전송지연이 발생하는 현상이 일어났다.

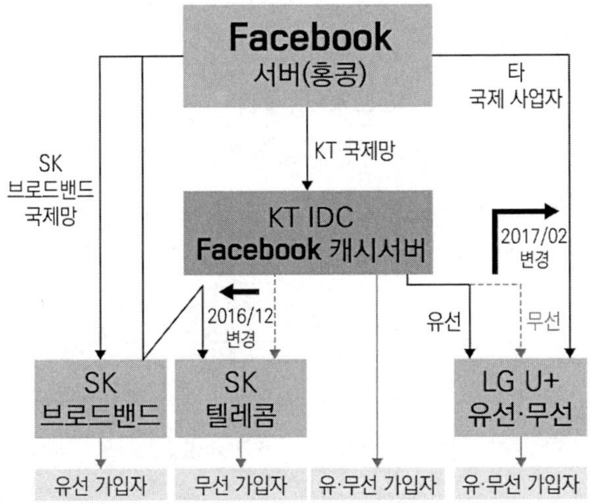

출처: 인베스트조선(2019).[35]

〈그림 17-8〉 국내에서 페이스북의 서버 연결 구조

SKB, LGU+ 모두 Facebook에 기존대로 KT 캐시서버를 통한 중계를 요청하였으나, Facebook은 대안으로 SKB, LGU+ 인터넷 망에 캐시서버의 설치를 제안하였다. 이에 대해서 사업자 간 합의가 이루어지지 않았으며, 이후 2017년 4~6월 사이 SKB와 LGU+는 국제 망 및 해외 ISP와의 연동 용량 증설을 통해 트래픽을 안정화하였다. 이후 페이스북은 2017년 10월경부터 KT 중계

35 인베스트조선, "페이스북 못 넘은 방송통신위원회, 입맛만 다신 통신사들", 2019.9.10.

경로를 복원하였다. 이후에도 지속적으로 SKB, LGU+와 페이스북 간의 망 사용료 협상이 이어져 왔으며, SKB와는 협상을 통해 망 사용료를 지불하는 것으로 알려졌으며,[36] LGU+와는 기준 협상을 진행하고 있는 것으로 나타났다.[37]

4. Netflix - SKB(2019)

2019년 발생한 Netflix와 SKB의 분쟁 사례는 최근에 전 세계적으로 가장 주목을 받은 사례이다. 국내의 Netflix 이용 증가에 따라서 SKB의 가입자에게 Netflix 데이터가 전달되던 주요 경로 중 하나인 한-일 국제 망 증설에 대한 비용 부담이 커지면서 SKB는 Netflix 트래픽 소통을 위해 증설한 국제 망에 대한 비용 부담을 요청하게 된다. 이에 대응하여 Netflix는 SKB의 인터넷 망에 캐시서버의 설치를 제안하였으며, 협상이 제대로 이루어지지 않은 SKB는 2019년 11월 방통위에 협상 중재를 요청하였다. 중재 요청의 배경에는 2018년 12

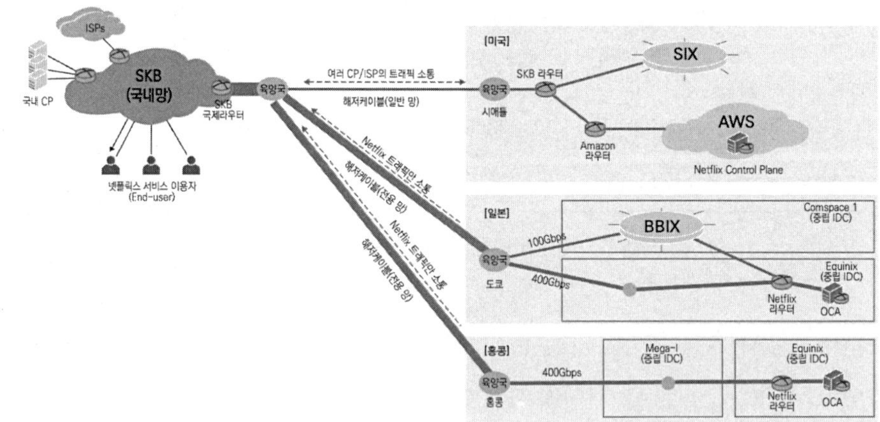

출처: 뉴스토마토(2021).[38]

〈그림 17-9〉 Netflix-SKB 간 망 연동 구조(2020년4월)

36 서울경제, "페이스북, SK브로드밴드에 '망사용료' 지급한다", 2019.1.27.
37 중앙일보, "페북 손들어준 법원…'망 사용료' 국내기업 역차별 우려", 2019.8.23.
38 뉴스토마토, "넷플릭스-SKB, 기술 PT서도 '접속·전송' 두고 설전 반복", 2021.5.1.

월 방통위에서 제정한 "공정한 망이용계약 촉진을 위해 제정한 망 이용계약가이드라인[39]"이 근거가 되었다. 이에 대응해 Netflix는 SKB를 대상으로 망 이용대가를 지불할 의무가 없다는 채무부존재확인소송을 2020년 4월 제기하였고, 3차례의 변론을 거쳐 2021년 6월 1심 판결이 내려졌다.

1심 판결문[40]에 따르면, Netflix는 접속[41](access)과 전송(delivery)이라는 개념을 구분하면서 Netflix와 SKB 간의 트래픽 이동은 전송에 해당하며, 전송은 기본적으로 무상이라고 주장하고 있다는 것을 전제로 망 이용료에 대한 채무가 없음을 주장하고 있다. Netflix의 가정에 따르면 접속(access)은 글로벌 연결을 제공해야 하는데, SKB로 전달되는 트래픽은 자사 가입자에게만 전달되기 때문에 전송에 해당한다는 주장이다. 반면, SKB는 상호접속고시에 따른 접속의 개념엔 전송이 포함되어 있으며, 네트워크 자원을 이용하는 것에 대한 대가를 지급해야 한다는 주장하였다.

이에 대해 1심 판결에서는 SKB가 Netflix에게 협상 의무를 강제할 법적인 근거가 존재하지 않고, SKB가 Netflix에게 협상을 요구당하는 정황이 없다고 판결하였다. 2018년 10월부터 시작된 망 이용 관련한 협상에서 Netflix가 대안을 제시하는 등 협상의 과정이 결렬된 상태로 보기 어려운 점 등을 고려할 때 협상 의무 확인으로 해소해야 할 불안 요소가 있다고 보기 어려우며, 협상 의무 부존재 확인이 Netflix가 가지는 불안 요소를 해소하는 가장 유효한 수단이라고 보기 어렵다는 점이 주요 근거가 되었다. 또한 방통위 재정절차에 응해야 할 경우 달성하고자 하는 궁극적 목적은 대가채무의 부존재 확인이기 때문에 협상 의무 부존재의 확인이 가장 적절한 수단이 되지 못한다고 결론 내리고 있다.

또한 판결문은 Netflix가 SKB의 인터넷 망에 연결되어 있는 것은 인터넷 망에 연결이라는 유상의 역무를 제공받고 있다고 보고 있다. 특히, SKB 국제회선 중 Netflix의 트래픽만 별도로 소통되는 회선을 이용하고 있는 점을 들어

---

39 방송통신위원회, "방통위, 과기정통부와 공동으로「공정한 인터넷망 이용계약에 관한 가이드라인」제정", 2019.12.26

40 서울중앙지방법원 2020가합533643

41 "접속"이라는 용어가 interconnection과 혼동이 있을 수 있으나 본문에서는 판결문의 해석을 위해 판결문에서 사용한 용어를 그대로 인용.

해당 연결에 대한 경제적 가치를 인정하고 있다. 다만, Netflix에서 SKB의 국내망까지 전달되는 과정에서 필요한 각 요소별 대가 부존재를 판단하는 것은 소송의 범위에 해당되지 않으며, 대가 수준 역시 해당하지 않는다고 결론내리고 있다. 판결에서는 연결이 유지되는 행위 자체가 폭넓은 의미에서 유상의 역무라는 점을 판단하고 있다.

1심 판결 이후 넷플릭스는 2021년 7월 항소를 제기하였고, SKB는 이에 대응하여 인터넷 망 연결 이용의 대가를 미지급했다고 주장하며 부당이득반환청구 소송을 제기하였다. 이에 따라 넷플릭스의 항소와 SKB의 반소가 병합심리 되면서 2심의 주요 쟁점은 양측 간에 비용 정산에 대한 합의 여부가 존재하였는지에 대한 내용을 중심으로 전개되었다. 또한 SKB의 반소 제기에 따라서 망이용대가에 대한 감정 또한 주요한 쟁점이 되었다. 약 2년 가까이 2심이 진행되었으나, 2023년 9월 양 사가 서비스 제휴 및 기술협력 등 전략적 협력 관계를 맺음에 따라 소송이 취하되었고, 중단되었던 방송통신위원회의 재정절차 또한 재정 취하서를 제출하여 종료되었다.

넷플릭스-SKB 간 망이용대가 분쟁은 최종적으로 소송이 취하되었으며, 기존의 사례들과 마찬가지와 장기간 분쟁이 이어졌고, 사업자 간 자율적인 협의에 따라 해결되었다는 공통점을 가진다. 구체적인 협의 내용이 밝혀지지 않은 점 또한 기존 사례들과 유사한 특징이라고 볼 수 있으며, 비록 소송이 취하되어 판결이 남겨지진 않았으나, 망이용대가의 유상성을 인정하는 내용이 1심 판결에서 내려졌다는 점은 주목할 만한 점이라고 볼 수 있다. 다만, 대가의 지불 방식에 대해서는 사업자 간 협의에 따라 다양하게 나타날 수 있다는 점 또한 명시하고 있어, 명확한 결론이 내려지진 못했다고 볼 수 있다.

5. Meta Platforms, Inc. - Deutsche Telekom(2020)

가장 최근에 일어난 사례는 2020년 독일에서 발생한 Meta Platforms, Inc.(Meta)와 Deutsche Telekom 간의 분쟁 사례이다. 분쟁 시점 이전부터 Meta는 자회사인 Edge Network Services Limited를 통해서 독일, 네덜란드 등 주요 거점에서 데이터 트래픽 전송을 위해 Deutsche Telekom과 상호 계약을 체결 중이었다. 트래픽의 증가로 인하여 2020년 계약 연장에 관한 협상 과정에서 Meta는 가격 인하를 요구하였으나, Deutsche Telekom이 생각하는 가격 인하 수준과 맞지 않아 협의가 이루어지지 못하였다. 이 과정에서 2021년 3월부터 기존 계약이 종료되었다.

계약 종료 이후의 인터넷 망 이용에 관한 해석은 양측 간 주장이 대립된다. Meta는 계약 종료 이후 양측의 상호 연결이 피어링 파트너의 관계로 변경될 것이라고 언급하였고, 이에 따라 상호 무정산의 형태로 상호 연결을 하겠다고 주장하였다. 반면, Deutsche Telekom은 포트를 유지하면서 합리적인 계약 조건을 지속적을 논의하고자 하였다고 주장하고 있다. 이 과정에서 양측 간의 협의가 제대로 이루어지지 못하면서 Deutsche Telekom은 계약 종료 이후 Meta가 사용한 인터넷 망 연결에 관한 비용을 청구하는 소송을 제기하였다. 해당 소송은 쾰른지방법원에 배정되어 약 3년만인 2024년 5월 판결이 내려졌다.[42] 법원은 메타에게 계약 종료 이후의 상호 연결에 대해서 약 2,000만 유로의 비용을 지불하라고 판결을 내렸으며, 이후 Meta는 2024년 9월 홈페이지에 공식 성명을 발표하면서 Deutsche Telekom과 피어링 관계를 종료하겠다고 선언하였다.[43]

해당 사례의 경우 판결문에서 몇 가지 주목할 만한 부분을 찾을 수 있다. 첫 번째로 법원이 Meta가 지불해야 하는 비용을 인정하면서 인터넷 망의 상호 연결에 있어 유상성을 인정하는 판결을 내렸다는 점이다. 다만, Netlifx와 SKB 간 소송의 1심 판결에서 나타난 유상성에 대한 내용과는 달리 기존에 체결된 계약에서의 유상성을 인정했다는 점에서 해당 사례로 망이용대가의 유상성을 일반화하는 데는 한계가 있다. 두 번째로는 명시적으로 양 사 간 계약이 체결되지 않았으나, 실제 행위 상으로는 Meta가 상호 연결을 유지한 점을 들어 비용을 지불해야 한다고 판단한 점이다. 마지막으로 주목할 부분은 시장지배력 남용에 대한 판결이다. 소송 과정에서 양측이 모두 상대방이 시장지배력을 남

42 Landgericht Köln, 33 O 178/23

43 Meta, Why We're Having to End Our Direct Peering Relationship With Deutsche Telekom, 2024.9.25.

용하여 부당한 계약을 강요하고 있다고 주장하였는데 법원은 양측이 상호 의존적인 관계에서 계약을 이룬 것이며, 양측 모두 시장지배적 지위를 남용하지 않았다고 판결하였다.

V 정책 논의 동향

플랫폼 사업자와 ISP 간의 분쟁 사례들을 종합해 볼 때 가장 큰 특징은 기존의 계층적인 구조에서 수행해 오던 Transit ISP의 역할이 환경 변화에 따라 트래픽 교환 비율이 변화하며 이러한 변화가 peering 조건에 영향을 줌에 따라 분쟁이 발생한다는 점이다. 해외 사례의 경우 대규모 트래픽을 유발하는 플랫폼 사업자와 연관된 Transit ISP와 대규모 가입자 망을 보유한 Terminating ISP 사이에서 이러한 분쟁 사례 등이 나타났으며, 이러한 분쟁을 거쳐서 플랫폼 사업자들이 자체적으로 CDN을 구축하는 등 네트워크 이용 행태의 변화가 발생하는 점이 특징이다. 대부분 사례가 규제기관의 개입보다는 사업자 간 자율적인 협의에 따라서 해결되었으나, 해결의 과정까지 소요되는 시간이 매우 길어, 향후 이러한 분쟁이 늘어날 경우 시장 및 이용자에 미치는 영향이 점차 커질 우려가 있다.

이러한 상황으로 인하여 유럽을 중심으로 네트워크 투자의 공정 기여에 대한 논의가 2020년대 초반 제기되었다. 유럽은 디지털 전환으로 인한 네트워크 고도화에 대한 수요 증가, 네트워크 사업자를 중심으로 투자를 위한 재원 마련의 어려움 등 시장 환경 변화에 따라 플랫폼 등 콘텐츠 어플리케이션 사업자들의 네트워크 투자에 대한 공정 기여 필요성이 제기되었다. 이에 따라 네트워크 사업자와 콘텐츠 사업자 간의 활발한 논의가 진행되었으며, 유럽의 집행위원회(European Commission)는 이와 관련한 공개 의견수렴을 2023년 2월부터 5월까지 진행하고, 그에 대한 보고서를 2023년 10월 발표하기도 하였다. 의견수렴 과정에서 대규모 플랫폼 사업자가 ISP에 직접 비용을 지불하는 방안, 기금을 통한 기여 방안 등이 논의되었으나, 이해관계자의 의견 차이가 명확하여 아직까지 뚜렷한 결론을 내리지 못하였다. 최근에는 사후적인 분쟁 발생 시 빠른 해결을 위한 방안을 중심으로 논의가 이루어지고 있으나, 구체적인 방안이 나오기까지는 오랜 시간이 소요될 것으로 전망된다.

미국에서도 보편 기금 구성 방안을 개편하는 논의 과정에서 콘텐츠 등 플랫폼 사업자의 기여 방안에 대한 논의가 이루어지고 있으며, 이에 대한 가능성을 미 연방통신위원회에 분석하도록 요구하는 법안(FAIR Contribution Act[44])도 발의되었으나, 세부적인 논의가 이루어지지는 않고 있다.

국내의 경우 글로벌 플랫폼의 성장이 해외에 비해 상대적으로 늦은 시기에 이루어지면서 분쟁 이슈가 늦게 등장하였으나, 넷플릭스-SKB의 분쟁 이후 활발한 논의가 진행되고 있으며, 국회를 중심으로 다양한 법안이 꾸준히 발의되고 있다. 초기의 법안들은 망이용계약 체결을 의무화하는 내용부터 망이용료를 직접 규제하는 등 높은 규제 수준의 법안들이 발의되었으나, 점차 논의가 진행됨에 따라 금지 행위를 통한 사후적인 규제와 현황 파악을 위한 실태조사 근거를 마련하는 법안들로 점차 수렴하고 있는 추세이다.

국내·외 망 이용계약과 관련한 정책 논의를 살펴보면 이해관계자의 의견 차이가 명확하게 나타나고 있어 뚜렷한 결론을 내리지 못하고 장기화되고 있는 공통점을 보이고 있다. 유럽과 미국 모두 논의가 시작된 지 약 3년이 넘는 시간이 지났지만 명확한 방향을 수립하지 못하고 있고, 국내 역시 오랜 시간 동안 논의가 이어지고 있으나, 이해관계자의 의견에 특별한 변화가 관찰되지 않고 있다. 특히 국내의 경우 애플TV+, 디즈니플러스 등 대형 트래픽 유발 가능성이 있는 플랫폼 사업자들의 국내 진출이 본격적으로 시작되면서 향후 망 이용료와 관련한 이슈는 점차 확대될 우려도 존재한다. 또한 국내의 경우 인터넷 상호접속 제도가 존재하고, 초고속 인터넷 시장이 기간통신역무로 규제를 받고 있는 등 해외와 통신 규제 환경 차이도 존재하기 때문에 향후 정책 논의에 있어서 해외의 동향을 살펴보되 국내 시장의 특수성을 고려한 정책 논의가 필요할 것으로 보인다.

44 Funding Affordable Internet with Reliable Contributions Act

참고문헌

[국내문헌]

뉴스토마토, 넷플릭스－SKB, 기술 PT서도 '접속 · 전송' 두고 설전 반복, 2021.5.1.

미래창조과학부, 인터넷망 상호접속제도 개선을 위한 고시 개정 추진, 2014.7.30.

서울경제, 페이스북, SK브로드밴드에 '망사용료' 지급한다, 2019.1.27.

인베스트조선, 페이스북 못 넘은 방송통신위원회, 입맛만 다신 통신사들, 2019.9.10.

조대근, 상호접속료인가, 망 이용대가인가? －ISP－CP간 망 연결 대가 분쟁 중심으로, Journal of Internet Computing and Services, 21(5), 2020, pp. 9－20.

조은진 · 변재호, 인터넷 생태계 및 상호접속체계 진화 방향 분석, 주간기술동향, 정보통신산업진흥원, 2011.11.18. p. 1.

중앙일보, 페북 손들어준 법원…'망 사용료' 국내기업 역차별 우려, 2019.8.23.

[국외문헌]

Akamai, Akamai Online Retail Performance Report: Milliseconds Are Critical, Cambridge, MA USA, April 18 2017.

ARCEP, Decision no. 12－D－18 of 20 September 2012 on practices concerning reciprocal interconnection services in the area of internet connectivity., 20 September 2012, p. 8.

ARCEP, The State of Internet in France, 2021 Edition July 2021.

Arthur D. Little, The Future of the Internet: Innovation and Investment in IP Interconnection, May 2014, Liberty Global, p. 28.

BEREC, An assessment of IP interconnection in the context of Net Neutrality, BoR(12) 130, 2012, p. 15.

Besen and Israel, The evolution of Internet interconnection from hierarchy to "Mesh": Implications for government regulation, Information Economics and Policy, 25, 2013, p. 236, 237.

Cisco, Cisco Visual Networking Index, 2012, http://www.cisco.com/en/US/net－sol/ns827/networking_solutions_sub_solution.html.

Cisco, Cisco VNI Global IP Traffic Forecast 2017－2022, 2017.

EC, Directive 2018/1972 of the European Parliament and of the Council of 11

December 2018 establishing the European Electronic Communications Code (L 321/36, 17.12.2018, p. 66.

FCC, Declaration of Ken Florance, Applications of Comcast Corp. and Time Warner Cable Inc. For Consent To Assign or Transfer Control of Licenses and Authorizations, MB Docket No. 14－57, August 25, 2014. p. 20.

Fierce Telecom, Level 3, Comcast sign new network interconnection agreement, May 21 2015 11:23pm.

Gadget 360, Orange claims to have forced Google to pay for traffic, 17 January 2013.

Linden, G., Make Data Useful, Amazon.com, 2008.

Netflix, Open Connect 소개, https://openconnect.netflix.com/ko_kr/#what－is－open－connect

Norton W. B., The Internet Peering Playbook : Connecting to the Core of the Internet, DrPeering Press, January 1 2014, pp. 156－157.

Sandvine, 2019 Mobile Internet Phenomena Report, 2020.

Sandvine, 2021 Mobile Internet Phenomena Report, 2022.

18 이커머스 플랫폼: 혁신과 경쟁

최윤정 / 연세대학교 경제학부

I 서론

한국 이커머스 시장은 1세대인 인터파크, 옥션, G마켓부터 2세대인 소셜커머스 티몬과 쿠팡, 그리고 오프라인 유통업체와 네이버, 카카오 등 디지털 플랫폼의 진입을 거치며, 치열한 경쟁 속에 끊임없는 혁신과 진화를 거듭하여 왔다. 통계청의 '온라인 쇼핑 동향'에 따르면, 2024년 온라인 쇼핑 거래액은 약 242조 원으로 추정되며 세계 5위 규모로 평가된다. 2021년부터는 두 자릿수 성장률에서 한 자릿수의 성장률로 전환되어 2024년 5.8%의 성장률을 기록하는 등 점차 성숙기에 접어들고 있다. 반면 2024년 해외 직접 구매액은 약 7조 9,600억 원으로 전년 대비 19.1%의 성장률을 기록하였으며, 특히 중국으로부터의 직접 구매 비중이 전체의 60% 이상을 차지하며 해외 직접 구매 성장을 이끌고 있다. 쿠팡과 네이버의 양강 구도에 크로스보더 플랫폼인 알리익스프레스와 테무로 대표되는 C커머스의 공격적인 진입과 시장 확대로 국내 이커머스 기업들은 더욱 도전적인 경쟁 환경에 직면하고 있다.

IPC의 '2024 크로스보더 이커머스 쇼퍼 설문조사'에서도 크로스보더 이커머스에서 C커머스의 성장을 확인할 수 있다. 아마존이 24%의 시장점유율로 선두를 유지하고 있지만, 테무와 알리익스프레스가 2위와 3위로 그 뒤를 따르고 있으며, 특히 테무는 2023년 7%에서 2024년 21%로의 급격한 성장을 달성했다.

대표적인 크로스보더 플랫폼인 아마존, 알리익스프레스, 테무는 가격 경쟁력, 물류 네트워크, 글로벌 소싱 등 다양한 측면에서 혁신적인 비즈니스 모델을 도입했으며, C커머스는 특히 초저가 전략과 공격적인 마케팅을 통해 빠르게 성장해 왔다. 반면 한국 이커머스를 대표하는 쿠팡은 로켓 배송과 쿠팡플레이 등의 다양한 서비스와의 연계, 네이버 쇼핑은 검색과의 연계와 스마트스토어를 중심으로 발전해 왔다. 이커머스 플랫폼들은 이제 빅데이터, 인공지능 등의 첨단기술이 융합된 복합적인 플랫폼으로 발전하고 있으며 급변하는 환경에서 생존과 성장을 위한 첨단기술의 고도화 등 지속적인 혁신을 도모하고 있다. 특히 이커머스 모든 단계와 모든 이해관계자에게 AI를 활용한 개인 맞춤형 서비스의 제공이 예측되며, AI 기술 활용과 고도화가 이커머스 플랫폼 경쟁력에 미치는 영향이 점점 더 커질 수밖에 없다. AI 기술과의 융합에 따라 이커머스 시장에서의 승자와 패자가 결정되는 가까운 미래가 다가오고 있다. 따라서 본 장에서는 대표 크로스보더 플랫폼에 대한 이해도를 높이고 한국 이커머스 시장의 현재와 미래를 분석하여 논의점과 시사점을 이끌어 내고자 한다.

Ⅱ 크로스보더 플랫폼: 아마존과 C커머스 플랫폼

미국의 아마존, 중국의 알리익스프레스와 테무는 B2C(Business to Consumer) 온라인 마켓플레이스로 세계의 판매자와 소비자를 잇는 크로스보더 플랫폼이다. 이들은 B2C와 디지털 플랫폼이라는 공통점을 바탕으로 유사한 비즈니스 모델 하에 판매자와 소비자에게 비슷한 서비스를 제공한다. 하지만 각 단계에서 존재하는 차별화된 전략들은 플랫폼들 간의 서로 다른 특징과 성과를 만들어내었다. 본 절에서는 각 플랫폼을 간략히 소개하고 가격 책정, 제품의 범위, 물류와 배송 측면에서의 주요 차이점을 분석하며 크로스보더 플랫폼의 경쟁과 진화 과정을 살펴본다.

1. 대표 플랫폼 개요: 아마존, 알리익스프레스, 테무

아마존은 세계 최대 크로스보더 플랫폼으로 1994년 온라인 서점으로 시작하여 1999년 다양한 카테고리의 상품들을 판매하는 마켓플레이스로 확장되었다. 3자 판매(3P) 거래뿐 아니라 아마존이 직접 상품을 구매하여 판매하는 1자 판매(1P), 즉 직접 판매 방식도 도입하였다. 2025년 2월 기준 23개 국가의 마켓플레이스 웹사이트를 해당 국가의 언어로 운영하며 130여 개 국가에 배송을 한다. 광범위한 글로벌 물류 네트워크를 기반으로 1자 판매 상품과 3자 판매 상품의 보관·포장·배송을 대행하는 FBA(fulfillment by Amazon)를 통한 빠른 배송, 플랫폼 기능(검색, 추천, 리뷰 등)의 사용자 중심 고도화, 프라임 멤버십의 빠른 배송과 다양한 부가서비스 지원 등을 통해 다양한 제품을 합리적인 가격에 제공함으로써 브랜드 인지도와 고객 충성도를 높여 왔다.

알리익스프레스는 중국 알리바바 그룹의 자회사로, 2010년에 설립되어 전 세계 판매자, 특히 중국 제조사 및 판매자를 소비자와 연결하며 전통적인 이커머스 방식으로 성장해왔다. 전 세계의 제조공장이라 불리는 중국 내 수많은 제조업체가 판매자가 됨으로써 규모의 경제 하에서 광범위한 카테고리의 다양한 상품을 낮은 가격에 제공할 수 있게 되어 미국 아마존에 비해 상대적으로 가격 경쟁력을 확보하고 있다.

테무는 중국 핀둬둬의 자회사로 2022년에 출시되어 2024년 기준 세계 70여 개 국에 진출하는 등 급속한 성장을 하고 있다. 테무는 알리익스프레스와 같이 중국 제조업체와 전 세계 소비자를 직접 연결하며, 특히 역제조(reverse manufacturing)과 역경매(reverse auction)를 활용하는 C2M 모델을 통해 다양한 상품을 초저가에 판매하고, 핀둬둬의 물류와 중국의 수출 인프라를 이용해 무료 또는 매우 저렴한 배송 서비스를 제공한다. 또한 'Shop like a billionaire'와 같은 공격적인 할인 마케팅을 추진하고, 틱톡, 인스타그램 등 소셜 미디어 플랫폼에서 소비자들과 소통하며 게임화(gamification) 쇼핑 경험을 통해 절약과 즐거움의 경험을 동시에 제공하며 특히 가격에 민감한 소비자들을 끌어 들여 시장을 확장해 가고 있다.

2. 플랫폼의 비즈니스 모델 비교

(1) 가격과 제품

아마존은 다양한 제품을 폭넓은 가격대에 취급하며, 많은 판매자들은 아마존이 제공하는 다양한 정보와 도구 및 서비스를 활용하여 판매 가격을 실시간으로 최적화하고 변경할 수 있다. 따라서 판매자 간 치열한 경쟁으로 인해 소비자 입장에서는 합리적인 가격에 제품을 구매할 수 있다. 그럼에도 불구하고 C커머스의 초저가에 대응하기 위해 아마존은 판매자들의 최종 가격 결정에 영향을 주는 요인 중 하나인 판매 수수료를 조정하였다. 2024년 1월 미국 내 판매 수수료 중 추천 수수료를 일정금액 구간 대의 제품에 대하여 낮추었으며, 3월에는 유럽, 캐나다, 일본에서도 추천 수수료를 낮추었다.[1]

알리익스프레스는 중국 제조업체와 소비자들을 직접 연결함으로써 아마존에 비해 상대적으로 가격 경쟁력을 가지고 있다. 반면 알리익스프레스의 판매자는 매출의 5−8%를 수수료로 지불하며 이는 테무에 비해 상대적으로 높을 것으로 추정되고 이는 알리익스프레스의 가격이 테무에 비해서는 상대적으로 높은 데 영향을 미친다. 알리익스프레스는 B2C 모델에서 판매자의 상품을 검사하지 않는 반면, 테무는 모든 제품을 검사하며 완전 위탁 모델을 활용하기 때문에 판매자 입장에서는 알리익스프레스에 대한 접근이 더 용이할 수 있다. 따라서 알리익스프레스는 테무에 비해 상대적으로 더 많은 판매자와 상품들을 보유하고 있다.

테무는 제조사와 소비자 사이의 중간 단계를 최대한 간소화하고 제조사 간의 경쟁을 통해 가격을 낮추었다. 또한 공격적인 프로모션을 통한 가격할인, 공동 구매를 통한 가격할인 등이 더해지면 소비자는 제품을 극초저가에 구매하게 된다.

---

1 아마존의 판매 수수료는 판매 플랜 수수료(selling plan fees)와 추천 수수료(referral fees)로 구성되어 있으며, 판매 플랜 수수료는 상품 등록, 재고 관리, 가격 책정 등의 기능을 사용하는데 지불하는 수수료이고 추천 수수료는 판매 가격의 일정 비율(카테고리에 따라 8−15%) 또는 최저금액(카테고리에 따라 $0.3 또는 $0) 중 높은 것으로 지불하는 수수료이다.

(2) 물류와 공급망

아마존 물류의 핵심은 고객 신뢰도와 충성도를 높이는 풀필먼트바이아마존(Fulfillment by Amazon, FBA)에 있다. 판매자가 자신의 상품을 아마존 물류창고에 보관하면, 아마존이 주문처리, 배송, 고객서비스까지 대행을 하는 방식이다. 아마존은 인공지능 기반 시스템을 바탕으로 수요 예측, 재고 관리, 배송 경로 최적화 등을 통해 소비자들에게 빠른 배송과 다양한 배송 옵션, 추적 기능 등 고품질의 서비스를 제공한다. 판매자는 FBA, FMA(Fulfillment by Merchant), SFP(Seller Fulfilled Prime)의 다양한 배송 옵션을 선택할 수 있다. FBA는 아마존에게 물류를 위탁하는 대신 재고 보관 비용 및 FBA 서비스 수수료를 지불해야 한다. 판매자 스스로가 배송을 포함한 모든 과정을 처리하는 FBM은 수수료를 절감하고 고객과 직접 소통할 수 있는 이점이 있지만 자체적으로 처리하는 데서 오는 비용 부담이 있다. SFP는 아마존 프라임 배송 기준을 충족하는 경우 판매자의 상품에 프라임 배지가 표시되고, 프라임 멤버십 고객에게 판매할 수 있는 등의 이점이 있으며 나머지는 FBM과 동일하다. 해외 배송은 국가마다 상이하며 표준(Standard), 특급 국제 배송(expedited global shipping, priority global shipping) 등에 따라 요금과 배송시간이 달라진다.

반면 알리익스프레스의 물류는 알리바바의 계열사인 물류 플랫폼 '차이냐오'가 해외 배송을 담당하고, 해외 현지의 라스트 마일은 현지 운송업체와 협력한다(대신증권, 2024). 판매자와 소비자들은 차이냐오 슈퍼 이코노미부터 알리익스프레스 프리미엄 배송, 그리고 DHL과 FEX 등 다양한 배송 옵션 중에서 선택할 수 있다. 가장 저렴한 배송 옵션일수록 해상 운송으로 배송 시간이 길며, 따라서 일반적으로 알리스프레스의 배송시간은 대부분 항공을 통해 운송하는 테무에 비해 길다. 이러한 단점을 극복하기 위해, 알리익스프레스는 차이냐요와의 협업을 통해 배송시간을 지속적으로 단축하고 있으며 미국, 스페인, 독일, 프랑스, 영국 등에 자체의 글로벌 물류 네트워크를 구축하는 등 효율적인 물류 시스템을 구축하는 데 많은 투자를 하고 있다.

테무의 C2M 모델은 전통적인 온라인 상거래 비즈니스 모델과 차별적인 모델이자 현재까지의 성공 기반이다. C2M 모델(Consumer-to-Manufacturer model)은 모기업인 핀둬둬(Pinduoduo, PDD Holdings)의 비즈니스 모델을 따른 것으로, 제조업체(또는 공장형 생산자)와 소비자를 직접 연결함으로써 유통단계에서의 중간 채널과 중간 상인 비용을 제거하여 도매가격에 근접하는 가격으로 제품을 판매할 수 있게 한다.

C2M 모델에는 역제조(Reverse manufacturing)와 역경매(reverse auction)가 활용된다. 테무는 자신의 플랫폼 및 TikTok과 같은 소셜 미디어 데이터를 분석하여 소비자 선호와 수요 및 트래픽에 대한 정보를 제조업체에게 실시간으로 제공하여 수익성 있는 제품을 적기에 출시 및 판매할 수 있게 한다. 즉, 소비자의 수요에 의한 생산이므로, 과다생산과 가격할인의 문제를 완화시키며 이는 테무의 수익성 향상으로 이어진다.

역경매(reverse auction)는 구매자가 경매에 참여하여 입찰가를 제시하는 일반적인 경매와 달리 제조업체/판매자가 제품을 공급하는 가격에 대해 경쟁하는 경매이다. 테무가 자신의 플랫폼에서 판매하고자 하는 상품 스펙과 수량을 제시하고, 경매에 참여한 판매자 중 제품 품질 등의 기준을 맞추면서 가장 낮은 가격을 제시한 판매자를 선택한다. 낙찰을 받은 판매자는 핀둬둬의 중국 내 물류센터로 직접 배송을 한다.[2] 즉 판매자는 상품 생산에 집중하고 퍼스트마일(first mile) 배송까지만 책임을 지는 반면 물류센터 이후의 과정은 모두 테무가 처리한다. 테무는 판매자가 공급한 제품에 관련된 가격 결정, 마케팅, 해외 배송, 반품, 고객 지원 등을 모두 처리하는 완전위탁운영모델을 사용한다.

중국 내 물류센터에서 소포장 물류 수송방식으로 해외 시장에 배송하는데, 표준배송(Standard shipping)과 빠른 배송(Express shipping)으로 나눌 수 있으며 전 세계 일반적으로 표준배송의 배송 시간은 6~20일, 빠른 배송은 4~9일 정도 걸리며, 이는 아마존에 비해서는 느리지만 알리익스프레스에 비해서는 빠르다고 할 수 있다. 초기에는 물류센터에서 소비자에게로의 배송은 제3자 물류회사

---

2 판매자가 물류센터의 저장비용 부담과 미판매 제품의 회수 책임을 지고, 테무는 분기마다 정산을 한다. 이러한 역경매와 위탁재고모델을 운영함으로써 초저가 제품의 제공이 가능한 동시에 재고 없이 재정적 부담도 완화시킬 수 있다.

에 의해 진행되었으나, 현재는 제3자 물류 기업에 대한 토탈 솔루션 위탁이 아닌 항공사, 라스트 마일 등 프로세스별로 세분화하여 각각 계약하는 상태이다(대신증권, 2024).

3. 크로스보더 플랫폼의 경쟁과 진화

주피터 리서치에 따르면 크로스보더 이커머스 시장은 2023년 1조 6천억 달러, 2024년 1조 8천억 달러에서 2028년 3조 3,700억 달러에 이르며, 전체 글로벌 이커머스에서 차지하는 비중도 50%에 근접할 것으로 예측된다.

치열한 경쟁에서 크로스보더 플랫폼들은 각자의 혁신적인 모델과 전략들을 도입하면서 서로 유사해지는 수렴(convergence) 현상을 보이고 있다. 알리익스프레스 등 경쟁 크로스보더 플랫폼들은 테무의 완전위탁관리형 모델을 도입하였는데, 아마존은 2023년 9월 이와 유사한 'end-to-end supply chain service'를 도입하였다. 해외의 판매자들이 아마존의 전 세계 물류창고로 운송을 한 후 아마존이 재고를 관리하고 FBA를 통해 배송까지 완료하는 서비스이다.

또한 2024년 11월 테무 등에 대응하여 초저가 가격에 이끌리는 소비자들을 끌어들이기 위해 아마존은 모바일에서만 작동되는 'Haul Value Shopping'이라는 섹션을 도입하였다. 해당 사이트의 판매자들은 대개 중국 기반 판매자들로 중국에서 직접 배송되는 20달러 미만의 제품들을 취급하며 반면 배송기간은 상대적으로 긴 1-2주 정도이다. 즉, 아마존은 테무의 강점이었던 C2M 모델과 완전위탁관리형 모델을 도입함으로써 중국 판매자들과 전 세계 또는 미국의 소비자들의 직접 연결을 통해 가격과 예산에 민감한 소비자층을 끌어들이는 시도를 한 것이다.

반면 테무는 2024년 3월 세미 관리형 모델을 도입하였는데, 이는 판매자가 해상 운송을 통해 상품을 해외 창고로 미리 운송하여 보관하고 이후 주문에 따라 테무가 고객에게의 라스트마일 운송 및 고객 서비스 문의와 반품 처리를 담당하는 방식이다. 이 모델은 해외 배송 인프라와 경험을 갖춘 대형 판매자를 유치하여 이전의 소포의 항공배송으로 가능했던 제품들보다 더 다양한 제품을 제공할 수 있게 되며, 더 빠른 배송을 제공할 수 있게 된다.

이처럼 크로스보더 플랫폼의 비즈니스 모델과 전략에서 나타나는 수렴화 현상은 생존과 경쟁을 위한 것이지만, 동시에 플랫폼의 판매자와 제품에 있어서의 중복을 확대할 수밖에 없다. Marketplace Pulse Research에 따르면, 미국 내 이커머스 간 판매자들과 제품들의 중복률이 상당하다. 최소한 20%의 테무와 쉬인의 판매자들이 아마존이나 월마트에서도 판매를 하며, 2024년 중국 기반 판매자들이 아마존의 시장점유율의 50%를 넘어섰으며 미국 판매자들의 점유율은 45%로 감소하였다.[3] 이러한 경향은 미국뿐 아니라 전 세계 각지의 크로스보더 플랫폼들에 있어 더욱 확대될 가능성이 크다.

III 한국 이커머스 시장과 C커머스의 도전

1. 한국 이커머스 시장: 쿠팡과 네이버의 양강 구도

한국 이커머스 1세대인 인터파크, 옥션, G마켓은 1990년대 후반 인터넷의 보급과 함께 본격적으로 이커머스 시장을 개척했고, 2세대인 소셜 커머스 티몬, 위메프, 쿠팡은 2015년경 오픈마켓으로 비즈니스 모델을 전환하며 성장하였다. 이후 1, 2세대 플랫폼들과 네이버, 카카오 및 오프라인 백화점의 플랫폼 등이 치열한 경쟁을 하며 이커머스 시장이 성숙되었다. 현재는 쿠팡과 네이버의 양강 구도가 굳어져 왔는데, 공정거래위원회의 '이커머스 시장연구' 정책보고서(2024)에 따르면 2018－2024년 기간에 걸쳐, 네이버와 쿠팡의 월 평균 순결제 금액은 2018년 약 2조 원~2조 5천억 원 수준에서 2024년 8조 원~9조 원으로 약 4~5배 이상 증가한 반면, 나머지 그룹은 2018년과 비교해 변동이 거

3 Marketplace Pulse Research
– https://www.marketplacepulse.com/articles/amazon-walmart-temu-and-shein-overlap
– https://www.marketplacepulse.com/articles/american-sellers-lost-amazon-to-china

의 없거나 오히려 감소 추세에 있다.

한국의 아마존으로 불리는 쿠팡은 아마존과 유사한 비즈니스 모델을 가지고 있으며, 고객 중심의 혁신적인 서비스로 빠른 성장을 이루었다. 대표적인 예로 쿠팡의 로켓배송과 로켓와우멤버십은 아마존의 FBA와 프라임 멤버십과 유사한 서비스이다. 쿠팡의 로켓배송은 막대한 투자로 물류시스템을 구축하여 당일/익일배송을 제공하는 서비스로, 쿠팡이 소셜 커머스 모델을 직매입 모델로 바꾸면서 자신의 직매입 제품에 대해 제공하는 서비스이다. 쿠팡은 각 지역의 쿠팡 물류센터에서 재고, 포장 및 발송을 처리하고 소비자에게로의 라스트마일 배송까지 책임지는 풀필먼트를 구축하였다. 현재에는 오픈마켓으로 직매입제품뿐 아니라 제3자 판매자들의 제품도 함께 판매가 되고, 오픈마켓 판매자들에게는 쿠팡의 풀필먼트와 로켓배송 서비스를 제공하는 로켓그로스 서비스가 제공되고 이를 사용하는 판매자에게는 판매자로켓 표시가 노출된다. 반면 쿠팡의 로켓와우 멤버십은 유료 멤버십 서비스로, 로켓배송, 할인 혜택, 로켓프레시 등을 제공하며 쿠팡플레이, 쿠팡이츠 무료 배송 혜택도 제공하면서 소비자의 만족도와 충성도를 높여 왔다. 쿠팡의 공시에 따르면, 2023년과 2024년 매출액은 각각 약 31조 9억 원, 약 41조 3천억 원으로 전년 대비 약 30%의 성장을 지속하고 있다. 쿠팡의 활성 고객(분기에 제품을 한 번 이상 산 고객)은 약 2,100만 명, 와우 멤버십 회원은 약 1,400만 명이었다.

네이버쇼핑은 2000년 가격비교서비스로 시작하여 스마트스토어를 오픈하며 전통적인 오픈마켓으로 성장하여 왔다. 네이버쇼핑의 장점은 네이버 검색을 비롯하여 네이버 포털이 가지고 있는 다양한 앱으로부터 고객 유입이 된다는 점이다. 쿠팡이 자체물류시스템을 운영하는 반면, 네이버는 CJ대한통운 등 다수의 물류회사와의 계약을 통해 다양한 배송옵션을 제공하고 있다. 네이버 플러스 멤버십은 네이버 페이 포인트 적립과 더불어 네이버 웹툰, 넷플릭스 등 다양한 혜택을 제공하며 약 1,000만 명의 회원을 보유한 것으로 알려져 있다. 네이버의 실적 발표에 따르면 2024년 연간 매출액은 전년 대비 11.0% 증가한 10조 7,377억 원이며, 그 중 커머스 부분의 연간 매출액은 전년 대비 14.8% 성장한 2조 9,230억 원으로 전체 매출액의 약 27.2%를 차지하고 있다. 오픈서베이에 따르면 소비자들은 쿠팡의 빠른 배송과 교환, 환불 편리성, 저렴한 가격, 그리고 네이버의 앱/웹 사용의 편리성, 다양한 멤버십 혜택, 이벤트 및 프로모션을 장점으로 드는데, 즉 쿠팡은 배송에서, 네이버는 검색 등의 쇼핑경험에서 만족도가 높음을 알 수 있다.

2. C커머스의 진입과 도전

(1) 현황

2023년부터 알리익스프레스와 테무 등 중국 기반 C커머스 플랫폼(China와 이커머스의 합성어)의 급성장과 아마존의 한국 시장 간접 진출로 한국 이커머스 시장의 경쟁이 더욱 심화되고 있다.

통계청의 '온라인 쇼핑 동향'에 따르면, 2024년 온라인 쇼핑 거래액은 약 242조 원(여행, 교통, 문화 서비스 등을 제외한 상품거래액은 약 169조 원)으로 추정된다. 온라인 쇼핑 거래액의 성장률은 2021년 20%, 2022년 11%, 2023년 8%, 2024년 5.8%로 저하되고 있다. 하지만 2024년 해외 직접 구매액은 약 7조 9,600억 원으로 전년대비 19.1% 증가하였고, 전년대비 미국에서 8.9% 감소하였으나 중국과 일본에서 48.0%와 16.4%의 증가를 보였다.[4,5] 2023년과 2024년 중국 직접 구매액은 3조 2,273억 원과 4조 7,772억 원으로 해외 직접 구매에서 중국의 비중이 60% 이상을 차지하는 등 해외 직접 구매의 성장 배경에는 중국 직접 구매액의 급격한 증가가 자리 잡고 있다.

특히 공격적인 가격 할인과 광고, 그리고 배송 서비스의 개선은 C커머스의 확장으로 이어졌다. 앞 절에서 서술한 것과 같이 C커머스 플랫폼들은 중국의 거대한 생산 공장들을 전 세계 소비자들과 직접 연결하여 유통구조를 단순화함으로써 규모의 경제 및 저렴한 인건비 및 생산비 등에서 얻어지는 낮은 가

4 2023년 해외 직접 구매액은 6조 7,567억 원이므로 해외 직접 구매가 온라인 쇼핑 거래액에서 차지하는 비중은 3.0%에 지나지 않으나 성장률은 27%였다.

5 반면, 2024년 온라인 해외 직접 판매액은 1조 7천억 원으로 전년대비 1.5% 증가하였는데, 중국에서의 감소 대비 미국에서 41.7%, 기타 아시아에서 150.9% 성장하였다.

격을 그대로 소비자에게 전달한다. 또한 무료 배송 또는 매우 낮은 요금의 배송 서비스를 제공하고 있다.

(2) C커머스 플랫폼 및 해외 직접 구매에 대한 소비자 만족도와 행태

해외 직접 구매에 대한 소비자들의 만족도는 제품의 가격 및 다양성, 품질, 물류 서비스, 반품 수용성, 신뢰성 등 다양한 요인에서 나온다(박영기·오대혁, 2021; 이성호, 2014; 이제홍, 2022; 최수호·김민균, 2016; 팽정예·최동오·유천, 2022).[6] 해외 직접 구매라는 특성상, 해외 직접 구매 제품에 대한 신뢰수준 등의 요인들에 대한 비중이 커지거나 해외 직접 구매 사이트의 서비스 및 물류 서비스의 품질 등의 영향이 증대될 수 있다. 하지만 해외직접 구매가 아닌 자국 플랫폼에서 자국 제품이나 해외 직구 제품을 사는 경우에도 그 요인들이 크게 다르지는 않다(신종국 외, 2021; 황정현 외, 2022). 반면 소비자의 인구통계학적 특성, 개인 특성, 쇼핑 경험 등도 소비자의 만족도에 영향을 줄 수 있다. 이러한 다양한 요인이 미치는 영향들이 종합적으로 합쳐져서 궁극적으로 해외 직접 구매 플랫폼의 이용과 구매로 이어진다.

그렇다면 특히 한국에 진입한 C커머스에 대한 소비자들의 이용 및 구매 정도는 어떠한지 아래에서 여러 설문조사의 통계 수치를 통해 살펴보고자 한다.

첫째, C커머스에 대한 인지도가 급속히 높아졌음을 알 수 있다. 아이지에이웍스의 모바일인덱스에 따르면 2023년 가장 크게 성장한 앱(이용자 수 증가순)은 알리익스프레스와 테무였으며 이들의 2024년 앱 누적 신규 설치 수는 658만 건과 1,804만 건이었다. 또한 오픈서베이의 「온라인쇼핑 트렌드 리포트 2024」[7](<표 18-1>)에 따르면, 알리익스프레스와 테무의 인지율은 69.4%와

---

6 사이트 유용성(화면 구성 체계, 정보 배열, 상품 진열 등 디자인), 제품 브랜드, 제품 가격성, 직접 구매 경제성, 쇼핑몰의 상품 다양성이 높을수록 해외 직접 구매의 만족도가 높았으며, 만족도가 높을수록 해외 직접 구매의 재구매도 높아졌다(이재학, 2023; 이제홍, 2022). 또한 해외 직접 구매 온라인 쇼핑몰의 제품 가격 뿐 아니라 쇼핑몰 자체의 편의성, 시스템 보안성이 사이트의 유용성에 영향을 미쳐 해외 직접 구매 쇼핑몰의 재이용 의도에 정의 영향을 미쳤다(팽정예·최동오·유천, 2022).

7 오픈서베이는 자신의 패널 중 응답자를 선정하여 2024년 4월 9일~10일 모바일 앱으로 응답하는 서베이를 진행하였다. 만 15~69세 전국 거주 남녀 1,400명에 대한 스크리닝 조사 후,

58.1%로 쿠팡, 네이버의 인지율 94.2%와 87.2%에 비해 상대적으로 낮지만 이들이 시장 경쟁에 적극적으로 참여한 시기가 2023년임을 고려하면 그 정도가 상당히 높다고 할 수 있다. 와이즈 앱·리테일·굿즈에 따르면 알리익스프레스와 테무의 월간 활성 이용자 수는 2025년 1월 각각 912만여 명과 832만여 명으로 1위인 쿠팡에 이어 2, 3위를 차지하고 있다. 각 플랫폼의 활성 이용자 수는 쿠팡의 약 3,300만여 명에 크게 못 미치지만, 두 플랫폼의 월간 사용자 수의 합은 쿠팡의 절반 수준에 육박한다. 또한, 2024년 8월 기준 월 평균 사용시간은 쿠팡(123분), 테무(95분), 알리익스프레스(76분) 등 순이었고, 월평균 실행횟수는 쿠팡(138회), 알리익스프레스(58회), G마켓(57회)이었다. 즉, 알리익스프레스와 테무는 쿠팡을 제외한 국내의 타 경쟁 이커머스 플랫폼보다 우위에 있는 상황으로 단기간에 C커머스 플랫폼에서 상품 검색 등의 이용도가 높아졌음을 알 수 있다.

〈표 18-1〉 인지율과 주 구매 앱/웹 전환율 (단위: %)

	쿠팡	네이버	알리익스프레스	테무
인지	94.2	87.2	69.1	58.1
한 번이라도 구매 (인지 대비)	86.2 (88%)	77.1 (71%)	29.8 (43%)	13.2 (23%)
주 구매 (인지 대비)	44.7 (48%)	21.8 (25%)	2 (3%)	1 (1.7%)

출처: 오픈서베이 「온라인쇼핑 트렌트 리포트 2024」.

둘째, 인지도의 상승과 앱 다운로드 및 이용도에 비해 실질적으로 구매로 이어지는 비율은 아직까지는 현저히 낮다. <표 18-1>에서 볼 수 있듯이, 알리익스프레스와 테무의 인지 후 구매 경험이 있는 비율은 29.8%와 13.2%로 쿠팡과 네이버에 비해 현저히 낮으며, 주 구매 앱/웹으로의 전환율은 2%와 1%로 더욱 떨어진다.

쿠팡, 네이버쇼핑, 알리익스프레스, 테무 각 쇼핑몰별 최근 1개월 내 구매자 300명씩 총 1,200명이 본조사 대상이었다.

셋째, 그렇다면 C커머스의 매출 증가가 인지도 상승을 따라가지 못하고 있는 주요 원인은 무엇일까? 빅데이터 분석 기반 선행 연구는 제품의 낮은 가격과 무료 배송 등의 장점들과 제품의 품질과 느린 배송, 사후서비스의 취약 등의 단점들에 대한 소비자 인식과 감정들이 공존하며 C커머스에 대한 두려움이 상대적으로 높았음을 보인다(고은서 외, 2024; 엄성원, 2024; 이진명, 2018). 대한상공회의소의 '중국 이커머스 플랫폼 이용 현황과 인식 조사'(중국 이커머스 플랫폼 이용경험자 800명 대상, 2024.4.1. 발표)에서도 응답자의 90.9%가 플랫폼 이용에 불만이 있고 피해를 당한 적이 있다고 답했으며, 주요 불만 또는 피해 사례로는 배송지연(59.5%), 낮은 품질(49.6%), 제품 불량(36.6%), 과장 광고(33.5%), AS 지연(28.8%) 등을 지적하였다. 즉, 가격 경쟁력에도 불구하고 C커머스의 단점들은 C커머스의 매출 성장에 상당히 큰 장애로 이어지고 있음을 알 수 있다.

와이즈앱·리테일에 따르면 2024년 알리익스프레스와 테무의 연간 결제 추정 금액은 약 4조 3천억 원으로 전년 대비 85% 증가하였다. 지난 3년간 286.4%의 성장을 보였지만 알리익스프레스와 테무의 1인당 평균 결제 금액은 각각 8만 8,601원과 7만2,770원으로 경쟁 플랫폼에 비해 상당히 낮은 수치이다.[8] 이는 C커머스의 성장이 저렴한 가격의 장점에 민감한 소비자 그룹에 집중되어 타 그룹으로 확장되지 못하고 있음을 보여준다. 또한 C커머스의 이탈율은 국내 이커머스의 이탈율에 비해 상당히 높으며, 2024년 3월 중국 직접 구매 제품의 중금속 등 발암물질 검출 등 품질 논란, 개인정보 보호의 미비 및 다크패턴 등으로 인한 소비자의 신뢰도 하락 등이 근간에 자리잡고 있다. 따라서 이러한 부정적 요인들의 개선이 C커머스의 성장에 필수적이며, 이에 대한 C커머스의 변화는 다음 절에서 살펴본다.

8 https://www.etnews.com/20250211000060

3. C커머스의 시장 확장과 한국 이커머스의 대응

(1) 현지화와 물류 혁신의 경쟁

C커머스와 아마존이 각 플랫폼 비즈니스 모델의 강점을 흡수하며 전 세계 시장에서 지역, 판매자, 상품의 한계 및 제약점들을 개선해 가고 있는 것은 한국에서도 진행되고 있으며 한국 이커머스 플랫폼들도 마찬가지이다. 특히 상품, 서비스, 컨텐츠 등에서 현지화(localization)를 통해 고객 신뢰도를 향상시키고 쇼핑 경험의 만족도를 높이는 데 주력한 것으로 관찰된다. 크게는 상품과 배송 측면에서의 현지화를 들 수 있다.

알리익스프레스는 2023년 10월 한국 브랜드 전문관 'K－베뉴'를 오픈하고 판매자 수수료 면제 정책을 바탕으로 한국 판매자 및 제품을 확보하고 증가시켰으며, 동시에 소비자들에게 최대 3일 내 배송 및 무료 배송 서비스를 제공하며 시장을 확대하였다. 알리익스프레스에 따르면 2024년 9월 기준 K－베뉴의 판매자는 1만 명 이상으로 증가하였으며 LG생활건강, 애경산업, 아모레퍼시픽, CJ제일제당 등 대형 브랜드부터 식음료, 생필품 등 다양한 카테고리에 걸쳐 상품을 판매하고 있다. 또한 알리바바그룹과 신세계그룹의 합작법인 설립으로 G마켓과 알리익스프레스코리아가 자회사로서 협업이 시작되면 한국 판매자 유치가 용이해질 것으로 예상된다.[9] 단, 알리익스프레스는 2025년 2월부터는 판매자에 대한 무료 수수료 정책에서 탈피한다고 발표하였다. 테무 또한 2025년 2월 한국 내에서 한국 상품을 직접 유통함으로써 로컬 판매자와 로컬 소비자를 연결하는 로컬 투 로컬(L2L) 사업을 시작하며 한국 판매자들을 모집하였다. 알리익스프레스가 주로 대형업체들을 공개적으로 유치한 것과는 달리 테무의 경우 초청제로 모집된 첫 45개 업체는 주로 중소형 업체로 알려져 있다. 한국 내에서 한국 제품의 유통을 시작하는 것으로, 테무는 이미 미국, 멕시코 등 여러 국가에서 L2L 사업을 운영하고 있으며 새로운 사업이 아니다. 이러한 알리익스프레

9 공정거래위원회에 따르면 2025년 1월 신세계 계열사 아폴로코리아가 중국 알리바바그룹 소속 계열회사 그랜드오푸스홀딩 주식을 50% 취득하는 기업결합 신고를 접수했다.

스와 테무의 크로스보더에서 직접 진출의 확대는 국내의 품질 높은 상품과 서비스를 제공하고 문화적·언어적 이질감을 낮춤으로써 소비자의 신뢰도를 높여 고객층을 확대할 수 있을 것으로 보인다.[10] 동시에 한국 판매자들에게도 알리익스프레스와 테무에의 입점은 국내뿐 아니라 글로벌 판매 기회가 될 수 있다. 이러한 판매자와 소비자층의 증대는 교차 네트워크효과에 의해 확대될 수 있다.

물류 서비스 관련해서도 알리익스프레스는 2023년 5월부터 CJ대한통운과의 협업을 통해 기존 5단계에 달하던 해외직구 상품 전달 서비스를 2단계로 줄이고, 1~2주의 배송기간을 현재 2~5일 배송기간으로 단축하였다. 이에 더하여 2024년 4월 한국 시장에서의 약 1조 5,000억 원의 투자 계획을 발표하였다. 테무도 라스트마일에서 CJ대한통운과 한진 등 국내 물류업체와 협력하고 있는 가운데 한국 내 대형 물류 거점의 확보 또한 도모하고 있는 것으로 알려져 있다.

이에 대해 쿠팡과 네이버 또한 적극적인 대응을 하고 있다. 쿠팡은 2026년까지 3조 원의 물류 투자 및 로켓배송 권역의 확대 계획[11]을 발표하였으며, 네이버는 14개 물류사들과의 협업을 강화하는 등 물류 시스템에 적극적으로 투자를 하고 있다. 특히 물류시스템의 AI와의 결합 및 고도화는 차별화된 서비스 품질을 제공하여 치열한 이커머스 경쟁에서 우위를 선점하는 데 기여할 것으로 예상된다.

(2) 이커머스와 AI 기술 활용

AI 기술은 이커머스 전반에 걸쳐 활용되며, 생산, 소비자 경험, 유통에 이르기까지 각 단계에서 혁신을 주도하여 왔다. 특히 테무의 역제조(reverse engineering) 방식은 AI 기술을 기반으로 플랫폼 및 소셜 미디어 데이터를 수집·분석하여 소비자의 수요와 선호를 파악함으로써 제품 개발 및 공급을 최적화하였다. 효율성과 예측의 정확성을 높이고 소비자의 만족도와 경험을 극대화하

---

10 이외에도 2024년 12월 알리바바는 국내 1위 여성 패션 플랫폼인 에이블리에 1,000억 원을 투자하는 등 중국 이커머스 기업들의 한국 시장 진출이 다각도에서 발생하고 있다.

11 2024년 8월 기준 로켓배송이 가능한 지역은 전국 시군구 260곳 중 182곳(70%)으로 이를 2027년까지 100%로 끌어올린다는 계획이다.

여 이용자 수와 매출의 급격한 성장으로 이어졌다.

소비자 경험 측면에서도 AI 기술은 개인 맞춤형 콘텐츠 및 상품 추천, AI 디지털 휴먼을 활용한 라이브 커머스, AI 챗봇 기반 쇼핑 도우미에서부터 리뷰 관리, 교환, 반품 등의 사후관리까지 다양한 영역에서 활용되어 소비자의 쇼핑 경험과 만족도를 증가시켜 구매 전환율을 높이고 있다. 특히 개인 맞춤형 추천은 소비자의 과거 구매 역사와 패턴, 카트에 들어가 있는 제품, 검색한 제품 등의 데이터를 분석하여 각 소비자가 구매할 가능성이 큰 제품을 추천하게 되며, 이는 단순한 검색에서의 구매전환율보다 높은 구매전환율로 이어진다.

물류 분야에서 AI 기술은 핵심 경쟁력으로 자리 잡았다. 온라인 플랫폼과 물류망의 효율적인 연결 및 운영, AI 물류 로봇, 수요 예측 시스템을 활용한 선제적 물류 배치 및 재고 관리, 공급망 관리, 날씨, 교통 데이터를 고려한 분석을 통한 배송 루트의 최적화 및 배송 시간의 단축에 이르기까지 AI 기술이 활용되지 않는 곳이 없다. AI 활용의 고도화는 쿠팡의 로켓배송, 마켓컬리의 새벽배송, 아마존의 당일배송과 같은 혁신적인 물류 서비스를 가능하게 한다.

(3) AI 기술과 이커머스의 초근접 미래

이커머스 플랫폼들은 축적된 데이터와 AI 기술을 융합하여 AI 서비스를 빠르게 확대해 가고 있다. 특히 C커머스는 한국 이커머스보다 AI 기술의 도입과 활용에 있어 빠르고 적극적이라고 할 수 있다.

특히 AI 에이전트가 이커머스 시장에 혁신적인 변화를 가져올 것으로 기대된다. 아마존 웹 서비스(AWS)는 AI 에이전트를 환경과 상호작용하며 데이터를 수집 및 활용하여 사전 설정된 목표를 달성하기 위해 필요한 작업을 스스로 결정해서 수행할 수 있는 프로그램으로 정의한다. 이러한 AI 에이전트는 데이터 기반으로 대규모 언어모델(Large Language Model, LLM)과 머신러닝 모델(Machine Learning Model, MLM)을 기반으로 문제를 해결한다. 2024년 7월 아마존은 AI 쇼핑 에이전트 '루퍼스'(Rufus)의 베타 서비스를 미국 전체 고객을 대상으로 확대하였다. '루퍼스'는 아마존 플랫폼 내 방대한 상품 데이터와 사용자 리뷰, 소비자의 기존 구매 정보 등 다양한 정보를 학습한 것을 바탕으로 소비자의 쇼핑 관련 질문에 대해 제품을 비교해 구입 시 고려할 요소, 차별점 등에 대한 설명과 함께 제품을 추천한다. 한국의 이커머스 플랫폼 또한 AI 활용의 고도화를 도모하며 2025년 다양한 서비스를 출시할 계획이다. 네이버는 2025년 3월 AI 쇼핑 에이전트를 탑재하여 개인화된 탐색과 쇼핑 경험을 제공하는 AI 기반 상품 추천 플랫폼인 '네이버플러스 스토어'를 출시하였다.[12] 카카오도 2024년 12월 'AI 쇼핑메이트' 베타서비스를 출시했으며, 다양한 AI서비스를 준비중이다.

이러한 AI 쇼핑 에이전트는 소비자의 상품 검색과 비교를 더 많은 상품을 대상으로 좀 더 객관적이고 정확하게 수행하기 때문에 소비자의 쇼핑 시간을 단축하고 효율성을 증가시킨다. 즉, 현재까지의 소비자의 검색과 가격비교 중심의 쇼핑 여정을 혁신적으로 바꾸게 된다. 소비자의 쇼핑 방법의 변화는 판매자의 마케팅과 판매 전략에도 영향을 주고 판매자 또한 AI 에이전트를 도입하는 등 이커머스 전반에 걸쳐 AI 에이전트와의 결합이 가속화될 것이다.

하지만 AI 쇼핑 에이전트는 이커머스만의 전유물이 아니다. AI 검색엔진 퍼플렉시티(Perplexity)는 아마존의 루퍼스와 유사한 역할을 하는 쇼핑 보조 서비스인 바이위드프로(BY with Pro)를 출시했으며, 구글도 AI 에이전트인 '프로젝트 자비스'를 공개할 예정이다. 이러한 AI 검색엔진 기반 에이전트와 '루퍼스'와 같은 이커머스 기반 AI 쇼핑 에이전트는 개인 맞춤형 추천, 정보 신뢰도, 플랫폼 확장성, 사용자 편의성 등에서 치열한 경쟁을 펼칠 것이다.

Ⅳ 결론 및 시사점

글로벌 이커머스 플랫폼은 디지털 기술을 기반으로 국경 없는 쇼핑 환경을 구축하고, 온·오프라인을 통합하며 시장을 확장하고 있다. 이커머스 플랫폼

12 2024년 10월 30일 베타서비스로 시작하여, 2025년 3월 12일 출시된 '네이버플러스 스토어'는 AI 추천 및 취향에 맞는 상품, 혜택 등을 개인화된 결과로 추천한다.

은 초기에 서로 다른 환경에서 최적화된 고유한 비즈니스 모델로 출발하였다. 즉, 플랫폼의 초기 비즈니스 모델은 주어진 환경에서 소비자의 쇼핑 만족도와 판매자의 거래 만족도를 극대화하여 수익을 창출하는 데 초점을 맞추었다. 하지만 전 세계 시장으로 확장하면서 다른 환경과 특성을 가진 판매자와 소비자를 유치하기 위해 경쟁 플랫폼 비즈니스 모델의 강점을 흡수하기 시작해고 이는 플랫폼 비즈니스 모델의 수렴화 또는 동질화로 이어졌다. 글로벌 이커머스 시장에서 아마존이 테무의 완전위탁모델을 부분 도입하며 중국 제조업체와 소비자를 직접 연결시키고, 테무가 부분위탁모델을 도입하고, 한국 이커머스 시장에서 C커머스 플랫폼이 해외 직접 구매 시장이 아닌 직접 진출을 하며 로컬 투 로컬 사업을 시작하였다. 이들은 제품과 서비스의 품질을 높이고 소비자와 판매자를 끌어들이기 위한 시도에서 발생하는 수렴화의 예이다.

하지만 비즈니스 모델의 유사 정도가 커지고, 판매자와 소비자가 중복되기 시작하면서 경쟁은 더욱 심화되고 수익은 감소할 수밖에 없으며 다양한 이해관계자들도 영향을 받게 된다. 이에 대응하여 플랫폼들은 혁신을 통해 서비스를 고도화함으로써 지속적으로 차별화를 시도하여 왔다. 특히 AI 기술과 데이터 분석을 바탕으로 개인의 선호에 최적화된 상품의 추천, 즉 개인 맞춤형 추천을 제공하고, 예측 기반 공급망 및 배송 관리 등 물류 시스템의 효율성을 증진시킴으로서 차별화를 추구하였다.

더 나아가 아마존의 '루퍼스'와 네이버쇼핑의 '스마트플러스 스토어'처럼 AI 쇼핑 에이전트가 진화하고 이커머스 전반에 AI 에이전트가 깊숙이 스며들게 됨과 동시에, 퍼플렉시티의 '바이 위드프로'와 같은 AI 검색엔진 기반 쇼핑 어시스턴트와의 경쟁이 더욱 치열해질 것이다. 이러한 변화는 이커머스 생태계의 환경과 지형을 새롭게 바꿀 중요한 변곡점이 될 것으로 고려된다. 소비자의 개인화된 쇼핑 경험의 효율성과 만족도를 높이기 위해서는 제품 정보에 대한 접근성과 신뢰성 강화, 물류 및 배송 시스템의 효율화, 그리고 고객 서비스의 고도화가 핵심 경쟁력으로 꼽힌다. 이러한 경쟁력을 확보하기 위해서는 고도화된 AI 기술의 도입과 AI 역량 강화를 위한 이커머스 생태계 내 다양한 구성원들과의 파트너십이 필수적이다

참고문헌

[국내문헌]

고은서·고은희·권영성(2024), "한·중 이커머스에 대한 소비자 인식 비교 연구", The e－Business Studies, 25(5), 137－150.

공정거래위원회(2024), "이커머스 시장연구."

대신증권(2024), "중국 크로스보더 플랫폼 한국 공략 영향" 보고서, 2024.4.15.

박영기·오대혁(2021), "국내소비자의 해외직접구매의 만족과 불만족 요인이 해외직접구매에 미치는 영향 연구", 무역연구, 17(6), 221－237.

신종국·김재훈·이승현(2021), "온라인 쇼핑몰의 특성이 소비자 재방문 의도에 미치는 영향 －온라인 플랫폼 형태 차이를 중심으로－", Journal of Digital Convergence, 19(4), 73－88.

엄성원(2024), "해외온라인 플랫폼에 대한 소비자 인식 연구 - 중국 e커머스를 중심으로－", 혁신기업연구, 9(3), 215－230.

이성호(2014), "온라인 해외직접구매를 이용하는 소비자의 이용동기에 대한 연구", e－비즈니스연구, 15(6), 39－55.

이재학(2023), "해외직접구매에서 통관 및 배송서비스 품질이 소비자 선택에 미치는 영향에 대한 연구", 관세학회지, 24(3), 77－95.

이제홍(2016), "한국 소비자의 해외직구 결정요인이 만족도와 재구매 의도에 관한 실증적 연구: 유용성, 제품브랜드, 제품가격성, 경제성, 상품다양성을 중심으로", e－비즈니스연구, 23(6), 79－94.

이진명(2018), "해외직접구매에 대한 소비자의 긍정적·부정적 반응: 네트워크 텍스트 분석의 적용", 예술인문사회융합멀티미디어 논문지, 8(6), 47-58.

최수호·김민균(2016), "온라인 구매의 물류서비스 품질에 따른 소비자 만족", 서비스경영학회지, 17(3), 109－131.

통계청(2024), '온라인 쇼핑 동향'.

팽정예·최동오·유천(2022), "해외직접구매 온라인 쇼핑몰의 특성, 지각된 유용성, 재이용의도의 관계에 관한 연구", e－비즈니스연구, 23(3), 81－95.

한국경제인협회(2024), "최근 5년('18~'23년) 글로벌 e커머스 시장 현황 분석", 보도자료.

황정현·이건웅·배경한·주희진·김요환·김지영(2022), "소비자 쇼핑 여정에 대한

탐색적 연구: 여정 단계와 플랫폼 사용을 중심으로”, 광고학연구, 33(1), 29-57.

[국외문헌]

International Postal Service (2025), ‘Cross-Border E-Commerce Shopper Survey 2024’.

19 전자상거래 플랫폼 가치사슬 분석 및 생태계 활성화 저해요인 연구

유병준 / 서울대학교 경영대학

I 서론

전자상거래는 이제 디지털 경제의 중심에 자리 잡으며, 우리 일상에서 빼놓을 수 없는 중요한 요소가 되었다. 특히 전자상거래 플랫폼은 소비자와 판매자를 직접 연결하는 핵심 역할을 하며, 온라인 거래가 원활하게 이루어질 수 있도록 돕는다. 이들 플랫폼은 검색과 선택, 구매, 풀필먼트, 그리고 서비스라는 네 가지 단계로 구성된 가치사슬을 통해 운영된다. 이를 통해 소비자와 판매자 모두에게 다양한 경제적 가치를 제공하며, 전자상거래 생태계를 더욱 활성화하는 데 기여하고 있다.

하지만 최근 국내 전자상거래 생태계는 빠르게 변화하는 환경 속에서 여러 도전에 직면하고 있다. 해외 전자상거래 플랫폼의 국내 시장 진출이 활발해지고 경쟁이 점점 치열해지면서, 국내 플랫폼들은 새로운 전략을 모색해야 하는 상황에 놓여 있다. 또한, 정부의 규제 정책 변화 역시 플랫폼 운영 방식과 생태계 전반에 큰 영향을 미치고 있다. 이러한 변화 속에서 국내 전자상거래 플랫폼이 지속적으로 성장하기 위해서는 보다 정교한 대응이 필요하다.

전자상거래 플랫폼은 소비자와 판매자가 모두 이익을 얻을 수 있도록 균형을 맞추며 상거래 생태계를 활성화하는 역할을 한다. 소비자들은 대규모 플랫폼이 제공하는 다양한 혜택을 누리면서 더 편리하고 저렴하게 상품을 구매할 수 있고, 판매자는 물류와 마케팅 비용을 절감할 수 있어 수익성을 높이는 기회를 얻을 수 있다. 또한, 전자상거래 플랫폼은 기존 오프라인 매장에서는 어려웠던 방식으로 제품을 홍보하고 노출할 수 있도록 도와준다. 결국 전자상거래 플랫폼은 특정 기업이 시장을 독점하는 현상을 완화하는 데도 기여한다.

이처럼 전자상거래 플랫폼이 구축한 가치사슬은 단순한 거래 중개를 넘어, 구매 과정의 편의성을 높이고, 물류 시스템을 효율적으로 개선하며, 사후 관리 서비스의 질을 향상시키는 등 다방면에서 긍정적인 변화를 이끌어낸다. 이러한 변화는 결국 전자상거래 산업을 더욱 활성화시키고, 나아가 경제 성장에도 중요한 역할을 한다.

본 장에서는 전자상거래 플랫폼이 어떻게 가치를 창출하는지를 보다 구체적으로 살펴본다. Ⅱ에서는 전자상거래 플랫폼의 가치사슬이 어떤 자원과 역량을 바탕으로 작동하는지를 분석하고, 대표적인 국내 전자상거래 플랫폼의 사례를 통해 이를 자세히 설명한다. 또한, 플랫폼이 제공하는 다양한 서비스와 인프라가 실제로 어떤 경제적 가치를 만들어내는지를 구체적으로 분석하며, 전자상거래 플랫폼이 소상공인의 운영 부담을 줄이고 전체 상거래 산업의 활성화에 어떻게 기여하는지 살펴본다. Ⅲ에서는 국내 전자상거래 생태계가 지속적으로 성장하는 데 걸림돌이 되는 요인들을 살펴본다. 주요 저해 요인으로는 정부 규제, 해외 전자상거래 플랫폼과의 경쟁 심화, 그리고 일부 플랫폼 사업자의 불공정 거래 관행이 있다. 이러한 요인들을 종합적으로 분석하며, 국내 전자상거래 생태계를 안정적으로 유지하고 더욱 발전시키기 위해 필요한 방향을 고민해본다. 나아가, 국가 차원에서 전자상거래 생태계를 적극적으로 보호하고 육성해야 하는 이유에 대해서도 논의할 것이다.

Ⅱ 전자상거래 플랫폼 가치사슬 분석

1. 전자상거래 플랫폼의 가치사슬이란?

가치사슬이란 기업이 제품이나 서비스를 생산하고 판매하는 과정에서 가치를 더해가는 일련의 활동을 의미한다. 제품은 이 가치사슬의 각 단계를 거치며 점차 그 가치를 높이며, 최종적으로 소비자에게 전달될 때 모든 단계에서 축적된 가치의 총합이 제품의 최종 가치가 된다.

가치사슬에서 제품의 가치를 높이는 핵심 요소로는 자원과 역량을 꼽는다. 기업이 보유한 자원과 역량이 얼마나 경쟁력이 있는지에 따라 제품의 경쟁력이 달라지며, 궁극적으로 기업 전체의 경쟁력으로 이어진다. 이러한 맥락에서 본 절에서는 전자상거래 플랫폼의 가치사슬을 분석하고, 각 단계에서 필요로 하는 자원과 역량, 그리고 이를 통해 창출되는 가치를 살펴보고자 한다. 또한, 전자상거래 플랫폼들이 더 높은 가치를 창출하기 위해 어떤 노력을 기울이고 있는지 다양한 데이터와 사례를 기반으로 분석할 것이다.

(1) 국내 전자상거래 플랫폼의 가치사슬 특징

국내 전자상거래 플랫폼의 가치사슬은 다른 나라와 비교했을 때 독특한 특징을 보인다. 특히 시장 점유율 구조에서 이러한 차이가 뚜렷하게 나타난다. 한국의 전자상거래 리테일 플랫폼 시장은 여러 개의 종합몰 형태의 플랫폼들이 경쟁하는 다원적 구조를 가지고 있다. 대표적으로 네이버 쇼핑, 쿠팡, SSG가 시장의 주요 플레이어로 자리 잡고 있으며, 각 플랫폼이 서로 다른 강점을 기반으로 경쟁하고 있다. 이로 인해 특정 기업이 시장을 독점하는 형태가 아니라, 다양한 플랫폼이 공존하며 각자의 역할을 수행하는 구조가 형성되어 있다. 이는 미국이나 유럽과 같은 주요 전자상거래 시장과 비교했을 때 큰 차이점이다. 예를 들어, 미국의 전자상거래 시장은 아마존이 압도적인 시장 점유율을 차지하며 사실상 독점적인 지위를 유지하고 있다. 유럽 또한 소수의 대형 플랫폼이 시장을 주도하는 경향이 강하다. 하지만 한국의 경우 다양한 전자상거래 플랫폼이 경쟁하는 구조를 이루고 있으며, 특정 기업이 절대적인 우위를 점하기보다는 서로 보완적인 관계를 형성하고 있다. 다음의 한국, 미국, 유럽의 주요 플랫폼 서비스 분야에서 시장 1위를 차지한 기업들의 비교 데이터를 확인해보자.

〈표 19-1〉 한국, 미국, EU의 주요 플랫폼 서비스 분야 시장 1위 사업자 현황(통계청, 2022)

주요서비스	한국	미국	EU
검색엔진	네이버(56%, '21)	구글(88%, '21)	구글(93%, '21)
모바일 메신저	카카오톡(92%, '21)	메타메신저(87%, '21)	왓츠앱, 메타메신저(통계없음)
전자상거래	네이버(17%, '21)	아마존(41%, '21)	아마존(36%, '21)

이처럼 국내 전자상거래 시장에서는 특정 기업의 독점이 발생하지 않으며, 다양한 플랫폼들이 공존하면서 소비자에게 더 많은 선택권을 제공한다. 이는 서비스 품질의 향상으로 이어지며, 각 플랫폼이 차별화된 경쟁 전략을 통해 고객을 유치하도록 유도한다.

예를 들어, 네이버 쇼핑은 검색 기반의 플랫폼으로 다양한 입점업체와 협력하여 종합적인 쇼핑 경험을 제공한다. 반면, 쿠팡은 로켓배송과 같은 혁신적인 풀필먼트 시스템을 통해 차별화된 배송 서비스를 제공하며, SSG는 백화점 및 대형마트와 연계하여 온·오프라인을 통합한 종합몰 형태의 플랫폼을 운영하고 있다. 이러한 경쟁 구도는 한국 전자상거래 시장만의 고유한 특징을 형성하며, 소비자와 판매자 모두에게 다양한 가치를 제공한다.

(2) 전자상거래 플랫폼 가치사슬의 네 가지 단계

본 절에서는 전자상거래 플랫폼의 가치사슬을 보다 구체적으로 분석하고, 각 단계에서 창출되는 가치에 대해 살펴보고자 한다. 특히 국내 전자상거래 플랫폼이 실제로 어떤 방식으로 가치사슬을 활용하고 있는지, 각 단계에서 어떤 기업들이 활동하고 있는지를 다양한 데이터와 사례를 통해 소개할 것이다.

여기서는 전자상거래 리테일 플랫폼의 가치사슬을 ① 검색 및 선택 → ② 구매 → ③ 풀필먼트 → ④ 서비스의 네 단계로 구분한다. 각 단계에서 플랫폼이 창출하는 경제적 가치와 경쟁력을 높이기 위한 전략을 면밀히 분석하며, 이를 뒷받침하는 데이터를 함께 제시할 것이다.

이와 함께 각 플랫폼이 가치사슬 내에서 차별화된 경쟁력을 확보하기 위해 도입한 혁신적인 전략과 그 효과를 살펴보면서, 전자상거래 플랫폼이 어떻게 시장을 변화시키고 있는지 구체적으로 설명할 예정이다.

〈그림 19-1〉 전자상거래 플랫폼의 가치사슬

2. 검색 및 선택

검색 및 선택 단계는 소비자가 원하는 제품을 쉽게 찾고 비교하여 최종 구매 결정을 내리는 과정이다. 소비자가 플랫폼을 처음 접하는 중요한 순간이며, 플랫폼의 사용자 경험을 결정짓는 핵심 요소로 작용한다. 전자상거래 플랫폼이 성공적으로 운영되기 위해서는 이 단계에서 강력한 자원과 역량을 확보하는 것이 필수적이다.

(1) 검색 및 선택 단계에서 필요한 자원

검색 및 선택 단계에서 가장 중요한 자원 중 하나는 데이터 인프라 및 관리 시스템이다. 전자상거래 플랫폼은 방대한 제품 데이터를 실시간으로 업데이트하고 관리해야 하며, 이를 위해 강력한 데이터베이스 시스템과 빠른 데이터 처리 능력이 필요하다. 상품 정보, 이미지, 가격, 리뷰, 판매량 등 대규모 데이터를 신속하고 정확하게 처리할 수 있는 인프라가 필수적이다.

또한, 고도화된 검색엔진과 알고리즘도 중요한 역할을 한다. 사용자가 원하는 제품을 빠르고 정확하게 찾을 수 있도록 검색엔진의 성능이 뛰어나야 하며, 검색어를 분석하고 관련성이 높은 상품을 노출시키는 알고리즘이 필요하다. 이 과정에서 상품명, 카테고리, 브랜드, 사용자 리뷰 등 다양한 요소를 반영해 최적의 검색 결과를 제공해야 한다.

정확한 제품 정보와 콘텐츠도 필수적인 요소이다. 소비자들이 제품을 신뢰하고 구매 결정을 내릴 수 있도록 정확한 설명, 고화질 이미지, 상세한 동영상 콘텐츠 등이 제공되어야 한다. 플랫폼은 이러한 정보를 체계적으로 관리하고 유지할 수 있는 시스템을 갖춰야 한다.

마지막으로, UI(사용자 인터페이스) 및 UX(사용자 경험) 디자인도 중요한 자원으로 꼽을 수 있다. 소비자가 검색과 선택을 쉽게 할 수 있도록 직관적인 인터페이스를 제공하고, 불편 없이 탐색할 수 있도록 설계해야 한다. 검색 과정에서 발생할 수 있는 불편을 최소화하는 것이 검색 및 선택 단계의 성공을 결정짓는 요소 중 하나다.

B2B 관점, 플랫폼-판매자 간의 관계의 측면에서 보았을 때, 검색 및 선택 단계에서 가장 중요한 자원은 역시 데이터 관리 시스템이 꼽힌다. 특히 B2B 환경에서는 이 과정이 더욱 중요한데, 만약 판매자가 등록한 상품 데이터가 정확하고 시의적절하게 반영되지 않으면 소비자는 잘못된 정보로 인해 혼란을 겪거나 구매를 포기할 가능성이 높아진다. 따라서 플랫폼은 판매자로부터 받은 데이터를 일관성 있게 유지하고, 가격 변경이나 재고 부족과 같은 정보가 즉시 반영될 수 있도록 해야 한다.

이와 함께 상품 카탈로그 관리도 중요한 역할을 한다. 상품의 분류 체계를 명확하게 정리하고, 적절한 태그와 필터링 옵션을 제공함으로써 소비자가 원하는 제품을 빠르게 찾을 수 있도록 돕는다. 이를 통해 판매자는 자신의 상품이 적절한 카테고리에 배치되어 최적의 노출 기회를 확보할 수 있다.

(2) 검색 및 선택 단계에서 필요한 역량

이 단계에서 플랫폼이 갖춰야 할 핵심 역량 중 하나는 검색 최적화 기술(SEO, Search Engine Optimization)이다. 검색 기능을 최적화해 사용자에게 가장 관련성이 높은 결과를 제공하는 것이 중요하다. 이를 위해 SEO 기술을 활용해 주요 키워드와 관련된 상품이 상위에 노출될 수 있도록 조정해야 한다.

또한, 빅데이터 분석 및 AI 기반 추천 시스템도 필수적인 역량이 되었다. 사용자의 검색 기록, 선호도, 행동 패턴 등을 분석하여 맞춤형 추천 상품을 제공해야 한다. 아마존의 사례에서 볼 수 있듯, 고객이 관심을 가질 만한 제품을 예측하고 최적화된 검색 경험을 제공하는 것이 중요한 경쟁력 요소가 된다.

이와 더불어, 상품 카테고리 구성 및 필터링 기능도 플랫폼이 갖춰야 할 핵심 역량이다. 사용자가 원하는 상품을 빠르게 찾을 수 있도록 카테고리를 체계적으로 구성하고, 색상, 가격대, 브랜드 등 다양한 필터 옵션을 제공해야 한다. 이러한 기능을 통해 소비자는 자신에게 적합한 제품을 쉽고 빠르게 선택할 수 있다. 또한 상품 카테고리 구성 및 필터링 기능 또한 필요 역량으로 뽑힌다. 이를 통해 사용자가 원하는 상품을 빠르게 찾을 수 있도록 해야 하며, 다양한 필터 옵션 등을 제공하여 소비자가 쉽게 선택할 수 있도록 도와야 한다. 마지막으로 정확한 상품 정보 제공 및 관리를 통해 소비자의 이탈을 막고 관리해야 한다.

(3) 검색 및 선택 단계가 창출하는 가치

전자상거래 플랫폼이 이러한 자원과 역량을 제대로 갖춘다면, 판매자와 소비자 모두에게 중요한 가치를 제공할 수 있다.

먼저, 판매자는 더 많은 잠재 고객에게 도달할 기회를 얻게 된다. 검색 최적화와 맞춤형 추천 시스템을 통해 광고비나 마케팅 비용을 별도로 지출하지 않고도 자사의 상품을 적합한 고객에게 노출시킬 수 있다. 예를 들어, 소상공인이 개별적으로 검색 광고를 집행하려면 추가 비용이 발생하지만, 플랫폼의 추천 시스템을 활용하면 이러한 부담 없이 상품을 효과적으로 홍보할 수 있다.

또한, 판매 데이터를 활용한 인사이트 제공도 중요한 가치 중 하나다. 플랫폼은 검색 트렌드와 인기 있는 키워드, 소비자의 구매 패턴 등을 분석해 판매자에게 제공하며, 이를 통해 판매자는 보다 효과적인 상품 전략을 수립할 수 있다. 이와 함께, 플랫폼의 리뷰 및 평점 시스템은 소비자 신뢰도를 높이는 기회를 제공한다. 판매자는 이를 적극 활용해 상품의 신뢰도를 구축할 수 있으며, 소비자는 리뷰를 참고하여 보다 신중한 구매 결정을 내릴 수 있다.

소비자의 입장에서 보면, 검색 및 선택 단계에서 가장 큰 가치는 시간과 비용 절감이다. 맞춤형 추천 시스템 덕분에 소비자는 원하는 제품을 일일이 검색하지 않아도 자신의 취향과 필요에 맞는 상품을 빠르게 찾을 수 있다. 이를 통해 쇼핑에 소요되는 시간을 단축하고, 불필요한 상품을 선택하는 경우도 줄일 수 있다. 또한, 다양한 검색 필터와 정렬 옵션을 활용하면 소비자는 가격 비교나 리뷰 확인 등을 손쉽게 진행할 수 있어 보다 합리적인 소비가 가능해진다.

검색 및 선택 단계는 전자상거래 플랫폼에서 소비자와 판매자의 경험을 결정짓는 핵심 단계이다. 강력한 데이터 인프라, 정교한 검색 알고리즘, 효과적인 사용자 인터페이스를 갖춘 플랫폼은 소비자에게는 편리한 쇼핑 경험을, 판매자에게는 보다 높은 판매 기회를 제공한다. 이러한 자원과 역량이 조화롭게 작동할 때, 전자상거래 플랫폼은 보다 경쟁력 있는 생태계를 구축할 수 있으며, 나아가 전체 시장의 효율성을 높이는 데 기여할 수 있다.

(4) 네이버의 사례

네이버는 판매자가 사업에 집중할 수 있도록 상품 관리, 마케팅, 검색 최적화, 페이지 뷰 분석 등 모든 단계에서 필요한 도구를 솔루션 형태로 제공한다. 특히 네이버 쇼핑의 챗봇 서비스, 네이버 톡톡, 찜 기능, 소식 알림 등의 프로모션 툴과 마케팅 서비스를 통해 소비자와 판매자의 다양한 니즈를 동시에 충족시키고 있다.

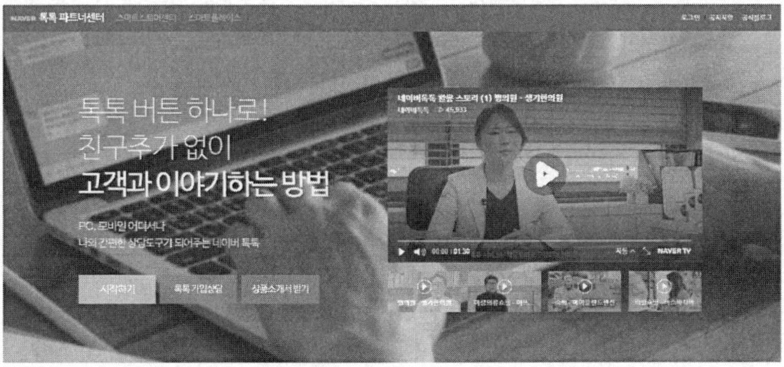

〈그림 19-2〉 네이버 톡톡 파트너 센터 웹사이트

그중에서도 '네이버 톡톡'은 소비자와 판매자 간 실시간 소통을 지원하는 메신저 플랫폼으로, 쇼핑 경험을 더욱 편리하게 만드는 역할을 한다. 소비자는 상품에 대한 궁금한 점이나 재고 여부 등을 톡톡을 통해 즉시 문의할 수 있으며, 판매자는 빠른 응대로 소비자의 구매 결정을 도울 수 있다. 이러한 즉각적인 소통은 소비자의 신뢰도를 높이고, 구매 전환율을 향상시키는 데 중요한 역할을 한다. 또한, 판매자는 톡톡을 통해 고객의 피드백을 직접 수집하고 이를 서비스 개선에 활용할 수 있어 고객 만족도를 더욱 높일 수 있다.

또한, 소식 알림 서비스를 활용하면 고객과의 소통이 더욱 원활해지고, 이를 통해 판매자의 마케팅 효과도 극대화할 수 있다. 판매자는 새로운 프로모션이나 할인 이벤트 등의 정보를 관심 고객에게 직접 전달할 수 있으며, 고객은 자신이 원하는 스토어의 최신 정보를 실시간으로 받아볼 수 있다. 특히, 네이버 톡톡을 활용한 소식 알림 서비스는 고객의 네이버 앱에 직접 알림을 띄우거나 혜택 피드에서 메시지를 확인할 수 있도록 해주어 효과적인 홍보가 가능하다.

네이버의 마케팅 시스템은 단순한 광고를 넘어 타겟팅 된 맞춤형 마케팅을 가능하게 한다. 예를 들어, 톡톡 마케팅 메시지는 최근 방문한 고객과 '혜택 알림 받기'를 설정한 고객에게만 발송되므로, 불특정 다수를 대상으로 한 광고보다 훨씬 높은 효율성을 보인다.

이러한 기능을 통해 소비자는 더욱 편리한 쇼핑 경험을 할 수 있다. 네이버 톡톡을 이용하면 궁금한 사항을 즉시 문의하고 답변을 받을 수 있어 구매 결정이 쉬워지며, 소식 알림 기능을 통해 관심 있는 스토어의 신상품 출시나 할인 정보를 놓치지 않고 받아볼 수 있다. 결국, 소비자는 자신이 원하는 상품을 더욱 효율적으로 찾을 수 있고, 판매자는 보다 정밀한 마케팅 전략을 펼칠 수 있어 소비자와 판매자 모두에게 이익이 되는 구조를 형성하고 있다.

3. 구매

전자상거래 플랫폼에서 구매 단계는 소비자가 제품을 장바구니에 담고 결제까지 진행하는 과정 전반을 의미한다. 이 단계는 소비자의 쇼핑 경험을 결정짓는 중요한 과정이며, 구매 전환율을 높이는 데 핵심적인 역할을 한다. 아무리 좋은 검색 시스템과 편리한 탐색 기능을 갖춘 플랫폼이라도 결제 과정이 불편하거나 복잡하면 소비자는 구매를 포기할 가능성이 높다.

또한, 이 단계는 단순히 소비자가 결제를 완료하는 것에서 나아가 플랫폼의 수익성과 직결되는 과정이기도 하다. 결제 수단의 다양성, 보안성, 결제 처리 속도, 고객 편의성을 높이는 기능 등이 조화를 이루어야 원활한 구매 경험이 만들어진다. 따라서 전자상거래 플랫폼들은 이 단계를 더욱 효과적으로 운영하기 위해 다양한 시스템과 서비스를 지속적으로 발전시키고 있다.

(1) 구매 단계에서 필요한 자원

구매 단계에서 원활한 운영을 위해 반드시 필요한 몇 가지 핵심 자원이 있다.

결제 시스템은 구매 과정에서 가장 중요한 역할을 한다. 소비자가 편리하게 결제할 수 있도록 신용카드, 간편 결제, 전자지갑, 계좌 이체, 후불 결제 등 다양한 옵션을 제공해야 한다. 결제 수단이 많을수록 소비자는 자신의 상황에 맞는 방식을 선택할 수 있어 구매가 더욱 쉬워진다. 예를 들어, 카드 한도가 부족한 경우 계좌 이체를 선택할 수 있고, 보다 간편한 결제를 원하면 네이버 페이, 카카오 페이 등의 간편 결제 서비스를 이용할 수도 있다.

더불어 보안 인프라는 소비자가 안심하고 결제를 진행할 수 있도록 돕는 핵심 요소다. 최근 온라인 결제와 관련된 보안 문제가 증가하면서, 전자상거래 플랫폼들은 더욱 철저한 보안 시스템을 구축하고 있다. SSL 인증, 데이터 암호화, 2단계 인증 등의 보안 기술이 필수적으로 적용되어야 하며, 결제정보와 개인정보를 보호하기 위해 정기적인 점검과 업데이트가 필요하다.

마지막으로 제품 재고 관리 시스템도 필수적인 자원으로 꼽을 수 있다. 소비자가 선택한 상품이 실제로 구매 가능한지 실시간으로 확인할 수 있어야 하며, 재고가 부족할 경우 빠르게 정보를 갱신하고 대체 상품을 추천하는 기능도 필요하다. 이는 소비자의 구매 경험을 원활하게 만들고, 불필요한 불만을 줄이는 데 도움이 된다.

(2) 구매 단계에서 필요한 역량

구매 단계에서 플랫폼이 경쟁력을 갖추기 위해 필요한 몇 가지 핵심 역량 중 첫 번째로 빠르고 안정적인 결제 처리 능력을 선정하고자 한다. 소비자가 결제를 진행할 때 처리 속도가 느리거나 오류가 발생하면 구매를 포기할 가능성이 높아진다. 이를 방지하기 위해 결제 과정이 원활하게 이루어질 수 있도록 기술적 역량을 강화해야 한다.

또한, 보안 관리 역량도 중요하다. 결제 과정에서 해킹이나 개인정보 유출이 발생하면 소비자의 신뢰가 떨어지고, 플랫폼의 평판에도 부정적인 영향을 미친다. 따라서 최신 보안 기술을 적용하고, 정기적으로 점검하여 안전한 결제 환경을 제공해야 한다.

소비자의 신뢰를 얻기 위해 투명한 소비자 보호 정책도 필요하다. 환불 및 교환 절차, 결제 보안 정책, 고객 지원 서비스 등을 명확하게 제공하면 소비자는 안심하고 결제를 진행할 수 있다. 특히, 예상치 못한 결제 오류나 주문 취소, 환불 요청 등의 상황에서 즉각적인 대응이 가능하도록 고객 서비스 역량을 강화해야 한다.

(3) 구매 단계가 창출하는 경제적 가치

전자상거래 플랫폼은 구매 단계를 자동화하고 결제 시스템을 통합하여 판매자의 운영 효율성을 높인다. 개별 사업자가 직접 결제 시스템을 구축하면 많은 비용이 발생하지만, 플랫폼을 이용하면 이러한 부담을 줄일 수 있다. 특히, 대규모 거래를 통해 규모의 경제 효과를 실현할 수 있다. 일반적으로 개별 사업자가 결제 대행 서비스를 이용할 경우 결제 수수료는 약 2.5~3% 수준이지만, 네이버 스마트스토어나 쿠팡과 같은 대형 플랫폼은 평균 1.8% 수준까지 수수료를 낮출 수 있다.

이를 실제 경우에 대입해 계산해 보면, 월 매출 1억 원을 기록하는 소상공인이 결제 수수료를 2.8%에서 1.8%로 절감할 경우, 월 100만 원(1억 원 × 1%)의 비용을 아낄 수 있다. 연간으로 보면 1,200만 원을 절감할 수 있으며, 이 비용을 추가 마케팅이나 제품 개발에 재투자할 수 있다.

또한, 구매 데이터 분석을 통해 판매자는 소비자의 선호도를 더욱 정확하게 파악할 수 있다. 이를 활용하면 인기 상품의 수요를 예측하고, 적절한 재고를 유지하여 과잉 재고나 품절 문제를 예방할 수 있다. 결국, 운영 비용을 절감하고 고객 만족도를 높이는 결과로 이어진다.

(4) 소비자가 얻는 경제적 가치

소비자의 입장에서 전자상거래 플랫폼의 구매 단계는 다양한 혜택을 제공한다. 우선, 할인 쿠폰, 적립 포인트, 다양한 프로모션을 통해 보다 경제적으로 쇼핑할 수 있다. 예를 들어, 네이버 스마트스토어에서 네이버 페이로 결제하면 결제 금액의 1~2%를 포인트로 적립할 수 있다. 이를 기준으로 소비자가 월 30만 원씩 플랫폼에서 소비한다고 가정하면, 연간 적립 포인트는 약 36,000원(1%)~72,000원(2%)에 이른다. 이 포인트는 이후 재구매 시 사용할 수 있어 실질적인 비용 절감 효과를 제공한다.

또한, 플랫폼은 안전한 결제 환경을 조성하고, 환불 및 교환 절차를 간편하게 만들어 소비자의 경제적 손실을 방지한다. 예를 들어, 네이버 페이의 구매 보호 정책을 활용하면 결제 후 상품이 도착하지 않거나 문제가 발생했을 때 손쉽게 환불을 받을 수 있다.

결국, 전자상거래 플랫폼은 판매자에게는 운영 비용 절감과 마케팅 효과를, 소비자에게는 시간과 비용 절감 혜택을 제공하며, 양측 모두에게 긍정적인 영향을 미친다.

1) 네이버의 사례

네이버 쇼핑의 구매 단계에서 중요한 역할을 하는 서비스로는 네이버 페이와 스마트스토어 빠른 정산 서비스가 있다.

네이버 페이는 네이버가 제공하는 간편 결제 서비스로, 소비자가 네이버 아이디 하나만으로 다양한 온라인 쇼핑몰에서 손쉽게 결제할 수 있도록 돕는다. 이를 통해 소비자는 번거롭게 카드 정보를 입력하거나 계좌번호를 확인할 필요 없이 빠르고 안전하게 결제를 완료할 수 있다. 또, 네이버 페이로 결제할 경우 포인트 적립 혜택도 제공되므로, 소비자 입장에서는 보다 경제적으로 쇼핑할 수 있다는 장점이 있다. 이러한 편리함과 추가 혜택은 소비자의 재구매를 유도하며, 결과적으로 네이버 쇼핑 플랫폼에 대한 충성도를 높이는 데 기여하고 있다.

한편, 네이버는 온라인 사업자의 운영을 보다 원활하게 만들기 위해 스마트스토어 빠른 정산 서비스를 도입했다. 일반적으로 전자상거래 플랫폼에서 판매 대금이 정산되기까지는 일정 기간이 소요되는데, 이로 인해 소상공인과 영세 사업자들은 자금 흐름이 원활하지 않아 어려움을 겪는 경우가 많다. 이를 해결하기 위해 네이버는 판매자가 상품을 발송한 후 약 3일 이내에 대금을 100% 지급하는 빠른 정산 시스템을 구축했다. 이 서비스를 이용하면 사업자는 판매 후 빠른 시일 내에 자금을 확보할 수 있어, 운영 자금 부족으로 인한 어려움을 덜고 안정적인 사업 운영이 가능해진다.

이 서비스는 특히 초기 운영 자금이 부족한 소상공인과 영세 사업자들에게 큰 도움이 되고 있다. 판매 후 수익이 곧바로 정산되면 추가 상품을 빠르게 확보하거나, 마케팅을 강화하는 등 적극적인 사업 운영이 가능해지기 때문이다. 예를 들어, 네이버 스마트스토어를 운영하는 한 소상공인이 기존 정산 방식에서는 판매 대금을 받기까지 약 1~2주의 시간이 필요했다면, 빠른 정산 서비스를 이용할 경우 상품을 발송한 후 3~5일 내에 대금을 받을 수 있어 자금 회전율이 크게 향상된다.

〈표 19-2〉 사업자들이 응답한 빠른 정산이 도움되는 이유

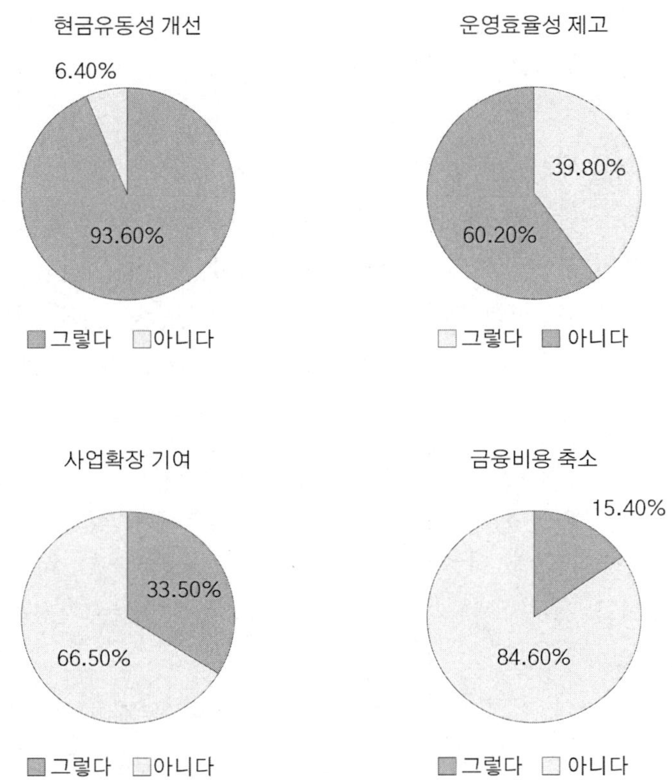

출처: 네이버 디지털생태계 리포트 2022.

이러한 서비스의 효과는 수치로도 확인할 수 있는데, 2020년 12월부터 시작된 빠른 정산 서비스는 현재까지 약 10만 개의 스마트스토어 사업자에게 혜택을 제공하였으며, 이 중 91.3%가 영세 중소사업자로 조사되었다. 2022년 기준, 빠른 정산 서비스를 통해 지급된 누적 금액은 약 14조 4,377억 원에 이르며, 서비스를 이용한 사업자의 98%가 만족한다는 조사 결과도 나왔다.

네이버는 이러한 빠른 정산 서비스를 원활하게 운영하기 위해 자체적으로

구축한 위험탐지시스템(FDS, Fraud Detection System)을 적극 활용하고 있다. 이 시스템은 정산 과정에서 발생할 수 있는 위험 요소를 사전에 감지하여, 보다 신속하고 안전한 정산이 이루어질 수 있도록 지원한다. 또한, 정산 주기를 단축하고 정산 대상의 자격 요건을 완화하여, 더 많은 사업자가 이 서비스를 이용할 수 있도록 하고 있다.

이러한 정산 시스템의 운영은 최근 문제가 되었던 전자상거래 플랫폼의 정산 지연 문제를 사전에 방지하는 효과도 있다. 예를 들어, 한때 논란이 되었던 티메프 사태처럼 전자상거래 플랫폼의 정산이 지연될 경우, 사업자는 상품을 판매하고도 대금을 제때 받지 못해 심각한 경영난을 겪게 된다. 네이버는 이러한 문제를 사전에 방지하기 위해 빠른 정산 서비스를 도입하여 사업자들이 안정적인 자금 운용이 가능하도록 지원하고 있다.

네이버는 이러한 자금 지원 서비스를 통해 소상공인들이 단순히 생존하는 수준을 넘어 성장과 확장으로 나아갈 수 있도록 적극 지원하고 있다. 빠른 정산 서비스는 단순히 판매 대금을 신속히 지급하는 기능을 넘어, 사업자가 브랜드 가치를 높이고 재투자 및 사업 확장을 도모할 수 있는 환경을 제공한다는 점에서 더욱 의미가 크다.

이러한 네이버의 지원 시스템을 통해 소비자와 판매자 모두가 혜택을 누릴 수 있다. 소비자는 네이버 페이를 이용해 빠르고 안전하게 결제하고, 포인트 적립 혜택을 받아 경제적인 쇼핑을 할 수 있다. 한편, 판매자는 빠른 정산 서비스를 통해 자금 흐름을 안정적으로 유지하면서, 마케팅과 제품 개발 등에 적극적으로 투자할 수 있다.

2) 쿠팡의 사례

쿠팡은 소비자가 더욱 편리하게 쇼핑할 수 있도록 다양한 시스템을 도입하고 있다. 그중에서도 원터치 결제 서비스는 결제 과정을 간소화해 소비자와 판매자 모두에게 큰 이점을 제공하는 기능이다.

소비자가 상품을 장바구니에 담았다고 해서 반드시 구매까지 이어지는 것은 아니다. 결제 과정이 복잡하거나 시간이 오래 걸리면 망설이다가 구매를 포기하는 경우도 많다. 하지만 쿠팡의 원터치 결제 서비스는 이런 문제를 상당 부분 해결한다. 이 서비스는 소비자가 결제 정보를 매번 입력할 필요 없이, 미리 등록된 정보를 이용해 한 번의 클릭만으로 결제가 완료되도록 설계되었다. 덕분에 쇼핑 시간이 단축되고, 원하는 상품을 빠르게 확보할 수 있다. 특히 재고가 한정된 인기 상품을 구매할 때 유용하다.

또한, 쿠팡은 보안 시스템을 강화해 소비자가 안심하고 결제할 수 있도록 했다. 카드 정보는 암호화되어 보호되며, 이상 거래가 감지되면 자동으로 추가 인증 절차가 진행된다. 이를 통해 소비자는 편리하면서도 안전하게 결제를 마칠 수 있다.

〈그림 19-3〉 쿠팡 간편결제(원터치 결제) 소개 화면

원터치 결제 서비스는 소비자가 보다 편안하게 쇼핑할 수 있도록 돕는다. 쇼핑 과정에서 결제는 가장 번거로운 단계 중 하나인데, 이를 최소한의 클릭으로 해결할 수 있다는 점에서 큰 장점이 있다. 특히 반복적으로 구매하는 상품이 있을 때 그 편리함이 더욱 두드러진다. 매번 카드 정보를 입력하거나 결제 방식을 선택할 필요 없이, 한 번의 클릭으로 쉽게 주문을 마칠 수 있기 때문이다. 덕분에 소비자는 불필요한 시간 낭비 없이 빠르게 원하는 상품을 구매할 수 있다.

원터치 결제 서비스는 판매자에게도 긍정적인 영향을 준다. 쇼핑몰에서 상품을 장바구니에 담은 소비자가 많아도, 결제까지 이어지지 않으면 매출로 연결되지 않는다. 하지만 원터치 결제는 이 과정을 단순화해 소비자가 쉽게 결제하도록 유도한다.

결제가 간편할수록 소비자는 더 빠르게 구매 결정을 내린다. 즉, 결제 과정에서 발생할 수 있는 이탈율이 줄어들면서 구매 전환율이 높아지는 것이다. 판매자 입장에서는 보다 안정적인 매출을 기대할 수 있는 셈이다.

게다가 원터치 결제를 통해 소비자가 쿠팡에서 쇼핑하는 것이 쉽고 편리하다고 느끼게 되면, 자연스럽게 재구매로 이어질 가능성이 커진다. 한 번 편리한 결제 경험을 한 소비자는 다음에도 같은 편리함을 기대하며 쿠팡을 다시 찾게 된다. 이를 통해 판매자는 충성 고객을 확보할 기회를 늘릴 수 있다.

결국 쿠팡의 원터치 결제 서비스는 소비자에게는 간편한 쇼핑 경험을, 판매자에게는 더 많은 판매 기회를 제공하는 시스템이다. 결제 과정을 줄이는 것만으로도 소비자와 판매자 모두에게 큰 도움이 될 수 있음을 보여주는 사례라고 할 수 있다.

4. 풀필먼트

전자상거래 플랫폼에서 풀필먼트는 단순한 배송을 넘어, 고객이 주문한 상품을 신속하고 정확하게 받을 수 있도록 하는 중요한 과정이다. 이 단계는 제품이 창고에서 출고되어 고객의 손에 도착하기까지의 모든 물류 절차를 포함하며, 플랫폼이 원활하게 운영되기 위해 필수적으로 갖추어야 할 요소다.

온라인 쇼핑에서 소비자는 제품을 직접 보고 구매하는 것이 아니라, 플랫폼을 통해 주문한 후 일정 기간을 기다려야 한다. 따라서 이 과정이 얼마나 효율적으로 운영되느냐에 따라 소비자의 만족도가 결정되고, 플랫폼의 신뢰도 역시 크게 좌우된다. 특히, 빠르고 정확한 배송이 이루어지지 않으면 소비자는 플랫폼 이용을 꺼리게 되고, 이는 결국 경쟁력 저하로 이어질 수밖에 없다. 그렇기 때문에 오늘날 전자상거래 플랫폼들은 풀필먼트 시스템을 지속적으로 개선하며 물류 경쟁력을 확보하는 데 집중하고 있다.

(1) 풀필먼트 단계에서 필요한 자원

풀필먼트를 효과적으로 운영하려면 몇 가지 필수적인 자원이 필요하다. 첫 번째는 물류 인프라다. 온라인 쇼핑에서는 고객이 매장에서 직접 제품을 받아가는 것이 아니라, 플랫폼이 제품을 보관하고 있다가 주문이 들어오면 출고하여 배송해야 한다. 이 과정에서 물류 창고, 배송 센터, 포장 시설 등이 필수적으로 갖추어져야 하며, 이를 통해 주문이 접수되면 상품을 빠르고 정확하게 출고할 수 있다. 특히, 주문량이 급증하는 경우에도 원활하게 대응할 수 있도록 확장성이 중요한 요소로 작용한다.

두 번째는 재고 관리 시스템(WMS, Warehouse Management System)이다. 단순히 창고에 제품을 쌓아두는 것이 아니라, 실시간으로 재고를 추적하고 제품의 위치, 수량, 유통 기한 등을 체계적으로 관리할 수 있어야 한다. 이 시스템이 제대로 갖춰지면, 특정 제품이 품절되는 상황을 미리 방지할 수 있고, 반대로 불필요한 재고를 줄여 운영 비용을 절감할 수도 있다.

마지막 필요 자원은 배송 네트워크다. 온라인 쇼핑에서 배송은 고객이 제품을 최종적으로 받는 단계이기 때문에, 이 과정이 원활하게 이루어지지 않으면 소비자는 불편함을 느낄 수밖에 없다. 국내뿐만 아니라 해외 배송을 포함한 광범위한 커버리지를 제공하기 위해서는 다양한 물류 업체와의 협력이 필요하다. 또한, 고객이 배송 현황을 실시간으로 확인할 수 있도록 추적 시스템을 마련하는 것도 필수적이다.

특히 B2B 관점에서 풀필먼트는 더 중요한 역할을 한다. 대형 유통 기업뿐만 아니라 중소기업과 소상공인도 전자상거래 플랫폼을 통해 제품을 판매하기 때문에, 이들이 원활하게 운영할 수 있도록 플랫폼이 물류 서비스를 제공해야 한다. 자체 물류 시스템을 구축하기 어려운 기업들에게 공동 창고와 물류센터를 운영해 물류 부담을 덜어주는 것도 중요한 역할 중 하나다. 또한, 마지막으로 중요하게 언급한 배송 네트워크는 규모의 경제 효과가 극대화되는 영역이므로, 각 사업자가 개별적으로 네트워크를 구축하기보다는 플랫폼을 통해 더욱 최적화된 풀필먼트 서비스를 활용하는 것이 더욱 효율적이다.

(2) 풀필먼트 단계에서 필요한 역량

풀필먼트 단계에서는 단순히 물류를 운영하는 것뿐만 아니라, 이를 최적화하는 역량이 필요하다. 우선, 물류 운영의 효율성을 높이는 능력이 필수적이다. 주문이 들어오는 순간부터 출고되어 고객에게 도착하기까지의 전 과정을 빠르고 정확하게 처리하는 것이 핵심이다. 최근에는 인공지능(AI)과 로봇 프로세스 자동화(RPA)를 활용해 주문 처리 속도를 높이고, 배송 경로를 최적화하는 기술이 적극적으로 도입되고 있다.

또한, 재고 예측과 수요 관리 능력도 중요하다. 과거의 판매 데이터를 분석하고, 계절적 수요 변화를 반영해 앞으로 어떤 제품이 얼마나 팔릴지를 예측하는 능력이 필요하다. 예를 들어, 특정 시기에 수요가 급증할 것으로 예상되는 제품은 미리 재고를 확보해 판매 기회를 놓치지 않도록 할 수 있다. 반대로, 예상보다 판매량이 적을 경우 불필요한 재고를 줄여 운영 비용을 절감할 수 있다.

배송 과정에서는 배송 경로 최적화 역량이 필수적이다. 실시간 교통 상황과 고객 위치 정보를 분석해 가장 빠른 배송 경로를 설정하면 배송 시간을 줄이고 물류 비용을 절감할 수 있다. AI 기반의 경로 최적화 시스템은 교통 상황에 따라 자동으로 경로를 조정하고, 여러 배송지를 효율적으로 연결해 보다 빠르고 정확한 배송이 가능하도록 한다.

고객과의 소통도 중요한 부분이다. 실시간 배송 추적 시스템을 제공하면 고객이 상품의 위치를 확인할 수 있어 불안감을 줄일 수 있다. 이를 통해 배송 상태에 대한 투명성이 확보되고, 고객의 신뢰도 역시 높아진다.

B2B 관점에서는 공급망 관리 및 협업 역량이 중요한 요소다. 여러 판매자가 플랫폼을 통해 제품을 공급하는 만큼, 각 기업의 재고 상태와 생산 일정을 조정하는 것이 필수적이다. 플랫폼이 중소기업들과 협력해 유연한 공급망을 구축하면, 갑작스러운 주문 증가나 재고 부족 상황에도 빠르게 대응할 수 있다.

(3) 풀필먼트 서비스가 창출하는 경제적 가치

네이버 쇼핑과 쿠팡 같은 전자상거래 플랫폼의 풀필먼트 서비스는 소상공인들에게 큰 경제적 가치를 제공한다. 물류와 재고 관리를 직접 하지 않아도 되므로, 비용 측면에서 상당한 절감 효과를 기대할 수 있다.

예를 들어, 월 500건의 주문을 처리하는 소상공인의 경우 자체 물류를 운영하면 월 평균 577만 5천 원의 비용이 발생할 수 있다. 이 비용은 크게 네 가지로 나눌 수 있다. 첫째, 창고 임대료로 약 150만 원이 소요되며, 이는 일정한 보관 공간을 확보하는 데 드는 고정비용이다. 둘째, 물류 인건비는 약 220만 원으로, 소상공인이 자체적으로 인력을 고용해 물류 작업을 관리하는 경우 필요하다. 셋째, 포장재 및 부자재 비용이 약 70만 원으로 상품을 포장하고 발송 준비를 하는 데 드는 비용이다. 넷째, 배송비는 주문 건당 평균 2,750원의 택배 요금을 기준으로 약 137만 5천 원에 달한다.

반면, 네이버 쇼핑의 풀필먼트 서비스(NFA)나 쿠팡의 로켓그로스 서비스를 이용하면 이러한 비용이 크게 줄어든다. 예를 들어, 네이버 풀필먼트를 사용하면 월 평균 약 180만 원의 비용이 발생한다. 이는 보관료, 처리 수수료, 배송비로 구분되며, 각각 월 5만 원, 62만 5천 원, 112만 5천 원 정도가 소요된다. 보관료는 상품 부피당 월 평균 2만 원에서 3만 원으로, 주문량에 따라 증가할 수 있지만 여러 기업의 제품을 통합적으로 관리하여 소상공인이 자체적으로 창고를 운영하는 것보다 훨씬 경제적이다. 처리 수수료는 주문 건당 약 1,250원으로 포장, 분류, 배송 준비 등 전체적인 물류 관리를 포함하며, 전문 물류 인력이 관리하는 덕분에 추가 인건비가 발생하지 않는다. 또한, 배송비는 자체 택배 계약을 통해 건당 평균 2,250원의 비용으로 줄어든다.

이로 인해 직접 물류 관리를 할 때와 비교했을 때 약 397만 5천 원의 절감 효과가 발생한다. 이러한 비용 절감은 규모의 경제에 따른 결과로, 대규모 물류 인프라를 기반으로 다양한 소상공인들의 상품을 통합 관리하기 때문이다. 또한, 자동화된 재고 관리 시스템을 통해 재고 상태와 유통기한을 실시간으로 관리할 수 있어, 불필요한 재고 비용이 줄어들고, 상품이 정확히 제때 출고될 수 있어 물류의 효율성을 극대화한다.

풀필먼트 서비스를 이용하면 소상공인은 물류 관리에 신경 쓰지 않고 제품 개발과 마케팅에 집중할 수 있다. 물류 운영이 표준화된 프로세스에 의해 이루어지므로, 주문 처리 속도와 정확성이 향상되며 소비자 불만도 줄어든다.

소비자 입장에서도 풀필먼트 서비스의 혜택은 크다. 쿠팡의 로켓배송처럼 당일 또는 익일 배송이 가능하면 소비자는 빠른 배송을 경험할 수 있고, 주문한 상품이 제때 도착한다는 신뢰감을 가질 수 있다. 또한, 재고 관리가 체계적으로 이루어지기 때문에 주문 후 품절로 인한 취소나 지연이 줄어든다.

결국 전자상거래 플랫폼의 풀필먼트 서비스는 판매자에게 물류 부담을 덜어주고, 소비자에게는 더 나은 쇼핑 경험을 제공하는 시스템이다. 물류 자동화와 효율적인 공급망 관리를 통해 판매자와 소비자 모두가 혜택을 받을 수 있으며, 전자상거래 생태계 전체의 효율성을 높이는 데 기여하고 있다.

1) 네이버의 사례

네이버는 2021년 7월 네이버 풀필먼트 얼라이언스(Naver Fulfillment Alliance, NFA)를 출범하며, 중소상공인과 다양한 판매자들이 보다 효율적으로 물류 인프라를 활용할 수 있도록 지원하기 시작했다. 전자상거래에서 물류는 단순한 배송을 넘어 판매자의 경쟁력을 결정짓는 중요한 요소다. 하지만 중소 규모의 사업자들에게 물류 관리는 상당한 부담이 될 수밖에 없다. 이에 네이버는 물류 인프라를 가진 다양한 파트너들과 협력하여, 판매자들이 보다 쉽게 물류 서비스를 이용할 수 있도록 NFA를 구축했다.

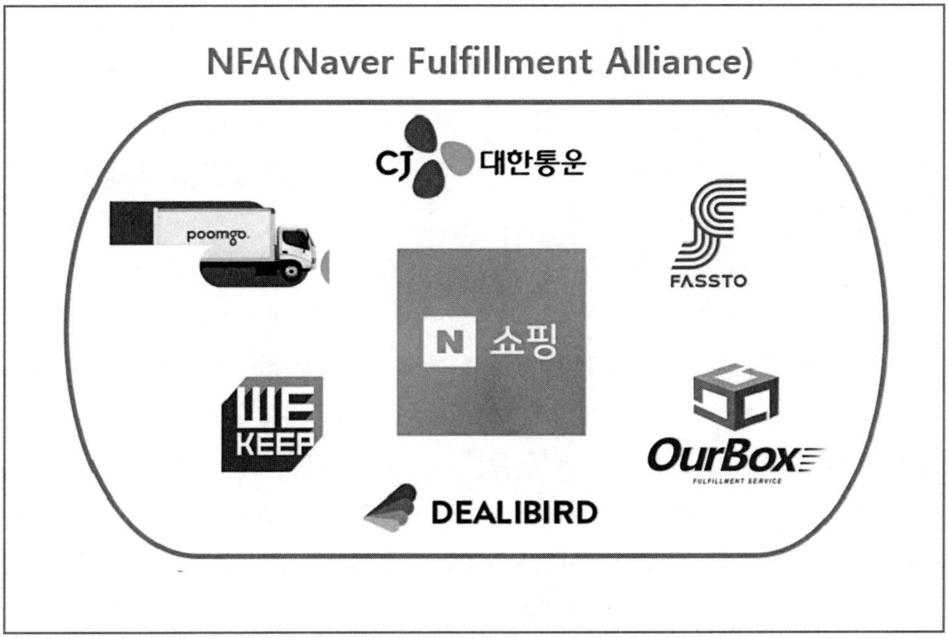

〈그림 19-4〉 NFA 협력 업체

네이버 풀필먼트 얼라이언스는 쿠팡의 로켓배송에 대응하는 네이버의 물류 시스템으로, 초기에는 CJ대한통운, 품고 등 국내 주요 물류 업체들과 제휴를 맺고 운영을 시작했다. 이 시스템을 통해 판매자들은 재고 관리, 포장, 배송 같은 복잡한 물류 과정을 직접 처리하지 않고 네이버의 파트너사에 위탁할 수 있게 되었다.

NFA가 더욱 주목받게 된 계기는 2022년 4월 도입된 '내일도착' 필터였다. 소비자 입장에서는 빠른 배송이 중요하지만, 기존 네이버 쇼핑에서는 어떤 상품이 빠르게 도착할지 한눈에 알기 어려웠다. 이에 네이버는 '내일도착' 필터를 추가해, 소비자들이 다음 날 받을 수 있는 상품을 쉽게 찾을 수 있도록 했다. 이 기능은 CJ대한통운의 전자상거래 물류 서비스를 기반으로 제공되며, 쿠팡의 로켓배송과 마찬가지로 오늘 자정까지 주문하면 다음 날 제품을 받을 수 있도록 설계되었다.

여기에 더해 네이버는 2022년 12월, 'N도착보장' 서비스를 도입하며 배송 일정을 더욱 명확하게 보장하는 시스템을 구축했다. 'N도착보장'은 네이버가 직접 소비자에게 제품 도착일을 약속하는 서비스로, 소비자는 정확한 배송 일정을 미리 확인한 후 구매할 수 있다. 이러한 기능 덕분에 소비자는 신뢰를 가지고 주문할 수 있고, 판매자는 보다 안정적인 물류 시스템을 활용할 수 있게 되었다.

또한, NFA는 단순한 물류 지원을 넘어, 데이터 기반 공급망 최적화 서비스까지 제공하고 있다. 네이버는 판매자들에게 판매량 예측 및 분석 기술을 지원하며, 수요 예측과 물류 데이터를 활용해 보다 체계적인 운영이 가능하도록 돕는다. 이를 통해 판매자는 재고를 효율적으로 관리하고 불필요한 비용을 줄이며, 최적의 시점에 물량을 확보할 수 있다. 향후 네이버는 물류 데이터 활용을 더욱 강화하여, 판매자들이 보다 정교한 공급망을 구축할 수 있도록 지원할 계획이다. 이를 통해 중소상공인들도 대형 유통 기업처럼 체계적인 물류 시스템을 활용할 수 있을 것으로 기대된다.

2) 쿠팡의 사례

쿠팡은 '로켓배송'이라는 혁신적인 물류 서비스를 통해 국내 전자상거래 시장을 완전히 뒤바꿨다. 로켓배송은 주문 후 빠르면 당일, 늦어도 익일에 상품을 배송하는 시스템으로, 기존의 배송 방식보다 훨씬 빠른 속도를 자랑한다.

이를 가능하게 하기 위해 쿠팡은 전국 곳곳에 물류센터를 구축했다. 현재 100개 이상의 물류센터가 운영 중이며, 한국 인구의 약 70%가 쿠팡 물류센터로부터 10km 이내에 거주할 수 있도록 촘촘한 네트워크를 만들었다. 이러한 강력한 물류망 덕분에 소비자들은 원하는 상품을 빠르게 받아볼 수 있고, 쿠팡의 높은 배송 품질을 경험한 고객들은 자연스럽게 플랫폼을 다시 찾게 된다.

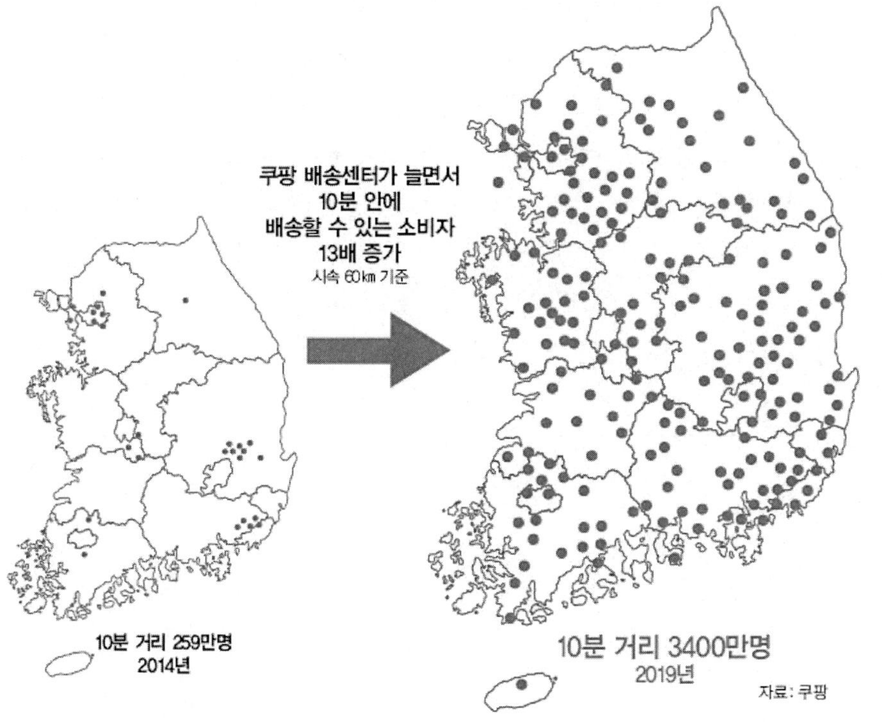

출처: 주간조선.

〈그림 19-5〉 국내 쿠팡 물류센터 증가(2014년 vs 2019년)

쿠팡은 앞으로도 로켓배송 인프라를 더욱 강화할 계획이다. 2027년까지 로켓배송 가능 지역을 전국으로 확장하기 위해 3조 원 이상을 투자할 예정이며, 이를 통해 로켓배송 커버리지를 88% 이상으로 확대하는 것이 목표다.

쿠팡의 로켓배송과 물류 시스템이 창출하는 가치는 크게 네 가지로 나눌 수 있다. 첫째, 고객 경험의 향상이다. 빠른 배송은 소비자의 만족도를 높이고, 쇼핑의 편리함을 극대화한다. 당일 혹은 익일 배송이 가능하다는 점은 소비자의 재구매율을 높이는 중요한 요인이 된다.

둘째, 판매자의 효율성 증대다. 쿠팡의 물류 인프라를 활용하면 판매자는 배송과 재고 관리에 대한 부담을 줄이고, 제품 생산과 마케팅에 더욱 집중할 수 있다. 특히 로켓배송을 통해 제품을 신속하게 배송할 수 있다는 점은 판매자의 브랜드 신뢰도를 높이는 데 중요한 역할을 한다.

셋째, 지역 경제 활성화다. 쿠팡은 물류센터를 확대하면서 수천 개의 새로운 일자리를 창출하고 있다. 예를 들어, 광주첨단물류센터는 호남권 최대 규모의 물류 허브로, 약 2,000명의 직접 고용을 창출할 것으로 예상된다. 또한, 쿠팡의 로켓배송을 이용하는 5만 개 이상의 중소기업과 소상공인들이 전국적으로 상품을 판매할 수 있는 기회를 얻고 있다. 뿐만 아니라 아래 그림을 살펴보면, 지역별 매출 성장률이 비교적 고루 분포되어 있으며 특히 강원/경북/제주 등 비서울권의 성장률이 큰 것을 확인할 수 있다.

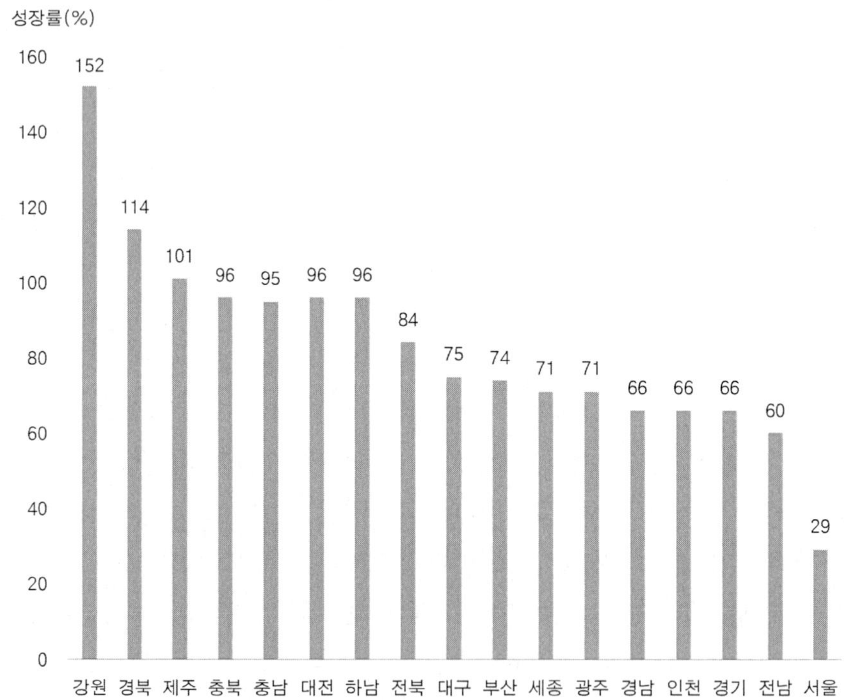

출처: 쿠팡 2020 미니기업 보고서.

〈그림 19-6〉 쿠팡 미니기업 지역별 매출 성장률(2018년 vs 2020년)

넷째, 물류 효율성 및 비용 절감이다. 쿠팡은 AI 기반 자동화 시스템을 도입해 재고 관리와 주문 처리 속도를 최적화하고 있다. 이를 통해 물류비를 절감하면서도 더 빠르고 정확한 배송이 가능해졌다. 예를 들어, 쿠팡에 입점한 미니기업들은 매출이 증가하는 동안 관리 비용의 증가를 최소화할 수 있었다고 평가된다.

쿠팡의 로켓배송이 처음 등장한 것은 2014년이었다. 당시 온라인 쇼핑의 평균 배송 기간은 2~3일이었지만, 쿠팡은 이를 당일 또는 익일 배송으로 단축하며 시장의 판도를 완전히 바꿨으며, 다른 전자상거래 플랫폼들도 빠른 배송 시스템을 도입하기 시작했다. 쿠팡은 단순히 빠른 배송을 제공하는 것을 넘어, 자체 물류센터와 배송 인력을 직접 운영하는 방식을 선택했다. 기존의 전자상거래 물류 시스템은 주로 택배사에 의존했지만, 쿠팡은 자체적으로 배송망을 구축하며 새로운 기준을 제시했다. 또한, 쿠팡은 물류센터에 최첨단 자동화 기술을 적용하여 운영 효율성을 극대화했다. 예를 들어, AI 기반 재고 관리 시스템을 통해 재고 회전율을 높이고 주문 처리 시간을 단축했다. 덕분에 주문이 들어오면 보다 빠르게 출고할 수 있으며, 소비자 만족도도 자연스럽게 높아졌다.

이처럼 쿠팡의 로켓배송과 물류 시스템은 고객 경험, 판매자 경쟁력, 지역 경제, 물류 효율성 등 다양한 측면에서 가치를 창출하며, 국내 전자상거래 시장의 혁신을 주도하고 있다.

5. 서비스

전자상거래 플랫폼에서 서비스 단계는 고객이 제품을 구매한 이후의 모든 과정을 포함하는 중요한 과정이다. 단순히 고객의 문의를 처리하는 것에 그치는 것이 아니라, 구매 이후의 경험을 통해 신뢰를 쌓고, 다시 플랫폼을 찾도록 유도하는 역할을 한다. 제품이 고객의 손에 전달되는 순간부터 사용 경험이 시작되며, 이 과정에서 발생할 수 있는 문제들을 원활하게 해결하는 것이 서비스 단계의 핵심이다.

온라인 쇼핑은 오프라인과 달리 고객이 제품을 직접 보고 구매하는 것이 아니기 때문에, 제품을 받아본 후의 경험이 더욱 중요하다. 주문한 상품이 예상과 다를 수도 있고, 배송이 지연될 수도 있으며, 결제 오류나 반품 요청이 발생할 수도 있다. 이때 플랫폼이 얼마나 신속하고 친절하게 대응하느냐에 따라 고객의 만족도가 결정되고, 플랫폼에 대한 인식이 달라진다. 서비스 품질이 우수하다면 소비자는 같은 플랫폼을 다시 이용할 가능성이 높아지고, 반대로 불편한 경험을 겪으면 다른 플랫폼으로 이동할 가능성이 커진다.

결국 서비스 단계는 단순한 사후 관리가 아니라, 플랫폼의 경쟁력을 높이고 장기적인 고객 충성도를 확보하는 중요한 요소다. 이 단계에서는 고객 지원, 결제 서비스, 반품 및 환불 절차, 그리고 고객과의 원활한 커뮤니케이션 등 다양한 서비스가 제공되며, 이를 통해 소비자가 만족스러운 쇼핑 경험을 할 수 있도록 돕는다.

(1) 서비스 단계에서 필요한 자원

전자상거래 플랫폼이 서비스 단계를 효과적으로 운영하기 위해서는 몇 가지 필수적인 자원이 필요하다. 그 중에서도 가장 중요한 것은 고객 지원 시스템(CRM, Customer Relationship Management)이다. CRM 시스템은 고객과의 모든 상호작용을 기록하고 관리하는 역할을 하며, 고객이 주문한 제품의 배송 상태, 결제 내역, 주문 기록 등을 실시간으로 확인할 수 있도록 한다. 이를 통해 고객이 문제를 겪었을 때 신속하고 정확한 해결책을 제공할 수 있으며, 맞춤형 서비스까지 가능해진다. 예를 들어, 고객이 특정 브랜드의 상품을 여러 번 구매했다면, 그에 맞는 프로모션을 제공하거나 추천 상품을 안내하는 등의 개인화된 서비스도 제공할 수 있다.

또한, 고객 서비스 센터와 자동화된 지원 시스템도 필수적인 요소다. 전자상거래 플랫폼은 다양한 채널을 통해 고객과 소통해야 하며, 콜센터, 이메일, 라이브 채팅, 소셜 미디어 등을 통해 고객의 문의를 처리할 수 있도록 체계적인 시스템을 갖춰야 한다. 최근에는 챗봇과 AI 기반 상담 시스템을 적극 활용하는 추세다. 단순한 문의 사항, 예를 들면 배송 조회나 반품 신청 같은 경우에는 AI 챗봇이 실시간으로 응대하고, 복잡한 문제인 환불 지연이나 제품 불량과 같은 경우에는 상담원이 직접 대응하는 방식으로 운영된다. 이러한 자동화된 고객 서비스 시스템을 도입하면 24시간 운영이 가능해지고, 고객이 보다 신속하게 문제를 해결할 수 있어 전반적인 서비스 만족도가 높아진다.

서비스 품질을 지속적으로 개선하기 위해서는 고객의 의견을 적극적으로 수집하고 분석하는 고객 피드백 관리 시스템도 필요하다. 리뷰, 설문조사, 피드백을 분석해 서비스 개선점을 찾고, 이를 기반으로 더 나은 고객 경험을 제공할 수 있도록 하는 것이다. 예를 들어, 반품 요청이 유독 많은 특정 제품이 있다면 제품 설명이 부족한 것은 아닌지, 품질 문제는 없는지 등을 점검해야 한다. 고객들의 피드백을 반영해 제품 정보를 보완하거나, 판매자에게 개선을 요청하는 등의 조치를 취하면 고객의 만족도를 높이는 데 기여할 수 있다.

B2B 관점에서 필요한 자원도 함께 살펴보자. 전자상거래 플랫폼은 단순히 소비자만을 대상으로 하는 것이 아니라, 수많은 판매자 및 공급업체와 협력하며 운영된다. 따라서 B2B 서비스도 원활하게 운영될 수 있도록 체계적인 관리 시스템이 필요하다. 특히 B2B 고객 지원 시스템은 판매자들이 제품을 등록하고, 가격을 조정하며, 재고를 업데이트하는 등 다양한 요청을 처리하는 데 필수적인 역할을 한다. 이 시스템이 잘 구축되어 있어야 판매자의 요구 사항을 신속하게 반영하고, 원활한 운영이 가능하다.

또한, 공급업체 관리 시스템(SRM, Supplier Relationship Management)도 중요한 요소다. SRM은 각 기업의 재고 상태, 공급 일정, 제품 품질 등을 지속적으로 모니터링하고, 이를 기반으로 최적의 공급망을 유지하도록 돕는다. 특히 중소기업이나 개인 판매자들이 효율적으로 운영할 수 있도록 자동화된 재고 관리 및 데이터 통합 시스템을 구축하면, 실시간으로 판매 데이터를 확인하고 필요한 경우 즉시 조치를 취할 수 있다.

(2) 서비스 단계에서 필요한 역량

전자상거래 플랫폼이 효율적인 서비스를 제공하기 위해서는 몇 가지 필수적인 역량이 필요하다. 우선 문제 해결과 신속한 대응 역량이 중요하다. 고객이 제품 구매 후 겪을 수 있는 배송 지연, 제품 불량, 결제 오류 등의 문제를 신속하게 해결해야만 고객의 신뢰를 얻을 수 있다. 이를 위해서는 고객 서비스팀의 전문성과 높은 의사소통 능력이 필수적이며, 고객이 불편함을 최소화할 수 있도록 빠르고 정확한 대처가 이루어져야 한다.

또한, 고객 맞춤형 서비스 제공 역량도 필요하다. 단순히 문제를 해결하는 것에서 그치는 것이 아니라, 고객의 구매 이력과 선호도를 분석해 개인화된 서비스를 제공하는 것이 중요하다. 맞춤형 추천, 특별 할인 혜택, 개인화된 메시지를 통해 고객과의 관계를 강화하면 재구매율을 높이고 충성 고객을 확보하는 데 큰 도움이 된다.

이와 함께 데이터 분석 및 서비스 개선 역량도 중요한 요소다. 고객 행동 데이터를 분석하여 문제 발생 가능성을 미리 예측하고, 서비스를 개선할 수 있는 능력이 요구된다. 반품율이 높은 제품이나 불만이 많은 서비스 요소 등을 데이터 기반으로 파악하고 개선하면 보다 높은 서비스 품질을 유지할 수 있다.

옴니채널 서비스 역량도 서비스 단계에서 필수적인 역량으로 뽑을 수 있다. 고객들은 이메일, 전화, 소셜 미디어, 모바일 앱 등 다양한 채널을 통해 문의를 하기 때문에, 모든 채널에서 일관된 서비스를 제공할 수 있어야 한다. 고객이 어떤 방식으로 접속하든 동일한 수준의 서비스를 경험할 수 있도록 통합된 시스템이 구축되어야 한다.

(3) 서비스가 창출하는 경제적 가치

이러한 자원과 역량이 갖춰졌을 때, 전자상거래 플랫폼을 통해 판매자와 소비자가 각각 얻을 수 있는 경제적 가치를 살펴보자. 플랫폼이 제공하는 CRM 시스템은 판매자가 고객 데이터를 효율적으로 관리할 수 있도록 지원한다. 이로 인해 소상공인은 고객 관리 시스템을 직접 구축하거나 이를 관리할 인력을 채용할 필요가 없어 비용 절감 효과가 크다. 예를 들어, 독립적으로 CRM 솔루션을 도입할 경우 초기 시스템 구축과 월간 유지비용이 추가로 발생할 수 있다. 그러나 플랫폼의 CRM 서비스를 이용하면 이러한 비용을 최소화하면서도 고도화된 데이터 분석과 고객 맞춤형 마케팅을 실시할 수 있어 마케팅 비용을 절감할 수 있다.

또한, CRM 시스템을 통한 고객 재구매율 상승은 자연스럽게 매출 증대 효과로 이어진다. 플랫폼의 CRM 기능을 통해 판매자는 고객 맞춤형 마케팅을 진행할 수 있다. 예를 들어, 네이버 스마트스토어에서는 고객의 구매 이력, 선호 상품 등을 기반으로 맞춤형 프로모션을 제공할 수 있다. 만약 소상공인이 직접 이메일 마케팅 솔루션을 사용하여 고객 맞춤형 이메일을 발송하려면, 월 약 10만 원에서 20만 원의 비용이 추가로 발생할 수 있다. 플랫폼의 CRM 시스템을 활용해 이러한 비용을 절감할 수 있으며, 연간으로는 약 120만 원에서 240만 원의 마케팅 비용을 절약할 수 있다. 또한, 맞춤형 마케팅을 통해 재구매율이 5% 상승할 경우, 월 매출 500만 원을 기록하는 판매자는 매출을 월 25만 원 추가 증대하는 효과도 기대할 수 있다.

소비자의 경우, 신속한 고객 지원과 자동화된 반품·환불 절차를 통해 문제를 빠르게 해결할 수 있어 시간을 절약할 수 있다. 또한, 맞춤형 추천 서비스가 제공되어 원하는 상품을 효율적으로 찾을 수 있으며, 이를 통해 불필요한 검색 시간을 줄일 수 있다.

비용 절감 측면에서도 서비스 단계의 장점이 크다. 맞춤형 할인, 멤버십 혜택, 쿠폰 제공 등을 통해 소비자는 동일한 제품을 더 저렴한 가격에 구매할 수 있으며, 간편한 반품·환불 정책 덕분에 구매 실수로 인한 경제적 손실을 줄일 수 있다. 또한, 품질 검증된 제품이 추천되므로 불량품을 구매할 위험이 낮아진다.

더불어, 서비스 단계에서는 결제 보안 강화 및 사기 방지 시스템을 통해 안전한 거래 환경을 제공한다. 이를 통해 소비자는 신뢰할 수 있는 판매자로부터 제품을 구매할 수 있으며, A/S 및 소비자 보호 정책이 적용될 경우 금전적·시간적 손실을 최소화할 수 있다. 결국, 전자상거래 플랫폼의 서비스 단계는 소비자가 보다 편리하고 안전한 쇼핑 경험을 할 수 있도록 지원하며, 이를 통해 지속적인 이용을 유도하는 핵심 요소로 작용한다.

결국 전자상거래 플랫폼의 서비스 단계는 단순한 사후 관리가 아니라, 플랫폼의 경쟁력을 높이고 장기적인 고객 관계를 유지하는 핵심적인 요소다. 고객이 불편함 없이 쇼핑할 수 있도록 돕는 것이야말로, 전자상거래 플랫폼이 지속적으로 성장하는 가장 중요한 기반이 된다.

1) 네이버의 사례

네이버는 전자상거래 플랫폼에서 판매자들의 성공적인 운영을 돕기 위해 다양한 지원 프로그램을 운영하고 있다. 그중에서도 '네이버 비즈 어드바이저'와 '반품안심케어' 서비스는 판매자의 비즈니스 효율성을 높이고, 소비자의 만족도를 향상시키는 데 중요한 역할을 하고 있다. 이 두 가지 서비스는 각기 다른 방식으로 판매자와 소비자 모두에게 가치를 제공하며, 전반적인 전자상거래 생태계의 활성화에 기여하고 있다.

먼저 '반품안심케어'는 소비자들이 제품을 구매한 후 부담 없이 반품이나 교환을 할 수 있도록 지원하는 서비스다. 온라인 쇼핑에서 반품과 교환은 소비자가 구매 결정을 내리는 데 중요한 요소로 작용한다. 하지만 판매자 입장에서는 반품과 교환이 잦아질수록 물류 비용과 운영 부담이 증가할 수밖에 없다. 이러한 문제를 해결하기 위해 네이버는 판매자가 부담해야 할 반품 및 교환 비용을 일정 부분 보상해주는 '반품안심케어' 프로그램을 도입했다. 이 서비스를 이용하면 판매자는 반품과 교환으로 인해 발생하는 배송비를 최대 7,000원까지 보상받을 수 있어, 반품 요청이 많아도 운영 부담을 줄일 수 있다.

소비자 입장에서도 '반품안심케어'는 큰 혜택이 된다. 온라인 쇼핑에서는 제품을 직접 보고 구매할 수 없기 때문에, 혹시라도 제품이 기대에 미치지 못할까 걱정하는 경우가 많다. 이럴 때 무료 반품과 교환이 가능하다면, 소비자들은 보다 안심하고 구매할 수 있고, 결과적으로 구매율도 상승하게 된다. 또한, 반품 및 교환 과정에서 종종 발생하는 배송비 분쟁을 줄여 판매자와 소비자 간의 신뢰를 강화하는 효과도 있다.

이와 함께 네이버는 '비즈 어드바이저' 서비스를 제공하여, 판매자들이 보다 효과적으로 비즈니스를 운영할 수 있도록 돕고 있다. 비즈 어드바이저는 판매자가 데이터를 기반으로 전략적인 의사 결정을 내릴 수 있도록 지원하는 도구로, 매출 분석, 고객 행동 패턴, 상품 트렌드 등을 파악하는 데 도움을 준다. 온라인 판매에서는 시장 변화에 얼마나 빠르게 대응하느냐가 매출 증대의 중요한 요소가 되기 때문에, 비즈 어드바이저는 특히 중소상공인들에게 유용한 서비스다.

〈그림 19-7〉 네이버 비즈 어드바이저 사용 화면

예를 들어, 판매자는 비즈 어드바이저를 통해 특정 상품의 판매 추이를 분석하고, 이에 따라 재고를 효율적으로 관리할 수 있다. 또한, 고객 선호도를 바탕으로 효과적인 마케팅 전략을 수립할 수도 있다. 특정 시간대에 주문이 집중되는 패턴을 발견하면, 해당 시간에 맞춰 프로모션을 진행하는 방식으로 활용할 수도 있다. 이러한 데이터 분석은 판매자가 시장 흐름을 읽고 변화에 신속하게 대응할 수 있도록 돕기 때문에 경쟁력을 강화하는 데 매우 중요한 역할을 한다.

네이버는 특히 창업 초기 단계의 중소상공인(SME)들이 지속적으로 성장할 수 있도록 데이터와 기술을 적극 활용하고 있다. 비즈 어드바이저는 스마트스토어 판매자들이 무료로 사용할 수 있는 도구로, 코로나19 시기에도 많은 신규 판매자들이 성공적으로 온라인 비즈니스를 운영할 수 있도록 큰 역할을 했다. 실제로 2020년 12월 기준, 네이버 스마트스토어의 일평균 방문자 수는 전년 대비 89% 증가하였고, 방문 횟수는 151%나 증가했다. 이는 비즈 어드바이저를 적극 활용한 결과로, 판매자들이 효과적으로 온라인 시장에 적응할 수 있도록 도운 사례라 할 수 있다.

비즈 어드바이저는 단순한 데이터 제공을 넘어, 판매자가 보다 전략적으로 의사 결정을 내릴 수 있도록 돕는 실질적인 기능을 제공한다. 일별·요일별·상품별 결제 금액, 유입 채널 및 키워드 분석 등을 지원하며, 이를 통해 판매자는 가장 효과적인 마케팅 시기를 예측하고, 재고 관리 전략을 최적화할 수 있다.

서울대학교 경영대학의 연구에 따르면, 비즈 어드바이저를 활용한 판매자들은 매출 증대 효과를 크게 경험한 것으로 나타났다. 특히 농산물, 생활가전, 여성의류 카테고리에서 각각 34%, 54%, 43%의 매출 증가 효과가 확인되었으며, 이는 데이터 기반의 의사 결정이 판매자의 수익 향상에 직접적인 영향을 미친다는 점을 시사한다. 네이버 비즈 어드바이저의 효과를 전자상거래 시장 전체로 확장하면, 연간 약 1조 3,988억 원의 추가적인 이익이 창출될 것으로 분석되었다. 이 수치는 비즈 어드바이저가 전자상거래 생태계에 미치는 긍정적인 영향을 보여주며, 많은 판매자들이 이러한 데이터 기반 솔루션을 적극 활용할 경우, 성공적인 디지털 전환을 이룰 가능성이 더욱 커질 것으로 기대된다.

결과적으로 비즈 어드바이저는 데이터 분석을 통한 매출 증대, 빠른 의사 결정 지원, 고객 관리 효율성 향상 등의 실질적인 이익을 제공하며, 특히 자금과 인력이 부족한 중소상공인들에게 강력한 지원 도구가 되고 있다.

이처럼 네이버는 판매자가 보다 안정적으로 비즈니스를 운영할 수 있도록 다양한 서비스를 제공하며, 단순한 전자상거래 플랫폼을 넘어 판매자의 성장 파트너로 자리 잡고 있다. 반품안심케어와 비즈 어드바이저 같은 서비스는 판매자와 소비자 모두에게 긍정적인 영향을 미치며, 나아가 전자상거래 생태계 전체의 발전을 촉진하는 역할을 하고 있다.

2) 쿠팡의 사례

쿠팡은 전자상거래 플랫폼의 서비스 단계에서 중소상공인을 지원하는 프로그램과 고객 서비스(CS) 시스템을 통해 판매자와 소비자 모두에게 실질적인 가치를 제공하고 있다. 단순한 온라인 마켓플레이스를 넘어 중소기업들이 안정적인 판로를 확보할 수 있도록 돕고, 소비자들이 보다 편리한 쇼핑 경험을 할 수 있도록 지원하는 종합적인 서비스 시스템을 구축하고 있는 것이다.

그중에서도 '로켓그로스(Rocket Growth)'는 중소상공인의 성장을 촉진하기 위해 설계된 대표적인 지원 프로그램이다. 쿠팡은 자사의 물류 인프라를 중소상공인과 공유하여, 물류 부담을 덜고 동반 성장할 수 있는 기회를 제공하는 것을 목표로 이 프로그램을 운영하고 있다. 로켓그로스에 참여하는 중소 제조사들은 쿠팡의 물류 및 배송 서비스를 활용해 물류 비용을 절감하고, 소비자에게 빠른 배송을 제공할 수 있는 경쟁력을 확보하게 된다.

이 프로그램의 핵심은 중소상공인이 상품을 쿠팡 물류센터에 입고하면, 이후의 보관, 포장, 배송, 반품 등 풀필먼트 서비스를 쿠팡이 전담하는 구조 그 자체다. 판매자는 물류와 배송에 대한 부담을 덜고, 제품 개발과 판매 전략 수립에 집중할 수 있는 환경을 갖출 수 있다. 특히 로켓그로스를 통해 입점한 제품들은 쿠팡의 '로켓배송' 시스템을 이용할 수 있기 때문에, 소비자들은 신속한 배송 서비스를 경험할 수 있고, 이는 곧 제품의 경쟁력 강화로 이어진다.

또한, 쿠팡은 중소기업뿐만 아니라 농민, 창업기업, 여성기업, 사회적 기업 등 다양한 소규모 사업자들이 생산하는 우수한 제품을 보다 효과적으로 홍보하고 판매할 수 있도록 정부 및 17개 지방자치단체와 협력하고 있다. 이를 통해 소규모 제조업체와 지역 기반 사업자들도 쿠팡이라는 강력한 온라인 유통 채널을 활용하여 보다 안정적인 판로를 확보하고, 전국의 소비자들에게 도달할 수 있는 기회를 얻게 된다. 쿠팡은 중소기업중앙회와 협력하여 중소기업 제품의 온라인 판로 확대를 위한 업무협약을 체결했다. 이를 통해 중소기업 제품도 쿠팡의 로켓배송 시스템을 활용할 수 있도록 지원하여, 브랜드 인지도를 높이고 판매 경쟁력을 강화할 수 있도록 돕고 있다.

이러한 지원 프로그램의 효과는 실제로 수많은 중소상공인들의 매출 성장으로 이어지고 있다. 쿠팡이 발표한 '상생리포트 2023'에 따르면, 쿠팡에 입점한 중소상공인들의 매출이 꾸준히 증가하고 있으며, 이는 지역 경제 활성화에도 긍정적인 영향을 미치는 것으로 나타났다. 단순한 온라인 판매 공간을 제공하는 것이 아니라, 소규모 사업자들이 쿠팡이라는 대형 플랫폼을 활용하여 브랜드를 키우고 소비자와 직접 연결될 수 있도록 돕는 역할을 하고 있는 것이다.

또한, 쿠팡은 홈앤쇼핑과 협력하여 중소기업 제품의 로켓배송을 지원하고, 보다 다양한 물류 서비스를 제공함으로써 중소기업의 물류 경쟁력을 한층 더 강화하고 있다. 이처럼 로켓그로스 프로그램은 단순히 물류와 배송을 대행하는 것이 아니라, 중소상공인들이 온라인 시장에서 경쟁력을 갖추고 지속적으로 성장할 수 있도록 돕는 역할을 하고 있다.

쿠팡이 제공하는 또 하나의 중요한 서비스는 강력한 고객 지원 시스템이다. 쿠팡은 24시간 연중무휴로 운영되는 고객센터를 통해 소비자들이 제품을 구매한 후 발생하는 다양한 문제를 신속하게 해결할 수 있도록 지원하고 있다. 고객센터는 전화, 이메일, 온라인 채팅 등 다양한 채널을 통해 소비자와 직접 소통하며, 환불, 반품, 배송 지연 등의 문제를 즉각적으로 처리할 수 있도록 체계적인 시스템을 갖추고 있다. 이 같은 빠른 대응 시스템은 소비자에게 신뢰를 주고, 쿠팡에서 쇼핑을 지속하도록 유도하는 중요한 요소로 작용한다.

전자상거래 플랫폼에서는 소비자가 제품을 직접 확인할 수 없기 때문에, 구매 이후의 경험이 브랜드 신뢰도와 직결된다. 제품이 잘못 배송되거나, 불량품이 도착했을 때 신속하게 해결할 수 없다면 소비자의 불만이 커지고 재구매율이 낮아질 수밖에 없다. 하지만 쿠팡은 24시간 고객센터를 운영하며 신속한 문제 해결을 지원함으로써, 소비자가 안심하고 쇼핑할 수 있도록 환경을 조성하고 있다.

쿠팡의 이러한 고객 서비스는 판매자에게도 긍정적인 영향을 미친다. 판매자가 직접 고객 응대를 담당하는 것이 아니라, 쿠팡의 전문 CS팀이 이를 전담함으로써 판매자는 고객 불만 대응에 대한 부담을 덜고, 보다 원활하게 사업을 운영할 수 있다. 또한, 쿠팡의 고객 서비스가 신속하게 소비자의 불만 사항을 처리해 줌으로써, 판매자의 브랜드 이미지와 평판을 보호하는 역할도 수행한다.

결과적으로 쿠팡의 서비스 시스템은 판매자와 소비자 모두에게 경제적 가치를 창출하고 있다. 중소상공인들은 쿠팡의 물류 인프라와 마케팅 지원을 통해 물류비와 홍보 비용을 절감할 수 있으며, 이를 통해 보다 경쟁력 있는 가격으로 제품을 판매하면서도, 매출을 증가시킬 수 있는 기회를 얻는다. 소비자 입장에서도 쿠팡의 고객 서비스는 쇼핑 경험의 안정성을 높이고, 신속한 문제 해결을 제공함으로써 신뢰도를 높이는 역할을 한다. 또한, 중소기업 지원 프로그램 덕분에 다양한 중소기업 제품들이 쿠팡에 입점하면서, 소비자들은 더욱 폭넓은 선택지를 갖게 된다.

이처럼 쿠팡은 단순히 상품을 유통하는 플랫폼이 아니라, 중소기업과 함께 성장하며 소비자들에게 최상의 서비스를 제공하는 종합적인 전자상거래 생태계를 구축하고 있다. 로켓그로스를 통한 중소상공인 지원, 로켓배송을 활용한 물류 경쟁력 강화, 24시간 고객 서비스 운영 등 다양한 서비스가 판매자와 소비자 모두에게 실질적인 가치를 제공하며, 전자상거래 산업 전체의 성장에 기여하고 있다.

Ⅲ 생태계 활성화 저해 요인

1. 정부 규제

전자상거래 플랫폼 생태계 활성화 저해요인으로는 가장 대표적으로 규제를 들 수 있다.

2024년 2월, 공정거래의원회가 의원 발의를 추진하던 온라인플랫폼경쟁촉진법(플랫폼법) 제정을 전면 재검토하겠다고 밝혔다. 2월 중 법안을 공개할 것으로 예상하였으나, 기존 입장에서 선회하여 재검토를 선언했다. 국내 플랫폼 업계를 비롯 미국 상공회의소 성명 등 여러 비판적 의견을 수용한 것으로 보인다.

기존 플랫폼 공정경쟁촉진법은 Aliexpress, Temu, Shein 등 대형 자본을 기반으로 삼은 중국 플랫폼들이 급속도로 성장하며 일어난 지각변동을 수습하기 위한 취지였던 것으로 보인다. 밑의 표에서 참고할 수 있듯 이러한 국외 플랫폼의 성행으로 인해 국내 플랫폼 생태계에 비상등이 켜졌다. 이에 정부가 대안으로 플랫폼법의 입법을 추진하였다. 플랫폼법의 기존 적용대상자는 공정위 판단 '시장지배적 플랫폼 사업자'를 의미한다. 그러나 해외 플랫폼의 경우 매출액과 이용자 수를 파악하기 쉽지 않으며 국내에서 강제로 조사하기도 어려운 실정이다. 따라서 자발적 공개를 염두에 두어야 하나 사전 규제를 표명하는 플랫폼법의 발의 및 실행을 위해 국외 플랫폼이 정보를 올바르게 공개하지 않을 가능성이 높다. 이에 기존 취지와 달리 국내 플랫폼이 '시장지배적 플랫폼 사업자'로서 가장 큰 규제를 받을 가능성이 높으며, 해외 플랫폼이 시장지배적 사업자로 지정된다고 하더라도 그들에게 규제를 집행하기는 한계가 있다고 판단된다.

뿐만 아니라 국내 전자상거래 플랫폼 생태계는 타 국가에 비해 독과점이 이루어지고 있다고 보기 어려운 생태계로서, 아마존 등 강력한 전자상거래 플랫폼 하나의 점유율이 40%를 초과하는 반면, 국내는 소비자가 여러 플랫폼을 두루 사용한다. 2024년 기준 한국의 전자상거래 시장 점유율은 네이버 쇼핑(22%), 쿠팡(20%), 지마켓(15%), 11번가(13%) 순으로 나타났다. 이러한 산업 생태계 속 법을 통한 강력한 규제가 전자상거래 산업에 득이 될지, 실이 될지 올바른 판단이 요구된다.

기존 입법의도는 EU의 디지털 마케팅 법 제정 취지와 내용을 상당부분 수용했으나 유럽과 국내의 플랫폼 업계 생태계의 차이로 인한 비판이 있었다. 국내 플랫폼을 규제할 경우 국내외에서 큰 호응을 얻고 있는 국내 전자상거래 플랫폼 등이 성장과 혁신을 저해 받을 수 있다는 것이 요지이다. 뿐만 아니라 국외 플랫폼에 대한 규제가 국내 플랫폼보다 약해지며 역차별이 발생할 수 있다는 지적도 있었다. 미국의 경우 도의적 문제보다는 자국의 빅테크 기업에 대한 규제를 우려해 한국의 법안 제정에 첨언을 한 것으로 보인다. 공정거래 위원회가 여러 대안을 열어두고 논의를 이어가겠다고 발표했으므로 플랫폼 법은 제정될 것으로 보인다. 다만 핵심 부분을 비롯하여 법안을 전면 재검토하겠다고 밝혔기 때문에 큰 변경이 있을 것으로 예상된다.

정부의 플랫폼법은 전자상거래 플랫폼의 공정성과 투명성을 확보하려는 목적을 가지고 있지만, 지나친 규제로 인해 국내 플랫폼 업계의 성장을 방해하고 플랫폼이 창출하는 경제적 가치를 감소시키는 요인이 되고 있다. 네이버와 같은 대표적인 전자상거래 플랫폼을 기준으로 플랫폼법이 도입될 경우, 전자상거래 생태계 내에서 플랫폼, 판매자, 소비자 모두가 직간접적으로 손해를 보게 될 가능성이 있다. 플랫폼의 가치사슬을 크게 네 가지 단계(검색 및 선택, 구매, 풀필먼트, 서비스)로 나누어, 각 단계에서 플랫폼법이 창출 가치를 감소시키는 방식을 살펴보겠다.

(1) 검색 및 선택 단계에서의 가치 감소

플랫폼법이 도입되면, 플랫폼은 특정 판매자나 상품을 소비자에게 우선적으로 노출하거나 추천하는 기능에 대한 규제를 받게 된다. 네이버의 경우, 현재 톡톡, 소식 알림, 검색 알고리즘을 통해 소비자가 관심을 가질 만한 상품을 추천하는 맞춤형 서비스를 제공한다. 이는 소비자가 원하는 상품을 쉽게 찾고 구매할 수 있게 해주며, 판매자에게는 추가적인 마케팅 비용 없이 상품을 노출할 수 있는 기회를 제공한다. 그러나 플랫폼법이 도입될 경우, 추천 알고리즘과 맞춤형 상품 노출 방식이 제한되면서 판매자와 소비자가 얻게 되는 경제적 가치가 줄어들 것으로 예상된다. 만약 네이버의 추천 알고리즘이 판매자의 광고나 인기도를 바탕으로 상품을 노출하지 못하게 되면, 판매자는 추가 마케팅 비용을 들여 소비자에게 도달해야 하며, 소비자는 원하는 상품을 찾기 위해 더 많은 시간을 소비하게 된다. 이러한 변화는 소비자 만족도와 재구매율 감소로, 나아가 산업의 위축으로 이어질 가능성이 크다.

(2) 구매 단계에서의 가치 감소

구매 단계에서 플랫폼법은 특히 결제 방식과 결제 수수료에 대한 규제를 강화할 가능성이 있다. 네이버 페이와 같은 플랫폼의 간편 결제 시스템은 현재 소비자에게 빠르고 안전한 결제 방식을 제공하여 구매 전환율을 높이는 역할을 하고 있다. 플랫폼법이 결제 수수료와 관련해 소비자 보호라는 명목으로 규제를 강화하면, 플랫폼은 자체적인 결제 시스템을 운영하기 위한 비용을 충당하기 어려워질 수 있다. 이는 결국 결제 수수료가 인상되거나, 플랫폼이 제공하던 포인트 적립 혜택 등이 줄어드는 결과를 초래할 수 있다. 예를 들어, 현재 네이버 페이는 결제 수수료를 약 1.8% 수준으로 낮게 유지하고 있지만, 플랫폼법 도입으로 인해 수수료 관련 규제가 강화될 경우, 중소상공인은 2.5% 이상의 수수료를 부담해야 하는 상황이 발생할 수 있다. 이는 판매자에게는 추가적인 경제적 부담을 안겨주며, 소비자 역시 포인트 적립이나 할인 혜택을 받을 수 없어 전체적으로 전자상거래 플랫폼에서의 구매 유인이 줄어드는 결과로 이어진다.

(3) 풀필먼트 단계에서의 가치 감소

플랫폼법이 도입되면, 풀필먼트 서비스 제공에 있어서도 여러 가지 제한이 생길 수 있다. 네이버의 풀필먼트 얼라이언스(NFA) 서비스는 판매자들에게 물류 인프라를 제공하여 배송과 재고 관리의 부담을 덜어준다. 이를 통해 판매자들은 물류 관리 비용을 절감할 수 있으며, 소비자들은 신속한 배송을 경험할 수 있다. 그러나 플랫폼법이 풀필먼트 서비스에 있어 플랫폼의 역할을 제한할 경우, 물류 운영에서의 효율성이 저하될 가능성이 있다. 만약 네이버가 물류 파트너사와의 협력을 통해 효율적인 배송 서비스를 제공하는 것을 규제할 경우, 판매자는 개별적으로 물류를 관리해야 할 가능성이 커진다. 이는 판매자에게 물류 관리 부담을 증가시키며, 배송 속도와 서비스 품질의 저하로 이어질 수 있다. 또한, 소비자 측면에서도 풀필먼트 서비스가 제약을 받으면 배송 시간의 지연이나 상품 상태의 미흡함을 경험할 수 있다. 판매자와 소비자 간의 불만을 증가시키고, 전자상거래 생태계의 활성화를 저해하는 요인으로 작용할 것이다.

(4) 서비스 단계에서의 가치 감소

서비스 단계에서 플랫폼법은 소비자 보호와 판매자 관리에 대한 규제를 강화할 가능성이 있다. 이는 네이버의 비즈 어드바이저, 자금 지원, 반품안심케어 등 다양한 지원 프로그램에 영향을 미칠 수 있다. 특히, 플랫폼이 판매자들에게 제공하는 데이터 기반의 비즈니스 인사이트나 자금 지원 서비스는 규제로 인해 제한될 수 있으며, 이는 판매자들이 얻을 수 있는 경제적 혜택을 감소시킬 것이다.

결론적으로 플랫폼법 도입으로 인해 네이버와 같은 전자상거래 플랫폼은 검색 및 선택, 구매, 풀필먼트, 서비스 단계에서 모두 상당한 경제적 가치를 상실할 위험이 있다. 플랫폼법 도입이 아니더라도 이와 같이 법안을 이용해 국내 전자상거래 플랫폼의 경쟁력을 약화시킨다면, 판매자는 추가적인 마케팅 비용과 물류 비용 부담을 안게 되며 소비자는 간편 결제나 빠른 배송 같은 혜택을 줄이게 되어 전체적인 쇼핑 경험이 저하된다. 또한, 데이터 기반 인사이트와 자금 지원 등 다양한 서비스가 제한될 경우, 전자상거래 생태계 전반의 활성화에 큰 저해 요인으로 작용할 것이다.

2. 국외 가치사슬 내 전자상거래 플랫폼

최근 국내 전자상거래 시장에서 중국 기반의 전자상거래 플랫폼, 이른바 'C커머스'의 영향력이 급격히 확대되며 국내 플랫폼의 입지가 점점 좁아지고 있다. 2023년 국내 소비자들의 C커머스를 통한 구매액은 약 3조 2,870억 원으로, 전년 대비 121% 증가하는 놀라운 성장세를 보였다. 이는 같은 해 미국을 통한 구매액(1조 8,570억 원)을 훨씬 뛰어넘은 수치로, 관련 통계가 작성된 이후 처음으로 중국이 미국을 앞선 사례이기도 하다. 이러한 변화는 국내 전자상거래 시장에서 기존 강자들의 입지를 흔들고 있으며, 특히 11번가와 G마켓과 같은 주요 국내 플랫폼의 순위 하락으로 이어지고 있다.

이 같은 현상은 월간 활성 이용자 수(MAU) 통계에서도 명확하게 나타나고 있다. 2023년 1월 기준으로 알리익스프레스는 국내 전자상거래 플랫폼 중 5위에 머물렀으나, 2024년 5월에는 무려 830만 명의 MAU를 기록하며 2위로 도약했다. 테무 역시 같은 기간 동안 797만 명의 MAU를 확보하며 4위를 차지했다. 반면, 11번가와 G마켓의 이용자 수는 감소하며 순위가 하락했다. C커머스 플랫폼의 이 같은 급성장은 국내 시장뿐만 아니라 글로벌 시장에서도 두드러지고 있다. 징동닷컴, 알리바바, 핀둬둬(테무 모기업) 등 중국의 주요 전자상거래 기업들은 최근 5년간 연평균 성장률(CAGR) 41%를 기록하며, 이는 글로벌 전자상거래 시장 성장률(14.6%)의 약 2.8배에 해당하는 수치다. 이러한 현상은 국내 시장에도 그대로 반영되면서, 전자상거래 시장에서 C커머스의 영향력은 지속적으로 확대되고 있다.

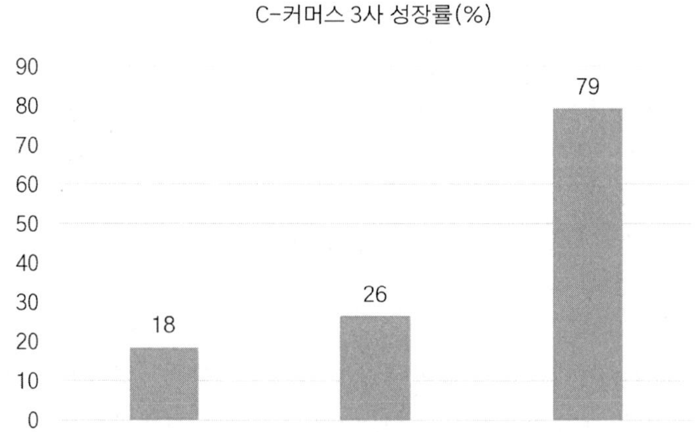

출처: 한국경제인협회.

〈그림 19-8〉 C커머스 빅 3사 연평균 성장률(2018~2023)

C커머스의 성장으로 인해 국내 전자상거래 플랫폼들은 점점 더 치열한 경쟁에 직면하고 있다. 특히 C커머스 플랫폼은 가격 경쟁력을 가장 강력한 무기로 내세우고 있어, 국내 소비자들의 관심을 빠르게 끌고 있다. 이에 대응하기 위해 국내 전자상거래 플랫폼들은 다양한 할인 행사와 서비스 개선을 통해 경쟁력을 유지하려 하고 있지만, C커머스의 영향력 확장은 그 속도를 멈추지 않고 있다.

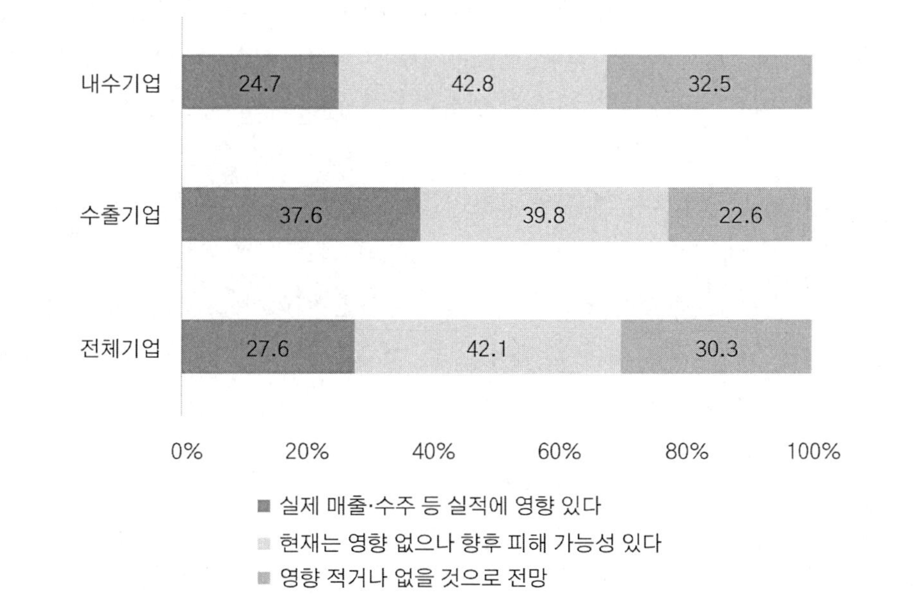

출처: 대한상공회의소.

〈그림 19-9〉 중국 제품의 저가 수출에 따른 경영 실적의 영향

국내 제조업체들도 C커머스의 가격 경쟁력에 밀려 어려움을 겪고 있다. 대한상공회의소가 실시한 설문조사에 따르면, 전국 제조기업 2228곳 중 27.6%가 "중국 제품의 저가 공세로 인해 매출과 수주에 영향을 받고 있다"고 응답했으며, 42.1%는 "향후 피해가 더욱 확대될 가능성이 있다"고 우려하고 있다. 이

는 단순히 플랫폼 시장의 경쟁을 넘어, 국내 제조업 생태계 전반에 걸친 문제로 확산될 수 있음을 시사한다.

(1) 국내 플랫폼의 대응 전략

이러한 변화 속에서 국내 전자상거래 플랫폼들은 경쟁력을 유지하고 시장 점유율을 회복하기 위해 다양한 전략을 모색하고 있다. 대표적인 예로 네이버와 카페24의 협업을 들 수 있다. 두 기업은 크로스보더 D2C(Direct to Consumer) 플랫폼을 강화하여, 국내 판매자들이 해외 시장에서도 직접 소비자와 연결될 수 있도록 지원하고 있다. 이러한 전략은 단순히 국내 시장에서의 경쟁력을 유지하는 것을 넘어, 해외 시장에서도 영향력을 확대하려는 시도로 볼 수 있다.

또한, 국내 전자상거래 플랫폼들은 소비자 보호 강화 및 서비스 품질 향상을 통해 C커머스와의 차별점을 부각하려 하고 있다. 예를 들어, 신뢰할 수 있는 판매자 인증 제도를 도입하거나, 철저한 품질 관리 시스템을 구축하여 소비자 신뢰도를 높이는 전략이 활용되고 있다. 하지만 이러한 노력만으로 C커머스의 성장을 단기간에 막기에는 한계가 있을 것으로 예상되며, 장기적인 관점에서 더욱 체계적인 대응책이 필요하다.

(2) 정부의 역할과 필요성

C커머스의 성장은 기업들만의 문제로 그칠 수 없다. 국내 전자상거래 시장이 지속적으로 활성화되고, 국내 경제에 기여할 수 있도록 하기 위해서는 정부 차원의 적극적인 대응과 지원책 마련이 필수적이다. 해외 전자상거래 플랫폼이 국내 시장에 진입하는 것을 무조건 막는 것은 바람직하지 않지만, 국내 플랫폼과 기업들이 지나치게 불리한 조건에서 경쟁하도록 내버려 두는 것도 문제다.

특히, 국내 전자상거래 플랫폼들은 가격 경쟁력과 물류 비용 측면에서 해외 플랫폼과 상대적으로 불리한 상황에 놓여 있다. 따라서 정부는 국내 전자상거래 가치사슬이 해외 플랫폼과 공정하게 경쟁할 수 있도록 필요한 제도적 지원과 규제 완화를 병행할 필요가 있다.

예를 들어, 국내 플랫폼과 판매자들이 글로벌 시장에서도 경쟁력을 가질 수 있도록 수출 지원 정책을 확대하거나, 물류비 절감을 위한 지원책을 마련하는 것이 가능하다. 또한, 해외 플랫폼들이 국내에서 운영되는 방식에 대한 공정한 규제 기준을 마련하여, 국내 기업들이 역차별을 받지 않도록 해야 한다.

현재 국내 전자상거래 시장은 해외 플랫폼의 거센 도전에 직면해 있다. 특히, C커머스 플랫폼의 급성장은 국내 플랫폼뿐만 아니라 제조업 및 유통업 전반에 걸쳐 영향을 미치고 있다. 만약 이러한 경쟁이 제대로 관리되지 않는다면, 장기적으로 국내 전자상거래 가치사슬의 안정성이 흔들릴 가능성이 높다.

따라서 국내 전자상거래 플랫폼들이 지속적으로 혁신하고, 차별화된 경쟁력을 갖추도록 지원하는 것이 무엇보다 중요하다. 정부 차원에서도 규제 완화 및 지원 정책을 통해 국내 플랫폼과 기업들이 공정한 환경에서 경쟁할 수 있도록 하는 노력이 필요하다. 또한, 단순한 보호주의적 접근이 아닌, 국내 플랫폼이 글로벌 경쟁력을 가질 수 있도록 체계적인 지원책을 마련하는 방향으로 정책이 추진될 필요가 있다.

결국, 국내 전자상거래 시장이 건강하게 성장하기 위해서는 기업과 정부가 함께 전략적으로 대응해야 하며, 단순히 해외 플랫폼과의 경쟁을 견디는 것이 아니라 더 나은 시장 환경을 조성하고 지속적인 발전을 이루는 것이 중요하다. 이를 위해서는 장기적인 비전을 바탕으로 국내 전자상거래 가치사슬이 더욱 강화될 수 있도록 다각적인 노력이 이루어져야 할 것이다.

3. 플랫폼 사업자의 불공정 거래행위

전자상거래 플랫폼의 불공정 거래행위는 생태계의 지속 가능한 발전을 저해하는 중요한 문제로 작용한다. 그러나 이를 단순히 플랫폼 사업자의 책임으로만 돌리기보다는, 플랫폼과 판매자, 정부가 함께 해결책을 모색해야 한다는 점에서 균형 있는 시각이 필요하다.

최근 온라인 플랫폼 관련 분쟁이 급증하는 추세를 보인다. 공정거래위원회 산하 한국공정거래조정원의 자료에 따르면, 온라인 플랫폼 관련 분쟁 접수 건수는 2017년 12건에서 2021년 103건으로 약 8.6배 증가하였으며, 2022년에도 8월까지 81건이 접수되는 등 지속적으로 증가하고 있다. 이러한 분쟁의 주요 원인 중 하나로 플랫폼 사업자들의 거래상 지위 남용이 지적된다. 일부 대형 플랫폼은 시장 내 우월한 지위를 이용하여 납품업체나 중소 판매자들에게 불리한 계약 조건을 강요하는 사례가 보고되고 있다. 예를 들어, SSG닷컴은 납품업체에 상품 판매 대금을 지급하는 과정에서 대규모유통업법 위반 혐의로 공정거래위원회의 조사를 받았으며, 컬리 역시 할인 행사를 진행하면서 납품업체에게 할인 비용을 부담시키는 방식으로 논란이 되었다.

뿐만 아니라, 참여연대에 따르면 2019년 10월 오픈마켓 쿠팡에 대한 광고 사기 제보가 접수되었으며, 이는 플랫폼 사업자의 우월적 지위를 이용한 불공정 행위로 지적된다. 이러한 사례들은 플랫폼과 입점업체 간의 불공정 거래 관행이 여전히 존재함을 보여준다.

(1) 정부의 대응 정책

그러나 플랫폼의 이러한 행위를 단순히 불공정 거래로만 단정 짓기보다는, 플랫폼의 비즈니스 모델과 생태계 내에서의 역할을 종합적으로 고려할 필요가 있다. 전자상거래 플랫폼은 단순한 유통 경로가 아니라, 판매자와 소비자를 연결하고, 마케팅 및 물류 지원을 포함한 다양한 부가가치를 제공하는 핵심 인프라 역할을 한다. 플랫폼 사업자는 판매자와 소비자의 요구를 충족시키기 위해 지속적인 혁신과 투자를 진행하며, 이를 통해 보다 효율적인 시장 환경을 조성하고 있다.

이와 같은 맥락에서, 플랫폼과 판매자 간의 관계는 상호 협력적이어야 하며, 장기적인 성장과 균형을 유지할 수 있는 구조로 발전해야 한다. 정부의 규제 역시 단순한 제한이나 처벌이 아니라, 생태계 전반의 공정성과 지속 가능성을 높이는 방향으로 접근해야 한다. 예를 들어, 온라인 플랫폼 공정화법 제정을 통해 시장 내 불공정 거래행위를 예방하고, 판매자들이 보다 안정적인 환경에서 운영할 수 있도록 제도적 장치를 마련하는 것이 필요하다. 다만, 과도한 규제는 국내 플랫폼 기업의 경쟁력을 약화시키고, 글로벌 플랫폼과의 경쟁에서 불리한 위치에 놓이게 할 수 있으므로 신중한 접근이 요구된다.

(2) 플랫폼 사업자들의 자정 대응 방안

플랫폼 사업자들 역시 법적 규제를 피하기 위한 소극적인 대응이 아니라, 생태계의 지속 가능성을 고려한 자율적인 개선 노력을 기울여야 한다. 최근 일부 플랫폼은 공정거래 가이드라인을 도입하고, 판매자와의 협력을 강화하는 정책을 추진하는 등 개선 노력을 보이고 있다. 특히, 할인 행사 비용 부담 방식이나 납품업체와의 계약 조건에서 보다 투명한 기준을 마련하고, 판매자들이 플랫폼과 대등한 협상력을 가질 수 있도록 지원하는 것이 필요하다.

결국, 플랫폼의 공정성과 투명성을 확보하는 것은 단순한 법적 규제나 개별 플랫폼의 노력만으로 해결될 수 있는 문제가 아니다. 정부, 플랫폼 사업자, 판매자, 소비자가 함께 균형 있는 생태계를 조성해 나가야 하며, 이를 위해서는 규제와 혁신이 조화를 이루는 접근이 필요하다. 전자상거래 플랫폼이 지속적으로 성장하면서도 건강한 경쟁 환경을 유지할 수 있도록 하기 위해 장기적인 시각에서의 정책적 논의와 산업의 자율적 개선 노력이 함께 이루어져야 한다.

Ⅳ 결론

IT 기술이 뿌리 박힌 경제의 중심에서 전자상거래 플랫폼은 소비자와 판매자를 연결하며, 양측에게 다양한 경제적 가치를 제공하는 핵심 매개체로 자리 잡았다. 플랫폼은 검색 및 선택, 구매, 풀필먼트, 서비스라는 네 가지 단계로 구성된 가치사슬을 통해 효율적인 거래를 지원하며, 이를 통해 전자상거래 생태계의 활성화를 도모하고 있다. 특히, 규모의 경제 효과를 활용한 비용 절감과 품질 개선은 소비자와 판매자 모두에게 중요한 혜택을 제공하고 있으며,

디지털 기술의 발전은 이러한 플랫폼의 기능을 더욱 정교하고 혁신적으로 변화시키고 있다.

본 연구는 전자상거래 플랫폼의 가치사슬을 각 단계별로 분석하며, 이들이 산업 생태계에 제공하는 경제적 가치를 강조하였다.

첫째, 검색 및 선택 단계에서는 소비자가 방대한 상품 중에서 개인화된 추천을 통해 원하는 상품을 손쉽게 찾을 수 있도록 지원하며, 판매자에게는 노출 기회를 극대화하는 마케팅 도구를 제공한다. 이를 통해 플랫폼은 소비자와 판매자 간의 정보 비대칭 문제를 완화하며, 거래의 효율성을 높이는 역할을 수행한다.

구매 단계에서는 결제의 간소화와 안전성을 강화하여 소비자의 편의를 도모하며, 동시에 판매자에게 안정적인 거래 환경을 제공한다. 예를 들어, 쿠팡의 경우 원터치 결제 시스템과 같은 기술적 도입으로 구매 과정을 획기적으로 단축시킴으로써 사용자 경험을 크게 향상시키고 있다.

풀필먼트 단계에서는 물류와 배송 서비스를 통합 관리하여 소비자에게는 신속하고 정확한 배송을, 판매자에게는 물류 부담을 줄여주는 방식으로 작동한다. 특히, 네이버의 풀필먼트 서비스는 재고 관리부터 배송까지 아우르는 포괄적인 서비스를 제공하며, 소규모 판매자들에게도 대규모 물류 인프라를 활용할 수 있는 기회를 제공하고 있다.

마지막으로 서비스 단계에서는 소비자 관리와 사후 지원이 이루어지는데, 이는 플랫폼의 지속 가능한 운영과 소비자 신뢰 확보를 위한 필수적인 요소로 작용하며, 판매자에게는 효과적인 고객 관리 도구를 통해 경쟁력을 강화할 수 있는 기회를 제공한다.

그러나 전자상거래 생태계는 여러 저해 요인으로 인해 다양한 도전에 직면하고 있다. 본 연구에서는 이를 크게 세 가지로 구분하였다.

첫째, 정부 규제는 생태계의 성장을 제약하는 주요 원인 중 하나로 볼 수 있는데, 전자상거래의 빠른 발전 속도를 반영하지 못하는 규제 정책은 플랫폼 운영의 유연성을 제한하고, 혁신적인 시도에 장애물이 되고 있다.

둘째, 국외 전자상거래 플랫폼의 시장 침투는 국내 기업에 강력한 경쟁 압력을 가하고 있다. 글로벌 플랫폼은 자본력과 기술력을 기반으로 국내 시장에 진출하며 소비자와 판매자의 관심을 끌고 있으며, 이는 국내 플랫폼이 성장하는 데 어려움을 주는 요인으로 작용하고 있다.

셋째, 플랫폼 사업자의 불공정 거래행위는 생태계 신뢰를 약화시키는 주요 문제로 꼽히고 있다. 플랫폼의 독점적 지위에서 발생하는 불공정한 수수료 정책이나 불투명한 알고리즘 운영은 중소규모 판매자들에게 불리한 환경을 조성하며, 생태계의 공정성을 해칠 수 있다.

전자상거래 생태계의 지속 가능한 발전을 위해서는 이와 같은 도전 과제들을 해결하기 위한 종합적인 접근이 필요하다.

우선, 정부는 규제 환경을 개선하여 디지털 전환의 속도를 반영하고, 플랫폼 간 공정 경쟁을 유도하는 정책을 마련해야 한다. 동시에 플랫폼 사업자는 투명한 거래 관행을 확립하고, 중소규모 판매자와의 협력 관계를 강화함으로써 생태계 전반의 신뢰를 높여야 한다.

둘째, 기술 혁신은 글로벌 경쟁력을 확보하기 위한 필수 요소로, 국내 플랫폼은 인공지능, 빅데이터, 블록체인 등 첨단 기술을 적극 활용하여 경쟁력을 강화해야 할 것이다. 이를 통해 소비자와 판매자 모두에게 더 나은 경험과 혜택을 제공할 수 있다.

마지막으로 전자상거래 플랫폼은 디지털 경제에서 지속 가능한 성장을 이루기 위해 소비자와 판매자 간 균형 있는 가치를 제공하며, 생태계 내 모든 참여자가 상생할 수 있는 환경을 조성해야 한다. 이를 위해 정부, 플랫폼 사업자, 그리고 사용자 간의 협력은 필수적이며, 규제 혁신, 기술 발전, 공정 경쟁 환경 조성을 통해 전자상거래 생태계는 미래 경제의 중심 축으로 자리 잡을 수 있을 것이다.

참고문헌

유병준, “비즈 어드바이저, SME 데이터 인사이트 제공을 위한 무료 솔루션”, 네이버 Agenda Research, 2020.

조진철·임영태·이종소, “전자상거래시대 중소,중견기업의 글로벌 물류 인프라 구축 방안 연구”, 국토연구원, 2021년 12월.

예상준·김혁황·금혜윤·이승례, “국경간 전자상거래가 글로벌 가치사슬에 미치는 영향”, 대외경제정책연구원, 2022년 12월.

김대근·이경미·장보은·오성은, “전자상거래 활성화에 따른 상사법제의 종합적, 체계적 정비방안 연구”, 한국형사,법무정책 연구원, 2022년 12월.

삼정KPNG, “Business Focus: 격변기 맞은 이커머스, 기업의 생존 방향성은?”, 삼정KPNG 경제연구원, 2023년 11월.

이경호·강우성, “국내 이커머스 시장의 경쟁 전략: 가치사슬기반의 자원과 역량 강화를 중심으로”, 유통연구, 29(1), 85－119, 2024년 1월.

최은진, “지배적 플랫폼 사업자의 규제 이슈에 대한 검토”, NARS, 2024년 2월.

네이버 페이, “네이버페이 주문형 통계 비즈어드바이저 사용법”, 네이버 파이낸셜.

네이버, “Naver Integrated Report 2022”, 네이버, 2022.

플랫폼SME연구센터, “디지털 상공인(D－SME) 리포트 2023”, 네이버, 2023.

강형구, “네이버 테크핀 리포트 2022”, 네이버, 2022.

네이버, “2022 네이버 디지털 생태계 리포트”, 네이버, 2022.

쿠팡, “2020 쿠팡 소상공인 리포트”, 쿠팡, 2020.

네이버, “네이버 D－커머스 리포트2020”, 네이버, 2020.

김성진, “국내 소비자들의 C커머스 구매액 121% 증가”, Pinpoint News, 2023년 11월.

박준호, “C커머스, 글로벌 전자상거래 시장에서 41% 성장률 기록”, 조선비즈, 2024년 6월.

정민우, “중국 제품 저가 수출, 국내 제조업체의 경쟁력 저하”, News1, 2024년 3월.

정현수, “플랫폼법 제정 포기, 공정거래법 개정으로 독과점 규제”, 머니투데이, 2024년 9월.

박지혜, “플랫폼 규제의 방향 전환: 사전 지정에서 사후 추정으로”, 조선비즈, 2024년 9월.

김은지, “임시중지명령 도입과 공정거래법 개정안의 특징”, 경향신문, 2024년 9월.

이기훈, “공정거래법 개정, 반경쟁 행위 제재 강화”, 전자신문, 2024년 9월.
한지훈, “플랫폼 규제 변화와 공정거래법 개정 효과”, 중앙일보, 2024년 9월.

20 플랫폼의 혁신과 포용: 전통시장의 플랫폼 활용을 중심으로

류민호 / 동아대학교 경영정보학과

I 총설

1. 전통시장 활성화 및 온라인 플랫폼 활용의 필요성 제고

(1) 플랫폼 생태계의 발전으로 인한 기회와 위협

1) 플랫폼의 성장으로 인한 기회

디지털 플랫폼의 성장은 소상공인에게 물리적 제약을 극복하고 시장을 확대할 수 있는 중요한 기회를 제공한다. 특히 오프라인 중심의 전통적인 비즈니스 모델에서는 지리적 위치나 자본의 한계로 인해 고객 접근성이 제한되었지만, 디지털 플랫폼을 통해 이러한 한계를 넘어 더 넓은 시장에 도달할 수 있다. 특히 초기 자원이 부족한 스타트업에 더욱 유리하게 작용하며, 디지털 플랫폼을 통해 비용 효율적인 마케팅 전략을 실행할 수 있게 해준다.[1] 예를 들어, 소셜 미디어 마케팅이나 디지털 광고를 통해 적은 비용으로도 광범위한 고객층에게 브랜드 인지도를 높이고, 이를 통해 비즈니스 성과를 극대화할 수 있다.

또한, 디지털 플랫폼은 자원을 적극적으로 활용하여 네트워크 효과를 극대화할 수 있는 장점을 가진다. 네트워크 효과란 사용자 수가 증가할수록 플랫폼의 가치가 더욱 커지는 현상을 말한다. 이는 디지털 플랫폼이 사용자와 공급

1 Magaji Abdullahi Usman, Xinbo Sun, "The impact of digital platforms on new startup performance: Strategy as moderator," Heliyon, 2023, 9(12).

자, 협력 기업 등 다양한 이해관계자들을 하나의 생태계로 묶어주기 때문에 가능하다. 예를 들어, 쇼핑몰 플랫폼에서는 판매자가 많아질수록 소비자는 더 많은 선택권을 갖게 되고, 소비자 유입을 더욱 촉진하게 된다. 반대로 소비자가 많아질수록 판매자에게는 더 큰 시장이 열리므로, 판매자 또한 플랫폼에 더욱 적극적으로 참여하게 된다. 이러한 선순환 구조는 플랫폼의 인지도와 신뢰도를 높이는 동시에 상품과 서비스 개선을 촉진하게 된다.[2]

기존의 오프라인 시장은 참여자들의 정보 접근이 매우 제한적이었으며, 이로 인해 정보 격차가 발생하는 경우가 많았다. 예를 들어, 전통시장에서는 소비자들이 상품의 가격이나 품질 정보를 미리 알기 어렵고, 상인들도 고객의 구매 패턴이나 선호도를 체계적으로 분석하기 힘들었다. 그러나 디지털 플랫폼의 등장은 이러한 정보 격차를 해소하고 정보 접근성을 대폭 확대하는 역할을 하고 있다. 소비자는 온라인 리뷰나 제품 설명을 통해 상품에 대한 충분한 정보를 얻을 수 있으며, 상인들도 데이터를 분석하여 고객의 니즈를 보다 정확하게 파악할 수 있다.

더 나아가 디지털 플랫폼은 사용자, 공급자, 협력 기업 등 다양한 이해관계자들과의 협업을 촉진하여 공동의 목표를 실현할 수 있도록 돕는다. 이러한 협업은 단순한 정보 교환을 넘어 자원 공유와 아이디어 교환을 촉진하며, 이를 통해 공동 혁신과 새로운 가치 창출이 가능해진다.[3] 예를 들어, 소상공인들은 디지털 플랫폼을 통해 공동 마케팅이나 공동 구매를 진행하여 비용을 절감하고, 동시에 소비자에게는 더 나은 가격과 품질의 제품을 제공할 수 있다. 이러한 공동 혁신의 과정은 디지털 플랫폼 생태계의 경쟁력을 더욱 강화시키는 원동력이 된다.

---

2 Hareem Nassar, and Fareesa Malik, "Role of Digital Platforms in Entrepreneurial Processes: The Resource Enabling Perspective of Startups in Pakistan," In Innovation Practices for Digital Transformation in the Global South: IFIP WG 13.8, 9.4, Invited Selection (pp. 130–148). 2022, Cham: Springer International Publishing.

3 Tammy L. Madsen, "Digital Platform Innovation and Opportunities," 2024, In Oxford Research Encyclopedia of Business and Management.

2) 플랫폼의 성장으로 인한 위협

한편, 디지털 플랫폼의 성장은 소상공인들에게 기회뿐만 아니라 위협으로 작용하기도 한다. 특히 규모가 큰 기업이나 대규모 조직은 풍부한 자원을 바탕으로 온라인 및 오프라인 채널 전환이 매우 용이한 반면, 개인 소상공인들은 상대적으로 자원이 부족하여 디지털 플랫폼 중심의 시장 구조 변화에 신속하게 대응하기 힘들다. 예를 들어, 대형 유통기업은 자체 온라인 쇼핑몰과 오프라인 매장을 유기적으로 연결하여 옴니채널 전략을 구사할 수 있지만, 소규모 상인은 물류나 재고 관리에 있어 한계가 많다. 이러한 격차는 디지털 플랫폼 생태계에서 소상공인의 입지를 약화시키고, 결과적으로 시장 내에서 경쟁력을 잃게 할 수 있다. 또한 플랫폼의 확장성은 신규 시장 진출을 촉진하는 한편, 기존 산업 내에서 경쟁사를 증가시켜 시장 내 경쟁을 더욱 심화시키는 요인으로 작용할 수 있다.[4]

특히 O2O(Online–to–Offline) 플랫폼을 선제적으로 도입한 시장 참여자만이 플랫폼의 혜택을 누릴 수 있는 구조는 시장 참여자 간의 급격한 양극화를 초래할 수 있다.[5] 이는 자본력이나 기술력을 갖춘 대형 기업이 시장을 독점하고, 상대적으로 소규모 자영업자는 경쟁에서 밀려나는 결과를 초래할 수 있다. 이는 소상공인들이 더욱 불리한 경쟁 환경에 놓이게 하며, 시장 참여자 간의 격차를 더욱 벌리게 만든다.

더 나아가 이러한 양극화는 디지털 격차를 발생시키며, 이는 단순히 기술적 접근의 차이를 넘어서 사회적, 경제적 불평등에 직접적인 영향을 미칠 수 있다. 디지털 플랫폼을 자유롭게 활용할 수 있는 집단과 그렇지 못한 집단 간의 격차는 경제적 기회와 정보 접근성의 불균형을 초래하며, 이는 사회적 불평등을 심화시키는 결과로 이어질 수 있다.[6]

---

4 Cennamo, "Competing in digital markets: A platform–based perspective. Academy of Management Perspectives," 35(2), 2021, 265–291.

5 Ryu, M. H., Kim, E., and Lee, S. Y., "How offline retailers adopt O2O: Neighboring star shops and their proximity effect". Telecommunications Policy, 46(3), 2022, 102278.

6 Van Deursen, and Helsper, "The third–level digital divide: Who benefits most from being online?," In Communication and information technologies annual, 10, 2015, 29–52.

또한, 디지털 격차는 디지털 배제로 이어질 가능성이 높으며, 궁극적으로 사회적 배제를 심화시키고 사회 내 불평등을 더욱 고착화시킬 위험이 있다. 특히 정보 접근성과 디지털 활용 능력이 낮은 계층은 경제적 기회를 박탈당하고, 사회적 참여에서도 소외될 가능성이 높다. 이는 결과적으로 사회적 이동성을 저해하고, 불평등 구조를 고착화시키는 요인으로 작용한다.[7·8] 이러한 문제는 전통시장과 같이 고령층의 오프라인 소매사업자들이 밀집한 지역에서 더욱 두드러지게 나타난다. 고령층은 디지털 기술 습득에 어려움을 겪는 경우가 많으며, 이는 디지털 플랫폼의 혜택을 충분히 누리지 못하게 만들고, 결과적으로 지역 경제 활성화에 부정적인 영향을 미칠 수 있다.

(2) 지역사회 및 지역경제 중심으로서의 전통시장의 역할 고찰

1) 지역공동체 활성화

전통시장은 지역 주민들에게 사회적·문화적으로 공통된 연대의식을 형성하도록 도와 사회적 응집을 촉진하는 중요한 역할을 한다.[9] 이는 전통시장이 단순한 거래의 공간을 넘어 지역사회의 상호작용과 결속력을 강화하는 핵심적인 장소로 작용하기 때문이다. 특히 전통시장의 상인과 이용객은 대부분 해당 지역의 주민들로 구성되어 있어 강한 지역적 특성을 나타낸다. 또한, 다양한 민족, 종교, 사회적 배경을 가진 사람들 간의 교류를 통해 서로의 문화를 이해할 수 있으므로, 지역 공동체의 결속력을 강화할 수 있다. 이와 같은 사회적 연결망은 전통시장이 단순한 경제활동의 공간을 넘어 문화적 소통과 사회적 교류의 장으로 기능하게 만든다.[10] 결과적으로 이는 건강한 지역 공동체 형성에 긍정적인 영향을 미치며, 전통시장은 지역 사회의 응집력과 연대감을 높이는 중요한 거점이 된다.[11]

---

7 Paul DiMaggio, "From the "digital divide" to digital inequality: Studying Internet use as pene-tration increases," 2001.

8 Helsper, E. J., "A corresponding fields model for the links between social and digital ex-clusion", Communication theory, 22(4), 2012, 403-426.

9 김도형, "지역 활성화를 위한 전통시장 육성 방안," 2013년.

10 Jacqueline Lindenfeld, "Communicative patterns at French marketplaces," 1978.

2) 지역 문화 활성화

전통시장은 자연 발생적으로 형성되고 발전해 온 장소로, 지역의 전통문화가 녹아있는 동시에 지역 특색을 보존하는 중요한 장소로 기능하고 있다. 이는 단순한 상업 공간을 넘어 지역 사회의 역사와 문화를 간직한 장소로서, 지역 고유의 정체성을 형성하고 유지하는 데 중요한 역할을 한다. 전통시장은 지역의 경관과 건축, 역사와 사회적 관계가 어우러져 지역 고유의 정체성을 만들어내며, 이러한 정체성은 전통시장을 단순한 시장이 아닌 지역 문화의 상징적인 공간으로 자리매김하게 만든다.[12] 예를 들어, 특정 지역에서만 볼 수 있는 특산물이나 전통 음식, 지역 고유의 행사와 축제는 전통시장을 통해 전승되고 발전해 나간다. 이러한 문화적 경험은 전통시장을 방문하는 이들에게 그 지역만의 고유한 감성과 문화를 느끼게 하며, 전통시장이 지역 정체성을 강화하고 보존하는 데 기여하게 만든다.[13]

또한, 전통시장은 지역 주민들이 방언으로 소통하며 자연스럽게 교류하는 공간으로써, 지역 문화와 정체성 유지에 크게 이바지하고 있다.[14] 특히, 전통시장에서는 세대 간의 대화가 자연스럽게 이뤄지며, 이를 통해 전통과 문화가 세대를 거쳐 전승되고 발전하게 된다. 이는 전통시장이 단순히 과거의 문화를 보존하는 역할에 그치지 않고, 현재의 문화와 결합하여 새로운 문화를 창출하는 창조적 공간으로 기능하게 만든다.

3) 지역경제 활성화

전통시장은 대체로 지역에서 생산되는 상품을 판매하기 때문에 지역 경제

11 Alex Rhys−Taylor, “The essences of multiculture: A sensory exploration of an inner−city street market,” In Ethnography, 2016, Diversity and Urban Space (pp. 46−59). Routledge.

12 Stephen Smith, “A sense of place: Place, culture and tourism,” Tourism Recreation Research, 40(2), 2015, 220−233.

13 Amber Silver, and Jason Grek−Martin, “Now we understand what community really means: Reconceptualizing the role of sense of place in the disaster recovery process,” Journal of Environmental Psychology, 42, 2015, 32−41.

14 Christopher Mele, Megan Ng, and May Bo Chim, “Urban markets as a ‘corrective’to advanced urbanism: The social space of wet markets in contemporary Singapore,” Urban Studies, 52(1), 2015, 103−120.

에 대한 기여도가 높다. 특히 전통시장의 상인은 대부분 지역 주민으로 구성되어 있으며, 이들이 창출한 수익은 다시 지역 내에서 순환되므로 지역 경제에 긍정적인 영향을 미친다.[15]

그뿐만 아니라, 전통시장은 지역 주민들에게 새로운 비즈니스 기회를 제공한다. 특히 초기 자본이 적은 소상공인이나 창업자에게는 적은 비용으로 시장에 진입할 기회를 제공하며, 특히 여성과 저학력자, 소외된 계층에게 경제적 자립의 발판을 마련해줌으로써 지역 경제 기반을 확립하는 임무를 수행한다.

더 나아가, 전통시장은 저소득 가구가 쉽게 접근할 수 있으며, 저렴한 상품을 통해 주민들의 생계를 지원함으로써 지역 경제 기반 유지에 이바지한다.[16] 이는 전통시장이 단순히 상업적 공간이 아닌 사회적 안전망으로서의 역할을 수행하는 것을 의미한다. 결과적으로 전통시장은 지역 경제에 이바지할 뿐만 아니라, 저소득층과 소외 계층을 지원하며 지역 경제 기반을 강화하는 데 핵심적인 역할을 수행하고 있다는 것을 확인할 수 있다.

(3) 전통시장의 쇠퇴 현황과 원인

1) 전통시장의 쇠퇴 현황

최근 전통시장은 대형 할인점 및 온라인 쇼핑몰의 성장, 그리고 소비 행태의 변화에 따라 경제력을 상실하면서 쇠퇴가 가속화되고 있다.[17·18] 특히 디지털 플랫폼의 발달로 인해 소비자들이 온라인 쇼핑을 선호하게 되면서 전통시장의 방문객 수는 급격히 감소하고 있으며, 이에 따라 전통시장의 수 역시 급감하고 있다. 구체적으로, 전통시장의 수는 2008년 1,550개에서 2022년 1,388

---

15 박재수·김응규, "전통시장의 성공조건 탐색－대구불로시장과 대전유성시장의 사례. 전통재래시장연구," 5, 2012년, 36－50.

16 Brian Cook, Ann Trevenen－Jones, and Bhavna Sivasubramanian, "Nutritional, economic, so－cial, and governance implications of traditional food markets for vulnerable populations in sub－Saharan Africa: a systematic narrative review," Frontiers in Sustainable Food Systems, 8, 2024, 1382383.

17 김은광, "쇠퇴한 전통시장의 지속가능한 공간복합화 전환 연구－대구 교동시장을 중심으로," 한국공간디자인학회 논문집, 19, 2024년, 137－151.

18 차예지·이재영, "2000년대 이후 시행된 전통시장 현대화 사례에 나타난 장소 정체성에 관한 연구," 한국공간디자인학회 논문집, 19(7), 2024년, 535－548.

개로 지속적으로 감소해 왔다.[19] 이와 같은 감소 추세는 전통시장이 급변하는 유통 환경에 적응하지 못한 결과로 볼 수 있다.

또한, 전통시장 및 상점가의 빈 점포 수는 2018년 20,627개에서 2022년 30,002개로 46.1% 급증하였다. 특히, 시장별 빈 점포 비중은 같은 기간 동안 6.6%에서 10.0%로 3.4% 증가하며 전통시장의 쇠퇴가 가속화되고 있음을 시사하고 있다. 이러한 현상은 전통시장이 변화하는 소비 환경에 적응하지 못한 결과로, 소비자들의 선택지에서 점차 배제되고 있다는 사실을 보여준다.

결과적으로, 전통시장은 기존의 오프라인 중심의 운영 방식에서 벗어나지 못하고 있으며, 디지털화 및 현대화된 소비자 경험을 제공하지 못한 채 쇠퇴하고 있다. 이는 전통시장이 지속 가능한 운영 구조를 마련하지 않으면 앞으로도 경쟁력을 잃고 더 큰 쇠퇴에 직면할 수 있음을 시사하며, 이에 대한 대응이 시급함을 보여준다.

2) 전통시장 쇠퇴 원인

전통시장의 쇠퇴 원인은 상권 및 입지 변화, 소비 행태 변화, 시설 및 환경적 요인, 그리고 운영 및 서비스 품질 등 여러 가지 요인이 복합적으로 작용한 결과이다.

우선 상권 및 입지 변화는 전통시장이 쇠퇴하게 된 주요 원인 중 하나이다. 전통시장은 주로 구도심에 위치해 있으며, 신도시로 상권의 중심이 이동하면서 기존의 상권은 점차 위축되고 있다. 이로 인해 전통시장은 소비자들의 발길이 끊기고, 경쟁력을 상실하며 도태될 가능성이 높아지고 있다.[20] 또한, 인구 감소와 고령화 현상은 전통시장의 생존 가능성을 더욱 위협하고 있다. 오프라인 공간에 의존하는 전통시장은 젊은 층의 인구 유출로 인해 방문객과 구매력이 감소하고 있으며, 이로 인해 상권이 축소되고 지역 경제에도 부정적인 영향을 미치고 있다.[21]

---

19 소상공인진흥공단, “전통시장, 상점가 점포경영 실태조사,” 2023년.

20 안형근·양해술, “재래시장 현황 분석 및 활성화 방안에 관한 연구: 대전·충청지역의 개선 지원 사업을 중심으로: 대전·충청지역의 개선 지원 사업을 중심으로,” 한국산학기술학회 논문지, 8(6), 2007년, 1682−1694.

21 김현중·송지은·정일훈, “인구감소가 전통시장 축소에 미칠 영향 예측−전라남도를 사례로,”

다음으로, 소비 행태 변화 역시 전통시장의 쇠퇴에 큰 영향을 미치고 있다. 현대 소비자들은 디지털 플랫폼이 제공하는 편리함, 다양한 상품 선택, 그리고 경쟁력 있는 가격을 선호하며 온라인 쇼핑을 적극적으로 채택하고 있다.[22·23·24] 또한, 소비자들은 팝업 스토어와 플리마켓과 같은 비전통적인 시장에서 제공하는 독창적인 경험과 즐거움을 더 선호하게 되었고, 이는 전통시장이 매력적인 쇼핑 경험을 제공하지 못한다는 인식을 심화시키고 있다.[25]

시설 및 환경적 요인 또한 전통시장의 쇠퇴를 가속화시키는 주요 원인 중 하나이다. 대부분의 전통시장은 노후화된 시설과 부족한 편의시설로 인해 소비자들에게 불편함을 주고 있으며, 전통시장을 이용하려는 의지를 저하시켜 부정적인 인식을 형성할 가능성이 높다.[26] 특히, 전통시장의 위생 상태가 불량하거나 청결 관리가 미흡한 경우 방문객에게 불쾌감을 주고, 이는 부정적인 이미지를 형성하여 재방문 의사에 악영향을 미치고 있다.

마지막으로, 운영 및 서비스 품질 문제는 전통시장의 경쟁력을 저하시키고 있다. 전통시장은 운영시간이 제한적이며, 이에 따라 소비자들이 특정 시간에 맞춰 방문해야 하는 불편함이 있다.[27] 또한, 백화점이나 대형 유통마트에 비해 상품의 품질과 관리 수준에서 경쟁력이 떨어지며, 이는 소비자 만족도를 저

한국도시설계학회지 도시설계, 23(4), 2022년, 77－92.

22 Dulce Jimenez, Sade Valdes and Mariana Salinas, “Popularity comparison between e－commerce and traditional retail business,” International Journal of Technology for Business (IJTB), 1(1), 2019, 10－16.

23 Krishna, “The Shift to Digital Shopping: Impacts on Traditional Retail. Journal of Business Transformation,” 15(4), 2023, 23－45.

24 Zhou, “E－Commerce Impact on Traditional Retail: Exploring the Transition to New Retail Approaches,” Highlights in Business, Economics and Management, 39, 2024, 631－637. https://doi.org/10.54097/zcs63k04

25 Michelle Childs, Tiffany Blanchflower, Songyee Hur, and Delisia Matthews, “ Non－traditional marketplaces in the retail apocalypse: investigating consumers' buying behaviours,” International journal of retail & distribution management, 48(3), 2020, 262－286.

26 김민정·류성민, “전통시장의 활성화 방안에 대한 정성적 연구: 국내 전통 시장을 중심으로,” 유통연구, 21(4), 2016년, 157－177.

27 Nancy Jean Miller, Ruoh－Nan Yan, and Sage Calamari, “Occasionally open, always an experience: limiting store hours,” International Journal of Retail & Distribution Management, 42(2), 2014, 92－105.

하시켜 전통시장을 선택지에서 배제하게 만드는 요인으로 작용하고 있다.[28] 더불어, 상인들의 고객 응대 능력 부족과 불친절한 태도는 소비자들에게 부정적인 인식을 심어주며, 전통시장에 대한 거부감을 유발하고 있다.[29]

결국, 전통시장은 상권 변화, 소비 행태 변화, 시설 및 환경적 문제, 운영 및 서비스 품질 문제 등 다양한 요인이 복합적으로 작용하여 쇠퇴하고 있다. 이를 극복하기 위해서는 디지털 플랫폼을 적극 활용하여 접근성을 높이고 경쟁력을 강화하며, 현대 소비 트렌드에 부응하는 전략을 마련해야 한다.

(4) 전통시장의 디지털 플랫폼 활용의 필요성

1) 소상공인 디지털 플랫폼 활용의 효과

전통시장이 디지털 플랫폼을 활용하는 것은 소상공인에게 다양한 기회를 제공하며, 시장 경쟁력을 강화하는 데 중요한 역할을 한다. 특히 연결성 강화, 비용 절감, 오프라인 점포 의존도 감소, 그리고 O2O 시너지 효과를 통해 전통시장은 디지털 전환과 현대화된 쇼핑 경험을 제공할 수 있다.

우선, 디지털 플랫폼은 O2O(Online to Offline) 전략을 통해 인터넷을 기반으로 소비자와 오프라인 서비스를 제공하는 소상공인을 연결하며, 이를 통해 지역적인 제약을 넘어 더 많은 고객층에 접근할 수 있다.[30] 특히, 온라인 판매 채널을 통해 전통시장은 기존의 물리적 한계를 극복하고 더 넓은 고객층에 다가갈 수 있는 기회를 얻는다. 예를 들어, 소상공인은 모바일 애플리케이션이나 소셜 미디어를 활용하여 고객과 실시간으로 소통할 수 있으며, 이는 고객과의 관계를 강화하고 고객 만족도와 충성도를 높이는 데 기여한다.[31]

---

28 김수민·이승신, “뉴실버 소비자의 소매업태 속성평가 및 소비자만족도 연구: 백화점과 전통시장을 중심으로,” Family and Environment Research, 53(6), 2015년, 619–628.

29 조범석, “전통시장 활성화 방안 연구,” 전주대학교 석사학위 논문, 2022년.

30 경기도시장상권진흥원, “경기도 소상공인 경제이슈 브리프 Vol.10: 소상공인의 미래를 여는 디지털 전환,” 2024년.

31 Han Chu, Robert Hassink, Dixiang Xie, and Xiaohui Hu, “Placing the platform economy: the emerging, developing and upgrading of Taobao villages as a platform–based place making phenomenon in China,” Cambridge Journal of Regions, Economy and Society, 16(2), 2023, 319–334.

또한, 디지털 플랫폼은 사업 운영에 필요한 다양한 비용을 절감하는 데 효과적이다. 특히 소규모 사업자에게는 제한된 자원을 효율적으로 활용할 수 있는 기회를 제공한다.[32,33] 예를 들어, 디지털 플랫폼을 통해 실시간 재고 관리와 인력 배치를 최적화함으로써 불필요한 재고 비용을 줄이고 운영 효율성을 극대화할 수 있다. 또한, 온라인 마케팅 도구를 활용하면 전통적인 광고 방식에 비해 저비용으로 높은 효과를 기대할 수 있으며, 이는 소상공인이 초기 자본이 부족한 상황에서도 비용 효율적인 마케팅 전략을 수립할 수 있게 한다.

더 나아가, 디지털 플랫폼은 자원 공유를 촉진하여 공유 경제를 활성화하며 자원의 활용도를 극대화하고 소비 효율을 높이는 동시에 지속 가능성을 강화할 수 있다.[34] 예를 들어, 소상공인 간 공동 배송 시스템을 도입하거나 공유 창고를 이용함으로써 물류 비용을 절감하고 자원의 낭비를 최소화할 수 있다. 이러한 공유 경제는 환경적인 측면에서도 긍정적인 영향을 미치며, 자원의 순환과 효율적인 활용을 통해 지속 가능한 비즈니스 모델을 구축할 수 있다.

디지털 플랫폼의 적극적인 활용은 전통시장의 오프라인 점포 의존도를 줄이는 데에도 기여한다. 이는 코로나19와 같은 예상치 못한 상황에도 유연하게 대응할 수 있는 기반을 제공하며, 비대면 소비 증가와 같은 새로운 소비 트렌드에 빠르게 적응할 수 있게 한다.[35] 예를 들어, 온라인 주문 및 배달 서비스를 통해 오프라인 방문 없이도 제품을 판매할 수 있는 시스템을 구축하거나, 라이브 커머스를 통해 실시간으로 고객과 소통하며 제품을 소개함으로써 온라인과 오프라인의 경계를 허물 수 있다. 이를 통해 전통시장은 물리적 공간의 한계를 넘어선 옴니채널 전략을 통해 소비자에게 접근할 수 있는 기회를 확대하고, 변

---

32 Kah Young Shin, Jae Jeong, and Moon Jang, "The Effect of Digital Transformation on SMEs using O2O Platforms: Focusing on Customer Engagement," Asia Pacific Journal of Information Systems, 32(3), 2022, 580–600. https://doi.org/10.14329/APJIS.2022.32.3.580

33 경기도시장상권진흥원, "경기도 소상공인 경제이슈 브리프 Vol.10: 소상공인의 미래를 여는 디지털 전환," 2024년.

34 Pouri, "Eight impacts of the digital sharing economy on resource consumption," Resources, Conservation, and Recycling, 168, 2021, 105434 – 105434.

35 경기도시장상권진흥원, "경기도 소상공인 경제이슈 브리프 Vol.10: 소상공인의 미래를 여는 디지털 전환," 2024년.

화하는 소비자 요구와 시장 환경에 효과적으로 대응할 수 있다.

뿐만 아니라, 디지털 플랫폼은 O2O 시너지 효과를 통해 온라인과 오프라인 채널을 통합함으로써 전통시장의 경쟁력을 높이는 데 기여한다. 온라인과 오프라인 채널의 통합은 소매업자에게 시장에서의 경쟁 우위를 제공하며, 특히 오프라인 매장을 보유한 소매업자는 온라인 채널만 보유한 업체에 비해 더 높은 신뢰도와 경쟁력을 확보할 가능성이 크다.[36,37]

디지털 플랫폼은 사용자에게 필요한 정보를 실시간으로 제공함으로써 정보 비대칭 문제를 완화하고, 오프라인 거래의 가치를 더욱 높이는 데 이바지할 수 있다.

결론적으로, 전통시장은 디지털 플랫폼을 효과적으로 활용함으로써 연결성 강화, 비용 절감, 오프라인 점포 의존도 감소, O2O 시너지 등 다양한 이점을 얻을 수 있다. 이를 통해 전통시장은 디지털 전환과 현대화된 쇼핑 경험을 제공하여 경쟁력을 강화할 수 있으며, 지속 가능한 성장을 도모할 수 있다.

2. 전통시장 기술 도입 및 온라인 플랫폼 사용 현황

(1) 전통시장의 온라인 플랫폼 활용 및 국내 성공 사례

1) 카카오, '우리동네 단골시장 프로젝트'

카카오는 2022년부터 중소벤처기업부, 소상공인시장진흥공단, MKYU 등과 협업하여 전통시장의 디지털 전환을 촉진하기 위해 '우리동네 단골시장 프로젝트'를 운영하고 있다. 이 프로젝트는 전통시장이 디지털 소통 방식에 익숙하지 않은 점을 고려해, 카카오톡 채널을 통해 고객과 실시간 소통할 수 있는

36 Dennis Herhausen, Jochen Binder, Marcus Schoegel, and Andreas Herrmann, "Integrating Bricks with Clicks: Retailer-Level and Channel-Level Outcomes of Online-Offline Channel Integration," Journal of Retailing, 91(2), 2015, 309-325. https://doi.org/10.1016/j.jretai.2014.12.009.

37 Sha Zhang, Koen Pauwels, and Chenming Peng, "The Impact of Adding Online-to-Offline Service Platform Channels on Firms' Offline and Total Sales and Profits," Journal of Interactive Marketing, 47, 2019, 115-128. https://doi.org/10.1016/j.intmar.2019.03.001

기반을 마련하였다.

카카오는 점포 및 시장 단위로 카카오톡 채널을 개설하고, 지도 정보와 QR 코드를 각 점포에 부착하여 접근성을 높였다. 이를 통해 고객들이 간편하게 온라인 채널에 접근할 수 있게 하여 소통 방식의 디지털화를 구현하였다. 또한, 기존 전화 주문 방식을 자동화하고, 고객 관리 시스템(CRM)을 카카오톡 채널을 통해 구현하여 고객 관리의 효율성을 높였다.

해당 프로젝트는 '카카오 소신상인 프로젝트'의 일환으로 1:1 맞춤형 디지털 교육까지 제공하고 있다. MKYU는 대학 컨셉의 평생교육원으로, 디지털 튜터가 상인들에게 카카오톡 채널 개설, 고객 응대법, 이벤트 홍보 등에 대한 실질적인 교육을 진행하였다. 이 과정에서 전담 소통 매니저가 현장에서 지속적인 소통을 담당하며 상인들이 디지털 전환 과정에서 겪는 문제를 신속하게 해결하였다.

결과적으로, 2023년 기준 111개 시장, 1,583개의 카카오톡 채널이 개설되었으며, 116,227명의 채널 친구를 확보하는 성과를 달성하였다. 이와 같은 디지털 전환은 상인과 소비자 간 소통 활성화 및 디지털 격차 해소에 크게 기여하였으며, 전통시장이 고객 접근성을 높이고 경쟁력을 강화하는 데 중요한 역할을 하였다.

2) 네이버, '동네시장 장보기'

네이버는 2019년 전통시장 상인들의 온라인 판로 확대와 비즈니스 성장을 지원하기 위해 '동네시장 장보기' 플랫폼을 운영하고 있다. 이 플랫폼은 2시간 이내 또는 당일 배송 서비스를 통해 비대면 소비 트렌드에 대응하며, 온라인 전용 상품(찌개, 국, 과일 도시락 등)을 개발하여 판매 채널 다각화를 실현하였다.

네이버는 중소벤처기업부와 협력하여 온누리상품권 경품 이벤트를 통해 소비자 참여를 유도하고, 전통시장의 온라인 판매 인지도를 높였다. 또한, 온라인 기반의 식품 전문 기업인 '프레시멘토'와 협력하여 온라인 입점 지원 및 플랫폼 사용법, 상품 등록, 주문 처리 등의 운영 교육을 제공하였다. 프레시멘토는 직원이 최초 1~2주간 상주하여 대면 교육을 진행하였고, 자체 애플리케이션을 통해 주문 처리 절차와 고객 응대법에 대한 추가 교육을 제공하였다. 2022년 기준 170개 이상의 전통시장이 입점하였으며, 거래액과 주문 건수가 2019년 대비 각각 74배, 61배 증가하는 성과를 달성하였다. 이로써 네이버는 온라인 플랫폼과 기업 간 상생 네트워크를 활용하여 전통시장의 디지털 전환과 경쟁력 강화를 이끌었다.

3) 쿠팡, '마켓플레이스 전통시장 지원 사업' & 쿠팡이츠, '전통시장 활성화 프로그램'

쿠팡은 '마켓플레이스 전통시장 지원 사업'과 쿠팡이츠의 '전통시장 활성화 프로그램'을 통해 전통시장의 디지털 전환과 온라인 판매 역량 강화를 도왔다.

'마켓플레이스 전통시장 지원 사업'은 2022년 9월 중소벤처기업부, 동반성장위원회, 전국상인연합회와 체결한 상생협약의 일환으로 추진되었다. 전통시장 상점가를 대상으로 쿠팡 오픈마켓 입점을 지원하고, '전통시장 상점가 특별기획전'을 통해 제품 홍보를 촉진하였다. 영업사원이 방문 교육을 통해 플랫폼 사용법, 상품 등록 방법 등을 교육하였으며, 콜 세일즈팀이 유선 문의 관리를 담당하였다. 리뷰 관리, 원산지 표시, 정산 방법은 POS 시스템에서 상시 확인할 수 있도록 하여 운영의 효율성을 높였다.

'쿠팡이츠 전통시장 활성화 프로그램'은 온라인 판매 방법, 앱 사용법, 메뉴 구성 등에 대해 맞춤형 코칭을 제공하였으며, 전문 사진가를 활용한 상품 촬영과 앱 상단 노출을 지원하여 디지털 마케팅 역량을 강화하였다. 또한, 중개 수수료 전액 면제, 배달비 할인 등을 통해 초기 진입 장벽을 낮추고, 중소벤처기업부 주최 '2023 전국우수시장박람회'에도 참가하여 디지털 전환 실효성 체험 기회를 제공하였다.

2023년까지 하루 평균 200만 원 이상의 매출을 기록하는 상점들이 다수 등장하였으며, 마켓플레이스 입점 점포 수를 2024년까지 100곳 이상으로 확대할 계획이다. 이로써 전통시장 상인들의 디지털 역량을 강화하고, 지역 경제 활성화에 기여하였다.

(2) 전통시장의 온라인 플랫폼 활용 및 국외 성공 사례

1) Grab 'Grab Mart'(베트남)

Grab은 동남아시아 대표 앱으로, 차량 공유, 음식 배달, 전자상거래 등 다양한 서비스를 통합하여 제공하고 있다. 특히 Grab Mart는 전통시장 상인들이 온라인 상점을 개설하고 운영할 수 있도록 지원하며, 신속한 식료품 및 일상용품 배송 서비스를 통해 소비자의 편의성을 극대화하였다.

Grab Mart는 2020년 베트남 하노이와 다낭 지역에서 베타 테스트를 시작하며 전통시장의 디지털화를 시도하였다. 상인들이 간편하게 온라인 상점을 개설할 수 있도록 플랫폼 사용법 교육을 제공하고, 소비자 접근성을 강화하기 위해 할인 코드와 프로모션을 적극 활용하였다. 특히 설 연휴를 기점으로 다양한 할인 행사를 진행하여 이용률을 극대화하였고, 그 결과 2020년 12월 기준 일평균 주문량이 전월 대비 2배 이상 증가하였다.

Grab Mart의 성공 사례는 디지털 플랫폼을 활용한 전통시장 상인의 온라인화가 지역 경제 활성화와 소비자 접근성 향상에 기여할 수 있음을 시사한다. 또한, Grab의 디지털화 접근 방식은 쿠팡이츠가 전통시장 상인들을 대상으로 온라인 판매 교육과 디지털 마케팅 지원을 통해 전통시장의 활성화를 도모한 방식과 유사한 접근으로 평가된다.

2) Alibaba의 Taobao 'Taobao Village'(중국)

Alibaba는 중국 전자상거래 시장의 선두주자로, 농촌 지역의 경제 활성화와 디지털 전환을 목표로 2009년 Taobao Project를 시작하였다. 이 프로젝트는 농촌 지역민들을 전자상거래에 참여시키기 위해 전자상거래 교육, 물류 네트워크 구축, 글로벌 마케팅 지원 등을 제공하며, 농산물 직거래 플랫폼을 구축하여 유통 단계를 단순화하고 생산자와 소비자 간의 가격 격차를 해소하는 것을 목적으로 하였다.

Taobao Village는 Taobao Project의 결과물로, 농촌 지역민들이 전자상거래에 적극 참여하여 연 매출 1,000만 위안 이상을 달성하거나, 마을 내 최소 100개 이상의 쇼핑몰을 운영하게 된 전자상거래 공동체를 의미한다. 초기에는 인구 유출과 경제 침체, 유통 인프라 부족 등으로 어려움을 겪던 농촌 지역에서 시작되었으며, Alibaba는 이를 해결하기 위해 Taobao University와 1,000명의 현지 지도팀을 통해 실습 중심의 전자상거래 교육을 제공하였다. 이를 통해 농민들이 직접 전자상거래를 활용하여 제품을 판매할 수 있는 기반을 마련하였으며, 물류 네트워크를 구축하여 원활한 상품 유통을 가능하게 했다.

그 결과, 2019년 기준 4,300개 이상의 Taobao Village가 형성되었으며, 84만 개 이상의 일자리를 창출하고 농촌 인구 유출을 1,200만 명 감소시키는 성과를 달성하였다. 특히, 전자상거래 생태계 구축을 통해 농촌 지역 경제 활성화에 기여하고, 지역 브랜드 가치를 높여 지속 가능한 경제 생태계를 만들어냈다.

또한, 국내외 사례에서 플랫폼 사업자들이 다양한 디지털 전환 지원을 제공하고 있음에도 불구하고, 지속적인 활용으로 이어지지 않는 한계가 드러나고 있다. 예를 들어, 국내 소상공인의 전자상거래 활용률은 11.4%에 불과하며,[38] 이는 OECD 국가 중 22위로 매우 낮은 수준이다.[39] 이는 디지털 전환 지원이 지속 가능한 디지털 전환으로 연결되지 못하고 있음을 나타내며, 지속적인 지원에도 불구하고 활용률이 저조한 원인을 규명하고 이를 해결하기 위한 분석이 필요함을 강조한다.

3. O2O 플랫폼, 오프라인 매장의 적인가, 동반자인가?

온라인과 오프라인이 만나는 지점을 뜻하는 O2O(Online to Offline) 플랫폼은 오늘날 우리가 일상적으로 접하는 서비스의 기반이 되고 있다. O2O 플랫폼은 간단히 말해, 온라인을 통해 소비자와 오프라인 업체를 연결해주는 시스템이다. 예를 들면, 우리가 스마트폰 앱으로 음식 배달을 주문하고, 택시를 호출하고, 미용실을 예약하는 것도 모두 O2O 플랫폼을 활용하는 사례다. Rampel(2010)은 O2O 플랫폼을 "온라인과 오프라인을 연결하는 비즈니스 모델"로 정의했으며, 이후 다양한 연구에서 이 개념이 확장되어왔다.[40]

38 통계청, "2022년 소상공인 실태조사 보고서," 2024년.

39 OECD, "Share of small businesses making e-commerce sales," 2022.

40 Rampell, "Why online2offline commerce is a trillion dollar opportunity," http://techcrunch.

O2O 플랫폼이 본격적으로 성장하기 시작한 것은 인터넷과 스마트폰의 대중화 덕분이다. 몇 년 전까지만 해도 오프라인에서만 이루어지던 서비스들이 이제는 온라인에서 예약, 결제, 주문이 가능해졌고, 소비자는 더 편리한 방식으로 원하는 서비스를 이용할 수 있게 되었다. 처음에는 음식 배달이나 차량 호출 같은 분야에서 주로 활용되었지만, 현재는 부동산, 세탁, 가사 서비스, 차량 렌탈 등으로도 확장되면서 우리 생활 곳곳에 스며들고 있다.[41]

그렇다면 O2O 플랫폼이 단순히 편리함을 제공하는 것을 넘어, 왜 중요한 역할을 하게 되었을까?

그 이유는 오프라인 매장에게 새로운 기회를 제공하면서도, 온라인과 오프라인이 공존할 수 있는 환경을 만들었기 때문이다. 많은 사람들은 온라인 쇼핑과 같은 디지털 서비스가 오프라인 매장을 위협할 것이라고 예상한다. 하지만 연구에 따르면, O2O 플랫폼은 오프라인 매장의 경쟁자가 아니라 보완재로 작용할 가능성이 크다.

한 연구에 따르면, 온라인과 오프라인 채널을 통합하면 시장에서 경쟁 우위를 차지할 수 있으며, 오히려 오프라인 매장을 가진 소매업자가 온라인만 운영하는 업체보다 더 높은 경쟁력을 가질 수 있다고 한다.[42] 이는 단순한 이론이 아니라, 실제 데이터로도 확인된다. 한 연구에 따르면 O2O 플랫폼이 기업의 오프라인 매출에 미치는 영향을 분석한 연구에서, 초기에는 플랫폼 도입이 오프라인 매출에 부정적인 영향을 줄 수 있지만, 시간이 지나면서 전체 매출이 증가하는 결과를 가져오는 것으로 나타났다.[43] 즉, 처음에는 O2O 플랫폼이 매

---

com/2010/08/07/why-online2offline-commerce-is-a-trillion-dollar-opportunity/. Accessed September 28, 2024.

41 Kang, D., and Kim, S., "The effects of O2O service factors on sequel service adoption: O2O service quality dimensions and perceived fit". 22nd Biennial Conference of the International Telecommunications Society (ITS), 2018.

42 Herhausen, D., Binder, J., Schoegel, M., and Herrmann, A., "Integrating Bricks with Clicks: Retailer-Level and Channel-Level Outcomes of Online-Offline Channel Integration". Journal of Retailing, 91(2), 2015, 309-325.

43 Zhang, S., Pauwels, K., and Peng, C., "The Impact of Adding Online-to-Offline Service Platform Channels on Firms' Offline and Total Sales and Profits". Journal of Interactive Marketing, 47, 2019, 115-128.

장의 수익성을 떨어뜨리는 것처럼 보일 수도 있지만, 장기적으로는 오프라인 매장의 성장을 돕는 역할을 한다는 것이다. 이는 결국 O2O 플랫폼이 단순한 온라인 대체재가 아니라, 오프라인 매장을 더욱 활성화하는 도구로 작용할 수 있음을 시사한다.[44,45]

그렇다면, 소매업자들은 어떤 이유로 O2O 플랫폼을 받아들이게 될까? 반대로, 왜 일부는 여전히 플랫폼 도입을 망설이고 있을까?

(1) O2O 플랫폼을 받아들이는 이유

오프라인 매장을 운영하는 소매업자들에게 O2O 플랫폼은 단순한 기술 변화가 아니라 생존을 위한 선택이 될 수도 있다. O2O 플랫폼을 활용하면 더 많은 고객을 확보하고, 매장 운영을 효율적으로 관리할 수 있으며, 변화하는 시장 환경에 적응할 수도 있다. O2O 플랫폼을 수용하는 요인은 크게 네 가지로 나눌 수 있다.

1) 운영 편익: 더 적은 비용으로 더 많은 기회를 얻다

매장을 운영하는 데 가장 중요한 것은 결국 효율성이다. 소규모 점포를 운영하는 상인들은 시간과 자원이 늘 부족하다.[46] 그런데 O2O 플랫폼을 활용하면, 고객을 찾는 시간을 줄이고 비용을 절감할 수 있다. 예를 들어, 배달 플랫폼을 활용하면 직접 배달 인력을 운영할 필요 없이 더 많은 주문을 받을 수 있고, 예약 시스템을 사용하면 불필요한 대기 시간을 줄일 수 있다.

게다가, 플랫폼이 제공하는 네트워크 효과도 큰 장점이다. 고객들은 가입자가 많은 플랫폼을 신뢰하는 경향이 있기 때문에, 이미 많은 이용자를 확보한

---

44 Hsieh, J. K., "The role of customers in co-creating m-services in the O2O model". Journal of Service Management, 28(5), 2017.

45 Huang, J., Zhou, J., Liao, G., Mo, F., and Wang, H., "Investigation of Chinese students' O2O shopping through multiple devices". Computers in Human Behavior, 75, 2017, 58–69.

46 Aithal, R.K., Choudhary, V., Maurya, H., Pradhan, D. and Sarkar, D.N., "Factors influencing technology adoption amongst small retailers: insights from thematic analysis", International Journal of Retail and Distribution Management, 51(1), 2023, 81-102. https://doi.org/10.1108/IJRDM-02-2022-0042

플랫폼에 입점하면 자연스럽게 더 많은 고객을 유치할 수 있다.[47]

2) 편리성: 기술이 복잡하면 사람들이 안 쓴다

소비자든 소매업자든, 새로운 기술을 도입할 때 가장 중요한 요소는 편리함이다. 아무리 좋은 기능을 갖춘 플랫폼이라도 사용하기 어렵다면 소매업자들은 이를 외면할 가능성이 크다.

연구에 따르면, UX/UI(사용자 경험 및 인터페이스)가 직관적일수록, 플랫폼 사용에 대한 거부감이 줄어든다.[48] 예를 들어, 배달 플랫폼의 경우, 앱이 너무 복잡하면 주문을 받는 과정이 번거로워지고 운영자 입장에서 실수가 발생할 가능성이 커진다. 반면, 사용이 간편하고 직관적인 플랫폼일수록, 새로운 사용자들도 쉽게 적응할 수 있다.

또한, 플랫폼에서 제공하는 정보의 다양성도 중요한 요인이다.[49·50] 예를 들어, 소비자들은 음식 배달 앱에서 메뉴, 가격, 예상 배달 시간, 리뷰 등 다양한 정보를 얻을 수 있는데, 이러한 정보가 많을수록 소비자들은 더 신뢰하고 적극적으로 플랫폼을 활용하게 된다. 마찬가지로, 소매업자들도 플랫폼을 통해 실시간 매출 분석, 고객 리뷰 피드백, 광고 효과 분석 등의 정보를 얻을 수 있다면, 더 적극적으로 플랫폼을 활용하려 할 것이다.

또한, 고객 지원 서비스의 수준도 플랫폼 수용 여부에 영향을 미친다.[51] 만

---

47 Kim, H., Ryu, M. H., Lee, D., and Kim, J. H., "Should a small-sized store have both online and offline channels? An efficiency analysis of the O2O platform strategy". Journal of Retailing and Consumer Services, 64, 2022, 102823.

48 Leem, B.-H.andEum, S.-W., "Using text mining to measure mobile banking service quality", Industrial Management and Data Systems, 121(5), 2021, 993-1007. https://doi.org/10.1108/IMDS-09-2020-0545

49 Kim E, Libaque-Saenz CF, Park M-C (2019). "Understanding shopping routes of offline purchasers: selection of search-channels (online vs. offline) and search-platforms (mobile vs. PC) based on product types". Service Business, 13:305-338. https://doi.org/10. 1007/s11628-018-0384-7

50 Wang C, Wang Y, Wang J, Xiao J, and Liu J., "Factors influencing consumers' purchase decision-mak- ing in O2O business model: evidence from consumers' overall evaluation". Journal of Retailing and Consumer Services, 61:102565, 2021.

51 Oh, Y. K. and Kim, J., "What Improves Customer Satisfaction in Mobile Banking Apps? An Application of Text Mining Analysis," Asia Marketing Journal, 23(4), 2022, 3.

약 플랫폼 사용 중에 문제가 발생했을 때, 이를 해결하는 과정이 원활하지 않다면 소매업자들은 플랫폼 사용을 꺼릴 가능성이 크다. 하지만 신속하고 효과적인 고객 지원이 제공된다면, 소매업자들은 플랫폼을 더욱 신뢰하고 적극적으로 활용할 것이다.

3) 변화하는 시장 환경: 도태되지 않기 위해

기술이 발전하면서 소비자들의 행동도 변화하고 있다. 과거에는 오프라인 매장에서 직접 물건을 보고 구매하는 것이 일반적이었지만, 이제는 온라인을 통해 정보를 검색하고, 미리 주문하고, 원하는 시간과 장소에서 서비스를 받는 것이 자연스러워졌다. 이런 변화 속에서 소매업자들이 O2O 플랫폼을 도입하는 것은 단순한 선택이 아니라, 경쟁에서 살아남기 위한 필수적인 전략이 되고 있다.[52]

예를 들어, 과거에는 단골손님이 많았던 전통시장 내 가게들도 점차 경쟁력을 잃어가고 있다. 하지만 네이버 스마트스토어나 쿠팡 로켓배송과 같은 플랫폼을 활용하면, 기존의 지역 고객뿐만 아니라 더 넓은 소비자층을 대상으로 판매할 수 있다. 즉, O2O 플랫폼은 소매업자들이 변화하는 소비자 트렌드에 적응할 수 있도록 돕는 역할을 한다.

또한, 경쟁 업체들이 O2O 플랫폼을 적극적으로 활용하면서 시장이 빠르게 변하고 있기 때문에, 이를 도입하지 않으면 상대적으로 뒤처질 위험이 있다. 예를 들어, 한 동네에서 두 개의 음식점이 있다고 가정하자. 한 곳은 배달 플랫폼을 활용해 온라인 주문을 받고, 다른 한 곳은 여전히 오프라인 주문만을 받고 있다. 시간이 지나면 배달 플랫폼을 활용하는 음식점이 더 많은 주문을 받게 되고, 결국 오프라인 주문만을 고수한 음식점은 점점 경쟁력을 잃게 될 가능성이 크다.

이처럼 O2O 플랫폼은 단순한 기술 도입이 아니라, 시장 변화에 적응하기

---

52 Aithal, R.K., Choudhary, V., Maurya, H., Pradhan, D. and Sarkar, D.N., "Factors influencing technology adoption amongst small retailers: insights from thematic analysis", International Journal of Retail and Distribution Management, 51(1), 2023, 81–102. https://doi.org/10.1108/IJRDM-02-2022-0042

위한 필수적인 전략이 되고 있다.

4) 사회적 압박: 다들 쓰니까 나도 써야 한다

O2O 플랫폼을 도입하는 소매업자들은 단순히 효율성이나 편리함 때문만이 아니라, 주변 환경에서 오는 사회적 압박도 중요한 요인이 된다.

예를 들어, 주변에서 O2O 플랫폼을 도입해 성공한 가게들이 늘어나면, 자연스럽게 이를 따라가야 한다는 압박감을 느끼게 된다.[53] 한 거리에서 A라는 카페가 배달 플랫폼을 도입한 후 매출이 급증했다고 하자. 그러면 근처의 B, C 카페들도 자연스럽게 배달 서비스를 고민하게 된다. 만약 경쟁 가게들이 플랫폼을 활용해 더 많은 고객을 확보하고 있다면, 이를 외면하는 것은 큰 위험이 될 수 있기 때문이다.

또한, 가족이나 친구들의 권유도 중요한 요인이 될 수 있다.[54] 예를 들어, 자영업을 운영하는 부모님이 있다면, 자녀들이 "요즘은 다 배달앱 쓰는데, 왜 우리 가게는 안 해?"라고 권유할 수도 있다. 혹은 동료 사업자들 사이에서도 "이제 배달 안 하면 손님 못 모은다"는 이야기들이 돌면서 플랫폼 도입을 고민하게 되는 경우도 많다.

뿐만 아니라, 프랜차이즈 본사의 요구나 압력도 영향을 미칠 수 있다(Sinha et al., 2017). 프랜차이즈 가맹점들은 본사의 방침에 따라 O2O 플랫폼을 필수적으로 도입해야 하는 경우가 많으며, 이 과정에서 자연스럽게 플랫폼을 활용하게 된다.

(2) O2O 플랫폼, 왜 거부하는가?

O2O 플랫폼이 소매업자들에게 새로운 기회를 제공하는 것은 사실이지만, 모든 업체가 이를 적극적으로 받아들이는 것은 아니다. 오히려 많은 소매업자

53 Ryu, M. H., Kim, E., and Lee, S. Y., "How offline retailers adopt O2O: Neighboring star shops and their proximity effect". Telecommunications Policy, 46(3), 2022, 102278.

54 Aithal, R.K., Choudhary, V., Maurya, H., Pradhan, D. and Sarkar, D.N., "Factors influencing technology adoption amongst small retailers: insights from thematic analysis", International Journal of Retail and Distribution Management, 51(1), 2023, 81–102. https://doi.org/10.1108/IJRDM-02-2022-0042

들이 여전히 신중한 태도를 유지하며 플랫폼 도입을 망설이고 있다. 그렇다면 이들이 O2O 플랫폼을 거부하는 이유는 무엇일까?

1) 심리적 저항: "괜히 시작했다가 실패하면 어쩌지?"

새로운 기술을 도입하는 것은 기대감과 동시에 불안감을 수반한다. 특히 오랫동안 오프라인 매장을 운영해 온 소매업자들에게 O2O 플랫폼은 익숙하지 않은 방식이며, 그 효과를 확신하기 어렵다.

많은 소매업자들이 가장 먼저 떠올리는 걱정은 "이걸 도입한다고 정말 매출이 오를까?" 하는 의문이다. 전통적인 방식으로 매장을 운영하며 단골 고객을 확보해온 소매업자들에게, 디지털 플랫폼이 얼마나 실질적인 성과를 가져다 줄지는 미지수다. 게다가, O2O 플랫폼을 도입했다가 기대한 성과가 나오지 않으면, 기존의 운영 방식과도 충돌할 가능성이 있다.[55]

또한, 기존의 경험과의 불일치도 중요한 요인이다. 예를 들어, 한 지역에서 수십 년 동안 같은 방식으로 가게를 운영해 온 소매업자가 있다고 하자. 이런 사업자는 고객과 직접 대면하여 관계를 형성하는 방식에 익숙하고, 기술적 변화를 그다지 필요하지 않다고 생각할 수도 있다. 따라서, 갑자기 온라인 예약 시스템을 도입하거나 배달 서비스를 추가하는 것이 오히려 혼란을 가져올 것이라 우려하는 경우가 많다.[56]

심리적 저항은 단순히 새로운 기술을 받아들이기 어려워서 발생하는 것이 아니다. "지금 방식이 충분히 잘 작동하고 있는데 굳이 바꿀 필요가 있을까?" 라는 의문에서 비롯된 경우도 많다. 이러한 사고방식은 혁신에 대한 고정관념과도 연결된다. "새로운 기술이 꼭 더 좋은 것은 아니다.", "오랫동안 유지된 방식이 더 안정적이다." 같은 생각이 여전히 뿌리 깊게 자리 잡고 있다.[57]

---

55 Chawla, U., Verma, B., and Mittal, A., "Unveiling barriers to O2O technology platform adoption among small retailers in India: insights into the role of digital ecosystem". Information Discovery and Delivery. 2024b.

56 Chawla, U., Verma, B., and Mittal, A., "Resistance to O2O technology platform adoption among small retailers: The influence of visibility and discoverability". Technology in Society, 76, 2024a.

57 Chawla, U., Verma, B., and Mittal, A., "Resistance to O2O technology platform adoption among small retailers: The influence of visibility and discoverability". Technology in Society,

2) 기술적 문제: "너무 복잡해서 못 쓰겠어"

O2O 플랫폼이 제공하는 서비스는 분명 편리하지만, 기술적인 장벽이 높다면 그 편리함을 누리기도 어렵다. 특히 디지털 환경에 익숙하지 않은 소매업자들에게는 플랫폼을 이해하고 활용하는 것 자체가 부담스러운 일이 될 수 있다.

가장 큰 문제 중 하나는 "기술이 너무 복잡하다."는 점이다. 소매업자들은 사업 운영에 필요한 다양한 업무를 수행해야 하는데, 여기에 추가적으로 O2O 플랫폼을 관리하는 일이 더해지면 업무 부담이 가중될 수 있다. 예를 들어, 온라인 주문을 받으면 즉각적인 대응이 필요하고, 실시간으로 재고를 관리해야 하는데, 이런 운영 방식에 익숙하지 않은 경우 어려움을 겪을 수밖에 없다.

또한, 보안 문제도 소매업자들이 플랫폼을 거부하는 이유 중 하나다. 온라인 거래가 늘어나면서 개인정보 보호와 결제 시스템의 안정성이 중요해지고 있지만, 보안 문제가 완벽하게 해결되지 않은 플랫폼도 많다. 고객의 개인 정보가 유출되거나, 결제 시스템에 문제가 생긴다면 소매업자들은 돌이킬 수 없는 피해를 입을 수도 있다.[58]

이뿐만이 아니다. 기술이 계속해서 변한다는 점도 부담으로 작용한다. 한 번 배워서 끝나는 것이 아니라, 플랫폼이 업데이트되거나 새로운 기능이 추가될 때마다 소매업자들은 지속적으로 적응해야 한다. 만약 이러한 변화 속도를 따라가지 못하면, 오히려 더 큰 운영상의 혼란을 겪게 될 수도 있다.

3) 비용 부담: "돈이 너무 많이 들어"

O2O 플랫폼을 도입하는 데에는 단순히 기술적 적응 문제만 있는 것이 아니다. 비용 부담도 무시할 수 없는 요소다. 플랫폼을 활용하는 데 필요한 초기 비용과 유지비용이 예상보다 클 경우, 소매업자들은 도입을 주저할 수밖에 없다.

가장 대표적인 예는 수수료 문제다. O2O 플랫폼은 대개 수수료를 기반으로 운영되는데, 이는 소매업자들에게 상당한 부담이 될 수 있다. 예를 들어, 음

76, 2024a.

58 Chawla, U., Verma, B., and Mittal, A., "Resistance to O2O technology platform adoption among small retailers: The influence of visibility and discoverability". Technology in Society, 76, 2024a.

식 배달 플랫폼을 이용하는 경우 건당 일정 비율의 수수료를 지불해야 하며, 이 수수료가 누적되면 전체 수익에 큰 영향을 미칠 수 있다. 특히 마진이 낮은 소규모 매장일수록 수수료 부담이 더욱 크다.[59]

또한, O2O 플랫폼을 활용하려면 추가적인 장비나 기술이 필요할 수도 있다. 예를 들어, 디지털 결제 시스템을 구축하거나, 새로운 POS(Point of Sale) 시스템을 도입해야 하는 경우, 초기 설치 비용과 유지보수 비용이 발생할 수 있다.

비용 부담은 단순히 금전적인 문제로 끝나지 않는다. O2O 플랫폼을 활용하기 위해서는 시간과 인력도 투자해야 한다. 직원들이 새로운 시스템을 배우고, 플랫폼을 운영하는 데 추가적인 시간을 할애해야 하기 때문이다. 기존 오프라인 매장 운영에 집중하던 소매업자들에게는 이러한 변화가 오히려 부담으로 다가올 수 있다.

게다가, O2O 플랫폼이 단순히 비용 문제를 넘어서 오프라인 경쟁력을 약화시킬 수 있다는 우려도 있다. 예를 들어, 배달 서비스를 적극적으로 활용하면 방문 고객이 줄어들 가능성이 있으며, 이는 오프라인 매장의 분위기와 고객 유입에 영향을 미칠 수도 있다. 결국, 소매업자들은 "이 플랫폼을 도입해서 정말 나에게 이득이 될까?"라는 고민을 하게 된다.

(3) O2O 플랫폼 도입, 개별 상황에 맞는 접근이 필요하다

O2O 플랫폼은 단순한 트렌드가 아니라, 많은 소매업자들에게 운영 효율성을 높이고 변화하는 시장 환경에 적응하는 중요한 전략으로 자리 잡고 있다. 특히 고객 유입을 늘리고, 사업을 확장하며, 경쟁력을 유지하기 위해 O2O 플랫폼을 적극적으로 활용하는 사례가 늘어나고 있다. 그러나 이러한 변화가 모든 사업자들에게 동일한 방식으로 적용될 수 있는 것은 아니다.

O2O 플랫폼을 도입하는 과정에서 소매업자들은 심리적 저항, 기술적 장벽, 비용 부담 등의 다양한 현실적 어려움을 마주한다. 이러한 장벽은 소매업

---

59 Chawla, U., Verma, B., and Mittal, A., "Unveiling barriers to O2O technology platform adop-tion among small retailers in India: insights into the role of digital ecosystem". Information Discovery and Delivery. 2024b.

자의 디지털 기술에 대한 이해 수준이나 사업 방식에 따라 다르게 작용하며, 특히 디지털 기술이 익숙하지 않은 디지털 소외 집단의 경우에는 더 큰 도전이 될 수 있다.

그렇기 때문에 O2O 플랫폼 도입을 일률적으로 강요하는 것이 아니라, 개별적인 상황을 고려한 차별적인 전략과 접근 방식이 필요하다. 디지털 전환을 빠르게 수용할 수 있는 환경에 있는 소매업자들도 있지만, 그렇지 않은 경우도 많다. 따라서 플랫폼을 도입하는 속도와 방식은 각자의 여건에 따라 다를 수 있으며, 이를 지원하는 정책과 전략 역시 유연하게 설계되어야 한다.

중요한 것은 O2O 플랫폼을 도입하는 것 자체가 목표가 아니라, 이를 통해 소상공인들이 실질적인 혜택을 얻을 수 있도록 돕는 것이다. 개별적인 상황을 고려한 접근을 통해, 디지털 기술이 특정 집단에게만 유리하게 작용하는 것이 아니라, 모두가 혁신의 혜택을 공유할 수 있는 방향으로 나아가야 한다.

2. 전통시장 소상공인의 O2O 플랫폼 도입, 무엇이 문제인가?

정부와 지자체, 그리고 대형 플랫폼 기업들은 몇 년 전부터 전통시장 디지털 전환의 일환으로 O2O 플랫폼 도입을 적극적으로 지원해 왔다. 전통시장 상품을 온라인으로 주문할 수 있도록 시스템을 구축하고, 배달 서비스와 연계하는 등 다양한 방식으로 O2O 플랫폼 도입을 돕고 있다. 하지만 시간이 지나도 여전히 많은 전통시장 소상공인들이 온라인 플랫폼을 제대로 활용하지 못하고 있거나, 도입 자체를 망설이고 있는 현실이 있다.

처음에는 사업에 참여해 플랫폼을 활용해보려 했던 상인들도, 결국 다시 기존의 방식으로 돌아가 버리는 경우가 많다. 그렇다면, 이러한 현상의 원인은 무엇일까?

기존 연구들은 O2O 플랫폼 도입이 더딘 이유를 주로 디지털 기술 역량 부족과 교육 기회 부족으로 설명하는 경우가 많다.[60] 즉, 상인들이 새로운 기술

60 Chawla, U., Verma, B., and Mittal, A., “Unveiling barriers to O2O technology platform adop-tion among small retailers in India: insights into the role of digital ecosystem”. Information

을 배울 기회가 없었고, 이를 돕는 공식적인 지원 체계가 부족하기 때문에 플랫폼을 쉽게 받아들이지 못한다는 것이다.

그러나, 한국의 경우 이미 지자체와 플랫폼 기업이 다양한 방식으로 전통시장의 디지털 전환을 지원한 경험이 있다. 그럼에도 불구하고 여전히 O2O 플랫폼 도입이 정착되지 않는 이유는 단순히 "교육이 부족해서"라고만 볼 수 없다.

우리는 이 문제를 보다 깊이 이해하기 위해, O2O 플랫폼 도입을 지원하는 플랫폼 기업의 관계자와 전통시장 상인회를 대상으로 인터뷰를 진행했다. 이 인터뷰를 통해, 플랫폼을 실제로 운영하고 지원하는 사람들이 어떤 어려움을 겪고 있으며, 현장에서 무엇이 가장 큰 걸림돌이 되는지를 직접 듣고자 했다.

(1) 인터뷰 조사 개요

이번 인터뷰는 전통시장과 관련된 다양한 이해관계자들의 목소리를 듣고, O2O 플랫폼 도입 과정에서 발생하는 현실적인 문제와 개선점을 탐색하는 것이 목표였다.

이를 위해, O2O 플랫폼 도입을 지원하는 3개 플랫폼 기업의 관계자와 전통시장 온라인 플랫폼 지원 사업에 참여하고 있는 3개 전통시장 상인회를 대상으로 인터뷰를 진행했다.

인터뷰는 반구조화 인터뷰(Semi-structured Interview) 형식으로 이루어졌다. 즉, 정해진 질문 틀이 있긴 하지만, 인터뷰 과정에서 자유롭게 의견을 개진할 수 있도록 유도하는 방식이다. 이를 통해 단순히 표면적인 문제만 확인하는 것이 아니라, 각자가 실제 경험하는 어려움과 개선이 필요한 부분을 보다 심층적으로 이해할 수 있었다.

주요 질문은 다음과 같았다.

- "전통시장 O2O 플랫폼 지원 사업에 참여하게 된 계기는?"
- "온라인 플랫폼 활용 교육에서 가장 중요한 요소는 무엇인가?"
- "플랫폼을 도입하는 과정에서 가장 어려웠던 점은?"

Discovery and Delivery. 2024b.

- “지원 사업이 실제로 효과를 내고 있는가?”
- “전통시장의 디지털 전환을 위해 어떤 지원이 추가로 필요할까?”

(2) 현장에서 본 전통시장 O2O 플랫폼 도입의 현실과 과제

1) 대형 플랫폼이 전통시장의 O2O 플랫폼 도입을 지원하는 진짜 이유

전통시장의 디지털 전환은 단순한 매출 증대보다 더 큰 목표를 가지고 있었다. O2O 플랫폼을 통해 전통시장 상인들에게 새로운 판로를 제공하고, 이를 통해 대기업과 중소상공인이 상생할 수 있는 구조를 만들겠다는 것이 핵심적인 기획 의도였다.

실제로 플랫폼 기업들은 전통시장에 대한 지원을 단순한 사업 확장이 아니라, 사회적 책임의 일환으로 보고 있었다. 한 플랫폼 기업 관계자는 이렇게 말했다.

“전통시장은 디지털 전환 속도가 가장 느릴 것으로 예상되는 곳이었어요. 하지만, 그렇기 때문에 디지털 기술이 도입되었을 때 가장 큰 변화를 가져올 수 있는 곳이기도 하죠. 단순한 온라인 판매가 아니라, 전통시장에서 장사하는 분들의 삶의 질을 높이는 것이 궁극적인 목표였습니다.”

또 다른 플랫폼 기업은 “전통시장과 대기업이 함께 살아갈 수 있는 방안을 고민했다”고 강조했다.

“전통시장은 그 자체로 지역 경제의 중요한 축이잖아요. 대기업이 시장을 잠식하는 게 아니라, 플랫폼을 통해 함께 성장할 수 있는 길을 찾아야 한다고 생각했습니다.”

즉, O2O 플랫폼을 도입하는 이유는 단순한 온라인 판매 활성화가 아니라, 전통시장과 대기업이 공존하는 환경을 조성하고, 소상공인들이 디지털 시대에서도 경쟁력을 유지할 수 있도록 돕는 것이었다.

2) 같은 지원, 다른 접근: 플랫폼마다 달랐던 전략

디지털 전환을 지원하는 방식도 플랫폼마다 차이가 있었다. 어떤 플랫폼은 "전통시장 상인들이 온라인에서 고객과 직접 소통할 수 있도록 하는 커뮤니케이션 중심의 서비스"를 제공했고, 또 다른 플랫폼은 "상인들이 오픈마켓에 입점하여 판매까지 원활하게 진행할 수 있도록 가이드하는 방식"을 채택했다.

한 플랫폼 관계자는 이렇게 말했다.

"전통시장에서는 단순히 '온라인에서 물건을 판다'는 개념보다는, '온라인을 통해 고객을 유치해서 오프라인 방문까지 연결하는 것'이 더 중요하다고 봤어요. 그래서 플랫폼을 활용해서 전통시장의 분위기를 알리고, 방문을 촉진하는 쪽에 초점을 맞췄습니다."

반면, 또 다른 플랫폼은 보다 실제 판매 과정에 집중했다.

"우리 플랫폼은 전통시장 상인들이 온라인에서 쉽게 상품을 판매할 수 있도록 돕는 데 초점을 맞추고 있어요. 그래서 단순한 교육이 아니라, 대행사와 협력해서 입점부터 판매까지 지원하는 구조를 만들었죠."

즉, 같은 '디지털 전환'을 목표로 하지만, 각 플랫폼마다 접근 방식이 달랐던 것이다. 하지만 이러한 차이에도 불구하고, 플랫폼 기업과 상인들 모두 공통적으로 인정하는 하나의 문제점이 있었다.

3) 기술이 아니라 '효용성'에 대한 인식이 문제였다

전통시장 상인들이 O2O 플랫폼 도입을 망설이는 가장 큰 이유는 기술적 어려움 때문이 아니었다. "이걸 왜 써야 하는지 잘 모르겠다"는 인식의 문제가 더 컸다.

한 플랫폼 관계자는 이렇게 말했다.

"가장 어려운 점은, 상인분들이 '온라인 도구를 쓰면 어떤 점이 좋아지는지'를 체감하지 못한다는 거예요. 당장 오프라인 장사가 어느 정도 되고 있는

데, 굳이 온라인까지 신경 써야 하냐는 거죠."
"디지털 전환의 필요성을 인지하지 못하면, 플랫폼을 활용할 동기 자체가 부족해집니다. 그러다 보니, 결국 적극적으로 참여하지 않는 경향이 강해요."

또한, 전통시장 상인들은 디지털 전환 자체에 대한 거부감도 가지고 있었다.

"새로운 시스템을 배우는 게 부담스럽다는 반응이 많아요. 기존 방식으로도 장사가 되는데, 굳이 어려운 걸 익혀야 하냐는 거죠."

즉, O2O 플랫폼 도입이 늦어지는 이유는 단순히 기술적인 문제가 아니라, 상인들이 이를 필요로 한다고 느끼지 못하는 데 있었다.

4) 디지털 기술, 한 번 배우면 끝이 아니다

전통시장 소상공인들이 O2O 플랫폼을 효과적으로 활용하기 위해서는 단순히 "배우는 것"만으로는 부족하다. 지속적인 학습과 실전 적용을 위한 체계적인 지원이 필요하다. 하지만 현실적으로, 개별 상인들에게 맞춤형 교육을 지속적으로 제공하는 것은 인력과 비용 측면에서 큰 도전 과제가 되고 있다.

한 플랫폼 관계자는 이렇게 말했다.

"현재 단계에서는 시장 상인들이 높은 수준의 디지털 기술을 수용하는 것은 현실적으로 어렵다고 봅니다. 상인들이 부담을 느끼지 않는 범위 내에서, 실질적으로 활용할 수 있도록 단계적으로 접근하는 것이 중요합니다."
"기술적인 부분은 플랫폼에서 기본적으로 제공되지만, 정작 이를 활용하는 과정에서 지속적인 관리와 인력이 필요해요. 결국, 단순한 교육이 아니라 지속적인 지원이 중요합니다."
"모든 상인들에게 개별적인 교육을 제공하는 것은 현실적으로 어려워요. 인력과 비용의 문제가 크죠."

즉, 단발성 교육만으로는 전통시장에서 O2O 플랫폼이 제대로 정착하기 어렵다. 새로운 기술에 대한 교육은 단계적으로 이루어져야 하며, 배운 내용을 실제 운영에 적용할 수 있도록 지속적인 사후 관리가 필요하다.

5) 물리적 인프라가 부족하다

일부 전통시장에서는 O2O 플랫폼을 적극적으로 활용하고 싶어도, 온라인 판매를 위한 기본적인 인프라가 부족한 경우도 있었다.

한 플랫폼 관계자는 이렇게 말했다.

"온라인 판매를 위해서는 스마트폰, 결제 단말기, PC 같은 기본적인 장비가 필요하지만, 이런 장비조차 없는 상인들이 많아요. 또, 물류 인프라가 제대로 구축되지 않은 시장도 많아서, 온라인 주문이 들어와도 원활하게 배송을 할 수 없는 경우가 있습니다."

이와 관련해, 전통시장 상인회 관계자는 다음과 같이 덧붙였다.

"현재 물류센터 공간의 월세를 지원받고 있지만, 지원 사업이 종료되면 유지가 어려워질 거예요. 시장 자체적으로 운영하기에는 비용 부담이 너무 큽니다."

즉, O2O 플랫폼이 도입되더라도, 이를 지속적으로 운영할 수 있는 환경이 마련되지 않으면 결국 활용되지 못하는 상황이 반복될 가능성이 크다. 따라서, 단순한 교육과 지원을 넘어서 공동 물류 인프라와 운영 체계를 구축하고, 이를 유지할 수 있는 장기적인 지원 방안이 필요하다는 점이 지적되었다.

6) 현장에서 가장 부족한 것은 '사람'이었다

전통시장에서 O2O 플랫폼 도입을 지원하는 과정에서 가장 큰 문제 중 하나는 운영을 실제로 담당할 인력이 부족하다는 점이었다. 모든 지원이 상인회를 중심으로 이루어지고 있었지만, 이는 오히려 상인회의 부담을 가중시키고, 사업의 지속성을 저해하는 요인으로 작용하고 있었다.

한 플랫폼 관계자는 이렇게 말했다.

"모든 계약과 협약이 상인회를 통해 이루어지기 때문에 개별 상인들이 직접 참여하는 것보다 효율적인 측면도 있어요. 하지만, 상인회 내부의 디지털 역량이 부족하면 사업이 제대로 추진되지 않는 경우가 많아요."

즉, 상인회가 디지털 전환을 주도해야 하는 구조가 되어버리면서, 시장 내 개별 상인들이 적극적으로 참여하기 어려운 상황이 만들어진 것이다.

이 문제는 상인회 내부에서도 심각하게 받아들여지고 있었다. 한 상인회 관계자는 이렇게 말했다.

"상인회를 운영하면서 디지털 전환 사업까지 관리해야 하는데, 이를 전담할 인력이 부족해요. 시장에서 이를 전담할 사람이 없으면, 사업을 지속하는 것이 어렵습니다."

이처럼 디지털 전환을 추진하는 과정에서 가장 부족한 것은 '기술'이 아니라, 이를 실행하고 지속적으로 운영할 '사람'이었다.

디지털 전환이라는 변화는 단순히 기술적 도입에서 끝나는 것이 아니라, 이를 지속적으로 활용하고 관리할 수 있는 체계가 구축되어야 한다. 하지만, 현재의 구조에서는 이 역할을 수행할 인력이 부족한 것이 가장 큰 문제였다.

7) 전통시장 활성화, 조각난 지원을 하나로 연결해야 한다

전통시장 O2O 플랫폼 도입을 위한 지원은 꾸준히 이루어지고 있지만, 문제는 이러한 지원이 연계되지 않고 개별적으로 진행된다는 점이었다.

한 플랫폼 기업 관계자는 이렇게 말했다.

"디지털 전환을 위한 다양한 지원이 있지만, 각각 분절적으로 이루어지는 느낌이 강해요. 통합적인 접근이 필요합니다."
"교육, 홍보, 마케팅 등 여러 지원이 지역 단위에서 유기적으로 이루어져야 해요. 그래야 시장 활성화로 이어질 수 있습니다."

지원 사업이 개별적으로 진행될 경우, 초기에는 효과가 있어 보이지만 장기적인 성과로 이어지기 어렵다. 실제로, 한 전통시장 상인회 관계자는 이렇게 말했다.

"온라인 판매 시스템을 구축하고 이제 자리를 잡아가고 있는 단계인데, 이후 지원이 끊기면 시스템을 유지하기 어려운 상황이에요. 인건비와 물리적

공간 지원이 부족한 것이 문제죠."

즉, 단기적인 지원을 넘어, 장기적으로 지속 가능한 구조를 만드는 것이 전통시장의 디지털 전환에서 가장 중요한 과제라는 점이 강조되었다.

8) 모든 시장이 같지 않다, 개별 시장 맞춤형 전략이 필요하다

마지막으로, 전통시장은 각각 다른 특성과 경쟁력을 가지고 있기 때문에, 일률적인 방식으로 지원할 수 없다는 점이 중요하게 지적되었다.

한 플랫폼 관계자는 이렇게 말했다.

"각 시장이 저마다 다른 특색을 가지고 있어요. 하지만 현재 지원 방식은 이를 충분히 반영하지 못하고 있습니다."
"전통시장이 단순히 온라인 상점과 경쟁할 수 있는 구조를 만들기보다는, 시장만의 강점을 살리는 것이 중요해요. 특산물, 문화 요소 등을 결합하는 방식이 필요합니다."

한 상인회 관계자도 이에 대해 강조했다.

"지역별로 입지나 고객층이 다르기 때문에, 각 시장에 맞춘 차별적인 지원이 필요해요. 예를 들어, 교통이 불편한 지역에서는 배달 서비스가 중요한 역할을 할 수 있고, 관광객이 많은 시장이라면 홍보 전략이 달라야 하죠."

이처럼 모든 전통시장에 동일한 전략을 적용하는 것은 효과적이지 않으며, 각 시장의 특성을 반영한 맞춤형 접근이 필요하다.

3. 전통시장과 O2O 플랫폼의 공진화 방안

전통시장이 디지털 전환을 고민하기 시작한 지 꽤 오랜 시간이 흘렀다. 스마트폰으로 주문하고, 간편하게 결제하고, 집 앞까지 배달받는 것이 당연한 시대다. 소비자들은 점점 온라인 쇼핑에 익숙해지고 있으며, 대형 플랫폼들은 더 빠르고 편리한 서비스를 제공하는 데 집중하고 있다. 하지만 전통시장은 여전

히 오프라인 중심의 방식에서 벗어나는 데에 어려움을 겪고 있다.

O2O 플랫폼을 도입하려는 시도는 있었지만, 앞서 살펴본 바와 같이 현실적인 한계가 많았다. 그렇다면, 전통시장과 온라인 플랫폼은 공존할 수 있을까? 단순히 기술을 보급하는 것만으로 전통시장이 디지털 환경에 적응할 수 있을까?

이제는 "어떻게 하면 전통시장과 온라인 플랫폼이 함께 성장할 수 있을까?"라는 질문에 대한 답을 찾아야 할 때다.

(1) 디지털 전환, 모두에게 공평한 기회가 되어야 한다

디지털 전환이 빠르게 이루어지고 있지만, 그 속도는 모든 곳에서 균일하지 않다. 특히 전통시장처럼 오랫동안 오프라인 환경에 머물러 있던 곳에서는, 디지털 기술이 새로운 기회가 되기도 하지만 동시에 커다란 장벽이 되기도 한다.

전통시장의 주요 상인층은 고령층이 많고, 디지털 기기에 익숙하지 않으며, 기존 방식에 대한 신뢰도가 높다. 이는 단순한 "기술 부족"의 문제가 아니다. 심리적인 장벽, 학습해야 한다는 부담감, 실제 매장을 운영하면서 온라인까지 신경 써야 하는 현실적인 어려움이 복합적으로 작용한다.

하지만 디지털 기술의 발전은 특정한 사람들만을 위한 것이 아니다. 만약 디지털 전환이 특정 계층에게만 유리하게 작용하고, 전통시장의 상인들이 점점 소외된다면, 결국 디지털 기술이 또 다른 형태의 불평등을 만들어낼 수도 있다.[61·62]

그렇다면 전통시장이 디지털 전환의 흐름을 따라잡기 위해 필요한 것은 무엇일까?

(2) "우리는 왜 온라인을 해야 하죠?" - 인식 차이를 좁혀야 한다

O2O 플랫폼을 운영하는 기업들은 전통시장의 디지털 전환을 긍정적으로 바라본다. 더 많은 고객을 유치하고, 시장의 경쟁력을 강화할 수 있는 기회라

61 DiMaggio, P., "From the "digital divide" to digital inequality: Studying Internet use as penetration increases", 2001.

62 Hsieh, J. K., "The role of customers in co-creating m-services in the O2O model". Journal of Service Management, 28(5), 2017.

고 본다.

반면, 전통시장 상인들의 생각은 다르다.

"온라인에서 장사를 한다고 해서, 우리 가게 손님이 늘어날까요?"
"어차피 단골손님들이 찾아오는데, 굳이 새로운 방식을 배워야 할 필요가 있을까요?"

기술을 제공하는 쪽과 실제로 기술을 사용하는 사람들 사이에는 생각보다 큰 인식 차이가 존재한다. 플랫폼 관계자들은 디지털 전환을 "장기적인 성장 전략"으로 바라보지만, 상인들은 "단기적인 비용 부담"으로 인식하는 경우가 많다. 플랫폼 관계자들은 기술적 난이도를 크게 문제 삼지 않지만, 실제 상인들이 체감하는 진입 장벽은 훨씬 크다. 이러한 차이를 좁히지 않으면, 아무리 좋은 플랫폼을 만들어도, 실제로 활용하는 상인들은 많지 않을 것이다. 따라서, 디지털 전환을 지원하는 과정에서 일방적으로 기술을 제공하는 것이 아니라, 이러한 인식의 차이를 좁히기 위해 플랫폼을 제공하는 측과 사용하는 측이 서로 소통할 수 있는 구조를 만드는 것이 중요하다.

(3) "한 번 배우면 끝이 아니에요" - 성공 사례를 중심으로 한 교육이 필요하다

디지털 전환을 위해 여러 교육이 이루어졌지만, 교육을 받았다고 해서 곧바로 기술을 활용하는 것은 아니다. 기본적인 사용법을 익히는 것과, 실제 장사에 적용하는 것은 별개의 문제다. 교육이 끝나고 나면, 실전에 적용하는 과정에서 또 다른 어려움이 발생한다. 결국, 한 번 배우는 것으로 끝나는 것이 아니라, 지속적으로 활용할 수 있도록 돕는 것이 중요하다.

"새로운 걸 배우는 것보다, 기존의 방식을 바꾸는 게 더 어렵죠. 그래서 실제로 성공한 사례를 보여주는 게 가장 효과적이에요."

이런 문제를 해결하기 위해서는 단순한 기술 교육이 아니라, 성공 사례를 중심으로 한 교육이 이루어져야 한다. 실제로 효과를 본 사례를 통해 변화를 체감할 수 있어야, 상인들도 "디지털 전환이 우리에게도 이익이 될 수 있다"는 확신을 가질 수 있다.

예를 들어, 한국 중소벤처기업부와 소상공인진흥공단에서 진행한 "등대전통시장" 프로젝트는 이러한 접근을 반영한 대표적인 사례다.

이 프로젝트를 통해 서울 암사종합시장과 경기 중동사랑시장은 디지털 기술을 적극 도입하여 주문·결제·배송까지 온라인에서 원활하게 이루어지는 시스템을 구축했다. 즉, 소비자들은 더 이상 시장을 직접 방문하지 않아도 물건을 구매할 수 있게 되었고, 상인들 역시 온라인을 통한 추가적인 판매 기회를 확보할 수 있었다.

이처럼 한두 개의 시장에서 성공적인 디지털 전환 사례를 만들고, 이를 다른 시장으로 확산하는 방식이 효과적이다. 상인들은 새로운 기술을 직접 체험하고, 그 성공을 가까이에서 지켜보면서 디지털 전환이 단순히 어려운 과제가 아니라 실질적인 이익으로 이어질 수 있다는 점을 깨닫게 된다. 성공 사례가 많아질수록, 디지털 전환에 대한 거부감은 줄어들고 더 많은 전통시장이 변화의 흐름에 동참할 가능성이 커질 것이다.

(4) 디지털 전환, 단기 지원으로는 부족하다

전통시장에서 디지털 전환을 지원하는 사업은 꾸준히 이루어져 왔다. 스마트폰 보급, 온라인 교육, O2O 플랫폼 입점 지원 등 다양한 정책이 시행되었지만, 많은 상인들은 여전히 온라인 플랫폼을 적극적으로 활용하지 못하고 있다.

이유는 간단하다. 지원은 있었지만, 지속적인 관리와 연계성이 부족했다.

"정부 지원으로 스마트폰을 받고, 교육도 받았어요. 그런데 몇 개월 지나니까 다시 원래 방식으로 돌아가게 되더라고요."

기술을 배우는 것과 이를 장기적으로 활용하는 것은 전혀 다른 문제다. 단기적인 지원이 끝난 후, 상인들이 지속적으로 디지털 기술을 활용하고 온라인 플랫폼을 운영할 수 있는 환경이 조성되지 않는다면, 결국 처음부터 다시 시작하는 것과 다름없다.

실제로 인터뷰 조사에서도 지원 정책이 일회성으로 끝나는 것에 대한 문제의식이 강했다. 플랫폼 관계자들은 디지털 전환이 단기적인 프로젝트가 아니라 지속적인 과정이어야 한다고 강조했으며, 상인들 또한 단순한 도입 지원보다 지속적으로 운영할 수 있는 실질적인 도움이 필요하다고 입을 모았다.

디지털 전환이 성공하려면 일정 기간이 지나도 지속적으로 유지될 수 있는 구조가 필요하다. 그러나 지금까지의 지원 정책은 대부분 특정 기간 동안만 제공되는 형태였다. 교육을 받더라도 지속적인 실습과 적용 과정이 없으면 익힌 기술은 쉽게 사라지고, 스마트폰이나 태블릿 같은 디지털 기기가 지급되더라도 활용법을 모르면 무용지물이 된다. 또한, O2O 플랫폼에 입점하더라도 지속적인 판로 개척이 이루어지지 않으면 결국 원래의 방식으로 돌아가게 된다.

더 큰 문제는 전통시장 상인들이 지원 방식과 범위에 대해 의견을 제시해도, 실제 정책에 반영되지 않는 경우가 많다는 점이다. 모든 시장이 같은 환경에 놓여 있는 것이 아니기 때문에, 각 시장의 특성을 고려한 맞춤형 지원이 필요하지만, 현실에서는 획일적인 지원이 이루어지는 경우가 대부분이다. 이로 인해, 지원을 받았음에도 불구하고 각 시장이 처한 상황과 필요에 맞지 않아 제대로 활용되지 못하는 문제가 발생하고 있다.

결국, 디지털 전환을 성공적으로 정착시키기 위해서는 지원이 일회성으로 끝나는 것이 아니라, 상인들이 배운 기술을 지속적으로 활용하고 실전에서 적용할 수 있도록 장기적인 관리와 맞춤형 지원이 이루어져야 한다.

(5) 성과를 측정할 수 있어야 지속적인 개선이 가능하다

디지털 전환 지원 사업이 성공적으로 운영되기 위해서는, 성과를 객관적으로 측정할 수 있는 체계적인 모니터링 시스템이 필요하다. 현재 전통시장에서 디지털 전환의 효과를 평가하는 방식은 매출 증가, 방문객 수 증가 같은 단편적인 지표에 의존하는 경우가 많다. 하지만 이것만으로는 실제 상인들이 얼마나 디지털 기술을 잘 활용하고 있는지, 소비자들의 반응이 어떤지를 정확히 파악하기 어렵다.

> *"온라인 주문이 얼마나 늘었는지, 고객들이 플랫폼을 통해 전통시장에 더 많이 방문하는지 같은 데이터를 체계적으로 관리할 필요가 있어요."*

O2O 플랫폼 도입의 효과를 정확히 평가하기 위해서는 단순한 매출 증가뿐만 아니라, 온라인 플랫폼 활용도와 고객 유입 효과 등 다양한 지표를 함께 고려해야 한다. 또한, 디지털 포용 관점에서 전통시장 상인들의 디지털 기술 습득 수준과 지속적인 활용률을 측정하고, 소비자들의 전통시장 이용 패턴이 어떻게 변화하는지도 분석할 필요가 있다.

현재 이러한 평가 지표가 부족하기 때문에, 지원 사업의 결과를 객관적으로 평가하는 데 어려움이 있다. 또한, 명확한 지표가 없으면 정책 개선이 이루어지기 어렵고, 지속적인 지원이 필요한 시장과 그렇지 않은 시장을 구별하는 것도 쉽지 않다. 따라서, 전통시장 디지털 전환의 효과를 다각적으로 평가할 수 있는 표준화된 성과 측정 지표를 마련해야 한다

4. 디지털 시대, 전통시장은 어떻게 살아남을 것인가?

전통시장은 단순한 상거래의 공간을 넘어, 오랜 시간 동안 지역 경제와 공동체 문화를 지탱해온 중요한 기반이었다. 그러나 변화하는 소비 환경 속에서 전통시장이 지속적으로 성장하기 위해서는 새로운 시대에 맞는 변화와 적응이 필요하다. 디지털 전환은 단순히 기술을 받아들이는 것이 아니라, 전통시장만의 강점을 유지하면서도 더 많은 기회를 창출할 수 있도록 돕는 과정이어야 한다.

그렇다면, 전통시장의 디지털 전환은 어떻게 이루어져야 할까? 가장 중요한 것은 속도가 아니라 방향이다. 단순히 O2O 플랫폼을 도입하는 것이 아니라, 상인들이 이를 활용할 수 있도록 돕고, 변화의 필요성을 체감할 수 있도록 환경을 조성해야 한다. 한 번의 지원으로 끝나는 것이 아니라, 점진적으로 성

장할 수 있는 기반을 마련해야 한다.

또한, 디지털 포용의 관점에서 모든 시장과 모든 상인이 동일한 출발선에 서 있지 않다는 점을 고려해야 한다. 기술을 배우는 것 자체가 부담이 될 수도 있고, 기존의 방식에 대한 신뢰가 더 클 수도 있다. 하지만 이러한 현실적인 장벽을 해결하지 못하면, 디지털 전환은 일부에게만 유리한 변화가 될 뿐, 전통시장을 전체적으로 성장시키는 기회가 되지는 못할 것이다.

변화는 강요해서 이루어지는 것이 아니다. 가장 중요한 것은 상인들이 디지털 전환을 통해 실질적인 혜택을 경험하고, 자발적으로 참여할 수 있도록 만드는 것이다. 이를 위해서는 성공적인 사례를 확대하고, 단계적인 접근 방식을 통해 기술의 진입 장벽을 낮추며, 지속적으로 피드백을 반영할 수 있는 정책이 필요하다.

궁극적으로, 전통시장과 디지털 플랫폼이 대립하는 관계가 아니라, 함께 성장할 수 있는 구조를 만들어야 한다. 디지털 기술이 전통시장의 경쟁력을 위협하는 요소가 아니라, 새로운 기회를 만들어주는 도구가 될 수 있도록, 상인·소비자·플랫폼 기업·정부가 함께 협력하는 지속 가능한 모델을 구축해야 한다.

디지털 전환은 단순한 혁신이 아니라, 전통시장이 새로운 시대에서도 살아남고 번영할 수 있도록 하는 또 하나의 길이다. 이제는 그 길을 단순히 제시하는 것을 넘어, 모두가 함께 나아갈 수 있도록 하는 것이 중요하다.

참고문헌

[국내문헌]

경기도시장상권진흥원, "경기도 소상공인 경제이슈 브리프 Vol. 10: 소상공인의 미래를 여는 디지털 전환," 2024년.

김도형, "지역 활성화를 위한 전통시장 육성 방안," 2013년.

김민정·류성민, "전통시장의 활성화 방안에 대한 정성적 연구: 국내 전통 시장을 중심으로," 유통연구, 21(4), 2016년, 157-177.

김수민·이승신, "뉴실버 소비자의 소매업태 속성평가 및 소비자만족도 연구: 백화점과 전통시장을 중심으로," Family and Environment Research, 53(6), 2015년, 619-628.

김수혜, "전통시장 악취문제현황과 요인분석," 을지대학교 석사학위 논문, 2023년.

김연철·김태영, "전통시장의 지속성 확보를 위한 ESG 평가지표 개발과 활용에 관한 연구," 농어촌관광학회지, 25(2), 2022년, 175-188.

김은광, "쇠퇴한 전통시장의 지속가능한 공간복합화 전환 연구-대구 교동시장을 중심으로," 한국공간디자인학회 논문집, 19, 2024년, 137-151.

김현중·송지은·정일훈, "인구감소가 전통시장 축소에 미칠 영향 예측-전라남도를 사례로," 한국도시설계학회지 도시설계, 23(4), 2022년, 77-92.

박재수·김응규, "전통시장의 성공조건 탐색-대구불로시장과 대전유성시장의 사례. 전통재래시장연구," 5, 2012년, 36-50.

소상공인진흥공단, "전통시장, 상점가 점포경영 실태조사," 2023년.

안형근·양해술, "재래시장 현황 분석 및 활성화 방안에 관한 연구: 대전·충청지역의 개선 지원 사업을 중심으로: 대전·충청지역의 개선 지원 사업을 중심으로," 한국산학기술학회 논문지, 8(6), 2007년, 1682-1694.

조범석, "전통시장 활성화 방안 연구," 전주대학교 석사학위 논문, 2022년.

차예지·이재영, "2000 년대 이후 시행된 전통시장 현대화 사례에 나타난 장소 정체성에 관한 연구," 한국공간디자인학회 논문집, 19(7), 2024년, 535-548.

통계청, "2022년 소상공인 실태조사 보고서," 2024년.

[국외문헌]

Aithal, R. K., Choudhary, V., Maurya, H., Pradhan, D. and Sarkar, D.N., "Factors influencing technology adoption amongst small retailers: insights from thematic analysis", International Journal of Retail and Distribution Management, 51(1), 2023, 81–102. https://doi.org/10.1108/IJRDM–02–2022–0042

Alex Rhys–Taylor, "The essences of multiculture: A sensory exploration of an inner–city street market," In Ethnography, 2016, Diversity and Urban Space (pp. 46–59). Routledge.

Amber Silver, and Jason Grek–Martin, "Now we understand what community really means: Reconceptualizing the role of sense of place in the disaster recovery process," Journal of Environmental Psychology, 42, 2015, 32–41.

Brian Cook, Ann Trevenen–Jones, and Bhavna Sivasubramanian, "Nutritional, economic, social, and governance implications of traditional food markets for vulnerable populations in sub–Saharan Africa: a systematic narrative review," Frontiers in Sustainable Food Systems, 8, 2024, 1382383.

Cennamo, "Competing in digital markets: A platform–based perspective. Academy of Management Perspectives," 35(2), 2021, 265–291.

Chawla, U., Verma, B., and Mittal, A., "Resistance to O2O technology platform adoption among small retailers: The influence of visibility and discover–ability". Technology in Society, 76, 2024a.

Chawla, U., Verma, B., and Mittal, A., "Unveiling barriers to O2O technology platform adoption among small retailers in India: insights into the role of digital ecosystem". Information Discovery and Delivery. 2024b.

Christopher Mele, Megan Ng, and May Bo Chim, "Urban markets as a 'corrective'to advanced urbanism: The social space of wet markets in contemporary Singapore," Urban Studies, 52(1), 2015, 103–120.

David. S. Evans, "Vertical Restraints in a Digital World", Evolution of Antitrust in the Digital Era, vol. 1, Competition Policy International, 2020.

Dennis Herhausen, Jochen Binder, Marcus Schoegel, and Andreas Herrmann, "Integrating Bricks with Clicks: Retailer–Level and Channel–Level Outcomes of Online–Offline Channel Integration," Journal of Retailing, 91(2), 2015, 309-325. https://doi.org/10.1016/j.jretai.2014.12.009.

Dulce Jimenez, Sade Valdes and Mariana Salinas, "Popularity comparison between e-commerce and traditional retail business," International Journal of Technology for Business (IJTB), 1(1), 2019, 10-16.

Filippo Sgroi, "Sustainability and culinary traditions? Understand the role of historical markets in the development of agri-food and local gastronomy from the perspective of behavioral economics," International Journal of Gastronomy and Food Science, 34, 2023, 100809.

Han Chu, Robert Hassink, Dixiang Xie, and Xiaohui Hu, "Placing the platform economy: the emerging, developing and upgrading of Taobao villages as a platform-based place making phenomenon in China," Cambridge Journal of Regions, Economy and Society, 16(2), 2023, 319-334.

Hareem Nassar, and Fareesa Malik, "Role of Digital Platforms in Entrepreneurial Processes: The Resource Enabling Perspective of Startups in Pakistan," In Innovation Practices for Digital Transformation in the Global South: IFIP WG 13.8, 9.4, Invited Selection (pp. 130-148). 2022, Cham: Springer International Publishing.

Helsper, E. J., "A corresponding fields model for the links between social and digital exclusion". Communication theory, 22(4), 2012, 403-426.

Herhausen, D., Binder, J., Schoegel, M., and Herrmann, A., "Integrating Bricks with Clicks: Retailer-Level and Channel-Level Outcomes of Online-Offline Channel Integration". Journal of Retailing, 91(2), 2015, 309-325.

Hsieh, J. K., "The role of customers in co-creating m-services in the O2O model". Journal of Service Management, 28(5), 2017.

Huang, J., Zhou, J., Liao, G., Mo, F., and Wang, H., "Investigation of Chinese students' O2O shopping through multiple devices". Computers in Human Behavior, 75, 2017, 58-69.

Jacqueline Lindenfeld, "Communicative patterns at French marketplaces," 1978.

Kah Young Shin, Jae Jeong, and Moon Jang, "The Effect of Digital Transformation on SMEs using O2O Platforms: Focusing on Customer Engagement," Asia Pacific Journal of Information Systems, 32(3), 2022, 580-600. https://doi.org/10.14329/APJIS.2022.32.3.580

Kang, D., and Kim, S., "The effects of O2O service factors on sequel service adoption: O2O service quality dimensions and perceived fit". 22nd

Biennial Conference of the International Telecommunications Society (ITS), 2018.

Kim E, Libaque－Saenz CF, Park M－C (2019). “Understanding shopping routes of offline purchasers: selection of search－channels (online vs. offline) and search－platforms (mobile vs. PC) based on product types”. Service Business, 13:305－338. https://doi.org/10.1007/s11628－018－0384－7

Kim, H., Ryu, M. H., Lee, D., and Kim, J. H., “Should a small－sized store have both online and offline channels? An efficiency analysis of the O2O platform strategy”. Journal of Retailing and Consumer Services, 64, 2022, 102823.

Krishna, “The Shift to Digital Shopping: Impacts on Traditional Retail. Journal of Business Transformation,” 15(4), 2023, 23－45.

Leem, B.－H.andEum, S.－W., “Using text mining to measure mobile banking service quality”, Industrial Management and Data Systems, 121(5), 2021, 993－1007.https://doi.org/10.1108/IMDS－09－2020－0545.

Magaji Abdullahi Usman, Xinbo Sun, “The impact of digital platforms on new startup performance: Strategy as moderator,” Heliyon, 2023, 9(12).

Michelle Childs, Tiffany Blanchflower, Songyee Hur, and Delisia Matthews, “ Non－traditional marketplaces in the retail apocalypse: investigating consumers' buying behaviours,” International journal of retail & distribution man－agement, 48(3), 2020, 262－286.

Nancy Jean Miller, Ruoh－Nan Yan, and Sage Calamari, “Occasionally open, always an experience: limiting store hours,” International Journal of Retail & Distribution Management, 42(2), 2014, 92－105.

OECD, “Share of small businesses making e-commerce sales,” 2022.

Oh, Y. K. and Kim, J., “What Improves Customer Satisfaction in Mobile Banking Apps? An Application of Text Mining Analysis,” Asia Marketing Journal, 23(4), 2022, 3.

Paul DiMaggio, “From the “digital divide” to digital inequality: Studying Internet use as penetration increases,” 2001.

Pouri, “Eight impacts of the digital sharing economy on resource con－sumption,” Resources, Conservation, and Recycling, 168, 2021, 105434－105434.

Rampell, "Why online2offline commerce is a trillion dollar opportunity," http://techcrunch.com/2010/08/07/why-online2offline-commerce-is-a-trillion-dollar-opportunity/. Accessed September 28, 2024.

Ryu, M. H., Kim, E., and Lee, S. Y., "How offline retailers adopt O2O: Neighboring star shops and their proximity effect," Telecommunications Policy, 46(3), 2022, 102278.

Sha Zhang, Koen Pauwels, and Chenming Peng, "The Impact of Adding Online-to-Offline Service Platform Channels on Firms' Offline and Total Sales and Profits," Journal of Interactive Marketing, 47, 2019, 115-128. https://doi.org/10.1016/j.intmar.2019.03.001

Stephen Smith, "A sense of place: Place, culture and tourism," Tourism Recreation Research, 40(2), 2015, 220-233.

Sungkyun Lee, "A study on traditional market decline and revitalization in Korea-improving the Iksan Jungang traditional market," Journal of Asian Architecture and Building Engineering, 16(3), 2017, 455-462.

Tammy L. Madsen, "Digital Platform Innovation and Opportunities," 2024, In Oxford Research Encyclopedia of Business and Management.

Umesh Chawla, Balraj Verma, and Amit Mittal, "Resistance to O2O technology platform adoption among small retailers: The influence of visibility and discoverability," Technology in Society, 2024, 76. https://doi.org/10.1016/j.techsoc.2024.102482.

Umi Suryani, Arief, Bramantoro, and Hamsal, "The impact of digital literacy and E-Commerce adoption with O2O business adoption on the performance of small and medium enterprises," International Journal of eBusiness and eGovernment Studies, Vol. 14 No. 2, 2022, pp. 199-223.

Van Deursen, and Helsper, "The third-level digital divide: Who benefits most from being online?," In Communication and information technologies annual, 10, 2015, 29-52.

Wang C, Wang Y, Wang J, Xiao J, and Liu J., "Factors influencing consumers' purchase decision-mak-ing in O2O business model: evidence from consumers' overall evaluation," Journal of Retailing and Consumer Services, 61:102565, 2021.

Yiming Zhong, Shukun Tang, Mei Lan, "Research on the Inheritance Path and the Branding Inheritance Model of Traditional Crafts," Sustainability, 15(7), 2023, 5878.

Zhang, S., Pauwels, K., and Peng, C., "The Impact of Adding Online−to−Offline Service Platform Channels on Firms' Offline and Total Sales and Profits". Journal of Interactive Marketing, 47, 2019, 115−128.

Zhou, "E−Commerce Impact on Traditional Retail: Exploring the Transition to New Retail Approaches," Highlights in Business, Economics and Management, 39, 2024, 631−637. https://doi.org/10.54097/zcs63k04

찾아보기

기타

저자소개

PART 01. 총설

1. 플랫폼의 의의와 법정책적 접근

이성엽 고려대학교 기술경영전문대학원 교수

고려대 법학과, 서울대 행정대학원, 미네소타대학교 로스쿨을 거쳐 서울대 법학박사를 취득했으며 하버드 로스쿨 방문학자를 거쳤다. 제35회 행정고시에 합격 후 정보통신부 서기관, 김 · 장 법률사무소 변호사를 거쳐 고려대 교수로 재직 중이며, 기술법정책센터장과 데이터 AI법연구센터 공동대표를 겸하고 있다. 행정규제법 및 ICT법과 정책을 연구하고 있으며, 사) 한국데이터법정책학회 회장, 사) 한국공법학회 부회장, 국무총리 정보통신전략위원회 위원, 4차산업혁명위 데이터특위 위원으로 활동하고 있다.

이승민 성균관대학교 법학전문대학원 교수

서울대 법학과 및 동 대학원에서 학사, 석사 및 박사학위를 취득하였고, 하버드 로스쿨에서 LL.M.을 취득하였다. 제46회 사법시험 합격 후 육군 법무관, 법무법인(유) 율촌 변호사, 프랑스 Bredin Prat 로펌 파견근무 등을 거쳐 2020년부터 성균관대 법학전문대학원에서 행정법을 연구하고 있다. ICT/TMT, 디지털 콘텐츠 및 플랫폼을 비롯하여 경찰행정, 의료제약, 건설부동산, 환경에너지 등 여러 분야에서 규제에 대한 연구를 진행하고 있다.

2. 플랫폼의 국가기능 수탁

박상철 서울대학교 법학전문대학원 부교수

서울대학교 법과대학을 졸업하고 시카고대학교 로스쿨에서 법학박사(JSD)를 취득하였다. 현재 서울대학교 법학전문대학원 부교수로 재직하며 정보통신과 인공지능의 법적 규율 및 법의 정량적 분석에 관한 연구를 하고 있다.

3. 플랫폼 자본주의 등장에 따른 법정책적 대응

조영기 한국인터넷기업협회 사무총장

한양대학교에서 학부를 졸업하고(공학), 동 대학에서 석사, 박사(언론학)를 취득하였다. 한국법제연구원 입법평가연구센터, 한국콘텐츠진흥원 정책본부, 한국게임정책자율기구를 거쳐 현재 한국인터넷기업협회에서 사무총장으로 재직 중이다. 플랫폼과 관련된 다양한 국내외 쟁점에 관심을 가지고 있으며, 콘텐츠와 미디어 환경 변화를 눈여겨 보고 있다. 현재 방송통신위원회 방송통신규제심사위원, 한국소비자단체협의회 자율분쟁조정위원 등으로 활동하고 있다.

4. 자국 플랫폼의 가치평가: 플랫폼 규제 및 정책적 시사점

황용석 건국대학교 미디어커뮤니케이션학과 교수

성균관대학교 신문방송학과에서 박사학위(1999)를 취득한 이후, 한국언론진흥재단 연구위원으로 근무하면서 데이터저널리즘, 온라인저널리즘 정책 연구 등을 수행했다. 건국대학교 디지털커뮤니케이션연구센터를 운영하면서 AI 및 데이터 기반 정책연구와 이용자 연구를 수행하는 한편 데이터저널리즘 코리아 컨퍼런스와 어워드, 뉴스테크 이니셔티브 등의 행사를 조직 및 운영하고 있다. 현재 한국인터넷자율정책기구 정책위원, 디지털플랫폼민간자율기구 위원, 디지털플랫폼정책포럼 위원, 지능정보사회 이용자보호 민간협의회 위원, 법무부 인권정책자문 위원, 정보통신정책학회 부회장 등을 맡고 있다. 사이버커뮤니케이션학회장, 언론중재 위원, 방송시장경쟁상황평가위원회 위원, 미디어 다양성위원회 위원 등을 역임한 바 있다. 대통령 표창(2019), 기획재정부장관 표창(2024), 교육부장관 표창(2022), 과학기술정보통신부장관 표창(2023), 방송통신위원회위원장 표창(2015), 건국대학교에서 학술상(2014), 연구공로상(2015) 그리고 강의 우수상(2008), 리서치프론티어 상(2014, 2015, 2016, 2017, 2018) 등을 수상했다. 주요 연구분야는 디지털 플랫폼 정책 및 자율규제, 디지털미디어 이용자 행동연구, 비정형 빅데이터 분석, 인공지능 학습데이터 설계와 구축, 추천 알고리즘 공정성 및 효과측정, AI 리터러시와 디지털 포용정책 등을 계량적 분석을 기반으로 수행하고 있다. 주요 논문으로는 "A new dimension of the digital divide: Exploring the relationship between broadband connection, smartphone use and communication competence(Telematics and Informatics)" 등 80 여 편을 발표했으며, 저서로는 〈데이터시대 언론학연구〉(커뮤니케이션북스, 공저) 등 50 여 권 이상을 발간했다.

PART 02 플랫폼 규제에 대한 이론적 검토

5. 플랫폼 규제와 소비자 후생: 경쟁법의 판단기준은 달라져야 하는가

강준모 법무법인 광장 전문위원

서울대 경제학부를 졸업하고 미국 UCLA에서 경제학 석사, 박사학위를 취득하였다. 2016년부터 정보통신정책연구원에서 연구위원으로 재직하면서 ICT 신산업 규제, 플랫폼 및 데이터 규제정책에 관한 다양한 연구를 수행하였고, 2021년부터 법무법인 광장의 캐피털 경제컨설팅 그룹(CECG)에 합류하여 기업결합, 카르텔, 시장지배적 지위남용, 불공정거래행위

등 공정거래분야와 손해배상소송에서 경제분석을 수행하고 있다.

6. 온라인 플랫폼에 대한 경쟁규제와 전문규제

김태오 창원대학교 법학과 교수

한양대에서 학사, 석사 그리고 서울대에서 박사학위를 취득하였다. 정보통신정책연구원 방송미디어연구실에서 부연구위원 및 연구위원으로 재직하였다. 2018년부터는 창원대 전임교수로 부임하여 행정법, 지방자치법, 환경법 등을 강의하고 있다. 주요 연구분야는 방송, 통신, 개인정보보호 분야를 포함한 경제규제 전반에 대해 관심을 가지고 있다. 현재 서울대 공익산업법센터 운영위원, 정보통신정책학회 책임편집위원, 한국공법학회 총괄총무간사 등 다수의 학술활동을 하고 있다.

7. 온라인 플랫폼 서비스의 규제법적 분석

계인국 고려대학교 행정전문대학원 교수

고려대학교에서 학사, 석사를 마친 후 독일 레겐스부르크대학에서 법학박사학위를 취득하였다. 대법원 사법정책연구원 연구위원으로 재직하였으며 현재 고려대학교 공공정책대학 및 행정전문대학원에서 공법과 규제법을 연구하고 있다. 국가와 사회가 협력적이고 분업적으로 공익을 형성해가는 보장국가 이론을 바탕으로 하여 행정법과 헌법 그리고 규제법의 이론을 주된 연구대상으로 하며 다양한 공법 분야에 이를 접목시켜가고 있다.

8. 플랫폼 혁신과 경쟁 이슈

김민기 카이스트 경영대학 교수

서울대학교 경제학부를 졸업하고, 미국 시카고대학에서 경제학 석사, 박사학위를 취득했다. 2011년에 카이스트 경영대학 교수로 부임해 혁신 경쟁, 빅데이터 기반 애널리틱스와 인공지능 등을 연구하고 있으며, JMR, JCR, QME, IJRM, JBR 등 국내외 유수 저널에 38편의 논문을 게재했다. 현재 대통령직속 국가인공지능위원회 위원, 한국경영학회, 정보통신정책학회, 산업조직학회, 미디어경영학회, 데이터법정책학회, JBR, AMJ 등에서 편집위원, 이사로 활동하고 있다.

9. 자율규제의 수범자이자 규제권자로서의 플랫폼

선지원 한양대학교 법학전문대학원 조교수

사회기반시설에 대한 유럽연합 보조금법과 공공조달법상의 통제를 주제로 한 논문으로 법학박사학위를 취득하였다. 2023년부터 한양대학교 법학전문대학원에서 행정법 분야를 연구 및 강의하고 있다. 행정법의 영역 가운데 국가 작용 방식의 변화 경향에 대해 특히 관심을 두고 있으며, 이 관점에서 기존의 행정법 도그마틱을 탈피하는 공법상 계약, 행정계획 및 자율규제 등의 내용을 연구하고 있다. 전공 분야인 행정법학 외에도 신기술이 인간과 사회에 미치는 영향과 그에 대한 법의 대응에 대해 흥미를 가지고 있다.

PART 03 플랫폼 규제와 법정책 동향

10. 플랫폼에 대한 규제와 경쟁법적 접근

최난설헌 연세대학교 법학전문대학원 교수

연세대학교 법학사, 연세대 일반대학원(법학과) 석사와 박사 및 미국 컬럼비아대학교 로스쿨 LL.M.과 영국 옥스퍼드대학교(법학전공) MSt를 취득하였다. 현재 연세대 법학전문대학원 교수로 재직 중이며, 법무대학원 공정거래법무과정 주임교수를 겸하고 있다. 공정거래법, 소비자법 및 유통법 분야를 연구하고 있으며, 공정거래위원회 공정거래정책자문단 위원, 중소벤처기업부 규제심사위원회 위원, 금융위원회 법률자문위원, 한국소비자원 비상임이사로 활동하고 있다.

11. 프랑스의 플랫폼 규제

이승민 성균관대학교 법학전문대학원 교수

12. 미국의 플랫폼 규제 입법 동향

정혜련 경찰대학교 법학과 교수

고려대 법학사, 동대학원 법학석사를 취득하고 미국 위스콘신대학교에서 법학석사(L.L.M, MLI)와 법학박사(S.J.D/방송통신법 · 경제법)를 취득하였다. 이후 대한민국 대법원 재판연구관으로 재직하고, 삼성경제연구소 경제정책실에서 수석으로 재직하였다. 현재 국립경찰대학 법학과 부교수로, 치안대학원 공공안전학과 교수로 재직 중이다. 상법, 경제법, ICT법 및 소비자법 분야와 경찰재난, 데이터 분야를 연구하고 있으며, 공정거래위원회, 방송통신위원회, 과학기술정보통신부 법률자문위원, 경찰청 수사심의위원, 한국인터넷진흥원과 국내 다수 학회의 상임이사로 활동하고 있다.

13. 중국 온라인 플랫폼 입법정책 동향

정혜련 경찰대학교 법학과 교수

김종우 강남대학교 글로벌문화학부 교수

고려대학교 농업경제학과 및 중어중문학과를 졸업하고, 북경대학교 법과대학원에서 경제법학으로 석사 및 박사학위를 취득하였다. 현재 강남대학교 글로벌문화학부 교수로 재직 중이다. 한국경영법률학회 이사, 한중법학회 이사, ILA 세계국제법협회 한국지부 이사, 한국통상법제연구소 이사로 활동하고 있다.

14. 우리나라의 플랫폼 규제 입법 동향 및 평가

김현수 정보통신정책연구원 디지털플랫폼경제연구실장

고려대학교 법과대학을 졸업하고 같은 대학 대학원에서 법학석사, 법학박사를 취득하였다. 정보통신정책연구원 통신전파연구본부장을 거쳐 현재 디지털플랫폼경제연구실장을 맡고 있다. 플랫폼·통신 정책과 ICT법·공정거래법을 연구하고 있으며, 인공지능법학회 이사, 정보통신정책학회 이사 등으로 활동하고 있다.

PART 04 플랫폼과 경제 문제들

15. 플랫폼 경쟁과 데이터 이동성

박유리 정보통신정책연구원 디지털플랫폼경제연구실 선임연구위원

이화여대 환경공학과를 졸업하고 서울대학교 기술경영경제정책대학원에서 경제학 박사학위를 취득하였다. 현재 정보통신정책연구원 디지털 플랫폼 경제연구실에 재직 중이다. ICT 산업 정책을 연구해 왔으며, 현재 플랫폼이 우리 경제·사회에 미치는 영향 및 이에 따른 정책 방향 연구에 관심이 많다. 신기술로 인한 산업 패러다임 변화 및 정책방향, 신기술 기반 서비스에 대한 이용자 선호 실증분석, 전환비용 및 이를 완화하기 위한 정책 대안에 대한 이용자 선호 및 수용도 분석 등에 대한 다수의 연구와 논문을 집필하였다.

16. 플랫폼과 사회경제적 갈등

곽규태 순천향대학교 글로벌문화산업학과 교수

연세대학교를 졸업하고 동 대학에서 영상학 석사를 수료한 후, 정보학 석사, 경영학 박사학위를 취득하였다. 한국방송영상산업진흥원(KBI), 한국콘텐츠진흥원(KOCCA)에서 근무했고, 순천향대학교 글로벌경영대학 글로벌문화산업학과 교수로 재직 중이다. 콘텐츠비즈니스, 플랫폼 생태계, 미디어경영경제와 관련한 다양한 저서와 논문을 집필하였으며, 현재 한국정보사회학회·한국미디어경영학회의 공동 학술지인 〈정보사회와 미디어〉 편집위원장을 거쳐, 현재 사이버커뮤니케이션학회 부회장, 한국방송학회 수석총무이사, 정보통신정책학회 책임편집위원 등으로 활동하고 있다.

17. ISP와 플랫폼 간 분쟁과 시사점

정광재 정보통신정책연구원 연구위원

KAIST에서 학사(수학전공), 석사, 박사학위(경영공학-경영정보시스템)를 취득하였다. Singapore Management University의 Living Analytics Research Centre에서 2012년부터 2014년까지 연구원으로 재직하다가 2014년부터 정보통신정책연구원 통신전파연구본부에서 재직하고 있다. 인터넷 및 통신정책 분야에 대해 연구하고 있으며, 주요 연구 분야는 인터넷 상호접속, 망이용계약, 알뜰폰 및 통신요금 정책, 부가통신 시장 분석이다.

18. 이커머스 플랫폼: 혁신과 경쟁

최윤정 연세대학교 경제학부 교수

연세대학교 경제학과를 졸업하고, Cornell 대학에서 경제학 석사, 박사학위를 취득하였다. 일본 도쿄대학교 경제학부 및 공공정책대학원을 거쳐, 현재 연세대학교에서 재직 중이며 산업조직론과 경쟁정책 등을 강의 중이다. 한국여성경제학회 회장, 한국경제학회 부회장, 한국산업조직학회 편집위원장과 사무국장을 역임하였고, 현재는 사회 혁신을 위한 미래 인재 양성을 지원하는 연세대학교 고등교육혁신원 원장으로 활동하고 있다.

19. 전자상거래 플랫폼 가치사슬 분석 및 생태계 활성화 저해요인 연구

유병준 동아대학교 경영정보학과 교수

서울대학교 경영학과를 졸업하고, University of Arizona에서 MIS 석사학위를 취득하고, Carnegie Mellon University에서 경영학 박사학위를 취득하였다. 홍콩과학기술대, 고려대학교 경영대학 교수로 재직 후, 현재 서울대학교 경영대학 교수로 재직 중이다. 현재 대통령 직속 국민통합위원회 경제계층분과 위원장, 중소벤처기업부 정책심의회 위원, 네이버 디커머스 리포트 주연구책임자, 카카오 준법과신뢰위원회 위원, 한국벤처창업학회, 한국중소기업학회 부회장 등으로 활동 중이다.

20. 플랫폼의 혁신과 포용: 전통시장의 플랫폼 활용을 중심으로

류민호 동아대학교 경영정보학과 교수

KAIST 기술경영학과에서 석사 및 박사학위를 취득하였다. 이후 미시간주립대 Qello Center for Telecommunication Policy and Law 연구소에서 박사후연구원으로 일했다. 다시 한국으로 귀국해 네이버 인터넷산업연구실 실장으로 근무한 바 있다.

현재 동아대학교 경영정보학과 교수로 재직 중이며, 빅데이터 분석, 데이터 시각화, 텍스트 마이닝 등의 과목을 강의하고 있다. 한편, BNK금융그룹의 디지털 전환을 돕는 다양한 교육 및 자문을 진행하고 있다. 대표 저서로는 인터넷 생태계에 대한 9가지 질문(나남출판사, 2016), 컴퓨테이셔널 저널리즘과뉴스룸 트랜스포메이션(언론진흥재단, 2021), 데이터 경제에서 ICT 정책(정보통신정책, 2021) 등이 있다.

제2판

플랫폼의 법과 정책

초판발행 2022년 6월 30일
제2판발행 2025년 6월 15일

지은이 이성엽 편저
펴낸이 안종만 · 안상준

편 집 우석진
기획/마케팅 김한유
표지디자인 BEN STORY
제 작 고철민 · 김원표

펴낸곳 (주) 박영사
서울특별시 금천구 가산디지털2로 53, 210호(가산동, 한라시그마밸리)
등록 1959. 3. 11. 제300-1959-1호(倫)
전 화 02)733-6771
f a x 02)736-4818
e-mail pys@pybook.co.kr
homepage www.pybook.co.kr
ISBN 979-11-303-4987-9 93360

정 가 35,000원